Freiberufliche Tätigkeit von Rechtsanwälten, Wirtschaftsprüfern und Steuerberatern sowie Freiberufler-Personengesellschaften im internationalen Steuerrecht

Europäische Hochschulschriften
Publications Universitaires Européennes
European University Studies

Reihe V
Volks- und Betriebswirtschaft

Série V Series V
Sciences économiques, gestion d'entreprise
Economics and Management

Bd./Vol. 2907

PETER LANG
Frankfurt am Main · Berlin · Bern · Bruxelles · New York · Oxford · Wien

Steffen Rapp

Freiberufliche Tätigkeit von Rechtsanwälten, Wirtschaftsprüfern und Steuerberatern sowie Freiberufler-Personengesellschaften im internationalen Steuerrecht

PETER LANG
Europäischer Verlag der Wissenschaften

Die Deutsche Bibliothek - CIP-Einheitsaufnahme

Rapp, Steffen:

Freiberufliche Tätigkeit von Rechtsanwälten, Wirtschaftsprüfern und Steuerberatern sowie Freiberufler-Personengesellschaften im internationalen Steuerrecht / Steffen Rapp. - Frankfurt am Main ; Berlin ; Bern ; Bruxelles ; New York ; Oxford ; Wien : Lang, 2002
(Europäische Hochschulschriften : Reihe 5, Volks- und Betriebswirtschaft ; Bd. 2907)
Zugl.: Bamberg, Univ., Diss., 2002
ISBN 3-631-39643-0

D 473
ISSN 0531-7339
ISBN 3-631-39643-0

www.peterlang.de

Vorwort

Der ständig steigende Bedarf an internationaler Beratung durch Rechtsanwälte, Wirtschaftsprüfer und Steuerberater ist die logische Konsequenz aus der stetig wachsenden Mobilität der Wirtschaftssubjekte und der Ausdehnung ihres Handelns. Die vorliegende Arbeit untersucht die Besteuerung der Einkünfte von grenzüberschreitend tätigen Rechtsanwälten, Wirtschaftsprüfern und Steuerberatern. Dabei wird zunächst auf selbständig tätige Berufsangehörige eingegangen und daran anschließend insbesondere auf die Ergebnisermittlung zwischen „Stammhaus" und fester Einrichtung sowie auf die Beteiligung als Gesellschafter einer international tätigen Freiberufler-Personengesellschaft. Hinsichtlich der Besteuerung von Freiberufler-Personengesellschaften wird aufbauend auf der nicht unumstrittenen Dogmatik der gewerblich tätigen Personengesellschaften im internationalen Steuerrecht versucht, die steuerliche Behandlung von Freiberufler-Personengesellschaften einer Lösung zuzuführen. Wesentlicher Teil ist dabei die systematische Auseinandersetzung mit dem nationalen Steuerrecht und dem Recht der Doppelbesteuerungsabkommen (DBA).

Im Rahmen der abkommensrechtlichen Untersuchungen steht das OECD-Musterabkommen aus dem Jahre 1977 (OECD-MA 1977 i.d.F. 23.10.1997) im Zentrum der Betrachtung, da die derzeit geltenden Abkommen der Bundesrepublik Deutschland ganz überwiegend diesem nachgebildet sind. Gleichwohl wird auch, im Vorgriff auf die künftige Rechtslage, auf die sich aus dem OECD-MA 2000 ergebenden Änderungen eingegangen, obgleich diese grundsätzlich erst für diejenigen Doppelbesteuerungsabkommen Bedeutung erlangen können, die dem OECD-MA 2000 nachgebildet werden. Da die Änderung eines Doppelbesteuerungsabkommens erfahrungsgemäß einen langwierigen Prozeß darstellt, werden in den kommenden Jahren beide Fassungen des OECD-Musterabkommens parallel zu beachten sein.

Darüber hinaus sollen, soweit dies erforderlich ist, auch die berufs- und gesellschaftsrechtlichen Querverbindungen zu steuerrechtlichen Fragen berücksichtigt werden, weil, ungeachtet des bestehenden Meinungsstreits über die Einordnung des Steuerrechts in die bestehende Rechtsordnung, das Steuerrecht an das privatwirtschaftlich verteilte Einkommen der Steuerpflichtigen anknüpft.

Die vorliegende Arbeit wurde mit dem Titel: „Freiberufliche Tätigkeit von Rechtsanwälten, Wirtschaftsprüfern und Steuerberatern sowie Freiberufler-Personengesellschaften im internationalen Steuerrecht" im Sommersemester 2001 von der Fakultät Sozial- und Wirtschaftswissenschaften der Otto-Friedrich-Universität Bamberg als Dissertation angenommen. Der Tag der mündlichen Prüfung war der 25. Juli 2001, der zugleich als Tag der Promotion gilt. Für die Veröffentlichung wurde die Rechtsentwicklung und die Literatur bis zum 31. Oktober 2001 berücksichtigt, wobei die seit Juni 2000 eingetretenen Änderungen und erschienenen Veröffentlichungen nachträglich eingearbeitet wurden.

Für die Anregung zur Bearbeitung des Themas und die Betreuung der Arbeit möchte ich mich bei Herrn Prof. Dr. Georg Crezelius bedanken, durch dessen stets engagierte Lehre mein Interesse am Steuerrecht erst geweckt wurde. Herrn Prof. Dr. Peter Kupsch danke ich insbesondere für die unverzügliche Erstellung des Zweitgutachtens. Für die Übernahme des Vorsitzes im Rahmen der mündlichen Prüfung bin ich Herrn Prof. Dr. Wolfgang Becker zu Dank verpflichtet.

Abschließend möchte ich mich bei meinen Eltern bedanken. Ohne deren Unterstützung hätte ich weder studieren noch diese Arbeit erstellen können.

München, im März 2002 Steffen Rapp

Inhaltsverzeichnis

2. Teil:
Freiberufliche Tätigkeit inländischer Berufsangehöriger im Ausland

4. Teil: Inländische Freiberufler-Personengesellschaft

5. Teil:
Ausländische Freiberufler-Personengesellschaften

6. Teil:
Zusammenfassung

Abkürzungsverzeichnis

Soweit die verwendeten Abkürzungen hier nicht aufgeführt sind, entsprechen sie dem „Abkürzungsverzeichnis der Rechtssprache" von Hildebert Kirchner, 4. Auflage, 1993.

a. A.	anderer Ansicht
a.a.O.	am angegebenen Ort
Abs.	Absatz
Abschn.	Abschnitt
a.F.	alte Fassung
AfA	Absetzung für Abnutzung
AGB	Allgemeine Geschäftsbedingungen
amtl.	amtlich(er)
Anm.	Anmerkung/Anmerkungen
AnwBl.	Anwaltsblatt
Art.	Artikel
AStG	Außensteuergesetz
AStR	Außensteuerrecht
AWD	Außenwirtschaftsdienst des Betriebsberaters
Aufl.	Auflage
BB	Betriebsberater
Bd.	Band
BdF	Bundesminister der Finanzen
Begr.	Begründung
Beih.	Beihefter
Beschl.	Beschluß
BewG	Bewertungsgesetz
BGB	Bürgerliches Gesetzbuch
BGBl.	Bundesgesetzblatt
BFH	Bundesfinanzhof
BFHE	Sammlung der Entscheidungen des Bundesfinanzhofs, hrsg. von den Mitgliedern des Bundesfinanzhofs
BFH/NV	Sammlung amtlich nicht veröffentlichter Entscheidungen des Bundesfinanzhofs
BGH	Bundesgerichtshof
BGHZ	Entscheidungen des Bundesgerichtshofs in Zivilsachen
BiRiLiG	Bilanzrichtliniengesetz
BMF	Bundesminister der Finanzen
BMJ	Bundesminister(ium) der Justiz
BRAO	Bundesrechtsanwaltsordnung
BR-Drs.	Bundesratsdrucksache
Bsp.	Beispiel
BT-Drs.	Bundestagsdrucksache
Buchst.	Buchstabe
BVerfG	Bundesverfassungsgericht

BVerfGE	Amtliche Sammlung von Entscheidungen des Bundesverfassungsgerichts
bzgl.	bezüglich
CCBE	Conseil des Barreaux de la Communauté
CDFI	cahiers de droit fiscal international
C.F.E.	Confédération Fiscale Européenne
DB	Der Betrieb
D`dorf	Düsseldorf
Diss.	Dissertation
DJT	Deutscher Juristentag
DRiG	Deutsches Richtergesetz
DStJG	Deutsche steuerjuristische Gesellschaft
DStR	Deutsches Steuerrecht
DStRE	Deutsches Steuerrecht Entscheidungsdienst
DSWR	Datenverarbeitung Steuer Wirtschaft und Recht
EFG	Entscheidungen der Finanzgerichte
EG	Europäische Gemeinschaft
EGBGB	Einführungsgesetz zum Bürgerlichen Gesetzbuch
EGV	EG-Vertrag
EigPrüfG	Gesetz über die Eignungsprüfung für die Zulassung zur Rechtsanwaltschaft
EinkStG	Einkommensteuergesetz
Einl.	Einleitung
EStDV	Einkommensteuer-Durchführungsverordnung
EStG	Einkommensteuergesetz
EU	Europäische Union
EuGH	Europäischer Gerichtshof
EuGHE	Entscheidungssammlung des Europäischen Gerichtshofs
EuZW	Europäische Zeitschrift für Wirtschaftsrecht
EWiR	Entscheidungen zum Wirtschaftsrecht
EWIV	Europäische wirtschaftliche Interessenvereinigung
EWR	Europäischer Wirtschaftsraum
EWS	Europäisches Wirtschafts- und. Steuerrecht
f.	folgende (Seite)
FamRZ	Zeitschrift für das gesamte Familienrecht
FAZ	Frankfurter Allgemeine Zeitung
FEE	Federation des Experts Comptables Européens
ff.	fort folgende (Seiten)
FG	Finanzgericht
FinMin	Finanzministerium
FN	Fußnote
FS	Festschrift

GE	Geldeinheit
GewStG	Gewerbesteuergesetz
GG	Grundgesetz
ggf.	gegebenenfalls
GmbH	Gesellschaft mit beschränkter Haftung
GS	Gedächtnisschrift
hess.	hessisch(es)
HFR	Höchstrichterliche Finanzrechtsprechung
HGB	Handelsgesetzbuch
h. M.	herrschende Meinung
Hrsg.	Herausgeber
HS	Halbsatz
hrsg.	herausgegeben
i. d. F.	in der Fassung
INF	Die Information über Steuer und Wirtschaft
Intertax	International Tax Review
IRS	International Revenue Service (USA)
i. S. d.	im Sinne des
IStR	Internationales Steuerrecht
i. V. m.	in Verbindung mit
IWB	Internationale Wirtschaftsbriefe
JbFStR	Jahrbuch der Fachanwälte für Steuerrecht
Kennz.	Kennzahl
Kobl.	Koblenz
KÖSDI	Kölner Steuerdialog
KOM	Kommission
Komm.	Kommentar
LG	Landgericht
LTR	Privat Letter Ruling (USA)
MDR	Monatsschrift für Deutsches Recht
m. E.	meines Erachtens
MinFin.	Ministerium der Finanzen
m.w.N.	mit weiteren Nachweisen
NJW	Neue Juristische Wochenschrift
Nds.	Niedersachsen
Nr.	Nummer
nrkr.	nicht rechtskräftig
Nrn.	Nummern
NRW	Nordrhein-Westfalen

o. ä.	oder ähnlichem
o. g.	oben genannt
OLG	Oberlandesgericht
PrüfO	Prüfungsordnung
RA	Rechtsanwalt/Rechtsanwälte
RADG	Rechtsanwaltsdienstleistungsgesetz
RBerG	Rechtsberatungsgesetz
RdNr.	Randnummer
RdNrn.	Randnummern
Rdnr.	Randnummer
Rdnrn.	Randnummern
RegE	Regierungsentwurf
RFHE	Sammlung der Entscheidungen und Gutachten des Reichsfinanzhofs
RGBl.	Reichsgesetzblatt
RhPf.	Rheinland-Pfalz
RIW	Recht der internationalen Wirtschaft
rkr.	rechtskräftig
Rn.	Randnummer/Randnummern
Rspr.	Rechtsprechung
Rz.	Randzeichen/Randziffer/Randzahl
StAnpG	Steueranpassungsgesetz
StB	Steuerberater/Der Steuerberater
StBerG	Steuerberatungsgesetz
Stbg	Die Steuerberatung
StbJb	Steuerberater-Jahrbuch
StBv	Steuerbevollmächtigte(r)
StEK	Steuer-Erlaß-Kartei, Loseblatt, Köln
StKongRep	Steuerberaterkongreß-Report
StPo	Strafprozessordnung
StRK	Steuerrechtsprechung in Karteiform
Syst.	Systematik
TN	Tax Notes (Zeitschrift USA)
Tz.	Textziffer
u. a.	unter anderen (m)
u. ä.	und ähnlichen (m)
UmwStG	Umwandlungssteuergesetz
UrhG	Urheberrechtsgesetz
UStG	Umsatzsteuergesetz
UWG	Gesetz gegen den unlauteren Wettbewerb
u. U.	unter Umständen

v.	von/vom
vBP	vereidigter Buchprüfer
vgl.	vergleiche
VZ	Veranlagungszeitraum
WiB	Wirtschaftliche Beratung
WFR	Weekblad voor Fiscal Recht
WG	Wirtschaftsgut
WP	Wirtschaftsprüfer(s)
WPg	Die Wirtschaftsprüfung
WPK-Mitt.	Wirtschaftsprüferkammer Mitteilungen
WPO	Gesetz über eine Berufsordnung der Wirtschaftsprüfer
z. B.	zum Beispiel
ZEV	
ZHR	Zeitschrift für das gesamte Handelsrecht und Wirtschaftsrecht
ZIP	Zeitschrift für Wirtschaftsrecht
ZPO	Zivilprozeßordnung
ZRP	Zeitschrift für Rechtspolitik

Schrifttumverzeichnis

Albrecht, Achim, Zulassungsvoraussetzungen für deutsche Rechtsanwälte in Irland, RIW 1996, 474 ff.

Altenhoff, Rudolf/*Busch*, Hans/*Chemnitz*, Jürgen, Rechtsberatungsgesetz, Komentar, 10. Auflage, Münster 1993.
(zitiert: RBerG)

Altheim, Michael/*Bertl*, Romuald, Verbringung von Wirtschaftsgütern in ausländische Betriebsstätten - Rechtsvergleich der Länder Deutschland, Österreich und Schweiz, IStR 1994, 309 ff.

Amann, Robert, Zur Systematik der Ermittlung ausländischer Einkünfte, DB 1997, 796 ff.

ders., Dienstleistungen im internationalen Steuerrecht, München 1998.
(zitiert: Dienstleistungen im IStR)

Apel, Wofgang/*Oltmann*, Klaus, Diskriminiert das deutsche Steuerrecht den Zu- und Wegzug?, DB 1998, 2560 ff.

Arndt, Hans-Wolfgang/*Jenzen*, Holger, Verlustverrechnung und Verfassungsrecht, StR 1998, 1818 ff.

Arthur Andersen & Co. GmbH (Hrsg.), Doppelbesteuerungsabkommen Deutschland-SA, Kommentar, Köln 1990.
(zitiert: Arthur Anderson, DBA-USA)

Baranowski, Karl-Heinz, Ausländische Steuern auf Vergütungen von Ingenieurleistungen, DB 1977, 793 ff.

ders., Besteuerung von Auslandsbeziehungen, 2. Auflage, Herne/Berlin 1996.
(zitiert: Auslandsbeziehungen)

ders., Gebietliche Gewinnabgrenzung bei international operierenden Unternehmen, in: Festschrift für Hans Flick, hrsg. von Franz Klein, Hans Peter Stihl, Franz Wassermeyer, zusammen mit Detlev J. Piltz und Harald Schaumburg, Köln 1997, S. 615 ff.

Bartels, Kai Dieter, Berufsgrundsätze und Berufsaufsicht im Vereinigten Königreich, WPg 1995, 760 ff.

Becker, Enno, Die Grundlagen der Einkommensteuer, hrsg. v. Karl Peter, Reprintausgabe - München, Bergmann, Berlin 1940 - Herne/Berlin 1982.
(zitiert: Grundlagen der Einkommensteuer)

Becker, Helmut/*Höppner*, Horst-Dieter/*Grotherr*, Siegrfried/*Kroppen*, Heinz-Klaus (Hrsg.), DBA-Kommentar, Herne/Berlin 1997, Loseblatt, Stand: Juli 2001.
(zitiert: Verfasser, in: Becker/Höppner/Grotherr/Kroppen, DBA)

Becker, Helmut, StbJb 1985/86, S. 381 ff.

ders. Die Besteuerung von Betriebsstätten, DB 1989, 10 ff.

ders., Funktionsnutzen oder Erwirtschaftungsgrundsatz, DB 1990, 392 ff.

ders., Die Gewinnermittlung bei Betriebsstätten, in: Festschrift für Helmut Debatin, hrsg. von Gabriele Burmester und Dieter Endres, München 1997, S. 25 ff.

ders., Die Dokumentation bei grenzüberschreitender Verrechnungspreise, in: Gedächtnisschrift für Brigitte Knobbe-Keuk, hrsg. v. Wolfgang Schön, Köln 1997, S. 557 ff.

Becker, Helmut, Taxation of Electronic Business in a Globalizing World - Ten Demands for an Adaption, Intertax 1998, 410 ff.

Beckerath v., Hans-Jochen, Der Durchgriff im deutschen Außensteuerrecht, Berlin 1978.

Behrens, Peter, Das Wirtschaftsrecht des Europäischen Binnenmarkts, Jura 1989, 561 ff.

Bellstedt, Christoph, Steuerpflicht des ausländischen Sozius einer deutschen Rechtsanwaltskanzlei, IWB, F. 2 Vorschau und Standpunkte, S. 521 ff.

ders., Einkommensteuer der Internationalen Sozietät, IStR 1995, 361 ff.

Beul, Carsten René, Beschränkung europäischer Niederlassungsfreiheit und Art. 220 EGV, IStR 1997, 1 ff.

ders., Wirtschaftsprüfung in Italien, WPg 1997, 429 ff.

Blümich, Einkommensteuergesetz, Körperschaftsteuergesetz, Gewerbesteuergesetz, hrsg. von Ebling, Klaus, 15. Auflage, München, Loseblatt, Stand: Mai 2001. (zitiert: Blümich/Verfasser, § .. Gesetz)

Bodden, Guido, Die einkommensteuerrechtliche Subjektfähigkeit der Personengesellschaft, DStZ 1996, 73 ff.

Boekhoudt/Gerrit de Spenke, International Tax Review, 1996, 9 ff., zitiert bei *Hemmelrath*, Alexander, Die Besteuerung international tätiger Sozietäten, in: Haarmann, Hemmelrath und Partner (Hrsg.), Gestaltung und Analyse in der Rechts-, Wirtschafts- und Steuerberatung von Unternehmen, Köln 1998, S. 623 ff., S. 634.

Böhlhoff, Klaus, Die Praxis der internationalen wirtschaftsrechtlichen Beratung, in: Festschrift für Hans Flick, hrsg. von Franz Klein, Hans Peter Stihl, Franz Wassermeyer, zusammen mit Detlev J. Piltz und Harald Schaumburg, Köln 1997, S. 151 ff.

Boles, Ernest, Gesellschaften im US-Einkommensteuerrecht, München 1993. (zitiert: US-Einkommensteuerrecht)

Bonner Handbuch, Bonner Handbuch der Rechnungslegung, hrsg. von Albrecht, Werner/Grewe, Wolfgang/Hofbauer, Max A./Kupsch, Peter/Scherrer, Gerhard, 2. Auflage, Loseblatt, Stand: April 2001. (zitiert: Verfasser, in: Hofbauer/Kupsch)

Bordewin, Arno/*Brandt*, Jürgen, Kommentar zum Einkommensteuergesetz, Heidelberg, Loseblatt, Stand: Juli 2001. (zitiert: Verfasser, in: Bordewin/Brand, § .. EStG)

Bordewin, Arno, Zweifelsfragen zur Einkommensbesteuerung der freien Berufe, DStZ 1980, 459 ff.

Breidenbach, Berthold/*Niemeyer*, Markus, Der Auftragsbestand als Wirtschaftsgut, DB 1991, 2500 ff.

Brenner, Dieter, Neuere Rechtsprechung zu Einlagen in Kapitalgesellschaften, zu Tantiemen als verdeckte Gewinnausschüttungen und zur Anrechnung ausländischer Steuern, DStZ 1995, 97 ff.

Brenner, Dieter, Personengesellschaften im Internationalen Steuerrecht, in: Haarmann, (Hrsg.), Unternehmensstrukturen und Rechtsformen im internationalen Steuerrecht, Köln 1996, S. 63 ff. (zitiert: Verfassser, in: Haarmann (Hrsg.), Unternehmensstrukturen)

Brezing, Klaus/*Krabbe*, Helmut/*Lempenau*, Gerhard/*Runge*, Berndt, Außensteuerrecht Kommentar, Herne/Berlin 1991.
(zitiert: Verfasser, in: AStR)
Buciek, Klaus, Zur Diskussion, § 6 Abs. 5 EStG im außensteuerrechtlichen Kontext, DStZ 2000, 636 ff.
Bungert, Hartwin, Gründung und Verfassung der US-amerikanischen Limited Liability Company: Neues personen- und Kapitalgesellschaftsrechtliches Hybrid, IStR 1993, 128 ff.
ders., Die (Registered) Limited Liability Partnership, RIW 1994, 360 ff.
Burmester, Gabriele, Probleme der Gewinn und Verlustrealisierung, Baden-Baden 1986.
(zitiert: Gewinn und Verlustrealisierung)
Busse, Alexander, Zulässigkeit und Grenzen formularmäßiger Haftungshöchstsummenbeschränkung im Steuerberatervertrag, DStR 1995, 660 ff.
ders., Die personelle Haftungsbegrenzung in der Steuerberater-Sozietät gemäß § 67 a Abs. 2 StBerG, DStR 1995, 738 ff.

Cannon, International Tax Review, 1997, 15 ff., zitiert bei *Hemmelrath*, Alexander, Die Besteuerung international tätiger Sozietäten, in: Haarmann, Hemmelrath und Partner (Hrsg.), Gestaltung und Analyse in der Rechts-, Wirtschafts- und Steuerberatung von Unternehmen, Köln 1998, S. 623 ff., S. 634.
Caspers, Anne, Die Besteuerung freiberuflicher Einkünfte, Köln, 1999.
(zitiert: Freiberufliche Einkünfte)
Cattelaens, Heiner, Steuerentlastungsgesetz 1999/2000/2002: Neuregelung der Übertragung von Wirtschaftsgütern, DB 1999, 1083 ff.
Coenenberg, Adolf G./ *v. Woysocki*, Klaus, Hrsg., Enzyklopedie der Betriebswirtschaftslehre, Band 8, 2. Auflage, Stuttgart 1992.
(zitiert: Verfasser, in: Coenenberg/v. Woysocki (Hrsg.), Enzyklopedie)
Coulombe, Gérad, Taxation of Income from Personal Services rendered abroad, Generalbericht, CDFI, Vol. LXVIIb, S. 63 ff.
Courage, Christoph, Transparencia Fiscal in Spanien und ihre abkommensrechtlichen Auswirkungen, IStR 1998, 174 ff.
Crezelius, Georg, Steuerrechtliche Rechtsanwendung und allgemeine Rechtsordnung, Herne/Berlin 1983.
(zitiert: Rechtsanwendung)
ders., Beschränkte Steuerpflicht und Gestaltungsmißbrauch, DB 1984, 530 ff.
ders., Das Handelsbilanzrecht in der Rechtsprechung des Bundesfinanzhofs, ZGR 1987, 1 ff.
ders., Die isolierende Betrachtungsweise, insbesondere die grenzüberschreitende Betriebsaufspaltung, in: Haarmann, Wilhelm, (Hrsg.), Die beschränkte Steuerpflicht, Köln 1993, S. 75 ff.
ders., Der Mitunternehmerbegriff - ein Chamäleon?, in: Festschrift Ludwig Schmidt, hrsg. von Arndt Raupach und Adalbert Uelner, München 1993, S. 355 ff.
ders., Maßgeblichkeitsgrundsatz in Liquidation?, DB 1994, 689 ff.
ders., Steuerrecht II, 2. Auflage, München 1994.
(zitiert: Steuerrecht)

Crezelius, Georg, Bilanzrecht, 2. Auflage, Köln 1995.
(zitiert: Bilanzrecht)
ders., Fairneß im Steuerrecht - Editorial, Stbg 2001, Heft 11.

Dauner-Lieb, Barbara, Ein neues Fundament für die BGB-Gesellschaft, DStR 2001, 356 ff.
Dauses, Manfred A., (Hrsg.), Handbuch des EU-Wirtschaftsrechts, München 1998 (Loseblatt), Stand: Mai 2001.
(zitiert: Verfasser, in: Dauses (Hrsg.))
Dautzenberg, Norbert, Der EWG - Vertrag und die Doppelbesteuerungsabkommen, DB 1992, 2519 ff.
ders., Anmerkung zu EuGH v. 15.5.1997 (Futura), FR 1997, 567 ff., FR 1997, 570 ff.
DB, Anmerkung zu BFH v. 16.3.1994 - I R 42/93, IStR 1994, 504 ff.
Debatin, Helmut/*Endres*, Dieter, Das neue Doppelbesteuerungsabkommen USA/Bundesrepublik Deutschland, München 1990.
(zitiert: DBA-USA)
Debatin, Helmut/*Wassermeyer*, Franz, Doppelbesteuerungsabkommen, Kommentar, 10. Auflage, München, Loseblatt, Stand:Juni 2001).
(zitiert: Verfasser, in: Debatin/Wassermeyer)
Debatin, Helmut, Die Bestimmung der Einkunftsart bei der beschränkten Steuerpflicht, DB 1961, 785 ff.
ders., Auslegungsmaximen zum internationalen Steuerrecht, AWD 1969, 477 ff.
ders., Auslegung und Fortentwicklung des deutschen Außensteuerrechts und des internationalen Steuerrechts mit besonderer Berücksichtigung der deutschen Rechtsprechung, JbFStR 1973/74, S. 59 ff.
ders., Außensteuerrechtliche und internationalrechtliche Behandlung von Rechtsträgern daran bestehenden Beteiligungen, DB 1977, Beilage 13.
ders., Entwicklungsaspekte des internationalen Steuerrechts, RIW/AWD 1980, 1 ff.
ders., System und Auslegung der Doppelbesteuerungsabkommen, DB 1985, Beilage 23, S. 1 ff.
ders., Replik zum Aufsatz Vogels „Zu einigen Fragen des Internationalen Steuerrechts“, DB 1986, 510 ff.
ders., Subjektiver Schutz unter Doppelbesteuerungsabkommen, BB 1989, Beilage 2, S. 1 ff.
ders., Das Betriebsstättenprinzip der deutschen Doppelbesteuerungsabkommen, DB 1989, 1692 ff., 1739 ff.
ders., Die sogenannte Steuerentstrickung und ihre Folgen, BB 1990, 826 ff.
ders., Zur Behandlung von Beteiligungen an Personengesellschaften unter den Doppelbesteuerungsabkommen im Lichte der neueren Rechtsprechung des BFH, BB 1992, 1181 ff.
Dehnen, Peter H., Betriebsstättenerlaß - Forderungen an den Erlaßgeber, DB 1997, 1431 ff.
Diehl, Wolfram, Qualifikationskonflikte im Außensteuerrecht, FR 1978, 521 ff.
Djanani, Christina/*Hartmann*, Thomas, Der Progressionsvorbehalt im Nichtansässigkeitsstaat und bei subjektiven Qualifikationskonflikten, IStR 2000, 321 ff.

Döllerer, Georg, Die Rechtsprechung des Bundesfinanzhofs zum Steuerrecht der Unternehmen, ZGR 1976, 349 ff.

Donath, Roland, Rechtsberatungsgesellschaften, ZHR 156 (1992), 134 ff.

Eckert, Ralf, Besteht die Gefahr der Gewerblichkeit bei einer multinationalen Rechtsanwaltssozietät?, IStR 1999, 478 ff.

Edelmann, Hervé, Sozietätsfähigkeit von Anwaltsnotaren und Wirtschaftsprüfern?, DStR 1998, 1798 ff.

Ege, Gerhard, Die Betriebsstätte im Internationalen Steuerrecht, in: Freundesgabe für Franz Josef Haas, hrsg von Georg Crezelius, Arndt Raupach, Ludwig Schmidt, Adalbert Uelner, Herne/Berlin 1996, S. 101 ff.

Eisold, Peter, „Steuerrechtswahrer" im Dritten Reich, DStZ 1992, 427 ff.

Endres, Dieter/*Debatin*, Helmut, Taxation of International Law Firms in Germany, Tax Planing International Review, 1996, S. 8 ff.

Erbs, Georg/*Kohlhaas*, Max, Strafrechtliche Nebengesetze, Loseblatt, München, Loseblatt, Stand: April 2001.
(zitiert: Verfasser, in: Erbs/Kohlhaas, Nebengesetze)

Erdweg, Anton, Zur Abgrenzung der freiberuflichen von der gewerblichen Tätigkeit, FR 1978, 417 ff.

Erman, Walter, Handkommentar zum Bürgerlichen Gesetzbuch, 9. Auflage, Münster 1993.
(zitiert: Ermann/Verfasser, BGB)

Everling, Ulrich, Welche gesetzlichen Regelungen empfehlen sich für das Recht der rechtsberatenden Berufe, insbesondere im Hinblick auf die Entwicklung in der Europäischen Gemeinschaft?, in: Verhandlungen zum 58. Deutschen Juristentag in München 1990, Gutachten C, München 1990.

Felix, Günther, Neue Rechtslage der einkommensteuerlichen Qualifizierung der Einkünfte aus Sozietäten mit berufsfremden Mitgesellschaftern, DStR 1985, 363 ff.

Ferichs, Konrad, Folgerungen aus der „Schumacker-Entscheidung" des EuGH für das Jahressteuergesetz 1996, FR 1996, 574 ff.

Feuerich, Wilhelm E., Die Umsetzung der Diplomanerkennungsrichtlinie durch das Eignungsprüfungsgesetz für die Zulassung zur Rechtsanwaltschaft, NJW 1991, 1144 ff.

Feuerich, Wilhelm E./*Braun*, Anton, Bundesrechtsanwaltsordnung, Kommentar, 5. Auflage, München 2000.
(zitiert: BRAO)

Fiala, Johannes/*v. Walter*, Axel, Die Handakte des Steuerberaters, Wirtschaftsprüfers und Rechtsanwalts, DStR 1998, 614 ff., 736 ff.

Fischer, Lutz/*Strunk*, Günther, Hrsg., Steuerliche Aspekte des Electronic Commerce, Köln 1998.

Fischer, Lutz, Die Beteiligung an ausländischen Personengesellschaften vor dem Hintergrund der Betriebsstätten-Verwaltungsgrundsätze vom 24.12.1999, in: Festschrift für Klaus Vogel, Hrsg. Paul Kirchhof, Moris Lehner, Arndt Raupach, Michael Rodi, München 2000, S. 963 ff.

Fischer, Michael, Sacheinlagen im Gesellschafts- und Steuerrecht der GmbH, Herne/Berlin 1997.
(zitiert: Sacheinlagen)

ders., Anmerkung zu BFH v.6.12.2000 – VIII R 21/00, ZEV 2001, 158 ff.

Fleischer, Holger, Das Doppelmandat des Abschlußprüfers - Grenzen der Vereinbarkeit von Abschlußprüfung und Steuerberatung, DStR 1996, 758 ff.

Flick, Anna, Steuerberater - ein neuer freier Beruf in Polen, in: Festschrift für Hans Flick, hrsg. von Franz Klein, Hans Peter Stihl, Franz Wassermeyer, zusammen mit Detlev J. Piltz und Harald Schaumburg, Köln 1997, S. 165 ff.

Flick, Hans, Internationale Steuerberatung, in: Festschrift für Klaus Vogel, Hrsg. Paul Kirchhof, Moris Lehner, Arndt Raupach, Michael Rodi, München 2000, S. 1137 ff.

Flick, Hans/*Wassermeyer*, Franz/*Baumhoff*, Hubertus, Kommentar zum Außensteuerrecht, 6. Auflage, Köln 1997, Loseblatt, Stand: Dezember 1999.
(zitiert: Verfasser, in: Flick/Wassermeyer/Baumhoff, AStR)

Flick, Hans/*Wassermeyer*, Franz/*Wingert*, Karl D./*Kempermann*, Michael, Kommentar zum Doppelbesteuerungsabkommen Deutschland-Schweiz, 5. Auflage, Köln, Loseblatt, Stand:August 2000.
(zitiert: Verfasser, in: Flick/Wassermeyer/Wingert/Kempermann, DBA-Schweiz)

Flies, Rolf, Die Umqualifizierung der Einkünfte bei der beschränkten Steuerpflicht, DStZ 1995, 431 ff.

ders., Auftragsbestand und Firmenwert, DB 1996, 846 ff.

Förster, Jutta, IStR-Länderbericht, IStR 1996, Beihefter 11/96, 1 ff.

Frankowski, Martin, DBA Frankreich: Kommentar und Dokumentation zum Doppelbesteuerungsabkommen Frankreich, hrsg. v. Deutsch-Französische Industrie- und Handelskammer, Bielefeld 1994.
(zitiert: DBA-Frankreich)

Freericks, Wolfgang, Bilanzierungsfähigkeit und Bilanzierungspflicht in Handels- und Steuerbilanz, Köln/Berlin/Bonn/München 1976.
(zitiert: Bilanzierungsfähigkeit)

Frick, Jörg/ *Spatscheck*, Rainer, Werden Steuerberater gewerbesteuerpflichtig?, DB 1995, 239 ff.

FW, Anmerkung zu BFH v. 8.4.1992 - I R 68/91, abgedruckt in: BFH/NV 1993, 295, IStR 1993, 331 ff.

ders., Anmerkung zu BFH v. 15.12.1998 – I B 45/98, IStR 1999, 118 ff.

Gall, Jean-Pierre Le, International tax problems of partnerships, Generalbericht, CDFI, Volume LXXXa, S. 709 ff.

Gangemi, Bruno, Bestimmung der Verrechnungspreise, in: Festschrift für Hans Flick, hrsg. von Franz Klein, Hans Peter Stihl, Franz Wassermeyer, zusammen mit Detlev J. Piltz und Harald Schaumburg, Köln 1997, S. 737 ff.

Gassner, Wofgang/*Lang*, Michael/*Lechner*, Eduard, (Hrsg.) Aktuelle Entwicklungen im Internationalen Steuerrecht, Wien 1994.
(zitiert: Verfasser, in: Gassner, u. a., Aktuelle Entwicklungen)

Gehre, Horst, Steuerberatungsgesetz, Kommentar, 2. Auflage, München 1991.
(zitiert: StBerG, 1991)

Gehre, Horst, Steuerberatungsgesetz, Kommentar, 4. Auflage, München 1999. (zitiert: StBerG)

George, Heinz, Aktivierung und Abschreibung von Praxiswerten, DB 1995, 896 ff.

Geurts, Mathias, How to Tax Electronic Commerce Transactions?, Intertax 1998, 301 ff.

Glade, Hans-Joachim, Immaterielle Anlgewerte in Handelsbilanz, Steuerbilanz und Vermögensaufstellung, Bergisch Gladbach Köln 1991.

Glanegger, Peter/*Güroff*, Georg, Gewerbesteuergesetz, Kommentar, 4. Auflage, München 1999.
(zitiert: GewStG)

Gloria, Christian, Das steuerliche Verständigungsverfahren und das Recht auf diplomatischen Schutz, Berlin 1988.
(zitiert: Verständigungsverfahren)

Görl, Maximilian, Die freien Berufe im Internationalen Steuerrecht der Bundes republik Deutschland, München 1983.
(zitiert: Freie Berufe im IStR)

Göttsche, Max/*Stangl*, Ingo, Der Betriebsstättenerlaß des BMF vom 24.12.1999 – Anmerkungen und Zweifelsfragen, DStR 2000, 498 ff.

Gold, Gabriele, Steuerliche Abschreibungsmöglichkeit für Marken?, DB 1998, 956 ff.

Goldberg, Sanford H., Taxation of Professionals, The Canadian Tax Journal, 1994, Vol. 42 No. 2, p. 559.

Gräfe, Jürgen/*Lenzen*, Rolf/*Schmeer*, Andreas, Steuerberaterhaftung, 3. Auflage, Herne/Berlin 1998.
(zitiert: Gräfe/Lenzen/Rainer, Steuerberaterhaftung)

Grams, Harald, Auswirkungen zivilrechtlicher Vertragsgestaltung auf das Steuerabzugsverfahren nach § 50 a IV EStG, RIW 1997, 55 ff.

Groh, Manfred, Die nichtgewerblich tätige Personengesellschaft, JbFStR 1979/1980, S. 209 ff.

ders., Nutzungseinlage, Nutzungsentnahme und Nutzungsausschüttung, DB 1988, 514 ff., 571 ff.

ders., Bilanzrecht vor dem EuGH?, DStR 1996, 1206 ff.

Grotherr, Siegfried, Vorbehaltsklauseln in den deutschen Doppelbesteuerungsabkommen, IWB, Fach 3, Gruppe 2, S. 643 ff.

Grotherr, Siegfried, Zum sachlichen Anwendungsbereich des Progressionsvorbehalts im Abkommensrecht – Treaty overriding durch Rechtsprechung und Finanzverwaltung?, IWB, Fach 3, Gruppe 2, S. 673 ff.

ders., Zweifelsfragen bei der Anwendung der Rückfallklausel („subject to tax clause“) gemäß DBA, IWB F. 3 Gr. 2, S. 689 ff.

Grotherr, Siegfried/*Herfort*, Claus/*Strunk*, Günther, Internationales Steuerrecht, Achim bei Bremen 1998.
(zitiert: Int. Steuerrecht)

Grünbuch der Kommission über die Rolle, Stellung und Haftung des Abschlußprüfers in der EU v. 24.7.1996, KOM (96), 338 ff.

Grützner, Dieter, Überführung von Wirtschaftsgütern aus der ausländischen Betriebsstätte in das inländische Stammhaus, IWB F. 3 Gr. 1, S. 1473 ff.

Grune, Jörg, Im Brennpunkt, Gemischte Tätigkeiten bei Einzelunternehmen und Personengesellschaften, BB 1998, 1081 ff.
Grunewald, Barbara, Unerwartete Verbindlichkeiten beim Unternehmenskauf, ZGR 1981, 622 ff.
Günkel, Manfred/*Lieber*, Bettina, Abkommensrechtliche Qualifikation von Sondervergütungen, FR 2000, 853 ff.
dies., Duplik zu H. Krabbe, Abkommensrechtliche Behandlung von Sondervergütungen, FR 2001, 132 ff.

Haarmann, Wilhelm, Strategische Fragestellungen für eine multidisziplinäre in ternationale Kanzlei, in: Haarmann, Hemmelrath und Partner, (Hrsg.), Gestaltung und Analyse in der Rechts-, Wirtschafts- und Steuerberatung von Unternehmen, Köln 1998, S. 605 ff.
ders., Rechtsformen interdisziplinärer Kanzleien in Deutschland, in: FS 50 Jahre Arbeitsgemeinschaft der Fachanwälte für Steuerrecht e. V. und 50 Jahre Steuerrechtliche Jahresarbeitstagung, Herne/Berlin 1999, S. 515 ff.
(zitiert: Verfasser, in: FS Arbeitsgemeinschaft FfStR)
Haas, Franz-Josef, Inländische Beteiligungen an ausländischen Mitunternehmerschaften, BB 1979, 84 ff.
ders., Ist die Bilanzbündeltheorie tatsächlich überholt?, DStR 1997, 1706 ff.
ders., Seminar C: Die Zuordnung von Geschäftsführungs- und allgemeinen Verwaltungskosten zwischen Stammhaus und Betriebsstätte, IStR 2000, 504 ff.
Hahn, Hartmut, Ein Urteil des Conseil dÈtat zur Abkommensberechtigung von Personengesellschaften, IStR 2000, 265 ff.
Halaczinsky, R., Fünftes Gesetz zur Änderung des Steuerberatungsgesetzes, INF 1991, 17 ff.
Halfar, Bernd, Betriebsverlegung ins Ausland, IWB, F. 3 Gr. 1, S. 1263 ff.
Handbuch des Jahresabschlusses in Einzeldarstellungen, hsrsg. v. Wysocki, Klaus/Schulze-Osterloh, Joachim, Köln, Loseblatt Stand: September 2000.
(zitiert: Verfasser, in: HdJ)
Hammerstein, Rolf H./*Busse*, Alexander, Zivilrechtliche Aspekte der Gesellschaftsvertragsgestaltung in der Steuerberater-Sozietät, DStR 1995, 985 ff.
Hannes, Berthold, Qualifikationskonflikte im Internationalen Steuerrecht, Hamburg 1992.
(zitiert: Qualifikationskonflikte)
Harder, Nils, Die Steuerberatung durch den Abschlußprüfer, DB 1996, 717 ff.
Hartmann, Georg, Neuregelungen durch das 7. Änderungsgesetz zum Steuerberatungsgesetz, INF 2000, 469 ff.
Heinicke, Wolfgang, Diskriminierung im Ertragsteuerrecht der EG- und EWR-Staaten nach der Rechtsprechung des EuGH, DStR 1998, 1332 ff.
Heinsen, Oliver, Behandlung von Dreieckssachverhalten unter Doppelbesteuerungsabkommen, in: Siegfried Grotherr, Hrsg., Handbuch der internationalen Steuerplanung, Herne/Berlin, 2000, S. 1329 ff.
Helde, Stefanie, Dreiecksverhältnisse im Internationalen Steuerrecht unter Beteiligung einer Betriebsstätte, Köln, 2000.
(zitiert: Dreiecksverhältnisse)

Hellwig, Hans-Jürgen, Formen der Gestaltung der Zusammenarbeit mit dem ausländischen Anwalt, AnwBl. 1996, 124 ff.

Hemmelrath, Alexander, Besonderheiten bei der Beteiligung von Steuerinländern an Personengesellschaften in DBA-Staaten, IStR 1995, 570 ff.

ders., Die Besteuerung international tätiger Sozietäten, in: Haarmann, Hemmelrath und Partner (Hrsg.), Gestaltung und Analyse in der Rechts-, Wirtschafts- und Steuerberatung von Unternehmen, Köln 1998, S. 623 ff.

Henke, Ulf/*Lang*, Michael, Qualifizierung ausländischer Rechtsgebilde am Beispiel der Deleware-LLC, IStR 2001, 514 ff.

Hensel, Albert, Steuerrecht, Reprintausgabe der 3. Auflage, Berlin 1933, Herne/Berlin 1986.

Henssler, Martin/*Nerlich* Jörg, Anwaltliche Tätigkeit in Europa, Bonn 1994.
(zitiert: Anwaltliche Tätigkeit)

Henssler, Martin/*Prütting*, Hans, (Hrsg.), Bundesrechtsanwaltsordnung, Kommentar, München 1996.
(zitiert: Henssler/Prüting-Verfasser).

Henssler, Martin, Die Rechtsanwalts-GmbH, JZ 1992, 697 ff.

ders., Anwaltsgesellschaften, NJW 1993, 2137 ff.

ders., Anwaltschaft im Wettbewerb, AnwBl. 1993, 541 ff.

ders., Die interprofessionelle Zusammenarbeit in der Sozietät, WPK-Mitt 1999, 2 ff.

ders., Gesellschafts- und Berufsrecht der US-„Law Firms“ und Anwaltskooperationen, RIW 2001, 572 ff.

Hermstädt, Horst, Der Teilbetrieb, BB 1979, 96 ff.

Herrmann, Carl/*Heuer*, Gerhard/*Raupach*, Arndt, Kommentar zum Einkom mensteuergesetz und Körperschaftsteuergesetz einschließlich Nebengesetzen, 21. Auflage, Köln, Loseblatt, Stand:Juni 2001.
(zitiert: HHR/Verfasser, § .. Gesetz)

Herrmann, Hans Joachim, Die Personengesellschaft als Rechtssubjekt im Zivil- und Steuerrecht, DStZ 1998, 87 ff.

Herzig, Norbert/*Dautzenberg*, Norbert, Die Einwirkung des EG - Rechts auf das deutsche Unternehmenssteuerrecht, DB 1997, 8 ff.

Herzig, Norbert/*Kessler*, Wolfgang, Die begrenzte Steuerrechtsfähigkeit von Personengesellschaften nach dem Beschluß des Großen Senats des BFH vom 25.6.1984, DB 1985, 2480 ff., 2528 ff.

Heuß, Theodor, Organisationsprobleme der „freien Berufe“, in: Festschrift für Brentano, München/Leipzig 1916, Reprintausgabe Frankfurt a. M. 1989, S. 237 ff.

Hey, Friedrich E. F., Gesellschafts- und steuerrechtliche Aspekte der Limited Liability Company, RIW 1992, 916 ff.

ders., Stellung der US (Delaware) Limited Liability Company im internationalen Steuerrecht, in: Festschrift für Helmut Debatin, hrsg. von Gabriele Burmester, und Dieter Endres, München 1997, S. 121 ff.

Hilpold, Peter/*Steimair*, Walter/*Zandanel*, Paul, Grundriß des italienischen Steuerrechts, Wien/Bozen 1993.
(zitiert: Italienisches Steuerrecht)

Hilpold, Peter, Italien: Neue Abgabe auf Einkünfte aus selbständiger Tätigkeit eingeführt, IStR 1996, 275 ff.

Hinnekens, Philippe, Nationalgericht Belgien, CCDFI, LXXXa, S. 87 ff.
Hock, Bernhard, Personengesellschaften mit internationalem Gesellschafterkreis, Wiesbaden, 1994.
(zitiert: Personengesellschaften)
ders., Zur Besteuerung bei grenzüberschreitenden Beteiligungen an gewerblichen Personengesellschaften, WPg 1996, 106 ff.
Hoffmann, Wolf-Dieter, Praxishinweise zur neuen Abzugssteuer für ausländische Werkvertragsunternehmer, DStR 1999, 1061 ff.
Hoffmann, Wolfgang, Steuerberatung - Rechtsberatung: Abgrenzung aufgrund der Rechtsprechung, DStR 1987, 250 ff.
Holland, Eva M., Neue Wege im Gesellschaftsrecht der USA: Die Limited Liability Company (LLC) am Beispiel des Bundesstaates Georgia, NJW 1996, 95 ff.
Holzapfel, Hans-Joachim/*Pöllath*, Reinhard, Recht und Praxis des Unternehmenskaufs, 9. Auflage, Köln 2000.
Hommel, Michael, Bilanzierung immaterieller Anlagewerte, Stuttgart, 1998.
(zitiert: Anlagenwerte)
Hübner, Günther, Gewinnverteilung in Partnerschaften, DSWR 1999, 188 ff.
Hübschmann, Walter/*Hepp*, Ernst/*Spitaler*, Armin, Abgabenordnung, Finanzgerichtsordnung, Kommentar, 10. Auflage, Köln 1995, Loseblatt, Stand: Juni 2001.
(zitiert: Verfasser, in: HHSp, AO)
Hundt, Florenz, UN-Musterabkommen zur Vermeidung der Doppelbesteuerung zwischen Industriestaaten und Entwicklungsländern, RIW/AWD 1981, 306 ff.
Huston, John, The case against „fixed base", intertax 1988, 282 ff.

Institut für Freie Berufe an der Friedrich-Alexander-Universität Erlangen-Nürnberg, (Hrsg.), Freie Berufe in Europa, Bonn 1993.
(zitiert: Inst., Freie Berufe in Europa)
Internationale Wirtschafts - Briefe, Textsammlung, Herne/Berlin, Loseblatt, Stand: Oktober 2001.
(zitiert: Verfasser, IWB)
Jacobs, Otto H., Internationale Unternehmensbesteuerung, 3. Auflage, München 1995.
ders., Internationale Unternehmensbesteuerung, 4. Auflage, München 1999.
(zitiert: Int. Unternehmensbesteuerung)
Jakob, Wolfgang, Einkommensteuer, 3. Auflage, München 2000.
Jauernig, Othmar, Bürgerliches Gesetzbuch, 9. Auflage, München 1999.
(zitiert: Jauernig/Verfasser, BGB)
Jessnitzer, Kurt/*Blumberg*, Hanno, Bundesrechtsanwaltsordnung, Kommentar, 9. Auflage, Köln u. a. 2000.
(zitiert: BRAO)
JK, Tagungsbericht vom D A CH-Kongreß am 22. - 23. Oktober 1998 in Luzern, IStR 1999, Beihefter zu Heft 1/99, XIV.
Jonas, Bernd, Freiberufler als steuerliche Berater von Großunternehmen, in: Fest schrift für Hans Flick, hrsg. von Franz Klein, Hans Peter Stihl, Franz Wassermeyer, zusammen mit Detlev J. Piltz und Harald Schaumburg, Köln 1997, S. 195 ff.
Jungen, Dirk, Anmerkung zur Stellungnahme von Beul zum Beitrag „Wirtschaftsprüfung in Italien", WPg 1997, 431 ff.

Jurkat, Werner, Der Beschluß des Großen Senats des BFH vom 25.6.1984, GmbHR 1985, 62 ff., 86 ff.

Kaefer, Wolfgang/*Saß*, Gert, Beschränkte Steuerpflicht und Diskriminierungsverbot im Licht des EuGH-Urteils vom 14.12.1995, DB 1995, 642 ff.
Kaefer, Wolfgang, Gesetz zur Grenzpendlerbesteuerung verabschiedet, BB 1994, 1331 ff.
Kaiser, Hans/*Bellstedt*, Christoph, Die Anwaltssozietät, 1. Auflage, Herne/Berlin 1993.
dies., Die Anwaltssozietät, 2. Auflage, Herne/Berlin 1995.
(zitiert: Anwaltssozietät)
Kaminski, Bert, Ertragsteuerliche Konsequenzen bei der Überführung von Wirtschaftsgütern in eine ausländische Betriebsstätte, DStR 1996, 1794 ff.
ders., Überführung von Wirtschaftsgütern in eine ausländische DBA-Betriebsstätte als Entnahme i.S.des § 4 Abs. 4a EStG, IStR 2001, 129 ff.
Kanzler, Hans-Joachim, Der Rechtsanwalt als Konkursverwalter oder zu den Gefahren einer gemischten Tätigkeit, FR 1994, 114 ff.
ders., Anmerkung zu BFH v. 26.4.1995 - XI R 86/94, FR 1996, 34, FR 1996, 34 ff.
ders., Kommentar zu BFH v. 18.5.2000 – IV R 26/99, FR 2000, 991 ff.
Kellersmann, Dietrich, Die Abgrenzung der Einkünfte aus selbständiger Arbeit von den Einkünften aus Gewerbebetrieb, Frankfurt a. M., Berlin u. a. 1994.
(zitiert: Einkünfte aus selbständiger Arbeit)
Kempermann, Michael, Anmerkung zu BFH v.5.10.1994, BStBl. II 1995, 95 = FR 1995, 156, FR 1995, 158 ff.
ders., Einheit der Gesellschaft - Vielheit der Gesellschafter, DStZ 1995, 225.
ders., Katalogberufe als Gewerbetreibende, FR 1996, 514 ff.
Kempka, Bettina, Gewinnrealisierung bei der Überführung von Wirtschaftsgütern zwischen Stammhaus und Betriebsstätte, Frankfurt a. M. 1995.
(zitiert: Gewinnrealisierung)
dies., Systemkonforme steuerliche Behandlung stiller Reserven bei der grenzüberschreitenden Überführung von Wirtschaftsgütern zwischen Stammhaus und Betriebsstätte, StuW 1995, 242 ff.
Kerath, Andreas, Maßstäbe zur Auslegung und Anwendung von Doppelbesteuerungsabkommen unter Berücksichtigung des Verständigungsverfahrens, Münster u. a. 1995.
(zitiert: Auslegung von DBA)
Kespohl-Willemer, Annette, Rechtsanwaltsgesellschaften in Dänemark, AnwBl. 1990, 457 ff.
Kilian, Matthias, Modernes Gesellschaftsrecht Off-Shore, RIW 2000, 896 ff.
Kippenberger, Johannes, IStR-Länderbericht, IStR 1997, Beihefter zu Heft 19/97, 1 ff.
ders., IStR-Länderbericht, IStR 1999, Beihefter zu Heft 1/99, 1 ff.
ders., IStR-Länderbericht, IStR 1999, Beihefter zu Heft 17/99, 1 ff.
Kirchhof, Paul/*Söhn*, Hartmut, Einkommensteuergesetz - Kommentar, Heidelberg, Loseblatt, Stand: August 2001.
(zitiert: Verfasser, in: Kirchhof/Söhn, EStG)
Kirchhof, Paul, EStG, Kompakt Kommentar, Heidelberg, 2001.
(zitiert: Verfasser, in: Kirchhof, EStG)

Kischel, Dieter, Die Umsetzung des Schumacker-Urteils vom 14.2.1995, Rs. C-279/93 im Jahressteuergesetz 1996, IStR 1995, 368 ff.
Kleekämpfer, Heinz, Der Berufsstand der Wirtschaftsprüfer und vereidigten Buchprüfer im internationalen Umfeld, WPK-Mitt. 1993, 85 ff.
Klein, Franz, Abgabenordnung, Kommentar, 7. Auflage, München 2000. (zitiert: AO)
Kleine-Cosack, Michael, Rechtsanwalt, Syndikusanwalt und Zweitberuf, ZIP 1991, 1337 ff.
ders., Bundesrechtsanwaltsordnung, Kommentar, 3. Auflage, München 1997. (zitiert: BRAO)
Kleineidam, Hans-Jochen, Rechnungslegung bei Auslandsbeziehungen nach Handels- und Steuerrecht, Freiburg 1992. (zitiert: Rechnungslegung)
ders., Gewinnermittlung bei Auslandsbetriebsstätten, IStR 1993, 349 ff., 395 ff.
ders., Zur veranlassungsorientierten Steuerentstrickung bei grenzüberschreiteneden Vorgängen im Unternehmensbereich. IStR 2000, 577 ff.
Kluge, Volker, Die Auslegung von Doppelbesteuerungsabkommen, RIW 1975, 90 ff.
ders., Die Anerkennung ausländischer Gesellschaften im deutschen Steuerrecht, DStR 1976, 365 ff.
ders., Das deutsche Internationale Steuerrecht, 4. Auflage, München 2000. (zitiert: Internationales Steuerrecht)
Knebel, Andreas, Die ausländische Prsonengesellschaft - ein steuerliches Gestaltungsinstrument?, DStR 2000, 1421 ff.
Knobbe-Keuk, Brigitte, Zum Strukturwandelbeschluß des Großen Senats, StuW 1976, 152 ff.
dies., Aktuelle Rechts- und Steuerprobleme des mittelständischen Unternehmens, StbJb 1987/88, S. 129 ff.
dies., Wegzug und Einbringung von Unternehmen zwischen Niederlassungsfreiheit, Fusionsrichtlinie und nationalem Steuerrecht, DB 1991, 298 ff.
dies., „Qualifikationskonflikte" im internationalen Steuerrecht der Personengesellschaften, RIW 1991. 306 ff.
dies., Bilanz- und Unternehmenssteuerrecht, 9. Auflage, 1993. (zitiert: Bilanzsteuerrecht)
Köhler, Stefan, Die Behandlug des Auftragsbestands beim Unternehmenskauf in Handels- und Steuerbilanz, DStR 1997, 297 ff.
Koller, Ingo, Die Haftung beim Verkauf von Verträgen, JR 1982, 353 ff.
Korn, Klaus, Steuerschwerpunkte der Freiberufler - Sozietät und - GmbH, DStZ 1982/1983, 507 ff., 16 ff.
ders., Sozietät von Steuerberatern, Wirtschaftsprüfern, Rechtsanwälten, Arbeitskreis IV., 3. Referat, StKongRep 1985, S. 305 ff.
ders., Probleme bei der ertragsteuerlichen Abgrenzung zwischen freier Berufstätigkeit und Gewerbe, DStR 1995, 1250 ff.
ders., Freiberufler-Personengesellschaften und -Kapitalgesellschaften, Köln 1998. (zitiert: Freiberufler-Personengesellschaften)
ders., Einkommensteuer-Report August 1998, KÖSDI 1998, 11640 ff.

Korn, Klaus, Spezifische Steuerfragen bei Freiberufler-Kapitalgesellschaften, KÖSDI 1999, 12091 ff.
ders., Einkommensteuergesetz Kommentar, Bonn/Berlin, Loseblatt, Stand: Juli 2001. (zitiert: Verfasser, in: Korn, EStG)
Kornblum, Udo, Vom „Standesrecht" zum Berufsrecht der Freien Berufe, ZRP 1988, 465 ff.
Kotzur, Hubert, Goodwill freiberuflicher Praxen und Zugewinnausgleich, NJW 1988, 3239 ff.
Krabbe, Helmut, Übersicht über das deutsch-brasilianische Doppelbesteuerungsabkommen, DB 1974, 1641 ff.
ders., Aktuelle Fragen zum Auslandsinvestitionsgesetz, RIW/AWD 1978, 240 ff.
ders., Besteuerung belgischer Personengesellschaften und ihrer Gesellschafter nach dem deutsch-belgischen Doppelbesteuerungsabkommen, RIW/AWD 1981, 535 ff.
ders., Verlustberücksichtigung bei Auslandseinkünften, DStJG Band 8 (1985), S. 79 ff.
ders., Abgrenzung der Besteuerungsrechte bei international tätigen Sozietäten, FR 1995, 692 ff.
ders., OECD-Musterabkommen 2000, IStR 2000, 196 ff.
ders., UN-Musterabkommen 2000, IStR 2000, 618 ff.
ders., Betriebsstätten-Verwaltungsgrundsätze und Personengesellschaften, IWB, Fach 3 Gruppe , S. 863 ff.
ders., Abkommensrechtliche Behandlung von Sondervergütungen, FR 2001, 129 ff.
Kraft, Gerhard/*Schroeder*, Kai Uwe, Höchstrichterliche Versteigerung der Ungleichbehandlung der rechtsberatenden Berufe zu Lasten der Steuerberater, StB 1994, 223 ff.
Kramer, Jörg-Dietrich, Gewinnabgrenzung und Gewinnermittlung bei Verbringung von Wirtschaftsgütern zwischen Betriebsstätten im Internationalen Steuerrecht, StuW 1991, 151 ff.
ders., Der Arbeitsort von leitenden Angestellten im Internationalen Steuerrecht, RIW 1995, 742 ff.
ders., Verbringung von Wirtschaftsgütern zwischen Betriebsstätten im Internationalen Steuerrecht, IStR 2000, 449 ff.
Kroppen, Heinz-Klaus, Ausgewählte Fragen zum Betriebsstättenerlass, StbJb 1999/2000, S. 137 ff.
Kroschel, Jürgen, US-Einkommensteuerrecht: Systematische Unterschiede zum deutschen Recht, RIW 2000, 286 ff.
Krüger, Roland, Zur Abgrenzung der freiberuflichen von der gewerblichen Mitunternehmerschaft bei naturwissenschaftlich-technischen Berufen, insbesondere Architekten, FR 1996, 613 ff.
ders., Die feste Einrichtung bei der Ausübung selbständiger Arbeit, IStR 1998, 194 ff.
Kuhls, C./*Meurers*, Th./*Maxl*, P./*Schäfer*, H./*Goez*, Chr., Steuerberatungsgesetz, Praktikerkommentar mit Schwerpunkten zum Berufsrecht der Steuerberater, Herne/Berlin 1995.
(zitiert: Verfasser, in: Kuhls/Meurers/Maxl/Schäfer/Goez, StBerG)
Kumpf, Wofgang/*Roth*, Andreas, Steuerentlastungsgesetz 1999/2000/2002: Einschneidende neue Einbehaltungspflichten bei Zahlungen an Steuerausländer (§50 a Abs. 7 und Abs. 8 EStG), DB 1999, 815 ff.

Kumpf, Wofgang/*Roth*, Andreas, Einführungserlaß zu § 50 a Abs. 7 EStG, DB 1999, 1289 ff.
dies., Grundsätze der Ergebniszuordnung nach den neuen Betriebsstätten-Verwaltungsgrundsätzen, DB, 2000, 741 ff.
dies., Einzelfragen der Ergebniszuordnung nach den neuen Betriebsstätten-Verwaltungsgrundsätzen, DB 2000, 787 ff.
dies., Rücküberführung von Wirtschaftsgütern von einer ausländischen Betriebsstätte in einem DBA-Staat mit Freistellung in das inländische Stammhaus, DB 2000, 2192 ff.
Kumpf, Wolfgang, Besteuerung inländischer Betriebsstätten von Steuerausländern, Köln 1982.
(zitiert: Betriebsstätten)
ders., Betriebsstätte: Prinzip und Defintion, in: Harmann (Hrsg.), Die beschränkte Steuerpflicht, Köln 1993, S. 27 ff.
Kunz, Jürgen/*Kunz*, Petra, Freie-Mitarbeiter-Verträge als Alternative zur Festanstellung?, DB 1993, 326 ff.
Kupfer, Geklärte und strittige Einkommensteuerfragen bei Abgrenzung zwischen Freiberuf und Gewerbe, KÖSDI 1990, 8066 ff.
Kupsch, Peter, Bilanzsteuerrecht, Podiumsdiskussion, StbJb 1994/95, S. 166 ff.
Kußmaul, Heinz/*Schäfer*, René, Die Option von Personengesellschaften für eine Besteuerung durch die Körperschaftsteuer im französischen Steuerrecht, IStR 2000, 161 ff.
Lademann, Fritz, Kommentar zum Einkommensteuergesetz, Stuttgart, München, Hannover u. a., 4. Auflage, Loseblatt, Stand: Januar 2001.
(zitiert: Verfasser, in: Lademann, EStG)
Lamers, Alfons, Aktivierungsfähigkeit und Aktivierungspflicht immaterieller Werte, München 1981.
Lang, Michael, in: Festschrift für Helmut Debatin, hrsg. von Gabriele Burmester, und Dieter Endres, München 1997, S. 283 ff.
ders., Hrsg., Multilateral tax treaties, Wien/London 1997.
ders., Zeitliche Zurechnung bei der DBA-Anwendung, in: Festschrift für Hans Flick, hrsg. von Franz Klein, Hans Peter Stihl, Franz Wassermeyer, zusammen mit Detlev J. Piltz und Harald Schaumburg, Köln 1997, S. 895 ff.
ders., Die abkommensrechtliche Behandlung von ausländischen Personengesellschaften mit Steuersubjektivität im Ausland, in: Unternehmenspolitik und internationale Besteuerung, Festschrift für Lutz Fischer, Hrsg., Hans-Jochen Kleineidam, Berlin, 1999, S. 713 ff.
ders., Qualifikationskonflikte bei Personengesellschaften, IStR 2000, 129 ff.
ders., Qualifikationskonflikte im Recht der Doppelbesteuerungsbakommen, in: Steuern und Staat, Festschrift für Klaus Vogel, Hrsg. Paul Kirchhof, Moris Lehner, Arndt Raupach, Michael Rodi, München 2000, S. 907 ff.
ders., Seminar B, Teil 2: Das OECD-Musterabkommen – 2001 und darüber hinaus: Welche Bedeutung haben die nach Abschluss eines Doppelbesteuerungs-abkommen erfolgten Änderungen des OECD-Kommentars?, IStR 2001, 536 ff.

Lang, Joachim, Zur Subjektfähigkeit von Personengesellschaften im Einkommensteuerrecht, in: FS Ludwig Schmidt, hrsg. v. Arndt Raupach und Adalbert Uelner, München 1993, S. 291 ff.

Larenz, Karl/*Canaris*, Claus-Wilhelm, Methodenlehre der Rechtswissenschaft, 3. Auflage, Berlin u. a. 1995.
(zitiert: Methodenlehre)

Larenz, Karl, Lehrbuch des Schuldrechts, Band II, Halbband 1, Besonderer Teil, 13. Auflage, München 1986.
(zitiert: Schuldrecht, Bd.I)

ders., Lehrbuch des Schuldrechts, Band I, Allgemeiner Teil, 14. Auflage, München 1987.
(zitiert: Schuldrecht, Bd.II)

Lefebvre, Francis/*Pöllath*, Reinhard/*Rädler*, Albert, Steuern in Frankreich, Köln 1976.
(zitiert: Steuern in Frankreich)

Lethaus, Hans, Wege zur Abkommensberechtigung der Personengesellschaft, in: Festschrift für Wolfgang Ritter, hrsg. von Max Dietrich Kley, Köln 1997, S. 427 ff.

Lichtner, Rolf/*Korfmacher*, Hans Wilhelm, Berufsrechte im Umbruch?, WPK-Mitt. 1993, 93 ff.

dies., Das dritte Gesetz zur Änderung der Wirtschaftsprüferordnung, WPK-Mitt. 1994, 207 ff.

List, Heinrich, Neue Berufe aus steuerrechtlicher Sicht, BB 1993, 1488 ff.

Littmann, Eberhard/*Bitz*, Horst/*Pust*, Hartmut, Das Einkommensteuerrecht, 15. Auflage, Stuttgart, Loseblatt, Stand: August 2001.
(zitiert: Verfasser, in: Littmann/Bitz/Pust, EStG)

Lohmeyer, Heinz, Zur Bilanzierung schwebender Geschäfte, DStR 1975, 651 ff.

Loritz, Karl-Georg, Einkommensteuerrecht, Heidelberg 1988.

Loritz, Karl-Georg/*Wagner*, Klaus R., § 2 a und Europäische Gemeinschaft - verfassungsrechtliche und europarechtliche Fragen, BB 1991, 2266 ff.

Lornsen, Birgitt, Unilaterale Maßnahmen der Bundesrepublik Deutschland zur Ausschaltung der internationalen Doppelbesteuerung bei der Einkommen- und Körperschaftsteuer, Frankfurt a. M., 1987.
(zitiert: Unilaterale Maßnahmen)

Loukota, Helmut, Ergänzende Stellungnahme zur Anmerkung von Rosemarie Portner, IStR 1996, 392 ff.

Lüdemann, Peter/*Hruschka*, Franz, Die Behandlung von Personengesellschaften im Verhältnis Deutschland - Spanien, IStR 2000, 25 ff.

Lüdicke, Jürgen, Steuerermäßigung bei ausländischen Einkünften, Köln 1985.
(zitiert: Steuerermäßigung)

ders., Neue Entwicklungen der Besteuerung von Personengesellschaften im internationalen Steuerrecht, StbJb 1997/98, S. 449 ff.

ders., Steuerentlastungsgesetz 1999/2000/2002: Änderungen bei beschränkt Steuerpflichtigen, IStR 1999, 193 ff.

ders., Anmerkung zu BFH v. 24.3.1999 - I R 114/97, IStR 1999, 409 ff.

Mack, Alexandra, Einkünfte nach §§ 13, 15, 18, 19 und 21 EStG in Verbindung mit dem einschlägigen DBA - Recht, in: Streck, Michael/Deutsches Steuerberaterinstitut (Hrsg.), Steuerberatung in der Europäischen Gemeinschaft, Bonn 1993, S. 73 ff.

Mack, Alexandra, Steuerberaterrecht in der EG, in: Streck, Michael/Deutsches Steuerberaterinstitut (Hrsg.), Steuerberatung in der Europäischen Gemeinschaft, Bonn 1993, S. 145 ff.
Mäusli, Peter, Die Ansässigkeit von Gesellschaften im internationalen Steuerrecht, Bern 1993.
Maier-Bridou, Arno, Steuerfragen einer deutsch-französischen Anwaltssozietät, AnwBl. 1993, 264 ff.
Malinski, Peter, Währungsumrechnungen und Doppelbesteuerung, Herne/Berlin 1992.
Manke, Klaus, Personengesellschaften im internationalen Steuerrecht, JbFStR 1977/78, S. 268 ff.
ders., Personengesellschaften im internationalen Steuerrecht, JbFStR 1978/79, S. 333 ff.
ders., Personengesellschaften und DBA, DStJG Band 8 (1985), S. 195 ff.
Mathiak, Walter, Anrechnung ausländischer Steuern - Zur Auslegung des § 34 c Abs. 1 EStG, FR 1991, 735 ff.
Mauri, Ezio, Der italienische „Wirtschaftsprüfer“, ein Standesberuf, den es nicht gibt, IStR 1997, 315 ff.
May, Dietmar, Ertragsbesteuerung von Technologietransfer bei Vorliegen eines Doppelbesteuerungsabkommens, Baden-Baden 1994, S. 85 ff.
(zitiert: Technologietransfer)
Menck, Thomas, OECD - Bericht zur Personengesellschaft und zum Qualifikationskonflikt - ein Überblick, IStR 1999, 147 ff.
ders., Die Revision des UN-Musterabkommens und die OECD-Umfrage zur DBA-Politik, IStR 1999, Beihefter zu Heft 15, 1 ff.
ders., Schwerpunkte der Anpassung des OECD-Musters für Steuerabkommen, IWB, F. 10, Gr. 2, S. 1469 ff.
Meng, Dietrich, Die Änderung des Steuerberatungsgesetzes durch das Einigungsvertragsgesetz und das 5. Steuerberatungsänderungsgesetz, StB 1991, 1 ff.
Mennel, Annemarie/*Förster*, Jutta, Steuern in Europa, Amerika und Asien, Herne/Berlin, Loseblatt, Stand: April 2001.
(zitert: Verfasser, in: Mennel/Förster, Steuern in Europa)
Merle, Henner, Freizügigkeit für Rechtsanwälte in der Europäischen Union, Frankfurt a. M. u. a. 1995.
(zitiert: Freizügigkeit)
Michalski, Lutz, Der Begriff des freien Berufs im Standes- und im Steuerrecht, Köln 1989.
(zitiert: Begriff des freien Berufs)
ders., Das Gesellschafts- und Kartellrecht der berufsrechtlich gebundenen freien Berufe, Köln 1989.
(zitiert: Gesellschafts- und Kartellrecht freier Berufe)
Michalski, Lutz/*Römermann*, Interprofessionelle Zusammenarbeit von Rechtsanwälten, NJW 1996, 3233 ff.
Michaux, Eric, An analysis of the notion „fixed base“ and its relation to the notion „permanent establishment“ in the OECD model, intertax 1987, 68 ff.

Mittelbach, Rolf, Geschäfts-und Praxisübertragungen, 3. Auflage, Ludwigshafen, 1977.
(zitiert: Praxisübertragungen)

Mittelsteiner, Karl-Heinz, Das neue Berufsrecht der Steuerberater, DStR 1994, Beihefter zu Heft 37, 1 ff.

ders., Der Steuerberater als Partner mittelständischer Unternehmen auf dem Weg ins Europa, Steuerberaterkongreß-Report 1999, S. 39 ff.

Mittermaier, Johannes E., Besteuerung von Personengesellschaften im Verhältnis USA-Deutschland, Heidelberg, 1999.
(zitiert: Personengesellschaften USA-Deutschland)

Möckershoff, Hubert, (Hrsg.), Handbuch Freie Berufe im Steuerrecht, Bielefeld 1999.
(zitiert: Verfasser, in: Möckershoff (Hrsg.), Freie Berufe)

Mössner, Jörg Manfred/*Baumhoff*, Hubertus/*Fischer-Zernin*, Justus A. Franz/*Greif*, Martin/*Henkel*, Udo W./*Menck*, Thomas/*Piltz*, Detlev-Jürgen/*Schröder*, Siegfried/*Stadie*, Holger/*Tillmanns*, Wolfhard, Steuerrecht international tätiger Unternehmen, 2. Auflage, Köln 1998.
(zitiert: Verfasser, in: Mössner u. a., Int. Unternehmensteuerrecht)

Mössner, Jörg Manfred, Die Methoden zur Vermeidung der Doppelbesteuerung, DStJG Band 8 (1985), S. 135 ff.

ders., Zur Auslegung von Doppelbesteuerungsabkommen, in: Festschrift für Ignaz Seidl-Hohenfeldern, hrsg. von Karl-Heinz Böchstiegel, Hans-Ernst Folz, Jörg Manfred Mössner, Karl Zemanek, Köln, Berlin, Bonn, München 1988, S. 403 ff.

ders., Isolierende Betrachtungsweise, in: Festschrift für Hans Flick, hrsg. von Franz Klein, Hans Peter Stihl, Franz Wassermeyer, zusammen mit Detlev J. Piltz und Harald Schaumburg, Köln 1997, S. 939 ff.

ders., Neuere Entwicklungen beim Betriebsstättenbegriff, in: Steuern und Staat, Festschrift für Klaus Vogel, Hrsg. Paul Kirchhof, Moris Lehner, Arndt Raupach, Michael Rodi, München 2000, S. 947 ff.

ders., Rechtsprechung des BFH zu Doppelbesteuerungsabkommen in den Jahren 1999 und 2000, RIW 2001, 364 ff.

Morgenthaler, Gerd, Beschränkte Steuerpflicht und Gleichheitssatz, IStR 1993, 258 ff.

Moxter, Adolf, Aktivierungsgrenzen bei „immateriellen Anlegewerten", BB 1978, 821 ff.

ders., Die Geschäftswertbilanzierung in der Rechtsprechung des Bundesfinanzhofs und nach EG-Bilanzrecht, BB 1979, 741 ff.

ders., Bilanzrechtsprechung, 5. Auflage, Tübingen 1999.
(zitiert: Bilanzrechtsprechung)

Müller, Thomas, Das „Schumacker"-Urteil des EuGH und seine Auswirkungen auf die beschränkte Einkommensteuerpflicht, DStR 1995, 585 ff.

Müller, Ursula, Die Partnerschaftsgesellschaft - Eine Rechtsform für freie Berufe aus der Sicht der freiberuflichen Leistung, FR 1995, 402 ff.

Münch, Harald, Strittige Einzelfragen des Betriebsstättenerlasses, DB 2000, 2140 ff.

Münchner Handbuch, Münchner Handbuch des Gesellschaftsrechts, Band 1, hrsg. v. Riegger, Bodo und Weipert, Lutz, München 1995.
(zitiert: MünchHdb.GesRI/Bearbeiter)

Münchner Kommentar zum Bürgerlichen Gesetzbuch, hrsg. von Kurt Rebmann, Franz Jürgen Säcker, Roland Rixecker, 3. u. 4. Auflage, München 1997 u. 2001.
(zitiert: MünchKomm-Verfasser, Gesetz)

Nachbaur, Andreas, Art. 52 EWGV - Mehr als nur ein Diskriminierungsverbot ?, EuZW 1991, 470 ff.

Nerlich, Jörg, Internationale Kooperationsmöglichkeiten für europäische Rechtsanwälte, Bonn 1994.
(zitiert: Kooperationsmöglichkeiten)

ders., Anwaltssozietäten in Europa, AnwBl. 1994, 529 ff.

ders., Erleichterte Niederlassungsbedingungen für europäische Rechtsanwälte, MDR 1996, 874 ff.

Neu, Norbert, Einkünfteinfektion nach § 15 Abs. 3 Nr. 1 EStG - genügt der Obstkarren?, DStR 1995, 1893 ff.

Neubauer, Heinz, Korreferat zum Referat Ritter, JbFStR 1976/77, S. 312 ff.

Neyer, Wolfgang, Die Besteuerung von Geschäftsführervergütungen bei grenzüberschreitender Tätigkeit, IStR 1997, 33 ff.

Niedner, Hans-Joachim, Die Behandlung der Einkünfte aus Arbeit im internationalen Steuerrecht der Bundesrepublik Deutschland, Dissertation, Köln 1967.
(zitiert: Einkünfte aus Arbeit im IStR)

OECD, The Application of the OECD Model Tax Convention to Partnerships, Paris 1999.
(zitiert: OECD, Application)

dies., Issues related to Article 14 of the Model Tax Convention, Paris, 2000.
(zitiert: OECD, Issues related to Art. 14)

Oho, Wolfgang, Einkommensbesteuerung internationaler freiberuflicher Praxen, in: Diskussionsbeiträge aus dem Institut für Ausländisches und Internationales Finanz- und Steuerwesen der Universität Hamburg, Heft 116, 1998.
(zitiert: Internationale Praxen)

Ostendorf, Claudia, Behandlung von Sondervergütungen der Mitunternehmer im internationalen Steuerrecht, Berlin 1994.
(zitiert: Sondervergütungen)

Otsuka, Ichiro, Nationalbericht Japan, CDFI, LXXXa, S. 317 ff.

Pach-Hanssenheimb v., Ferdinand, Die Entstrickung von Wirtschaftsgütern im Vorentwurf einer EG-Richtlinie über die Harmonisierung der steuerlichen Gewinnermittlung, DB 1989, 1581 ff.

ders., Die Verstrickung von Wirtschaftsgütern in die deutsche Steuerhoheit, Baden-Baden 1991.
(zitiert: Verstrickung)

Palandt, Otto, Bürgerliches Gesetzbuch - Kommentar, 60. Auflage, München 2001.
(zitiert: BGB)

Paulick, Heinz, Die Bearbeitung von Rechtsangelegenheiten durch Steuerberater, StB 1983, 1 ff.

Paus, Bernhard, Freiberufliche Tätigkeit einer Personengesellschaft, DStZ 1986, 120 ff.

Pausch, Alfons, Zum Gesetz über die Zulassung von Steuerberatern nach Hitlers Machtergreifung, StB 1983, 135 ff.

Peres, Holger, Abschied von der Doppelverpflichtungslehre und persönliche Haftung der Gesellschafterr freiberuflicher Sozietäten bürgerlichen Rechts, DStR 2000, 639 ff.

Pfaar, Michael, Keine Besteuerung bei Übertragung von Wirtschaftsgütern in ausländische Betriebsstätten, IStR 2000, 42 ff.

Piltz, Detlev Jürgen, Die Personengesellschaften im internationalen Steuerrecht der Bundesrepublik Deutschland, Heidelberg 1981.
(zitiert: Personengesellschaften im IStR)

ders., Die beschränkte Steuerpflicht im Einkommensteuerrecht, IWB F. 3 Gr. 3, S. 683 ff.

ders., Ermittlung von Auslandseinkünften zwecks Anrechnung ausländischer Steuern, IStR 1995, 71 ff.

Platz, Jürgen, Veräußerung und Übertragung von Steuerberater- und Wirtschaftsprüferpraxen, DStR 1997, 1465 ff.

Portner, Rosemarie, Anmerkung zu: Ausländische Anwaltssozietät, ÖMF, EAS.868 v. 30.4.1996, IStR 1996, 391 ff.

dies., Betriebsstätte durch grenzüberschreitende Internet - Transaktionen?, IStR 1998, 553 ff.

dies., Deutsche Landesgruppe der International Fiscal Association (IFA): Stellungnahme zu einem Berichtsentwurf zum Thema „Electronic Comerce and International Taxation“, IStR 1998, 594 ff.

Portner, Rosemarie/*Bödefeld*, Axel, Steuern der internationalen Sozietät, AnwBl. 1994, 104 ff.

dies., Besteuerung der Einkünfte aus selbständiger Arbeit bei grenzüberschreitender Tätigkeit überörtlicher Rechtsanwaltssozietäten, IWB F. 3, Gr. 3, S. 1037 ff.

Pott, Hans-Michael, Die Kollision unterschiedlicher Formen der Gesellschaftsbesteuerung im Internationalen Steuerrecht, Köln 1982.
(zitiert: Kollision)

Prinz, Ulrich/*Breuninger*, Gottfried E., Steuergestaltung mit ausländischen Personengesellschaften, IWB, F. 10 Gr. 2, S. 1293 ff.

Quick, Reiner/*Ungeheuer*, Sandra, Tätigkeitsfelder und Berufsaufsicht des italienishen Revisore Contabile, WPK-Mitt. 2000, 18 ff.

Rademacher-Gottwald, Claudia, Besteuerungsprobleme der grenzüberschreitenden Sozietäten von Rechtsanwälten, Steuerberatern und Wirtschaftsprüfern, Herne/Berlin, 2001
(zitiert: Grenzüberschreitende Sozietäten)

Rädler, Albert J./*Raupach*, Arndt, Deutsche Steuern bei Auslandsbeziehungen, München/Berlin 1966.
(zitiert: Auslandsbeziehungen)

Rädler, Albert J., Bericht: Mündliche Verhandlung im Fall Schumacker, FR 1994, 705 ff.

ders., Fragen aus dem Schumacker-Urteil des EuGH, DB 1995, 793 ff.

Raiser, Gottfried, Die Haftung des deutschen Rechtsanwalts bei grenzüberschreitender Tätigkeit, NJW 1991, 2049 ff.

Raupach, Arndt/*Böckstiegel,* Martin, Die Verlustregelungen des Steuerentlastungsgesetzes, FR 1999, 487 ff.

Raupach, Arndt, Die Anwaltschaft auf dem Weg vom „Organ der Rechtspflege" zum „Anwalt 2000" ?, in: Freundesgabe für Franz Josef Haas, hrsg. v. Georg Crezelius, Ludwig Schmidt, Arndt Raupach, Adalbert Uelner, Herne/Berlin 1996, S. 253 ff.

ders., „Globalisierung, Full Service-Concept und Multi-Disciplinary Practice" auf dem Beratungsmarkt, in: FS 50 Jahre Arbeitsgemeinschaft der Fachanwälte für Steuerrecht e. V. und 50 Jahre Steuerrechtliche Jahresarbeitstagung, Herne/ Berlin 1999, S. 13 ff.

ders., Unternehmen und Unternehmer im recht der Doppelbesteuerungsabkommen, in: Festschrift für Klaus Vogel, Hrsg. Paul Kirchhof, Moris Lehner, Arndt Raupach, Michael Rodi, München 2000, S. 1067 ff.

Rechenberg Frhr. v., Wolf-Georg, Die Verpachtung des Mandantenstamms an eine Steuerberatungs-GmbH, INF 1997, 717 ff.

Rennen, Günter/*Caliebe*, Gabriele, Rechtsberatungsgesetz, 3. Auflage, München 2001. (zitiert: RBerG)

Richter, Dirk, Quellenbesteuerung ausländischer Dienstleistungserbringer in Frankreich, IStR 2000, 134 ff.

Riemenschneider, Sven, Abkommensberechtigung von Personengesellschaften und abkommensrechtliche Behandlung der Einkünfte aus Beteiligung inländischer Gesellschafter an ausländischen Personengesellschaften, Frankfurt a. M., Berlin, u.a. 1995. (zitiert: Abkommensberechtigung)

Risthaus, Anne/*Plenker*, Jürgen, Steuerentlastungsgesetz 1999/2000/2002 - Geänderte Verlustverrechnungsmöglichkeiten im Rahmen der Einkommensteuerfestsetzung, DB 1999, 605 ff.

Ritter, Wolfgang, Grenzüberschreitende Gewinnabgrenzung bei Betriebsstätten - Ein systematischer Versuch, JbFStR 1976/77, S. 288 ff.

Römermann, Volker, Entwicklungen und Tendenzen bei Anwaltsgesellschaften, Köln 1995.
(zitiert: Anwaltsgesellschaften)

Rose, Gerd, Zur Bestimmmung der Einkunftsart bei gemischten wirtschaftlichen Aktivitäten von Einzelpersonen, DB 1980, 2464 ff.

ders., Quantifizierung des verfassungsrechtlichen Verhältnismäßigkeitsgebots im Steuerrecht, DB 2000, 993 ff.

Roth, Andreas, Ermittlung der inländischen Betriebsstätteneinkünfte einer beschränkt steuerpflichtigen Körperschaft - Anmerkung zu BFH v. 20.7.1988 - I R 49/84, FR 1988, 680 ff.

ders., Zurechnung von Wirtschaftsgütern bei Betriebsstätten und Personengesellschaften, in: Lutz Fischer, Hrsg., Zurechnung von Wirtschaftsgütern im Internationalen Steuerrecht, Köln, 2000, S. 87 ff.
(zitiert: Verfasser, in: Fischer, L. (Hrsg.), Zurechnung)

Runge, Berndt, Ein Plädoyer für Verständigungsverfahren, in: FS 50 Jahre Arbeitsgemeinschaft der Fachanwälte für Steuerrecht e. V. und 50 Jahre Steuerrechtliche Jahresarbeitstagung, Herne/Berlin 1999, S. 139 ff.

Saß, Gerd, Der Verlustvortrag bei Betriebsstätten in der Europäischen Union, DB 1997, 1533 ff.

ders., Zu den Auswirkungen des EU - Vertrags auf die bilateralen Doppelbesteuerungsabkommen, DB 1998, 1482 ff.

ders., Einfluss der Dienstleistungsfreiheit in der EU auf direkte Steuern, DB 2000, 176 ff.

ders., Zur Verlustberücksichtigung bei grenzüberschreitender Unternehmenstätigkeit in der EU – Anmerkung zum EuGH-Urteil vom 14.12.2000, DB 2001, 508 ff.

Sauren, Marcel M., DStR - Fachliteratur - Auswertung: Besteuerung der Freiberufler, DStR 1995, 1623 ff.

ders., DStR-Fachliteraturauswertung: Besteuerung der Freiberufler, DStR 1999, 1100 ff.

Schäfer, Harald J., Unternehmensberatung durch Steuerberater, DStR 1997, 794 ff.

Schaumburg, Harald, Spezielle Gewinnrealisierungsprobleme im außensteuerrechtlichen Kontext, DStJG Band 4 (1981), S. 247 ff.

ders., Das Leistungsfähigkeitsprinzip im internationalen Steuerrecht, in: Festschrift für Klaus Tipke, hrsg. von Joachim Lang, Köln 1995, S. 125 ff.

ders., Freiberufliche Beratung im Ausland, in: Streck, Michael/Deutsches Steuerberaterinstitut (Hrsg.), Besteuerung grenzüberschreitender Aktivitäten, Bonn 1996, S. 116 ff.

ders., Internationales Steuerrecht, 2. Auflage, Köln 1998.
(zitiert: Internationales)

ders., Die Personengesellschaft im internationalen Steuerrecht, Stbg 1999, 97 ff., 156 ff.

ders., Zurechnung von Wirtschaftsgütern im nationalen sowie Abkommensrecht, in: Lutz Fischer, Hrsg., Zurechnung von Wirtschaftsgütern im Internationalen Steuerrecht, Köln, 2000, S. 53 ff.
(zitiert: Verfasser, in: Fischer, L. (Hrsg.), Zurechnung)

Scheffler, Wolfram, Überführung von Wirtschaftsgütern zwischen inländischem Stammhaus und ausländischer Betriebsstätte, RIW 2000, 569 ff.

Schick, Walter, Die freien Berufe im Steuerrecht, Köln 1973.
(zitiert: Freie Berufe)

Schild, Claus/*Ehlermann*, Christian, Besteuerungsprobleme bei Beteiligungen an aus ländischen Personengesellschaften, in: Siegfried Grotherr, Hrsg., Handbuch der internationalen Steuerplanung, Herne/Berlin, 2000, S. 1245 ff.

Schild, Eugen, Die Abfärberegelung des § 15 Abs. 3 Nr. 1 EStG unter dem Blickwinkel des BFH-Urteils vom 11.8.1999, XI R 12/98, DStR 2000, 576 ff.

Schindhelm, Malte/*Stein*, Klaus, Anknüpfungskriterien des irischen internationalen Steuerrechts, FR 1998, 85 ff.

Schliephake, Dirk, Steuerliche Gewinnabgrenzung internationaler Personengesellschaften, Bielefeld 1990.

Schmidt, Christian, Zur DBA-Anwendung und inländischer Steuerpflicht bei im Sitzstaat rechtsfähigen ausländischen Personengesellschaften, IStR 1996, 14 ff.

Schmidt, Christian, Steuerliche Probleme bei grenzüberschreitenden Investitionen in osteuropäische, gewerbliche Personengesellschaften, in: Lutz Fischer, Hrsg., Steuerplanung im Spannungsverhältnis von Abkkommens- und nationalem Außensteuerrecht, Köln 1998, S. 39 ff.
(zitiert: Verfasser, in: Fischer, L. (Hrsg.), Steuerplanung)

ders., Personengesellschaften im internationalen Steuerrecht nach dem OECD-Bericht „The Application of the OECD Model Tax Convention to Partnerships" und den Änderungen im OECD-MA OECD-MA-Kommentar im Jahr 2000, IStR 2001, 489 ff.

Schmidt, Karsten, Gesellschaft bürgerlichen Rechts, in: Gutachten und Vorschläge zur Überarbeitung des Schudlrechts, hrsg. von Bundesministerium der Justiz, Band III, Köln 1983, S. 413 ff.

ders., Gesellschaftsrecht, 3. Auflage, Köln, Berlin, Bonn, München 1997.
(zitiert: Gesellschaftsrecht)

ders., HGB-Reform und gesellschaftsrechtliche Gestaltungspraxis, DB 1998, 61 ff.

ders., Die BGB-Außengesellschaft: rechts- und parteifähig, NJW 2001, 993 ff.

Schmidt, Ludwig, Kommentar zum Einkommensteuergesetz, 20. Auflage, München 2001.
(zitiert: Schmidt/Verfasser, EStG)

Schmidt-von Rhein, Giesela, Bewertung von Freiberuflerpraxen, Wiesbaden 1997.
(zitiert: Freiberuflerpraxen)

Schmittmann, Jens M., Anmerkung zu OLG Hamm v. 24.11.1998, IStR 1999, 351 ff.

Schmuck, Thomas, Die Anwalts-AG nach französischem Recht, RIW 1997, 983 ff.

Schneider, Dieter, Von der losen Kooperation nach dem „Best - friends - System" zur überörtlichen oder gar transnationalen Sozietät, AnwBl. 1991, 565 ff.

Schneider, Frank, Die Gesellschaft bürgerlichen Rechts mit beschränkter Haftung, Bayreuth, 1994.
(zitiert: BGB-Gesellschaft)

Schneider, Hildegard, Die Anerkennung von Diplomen in der Europäischen Gemeinschaft, Antwerpen, 1995.
(zitiert: Anerkennung von Dipl.)

Schön, Wolfgang/*Thömmes*, Otmar, Aktuelle Fragen zum europäischen Handels- und Steuerrecht, JbFStR 1998/99, S. 73 ff.

Schön, Wolfgang, Die beschränkte Steuerpflicht zwischen europäischen Gemeinschaftsrecht und deutschem Verfassungsrecht, IStR 1995, 119 ff.

ders., Die Steuerbilanz zwischen Handelsrecht und Grundgesetz, StuW 1995, 366 ff.

ders., Der Große Senat des Bundesfinanhofs und die Personengesellschaft, StuW 1996, 275 ff.

Schoueri, Luis Eduardo, Qualifikation und Substitution im internationalen Steuerrecht, in: Festschrift für Klaus Vogel, Hrsg. Paul Kirchhof, Moris Lehner, Arndt Raupach, Michael Rodi, München 2000, S. 925 ff.

Schulz, Katrin, Brennpunkte der Steuerberatungspraxis - Besteuerungsprobleme, Steuerberaterkongreß-Report 1991, 131 ff.

Schulze-Osterloh, Joachim, Gute Verluste - Böse Verluste, Ausschluß und Beschränkung des Verlustausgleichs und Abzugs, JbFStR 1984/85, S. 267 ff.

Schulze-Osterloh, Joachim, Verfassungswidrigkeit der Kodifikation der Abfärbetheorie, in: Gedächtnisschrift für Brigitte Knobbe-Keuk, hrsg. von Wolfgang Schön, Köln 1997, S. 531 ff.

Schulze zur Wiesche, Dieter, „Ausübung" und „Verwertung" im Inland als Anknüpfungspunkt der beschränkten Steuerpflicht, RIW 1987, 600 ff.

ders., Die Besteuerung von unbeschränkt Steuerpflichtigen und beschränkt Steuerpflichtigen nach dem Jahressteuergesetz 1996, IStR 1996, 105 ff.

ders., Mitunternehmerschaft und Mitunternehmerstellung, DB 1997, 244 ff.

ders., Steuerliche Anerkennung von interprofessionellen Mitunternehmerschaften als freiberufliche Mitunternehmerschaften, DStR 2001, 1589 ff.

Schumann, Ekkehard, Die Befreiung der Rechtsanwaltschaft von obrigkeitlichen Schranken, NJW 1990, 2089 ff.

Schwedhelm, Rolf, Unerlaubte Rechtsberatung durch Steuerberater und ihre Folgen, Stbg 1989, 379 ff.

Schwendy, Klaus, Steuerberaterpraxis als Gewerbebetrieb, INF 1995, 75 ff.

ders., Sind die Gewerbeertragsteuer und die „Abfärbe-Regelung" verfassungswidrig?, INF 1998, 33 ff.

Seer, Roman, Gewerbesteuer im Visier des Verfassungsgerichts - Anmerkungen zu dem Vorlagebeschluß des FG Niedersachsen vom 24.6.1998, FR 1998, 1022 ff.

Seer, Roman/*Düren*, Klaus-Dieter, Ausgliederung gewerblicher Tätigkeiten zur Vermeidung der Gewerbesteuerpflicht freiberuflicher Sozietäten, BB 2000, 2176 ff.

Selent, Alexander, Ausländische Personengesellschaften im Ertrag- und Vermögensteuerrecht, Gelsenkirchen, 1982.
(zitiert: Ausländische Personengesellschaften)

Sieg, Oliver, Internationale Anwaltshaftung, Heidelberg 1996.
(zitiert: Anwaltshaftung)

Siegel, Theodor, Der Auftragsbestand - Immaterieller Vermögensgegenstand oder schwebendes Geschäft?, DB 1997, 941 ff.

Small, David G., USA: Das neue Wahlrecht zur Klassifizierung von Kapital- und Personengesellschaften, IStR 1996, 280 ff.

Söffing, Günter, Abschreibung des Sozietätspraxiswerts, DB 1987, 1753 ff.

ders., Der Geschäfts- oder Firmenwert, in: Festschrift für Georg Döllerer, hrsg. von Brigitte Knobbe-Keuk, Franz Klein, Adolf Moxter, Düssledorf 1988, S. 593 ff.

ders., Beteiligung einer nicht gewerblich tätigen Personengesellschaft an einer gewerblich tätigen Personengesellschaft, FR 1994, 805 ff.

ders., Anwendung des § 15 III Nr. 1 EStG (Infektions- oder Abfärbevorschrift) bei Freiberuflern, NJW 1998, 511 ff.

Soergel, Hs. Th., Bürgerliches Gesetzbuch, Kommentar, 13. Auflage, Stuttgart/Berlin/Köln 1999.
(zitiert: Soergel-Verfasser, Gesetz)

Späth, Wolfgang, Die zivilrechtliche Haftung des Steuerberaters, 3. Auflage, Bonn 1987.

Staudinger, Julius von, Kommentar zum Bürgerlichen Gesetzbuch mit Einführungsgesetz und Nebengesetzen, 13. Auflage, Berlin 1995 ff.
(zitiert: Staudinger-Verfasser, Gesetz)

Stehlik, Arnold/*Hezel*, Günter, Vermeidung der Doppelbesteuerung von Einküften aus freieruflicher Tätigkeit, BB 1963, 764 ff.

Stobbe, Ludwig, Einkommensteuerliche Berücksichtigung von Verlusten ausländischer Betriebsstätten, DStZ 1990, 419 ff.

Stockmann, Frank, Völkerrechtliche Meistbegünstigungsklausel und Internationales Steuerrecht, IStR 1999, 129 ff.

Storck, Alfred, Ausländische Betriebsstätten im Ertrag- und Vermögensteuerrecht, Frankfurt a. M. 1980.
(zitiert: Ausländische Betriebsstätten)

Storck, Alfred/*Selent*, Alexander, Die Besteuerung inländischer Beteiligungen an ausländischen Mitunternehmerschaften im Ertragsteuerrecht, RIW/AWD 1980, 332 ff.

Strahl, Martin, Mitunternehmerschaft über die Grenze, KÖSDI 2001, 12955.

Streck, Michael, Steuerprobleme örtlicher, überörtlicher und internationaler Anwaltssozietäten, AnwBl. 1991, 449 ff.

ders., Steuerprobleme örtlicher, überörtlicher und internationaler Anwaltssozietäten NJW 1991, 2252 ff.

Streck, Michael/Deutsches Steuerberaterinstitut (Hrsg.), Steuerberatung in der Europäischen Gemeinschaft, Bonn 1993.
(zitiert: Verfasser, in: Streck u. a. (Hrsg.), Steuerberatung)

dies., Besteuerung grenzüberschreitender Aktivitäten, Bonn 1996.
(zitiert: Verfasser, in: Streck u. a. (Hrsg.), Aktivitäten)

Streck, Michael/*Schwedhelm*, Rolf, Unerlaubte Rechtsberatung durch Steuerberater, Stbg. 1989, 379 ff.

Strobl, Elisabeth, Plädoyer für das handelsrechtliche Vorsichtsprinzip in der Steuerbilanz, StbJb 1994/95, S. 77 ff.

Strobl, Jakob, Zur Auslegung von Doppelbesteuerungsabkommen unter Berücksichtigung ausländischer Rechtsordnungen, in: Festschrift für Georg Döllerer, hrsg. von Brigitte Knobbe-Keuk, Franz Klein, Adolf Moxter, Düssledorf 1988, S. 635 ff.

Strunk, Günther/*Kaminski*, Bert, Anmerkungen zum sog. Betriebsstättenerlaßentwurf, IStR 1997, 513 ff.

dies., Anmerkungen zum Betriebsstättenerlaß, IStR 2000, 33 ff.

Strunk, Günther/*Zölkau*, York, Die beschränkte Steuerpflicht nach § 49 EStG in einer virtuellen Geschäftswelt, INF 1998, 609 ff.

Strutz, Georg, Handbuch des Reichsteuerrechts, 3. Auflage, Berlin/Wien 1927.
(zitiert: Handbuch)

ders., Kommentar zum Einkommensteuergesetz vom 10. August 1925, II. Band, Berlin 1929.
(zitiert: EStG 1925)

Thömmes, Otmar, Verbote der Diskriminierung von Steuerausländern und Steuerinländern, in: Moris Lehner, (Hrsg.), Steuerrecht und Europäischer Binnenmarkt, Köln 1996, S. 81 ff.

ders., Anmerkung zu EuGH v. 15.5.1997 - Rs. C-250/95, Futura-Singer, IWB, F. 11a, S. 194 ff.

Thömmes, Otmar/*Gehre*, Horst/*Sieling*, Arndt, EG-Recht in der Steuerberaterpraxis, Herne/Berlin 1993.
(zitiert: Verfasser, in: Thömmes/Gehre/Sieling, Steuerberaterpraxis)
Tiedchen, Susanne, Der Vermögensgegenstand im Handelsbilanzrecht, Köln 1991.
(zitiert: Vermögensgegenstand)
dies., Der Praxiswert bei der Verpachtung einer freiberuflichen Praxis, FR 1992, 705 ff.
Tipke, Klaus/*Kruse*, Heinrich Wilhelm, Abgabenordnung und Finanzgerichtsordnung - Kommentar, 16. Auflage, 2001, Loseblatt, Stand: August 2001.
(zitiert: Tipke/Kruse)
Tipke, Klaus/*Lang*, Joachim, Steuerrecht, 16. Auflage, Köln 1998.
(zitiert: Steuerrecht)
Töben, Thomas, Besteuerung international tätiger Anwaltssozietäten - System oder Chaos?, .F. 10, Gr. 2, S. 1253 ff.
Triebel, Volker, Limited Liability Partnerships Act 2000 – maßgeschneiderte Rechtsform für freie Berufe?, RIW 2001, 1 ff.

Uelner, Adalbert, Probleme der Gewinnrealisierung, insbesondere auch bei grenzüberschreitenden Vorgängen, Bericht über die Fachtagung des IdW 1980, S. 131 ff.
ders., Aktuelle Fragen des Einkommensteuerrechts, StbJb 1980/81, 385 ff.
Uelner, Adalbert, Privatvermögen - Betriebsvermögen, StKongRep, München 1981, S. 47 ff.
ders., Folgerungen aus der Aufgabe der Gepräge-Rechtsprechung durch den Bundesfinanzhof, StbJb 1985/86, S. 237 ff.

Vedder, Christoph, Einwirkungen des Europarechts auf innerstaatliche Recht und auf internationale Verträge der Mitgliedstaaten: die Regelung der Doppelbesteuerung, in: Europarecht und Internationales Steuerrecht, München 1994.
(zitiert: Verfasser, in: Europarecht)
Vogel, Klaus, Verbot des Verlustausgleichs für bestimmte ausländische Verluste, BB 1983, 180 ff.
ders., Zu einigen Fragen des Internationalen Steuerrechts, DB 1986, 507 ff.
ders., Doppelbesteuerungsabkommen, Kommentar, 3. Auflage, München 1996.
(zitiert: DBA)
ders., Über Entscheidungsharmonie, in: Festschrift für Hans Flick, hrsg. von Franz Klein, Hans Peter Stihl, Franz Wassermeyer, zusammen mit Detlev J. Piltz und Harald Schaumburg, Köln 1997, S. 1043 ff.
ders., Die Mär von der „Rückfall-Klausel“ in Doppelbesteuerungsabkommen, IStR 1997, Beihefter zu Heft 24, S. 1 ff.
ders., Zur Abkommensberechtigung ausländischer Personengesellschaften, IStR 1999, 5 ff.
Vollebregt, H. A., Op weg naar de afschaffing van het vaste middelpunt, WFR 1992, 831 ff.
Vollkommer, Max, Anwaltshaftungsrecht, München 1989.
(zitiert: Anwaltshaftungsrecht)

Waldthausen v., Michael, Anwaltshaftung im Rahmen internationaler Zusammenhänge, in: Haarmann, Hemmelrath und Partner, (Hrsg.), Gestaltung und Analyse in der Rechts-, Wirtschafts- und Steuerberatung von Unternehmen, Köln 1998, S. 675 ff.

Wassermeyer, Franz, Die Abgrenzung des Betriebsvermögens vom Privatvermögen, DStJG Band 3 (1980), S. 315 ff.

ders., Die Auslegung von Doppelbesteuerungsabkommen durch den Bundesfinanzhof, StuW 1990, 404 ff.

Wassermeyer, Franz, Anrechnung ausländischer Steuern -Anmerkung zu einem Grundsatzurteil zu § 34 c EStG, FR 1991, 680 ff.

ders., in: Haarmann (Hrsg.), Die beschränkte Steuerpflicht, Diskussion – Betriebsstätte: Prinzip und Definition, München 1993, S. 47 ff.

ders., Die Übertragung von Wirtschaftsgütern unter Vermeidung der Aufdeckung stiller Reserven, BB 1994, 1 ff.

ders., Die Auslegung völkerrechtlicher Verträge - Haltung des BFH - , in: Mössner, Manfred/Blumenwitz, Dieter u. a., Doppelbesteuerungsabkommen und nationales Recht, München 1995, S. 19 ff.
(zitiert: Verfasser, in: Mössner/Blumenwitz u. a.)

ders., Merkwürdigkeiten bei der Auslegung von DBA durch die Finanzverwaltung, IStR 1995, 49 ff.

ders., Die Vermeidung der Doppelbesteuerung im Europäischen Binnenmarkt, DStJG Band 19 (1996), S. 151 ff.

ders., Internationales Steuerrecht - Podiumsdiskussion, StBJb 1997/98, S. 493 ff.

ders., Zwingt die Rechtsentwicklung zum Abschluß multilateraler Abkommen, DB 1998, 28 ff.

ders., Will Baden-Württemberg wirklich das Veranlassungsprinzip des deutschen Ertragsteuerrechts abschaffen?, DB 1998, 642 ff.

ders., Die Beurteilung der Abkommensberechtigung ausländischer Personengesellschaften durch Deutschland als dem Nichtansässigkeitsstaat der Personengesellschaft, IStR 1998, 489 ff.

ders., Duplik, IStR 1999, 8 ff.

ders., Soll Deutschland die Abkommensberechtigung von Personengesellschaften in seinen DBA verankern?, IStR 1999, 481 ff.

ders., Dreiecksverhältnisse (triangular cases) im Abkommensrecht, in: FS 50 Jahre Arbeitsgemeinschaft der Fachanwälte für Steuerrecht e. V. und 50 Jahre Steuerrechtliche Jahresarbeitstagung, Herne/Berlin 1999, S. 485 ff.
(zitiert: Verfasser, in: FS Arbeitsgemeinschaft FfStR)

ders., Mehrere Fremdvergleichspreise im Steuerrecht?, StbJb 1998/99, S. 157 ff.

ders., Der Wirrwarr mit den Aktivitätsklauseln im deutschen Abkommensrecht, IStR 2000, 65 ff.

ders., Wann stammen Einkünfte oder Vermögen aus einem anderen Vertragsstaat?, in: Steuern und Staat, Festschrift für Klaus Vogel, Hrsg. Paul Kirchhof, Moris Lehner, Arndt Raupach, Michael Rodi, München 2000, S. 987 ff.

Weber-Fas, Rudolf, Staatsverträge im Internationalen Steuerrecht, Tübingen 1982.

Weber-Grellet, Verlustabzug auch bei sonstigen Einkünften - Anm. zum Beschluß des BVerfG v. 30.9.1998, DStR 1998, 1781 ff.

ders., Das häßliche Bilanzsteuerrecht, DB 1998, 2435 ff.

v. Westphalen, Friedrich Graf, AGB für Rechtsanwälte, Steuerberater und Wirtschaftsprüfer, Köln 1984.
(zitiert: AGB für RA, WP und StB)

Wibbe, Petra, Gesellschaften freier Berufe in Frankreich, 1981.

Wilhelm, Rainer, Betriebsverpachtung bei freien Berufen, BB 1967, 158 ff.

Wilke, Kay-Michael, Ausschüttungen spanischer Tochtergesellschaften, BB 1993, 834 ff.

Wirtschaftsprüfer-Handbuch 1992, Band I, hrsg. v. Institut der Wirtschaftsprüfer in Deutschland e. V., 10. Auflage, Düsseldorf 1992.

Wirtschaftsprüfer-Handbuch 2000, Band I, hrsg. v. Institut der Wirtschaftsprüfer in Deutschland e. V., 12. Auflage, Düsseldorf 2000.

Wissmann, Manfred/*Graminger*, Thomas, Die freiberufliche Zusammenarbeit von Steuerberatern in Bürogemeinschaft und Sozietät, INF 1996, 533 ff.

Woerner, Lothar, Grundsatzfragen zur Bilanzierung schwebender Geschäfte, FR 1984, 489 ff.

Wolff-Diepenbrock, J., Zur Begriffsbestimmung der „Katalogberufe“ und der ihnen ähnlichen Berufe in § 18 Abs. 1 Nr. 1 EStG, DStZ 1981, 333 ff.

Wollny, Paul, Unternehmens- und Praxisübertragungen, 4. Auflage, Herne/Berlin 1996.
(zitiert: Übertragungen)

Zeitler, Franz-Christoph, Der Firmenwert und verwandte immaterielle Wirtschaftsgüter in der Bilanz, DStR 1988, 303 ff.

Ziegenhain, Hans-Jörg, Vereinfachtes Verfahren zur steuerlichen Klassifizierung von Personengesellschaften und Kapitalgesellschaften in den USA, RIW 1995, 671 ff.

Zschiegner, Hans, Besteuerung einer US Limited Liability Company und ihrer Gesellschafter, IWB, Fach 8, Gruppe 2, S. 895 ff.

Zuck, Rüdiger, Internationales Anwaltsrecht, NJW 1987, 3033 ff.

ders., Die Europäische wirtschaftliche Interessenvereinigung als Instrument anwaltlicher Zusammenarbeit, NJW 1990, 954 ff.

ders., Die Anwalts - GmbH nach §§ 59 c ff. BRAO, MDR 1998, 1317 ff.

1. Teil: Grundlagen

§ 1 Einleitung

„Der geläufige Begriff des „freien Berufes“ ist .. nur eine überlieferte Sprachgewöhnung.“[1]

Die Bedeutung internationaler Beratung durch freiberuflich tätige Rechtsanwälte, Wirtschaftsprüfer und Steuerberater (kurz: RA, WP und StB) ist in den vergangenen Jahren stetig gestiegen. Diese Entwicklung ist bis heute nicht abgeschlossen und kann als Parallele zu den Strukturveränderungen der international tätigen Wirtschaftsprüfungsgesellschaften gesehen werden.[2] Der Grund für den gestiegenen Bedarf umfassender internationaler Beratung ist in der zunehmenden weltweiten Tätigkeit, Zusammenarbeit und der wachsenden Anzahl der Zusammenschlüsse von Unternehmen zu sehen.[3] Eine weitere Ursache dieses Wandels ist die Mobilität der Privatpersonen.[4]

Die mit diesem Prozess einhergehende Änderung des Beratungsbedarfs spiegelt sich in der Gestaltung der internationalen Zusammenarbeit von RA, WP und StB wider. So sprechen Berater von Fall zu Fall Empfehlungen an Mandanten aus, sich an bestimmte ausländische Berufsangehörige bzw. Sozietäten zu wenden (sog. Best Friend-System). Organisatorisch bereits stärker ausgeprägt, ist die nicht nach außen auftretende Zusammenarbeit in einem sog. Club-System. In diesem sind die Mitglieder im Innenverhältnis vertraglich zur Zusammenarbeit verpflichtet. Durch Verlautbarungen auf den Briefköpfen der Sozietäten wurde Mitte der achtziger Jahre die Zugehörigkeit zu einer sog. Allianz offengelegt. Zweck einer Allianz ist die Bildung gemeinsamer Gremien und Ausschüsse. Vertragspartner der Mandanten ist jedoch nur die jeweilige Kanzlei bzw. Sozietät.[5] Heute vorherrschend ist hingegen das Auftreten gegenüber dem Mandanten als internationale rechts- und steuerberatende Sozietät. Um eine fundierte internationale Beratung leisten zu können, sind Vertretungen in anderen Staaten notwendig. Um die Ausdehnung zu erreichen, wird, wie auch der Tagespresse entnommen werden kann[6], die Internationalität durch Fusionen mit ausländischen Sozietäten oder durch Gründung von Auslandsbüros erreicht. Ebenfalls denkbar ist die Eingliederung in international tätige Wirtschaftsprüfungsgesellschaften.[7] Daneben besteht die Tendenz von innerhalb der EU niedergelassener, selbständig tätiger Anwälte, sich zur gemeinsamen, grenzüberschreitenden Berufsausübung zusammenzuschließen.[8] Angesichts

---

[1] *Heuß*, in: FS Brentano, S. 237 ff.

[2] Dazu *Raupach*, in: Freundesgabe Haas, S. 253 ff.

[3] Vgl. auch *Flick*, in: FS Vogel, S. 1037 ff.

[4] *Mittelsteiner*, StKongRep 1999, S. 39 ff.

[5] Zu diesen Formen der Zusammenarbeit ausführlich *Hellwig*, AnwBl. 1996, 124; *Schneider*, AnwBl. 1991, 565.

[6] Z.B. FAZ v. 15.2.1999, v. 26.10.1999, 23.1.2001, 4.7.2001, 17.9.2001, zur Entwicklung deutscher u. angelsächsicher Anwaltsgesellschaften *Raupach*, in: FS Arbeitsgemeinschaft FfStR, S. 13 ff., S. 28 ff.

[7] Z.B. FAZ v. 18.1.2001, v. 29.9.2001.

[8] So bzgl. deutsch - französischer Anwaltssozietäten *Maier-Bridou*, AnwBl. 1993, 264.

dieser Entwicklung wird das Schlagwort der „Globalisierung der freien Berufe" bemüht.[9] Der damit einhergehenden Änderung der Anforderungen an die Tätigkeit von RA, WP und StB[10] versuchen die EU und der nationale Gesetzgeber nachzukommen, wie z.B. durch die Schaffung einer Partnerschaftsgesellschaft[11] oder einer Rechtsanwaltsgesellschaft in der Rechtsform der GmbH[12]. Diese Rechtsentwicklung ist mit derjenigen in anderen Industriestaaten vergleichbar.[13]

Über die steuerrechtliche Behandlung der grenzüberschreitenden Tätigkeit von RA, WP oder StB unabhängig davon, ob sie selbständig oder gemeinsam in einer Personengesellschaft ausgeübt wird, besteht weitgehend keine Klarheit. Dies gilt insbesondere für die Besteuerung von international tätigen Freiberufler-Personengesellschaften. Stellvertretend hierfür stehen die Bemühungen des BMF, einen Erlaß zu international tätigen Anwalts-Sozietäten zu verabschieden. Bereits 1992 kamen die Außensteuerreferenten des BMF zu dem Ergebnis, daß eine allgemeine Lösung derzeit nicht möglich sei.[14] Bis heute hat sich daran offenbar nichts geändert. So sollte eine Stellungnahme in dem am 10.6.1997 intern beschlossenen sog. Betriebsstättenerlaß enthalten sein.[15] Der mittlerweile veröffentlichte Betriebsstättenerlaß[16] enthält lediglich eine kurze Erklärung zur Einkunftsabgrenzung für selbständig Tätige. Eine Stellungnahme zur Behandlung der Einkünfte von international tätigen Freiberufler-Personengesellschaften ist wohl an Schwierigkeiten der Auslegung des nationalen Steuerrechts gescheitert.[17]

In dem OECD-Musterabkommen i.d.F. des Jahres 2000 wurde neben weiteren die abkommensrechtliche Behandlung von Personengesellschaften betreffenden Änderungen die noch in dem OECD-MA 1977 enthaltene Regelung für Freiberufler ersatzlos gestrichen. Der Kommentar des Musterabkommens wird u.a. durch Ausführungen zur Behandlung von Personengesellschaften ergänzt.[18] Beide Änderungen beruhen im wesentlichen auf Berichten des OECD-Steuerausschusses.[19] Dem Vernehmen nach ist nunmehr mit einer Stellungnahme des BMF zu rechnen. Insofern besteht der Eindruck, das BMF wollte die Entwicklungen auf der Ebene der OECD abwarten, um im Fall einer abweichenden Stellungnahme auftretende Auslegungsschwierigkeiten zu vermeiden.

---

9 So *Bödefeld*, in: Becker/Höppner/Grotherr/Kroppen, DBA, Art. 14 Rn. 81.

10 Vgl. zur Entwicklung der Tätigkeit von RA, WP und StB sowie deren Zusammenarbeit in Gesellschaften z.B. *Böhlhoff*, in: FS Flick, S. 151 ff.; *Haarmann*, in: Haarmann,u. a., (Hrsg.), Gestaltung, S. 605 ff.; *Henssler*, AnwBl. 1993, 541; *Jonas*, in: FS Flick, S. 195 ff.; *Kleekämpfer*, WPK-Mitt. 1993, 85; *Römermann*, Anwaltgesellschaften, S. 8 ff., jeweils m.w.N.

11 Partnerschaftsgesellschaftsgesetz (PartGG) v. 25.7.1994, BGBl. I S. 1744, . v. 19.12.2000, BGBl. I S 1757.

12 Zur Neuegelung des § 59 a BRAO, BGBl. I 1998 S. 2600 siehe *Zuck*, MDR 1998, 1317.

13 *Stoldt*, in: Seibert, Partnerschaft, S. 62 ff.

14 *Hellwig*, AnwBl. 1996, 124, 129.

15 Entwurf der „Verwaltungsgrundsätze für die Prüfung der Aufteilung der Einkünfte und des Vermögens einer Betriebsstätte international tätiger Unternehmen" *Strunk/Kaminski*, IStR 1997, 513.

16 BMF v. 24.12.1999, BStBl. I 1999, 1076.

17 *Hemmelrath*, in: Haarmann, u. a. (Hrsg.), Gestaltung, S. 623 ff., S. 635.

18 Dazu siehe *Krabbe*, IStR 2000, 196.

19 OECD, Application, passim.; *dies.*, Issues related to Art. 14, passim.

Gleichwohl erfolgt in der Praxis, wie bisher, die Besteuerung international tätiger Freiberufler-Personengesellschaften auf der Grundlage von Absprachen mit der Finanzverwaltung.[20] Insoweit werde seitens der Finanzverwaltung akzeptiert, wenn bei der Zuordnung der Einkünfte von „sachgerechten Kriterien" ausgegangen werde.[21] Offen bleibt, um welche Kriterien es sich dabei handelt und auf welcher gesetzlichen Grundlage diese beruhen. Betrachtet man mit *Albert Hensel*[22] das Steuerrecht als „rechtsstaatlich geordnetes Eingriffsrecht", ist die Besteuerung der grenzüberschreitenden Tätigkeit von RA, WP und StB und deren gemeinsame Berufsausübung in Personengesellschaften als eine steuerrechtliche „terra incognita" zu bezeichnen, denn auch die Schätzung der Besteuerungsgrundlagen (§ 162 AO[23]) setzt stets die Erfüllung und damit das Bestehen eines Besteuerungstatbestands voraussetzt (§ 38 AO). Dieser Erkenntnisstand ist nicht nur aus dogmatischer Sicht unbefriedigend, sondern bedeutet auch für die Steuerpflichtigen eine erhebliche Rechtsunsicherheit und beinhaltet ein steuerliches Risiko.

Ziel dieser Arbeit ist es daher, die Rechtsgrundlagen der Ertragsbesteuerung der grenzüberschreitenden selbständigen Tätigkeit von RA, WP und StB sowie deren gemeinsame internationale Berufsausübung in einer Personengesellschaft kritisch zu untersuchen, um die Rechtsfolgen bestimmen zu können. Dabei werden die Regelungen des Außensteuergesetzes[24] in die folgende Betrachtung nicht mit einbezogen. Des weiteren wird auf die auslaufenden[25] Berufe des (Kammer-) Rechtsbeistands und Steuerbevollmächtigten nicht eingegangen. Entsprechendes gilt für die Berufe des Anwaltsnotars und des vereidigten Buchprüfers.[26] Die Einschränkung der Untersuchung auf die Tätigkeit von RA, WP und StB bedeutet jedoch nicht, daß die Ausführungen für Angehörige anderer freier Berufe keine Bedeutung haben, da vergleichbare Sachverhalte ggf. unter die jeweiligen Tatbestände einer Norm zu subsumieren sind. Auf die Darstellung der Besteuerung international tätiger Partnerschaftsgesellschaften wird verzichtet, da insofern kein Unterschied zur Besteuerung anderer Freiberufler-Personengesellschaften besteht.[27] Die steuerrechtliche Behandlung der Berufsausübungs-Kapitalgesellschaft wird ebenfalls nicht berücksichtigt.[28]

Im ersten Teil werden zunächst die rechtlichen Rahmenbedingungen der internationalen Tätigkeit von RA, WP und StB sowie der beruflichen Zusammenarbeit in einer Personengesellschaft dargestellt (§ 2). Die im weiteren der Arbeit verwendeten Begriffe werden in § 3 erläutert und definiert. Daran schließt sich die Darstellung der natio-

---

[20] Es handelt sich nur um vorlaüfige Veranlagungen *Hellwig*, AnwBl. 1996, 124, 128; vgl. auch *Thöben*, IWB F. 10 Gr. 2, S. 1253.

[21] So *Hellwig*, AnwBl. 1996, 124, 129.

[22] *Hensel*, Steuerrecht, § 1 II.

[23] Abgabenordnung (AO) v. 16.3.1976 i.d.F.v. 26.6.2001, BGBl. I S. 1310.

[24] Gesetz über die Besteuerung bei Auslandsbeziehungen AStG v. 8.7.1972 i.d.F.des Jahressteuergesetz v.19.12.2000, BGBl. I S. 1790.

[25] Vgl. dazu *Gehre*, StBerG, § 32 Rdnrn. 4 f.; *Hartung*, in: *Henssler/Prütting*, BRAO, § 209 Rdnr. 1.

[26] Zur Sozietätsfähigkeit von Anwaltsnotaren und WP BVerfG, WPK-Mitt. 1998, 245 *Edelmann*, DStR 1998, 1798.

[27] Vgl. z.B. *Korn*, EStG, § 18 Rz. 148; *Schmidt/Wacker*, EStG, § 18 Rz. 41.

[28] Dazu siehe *Korn*, KÖSDI 1999, 12091.

nalen und internationalen steuerrechtlichen Grundlagen der hier zu betrachtenden internationalen Sachverhalte an. Im zweiten und dritten Teil der Arbeit werden die steuerrechtlichen Wirkungen der grenzüberschreitenden Tätigkeit eines selbständig tätigen RA, WP und StB untersucht. Dabei wird zwischen der Ansässigkeit des Berufsangehörigen in Deutschland (2. Teil) und in einem anderen Staat (dritter Teil) unterschieden. Im vierten und fünften Teil wird auf die Besteuerung der internationalen Tätigkeit von RA, WP und StB als Gesellschafter inländischer (4. Teil) und ausländischer (5. Teil) Freiberufler-Personengesellschaften eingegangen. Der Schwerpunkt innerhalb der letzten beiden Abschnitte wird auf die systematische Einordnung von Freiberufler-Personengesellschaften in die bestehende Problematik der (gewerblichen) Personengesellschaften im internationalen Steuerrecht gelegt. Im sechsten Teil der Arbeit werden die Untersuchungsergebnisse der Arbeit zusammengefaßt.

§ 2 Rechtliche Rahmenbedingungen

Die Beurteilung steuerlich relevanter Sachverhalte setzt die grundlegende Darstellung der Systematik des Berufsrechts insofern voraus, als die relevanten Sachverhalte durch das Berufsrecht geprägt sind.

A. Berufsrecht

Die in Art. 12 GG[1] geltende Berufsfreiheit ist für RA, WP und StB durch die Bundesrechtsanwaltsordnung[2] (BRAO), die Wirtschaftsprüferordnung[3] (WPO), das Steuerberatungsgesetz[4] (StBerG) und das Rechtsberatungsgesetz[5] (RBerG) eingeschränkt.[6] Dies gilt insbesondere im Hinblick auf die dem deutschen Gesellschaftsrecht immanente Assoziierungsfreiheit[7], wonach keine Einschränkungen hinsichtlich der Wahl der Gesellschaftsform bestehen.[8] In zahlreichen anderen Staaten unterliegt die Ausübung der dem RA, WP oder StB entsprechenden Berufe ebenfalls berufsrechtlichen Beschränkungen, die im Einzelfall von dem deutschen Regelungen erheblich abweichen.[9] Wird ein Berufsangehöriger grenzüberschreitend tätig, richtet sich die Zuständigkeit der jeweiligen Berufsrechtsordnung nach dem Grundsatz des völkerrechtlichen Territorialitätsprinzips.[10] Danach unterliegt ein Berufsangehöriger nicht nur der Rechtsordnung seines Zulassungsstaates, sondern auch der seines Tätigkeitsstaates.

Nach § 29 a BRAO können Rechtsanwälte im Inland und im Ausland Kanzleien unterhalten, wobei auch der Wohnsitz im Ausland belegen sein kann.[11] Anwälte, die in einem anderen Staat zugelassen sind, können sich unter ihrer heimatlichen Berufsbezeichnung in Deutschland niederlassen, eine Kanzlei eröffnen und die anwaltliche Tätigkeit ausüben (§§ 206, 207 BRAO).[12] Die im Inland vorübergehend ausgeübte beratende oder forensische Tätigkeit ist unter der Berufsbezeichnung des Zulassungsstaates nach dem Rechtsanwaltsdienstleistungsgesetz (RADG)[13] zulässig.[14]

---

1 Grundgesetz v. 23.5.1949, i.d.F.v. 19.12.2000, BGBl. I S. 1822.
2 BRAO v. 1.8.1959, BGBl. I S. 565, i.d.F.v. 9.3.2000, BGBl. S. 182.
3 WPO v. 24.7.1961, i.d.F.v. 19.12.2000, BGBl. I S. 1769.
4 StBerG v. 4.11.1975, i.d.F.v. 26.6.2001, BGBl. I S. 1310.
5 RBerG v. 13.12.1935, RGBl. I S. 1478, i.d.F.v. 19.12.1998, BGBl. I S. 3836.
6 Vgl. BVerfGE 37, 67; BVerfGE 54, 237.
7 Eine Ausnahme enthält § 1 Abs. 2 PartGG.
8 *MünchHdb.GesR I/Schmid* § 19 Rdnrn. 6 f.; *K. Schmidt*, ZIP 1993, 633, 634.
9 Vgl. *Nerlich*, AnwBl. 1994, 529; *Stoldt*, in: Seibert, Partnerschaft, S. 62 ff.
10 *Nerlich*, AnwBl. 1994, 529; 530.
11 Dazu siehe z.B. *Feuerich/Braun*, BRAO, § 29 a Rdnr. 10; *Kleine-Cosack*, BRAO, § 29 a Rdnr. 5.
12 Dazu ausführlich *Merle*, Freizügigkeit für Rechtsanwälte in der Europäischen Union, S. 132.
13 Rechtsanwaltsdienstleistungsgesetz v. 16.8.1980, BGBl. I S. 1453; geändert durch 1. Änderungsgesetz v. 14.3.1990, BGBl. I S. 479; dieses beruht auf der Umsetzung der Dienstleistungsrichtlinie für Rechtsanwälte, Richtlinie 77/249/EWG zur Erleichterung der tatsächlichen Ausübung des freien Dienstleistungsverkehrs der Rechtsanwälte v. 22.3.1977, AblEG 1977 Nr. L 78/17.
14 Zur Zulassung als RA im Wege der Eignungsprüfung z.B. *Feuerich*, NJW 1991, 1144; ausführlich *H. Schneider*, Anerkennung von Dipl., S. 292 ff.

Wirtschaftsprüfer können ihre berufliche Niederlassung sowohl im Inland als auch im Ausland begründen.[15] Darüber hinaus ist nach § 3 Abs. 3 WPO das Unterhalten mehrerer Zweigniederlassungen im In- und Ausland neben der beruflichen Niederlassung zulässig.[16] Wird ein ausländischer Wirtschaftsprüfer[17] ausschließlich auf dem Gebiet des ausländischen Bilanzrechts i.S.d. Art. 1 § 1 Nr. 6 RBerG beratend tätig[18], kann er hierfür im Inland eine Niederlassung unterhalten, sofern ihm die Erlaubnis dazu erteilt wird.[19]

Steuerberater[20] dürfen ausschließlich eine berufliche Niederlassung (sog. Beratungsstelle) unterhalten, wobei diese entweder im Inland oder im Ausland belegen sein kann (§ 34 Abs. 1 StBerG).[21] Neben der beruflichen Niederlassung können weitere Beratungsstellen im In- und Ausland bestehen[22], wobei diese gem. § 34 Abs. 2 StBerG von einem Angehörigen des steuerberatenden Berufs geleitet werden muss.[23] Nach § 3 Nr. 4 StBerG sind Personen, die in anderen Mitgliedstaaten der EU als Deutschland beruflich niedergelassen sind und dort befugt sind, geschäftsmäßig Hilfe in Steuersachen nach dem Recht des Niederlassungsstaates zu leisten, zur geschäftsmäßigen Hil-

---

15 *Kaminski*, in: WP-Handbuch 2000, A Tz. 167.

16 *Lichtner/Korfmacher*, WPK-Mitt. 1993, 93, 97; *Kaminski*, in: WP-Handbuch 2000, A Tz. 167 f.; zum Leitungserfordernis siehe ausführlich *Lichtner/Korfmacher*, WPK-Mitt. 1994, 207; keine Zweigniederlassung liegt vor, wenn dort ausschließlich eine steuerberatende Tätigkeit ausgeübt wird, BVerwG, DStR 2000, XII.

17 Die Einschränkung in §§ 10, 16 Abs. 2 WPO enthaltenen Einschränkungen für Nicht-EG-Ausländer werden nach der bisherigen Entscheidungspraxis nicht angewendet *Kaminski*, in: WP-Handbuch 1992, Abschn. A Tz. 71 u. Tz. 88.

18 Bei einem Verstoß gegen Art. 1 § 1 Nr. 6 RBerG ist der zugrundeliegende Vertrag wegen eines Verstoßes gegen eingesetzliches Verbot i.S.d. § 134 BGB nichtig *Altenhoff/Busch/Chemnitz*, RBerG, Art. 1 § 1 Rz. 194 ff.

19 *Altenhoff/Busch/Chemnitz*, RBerG, Art. 1 § 3 Rz. 380; *Henssler/Prütting*, Einl. RBerG Rdnrn. 56 ff.;*Senge*, in: Erbs/Kohlhaas, Nebengesetze, R 55, Art. 1 § 3 Rdnr. 11; a.A. *Rennen/Caliebe*, RBerG, Art. 1 § 1 Rdnr. 6; zur Bestellung als WP nach erfolgter Eignungsprüfung *H. Schneider*, Anerkennung von Dipl., S. 309 ff.

20 RA, WP und Wirtschaftsprüfungsgesellschaften sind nach § 3 Nr. 1 u. 2 StBerG befugt, geschäftsmäßige Hilfeleistung in Steuersachen i.S.d. §§ 32 Abs. 1 i.V.m. 33 StBerG zu leisten. Nach § 12 a StBerG gilt dies auch für das Abgabenrecht anderer Staaten; nach Art. 1 § 5 Nr. 2 RBerG kann ein StB die rechtliche Bearbeitung übernehmen, soweit diese mit den Aufgaben in unmittelbaren wirtschaftlichen Zusammenhang stehen und diese Aufgaben ohne die Rechtsberatung nicht sachgemäß erledigt werden können.

21 Zu den Anforderungen einer beruflichen Niederlassung OLG Celle, StB 1991, 443; LG D'dorf, DStR 1992, 1600, m.w.N.; *Gehre*, StBerG, § 34 Rdnrn. 1 f.; *Meng*, StB 1991, 1, 6; dabei kann auch der Wohnsitz im Ausland belegen sein *Halaczinsky*, INF 1991, 17; *Mittelsteiner*, DStR 1994, Beih. zu Heft 37, 29.

22 Zu den Anforderungen an eine weitere Beratungsstelle i.S.d. § 34 Abs. 2 StBerG BFH v. 31.8.1995 - VII R 98/94, StB 1996, 113; LG D'dorf, DStR 1999, Beih. zu Heft 13, S. 1 ff., 3; *Gehre*, StBerG, § 34 Rdnrn. 3 ff.; *Halaczinsky*, INF 1991, 17; *Kuhls*, in: Kuhls/Meurers/Maxl/Schäfer/Goez, StBerG, § 33 Rz. 21; *Meng*, StB 1991, 1, 6.

23 Auf Antrag kann die Steuerberaterkammer eine Ausnahme von dem Leitererfordernis aussprechen (§ 34 Abs.2 S.4 StBerG).

feleistung in Steuersachen in Deutschland befugt, soweit sie mit der Hilfeleistung in Steuersachen eine Dienstleistung nach Art. 50 EGV erbringen und unter der Berufsbezeichnung des Niederlasssungsstaates auftreten.[24]

Im Ausland zugelassene Berufsangehörige dürfen in Deutschland nur geschäftsmäßige Hilfeleistung in Steuersachen i.S.d. §§ 32 Abs. 1 i.V.m. 33 StBerG erbringen, wenn sie zum Steuerberater bestellt sind.[25] Ausländische Berufsangehörige können sich im Inland niederlassen, sofern sie rechtsberatend auf dem Gebiet des Abgabenrechts ihres Heimatstaates tätig werden, wobei die Erlaubnispflicht gem. Art. 1 § 1 Abs. 1 Nr. 6 RBerG zu beachten ist.[26]

Die Zulassung zum Beruf des Anwalts ist in nahezu allen anderen Mitgliedsstaaten der EU sowie den USA gesetzlich geregelt.[27] Gleichwohl bestehen zwischen den einzelnen Rechtsordnungen erhebliche Unterschiede in der Ausgestaltung des Rechtsberatungsmonopols.[28]

Die mit dem deutschen WP vergleichbaren Berufe sind ebenfalls in den meisten EU-Staaten gesetzlich geregelt.[29] Dabei erfolgt häufig eine weitere Unterteilung anhand der Reichweite der Prüfungserlaubnis.[30] Die einzelnen Berufsgruppen setzten zwar alle eine ähnliche Vorbildung voraus, jedoch unterliegt zu meist nur die Berufsgruppe einer Kammerpflicht, einer Eintragung in ein spezielles Register oder einer gesetzlich vorgeschriebenen Ausbildung bzw. Prüfung, welche die gesetzlichen Abschlußprüfungen vornehmen darf.[31]

---

[24] *Hartmann*, INF 2000, 469.

[25] OLG D'dorf, IStR 2000, 607; OLG Hamm, IStR 1999, 349; OFD Frankfurt a. M., RIW 1997, 448; LG Braunschweig, nrkr., IStR 1999, 703; OLG Dresden, IStR 2000, 189.

[26] *Altenhoff/Busch/Chemnitz*, RBerG, Art. 1 § 3 Rz. 380 f.; *Gehre*, StBerG, § 12 a Rdnr. 3; *Henssler/Prütting*, Einl. RBerG Rdnrn. 56 ff.; *Senge*, in: Erbs/Kohlhaas, Nebengesetze, R 55, Art. 1 § 3 Rdnr. 11; a.A. Rennen/Caliebe, RBerG, Art. 1 § 1 Rdnr. 6; ferner besteht die Möglichkeit für Staatsangehörige der EU nach erfolgter Eignungsprüfung als StB bestellt zu werden; die in § 37 Abs. 1 Nr. 1 StBerG enthaltenen Regelungen, werden nicht angewendet, wenn in deren Hei matstaat die Gegenseitigkeit verbürgt ist (z.B. Schweiz, Lichtenstein); *Gehre*, StBerG, 2. Aufl., 37 Rdnr. 15.

[27] Vgl. dazu *Everling*, Gutachten C für den DJT 1990, C 7 ff.; *Henssler/Nerlich*, Anwaltliche Tätigkeit, S. 109 ff.; *Stoldt*, in: Seibert, Partnerschaft, S. 62 ff.; jeweils m.w.N.

[28] In Schweden und Italien besteht kein Rechtsberatungsmonopol; in England, Wales, Niederlande, Italien, Spanien, so auch noch bis 1990 in Frankreich; in England und Wales haben Barristers das Prozeßführungsmonopol vor allen hören Gerichten und traditionell keinen Kontakt zu den Mannten. Letzteres übernimmt der Solicitor, dessen Prozeßvertretungsrecht nur vor den unteren Gechten besteht, dazu ausführlich Stoldt, in: Seibert, Partnerschaft, S. 62 ff.

[29] Vgl. dazu die länderbezogenen Einzeldarstellungen, in: Coenenberg/v. Woysocki (Hrsg.), S. 2199 ff.; *Stoldt*, in: Seibert, Partnerschaft, S. 62 ff., m.w.N.; zu den Berufsgrundsätzen und Berufsaufsicht im Vereinigten Königreich *Bartels*, WPg 1995, 760; zum Beruf des Wirtschaftsprüfers in Italien *Beul*, WPg 1997, 429; *Jungen*, WPg 1997, 431; *Mauri*, IStR 1997, 315; *Qick/Ungeheuer*, WPK-Mitt. 2000, 18.

[30] Eine Aufteilung des Berufes gibt es in Schweden, Italien, England und Wales, Dänemark, Belgien, vgl. *Stoldt*, in: Seibert, Partnerschaft, S. 62 ff.

[31] Vgl. dazu *Stoldt*, a.a.O.

Die Steuerberatung ist dagegen, bis auf Österreich und Frankreich, in allen EU-Staaten gesetzlich nicht geregelt. In Dänemark, Finnland, Portugal und Schweden wird die Steuerberatung von den Angehörigen der Berufsgruppe der WP ausgeführt.[32] In einigen EU-Staaten wird die Steuerberatung unter einer eigenständigen Berufsbezeichnung ausgeübt, wie z.B. in England und Wales die sog. „Tax consultants" oder „Taxation practitioners". Diese Berufsbezeichnungen sind allerdings keine gesetzlich geschützten Titel.[33] Gleichwohl bestehen in zahlreichen Staaten für diese Berufe freiwillig organisierte Berufsverbände, welche die Mitgliedschaft von der Einhaltung von Mindeststandards abhängig machen.[34]

Die Anwendung der nationalen Berufsrechtsordnungen richtet sich auch bei Gesellschaftern international tätiger Freiberufler-Personengesellschaften nach dem völkerrechtlichen Territorialitätsprinzip. Sind dabei sowohl in- als auch ausländische Berufsangehörige als Gesellschafter beteiligt, ist die gemeinsame Berufsausübung in einer Gesellschaft nur in Abhängigkeit des jeweiligen Berufsrechts der betreffenden Staaten zulässig. Die berufsrechtlichen Regelungen für RA, WP und StB sehen im Grundsatz die Bildung folgender Kooperationsmöglichkeiten vor, die im In- und Ausland Büros unterhalten können (§ 59 a BRAO, § 44 b WPO, § 56 StBerG)[35]:

Interprofessionelle Sozietät: Zusammenschluß von Rechtsanwälten mit Steuerberatern, Steuerbevollmächtigten, Wirtschaftsprüfern und/oder vereidigten Buchprüfern.

Internationale interprofessionelle Sozietät: Zusammenschluß von RA mit Anwälten sowie Angehörigen ausländischer steuer- und wirtschaftsberatender Berufe, die in einem anderen Staat zugelassen sind. Voraussetzung ist, daß die ausländischen Berufsangehörigen sich mit den entsprechenden inländischen Berufsangehörigen zur gemeinsamen Berufsausübung zusammenschließen dürfen. Die Vergleichbarkeit der meisten wirtschaftsprüfenden und anwaltlichen Berufe in Europa mit dem Beruf des StB i.S.d. § 56 StBerG ist nach Ansicht des BMF[36] gegeben, sofern die Berufsangehörigen (freiwilliges) Mitglied einer Berufsorganisation[37] sind.[38]

---

32 *Rademacher-Gottwald*, Grenzüberschreitende Sozietäten, S. 67.

33 Bis zum 1.1.1997 war z.B. die Steuerberatung in Polen nicht geregelt; zum StBerG in Polen siehe *A. Flick*, in: FS Flick, S. 165 ff.

34 *Gehre*, in: Thömmes/Gehre/Sieling, Steuerberaterpraxis, S. 17, S. 18 ff.; dies sind z.B. Belgien, Spanien, Irland, Luxemburg, Niederlande und Großbritannien, vgl. BMF v. 19.3.1998, BStBl. I 1998, 361.

35 Zu den Voraussetzungen siehe die Kommentierungen zu den einzelnen Normen bei z.B. *Feuerich/Braun*, BRAO, § 59 a RdNrn. 1 ff.; *Gehre*, StBerG, § 56 Rz. 1 ff.; *Jessnitzer/Blumberg*, BRAO, § 59 a Rz. 1 ff.; *Kleine-Cosack*, BRAO, § 59 a Rz. 1 ff.

36 BMF v. 19.3.1998, BStBl. I 1998, 361; vgl. auch OFD Frankfurt a.M. v. 17.1.1997, RIW 1997, 448. so z.B. für den Tax Cosultant in Irland; dem Tax Adviser im Vereinigten Königreich; vgl. ferner *Schmittmann*, IStR 1999, 351, 352, mit einer Auflistung der belgischen, luxemburgischen und niederländischen Berufe, für die im Einvernehmen der Steuerberaterkammer und den obersten Finanzbehörden der Länder die Vergleichbarkeit mit dem deutschen StB festgestellt wurde.

37 Zu den Berufsverbänden innerhalb der EU siehe *Gehre*, in: Thömmes/Gehre/Sieling, Steuerberaterpraxis, S. 18 ff.

38 Dies muß m. E. auch für den in einem EG bzw. EWR-Staate zugelassenen StB gelten, der zwar nicht in einer Steuerberaterkammer organisiert ist, aber die Eigngungsprüfung nach §§ 36 bzw. 37 StBerG bereits bestanden hat, aber noch nicht zum StB bestellt worden ist.

Wirtschaftsprüfungs- bzw. Steuerberatungsgesellschaften: Nach §§ 49 ff. StBerG und §§ 27 ff. WPO wird der Zusammenschluß von Wirtschaftsprüfern, Steuerberatern und auch Rechtsanwälten als Wirtschaftsprüfungs- bzw. Steuerberatungsgesellschaften anerkannt, wenn die Gesellschaft wegen ihrer Treuhandtätigkeit als OHG oder KG in das Handelsregister eingetragen worden ist.

Nach dem Berufsrecht der einzelnen EU Mitgliedsstaaten und der USA ist der Zusammenschluß von Rechtsanwälten zur gemeinsamen Berufsausübung zulässig.[39] Zwar gilt dies im Grundsatz auch für Anwälte, die in einem anderen Staaten zugelassen sind[40], jedoch sind in einigen Staaten restriktivere[41] Voraussetzungen zu beachten, in anderen bestehen wiederum keine.[42] Die berufliche Zusammenarbeit von Anwälten mit Berufsangehörigen der wirtschaftsprüfenden oder steuerberatenden Berufe desselben Staates in einer Gesellschaft (sog. interprofessionelle Gesellschaft) ist mit Ausnahme der Niederlande[43] und Deutschland in den Staaten der EU und in einigen Bundesstaaten der USA nicht zulässig.[44] Die Gesellschaftsform der Zusammenarbeit ist in allen Staaten der EU eine der deutschen BGB-Gesellschaft entsprechende Gesellschaftsform.[45] Darüber hinaus gibt es in einigen Staaten, wie z.B. in Frankreich und Spanien, Gesellschaftsformen, vergleichbar mit der deutschen Partnerschaftsgesellschaft, an der sich nur Angehörige freier Berufe beteiligen dürfen.[46]

Ausländische Wirtschaftsprüfer dürfen sich nach dem Recht der meisten EU-Staaten nur mit Berufsangehörigen derselben Berufsgruppe zur gemeinsamen Berufsausübung in einer Gesellschaft zusammenschließen. Inwieweit sich Wirtschaftsprüfer, die in verschiedenen Staaten zugelassen sind, nach dem jeweiligen Berufsrecht in einer Berufsausübungsgesellschaft zusammenschließen dürfen, geht aus dem Schrifttum nicht hervor.[47] Hingegen sind interprofessionelle Zusammenschlüsse mit WP und RA in den

---

[39] Zu den Kooperationsmöglichkeiten ausländischer RA z.B. *Donath*, ZHR 156; S. 134 ff.; S. 146 ff.; *Kespohl-Willemer*, AnwBl. 1990, 457; *Nerlich*, Internationale Kooperationsmöglichkeiten für europäische Rechtsanwälte, 1994, S. 127 ff.; *ders.*, AnwBl. 1994, 529; *Stoldt*, in: Seibert, Partnerschaft, S. 62 ff., m.w.N.

[40] So in Belgien, Frankreich, Niederlanden, England und Wales.

[41] So wird die Berufsqualifikation des Aufnahmestaates vorausgesetzt. Dies gilt in Dänemark, Griechenland und Irland; vgl. *Nerlich*, AnwBl. 1994, 529, 530; zur entsprechenden Rechtslage in einigen Bundesstaaten der USA *Donath*, ZHR 156, S. 134 ff., S. 146 ff.

[42] So in Italien, Luxemburg, Portugal, Spanien, wobei die Zulässigkeit nicht bezweifelt wird; *Nerlich*, AnwBl. 1994, 529, 530 f.

[43] Dies gilt für den Zusammenschluß mit Patentanwälten, Notaren und Steuerberatern, nicht jedoch mit Wirtschaftsprüfern, *Wilsing*, in: Henssler/Nerlich, Anwaltliche Tätigkeit, S. 99.

[44] *Nerlich*, MDR 1996, 874, 876; *Stoldt*, in: Seibert, Partnerschaft, S. 62 ff.; in Belgien, in Dänemark beruht dies auf Standesrichtlinien jedoch nicht auf einer gesetzlichen Grundlage; *Wilsing*, in: Henssler/Nerlich, Anwaltliche Tätigkeit, S. 83 ff.

[45] So zu Anwaltsgesellschaften *Nerlich*, AnwBl. 1994, 529, 533; *Stoldt*, in: Seibert, Partnerschaft, S. 62 ff., m.w.N.

[46] Vgl. *Stoldt*, in: Seibert, Partnerschaft, S. 62 ff.; zu den möglichen Gesellschaftsformen für Anwälte in Frankreich, *Maier-Bridou*, AnwBl. 1993, 264.

[47] Vgl. *Stoldt*, in: Seibert, Partnerschaft, S. 62 ff.; vgl. auch die länderbezogenen Einzeldarstellungen, in: Coenenberg/v. Woysocki (Hrsg.), Enzyklopedie, S. 2199 ff.

meisten Staaten nicht zulässig.[48] Für die Zusammenarbeit kommen dabei je nach Staat unterschiedliche Gesellschaftsformen in Betracht. Im Gegensatz zu den Berufsrechtsordnungen der Rechtsanwälte kommen die Handelsgesellschaften als alternative Rechtsform hinzu.[49]

Da ausländische Steuerberater in den meisten EU-Staaten keiner gesetzlichen (bzw. nur freiwilligen) Regelung unterliegen, besteht keine Beschränkung zur gemeinsamen Berufsausübung mit in- und ausländischen Berufsangehörigen und zwar auch bzgl. der Wahl der Gesellschaftsform.

Verstößt der Zusammenschluß von Berufsangehörigen der hier zu betrachtenden Berufsgruppe zur gemeinsammen Berufsausübung gegen die deutschen Berufsrechtsbestimmungen, führen die Rechtsfolgen nicht zwingend zur Nichtigkeit des zugrundeliegenden Vertrages. Auf sich daraus möglicherweise ergebende Besonderheiten wird im weiteren nicht eingegangen. Vielmehr wird von der berufsrechtlichen Zulässigkeit der zu betrachtenden Sachverhalte ausgegangen.

Soweit darüber hinaus Standesregeln der europäischen Dachverbände (CCBE, FEE, C.F.E.[50]) existieren, stellen diese weder eine Rechtsgrundlage i.S.d. EU- noch i.S.d. nationalen Rechts dar.[51] Gleichwohl wird das nationale Berufsrecht aufgrund europarechtlicher Maßnahmen künftig erheblichen Veränderungen unterliegen. So hat die Generalversammlung der Confédération Fiscale Européenne (C.F.E.) einen Entwurf eines Richtlinienvorschlags zur Einführung eines geschützten Titels für den Beruf des Steuerberaters in Europa erstellt.[52] Des weiteren wurde die Niederlassungsrichtlinie für Rechtsanwälte am 21.12.1994 verabschiedet.[53] Danach können künftig EU-Anwälte in einem anderen Mitgliedsstaat unter ihrer Berufsbezeichnung tätig werden, ohne einer nationalen Tätigkeitsbeschränkung zu unterliegen. Nach dem Ablauf von drei Jahren besteht das Recht, die Berufsbezeichnung des anderen EU-Staates zu tragen. Darüber hinaus ist gem. Art. 11 die Gründung einer internationalen Sozietät zulässig. Interprofessionelle Zusammenschlüsse können jedoch durch das nationale Recht des Aufnahmestaates versagt werden. Infolgedessen können sich Anwälte, die eine interprofessionelle Gesellschaft gründen wollen, nur dann auf die Niederlassungsrichtlinie berufen,

---

48 Dies gilt z.B. für Belgien, Frankreich, Österreich, Schweden, England und Wales, sowie Norwegen; *Stoldt*, in: Seibert, Partnerschaft, S. 62 ff.; vgl. auch die länderbezogenen Einzeldarstellungen, in: Coenenberg/v. Woysocki (Hrsg.), Enzyklopedie, S. 2199 ff.

49 In Belgien, Dänemark, Finland, Portugal und Spanien ist die Zusammenarbeit ausschließlich in einer Handelsgesellschaft zulässig; *Coenenberg/v. Woysocki* (Hrsg.), Enzyklopedie, S. 2199 ff.; *Stoldt*, in: Seibert, Partnerschaft, S. 62 ff.; *Wibbe*, Gesellschaften freier Berufe in Frankreich, S. 105 ff.

50 Für Rechtsanwälte der Conseil des Barreaux de la Communauté (CCBE); für Wirtschaftsprüfer die Fédération des Experts Comtables Européens (FEE); für Steuerberater die Confédération Fiscale Européene (C.F.E.),

51 So zu den Standesregeln für RA *Nerlich*, MDR 1996, 874, 876; *Kespohl-Willemer*, EuZW 1990, 88.

52 Kammer-Report, DStR 1998, Beih. 45, 1 ff., 2.

53 KOM (94), 372; vgl. auch *Kippenberger*, IStR 1997, Beih. zu Heft 19, S. 1.; zum Entwurf siehe *H. Schneider*, Anerkennung von Dipl., S. 276 ff.

wenn die Gesellschaft in der Bundesrepublik Deutschland und den Niederlanden gegründet wird, da in den anderen EU-Staaten eine interprofessionelle Sozietät (noch) nicht zulässig ist.[54]

B. Gesellschaftsrecht

Grundtypus der beruflichen Zusammenarbeit von RA, WP oder StB ist die BGB-Gesellschaft (§§ 705 ff. BGB[55]).[56] Nach § 705 BGB ist eine Gesellschaft bürgerlichen Rechts „eine auf Vertrag beruhende Personenvereinigung ohne Rechtsfähigkeit zur Förderung eines von den Gesellschaftern gemeinsam verfolgten Zwecks". Entscheidender Bedeutung kommt dabei dem Zweck der Gesellschaft zu.[57] Liegt der Zweck lediglich in der gemeinsamen Nutzung von sachlichen oder personellen Hilfsmitteln, handelt es sich um eine Innengesellschaft, auf die zwar auch die Regelungen der §§ 705 ff. BGB anzuwenden sind, jedoch tritt nach außen jeder Berufsangehörige in eigenem Namen auf. Schließen sich RA, WP und/oder StB hingegen zur gemeinsamen Berufsausübung zusammen, ist eine Außengesellschaft i.S.d. § 705 BGB gegeben.[58] Infolgedessen wird anhand des verfolgten Gesellschaftszwecks begrifflich zwischen sog. Berufsausübungsgesellschaften und sog. Betriebs- oder auch Organisationsgesellschaften, wie z.B. bei einer Bürogemeinschaft, unterschieden. Hingegen kennzeichnet Berufsausübungsgesellschaften, daß mehrere Angehörige desselben Berufs unter einem gemeinsamen Namen oder einer gemeinsamen Bezeichnung ihre Dienstleistung erbringen.[59] Eine Berufsausübungsgesellschaft in der Rechtsform der BGB-Gesellschaft ist somit nach h.M.[60] (teil-) rechtsfähig und wird als Zuordnungssubjekt von Rechten und Pflichten anerkannt.[61] Die Verteilung des Gewinns bzw. Verlusts der

---

54 Ausführlich zur Niederlassungsrichtlinie *Nerlich*, MDR 1996, 874.

55 Bürgerliches Gesetzbuch v. 18.8.1896, RGBl. S. 195, i.d.F. v. 21.12.2000, BGBl. I S. 1966.

56 Dazu siehe *Römermann*, Anwaltsgesellschaften, S. 30; zu den Rechtsformen interdisziplinärer Kanzleien *Haarmann*, in: FS Arbeitsgemeinschaft FfStR, S. 515 ff.

57 Die bloße Gründung reicht nicht aus, BGH, NJW 1991, 49, 50; *Henssler*, NJW 1993, 2137, 2138.

58 BGHZ 56, 355; BGH, NJW 1991, 49, 50; *Breuninger*, Die BGB-Gesellschaft als Rechtssubjekt im Wirtschaftsverkehr Voraussetzungen und Grenzen, S. 208; *Kaiser/Bellstedt*, Anwaltssozietät, S. 35.

59 Zu diesem Begriff *Michalski*, Gesellschafts- und Kartellrecht freier Berufe, S. 95 f.; vgl. auch *MünchHdb GesR I/Schmid* § 19 Rdnr. 2; *K. Schmidt*, Gesellschaftsrecht, S. 1711.

60 So die sog. Lehre von der kollektiven Einheit, *MünchKomm-Ulmer*, § 705 Rdnrn. 127 ff., m.w.N.; der BGH erkennt zwar die Verpflichtungsfähigkeit der BGB-Gesellschaft an, jedoch liegt bisher keine Entscheidung vor, in der die Rechtssubjektivität ausdrücklich anerkannt worden ist, BGHZ 72, 271 [272]; BGHZ 74, 240 [241 f.]; BGHZ 79, 374 [377]; zur abweichenden Ansicht der sog. individualistischen Gesamthandsvermögenslehre siehe *K. Schmidt*, Gesellschaftsrecht, S. 206 (FN 78), m.w.N.; neuerdings erkennt der BGH ausdrücklich der Gesellschaft Rechtsfähigkeit insoweit zu, als sie durch Teilnahme am Rechtsverkehr eigene Rechte und Pflichten begründet, BGH NJW 2001, 1056; zu einer sich daraus ergebenden weitergehenden Rechtsfähigkeit *K. Schmidt*, NJW 2001, 993.

61 Die bislang h.M. folgte der sog. "Theorie der Doppelverpflichtung" BGHZ 74, 240; BGHZ 97, 273; *MünchKomm-Ulmer*, § 705 Rdnrn. 24, 26 f.; im Wege der analogen Anwendung des § 128 HGB im Ergebnis ebenso *Flume*, Die Personengesellschaft, S. 325 ff.; *K. Schmidt*, Gesellschaftsrecht, S. 1786 (sog. „Akzessorietätstheorie"), dieser folgt nunmehr auch der BGH, BGHZ 142, 315, BGH NJW 2001, 748, BGH 2001, 1056; vgl. dazu z.B. *Dauner-Lieb*, DStR 2001, 356; *K. Schmidt*, NJW 2001, 993; *Peres*, DStR 2000, 639.

Gesellschaft richtet sich regelmäßig nach den Vereinbarungen des Gesellschaftsvertrages.[62] Fehlt eine Vereinbarung, hat nach § 722 Abs. 1 BGB jeder Gesellschafter einen gleichen Anteil am Gewinn bzw. Verlust.

Steuerberater und Wirtschaftsprüfer können ihren Beruf auch gemeinsam in einer Offenen Handelsgesellschaft oder einer Kommanditgesellschaft ausüben (§§ 49 Abs. 2 StBerG und § 27 Abs. 2 WPO), sofern die Gesellschaft wegen ihrer Treuhandtätigkeit ein Handelsgewerbe betreibt und als solche in das Handelsregister eingetragen ist. Insoweit gelten für Steuerberatungs- und Wirtschaftsprüfungsgesellschaften die Regelungen des HGB[63] (§§ 105 ff. HGB bzw. §§ 161 ff. i.V.m. §§ 105 ff. HGB).[64] Nach § 105 Abs. 2 HGB können auch Gesellschaften als OHG eingetragen werden, die nur eigenes Vermögen verwalten. Nach dem Wortlaut und dem Willen des Gesetzgebers[65] sind damit ausschließlich Gesellschaften gemeint, deren Zweck die Vermögensverwaltung ist.[66] Daher besteht handelsrechtlich für Freiberufler keine Möglichkeit sich als Handelsgesellschaft eintragen zu lassen.[67]

In den Gesellschaftsrechtsordungen anderer EU-Mitgliedsstaaten besteht die Tendenz, eine speziell für Freiberufler, insbesondere für Rechtsanwälte und Wirtschaftsprüfer, ausgestaltete Gesellschaftsform für die gemeinsame Berufsausübung zur Verfügung zu stellen. Die einzelnen nationalen Rechtsformen weichen jedoch stark voneinander ab. Dies gilt insbesondere im Hinblick auf die Rechtsfähigkeit und die damit verbundene Haftung der Gesellschafter. So kommt z.B. der „partnership" in Großbritannien und Irland und der belgischen und französischen[68] „association" keine Rechtsfähigkeit zu.[69] Dagegen existieren in den Rechtsordnungen, die dem romanischen Recht folgen, auch Gesellschaften bürgerlichen Rechts mit Rechtspersönlichkeit.

---

62 Vgl. *Palandt*, BGB, § 722 Rz. 1.

63 Handelsgesetzbuch (HGB) v. 18.5.1897, RGBl. S. 219, i.d.F. v. 18.1.2001, BGBl. I S.123.

64 Zum Gesellschaftsrecht der OHG und KG ausführlich *Schmidt, K.*, Gesellschaftsrecht, S. 1351 ff. (OHG); S. 1527 ff. (KG), m.w.N.

65 BT-Drs. 13/8444, S. 40 f.

66 A.A. *K. Schmidt*, DB 1998, 61, 62.

67 Die Eintragung einer Freiberufler-GmbH & Co KG in das Handelsregister ist nur unter Nichtbeachtung der berufsrechtlichen Unzulässigkeit dieser Rechtsform nach § 50 Abs. 1 u. Abs. 2 StBerG und § 28 Abs. 1 u. Abs. 2 WPO möglich; vgl. *Gehre*, StBerG, § 49 Rdnr. 8.

68 Nach französischem Gesellschaftsrecht bestehen einschließlich der Kapitalgesellschaften neun Rechtsformen von Anwaltsgesellschaften, *Schmuck*, RIW 1993, 983.

69 Die Haftung der „partnership" läßt sich unter engen Voraussetzungen nicht nur einzelvertraglich, sondern auch gesellschaftsrechtlich beschränken, wohingegen eine „association" als Gesellschaft keine eigenen Mandate übernehmen kann und damit jeder Gesellschafter persönlich haftet, vgl. dazu *Nerlich*, Kooperationsmöglichkeiten, S. 129 u. S. 132.

Dies gilt für die „societés civiles professionelles“ belgischen, französischen und luxemburgischen Rechts[70], den „sociedades civis“ portugisischen und den „despachis colectivos“ spanischen Rechts sowie den Anwaltsgesellschaften griechischen Rechts.[71]

In den USA steht den Freiberuflern als Grundtypus die General Partnership, die in Struktur und Rechtsnatur in etwa der OHG entspricht, zur Verfügung. Da es den Freiberuflern gesetzlich nicht erlaubt war, sich in der Form einer Handelsgesellschaft zusammenzuschließen, wurden spezielle Rechtsformen für Freiberufler geschaffen, wie z.B. die Professional Corporation, die einer deutschen Kapitalgesellschaft entspricht. Des weiteren können sich Freiberufler in einer Limited Liability Company oder in einer Limited Liability Partnership, die einer juristischen Person angenähert sind, zur gemeinsamen Berufsausübung zusammenschließen.[72] Es ist jedoch zu beachten, daß sich das Gesellschaftsrecht der einzelnen Bundesstaaten erheblich voneinander unterscheidet und von den Regelstatuten abgewichen werden kann.[73]

---

[70] Diese haften gegenüber dem Mandant im Gegensatz zur „association“ auch mit dem Gesellschaftsvermögen. Bei persönlich zu verantwortenden Berufsfehlern haften die Gesellschaft und der Gesellschafter gesamtschuldnerisch; zur französischen Regelung *Everling*, Gutachten C für den DJT 1990, C 1, 72; ferner *Nerlich*, Kooperationsmöglichkeiten, S. 134 f., m.w.N.

[71] Zu ausländischen Rechtsformen, *Henssler*, PartGG, Einf. Rdnrn. 33 ff. m.w.N.; *Nerlich*, Kooperationsmöglichkeiten, S. 128 ff.

[72] Zu diesen Gesellschaftsformen ausführlich *Bungert*, RIW 1994, 360.

[73] Dazu siehe *Boles*, US-Einkommensteuerrecht, passim.; zu Anwaltsgesellschaften siehe *Donath* ZHR 156 (1992), 134, 146 ff.; *Henssler*, RIW 2001, 572; *Stoldt*, in: Seibert, Partnerschaft, S. 79 ff., m.w.N.

§ 3 Begriffe

Im deutschen Recht existiert keine einheitliche Definition des Begriffs „Sozietät". Im weiteren wird daher in Übereinstimmung mit der Rspr. des BGH[1] und des Schrifttums[2] von einer GbR i.S.d. §§ 705 ff. BGB ausgegangen. Voraussetzung ist jedoch, daß die Sozii den Beruf im Interesse und auf Rechnung aller Sozii unter Benutzung ihrer Einrichtung gemeinsam, als Einheit, ausüben und als solche nach außen auftreten. Das RBerG steht der Bildung von Sozietäten nicht entgegen.[3]

Im vorigen Kapitel wurde bereits der Begriff des inländischen bzw. ausländischen Berufsangehörigen verwendet. Eine gesetzliche Definition dieser Begriffe gibt es nicht. Gleichwohl setzt die Darstellung internationaler Sachverhalte die Abgrenzung verschiedener Begriffe voraus. Die im weiteren verwendeten Begriffe werden unter Rückgriff auf die im vorigen Kapitel dargestellten Regelungszusammenhänge wie folgt bestimmt:

- Ein inländischer Berufsangehöriger ist ein RA, WP oder StB, der nach inländischem Recht, d.h. nach dem Berufsrecht der Bundesrepublik Deutschland, die Voraussetzungen erfüllt, den jeweiligen Beruf auszuüben.

- Ein ausländischer Berufsangehöriger ist ein Berufsangehöriger, der einer der hier zu betrachtenden Berufe entsprechenden Berufsgruppe angehört und nach ausländischem Recht, d.h. nach der Rechtsordnung eines anderen Staates, die Voraussetzungen erfüllt, den jeweiligen Beruf auszuüben.

Eine ähnliche Terminologie wird hinsichtlich der Tätigkeit von Personengesellschaften verwendet, wie z.B. „deutsche", „inländische" oder „englische, französische, u.s.w.", „ausländische" Personengesellschaft, Sozietät. Eine gesetzliche Definition der Begriffe gibt es weder im Gesellschafts- noch im Steuerrecht. Im berufsrechtlichen Schrifttum[4] wird ferner zwischen sog. multinationalen und transnationalen Niederlassung bzw. Sozietät unterschieden. Da die Begriffe keine für die hier zu untersuchenden internationalen Sachverhalte verwendbare Abgrenzung darstellen, wird letztere Unterscheidung im weiteren nicht verwendet.[5]

Soweit in der zivilrechtlichen Rspr.[6] und Literatur[7] die Begriffe „ausländische" oder „inländische" Sozietät bzw. Personengesellschaft verwendet werden, geht es bei

---

1 Zur Anwaltssozietät BGHZ 56, 355, 359.

2 Z.B. *Henssler*, JZ 1992, 697, 701; *ders.*, NJW 1993, 2137; *Kaiser/Bellstedt*, Anwaltssozietät, S. 35 ff.; *Michalski/Römermann*, NJW 1996, 3233; 3237; *Zuck*, NJW 1990, 954.

3 BGHZ 56, 355, 359; *MünchKomm-Ulmer*, BGB, Vor § 705 Rdnr. 19.

4 *Nerlich*, Kooperationsmöglichkeiten, S. 60; *ders.*, AnwBl. 1994, 529 und 539.

5 An einer multinationalen Sozietät ist offenbar zumindest ein Gesellschafter beteiligt, der in einem anderen Staat als die anderen Gesellschafter zugelassen ist. Die Definition bei *Nerlich*, a.a.O., ist nach hier vertretener Ansicht nicht eindeutig. Er stellt auf die Nationalität ab, meint aber offenbar die Zulassung in verschiedenen Staaten; vgl. auch die englische Definition bei *Nerlich*, a.a.O. (FN 209); zur transnationalen Niederlassung bzw. Sozietät *Nerlich*, a.a.O., S. 157 f.

6 So bereits RGZ 124, 146; RGZ 159, 33; BGH, BB 1954, 242; BGH, NJW 1967, 36.

7 Dazu ausführlich *Piltz*, Personengesellschaften im IStR, S. 23 f., m.w.N.

grenzüberschreitenden Sachverhalten darum, welches Gesellschaftsrecht der beteiligten Staaten anzuwenden ist. Das internationale Gesellschaftsrecht unterliegt insoweit nicht den Regelungen des Internationalen Privatrechts (Art. 37 Nr. 2 EGBGB[8]). Vielmehr sind die gesellschaftsrechtlichen Beziehungen eines Verbandes dem einheitlichen Gesellschaftsstatut unterstellt. Dieses Gesellschaftsstatut wird nach der bisher geltenden Rspr.[9] und der (noch) h.M. in der deutschsprachigen Literatur[10] von dem Sitz der Gesellschaft bestimmt (sog. Sitztheorie).[11] Der BGH[12] hat jedoch mit Beschluß vom 30.3.2000 dem EuGH die Frage zur Vorabentscheidung vorgelegt, ob die Sitztheorie mit der Niederlassungsfreiheit vereinbar ist. Ungeachtet dessen, wird im weiteren von der Sitztheorie ausgegangen. Danach ist das Recht des Staates anzuwenden, in dem sich der Sitz der Gesellschaft befindet. Nichtrechtsfähige Personenvereinigungen, wie z.B. eine GbR, unterliegen dabei einem einheitlichen Gesellschaftsstatut, wenn sie eine nach außen hervortretende eigene Organisation haben, sich nicht nur in einzelnen obligatorischen Rechten und Pflichten erschöpfen. Demnach unterliegt das Gesellschaftsstatut dem Recht am Sitz der Hauptverwaltung, wobei es bei der Bestimmung darauf ankommt, wie sich die Verhältnisse nach außen erkennbar darstellen.[13]

Im Steuerrecht findet sich in § 138 Abs. 2 Nr. 2 AO und § 15 a Abs. 5 Nr. 3 EStG[14] der Ausdruck „ausländischen Personengesellschaften". Auch in Urteilsbegründungen des BFH[15], in Verlautbarungen der Finanzverwaltung[16] sowie in der steuerrechtlichen Literatur[17] wird dieser Begriff und der entsprechende Ausdruck „inländische Personengesellschaft" verwendet. Die Doppelbesteuerungsabkommen (DBA) der Bundesrepublik Deutschland sprechen z.B. von einer „societé civil französischen Rechts"[18] oder von „offener Handelsgesellschaft des in der Bundesrepublik Deutschland geltenden Rechts"[19]. Trotz des unterschiedlichen Wortlauts ist damit eine Personengesellschaft gemeint, die nach dem Recht des betreffenden Staates gegründet ist und auch dort ihre Geschäftsleitung hat. Aus steuerrechtlicher Sicht wird der Begriff „Personengesellschaft" zumeist nicht i.S.d. Zivilrechts, sondern als Mitunternehmerschaft verstanden.[20] Nach dem heute herrschendem Begriffsverständnis sind die Begriffe wie folgt zu bestimmen[21]:

---

[8] EGBGB v. 18.8.1896, i.d.F.v. 2.11.2000, BGBl. I S. 3180.

[9] Z.B. BGHZ 53, 181; OLG Hamburg, RIW 1970, 518.

[10] Für die h.M. *Ermann/Hohloch*, BGB, Art. 37 EGBGB Rdz. 23; *Staudinger-Grossfeld*, IntGesR, Rz. 21, m.w.N.

[11] Kritisch zur Vereinbarkeit der Sitztheorie mit EU-Recht *Knobbe-Keuk*, DB 1990, 2573, 2580 f., m.w.N. zur sog. Gründungstheorie.

[12] BGH v. 30.3.2000, IStR 2000, 382.

[13] Vgl. dazu *Staudinger-Grossfeld*, IntGesR, Rz. 166 ff.

[14] EStG v. 16.4.1997, i.d.F.v. 26.6.2001, BGBl. I S. 1310.

[15] Z.B. BFH v. 31.5.1995 - I R 74/93, BStBl. II 1995, 683; BFH v. 17.12.1997 - I R 34/97, DB 1998,1013.

[16] Z.B. BdF-Schreiben v. 5.4.1977, BStBl. I 1977, 301; BdF-Schreiben v. 19.3.1976, RIW/AWD 1976, 305.

[17] Z.B. *Piltz*, Personengesellschaften im IStR, S. 26 ff., m.w.N.

[18] Art. 4 Abs. 3 DBA-Frankreich.

[19] Art. 3 Abs. 1 Nr. 4 DB-Belgien.

[20] Vgl. dazu *Piltz*, Personengesellschaften im IStR, S. 27, m.w.N.

[21] *Piltz*, a.a.O.; *Wassermeyer*, IStR 1998, 489.

Deutsche oder inländische Freiberufler-Personengesellschaften, sind solche, die Sitz und Geschäftsleitung in Deutschland haben. Ausländische Freiberufler-Personengesellschaften sind solche, die Sitz und Geschäftsleitung in demselben anderen Staat haben.

Daraus folgt bei einem internationalen Gesellschafterkreis als Definition der internationalen Freiberufler-Personengesellschaft:

Die internationale Freiberufler-Personengesellschaft ist eine solche, deren Gesellschafter zum Teil nicht in diesem Land ansässig sind, nach dessen Recht sie gegründet ist und in dem sich ihre Geschäftsleitung befindet.

Ferner wird der Zusammenschluß von Angehörigen verschiedener Berufsgruppen, z.B. Rechtsanwälte und Wirtschaftsprüfer, in einer Gesellschaft als „interprofessionell“[22] oder „interdisziplinär“[23] bezeichnet. Im weiteren wird der Begriff „interprofessionelle“ Gesellschaft verwendet.

[22] So z.B. *Michalski/Römermann*, NJW 1996, 3233; *Nerlich*, AnwBl. 1994, 529.

[23] So z.B. *Henssler*, NJW 1993, 2137, 2144.

§ 4 Freiberufliche Tätigkeit nach nationalem Steuerrecht

A. Anknüpfungspunkte für die Besteuerung

I. Persönliche Steuerpflicht

§ 1 EStG bestimmt in Abweichung vom allgemeinen Tatbestand des § 33 AO den persönlich Steuerpflichtigen, gleichzusetzen mit dem Steuersubjekt und den Steuerschuldner.[1] Danach trifft die persönliche Einkommensteuerpflicht jede natürliche Person i.S.d. BGB.[2] Neben den natürlichen Personen kennt das Personenrecht des Zivilrechts juristische Personen und die gesamthänderisch verfaßten Personengesellschaften. Das Steuerrecht unterscheidet zwischen zwei Rechtssubjekten: Der natürlichen Person (§ 1 EStG) und der juristischen Person, die nicht dem EStG unterliegt, sondern nach §§ 1, 2 KStG[3] körperschaftsteuerpflichtig ist.[4] Personengesellschaften (z.B. BGB-Gesellschaften, OHG u. KG) sind als solche nicht einkommensteuerpflichtig. Steuerpflichtig sind nur die Gesellschafter.[5] Infolgedessen ist das durch die Tätigkeit der Personengesellschaft erzielte Einkommen unmittelbar beim Gesellschafter zu versteuern.[6] Gleichwohl ist spätestens nach dem Beschluß des Großen Senats des BFH v. 25.6.1984[7] anerkannt, daß eine Personengesellschaft für die Einkommensteuer insofern Steuerrechtssubjekt ist, als sie in der Einheit ihrer Gesellschafter Merkmale eines Besteuerungstatbestandes verwirklicht, welche den Gesellschaftern für deren Besteuerung zuzurechnen sind. Ein solches Merkmal sei insbesondere die Verwirklichung oder Nichtverwirklichung des Tatbestandes einer bestimmten Einkunftsart. Demnach kommt es zur Bestimmung der Einkunftsart auf die Tätigkeit der Personengesellschaft als solche an (sog. Einheitstheorie).[8] Diese Rechtsauffassung hat der Große Senat[9] ausdrücklich bestätigt, wobei nach neueren Beschlüssen[10] zu berücksichtigen sei, daß nicht die Personengesellschaft als solche Träger des Unternehmens sei, sondern daß die Gesellschafter Unternehmer (Mitunternehmer) des Betriebes der Personengesellschaft seien (sog. duale Betrachtung[11]). Wann jedoch im Einzelfall auf die „Vielheit" der Gesellschafter abzustellen ist, ist umstritten.[12] Letztlich handelt es sich hierbei um

---

[1] *Crezelius*, Steuerrecht II, § 5 Rz. 1; *Tipke/Lang*, Steuerrecht, § 9 Rz. 20.

[2] *Schmidt/Heinicke*, EStG, § 1 Rz. 11.

[3] Körperschaftsteuergesetz (KStG) v. 22.4.1998, i.d.F.v.19.12.2000, BGBl. I S. 1790.

[4] *Schmidt/Heinicke*, EStG, § 1 Rz. 11 f.

[5] Statt aller *Crezelius*, Steuerrecht II, § 5 Rz. 3.

[6] *HHR/Stapperfend*, § 1 EStG Anm. 22.

[7] BFH v. 25.6.84 - GrS 4/82, BStBl. II 1984, 751, 761 f.

[8] Z.B. *Knobbe-Keuk*, Bilanzsteuerrecht, § 9 I 2 a; *Schmidt*, EStG, § 15 Rz. 163, m.w.N.; *Schön*, StuW 1996, 275; kritisch dazu *Reiß*, in: Kirchhof/Söhn, EStG, § 15 RdNrn. E 38 ff.

[9] BFH v. 25.2.1991 - GrS 7/89, BStBl. II 1991,691; BFH v. 3.7.1995 - GrS 1/93, BStBl. II 1995, 617.

[10] So insbesondere BFH v. 3.5.1993 - GrS 3/92, BStBl. II 1993, 616; aber auch BFH v. 3.7.1995 – GrS 1/93, BStBl. II 1995, 617, wonach ausdrücklich von der partiellen Steuersubjektivität der Personengesellschaften auszugehen sei.

[11] So *Schmidt*, EStG, § 15 Rz. 163, m.w.N.

[12] Zum Meinungsstand siehe z.B. *Haas*, DStR 1997, 1706, *Herrmann*, DStZ 1998, 87; *Kempermann*, DStZ 1995, 225; *Schmidt*, EStG, § 15 Rz. 163, jeweils m.w.N.

einen Rückschritt zu der bereits als aufgegeben geglaubten Bilanzbündeltheorie.[13] Nach § 15 Abs. 1 S. 1 Nr. 2 EStG ist der von der Personengesellschaft erwirtschaftete Gewinn bei den Gesellschaftern in deren Gewinnanteil zu besteuern. Demnach geht das Gesetz selbst von der Entstehung des Gewinns bei der Gesellschaft aus.[14] Daher ist bei der Subsumtion eines Sachverhalts unter den Tatbestand einer Einkunftsart auf die Tätigkeit der Gesellschaft abzustellen.

II. Sachliche Steuerpflicht und Leistungsfähigkeitsprinzip

Rechtsfolge der persönlichen Steuerpflicht ist die unbeschränkte oder beschränkte Einkommensteuerpflicht. Um den Steuerpflichtigen zur Einkommensteuer heranziehen zu können[15], müssen noch die objektiven Tatbestandsvoraussetzungen für die Erzielung von Einkünften i.S.d. § 2 Abs. 1 EStG i.V.m. den entsprechenden Normen der Einkunftsart (§§ 13 ff. EStG) erfüllt sein (sachliche Steuerpflicht).[16] Darüber hinaus muß die subjektive Tatbestandsvoraussetzung der Einkünfteerzielungsabsicht, d.h. eine wirtschaftliche auf Vermögensmehrung gerichtete Tätigkeit im Rahmen einer gesetzlichen Einkunftsart, gegeben sein.[17] Nach § 2 Abs. 2 EStG[18] werden die Einkünfte in Gewinneinkünfte und Überschußeinkünfte untergliedert. Einkünfte sind der durch Eigenkapitalvergleich ermittelte Gewinn (§§ 4, 5 EStG) oder der Überschuß der Einnahmen (§ 8 EStG) über die Werbungskosten (§ 9 EStG), die der Steuerpflichtige im Rahmen der sieben Einkunftsarten erzielt und die somit der Besteuerung zugrunde zulegen sind.[19] Systematisch bildet demnach § 2 EStG die Grundvorschrift zur Bestimmung des Steuergegenstandes[20] und zur Ermittlung der Bemessungsgrundlage der Einkommensteuer.[21] Mit der Einkommensteuer soll der persönlich Steuerpflichtige nach Maßgabe seiner objektiven Leistungsfähigkeit besteuert werden.[22] Insofern wird das Einkommen als ein besonders geeigneter Indikator der Leistungsfähigkeit angesehen. Dieses gesetzlich nicht geregelte, aber als sachgerechtes Fundamentalprinzip der (Einkommens-) Besteuerung anerkannte Leistungsfähigkeitsprinzip liegt dem EStG zugrunde. Inwieweit es auf einfachgesetzlicher Ebene dogmatisch umgesetzt wird,

---

13 Zu dieser vgl. z.B. *Knobbe-Keuk*, Bilanzsteuerrecht, § 9 I 1.

14 *Knobbe-Keuk*, Bilanzsteuerrecht, § 9 I 2 a.

15 Technisch: Steuerbarkeit.

16 Statt aller *Crezelius*, Steuerrecht II, § 5 Rz. 6.

17 BFH v. 25.6.84 - GrS 4/82, BStBl. II 1984, 751; *Schmidt/Seeger*, EStG, § 2 Rz. 23.

18 Entgegen dem Wortlaut enthält § 2 Abs. 2 EStG keine Definition des Einkünftebegriffs, sondern regelt den Weg der Ermittlung und bestimmt damit zugleich deren Umfang; *HHR/Raupach/Schencking*, § 2 EStG Anm. 502.

19 Zur Verfassungsmäßigkeit des sog. Dualismus der Einkunftsermittlung *Crezelius*, Steuerrecht II, § 4 Rz. 24; *Jakob*, Einkommensteuer, § 2 Rz. 15; *Kirchhof*, in: Kirchhof/Söhn, EStG, § 2 Rz. A 663 ff.; diese ablehnend *HHR/Raupach/Schencking*, § 2 EStG Anm. 522; *Tipke/Lang*, Steuerrecht, § 9 Rz. 185 ff.

20 Das EStG trennt nicht die §§ 2 bis 24 b strikt zwischen dem Steuergegenstand als Belastungsgrund und der Steuerbemessungsgrundlage als Berechnungsvorschrift zur zahlenmäßigen Erfassung des Gegenstandes. Der Steuergegenstand dient der „Qualifizierung" des einkommensteuerlichen Tatbestands, die Steuerbemessungsgrundlage dagegen der Quantifizierung des Steuergegenstandes; statt aller *HHR/Raupach/Schencking*, § 2 EStG Anm. 501; *Schmidt/Seeger*, EStG, § 2 Rz. 18.

21 *HHR/Raupach/Schencking*, § 2 EStG Anm. 8.

22 *Schmidt/Seeger*, EStG, § 2 Rz. 2.

liegt in der willkürfreien Kompetenz des Gesetzgebers.[23] Ausfluß des Leistungsfähigkeitsprinzips ist dabei die in § 2 Abs. 2 i.V.m. §§ 4 Abs. 1, 9 EStG geregelte Abzugsfähigkeit der bei der Erzielung der Einkünfte entstandenen Aufwendungen von Besteuerungsgrundlage (sog. objektives Nettoprinzip).[24]

B. Einkünfte aus selbständiger Arbeit nach § 18 EStG

I. Historische Entwicklung

Der Begriff „freier Beruf" ist zwar durch das Reichseinkommensteuergesetz von 1925 in § 35 EStG eingeführt, jedoch nicht definiert worden. Bis dahin hatten sich die Einkommensteuergesetze auf die Aufzählung der einzelnen freien Berufe beschränkt. Der RFH[25] hat den Begriff wie folgt umschrieben:

> Hierunter seien vorwiegend nur solche Tätigkeiten zu verstehen, „die in ihrer letzten Wurzel auf Geistesdisziplin zurückgehen, die, wie die reinen Wissenschaften, Religion und Kunst, um ihrer selbst willen, ohne Rücksicht auf die wirtschaftliche Auswertung ihrer Ergebnisse betrieben werden können", im Gegensatz zu solchen Berufen, „die sich ausschließlich aus den Bedürfnissen des wirtschaftlichen Lebens heraus entwickelt haben und deren Ergebnisse kein wissenschaftliches Interesse erregen können, das über die unmittelbar praktischen Interessen der Wirtschaftszweige hinausgeht, denen diese Berufe dienen." Ein weiteres Merkmal sei die freie nicht innerhalb eines Beamten- oder Angestelltenverhältnisses ausgeübte Tätigkeit.

Der Gesetzgeber[26] ist in seiner Begründung zum EStG 1934 insofern dem RFH[27] gefolgt, als maßgebender Faktor nicht, wie beim Gewerbe, der Einsatz eines gewerblichen Vermögens oder, wie bei der Landwirtschaft, der Einsatz landwirtschaftlichen Betriebsvermögens sei, sondern ausschließlich oder fast ausschließlich die eigene Arbeitskraft.[28] Angesichts dieser - hier verkürzt dargestellten - Umschreibung kam *Strutz*[29] bereits im Jahre 1927 zu der zutreffenden Erkenntnis, daß die Begriffsbestimmung des RFH nicht sonderlich klar sei, da sie „mit etwas verschwommenen Begriffen" arbeite. Eine größere Klarheit werde weder durch das Merkmal „höhere Berufsarten" noch durch das der „geistlichen Herkunft" eines Berufes erreicht. So kam dann auch der RFH[30] zu der Erkenntnis, daß der Ausdruck „freier Beruf" freilich kein klar umschriebener Begriff sei, da er nicht aus einem bestimmten Rechtsgebiet heraus geschaffen, sondern vielmehr das Ergebnis kulturgeschichtlicher Entwicklung sei. Bei-

---

23 So die h.M. BVerfGE 42, 108; BVerfG, JZ 1993, 306, *Crezelius*, Steuerrecht II, § 4 Rz. 3 ff.; a.A. *Tipke/Lang*, Steuerrecht, § 4 Rz. 83.

24 Das subjektive Nettoprinzip gebietet die Steuerfreiheit des Existenzminimums; vgl. dazu *Kirchhof*, in: Kirchhof/Söhn, EStG § 2 A 129 ff.; fraglich ist, ob das Nettoprinzip eine vom allgemeinen Gleichheitssatz des Art. 3 GG garantierte Sachgesetzlichkeit des Einkommensteuergesetz ist; verneinend BVerfG, BStBl. 1970, 140; BVerfGE 34, 103; kritisch dazu *HHR/Raupach/Schencking*, § 2 EStG Anm. 503, m.w.N.; die Entscheidung hängt letztlich von der verfassungsrechtlichen Qualität des Leistungsfähigkeitsprinzips ab.

25 RFH v. 9.7.1919 - II A 100/19, RFHE 1, 129.

26 Der Gesetzgeber, Begr. zum EStG 1934, RStBl. 1935, S. 42.

27 RFH v. 26.1.1927 - VI A 12/27, RStBl. 1927, 109.

28 Dieser Typisierung folgend *Enno Becker*, Grundlagen der Einkommensteuer, § 207.

29 *Strutz*, Handbuch, S. 339.

30 RFH v. 30.5.1927 - VI A 220/27, RStBl. 1927, 190.

spielhaft für diese Entwicklung ist die Subsumtion des Berufs des Bücherrevisors unter den Begriff „freier Beruf“. Der Beruf der Bücherrevisoren ist der Vorläufer der heutigen Berufe Wirtschaftsprüfer und Steuerberater. Der Beruf des Wirtschaftsprüfers geht auf eine Verordnung des Reichspräsidenten aus dem Jahre 1931 zurück.[31] Der Beruf des Steuerberaters wurde 1933 durch ein Rassengesetz gesetzlich geregelt, dessen Zweck nicht die Schaffung eines freien Berufs war, sondern ausschließlich dazu bestimmt war, sog. nichtarische Steuerberater von dem Beruf auszuschließen.[32] Steuerrechtlich galt der Beruf des Bücherrevisors zunächst nicht als freier Beruf.[33] Demgegenüber hat *Strutz*[34] darauf hingewiesen, daß es sehr zweifelhaft sei, die Eigenschaft eines freien Berufs den Bücherrevisoren abzusprechen. Der RFH[35] hat die Tätigkeit schließlich 1933 als freie Berufstätigkeit anerkannt. Der Gesetzgeber hat durch die Aufnahme des Berufs in die Liste der freien Berufe im Rahmen des EStG 1934 die Rspr. bestätigt.[36] Ein solches fortlaufend verändertes Begriffsverständnis führt, wie schon *Strutz*[37] im Jahre 1929 feststellte, zwangsläufig zu Auslegungsschwierigkeiten. In der Sache hat sich daran bis heute nichts geändert.

II. Freiberufliche Tätigkeit i.S.d. § 18 Abs. 1 Nr. 1 EStG

1. Tatbestand

In der heute gültigen Fassung des EStG gibt es keinen einheitlichen Oberbegriff der freien Berufe.[38] Nach § 18 Abs. 1 Nr. 1 EStG wird die freiberufliche Tätigkeit durch eine nach allgemeinen Gesichtspunkten umrissene Gruppe (wissenschaftliche, künstlerische, usw. Tätigkeit), durch die in dem nicht abschließenden Katalog aufgeführten Berufsarten und durch ähnliche Berufe bestimmt.[39] Ferner muß nach § 18 Abs. 1 Nr. 1 S. 3 EStG die freiberufliche Tätigkeit leitend und eigenverantwortlich ausgeübt werden. Wegen dieser Ausgestaltung des Tatbestands spricht der BFH[40] von einem steuerrechtlichen Begriff des freien Berufs.[41] Daher ist die Qualifizierung einer Tätigkeit als freier Beruf in einer Berufsordnung für die steuerrechtliche Bestimmung einer Tätig-

---

[31] VO des Reichspräsidenten v. 19.9.1931, RGBl. I S. 493 u. VO v. 15.12.1931, RGBl. I 1931, S. 760.

[32] Reichsgesetz über die Zulassung von Steuerberatern v. 6.5.1933, RGBl. I S. 257; vgl. zur historischen Entwicklung des Berufs z.B. *Eisold*, DStZ 1992, 427; *Pausch*, StB, 1983, 135; jeweils m.w.N.

[33] RFH v. 15.7.1924 - II A 331/24, RFHE 14, 145; *Strutz*, Handbuch, S. 339; *ders.*, EStG 1925, § 35 Anm. 6 u. Anm. 12.

[34] *Strutz*, Handbuch, S. 339.

[35] RFH v. 13.12.1933 - VI A 1448/32, RStBl. 1934, 426.

[36] Vgl. Begründung zum EStG 1934, RStBl. 1935, 42.

[37] *Strutz*, EStG 1925, § 35 Anm. 6; der BFH v. 15.7.1960 - VI 10/60 S, BStBl. III 1960, 484 stellte dies ebenfalls fest.

[38] BVerfGE 19, 354; BVerfG, BStBl. II 1978, 273, 276; BVerfG, BStBl. II 1978, 125, 129; aus dem Schrifttum statt aller *HHR/Brandt*, § 18 EStG Anm. 4 m.w.N.

[39] Statt aller *Schick*, Freie Berufe, S. 16 f.

[40] BFH v. 7.11.1957 - IV 668/55 U, BStBl. III 1958, 34.

[41] Zustimmend *Fitsch*, in: Lademann, EStG, § 18 Anm. 27.

keit als freiberufliche nicht erheblich.[42] Dies gilt auch für die in dem seit 1960[43] nicht mehr geänderten Katalog des § 18 Abs. 1 S. 1 EStG aufgeführten Berufe der Rechtsanwälte, Wirtschaftsprüfer und Steuerberater. Allerdings faßt der Katalog in seiner Gesamtheit heterogene Berufe unter dem Oberbegriff der freiberuflichen Tätigkeit zusammen, ohne daß sich alle Berufe auf einen tragenden Gesichtspunkt zurückführen lassen. Da die Einkünfte aus freiberuflicher Tätigkeit Teil der Einkünfte aus selbständiger Arbeit (§ 18 EStG) sind, muß die freiberufliche Tätigkeit alle allgemeinen Begriffsmerkmale erfüllen, die den Begriff „selbständige Arbeit" prägen. Allerdings gibt es auch keine Definition des Begriffes „selbständige Arbeit".[44] Die Begriffsbestimmung erfolgt durch Abgrenzung zu den Einkünften aus nichtselbständiger Arbeit (§ 19 EStG) und aus Gewerbebetrieb (§ 15 EStG).[45] Wesentlicher Unterschied zu den Einkünften aus nichtselbständiger Arbeit i.S.d. § 19 EStG ist die „Selbständigkeit" der ausgeübten Tätigkeit.[46] Da die Einkünfte aus Gewerbebetrieb nach § 2 GewStG[47] gewerbesteuerpflichtig sind, kommt der Abgrenzung zu den Einkünften aus Gewerbebetrieb besondere Bedeutung zu, auch wenn die der Gewerbesteuer unterliegenden Einkünfte nach § 35 EStG begünstigt sind.[48] Nach § 15 Abs. 2 EStG gelten zwar für diese Einkunftsarten dieselben Voraussetzungen - Selbständigkeit, nachhaltige Betätigung, Gewinnerzielungsabsicht, Beteiligung am allgemeinen wirtschaftlichen Verkehr -, jedoch sind die Einkünfte aus Gewerbebetrieb subsidiär gegenüber denen aus selbständiger Arbeit.

Nach der Rspr. des BFH[49] beruhe die selbständige Arbeit in ihrem Kernbereich auf dem Einsatz der eigenen Arbeit und Leistungsfähigkeit des Berufsträgers. Bei Ausübung der Tätigkeit tritt der Einsatz von Kapital gegenüber der geistigen Arbeitskraft und der persönlichen Arbeitsleistung zurück.[50] Daher handle es sich um eine persönliche Tätigkeit, die mehr im geistigen liegende Arbeitskenntnis voraussetze und sich aus diesem Grund nicht als vertretbare, sondern als höchstpersönliche Tätigkeit darstelle.[51] Dies spiegelt sich auch im Wortlaut des § 18 Abs. 3 EStG wider, worin nicht der Ausdruck der Betriebsveräußerung verwendet wird, sondern „Veräußerung des Vermögens, das der selbständigen Arbeit dient". Die Aussagekraft des Merkmals der persön-

---

42 BFH v. 8.6.1977 - I R 40/75, BStBl. II 1977, 668; *HHR/Brandt*, § 18 EStG Anm. 65.

43 Steueränderungsgesetz 1960 v. 30.7.1960, BGBl. I S. 616.

44 Statt aller *Fitsch*, in: Lademann, EStG, § 18 Anm. 6.

45 Zu den Merkmalen der selbständigen Arbeit z.B. *Blümich/Hutter*, § 18 EStG Rz. 20 ff.; *Schick*, Freie Berufe, S. 60 ff.

46 Ausführlich zur Abgrenzung zur nichtselbständigen Arbeit BFH v. 2.12.1998 - X R 83/96, DStR 1999, 711, m.w.N.; *HHR/Brandt*, § 18 EStG Anm. 51 ff.; *Schick*, Freie Berufe, S. 60 ff.

47 GewStG v. 21.3.1991, i.d.F.v.19.12.2000, BGBl. I S. 1790.

48 Für Wirtschaftsjahre, die vor dem 1.1.2001 begonnen haben, gilt noch der auf auf 43 % beschränkte Steuersatz für gewerbliche Einkünfte (§ 32 c i.V.m. § 52 Abs. 44 EStG); für Einkünfte, die in Wirtschaftsjahren erzielt werden, die nach dem 31.12.2000 beginnen, ermäßigt sich die Einkommensteuer gem. § 35 EStG (§ 35 EStG i.V.m. § 52 Abs. 50 a EStG); vgl. dazu *Schmidt/Glanegger*, EStG, § 35 Rz. 6 ff., m.w.N.

49 Z.B. BFH v. 10.10.1963 - VI 198/62 S, BStBl. III 1964, 120; BFH v. 23.5.1984 - I R 122/81, BStBl. II 1984, 823.

50 So auch BVerfGE, 26, 1, 8 f.; BVErfGE 37, 38, 39; BVerfGE 46, 225, 240.

51 BFH v. 10.10.1963 - VI 198/62 S, BStBl. III 1964, 120; BFH v. 30.3.1994 - I R 52/93, BStBl. II 1994, 903; vgl. auch BFH v. 26.4.1995 - XI R 86/94, FR 1996, 34.

lichen Arbeitsleistung ist jedoch in den Randbereichen begrenzt. Dies gilt z.B. in den Fällen, in denen Freiberufler für ihre Tätigkeit den Einsatz von Kapital benötigen[52] bzw., wenn bei Gewerbetreibenden i.S.d. § 15 Abs. 1 S. 1 Nr. 1 EStG der persönlichen Arbeit ein größeres Gewicht beizumessen ist (sog. personenbezogene Gewerbebetriebe).[53] Gleichwohl besteht nach Ansicht des X. Senats des BFH[54] auch bei diesen Sachverhalten die Unterscheidbarkeit zwischen den Einkunftsarten. So sei bei einem Handelsvertreter der geringe Kapitaleinsatz zwar vergleichbar dem eines Freiberuflers, soweit jedoch die persönliche Arbeitsleistung im Vordergrund stehe, beruhe der Unterschied zur freiberuflichen Tätigkeit auf der ausschließlichen Personenbezogenheit des Vertrauensverhältnisses zwischen Freiberufler und Klient bzw. Mandant. Die Geschäftsbeziehungen eines Handelsvertreters zu seinem Geschäftsherrn stützen sich hingegen auch auf andere Faktoren, wie z.B. Art, Qualität und Marktposition der vertriebenen Produkte.

Methodologisch gesehen, erschließt der BFH[55], ebenso wie das BVerfG[56], im Einzelfall unter Einbeziehung des Gesamtbilds und der Verkehrsauffassung eine freiberufliche Tätigkeit gegeben ist. Allerdings erfolgt dies nicht anhand von herausgearbeiteten Merkmalen eines Typusbegriffes[57] i.S.d. juristischen Methodenlehre[58], obgleich insbesondere im Hinblick auf die in § 18 Abs. 1 Nr. 1 S. 3 u. S. 4 EStG enthaltenen Kriterien der Begriff des freien Berufs als Typusbegriff zu bezeichnen ist.[59] Angesichts dessen, wird in der Literatur[60] zutreffenderweise der Schluß gezogen, es sei nicht möglich einen allgemeinen, für die Rechtsanwendung genügend abgegrenzten Begriff der freien Berufe für das Steuerrecht festzulegen. Diese Erkenntnis ist, wie die Ausführungen zur historischen Entwicklung im vorigen Kapitel gezeigt haben, nicht neu. Allein die Verwendung einer Generalklausel bzw. eines unbestimmten Rechtsbegriffs, läßt jedoch nicht den Schluß zu, es sei ein Verstoß gegen die Tatbestandsmäßigkeit der Besteuerung i.S.d. Art. 20 Abs. 3 GG gegeben.[61] Die Auslegungsbedürftigkeit nimmt der

---

[52] Z.B. der Radiologe. Daher stellt *Michalski*, Begriff des freien Berufes, S. 189 nicht auf die Quantität des Merkmals sondern auf die Qualität, d.h. die Hilfsfunktion, des Kapitals ab.

[53] Sog. personenbezogene Gewerbebetriebe sind z.B. Apotheker, BFH v. 27.3.1996 - I R 60/95, BStBl. II 1996, 576; BFH v. 14.1.1998 - IV B 48/97, DStRE 1998, 547; w.N. bei *Schmidt/Weber-Grellet*, EStG, § 5 Rz. 221.

[54] BFH v. 18.1.1989 - X R 10/86, BStBl. II 1989, 549, 551.

[55] BFH v. 25.10.1963 - IV 373/60 U, BStBl. III 1963, 595.

[56] Im Beschluß des BVerfG, BStBl. II 1978, 125, werden als Abgrenzungsmerkmale hervorgehoben: „..der persönliche Einsatz der Berufsausübung, der Charakter des jeweiligen Berufs, wie er sich in allgemeinrechtlichen und berufsrechtlichen Ausgestaltung und in der Verkehrsanschauung darstellt, die Stellung und Bedeutung des Berufs im Sozialgefüge, die Qualität und Länge der erforderlichen Berufsausbildung".

[57] Zum Typusbegriff in der juristischen Methodenlehre vgl. *Larenz/Canaris*, Methodenlehre, S. 290 ff.

[58] *Korn*, EStG, § 18 Rz. 35; *Tipke/Lang*, Steuerrecht, § 9 Rz. 494.

[59] Dazu siehe ausführlich *Caspers*, Freiberufliche Einkünfte, S. 12 f.; eine Analyse der Rspr. S. 60 ff.

[60] *Kellersmann*, Einkünfte aus selbständiger Arbeit, S. 63, S. 167, S. 201; *Korn*, DStR 1995, 1249; *Krüger*, FR 1996, 613; *Schmidt/Wacker*, EStG, § 18 Rz. 60.

[61] *Michalski*, Begriff des freien Berufs, S. 181 ff.; vgl. auch *Crezelius*, Rechtsanwendung, S. 91 ff., m.w.N.

Vorschrift nicht die Eigenschaft rechtsstaatlich gebotener Bestimmtheit.[62] Eine andere Frage ist, ob durch die an die Einkünfte aus Gewerbebetrieb (§ 15 EStG) geknüpften Rechtsfolgen der Gewerbesteuerpflicht (§ 2 GewStG) und der Beschränkung des Einkommensteuertarifs in § 32 c EStG gegen den Gleichheitssatz des Art. 3 GG verstößt. Nach Ansicht des BVerfG[63] stellt die Unterschiedliche Behandlung hinsichtlich der Gewerbesteuerpflicht kein Verstoß gegen Art. 3 GG dar.[64] Die Prüfung der Vereinbarkeit der Tarifbegrenzung des § 32 c EStG mit Art. 3 GG hat der X. Senat des BFH[65] mit Beschluß vom 24.2.1999 dem BVerfG vorgelegt.[66]

2. Katalogberufe

In dem Katalog des § 18 Abs. 1 Nr. 1 EStG wird die freiberufliche Tätigkeit von Rechtsanwälten, Wirtschaftsprüfern und Steuerberatern ausdrücklich genannt. Nach der Rspr. des BFH[67] und der h.M.[68] im Schrifttum hängt die Subsumtion einer Tätigkeit unter einen der Katalogberufe, von der jeweiligen berufsrechtlichen Erlaubnis ab. Demnach ist z.B. unter dem Begriff „Rechtsanwalt" nur derjenige zu verstehen, der nach § 4 BRAO als Rechtsanwalt zugelassen ist. Entsprechendes gilt für die Begriffe „Steuerberater" und „Wirtschaftsprüfer" i.S.d. § 18 Abs. 1 Nr. 1 EStG. Sofern ein Steuerpflichtiger die Voraussetzungen zur Zulassung bzw. Bestellung erfüllt, aber diese noch nicht erfolgt ist, ist die ausgeübte Tätigkeit nicht unter den entsprechenden Katalogberuf zu subsumieren. Sie ist entweder als ähnlicher Beruf i.S.d. § 18 Abs. 1 Nr. 1 EStG oder als gewerbliche Tätigkeit (§ 15 Abs. 2 EStG) zu qualifizieren, sofern mangels Nachhaltigkeit keine sonstigen Einkünfte i.S.d. § 22 Nr. 3 EStG gegeben sind.

Demgegenüber ist *Stuhrmann*[69] der Ansicht, für die Bestimmung der Katalogberufe sei die fachliche Qualifikation maßgebend.[70] Dies ergebe sich aus der Verknüpfung der als freiberuflich gewerteten „ähnlichen Tätigkeit" mit den Katalogberufen; denn Ähnlichkeit könne sich nur auf die berufliche Tätigkeit, nicht aber auf die formale Qualifikation beziehen. Nach hier vertretener Ansicht steht dieser Auffassung der eindeutige

---

[62] BVerfGE 31, 255, 264.

[63] BVerfG, BStBl. II 1978, 273, 276; BVerfG, BStBl. II 1978, 125, 129; BVerfG, DStR 1999, 109.

[64] *HHR/Brandt*, § 18 EStG Anm. 4; ausführlich *Michalski*, Begriff des freien Berufs, S. 177 ff., m.w.N.; *Schick*, Freie Berufe, S. 6; kritisch *Sauren*, DStR 1999, 1100, 1102 f., m.w.N. zu vorgelegten Verfassungsbeschwerden.

[65] BFH v. 24.2.1999 - X R 171/96, BStBl. II 1999, 450; danach sei es systemwidrig, die Entscheidung des Gesetzgebers für die Beibehaltung der Gewerbesteuer in einem anderen Gesetz, hier EStG, wieder rückgängig zu machen. Hinsichtlich des Sinn und Zwecks der Regelung – Begünstigung von Investitionen und Schaffung von Arbeitsplätzen - sei gleichheitswidrig nicht berücksichtigt, daß auch Freiberufler und Landwirte Arbeitsplätze schaffen. In der Sache geht es demnach um die hier nicht näher zu erläuternde Abrenzung des Entscheidungsspielraums des Gesetzgebers gegen das aus Art. 3 GG abgeleitete Gebot der Belastungsgleichheit.

[66] Zuvor bereits zweifelnd *Weber-Grellet*, DStR 1998, 1781, 1783.

[67] Z.B. BFH v. 7.7.1976 - I R 218/74, BStBl. II 1976, 621; BFH v. 21.9.1989 - IV R 117/87, BStBl. II 1990, 153; BFH v. 3.6.1992 - V B 240/91, BFH/NV 1993, 283.

[68] *Blümich/Hutter*, § 18 EStG Rz. 83; *HHR/Brandt*, § 18 EStG Anm. 67, m.w.N.; *Lambrecht*, in: Kirchhof, EStG, § 18 Rn. 100.

[69] *Stuhrmann*, in: Kirchhof/Söhn, EStG, § 18 RdNr. B 24.

[70] In diesem Sinne wohl auch *Eckert*, IStR 1999, 478.

Wortlaut der Vorschrift entgegen. Der Autor bezieht sich auf die jeweilige Berufstätigkeit und legt deshalb die Auslegung nahe, daß die jeweiligen Einkünfte tatsächlich von den benannten Berufsinhabern und mithin von den Inhabern auch der ggf. formellen Berufsqualifikation erzielt sein müssen.[71] Aus systematischer Sicht spricht für diese Auslegung die Tatsache, daß die Aufzählung der Katalogberufe nur beispielhaft ist und Gesetzgeber durch den Tatbestand der ähnlichen Berufe die Aufzählung i.S. einer Generalklausel ausdrücklich ergänzt hat. Eine andere Frage ist, ob sich die „Ähnlichkeit" auch auf die formalen Berufsausübungsvoraussetzungen beziehen muß. Dies hängt von der Auslegung des Tatbestands der ähnlichen Berufe i.S.d. § 18 Abs. 1 Nr. 1 EStG ab.

3. Ähnliche Berufe

Nach § 18 Abs. 1 Nr. 1 EStG ist eine freiberufliche Tätigkeit auch dann gegeben, wenn ein dem Katalogberuf ähnlicher Beruf ausgeübt wird. Der Begriff „ähnliche Berufe" ist ein unbestimmter Rechtsbegriff, der durch Auslegung zu konkretisieren ist.[72] Voraussetzung ist die Ausübung eines Berufs. Diese ist dann gegeben, wenn die Tätigkeit mit Gewinnerzielungsabsicht, unter Beteiligung am allgemeinen wirtschaftlichen Verkehr sowie nachhaltig ausgeübt wird und es sich demnach nicht nur um eine zufällige Erwerbstätigkeit handelt.[73] Des weiteren ist nach Ansicht der Rspr. des BFH[74] und der h.M.[75] kein „Beruf" i.S.d. § 18 Abs. 1 Nr. 1 EStG gegeben, wenn die Ausübung „vorbehaltener" Tätigkeiten, wie z.B. der Rechts- oder Steuerberatung, deren Ausübung ohne Erlaubnis berufsrechtlich unzulässig wäre oder mit Strafe bedroht ist, ohne entsprechende Erlaubnis erfolgt. Dies gelte selbst dann, wenn der Steuerpflichtige zwar die Voraussetzungen zur Zulassung bzw. Bestellung als RA, WP oder StB erfüllt, aber auf diese verzichtet.

Sofern der Steuerpflichtige einen Beruf ausübt, muß dieser nach Meinung des BFH[76] und der überwiegenden Auffassung in der Literatur[77] einem bestimmten Katalogberuf

---

[71] So auch *HHR/Brandt*, § 18 EStG Anm. 67, soweit *Eckert*, IStR 1999, 478, der Ansicht ist nach dem Wortlaut des § 18 Abs. 1 Nr. 1 EStG könne auch ein österreichischer, lichtensteiner oder schweizer Rechtsanwalt unter die Bezeichnung fallen, hätte zunächst geprüft werden müssen, ob außerhalb des EStG als Teil der nationalen Rechtsordnung der Begriff Rechtsanwalt definiert ist. Dieser ist in § 4 BRAO geregelt Daher ist die Subsumtion unter den Tatbestand des Rechtsanwalts nicht möglich.

[72] Statt aller *List*, DB 1993, 1488, 1489.

[73] Dazu ausführlich *HHR/Brandt*, § 18 EStG Anm. 71; *Schick*, Freie Berufe, S. 40 f. u. S. 70 ff.

[74] BFH v. 3.6.1992 - V B 240/91, BFH/NV 1993, 283; BFH v. 12.10.1989 - IV R 141/88, BFH/NV 1990, 438; vgl. auch BVerfGE 7, 377, wonach man Verbotenes nicht zu seinem Beruf machen kann.

[75] Für die h.M. *Erdweg*, FR 1978, 417, 421; *HHR/Brandt*, § 18 EStG Anm. 216; *Lambrecht*, in: Kirchhof, EStG, § 18 Rn. 128; *Schmidt/Wacker*, EStG, § 18 Rz. 130; *Schick*, Freie Berufe, S. 29.

[76] BFH v. 26.11.1992 - IV R 109/90, BStBl. II 1993, 235, 237; BFH v. 16.10.1997 - IV R 19/91, BStBl. II 1998, 139; BFH v. 23.9.1998 - IV B 95/97, BFH/NV 1999, 459; BFH v. 26.11.1998 - IV R 59/97, DStRE 1999, 217.

[77] *HHR/Brandt*, § 18 EStG Anm. 215 m.w.N.; Lambrecht, in: Kirchhof, EStG, § 18 Rn. 130; *Schmidt/Wacker*, EStG, § 18 Rz. 125; *Steinhauff*, in: Littmann/Bitz/Pust, EStG, § 18 Rn. 132; *Stuhrmann*, in: Kirchhof/Söhn, EStG, § 18 RdNr. B 159.

ähnlich sein (sog. Einzel- oder spezielle Ähnlichkeit), da eine sprachliche bzw. begriffliche Umschreibung der freiberuflichen Tätigkeit und der Katalogberufe nicht möglich sei und somit die Katalogberufe nicht in einer Gruppe zusammengefaßt werden können.[78] Eine spezielle Ähnlichkeit liege dann vor, wenn der Beruf einem (speziellen) Katalogberuf in wesentlichen Punkten vergleichbar sei, d.h. es müsse Vergleichbarkeit von Ausbildung und beruflicher Tätigkeit gegeben sein.[79] Soweit für einen Katalogberuf eine bestimmte Ausbildung verlangt werde, müsse die Ausbildung für den ähnlichen Beruf mit derjenige des Katalogberufs vergleichbar sein.[80] Hierbei sei ein wertender Vergleich der einzelnen Berufsmerkmale des Katalogberufes und des als ähnlich behaupteten Berufes unter Berücksichtigung des Gesamtbildes der beruflichen Tätigkeit vorzunehmen.[81] Unterliegt der Vergleichsberuf einer Erlaubnispflicht, geht die Rspr.[82] davon aus, daß die Annahme eines ähnlichen Berufes ohne entsprechende Erlaubnis ausgeschlossen ist.[83] Daher könne z.B. ein Steuerberater, der auf seine Zulassung verzichtet, auch keinen einem Steuerberater ähnlichen Beruf ausüben.[84] Das Merkmal der Ähnlichkeit knüpfe nicht an die einzelne Tätigkeit an, sondern an das Berufsbild eines bestimmten Katalogberufs und müsse sich deshalb für die Feststellung der Ähnlichkeit auch an den formalen Berufsausübungsvoraussetzungen orientieren.[85]

Demgegenüber vertritt ein beachtlicher Teil im Schrifttum[86], daß ein ähnlicher Beruf lediglich mit den das Berufsbild nach außen prägenden Merkmalen vergleichbar sein müsse. Dazu gehöre nicht die Zulassung oder Erlaubnis. Nach dem eindeutigen Wortlaut reicht es aus, wenn der Beruf „ähnlich" ist. Dies gelte auch für die formellen Zulassungsvoraussetzungen. Unterliegt der als Maßstab geltende Katalogberuf einer gesetzlichen Zulassungsbeschränkung, sei eine solche für den ähnlichen Beruf nicht

---

[78] A.A. die Vertreter der sog. Gruppenähnlichkeit *Blümich/Hutter*, § 18 EStG Rz. 160; *Görl*, Freie Berufe im IStR, S. 52; noch weitergehend, für eine generelle Ähnlichkeit *Schick*, Freie Berufe, S. 40.

[79] BFH v. 9.7.1992 - IV R 116/90, BStBl. II 1993, 100; BFH v. 9.7.1992 - IV R 116/90, BFH/NV 1993, 357; *Schmidt/Wacker*, EStG, § 18 Rz. 126; a.A. *Schick*, Freie Berufe, S. 41.

[80] So setzen eine wissenschaftliche Ausbildung oder wissenschaftliche Kenntnisse dabei nicht zwingend ein Hochschulstudium voraus. Sie könne auch im Selbststudium oder durch die Berufstätigkeit erworben werden BFH v. 9.7.1992 - IV R 116/90, BStBl. II 1993, 100; ferner dazu BFH v. 4.8.1983 - IV R 6/80, BStBl. II 1983, 677; BFH v. 19.7.1985 - III R 175/80, BStBl. II 1986, 15; BFH v. 1.2.1990 - IV R 42/89, BStBl. II 1990, 514; BFH v. 11.7.1991 - IV R 73/90, BStBl. II 1991, 878.

[81] BFH v. 30.4.1959 - 45/58 U, BStBl. III 1959, 267; BFH v. 7.9.1989 - IV R 156/86, BFH/NV 1991, 359; *Schmidt/Wacker*, EStG, § 18 Rz. 126.

[82] BFH v. 14.3.1975 - IV R 207/72, BStBl. II 1975, 576; BFH v. 12.10.1989 - IV R 141/88, BFH/NV 1990, 438; BFH v. 14.12.1993 - VIII R13/93, BStBl. II 1994, 922.

[83] Zustimmend *HHR/Brandt*, § 18 EStG Anm. 216; *Schmidt/Wacker*, EStG, § 18 Rz. 130; *Steinhauff*, in: Littmann/Bitz/Pust, EStG, § 18 Rn. 140; inkonsequent *Fitsch*, in: Lademann, EStG, § 18 Anm. 145, zustimmend bzgl. der StB, StBv, WP, vBP, jedoch ablehnend bzgl. der Approbation als Voraussetzung für die Ähnlichkeit ärztlicher Tätigkeit.

[84] BFH v. 12.10.1989 - IV R 141/88, BFH/NV 1990, 438.

[85] Kritisch dazu *Caspers*, Freiberufliche EInkünfte, S. 67 f.

[86] *Blümich/Hutter*, § 18 EStG Rz.160; *Herzig/Kessler*, DB 1985, 2528, 2529; *Korn*, DStR 1995, 1250, 1253 ff.; *Schick*, Freie Berufe, S. 40; *Stuhrmann*, in: Kirchhof/Söhn, EStG, § 18 RdNrn. B 164 ff.; *Wolff-Diepenbrock*, DStZ 1981, 333, 338; so wohl auch *Sommer*, in: Bordewin/Brandt, § 18 EStG Rz. 70.

zwingend erforderlich, da andernfalls der Begriff der „Ähnlichkeit" in die Nähe der Gleichartigkeit gerückt werde.[87] Dies würde jedoch gegen den Sinn und Zweck des Tatbestandes der ähnlichen Berufe verstoßen, der im Sinne einer Auffangnorm für den nicht abschließenden Katalog der freien Berufe zu verstehen sei.[88] Berücksichtigt man, daß die Einkünfte aus freiberuflicher Tätigkeit i.S.d. § 18 Abs. 1 Nr. 1 EStG nicht der Gewerbesteuer unterliegen, ist der engen Auslegung des Tatbestandes der „ähnlichen Berufe" durch die Rspr. eine gewisse fiskalische Neigung nicht abzusprechen.

4. Leitende und eigenverantwortliche Tätigkeit

Nach § 18 Abs. 1 Nr. 1 S. 3 EStG ist bei der Mithilfe fachlich vorgebildeter Arbeitskräfte eine ansonsten freiberufliche Tätigkeit nur dann gegeben, wenn der Ausübende aufgrund eigener Fachkenntnis leitend und eigenverantwortlich tätig wird. Dabei müssen die Merkmale in bezug auf die gesamte Tätigkeit des Berufsträgers gegeben sein.[89] Die Beurteilung ist unter Berücksichtigung der Art der Tätigkeit in dem jeweiligen Einzelfall vorzunehmen.[90] Ist eine der Voraussetzungen nicht erfüllt, sind Einkünfte aus Gewerbebetrieb gegeben. Mit der Regelung des § 18 Abs. 1 Nr. 1 S. 3 EStG wurde 1960 die auf den RFH[91] zurückgehende sog. Vervielfältigungstheorie durch den Gesetzgeber eingeschränkt.[92] Danach war jede freiberufliche Tätigkeit, die unter Mithilfe eines qualifizierten Mitarbeiters erbracht wurde, als Einkünfte aus Gewerbebetrieb (§ 15 EStG) zu qualifizieren, da insoweit die persönliche Arbeitsleistung nicht mehr im Vordergrund stehe.[93] Dagegen gilt für die Einkünfte aus sonstiger selbständiger Arbeit i.S.d. § 18 Abs. 1 Nrn. 2 u. 3 EStG weiterhin die Vervielfältigungstheorie.[94]

Die Tätigkeit ist aufgrund eigener Fachkenntnis auszuüben (§ 18 Abs. 1 Nr. 1 S. 3 EStG). Eigene Fachkenntnis ist gegeben, sofern der Steuerpflichtige die für die Ausübung der ihrer Art nach freiberuflichen Tätigkeit entsprechende Ausbildung abgeschlossen hat bzw. nach einer Berufsordnung zur Ausübung des Berufes zugelassen ist.[95] Des weiteren wird aus diesem Merkmal das Erfordernis abgeleitet, wonach der Steuerpflichtige seine Aufträge nicht nur durch die fachliche Arbeit von Mitarbeitern

---

[87] *Blümich/Hutter*, § 18 EStG Rz. 160; *Korn*, EStG, § 18 Rz. 86, m.w.N.; *Wolff-Diepenbrock*, DStZ 1981, 333, 338.

[88] Vgl. *Schick*, Freie Berufe, S. 43.

[89] Z.B. BFH v. 25.11.1976 - VIII R 116/74, BStBl. II 1976, 155; BFH v. 7.10.1987 - X B 54/87, BStBl. II 1988, 17; statt aller *Blümich/Hutter*, § 18 EStG Rz. 56, m.w.N.

[90] Statt aller BFH v. 29.7.1965 - IV 61/65 U, BStBl. III 1965, 557; *HHR/Brandt*, § 18 EStG Anm. 234.

[91] RFH v. 8.3.1939 - VI 568/38, RStBl. 1939, 577; RFH v. 26.2.1941 - VI 227/40, RStBl. 1941, 393; ferner BFH v. 29.1.1952 - I 65/51 U, BStBl. III 1952, 99; BFH v. 15.10.1953 - IV 221/52 U, BStBl. III 1953, 361; BFH v. 7.11.1957 - IV 668/55, BStBl. III 1958, 34.

[92] Steueränderungsgesetz v. 30.7.1960, BStBl. I 1960, 514; zur Rechtslage vor 1960 vgl. *Schick*, Freie Berufe, S. 80 f.

[93] Nach BFH v. 29.1.1952 - I 65/51 U, BStBl. III 1952, 99 war ein Mitarbeiter zulässig.

[94] BFH v. 25.11.1970 - I R 123/69, BStBl. II 1971, 239; BFH v. 11.8.1994 - IV R 126/91, BStBl. II 1994, 936; statt aller *Korn*, DStR 1995, 1249, 1250, die Tätigkeit als Testamentsvollstrecker § 18 Abs. 1 Nr. 3 EStG nach BFH v. 28.7.1973 - IV R 77/70, BStBl. II 1973, 729 als Teil seiner freiberuflichen Tätigkeit anzusehen.

[95] *Blümich/Hutter*, § 18 EStG Rz. 62; *HHR/Brandt*, § 18 EStG, Anm. 236.

ausführen darf. Das Auftreten als Urheber des Arbeitsergebnisses reicht nicht aus. Vielmehr muß er diesem auf Grundlage seiner eigenen Kenntnis den „Stempel seiner persönlichen Arbeit" aufdrücken (sog. Stempeltheorie).[96] Keine notwendige Voraussetzung ist hingegen die entsprechende Ausbildung. Allerdings muß die Tätigkeit alle wesentliche Bereiche widerspiegeln, in denen der Angehörige des Vergleichsberufs normalerweise ausgebildet wird.[97]

Nach der Rspr.[98] ist eine leitende Tätigkeit i.S.d. § 18 Abs. 1 Nr. 1 S. 3 EStG gegeben, wenn der Steuerpflichtige die Grundzüge der Organisation des Tätigkeitsbereichs und der Durchführung der Tätigkeiten festlegt, die Durchführung der Tätigkeiten unter Beachtung der aufgestellten Grundsätze überwacht und grundsätzliche Fragen selbst entscheidet.[99] Hierbei liegt es in der Natur der Sache, daß ein selbständig tätiger Freiberufler im Regelfall seine Anweisungs- und Kontrollrechte nicht an andere weitergibt.[100]

Des weiteren muß nach § 18 Abs. 1 Nr. 1 S. 3 EStG die Eigenverantwortlichkeit der freiberuflichen Tätigkeit gegeben sein. Die Bestimmung der Eigenverantwortlichkeit muß unter Berücksichtigung der Art des ausgeübten freien Berufs nach den Umständen des jeweiligen Einzelfalls erfolgen.[101] Der rechtlichen Ausgestaltung des Arbeitsverhältnisses der Mitarbeiter als Angestellte oder freie Mitarbeiter kommt dabei keine Bedeutung zu.[102] Freie Mitarbeiter, die ihrerseits freiberuflich tätig sind, müssen ihre Tätigkeit zwar selbst eigenverantwortlich i.S.d. § 18 Abs. 1 Nr. 1 S. 3 EStG ausüben, jedoch erstreckt sich die Leitung und Eigenverantwortlichkeit des Freiberuflers, der den freien Mitarbeiter mit der Erledigung von Arbeiten betraut, auch auf dessen Arbeitsergebnis. Um die Gewerblichkeit der Einkünfte zu vermeiden, sollte aus Sicht des Steuerpflichtigen darauf geachtet werden, daß sich dieser die Ergebnisse zu eigen macht.[103]

Für die Annahme der Eigenverantwortlichkeit reicht die berufsrechtliche oder zivilrechtliche Übernahme der Verantwortung nach außen nicht aus.[104] Ferner wird nach

---

[96] Z.B. BFH v. 25.10.1963 - IV 373/60, BStBl. II 1963, 595; BFH v. 29.7.1965 - IV 61/65 U, BStBl. III 1965, 557; zur Verfassungsmäßigkeit der Stempeltheorie BVerfG, HFR 1990, 385.

[97] BFH v. 14.3.1991 - IV R 135/90, BStBl. II 1991, 769; vgl. auch BFH v. 11.9.1968 - I R 173/66, BStBl. III 1968, 685; BFH v. 15.4.1974 - VIII R 166/73, BStBl. II 1974, 642.

[98] Z.B. BFH v. 11.9.1968 - I R 173/66, BStBl. II 1968, 820; BFH v. 1.4.1982 - IV R 130/79, BStBl. II 1982, 589; BFH v. 20.4.1989 - IV R 299/83, BStBl. II 1989, 727.

[99] Statt aller *HHR/Brandt*, § 18 EStG Anm. 232; *Schmidt/Wacker*, EStG, § 18 Rz. 24.

[100] *Krüger*, FR 1996, 613, 614 f.

[101] Vgl. BFH v. 29.7.1965 - IV 61/65 U, BStBl. III 1965, 557; *HHR/Brandt*, § 18 EStG Anm. 234.

[102] *Fitsch*, in: Lademann, EStG, § 18 Anm. 41; *HHR/Brandt*, § 18 EStG Anm. 234; *Korn*, DStR 1995, 1249; *Schick*, Freie Berufe, S. 86 f.; *Schmidt/Wacker*, EStG, § 18 Rz. 25; zur Abgrenzung zwischen freier Mitarbeiter und nichtselbständig Tätigen, *Kunz/Kunz*, DB 1993, 326.

[103] *Korn*, DStR 1995, 1249, 1252.

[104] BFH v. 25.10.1963 - IV 373/60 U, BStBl. III 1963, 595; *Blümich/Hutter*, § 18 EStG Rz. 58; *Fitsch*, in: Lademann, EStG, § 18 Anm. 43; *HHR/Brandt*, § 18 EStG Anm. 232; *Korn*, DStR 1995, 1249, 1250; *Schmidt/Wacker*, EStG, § 18 Rz. 23.

ständiger Rspr.[105] eine Tätigkeit eigenverantwortlich ausgeübt, wenn der Freiberufler seine eigene Arbeitskraft so einsetze, daß er in der Lage ist, für die von seinen Mitarbeitern erbrachten Leistungen die uneingeschränkte fachliche Verantwortung zu übernehmen. Auch nach Einführung des § 18 Abs. 1 Nr. 1 S. 3 EStG gilt die sog. Stempel-Theorie[106], d.h. die freiberufliche Tätigkeit muß auf der persönlichen Arbeitsleistung des Berufsangehörigen beruhen. Der Freiberufler muß sich in einem solchen Ausmaß an der praktischen Arbeit beteiligen, daß den Auftraggebern gegenüber die Leistung erbracht wird, die sie gerade von dem Freiberufler, um dessen beruflichen Willen sie sich an ihn gewendet haben, erwarten.[107] Somit erhält die Tätigkeit durch den eigenen Kontakt mit dem Klienten ihr besonderes Gepräge.[108] Problematisch sind dabei die Fälle, in denen durch Einsatz von Technik und eine große Anzahl von Mitarbeitern umfangreiche Routinearbeiten erledigt werden, in die sich der Berufsträger nur noch partiell einschaltet. So hat der BFH[109] in einer früheren Entscheidung die Tätigkeit eines Steuerbevollmächtigten mit landwirtschaftlicher Buchstelle und einem umfangreichen Mitarbeiterstab - in der Buchstelle waren 53 Personen beschäftigt - als gewerbliche Tätigkeit qualifiziert.[110] Dabei setzt der IV. Senat des BFH seit dem Urteil vom 1.2.1990[111] in ständiger Rspr.[112] dieselbe (frei)berufliche Qualifikation wie diejenige

[105] Z.B. BFH v. 25.10.1963 - IV 373/60, BStBl. II 1963, 595; BFH v. 29.7.1965 - IV 61/65 U, BStBl. III 1965, 557; BFH v. 25.11.1975 - VIII R 116/74, BStBl. II 1976, 155; BFH v. 1.2.1990 - IV R 140/88, BStBl. II 1990, 507; BFH v. 21.3.1995 - XI R 85/93, BStBl. II 1995, 732; BFH v. 8.6.1995 - IV R 80/94, BStBl. II 1995, 776.

[106] BFH v. 25.10.1963 - IV 373/60 U, BStBl. III 1963, 595; zur Verfassungsmäßigkeit der Stempeltheorie BVerfG, HFR 1990, 385.

[107] BFH, a.a.O.

[108] Z.B. BFH v. 29.7.1965 - IV 61/65 U, BStBl. III 1965, 557; BFH v. 1.2.1990 - IV R 140/88, BStBl. II 1990, 507.

[109] BFH v. 29.7.1965 - IV 61/65 U, BStBl. III 1965, 557; BFH v. 2.8.1962 - IV 75/59, DB 1961, 1459.

[110] Ebenso bei einem Ingenieurbüro mit 75 Mitarbeitern BFH v. 11.9.1968 - I R 173/66, BStBl. II 1968, 820; bei einem in seiner Privatschule unterrichtenden Lehrer, der darüber hinaus mehr als 30 Lehrer beschäftigt, BFH v. 5.12.1968 - IV R 125/66, BStBl. II 1969, 165.

[111] BFH v. 1.2.1990 - IV R 140/88, BStBl. II 1990, 507, 509.

[112] BFH v. 21.3.1995 - IV R 80/94, BStBl. II 1995, 732; BFH v. 8.6.1995 - IV R 80/94, BStBl. II 1995, 776, 777; BFH v. 19.10.1995 - IV R 45/94, BFH/NV 1996, 463; vgl. auch FG D`dorf v. 17.3.1993, rkr., EFG 1993, 512; zustimmend *Fitsch*, in: Lademann, EStG, § 18 Anm. 41; *HHR/Brandt*, § 18 EStG Anm. 233; *Kempermann*, FR 1996, 514; *Steinhauff*, in: Littmann/Bitz/Pust, EStG, § 18 Rn. 250.

des Freiberuflers zur Annahme eines fachlich vorgebildeten Mitarbeiters voraus.[113] Entscheidend ist nicht der Ausbildungsgang, sondern die Qualität des Beitrags zur freiberuflichen Tätigkeit.[114]

Die Rspr. des BFH führt offenbar in der Praxis zu einem verstärkten Aufgreifen der Frage der Gewerblichkeit von Freiberuflern in Außenprüfungen der Finanzverwaltung.[115] Die restriktive Rspr. ist in der Literatur[116] seit je her auf Kritik gestoßen. Insbesondere wird bezweifelt, ob diese Auslegung der Entwicklung der Berufsbilder gerecht werde. Denn nach den heutigen Berufsbildern treten die Routinearbeiten in den Hintergrund. Sie seien aber unabdingbar für die daran anknüpfenden schwierigeren Aufgabenstellungen. Diese erwarten die Mandanten, Klienten von dem Freiberufler persönlich, nicht die Routinearbeiten.[117] Dieses Bild entspreche auch der Verkehrsauffassung.[118] Im Kern geht es dabei um die Frage, ob das Merkmal der im Vordergrund stehenden persönlichen Arbeitsleistung des Freiberuflers zur Abgrenzung zwischen Einkünften aus freiberuflicher Tätigkeit und denen aus Gewerbebetrieb in dieser Form beibehalten werden soll. De lege lata ist in § 18 Abs. 1 Nr. 1 S. 3 EStG das Merkmal der im Vordergrund stehenden persönlichen Arbeitsleistung ausdrücklich normiert. Infolgedessen ist die Ausklammerung der Routinearbeiten bei der Feststellung dieser Voraussetzung nicht möglich. Das Argument der tatsächlichen Entwicklung und der Verkehrsauffassung führt vielmehr zu der Frage, ob de lege ferenda die Trennung zwischen gewerblichen Einkünfte und solchen aus selbständiger Arbeit beibehalten werden kann.[119]

5. Berufsfremde Geschäfte und gemischte Tätigkeiten

Die Tätigkeit von Rechtsanwälten, Steuerberatern und Wirtschaftsprüfern fällt nur dann unter die Ausübung eines freien Berufs i.S.d. § 18 Abs. 1 Nr. 1 EStG, wenn sie dem jeweiligen Berufsbild entspricht. So ist z.B. die Anlagenberatung eines Rechtsan-

---

[113] Die nicht eindeutigen Ausführungen des III. Senats BFH v. 10.6.1988 - III R 118/85, BStBl. II 1988, 782 dürften damit überholt sein; nach Ansicht von *Blümich/Hutter*, § 18 EStG Rz. 56; *Kupfer*, KÖSDI 1990, 8066; *Schmidt/Wacker*, EStG, § 18 Rz. 30; *Schulz*, StB-Kongreßreport 1991, 131, 133 soll der Urteilsbegründung zu entnehmen sein, daß die jetzige Ansicht des IV. Senats, die bereits aus dem Urteil des III. Senats hervorgehe, nur für die Mitarbeiter mit derselben beruflichen Qualifkation gilt. Dies geht jedoch m.E. nicht eindeutig aus der Urteilsbegründung hervor.

[114] So bereits *Schick*, Freie Berufe, S. 81; a.A. *Fitsch*, in: Lademann, EStG, § 18 Anm. 41, wonach die Mithilfe von nicht fachlich vorgebildeten Arbeitskräften uneingeschränkt möglich sei. Letztlich handelt es sich hierbei um ein eher akademisches Problem, da eine Arbeitskraft, ohne entsprechende Ausbildung, z.B. als Steuerfachangestellte, nur in Ausnahmefällen in der Lage sein wird, einen qualitativen Beitrag zur freibruflichen Tätigkeit zu leisten.

[115] *Korn*, DStR 1995, 1249, 1251, m.w.N.

[116] Z.B. *Frick/Spatscheck*, DB 1995, 239; *Korn*, DStR 1995, 1249; *Krüger*, FR 1996, 613, *Schmidt/Wacker*, EStG, § 18 Rz. 28; *Schulz*, StB-Kongreßreport 1991, 131; w. N. bei *Steinhauff*, in: Littmann/Bitz/Pust, EStG, § 18 Rn. 250.

[117] *Korn*, DStR 1995, 1249, 1252; *ders.*, EStG, § 18 Rz. 90.

[118] *Korn*, a.a.O.; *Schmidt/Wacker*, EStG, § 18 Rz. 28; kritisch gegenüber dem Merkmal Verkehrsauffassung als in Zweifelsfällen entscheidendes Kriterium *Rose*, DB 1980, 2464, 2467.

[119] Solange der Gesetzgeber an der Gewerbesteuer festhält, ist es unwahrscheinlich, daß die Trennung zwischen diesen Einkunftsarten aufgehoben wird.

walts[120], die Treuhänderschaft von Bauherrengemeinschaften eines Wirtschaftsprüfers oder Steuerberaters[121] nicht den Einkünften aus freiberuflicher Tätigkeit zuzuordnen, sofern nicht typische Berufsleistungen als Gegenstand des jeweiligen Vertrages vereinbart sind. Ebenfalls gehören standeswidrige Geldgeschäfte, wie z.B. Darlehensgewährung gegen Entgelt, nicht zur Berufstätigkeit von Freiberuflern, da sie den Einkünften aus Kapitalvermögen (§ 20 EStG), aus Gewerbebetrieb (§ 15 EStG) oder keiner Einkunftsart zugeordnet werden können.[122] Hiervon zu unterscheiden sind standeswidrige Geschäfte, die der Art nach als berufstypisch anzusehen sind, wie z.B. die Prozeßvertretung eines Rechtsanwalts gegen ein Erfolgshonorar. In diesen Fällen sind die Einnahmen den Einkünften aus freiberuflicher Tätigkeit i.S.d. § 18 Abs. 1 Nr. 1 EStG zuzurechnen.[123]

Ist ein Freiberufler teils gewerblich, teils freiberuflich tätig, so kommt es für die Subsumtion der Tätigkeiten unter den Tatbestand einer Einkunftsart darauf an, ob diese trennbar sind und somit verschiedenen Einkunftsarten oder verschiedenen Formen der Einkunftserzielung innerhalb der Einkunftsart selbständige Arbeit zugeordnet werden können.[124] Eine trennbare Tätigkeit ist dann gegeben, wenn die Tätigkeiten sich nicht gegenseitig bedingen und derart miteinander verflochten sind, daß sie nach der Verkehrsauffassung als Einheit anzusehen sind.[125] Liegt hingegen eine einheitlich zu beurteilende Gesamttätigkeit vor, kommt es darauf an, welche Tätigkeit der Gesamttätigkeit das Gepräge gibt. Prägt die gewerbliche die gesamte Tätigkeit, sind Einkünfte aus Gewerbebetrieb (§ 15 EStG) gegeben.[126] Angesichts der allgemeinen Merkmale kommt es auf den Einzelfall an, ob der RA, WP oder StB eine gemischte Tätigkeit ausübt bzw. der gewerbliche Teil der Tätigkeit der freiberuflichen das Gepräge gibt und somit Einkünfte aus Gewerbebetrieb vorliegen.

---

[120] BGH, DB 1980, 1985; ausführlich dazu *HHR/Brandt*, § 18 EStG Anm. 152 ff.

[121] Z.B. BFH v. 21.4.1994 - IV R 99/93, BStBl. II 1994, 650; ausführlich dazu *HHR/Brandt*, § 18 EStG Anm. 182, m.w.N.

[122] Vgl. dazu BFH v. 24.8.1989 - IV R 80/88, BStBl. II 1990, 17; ausführlich *Schick*, Freie, Berufe, S. 30; *Stuhrmann*, in: Kirchhof/Söhn, EStG, § 18 RdNrn. A 102 u. B 25 ff.

[123] BVerfG, HFR 1985, 283; BFH v. 15.10.1981 - IV R 77/76, BStBl. II 1982, 340, m.w.N.

[124] Bei gemischten Tätigkeiten, die sich auch auf verschiedene Formen selbständiger Tätigkeit beziehen können, findet aus Gründen der Gleichbehandlung die sog. Verfielfältigungstheorie Anwendung; *Kanzler*, FR 1994, 114; *Korn*, DStR 1995, 1250, 1253.

[125] RFH v. 22.4.42 - VI 69/42, RStBl. 1942, 545; BFH v. 28.3.1957 - IV 390/55 U, BStBl. III, 182; BFH v. 15.12.1971 - I R 49/70, BStBl. II 1972, 291; zustimmend *HHR/Brandt*, § 18 EStG Anm. 76 ff.; *Schmidt/Wacker*, EStG, § 18 Rz. 50; a.A. *Stuhrmann*, in: Kirchhof/Söhn, EStG, § 18 RdNrn. B 38 f.; die Wertung sei nicht nach der Verkehrsauffassung, sondern aus der Sicht des Leistungsempfängers vorzunehmen.

[126] BFH v. 30.3.1994 - I R 54/93, BStBl. II 1994, 864, m.w.N.; BFH v. 1.2.1990 - IV R 42/89, BStBl. II 1990, 534; BFH v. 9.8.1983 - VIII R 92/83, BStBl. II, 1984, 129.

III. Freiberufler-Personengesellschaften

1. BGB-Gesellschaft

a) Mitunternehmerschaft und partielle Steuersubjektfähigkeit

Nach § 18 Abs. 4 EStG i.V.m. § 15 Abs. 1 S. 1 Nr. 2 EStG können alle Arten von selbständiger Arbeit i.S.d. § 18 Abs. 1 Nrn. 1 - 3 EStG auch von einer Mitunternehmerschaft ausgeübt werden. Schließen sich Freiberufler zur gemeinsamen Berufsausübung zu einer BGB-Gesellschaft zusammen, müssen daher die Tatbestandsmerkmale des § 15 Abs. 1 S. 1 Nr. 2 EStG unter Berücksichtigung der Eigenart der Einkünfte i.S.d. § 18 EStG erfüllt sein.[127] Demnach ist eine Freiberufler-Mitunternehmerschaft gegeben, wenn die Freiberufler als Gesellschaft nach außen in Erscheinung treten und nach dem Gesellschaftsvertrag auch ein in der Gewinnermittlung zum Ausdruck kommendes Unternehmerrisiko tragen.[128] Gem. § 15 Abs. 1 S. 1 Nr. 2 EStG setzt eine Mitunternehmerschaft ein Gesellschaftsverhältnis voraus, d.h. erforderlich ist immer eine Gesellschaft im rechtlichen Sinne. Nach der Rspr. des BFH[129] ist dies dann gegeben, wenn ein bürgerlich-rechtliches Gesellschaftsverhältnis oder ein den Personengesellschaften vergleichbares (rechtliches) Gemeinschaftsverhältnis besteht. Gleichwohl kann ein solches Gesellschaftsverhältnis auch als Innengesellschaft, stillschweigend oder verdeckt, vorliegen.[130] Besteht der Gesellschaftszweck ausschließlich in der gemeinsamen Nutzung von Wirtschaftsgütern, ohne daß die Gesellschaft nach außen auftritt, werden die Gesellschafter nicht mitunternehmerisch tätig.[131] Daher sind die sog. Organisationsgesellschaften, wie z.B. eine Bürogemeinschaft von RA, WP oder StB, aber auch die Zusammenarbeit in einem sog. Club-System[132], keine Mitunternehmerschaft. Im übrigen fehlt es regelmäßig bereits an der Gewinnerzielungsabsicht i.S.d. § 15 Abs. 2 EStG. Die durch eine Organisationsgesellschaft anfallenden Ausgaben, sind bei der Veranlagung der Steuerpflichtigen zu berücksichtigen. Ferner ist die Entfaltung von Mitunternehmerinitiative und Mitunternehmerrisiko erforderlich. Wird ein Gesellschafter gesellschaftsvertraglich, ungeachtet einer von ihm ausgeübten freiberuflichen Tätigkeit, von der Mitunternehmerinitiative oder des Mitunternehmerrisikos ausgeschlossen, ist er kein Mitunternehmer.[133]

---

[127] Statt aller *HHR/Brandt*, § 18 EStG Anm. 429; zur rechtssystematischen Bedeutung der Verweisung vgl. ebenda Anm. 414.

[128] BFH v. 26.11.70 - IV 60/65, BStBl. II 1971, 249; BFH v. 20.4.89 - IV R 299/83, BStBl. II 1989, 727; *HHR/Brandt*, § 18 EStG Anm. 430 m.w.N.

[129] BFH v. 25.6.1984 - GrS 4/82, BStBl. II 1984, 751; BFH v. 2.9.1985 - IV B 51/85, BStBl. II 1986, 10; BFH v. 29.4.1992 - XI R 58/89, BFH/NV 1992, 803; ablehnend zu dem Begriff der Gemeinschaft *Stuhrmann*, in: Kirchhof/Söhn, EStG § 18 RdNr. F 4; ablehnend in bezug auf die Einkünfte aus § 18 EStG *Fitsch*, in: Lademann, EStG, § 18 Anm. 59.

[130] Zur verdeckten Mitunternehmerschaft siehe BFH v. 13.7.1993 - VIII R 50/92, BStBl. II 1994, 283, m.w.N.; BFH v. 1.8.1996 - VIII R 12/94, DB 1997, 407; zur atypisch stillen Beteiligung eines Steuerberaters an der Einzelpraxis eines anderen Steuerberaters, BFH v. 10.8.1994 - I R 133/93, BStBl. II 1995, 171; statt aller *HHR/Brandt*, § 18 EStG Anm. 431; *Schmidt/Wacker*, EStG, § 18 Rz. 41.

[131] *Steinhauff*, in: Littmann/Bitz/Pust, EStG, § 18 Rn. 270.

[132] Dazu siehe oben 1. Teil § 1.

[133] *HHR/Brandt*, § 18 EStG Anm. 440; *Schulze zur Wiesche*, DB 1997, 244.

Hinsichtlich der Verwirklichung der Tatbestandsmerkmale einer Einkunftsart ist nach dem Beschluß des Großen Senats von 1984[134] die Tätigkeit der Gesellschaft nach außen maßgebend (sog. partielle Steuersubjektfähigkeit). Nach ständiger Rspr. des BFH[135] gilt dies bei Freiberufler-BGB-Gesellschaft jedoch nicht. Voraussetzung ist vielmehr, daß jeder Gesellschafter eine freiberufliche Tätigkeit i.S.d. § 18 Abs. 1 Nr. 1 EStG ausübt.[136] Dabei ist nicht erforderlich, daß alle Gesellschafter denselben freien Beruf ausüben müssen.[137] Ebenso ist die berufsrechtliche Zulässigkeit des Zusammenschlusses steuerrechtlich unbeachtlich.[138] Zwingend muß jedoch jeder Mitunternehmer i.S.d. § 18 Abs. 1 Nr. 1 EStG freiberuflich tätig sein, da andernfalls ein Zusammenschluß von selbständig Tätigen mit sog. Berufsfremden[139] gegeben ist, die zur Gewerblichkeit des Betriebs der Personengesellschaft führt. Eine Aufteilung der Einkünfte ist in diesen Fällen nicht möglich.[140] Als Berufsfremder gilt auch die Beteiligung einer Kapitalgesellschaft an einer Sozietät und zwar unabhängig davon, ob die Gesellschafter der Kapitalgesellschaft und die zu ihrer Vertretung berufenen Personen Angehörige eines freien Berufs sind. Auf die Erfüllung der Tatbestandsvoraussetzungen des § 15 Abs. 3 Nr. 2 EStG (gewerbliche Prägung) kommt es ebenfalls nicht an.[141]

Aus dogmatischer Sicht geht es hierbei um die Abkehr der partiellen Steuersubjektfähigkeit von Personengesellschaften oder anders ausgedrückt, um einen Anwendungsfall des sog. dualen Systems.[142] Danach soll im Einzelfall die Möglichkeit bestehen, auf die Verhältnisse der Gesellschafter abzustellen. Allgemein gesehen, handelt es sich

---

134 BFH v. 25.6.84 - GrS 4/82, BStBl. II 1984, 751, 761 f.; bestätigt durch BFH v. 25.2.1991 - GrS 7/89, BStBl. II 1991,691; so zuletzt auch ausdrücklich BFH v. 3.7.1995 - GrS 1/93, BStBl. II 1995, 617.

135 BFH v. 11.6.85 - VIII R 254/80, BStBl. II 1984, 751; BFH v. 9.10.86 - IV R 235/84, BStBl. II 1987, 124, BFH v. 7.11.1991 - IV R 17/90, BStBl. II 1993, 324; BFH v. 13.7.1993 - VIII R 50/92, BStBl. II 1994, 283, m.w.N.

136 Zustimmend *HHR/Brandt*, § 18 EStG Anm. 442; *Schmidt*, EStG, § 15 Rz. 208; *Steinhauff*, in: Littmann/Bitz/Pust, EStG, § 18 Rn. 271; *Stuhrmann*, in: Kirchhof/Söhn, EStG, § 18 RdNr. F 10.

137 BFH v. 23.11.2000 – IV R 48/99, DStRE 2001, 370, 371; *Schulze zur Wiesche*, DStR 2001, 1589; *Sommer*, in: Bordewin/Brandt, § 18 EStG Rz. 34; a.A. *Schick*, Freie Berufe, S. 94 f., eine gemeinsame Ausübung sei nur für freie Berufe, die ein gemeinsames „Oberberufsbild" haben, steuerrechtlich als freiberuflich anzuerkennen.

138 *HHR/Brandt*, §18 EStG Anm. 432.

139 Berufsfremd ist der Steuerpflichtige, der nicht die erforderliche Qualifikation für einen Beruf i.S.v. § 18 Abs. 1 Nr. 1 EStG oder einen ähnlichen Beruf hat; *HHR/Brandt*, § 18 EStG Anm. 445.

140 BFH v. 11.6.85 - VIII R 254/80, BStBl. II 1984, 751; BFH v. 9.10.86 - IV R 235/84, BStBl. II 1987, 124, BFH v. 7.11.1991 - IV R 17/90, BStBl. II 1993, 324; BFH v. 13.7.1993 - VIII R 50/92, BStBl. II 1994, 283, m.w.N.; zur Ausnahme im Erbfall BFH v. 22.1.1963 - I 242/62 U, BStBl. III 1963, 189; zustimmend *Blümich/Hutter*, § 18 EStG Rz. 76; *Fitsch*, in: Lademann, EStG, § 18 Anm. 62; *HHR/Brandt*, § 18 EStG Anm. 445; *Schmidt*, EStG, § 15 Rz. 208; *Stuhrmann*, in: Kirchhof/Söhn, EStG, § 18 RdNrn. F 10 f.

141 BFH v. 17.1.1980 - IV R 115/76, BStBl. II 1980, 336; berücksichtigt man jedoch, daß § 8 Abs. 2 KStG nur die Einkünfte als gewerbliche qualifiziert und nicht die Tätigkeit der Kapitalgesellschaft selbst, so ist das Ergebnis zweifelhaft; vgl. auch BGHZ 66, 48, wonach eine GmbH - mag sie auch Formkaufmann sein - nicht notwendig ein Gewerbe betreibt, so zu Recht *Knobbe-Keuk*, Bilanzsteuerrecht, § 9 II 4 c, m.w.N.; *Schmidt/Wacker*, EStG, § 18 Rz. 43, m.w.N.

142 Dazu siehe *Schmidt*, EStG, § 15 Rz. 162 f., m.w.N.; zu Recht kritisch *Haas*, DStR 1997, 1706; *Schön*, StuW 1996, 275.

um einen einzelfallabhängigen Rückgriff auf die sog. Bilanzbündeltheorie[143] und im speziellen um eine „Bestrafung“ der Vermischung gemeinschaftlicher freiberuflicher Betätigung mit den geschäftlichen Interessen Berufsfremder mit Gewerbesteuer.[144] Daher ist es mißverständlich, weil verkürzt dargestellt, wenn in der Literatur[145] der Eindruck erweckt wird, im Fall der Beteiligung eines Berufsfremden ergebe sich die Qualifikation der Einkünfte aller Mitunternehmer als gewerbliche unmittelbar aus der Anwendung der heute in § 15 Abs. 3 Nr. 1 EStG kodifizierten Abfärbe- bzw. Infektionstheorie.

Wenn es nach der Rspr. des BFH entsprechend der Bilanzbündeltheorie für die Qualifikation der Einkünfte der Gesellschafter auf die Tätigkeit der Gesellschafter ankommen soll, müsste konsequenterweise lediglich der Berufsfremde Einkünfte aus Gewerbebetrieb erzielen, da es auf die Tätigkeit der Gesellschaft zur Verwirklichung des Einkünftetatbestandes und damit auch i.S.d. § 15 Abs. 3 Nr. 1 EStG gerade nicht ankommen soll. Offenbar greift jedoch der BFH auf die zu § 2 Abs. 2 GewStG a.F. ergangene Rspr.[146] zurück. Die in den Urteilen zum Ausdruck kommende sog. Abfärbe- bzw. Infektionstheorie ist jedoch nicht mit der der Bilanzbündeltheorie zugrunde liegenden Gleichstellungsthese, den Gesellschafter einer Personengesellschaft ebenso zu besteuern wie den Einzelunternehmer, vereinbar.[147] Daher müsste bei Anwendung der Bilanzbündeltheorie ausschließlich die Einkünfte des Berufsfremden als gewerbliche qualifiziert werden.[148]

Im Ergebnis ist die Rspr. des BFH im Schrifttum[149] zu Recht auf Kritik gestoßen. Der partiellen Steuersubjektfähigkeit folgend spricht einiges dafür, immer dann von einer freiberuflich tätigen Gesellschaft auszugehen, wenn diejenigen Gesellschafter, welche die freiberufliche Tätigkeit leitend und eigenverantwortlich erbringen, das „Sagen“ in der Gesellschaft haben.[150] Dies gilt auch für die Fälle, in denen der Berufsfremde man-

---

[143] Dazu siehe *Haas*, DStR 1997, 1706; *Knobbe-Keuk*, Bilanzsteuerrecht, § 9 I 1., m.w.N.

[144] *Crezelius*, Steurrecht II, § 6 Rz. 51.

[145] *Rademacher-Gottwald*, Grenzüberschreitende Sozietäten, S. 171 f.; *Sauren*, DStR 1999, 1100; so wohl auch *Korn*, EStG, § 18 Rz. 152.

[146] BFH v. 10.11.1983 – IV R 86/80, BStBl. II 1984, 152, m.w.N.

[147] Vgl. *Haas*, DStR 1997, 1706, 1710 und dazu, daß die Bilanzbündeltheorie methodologisch überholt ist; im Ergebnis ebenso *M. Fischer*, ZEV 2001, 158; *Knobbe-Keuk*, Bilanzsteuerrecht, § 9 II 1, m.w.N.

[148] Im Ergebnis ebenso *Caspers*, Freiberufliche Einkünfte, S. 73 f., die ausgehend von der dualen Betrachtung die Einkünfte erst auf der Ebene des berufsfremden Gesellschafters in gewerbliche umqualifiziert, vergleichbar mit dem Fall einer Zebragesellschaft.

[149] Daher für eine Aufteilung der Einkünfte *Bodden*, DStZ 1996, 73, 80; *Felix*, DStR 1985, 363; *Herzig/Kessler*, DB 1985, 2480 ff., 2528 ff., 2529; *Jurkat*, GmbHR 1985, 86; *Knobbe-Keuk*, Bilanzsteuerrecht, § 21 I 2 b; *dies.*, StbJb 1987/88; S. 127, S. 133 f.; *Korn*, Freiberufler-Personengesellschaften, S. 37; *Lang*, in: FS Ludwig Schmidt, S. 291 ff., S. 297; *Paus*, DStZ 1986, 120; *Uelner*, StbJb 1985/86, S. 237, S. 248 f.

[150] *Knobbe-Keuk*, Bilanzsteuerrecht, § 21 I 2 b.

gels geeigneter Qualifikation nach außen nicht tätig wird. Für die Annahme gewerblicher Einkünfte fehlt es insoweit an der Teilnahme am wirtschaftlichen Verkehr nach § 15 Abs. 2 EStG.[151]

Handelt es sich um einen fachlich vorgebildeten, aber berufsfremden Gesellschafter, wie z.B. einen nach bestandener Prüfung noch nicht bestellten StB, der nach außen tätig wird, ist zwar wegen des Verstoßes gegen das RBerG zivilrechtlich eine fehlerhafte Gesellschaft gegeben, jedoch gelten im Außenverhältnis die Bestimmungen der §§ 705 ff. BGB. Somit ist die fehlerhafte Gesellschaft auch steuerrechtlich wie eine BGB-Gesellschaft zu behandeln.[152]

Nach hier vertretener Ansicht sollte für die Beurteilung, ob ein sog. Berufsfremder gegeben ist, insofern auf die Mitunternehmereigenschaft des Gesellschafters abgestellt werden, als der Berufsfremde zusammen mit den anderen Personen Unternehmerinitiative in bezug auf die freiberufliche Mitunternehmerschaft entfalten müsste. Berücksichtigt man allein, daß ein solcher berufsrechtlich nicht zulässiger Zusammenschluß ein Verstoß gegen §§ 1, 3 UWG, § 37 a StBerG darstellt, ist die gemeinsame Ausübung der Mitunternehmerinitiative insofern zweifelhaft, als der Berufsfremde durch sein Auftreten die Entfaltung der anderen freiberuflich tätigen Personen behindert.

b) Leitende und eigenverantwortliche Tätigkeit

Nach § 18 Abs. 1 Nr. 1 S. 3 EStG muß die freiberufliche Tätigkeit leitend und eigenverantwortlich ausgeübt werden. Dies gilt nach ständiger Rspr. des BFH[153] für alle Gesellschafter einer Freiberufler-BGB-Gesellschaft. Hierbei genügt es, wenn sich die leitende und eigenverantwortliche Tätigkeit des einzelnen Gesellschafters auf den ihm zugewiesenen Arbeitsbereich beschränkt.[154] Demnach ist die Trennung der Tätigkeiten nach Spezialgebieten von Angehörigen einer Berufsgruppe oder die Trennung nach beruflichen Aufgaben, wie z.B. bei einer Sozietät von RA und WP, zulässig.[155] Ist ein freiberuflich tätiger Gesellschafter dagegen nicht leitend und eigenverantwortlich tätig, sondern z.B. nur kapitalmäßig beteiligt, ist streitig, ob alle Gesellschafter Einkünfte aus Gewerbebetrieb erzielen.[156] Dabei ist zwischen zwei verschiedenen Fallgestaltungen zu unterscheiden. Soll der Gesellschafter den Gesellschaftszweck nur oder über-

---

[151] So zu Recht *Knobbe-Keuk*, Bilanzsteuerrecht, § 21 I 2 b; a.A. *Felix*, DStR 1985, 363, der von gewerblichen Einkünften des Berufsfremden ausgeht. Nach *Paus*, DStZ 1986, 120, 121 soll die nicht leitende und eigenverantwortliche Tätigkeit eines Berufsfremden nicht zu einer Umqualifizierung der Einkünfte in gewerbliche führen.

[152] Hierfür spricht auch der Rechtsgedanke des § 41 AO.

[153] BFH v. 16.7.1964 - IV 372/62, StRK EStG § 18 R 336; FG Nürnberg v. 21.5.1969, rkr., EFG 1969, 554; zustimmend *Blümich/Hutter*, § 18 EStG Rz. 70; *Fitsch*, in: Lademann, EStG, § 18 Anm. 61; *HHR/Brandt*, § 18 EStG Anm. 442.

[154] BFH v. 20.4.1989 - IV R 299/83, BStBl. II 1989, 727; FG Nürnberg, a.a.O.; statt aller *HHR/Brandt*, § 18 EStG Anm. 231; *Schmidt/Wacker*, EStG, § 18 Rz. 26.

[155] *Stuhrmann*, in: Kirchhof/Söhn, EStG, § 18 RdNr. A 123.

[156] Für eine Aufteilung der Einkünfte *Felix*, DStR 1985, 363; *Korn*, DStR 1995, 1249; *ders.*, DStZ 1982/1983, 507/16, 18; *Müller*, FR 1995, 402, 405; *Paus*, DStZ 1986, 120; *Stuhrmann*, in: Kirchhof/Söhn, EStG, § 18 RdNr. A 123.

wiegend durch seinen Kapitalbeitrag fördern und ist daher nicht leitend und eigenverantwortlich tätig, ist er nicht als Mitunternehmer anzusehen, da es ihm insoweit an der Mitunternehmerinitiative fehlt.[157] Somit erzielt er auch keine Einkünfte aus Gewerbetrieb (§ 15 Abs. 1 S. 1 Nr. 2 EStG), sondern Einkünfte aus Kapitalvermögen (§ 20 EStG). Ist er hingegen wegen des Einsatzes von fachlich vorgebildeten Arbeitskräften nicht leitend und eigenverantwortlich tätig, erzielen alle Gesellschafter Einkünfte aus Gewerbebetrieb.[158] Sofern allerdings die Finanzverwaltung[159] der Auffassung ist, die überwiegende Beschaffung von Aufträgen eines Gesellschafters sei keine freiberufliche Tätigkeit, entspricht diese Beurteilung zumeist nicht den tatsächlichen Verhältnissen in den rechts- und wirtschaftsberatenden Sozietäten. Diese Aufgabe übernehmen zumeist die qualifiziertesten und erfahrensten Gesellschafter, welche die Sachverhalte der Mandanten erfassen und Lösungen sowie die Kompetenz der Gesellschaft aufzeigen müssen, um den Auftrag zu erhalten. Daher ist von einer freiberuflichen Tätigkeit auszugehen.[160]

c) Gemischte Tätigkeit

Übt eine freiberuflich tätige Personengesellschaft eine gemischte Tätigkeit aus, sind zwei Sachverhalte zu unterscheiden. Wird eine einheitliche Tätigkeit ausgeübt, d.h. verschiedene Tätigkeiten, die derart miteinander verflochten sind, daß sie sich gegenseitig bedingen, kommt es hinsichtlich der Qualifikation der einheitlichen Tätigkeit darauf an, welche der Gesamttätigkeit das „Gepräge" gibt. Insoweit gelten dieselben Grundsätze wie für selbständig tätige Freiberufler.[161] Ist dagegen eine Personengesellschaft i.S.d. EStG teils freiberuflich und teils gewerblich tätig, ist nach ständiger Rspr. des BFH[162] auf der Grundlage der in § 15 Abs. 3 Nr. 1 EStG kodifizierten sog. Abfärbe- bzw. Infektionstheorie die Tätigkeit der Personengesellschaft in vollem Umfang als Gewerbebetrieb zu qualifizieren. Unerheblich ist dabei, ob die teilweise gewerbliche

157 Ebenso *Korn*, StKongRep 1985, S. 305 ff., S. 312; a.A. BFH v. 26.11.1970 - IV 60/65, BStBl. II 1971, 249, zur kapitalmäßigen Beteiligung eines Kommanditisten an einer freiberuflichen Mitunternehmerschaft; vgl. auch BFH v. 11.6.1985 - VIII R 254/80, BStBl. II 1985, 584; BFH v. 7.11.1991 - IV R 17/90, FR 1992, 340.

158 A.A. *Korn*, DStZ 1982/1983, 507/16, 18, der die Qualifizierung der Einkünfte in Abhängigkeit von dem Umfang der Tätigkeit der Gesellschafter generell ablehnt; nach Ansicht von *Stuhrmann*, in: Kirchhof/Söhn, EStG, § 18 RdNr. A 123 seien die Einkünfte zu trennen, da der nicht leitend und eigenverantwortlich tätige Berufsangehörige im Gegensatz zu einem berufsfremden eine „freiberufliche" Tätigkeit ausübe. Der steuerrechtliche Begriff der freiberuflichen Tätigkeit setzt aber nach § 18 Abs. 1 Nr. 1 S. 3 EStG gerade eine leitend und eigenverantwortlich ausgeübte Tätigkeit voraus.

159 OFD Hamburg, StEK EStG § 18 Nr. 64 (1974).

160 So auch zu Recht *Korn*, Freiberufler-Personengesellschaften, S. 39 f.

161 BFH v. 24.4.1997 - IV R 60/95, BStBl. II 1997, 567; *Steinhauff*, in: Littmann/Bitz/Pust, EStG, § 18 Rn. 275 f., m.w.N. zur Rspr.; *Söffing*, NJW 1998, 511.

162 Z.B. BFH v. 30.11.1978 - IV R 15/73, BStBl. II 1979, 236; BFH v. 1.2.1979 - IV R 113/76, BStBl. II 1979, 574; BFH v. 10.8.1995 - I R 133/93, BStBl. II 1995, 171; BFH v. 24.4.1997 - IV R 60/95, BStBl. II 1997, 567; vgl. auch BFH v. 13.11.1997 - IV R 67/96, BStBl II 1998, 254, wonach eine Betriebsaufspaltung zwischen einer Ärzte-GbR und einer Labor-GmbH zu gewerblichen Einkünften der im übrigen nicht gewerblich tätigen Ärzte-GbR führt.

Tätigkeit von allen Gesellschaftern oder nur von einem Gesellschafter, z.B. einem als Treuhänder[163] tätigen Gesellschafter, ausgeübt wird. Es reicht aus, wenn zumindest ein Gesellschafter neben seiner selbständigen Tätigkeit eine andere, nicht eindeutig abgrenzbare Tätigkeit ausübt.[164] Ist demnach eine freiberuflich tätige Personengesellschaft an einer gewerblich tätigen Personengesellschaft beteiligt und gehört die Beteiligung zum Gesamthandsvermögen, erzielen die Gesellschafter der freiberuflichen Obergesellschaft Einkünfte aus Gewerbebetrieb.[165] Sofern keine anderen Bestimmungen, wie z.B. berufsrechtliche[166], entgegenstehen, läßt sich die Umqualifizierung der Einkünfte durch die Gründung einer zweiten, beteiligungsidentischen Personengesellschaft, welche die gewerbliche Tätigkeit ausübt, vermeiden.[167] Die Gewerblichkeit der Einkünfte kann auch durch die Beteiligung einer freiberuflich tätigen Sozietät an einer gewerblich tätigen Kapitalgesellschaft vermieden werden. Soweit die Kapitalgesellschaft Dividenden ausschüttet, werden die Einkünfte i.S.d. § 20 Abs.1 Nr. 1 EStG gem. § 20 Abs. 3 EStG in Einkünfte aus selbständiger Arbeit (§ 18 Abs. 1 EStG) umqualifiziert.[168]

Die Anwendung des § 15 Abs. 3 Nr. 1 EStG ist jedoch seit jeher umstritten.[169] So wird von *Korn*[170] die Ansicht vertreten, daß der Verweis des § 18 Abs. 4 EStG auf § 15 EStG nicht für Abs. 3 der Vorschrift gilt. Ferner stelle die Anwendung des § 15 Abs. 3 Nr. 1 EStG ein Widerspruch zu dem in § 15 Abs. 2 EStG verankerten Gebot der Subsidiarität der Einkünfte aus Gewerbebetrieb gegenüber den Einkünften aus selbständiger Arbeit (§ 18 EStG) dar.[171] Das entscheidende Argument für eine Trennung der Einkünfte bei freiberuflich tätigen Personengesellschaften liegt jedoch in der Ungleichbehandlung gegenüber selbständig tätigen Freiberuflern, für die es letztlich keine sachgerechten Gründe gibt.[172] Infolge dieser Ungleichbehandlung bestehen im Hinblick auf

---

[163] Dazu siehe BFH v. 10.8.1995 - I R 133/93, BStBl. II 1995, 171; zur Frage, wann die Treuhandtätigkeit als freiberufliche zu qualifizieren ist BFH v. 21.4.1994 - IV R 99/93, BStBl. II 1994, 650.

[164] *HHR/Brandt*, § 18 EStG Anm. 443.

[165] BFH v. 8.12.1994 - IV R 7/92, BStBl. II 1996, 264; zustimmend BMF v. 13.5.1996, BStBl. I 1996, 621; BMF. v. 14.5.1997, BStBl. I 1997, 566; *HHR/Brandt*, § 18 EStG Anm. 444, m.w.N.; *Söffing*, FR 1994, 805.

[166] Dazu siehe unten 4. Teil § 2 C I.

[167] So ausdrücklich BFH v. 19.2.1998 - IV R 11/97, BStBl. II 1998, 603; *Seer/Drüen*, BB 2000, 2176.

[168] In diesem Sinne wohl auch BFH v. 8.12.1993 – XI – R 18/93, BStBl. II 1994, 296; BFH v. 9.8.1995 – XI R 108/92, BFH/NV 1996, 300, 301, beide m.w.N.; *Korn*, EStG, § 18 Rz. 154; *Schmidt/Wacker*, EStG, § 18 Rz. 44; *Seer/Drüen*, BB 2000, 2176, 2182, in der Beratungspraxis ist zu beachten, daß insoweit eine Betriebsaufspaltung entstehen kann, dazu z.B. *Korn*, EStG, § 18 Rz. 18.

[169] Dazu siehe *Glanegger/Güroff*, GewStG, § 2 Anm. 100; *Herzig/Kessler*, DStR 1986, 451; *Korn*, DStR 1995, 1249, 1254; *Neu*, DStR 1995, 1893; *Weber-Grellet*, DStZ 1982, 228.

[170] *Korn*, a.a.O.; kritisch dazu *Seer/Drüen*, BB 2000, 2176, 2178.

[171] A.A. z.B. BFH v. 24.1.1980 - IV R 154-155/77, BStBl. II 1980, 269, wonach das Honorar eines freiberuflich tätigen Gesellschafters, das er von einer gewerblich tätigen Personengesellschaft erhält, an der er beteiligt ist, den Sonderbetriebseinnahmen zuzurechnen sei.

[172] *Korn*, DStR 1995, 1249, 1254; zustimmend *Schmidt*, EStG, § 15 Rz. 185.

den Gleichheitsgrundsatz des Art. 3 GG verfassungsrechtliche Bedenken.[173] Nach der Entscheidung des XI. Senats v. 11.8.1999[174] führt ein Anteil von 1,25 v.H. an der originär gewerblichen Tätigkeit nicht zur Umqualifizierung der gesamten Einkünfte gem. § 15 Abs. 3 Nr. 1 EStG, da bei einem äußerst geringen Anteil der Verhältnismäßigkeitsgrundsatz nicht gewahrt wäre. Insofern läßt sich trefflich darüber streiten, ab welcher Größe der Anteil nicht mehr „äußerst gering" ist. Aus dogmatischer Sicht ist die Entscheidung insofern von Interesse, als der unmißverständliche Wortlaut des § 15 Abs. 3 Nr. 1 EStG unter Verweis auf den Verhältnismäßigkeitsgrundsatz einschränkend ausgelegt wird. Da der Verhältnismäßigkeitsgrundsatz für alle Steuergesetze gilt[175], müßte dies konsequenterweise auch für die Abgrenzung zwischen den Einkünften aus selbständiger Arbeit (§ 18 EStG) und den Einkünften aus Gewerbebetrieb (§ 15 EStG) nach den Grundsätzen der gemischten Tätigkeit, der leitenden und eigenverantwortlichen Tätigkeit sowie der Beteiligung Berufsfremder gelten.[176] Ob sich andere Senate des BFH dieser Meinung anschließen werden und diese konsequent auf andere Abgrenzungssachverhalte anwenden, bleibt abzuwarten.[177]

2. OHG und KG

Werden Steuerberatungs- oder Wirtschaftsprüfungsgesellschaften wegen der Ausübung einer Treuhandtätigkeit[178] in das Handelsregister als OHG oder KG eingetragen, begründet die Eintragung nach der Rspr.[179] allein noch keinen Gewerbebetrieb i.S.d. Steuerrechts.[180] Sie ist aber ein starkes Anzeichen hierfür, welches jedoch durch Darlegung der Art der Tätigkeit widerlegt werden kann.[181] Diese Abweichung beruht auf der von dem Handelsrecht abweichenden steuerrechtlichen Definition des Begriffs „Gewerbebetrieb" (§ 15 Abs. 2 EStG). Nach dem geänderten § 105 Abs. 2 HGB können sich zwar nicht gewerblich tätige Personengesellschaften als OHG oder KG in das Handelsregister eintragen lassen, allerdings nur, wenn sie eigenes Vermögen verwalten. Nach dem Wortlaut und dem Willen des Gesetzgebers[182] ist dies ausschließlich auf die Fälle reiner Vermögensverwaltung bezogen, so daß hierunter nicht freiberuflich tätige Personengesellschaften zu subsumieren sind.[183] Erzielt demnach eine OHG oder

173 BFH v. 10.8.1994 - I R 133/93, BStBl. II 1995, 171, wonach der Grundsatz der Steuergerechtigkeit berührt sei; vgl. auch die aus formalen Gründen nach Art. 100 Abs. 1 GG unzulässige Vorlage des FG Nds v. 23.7.1997, EFG 1997, 1456, BVerfG, FR 1999, 528; an der Verfassungsmäßigkeit zweifelnd z.B. *Grune*, BB 1998, 1081, 1083 f.; *Schwendy*, INF 1995, 75, *ders.*, INF 1998, 33; *Schulze-Osterloh*, GS Knobbe-Keuk, 1997, S. 531; *Söffing*, NJW 1998, 511.

174 BFH v. 11.8.1999 - XI R 12/98, BFH/NV 2000, 130.

175 BFH, a.a.O., m.w.N.

176 Zur verfassungsrechtlichen Beurteilung der Rspr. *Rose*, DB 2000, 993.

177 Gegen eine Verwaltungsregelung, da diese dem Wortlaut widerspreche *Schild*, DStR 2000, 576.

178 Diese ist nach § 49 Abs. 2 StBerG bzw. § 27 Abs. 2 WPO zulässig.

179 BFH v. 9.7.1964 - IV 427/62 U, BStBl. III 1964, 530; BFH v. 19.3.1981 - IV R 167/80, BStBl. II 1981, 527.

180 Die Eintragung einer GmbH & Co KG in das Handelsregister ist allerdings - abgesehen von dem Erfordernis der Ausübung eines Grundhandelsgewerbes - nur unter Nichtbeachtung des berufsrechtlichnen Verbots möglich; vgl. § 50 Abs. 1 u. Abs. 2 StBerG und § 28 Abs. 1 u. Abs. 2 WPO.

181 Zustimmend *Schmidt/Wacker*, EStG, § 18 Rz. 41.

182 BT-Drucks. 13/8444, S. 40 f.

183 A.A. *K. Schmidt*, DB 1998, 61, 62.

KG Einkünfte aus selbständiger Arbeit (§ 18 EStG), ist zweifelhaft, ob diese ein Handelsgewerbe betreibt und nicht tatsächlich eine Scheinhandelsgesellschaft vorliegt.[184] Steuerrechtlich ist eine Scheinhandelsgesellschaft grundsätzlich wie eine BGB-Gesellschaft zu behandeln.[185] Erzielen die Gesellschafter eine OHG oder KG Einkünfte i.S.d. § 18 Abs. 1 Nr. 1 EStG, gelten für die steuerrechtliche Behandlung die Ausführungen zur BGB-Gesellschaft entsprechend. Insofern ist auf die bisherigen Ausführungen zu verweisen.

Im Fall einer Steuerberatungs oder Wirtschaftsprüfungs KG kommt der Ausgestaltung der Rechte des/der Kommanditisten besondere Bedeutung zu[186], da ein Kommanditist ungeachtet einer von ihm ausgeübten freiberuflichen Tätigkeit nicht als Mitunternehmer anzusehen ist, wenn dieser gesellschaftsvertraglich von der Entfaltung von Mitunternehmerinitiative und der Beteiligung am Unternehmerrisiko ausgeschlossen ist.[187]

IV. Ermittlung der Einkünfte

1. Selbständig Tätige

Nach § 2 Abs. 2 Nr. 1 EStG sind die Einkünfte aus selbständiger Arbeit der Gewinn. Die Ermittlung des Gewinns ergibt sich aus den §§ 4, 5 EStG. Da selbständig Tätige i.S.d. § 18 EStG weder nach Handels- und Steuerrecht (§ 141 AO) verpflichtet sind, Bücher zu führen und regelmäßig Abschlüsse zu machen, noch Gewerbetreibende i.S.d. § 15 Abs. 1 S. 1 Nr. 1 EStG sind, ist die Gewinnermittlung nach § 5 EStG nicht anwendbar.[188] Somit besteht ein Wahlrecht des Steuerpflichtigen, den Gewinn entweder nach § 4 Abs. 1 EStG durch Bestandsvergleich des Betriebsvermögens oder durch eine Einnahmen- Überschuß-Rechnung nach § 4 Abs. 3 EStG zu ermitteln.[189]

Nach § 4 Abs. 1 EStG ist der Gewinn der Unterschiedsbetrag zwischen dem Betriebsvermögen am Schluß des Wirtschaftsjahrs und dem Betriebsvermögen am Schluß des vorangegangenen Wirtschaftsjahrs, vermehrt um den Wert der Entnahmen und ver-

---

[184] So zu Recht *Groh*, JbFStR 1979/80, S. 209 ff., S. 212; *K. Schmidt*, Gutachten und Vorschläge zur Überarbeitung des Schuldrechts, Bd. III, hrsg. v. BMJ, S. 458 f.

[185] Vgl. BFH v. 11.12.1986 - IV R 222/84, BStBl. II 1987, 553; *Schmidt*, EStG, § 15 Rz. 226, m.w.N.

[186] Ist ein Kommanditist nicht leitend und eigenverantwortlich tätig, führt dies zur Umqualifizierung der Einkünfte aller Gesellschafter in gewerbliche *HHR/Brandt*, § 18 EStG Anm. 231; *Schick*, Freie Berufe, S. 100; a.A. *Stuhrmann*, in: Kirchhof/Söhn, EStG, § 18 RdNrn. A 122 f., wonach der nicht leitend und eigenverantwortlich Tätige im Gegensatz zu einem Berufsfremden eine freiberufliche Tätigkeit ausübe; insofern übersieht er jedoch, daß die leitende und eigenverantwortliche Tätigkeit Voraussetzung für die Ausübung der freiberuflichen Tätigkeit i.S.d. § 18 Abs. 1 Nr. 1 EStG ist.

[187] BFH v. 9.10.1986 - IV R 235/84, BStBl. II 1987, 124, m.w.N.; *HHR/Brandt*, § 18 EStG Anm. 440 f.

[188] Zum persönlichen Anwendungsbereich des § 5 EStG *Schmidt/Weber-Grellet*, EStG, § 5 Rz. 7 ff.

[189] Die Gewinnermittlungsmethode bestimmt sich durch die Art der Aufzeichnungen des Steuerpflichtigen *Schmidt/Heinicke*, EStG, § 4 Rz. 6; der Steuerpflichtige ist dabei an die gewählte Gewinnermittlungsart gebunden. Ein Wechsel ist nur zu Beginn des Wirtschftsjahres zulässig BFH v. 23.6.1983 - IV R 185/81, BStBl. II 1983, 723; BFH v. 18.3.1993 - IV R 3 / 92, BStBl. II 1993, 549; weitere Aufzeichnungspflichten aus § 4 Abs. 3, § 6 Abs. 2 S. 4 und § 7 a Abs. 8 EStG sowie aus § 22 UStG.

mindert um den Wert der Einlagen. Der „Gewinn" i.S.d. § 4 Abs. 1 EStG umfaßt somit sowohl positive wie auch negative Betriebsergebnisse.[190] Im Gegensatz zu § 5 Abs. 1 EStG enthält § 4 Abs. 1 EStG seinem Wortlaut nach nicht die Verpflichtung im Rahmen des Betriebsvermögensvergleichs das Betriebsvermögen anzusetzen, das nach den handelsrechtlichen Grundsätzen ordnungsmäßiger Buchführung (GoB[191]) auszuweisen ist. Daraus kann jedoch nicht geschlossen werden, daß die Gewinnermittlung nach § 4 Abs. 1 EStG ausschließlich an die steuerrechtlichen Bilanzierungs- und Bewertungsvorschriften gebunden ist.[192] Nach h.M.[193] sind die aus dem Maßgeblichkeitsgrundsatz des § 5 EStG für die steuerrechtliche Gewinnermittlung geltenden handelsrechtlichen GoB[194] bei der Gewinnermittlung nach § 4 Abs. 1 EStG entsprechend anzuwenden.[195] Soweit der Gesetzgeber handelsrechtliche GoB durch deckungsgleiche oder abweichende steuerrechtliche Bestimmungen in § 5 Abs. 2 - 5 EStG ersetzt bzw. ergänzt hat, gehen diese speziellen steuerrechtlichen Regelungen vor. Diese Bestimmungen gelten nach der Rspr. des BFH[196] und der h.M.[197] im Rahmen der Gewinnermittlung nach § 4 EStG entsprechend.

Der Begriff „Betriebsvermögen" in § 4 Abs. 1 EStG ist im EStG nicht definiert. Herkömmlicherweise wird - entgegen der dem EStG immanenten Zweiteilung des Vermögens in Betriebs- und Privatvermögen[198] - zwischen notwendigem und gewillkürtem

---

190 BFH v. 22.5.1975 - IV B 8/75, BStBl. II 1975, 732, m.w.N.

191 Vgl. dazu z.B. *Crezelius*, Bilanzrecht, S. 24 ff.; *Knobbe-Keuk*, Bilanzsteuerrecht, § 3 II 1, jeweils m.w.N.

192 Statt aller *Plewka*, in: Lademann, EStG, § 5 Anm. 62; *Schmidt/Heinicke*, EStG, § 4 Rz. 43.

193 *Bordewin*, in: Bordewin/Brandt, §§ 4-5 EStG Rz. 85 f.; *HHR/oV*, § 4 EStG Anm. 4 n; *Lang*, DStJG 5 (1981), S. 45, S. 65; *Nieland*, in: Littmann/Bitz/Pust, EStG, §§ 4, 5 Rn. 36; *Pickert*, DStR 1989, 374; *Schmidt/Heinicke*, EStG, § 4 Rz. 1 u. 44; *Schulze-Osterloh*, DStJG 14 (1991), S. 123, S. 127.

194 Dabei ist vordergründig streitig, welchen handelsrechtliche Normen durch den Verweis in die steuerrechtliche Gewinnermittlung nach § 5 EStG zu übernehmen sind; zum Meinungsstand *Schön*, StuW 1995, 366, 374; im Kern geht es um die Vereinbarkeit der Maßgeblichkeit der Handelsbilanz für die steuerrechtliche Gewinnermittlung (§ 5 Abs. 1 S. 1 EStG) mit steuerrechtlichen Prinzipien; zu Recht bejahend *Crezelius*, DB 1994, 689; *Groh*, DStR 1996, 1206; *Kupsch*, StbJb. 1994/95, S. 166; *Schön*, StuW 1995, 366; *Söffing*, in: FS Budde, 1995, S. 635, S. 643; *Strobl*, StbJb 1994/95, S. 77; a.A. *Ahmann*, in: FS Ludwig Schmidt, 1993, S. 269, S. 280 ff.; *Pezzer*, DStJG 14 (1991), S. 3; *Schmidt/Weber-Grellet*, § 5 Rz. 26 ff., m.w.N.

195 Die dogmatische Begründung und die Reichweite ist im einzelnen umstritten; dazu siehe *Blümich/Schreiber*, § 5 EStG Rz. 61; *Mathiak*, in: Kirchhof/Söhn, EStG, § 5 RdNr. A 38; *Plewka*, in: Lademann, EStG, § 5 Anm. 63; *Plückebaum*, in: Kirchhof/Söhn, EStG, § 4 RdNr. A 36, jeweils m.w.N.; daraus ergeben sich jedoch kaum praktische Unterschiede *Mathiak*, in: Kirchhof/Söhn, EStG, § 5 RdNr. A 37.

196 Ausdrücklich bzgl. des Aktivierungsverbots für unentgeltlich erworbene immaterielle Wirtschaftsgüter gem. § 5 Abs. 2 EStG, BFH v. 8.11.1979 - IV R 145/77, BStBl. II 1980, 146; BFH v. 6.12.1983 - VIII R 110/79, BStBl. II 1984, 227.

197 Für die h.M. *Schmidt/Wacker*, EStG, § 18 Rz. 200; *Blümich/Schreiber*, § 5 EStG Rz. 62; im Ergebnis ebenso *Wassermeyer*, DStJG 14 (1991), S. 29, S. 42.

198 Daher zu Recht kritisch *Crezelius*, Steuerrecht II, § 8 Rz. 51; *Knobbe-Keuk*, Bilanzsteuerrecht, § 4 II 3; *Schmidt/Heinicke*, EStG, § 4 Rz. 108; *Plückebaum*, in: Kirchhof/Söhn, EStG, § 4 RdNrn. B 18 ff.; *Wassermeyer*, DStJG 3 (1980), S. 315, S. 321 ff.

Betriebsvermögen sowie Privatvermögen unterschieden.[199] Die Bildung von gewillkürtem Betriebsvermögen ist unter Berücksichtigung der Eigenart der Einkunftsart auch bei Einkünften aus selbständiger Arbeit (§ 18 EStG) zulässig, sofern der Gewinn nach § 4 Abs. 1 EStG ermittelt wird.[200] Die Zuordnung eines Wirtschaftsgutes zu einem Betriebsvermögen richtet sich nach dem in § 4 Abs. 4 EStG kodifizierten Veranlassungsprinzip.[201] So gehört z.B. die Beteiligung an einer Kapitalgesellschaft zum notwendigen Betriebsvermögen eines Freiberuflers, wenn der Geschäftsgegenstand der Gesellschaft der freiberuflichen Tätigkeit nicht wesensfremd ist und die Beteiligung eine bestimmte freiberufliche Tätigkeit ermöglichen soll.[202]

Nach § 4 Abs. 3 EStG kann die Gewinnermittlung auch durch eine Einnahmen-Überschuß-Rechnung erfolgen. Um dem Grundsatz der Gesamtgewinngleichheit[203] gerecht zu werden, d.h. das Ergebnis muß vom ersten bis zum letzten Geschäftsvorfall unabhängig von der Gewinnermittlungsart identisch sein, bedarf es vielfältiger Korrekturen.[204] Hierbei ist zu beachten, daß das Aktivierungsverbot für nicht entgeltlich erworbene immaterielle Wirtschaftsgüter des § 5 Abs. 2 EStG entsprechend für die Erfassung des Anlagevermögens nach § 4 Abs. 3 S. 3 u. S. 4 EStG gilt.[205] Die Betriebsvermögenseigenschaft der zur Erzielung der Einkünfte eingesetzten Wirtschaftsgüter bestimmt sich ebenfalls nach dem Veranlassungszusammenhang (§ 4 Abs. 4 EStG).[206]

2. Freiberufler-Personengesellschaften

Nach § 18 Abs. 4 EStG ist bei der Gewinnermittlung von Personengesellschaften § 15 Abs. 1 Nr. 2 EStG entsprechend anzuwenden. Somit sind die Einkünfte eines Mitunternehmers i.S.d. § 18 EStG sein Anteil am Gesamtgewinn der Mitunternehmerschaft. Dieser ist in zwei Stufen zu ermitteln.[207] Auf der ersten Stufe ist der Gewinnanteil als Teil des Gewinns der Gesellschaft zu erfassen, der nach Maßgabe gesellschaftsrechtlicher Regeln auf den einzelnen Gesellschafter entfällt.[208] Hinsichtlich der Gewinner-

---

199 Zu Besonderheiten bei Freiberuflern *HHR/Brandt*, § 18 EStG Anm. 31 ff.; *Schmidt/Wacker*, EStG, § 18 Rz. 157.

200 Ständige Rspr. des BFH v. 12.2.1976 - IV R 188/74, BStBl. II 1976, 663; BFH v. 21.5.1987 - IV R 80/85, BStBl. II 1987, 710; BFH v. 24.8.1989 - IV R 80/88, BStBl. II 1990, 17.

201 BFH v. 11.11.1987 - I R 87/84, BStBl. II 1988, 424; BFH v. 28.9.1990 - III R 51/89, BStBl. II 1991, 27; *Wassermeyer*, DStJG 3 (1980), S. 315 ff.

202 BFH v. 23.11.1978 - IV R 146/75, BStBl. II 1979, 109; BFH v. 14.1.1982 - IV R 168/78, BStBl. II 1982, 345; BFH v. 23.5.1985 - IV R 198/83, BStBl. II 1985, 517.

203 BFH v. 31.8.1972 - IV R 93/67, BStBl. II 1973, 51, BFH v. 23.2.1984 - IV R 128/81, BStBl. II 1984, 516; *Weber-Grellet*, in: Kirchhof/Söhn, EStG, § 4 RdNr. D 10, m.w.N.

204 Zu Einzelheiten siehe *Blümich/Wacker*, § 4 EStG Rz. 32 ff.

205 BFH v. 8.11.1979 - IV R 145/77, BStBl. II 1980, 146; BFH v. 22.1.1980 - VIII R 74/77, BStBl. II 1980, 244; *HHR/oV*, § 5 EStG Anm. 1707; *Plewka*, in: Lademann, EStG, § 5 Anm. 928.

206 *Schmidt/Heinicke*, EStG, § 4 Rz. 371.

207 BFH v. 10.11.1980 - GrS 1/79, BStBl. II 1981, 164; BFH v. 3.5.1993 - GrS 3/92, BStBl. II 1993, 616, 622; BFH v. 13.7.1993 - VIII R 50/92, BStBl. II 1994, 282, 287; DStR 1995, 914, 915, m.w.N.

208 BFH v. 23.5.1979 - I R 163/77, BStBl. II 1979, 757; BFH v. 10.11.1980 - GrS 1/79, BStBl. II 1981, 164.

Gewinnermittlung besteht ebenso wie bei selbständig Tätigen das Wahlrecht, den Gewinn durch Einnahmen-Überschuß-Rechnung (§ 4 Abs. 3 EStG) oder durch Bestandsvergleich (§ 4 Abs. 1 EStG) zu ermitteln, wobei das Wahlrecht von allen Gesellschaftern einheitlich ausgeübt werden muß.[209] Des weiteren wird in der ersten Stufe der Gewinnermittlung das Ergebnis einer etwaigen Ergänzungsbilanz[210] für den einzelnen Gesellschafter miteinbezogen. Auf der zweiten Stufe ist das Ergebnis einer möglichen Sonderbilanz[211] des Gesellschafters zu ermitteln. Hierbei werden die Sondervergütungen i.S.d. § 15 Abs. 1 S. 1 Nr. 2 S. 1 HS 2 EStG, der Aufwand und Ertrag der aktiven und passiven Wirtschaftsgüter des Sonderbetriebsvermögen[212], die sonstigen Sonderbetriebseinnahmen und Sonderbetriebsausgaben und etwaige Gewinne oder Verluste aus der Veräußerung des Mitunternehmeranteils i.S.v. § 16 Abs. 1 Nr. 2 EStG erfaßt.[213]

Ist eine Steuerberatungs- oder Wirtschaftsprüfungs-OHG oder KG in das Handelsregister eingetragen, ist der Gewinn zwingend durch Bestandsvergleich zu ermitteln. Die Pflicht zur Gewinnermittlung i.S.d. § 4 Abs. 1 EStG ergibt sich aus der handelsrechtlichen Buchführungs- und Abschlußpflicht (§ 6 i.V.m. §§ 238, 242 HGB), die gem. § 140 AO für die steuerrechtliche Gewinnermittlung zu übernehmen ist. Da dem in § 18 Abs. 4 EStG enthaltenen Verweis auf den entsprechend anzuwendenden § 15 a EStG keine praktische Bedeutung zukommt[214], wird im weiteren nicht darauf eingegangen.

---

[209] *HHR/Brandt*, § 18 EStG Anm. 451.

[210] Z.B. BFH v. 29.10.1991 - VIII R 148/85, BStBl. II 1992, 647; BFH v. 30.3.1993 - VIII R 63/91, BStBl. II 1993, 706, 707; BStBl. II 1996, 68; *Schmidt*, EStG, § 15 Rz. 460, m.w.N.

[211] Vgl. dazu *Schmidt*, EStG, § 15 Rz. 475 ff. m.w.N.; *Uelner*, DStJG 14 (1991), S. 139 ff.

[212] Dazu gehören alle Wirtschaftsgüter, die zwar zivilrechtlich im Eigentum des Gesellschafters stehen, die dem Betrieb der Personengesellschaft jedoch zur Nutzung überlassen werden und damit dem Betrieb der Personengesellschaft dienen (Sonderbetriebsvermögen I) oder der Beteiligung des Gesellschafters an der Personengesellschaft (Sonderbetriebsvermögen II); BFH v. 6.5.1986 - VIII R 160/85, BStBl. II 1986, 838; BFH v. 11.11.1994 - IV R 15/93, BStBl. II 1995, 452; *Schmidt*, EStG, § 15 Rz. 507 ff., m.w.N.

[213] Vgl. dazu z.B. *Schmidt*, EStG, § 15 Rz. 400 f., m.w.N.

[214] *Blümich/Falk*, § 18 EStG Rz. 199; *Fitsch*, in: Lademann, EStG, § 18 Anm. 213; *HHR/Brandt*, § 18 EStG Anm. 491; *Stuhrmann*, in: Kirhhof/Söhn, EStG, § 18 RdNrn. F 31 u. F 39.

§ 5 Freiberufliche Tätigkeit nach internationalem Steuerrecht

A. Grundsätze der Besteuerung internationaler Sachverhalte

Rechtsfolge der persönlichen Steuerpflicht einer natürlichen Person ist die unbeschränkte oder beschränkte Steuerpflicht. Gem. § 1 Abs. 1 S. 1 EStG besteht die unbeschränkte Steuerpflicht, sofern der Steuerpflichtige entweder eine durch einen Wohnsitz i.S.d. § 8 AO oder einen gewöhnlichen Aufenthalt i.S.d. § 9 AO begründete Bindung an das Inland, d.h. das Hoheitsgebiet der Bundesrepublik Deutschland, unterhält.[1] Dabei ist die tatsächliche und objektive Gestaltung und nicht subjektive Merkmale maßgebend.[2] Im weiteren wird jedoch nicht auf Sachverhalte eingegangen, die den Nachweis eines Wohnsitzes (§ 8 AO) oder eines gewöhnlichen Aufenthalts (§ 9 AO) beinhalten, einschließlich der Fälle, in denen ein Steuerpflichtiger in zwei Staaten als ansässig gilt. Ist z.B. ein RA, WP oder StB demnach unbeschränkt steuerpflichtig, unterliegen der Einkommensteuer die im Rahmen des § 2 Abs. 1 EStG anfallenden weltweit erzielten Einkünfte (Welteinkommen).[3] Dieses gesetzlich nicht ausdrücklich geregelte, aber als normenkonzipierendes Prinzip des EStG allgemein anerkannte Welteinkommensprinzip ergibt sich als Rückschluß aus den §§ 1 Abs. 4, 2 a, 34 d und 49 EStG.[4] Da die aus dem Prinzip der Besteuerung nach der Leistungsfähigkeit zu rechtfertigende Besteuerung nach dem Welteinkommen auch die negative Leistungsfähigkeit umfaßt, gilt das Welteinkommensprinzip für positive und negative Einkünfte.[5] Ob und inwieweit der jeweilige andere Staat die Einkünfte besteuert, ist dabei unerheblich. Dies ist allein Sache des anderen Staates.[6]

Hat ein RA, WP oder StB weder seinen Wohnsitz (§ 8 AO) noch seinen gewöhnlichen Aufenthalt (§ 9 AO) im Inland, unterliegt er ausschließlich mit seinen inländischen Einkünften der beschränkten Steuerpflicht (§§ 1 Abs. 4, 49 EStG).[7] Welche Einkünfte dabei als inländische gelten, ergibt sich aus § 49 Abs. 1 EStG, in dem die einzelnen Inlandskriterien bestimmt werden. Die Besteuerung richtet sich nach den §§ 50 ff. EStG, wobei es nach völkerrechtlich übereinstimmender Meinung Sache des Ansässigkeitsstaates ist, die subjektiven Verhältnisse des Steuerpflichtigen i.S.d. subjektiven Nettoprinzips zu berücksichtigen. Nach § 1 Abs. 3 EStG besteht jedoch insoweit eine

---

[1] Zu dem Begriff „Inland" *HHR/Stapperfend*, § 1 EStG Anm. 57.

[2] Zu den Merkmalen „Wohnort" und „gewöhnlicher Aufenthalt" z.B. *Schmidt/Heinicke*, EStG, § 1 Rz. 20 ff.; ausführlich *Tipke/Kruse*, AO, § 8 Tz. 1 ff. und § 9 Tz. 1 ff., beide m.w.N.; wobei die Begriffsmerkmale fließend ineinander übergehen; zu mehreren Wohnsitzen i.S.d. § 8 AO siehe BFH v. 19.3.1997 - I R 69/96, IStR 1997, 405.

[3] *Schmidt/Seeger*, EStG, § 2 Rz. 4.

[4] BFH v. 17.10.1990 - I R 182/87, BStBl. II 1991, 136; *Kirchhof*, in: Kirchhof/Söhn, EStG, § 2 RdNr. A 145; *Schaumburg*, Internationales, Rz. 5.62 ff., m.w.N.

[5] Statt aller *Crezelius*, Steuerrecht II, § 10 Rz. 12; *Schmidt/Seeger*, EStG, § 2 Rz. 4.

[6] Auf die steuerrechtliche Behandlung im Fall eines Doppelwohnsitzes des Steuerpflichtigen, d.h. der Steuerpflichtige wird nicht nur im Inland, sondern in einem weiteren Staat zu einer der unbeschränkten Steuerpflicht vergleichbaren Besteuerung seines Welteinkommens herangezogen, wird im Rahmen dieser Arbeit nicht eingegangen.

[7] Zu den Ausnahmen siehe *HHR/Kraft*, § 49 EStG Anm. 21.

Ausnahme. Danach können beschränkt Steuerpflichtige die unbeschränkte Steuerpflicht beantragen, sofern die inländischen Einkünfte die hierfür notwendigen Grenzen überschreiten.

Die meisten anderen Staaten haben ein der unbeschränkten und beschränkten Steuerpflicht entsprechende Anknüpfung der Besteuerung internationaler Sachverhalte. Dagegen folgt das Steuerrecht nur weniger Staaten dem Territorialitätsprinzip. Danach werden unabhängig des Lebensmittelpunktes nur die Einkünfte besteuert, die mit dem jeweiligen Staat in einem wirtschaftlichen Zusammenhang stehen. Infolgedessen kann es zur Besteuerung der Einkünfte eines Steuerpflichtigen durch zwei Staaten kommen, wenn zwei oder mehrere Abgabenhoheiten bei denselben Steuersubjekten dieselben Einkünfte oder Vermögenswerte der Besteuerung unterwerfen (sog. juristische Doppelbesteuerung). Besteuern hingegen zwei oder mehrere Steuerhoheitsträger dasselbe Steuerobjekt führt dies zu einer sog. wirtschaftlichen Doppelbesteuerung.[8] Aufgrund der unterschiedlichen Ausgestaltung der Anknüpfungs- und Zuordnungsmerkmale nach nationalem Steuerrecht, ist ebenso eine Nichtbesteuerung denkbar. Aus wirtschaftspolitischer Sicht ist jedoch eine Doppelbesteuerung zu vermeiden. Daher werden üblicherweise zwischen zwei Staaten Abkommen zur Vermeidung einer Doppelbesteuerung (Doppelbesteuerungsabkommen, kurz: DBA) abgeschlossen. Sofern Deutschland mit dem anderen Staat ein DBA abgeschlossen hat, sind die Regelungen des jeweils geltenden DBA neben den Bestimmungen des nationalen Steuerrechts zu beachten. Die sich im Rahmen der Einordnung der grenzüberschreitenden Tätigkeit von Freiberuflern in die Regelungen eines DBA ergebenden Fragestellungen sind im Wege der Auslegung der abkommensrechtlichen Regelungen zu lösen. Daher wird im folgenden zunächst allgemein auf die Auslegung von Doppelbesteuerungsabkommen eingegangen.

B. Vermeidung der Doppelbesteuerung

I. Abkommensrecht

1. Funktion und Rechtsnatur der DBA

Primäres Ziel der Abkommen zur Vermeidung der Doppelbesteuerung auf dem Gebiet der Steuern vom Einkommen und Vermögen[9] ist die Vermeidung der internationalen Doppelbesteuerung. Eine weitere Funktion der Abkommen ist in der sinnvollen Koordination der wirtschaftlichen Rahmenbedingungen zu sehen, um somit Wettbewerbsgerechtigkeit im Sinne eines freien Handels- und Dienstleistungsverkehrs zu erreichen.[10]

---

[8] Zur Begrifflichkeit siehe z.B. *Schaumburg*, Internationales, Rz. 13.2 ff., *Tillmanns*, in: Mössner u. a., Int. Unternehmenssteuerrecht, Rz. B 189 ff.; *Vogel*, DBA, Einl. Rz. 2 ff., jeweils m.w.N.

[9] Die genaue Bezeichnung hängt von dem jeweiligen DBA ab.

[10] *Knobbe-Keuk*, Bilanzsteuerrecht, § 8 a II 1; *Menck*, in: Becker/Höppner/Grotherr/Kroppen, DBA-Grundlagen Abschn. 2 Rn. 5; *Pott*, Kollision, S. 194 ff.; *Wassermeyer*, in: Debatin/Wassermeyer, DBA, MA, Art. 1 Rz. 9 u. Vor Art. 6-22 Rz. 1.

Die zwischen jeweils zwei Staaten nach dem Wiener Übereinkommen über das Recht der Verträge (WÜRV) vom 23.5.1969 abgeschlossenen DBA sind als Verträge zwischen Völkerrechtssubjekten spezielles Völkerrecht.[11] Nach Art. 59 Abs. 2 GG werden diese durch einfaches Bundesgesetz in innerstaatliches Recht transformiert.[12] Aus § 2 AO ergibt sich der Vorrang der abkommensrechtlichen Normen gegenüber den Regelungen der innerstaatlichen Steuergesetze. Sie heben deren Regelungswirkung auf oder ändern sie ab.[13] Handelt es sich nicht um bloße Ermächtigungsnormen, sind die in das innerstaatliche Recht umgesetzten DBA unmittelbar anwendbar (sog. self executing-Charakter).[14] Mit der Umsetzung des völkerrechtlichen Vertrages in nationales Recht verzichtet der einzelne Vertragsstaat in Ausübung seiner angestammten Steuererhebungskompetenzen auf eine Besteuerung. Dieser will die Doppelbesteuerung vermeiden, weil er sie für sachlich ungerechtfertigt hält.[15] Insofern spricht eine allgemeine Vermutung dafür, daß die Abkommen im Grundsatz weder eigenständige Steuerpflichten begründen noch bestehende Steuerpflichten erweitern.[16] Da durch Anwendung der Abkommensnormen ein Vertragsstaat auf seine Steuererhebungskompetenzen verzichtet und somit nicht auf einen bestimmten Sachverhalt die Vorschriften eines bestimmten ausländischen Rechts anwendbar sind, sind die Abkommensnormen keine Kollisionsnormen i.S.d. Internationalen Privatrechts.[17] Vor dem Hintergrund der Wirkungsweise der Abkommensnormen konnte sich in der Literatur[18] keine einheitliche Terminologie durchsetzten. Solange jedoch aus den unterschiedlichen Begriffen nicht nach der Weise der „Begriffsjurisprudenz" rechtliche Folgerungen hergeleitet werden, sind diese als einander gleichwertig anzusehen.[19]

---

[11] *Debatin*, AWD 1962, 61, 62; *Henkel*, in: Becker/Höppner/Grotherr/Kroppen, DBA, Grundlagen Abschn. 4 Rn. 2 f.; *Vogel*, StuW 1982, 111, 115; *Wassermeyer*, in: Debatin/Wassermeyer, MA, Vor Art. 1 Rz. 10;

[12] Zur sog. Transformationstheorie und der sog. Vollzugstheorie siehe *Henkel*, in: Becker/Höppner/Grotherr/Kroppen, DBA, Grundlagen Abschn. 4 Rn. 7 ff.; *Vogel*, DBA, Einl. Rz. 42 ff.; *Wassermeyer*, in: Debatin/Wassermeyer, Vor Art. 1 MA Rz. 11.

[13] Zur deklaratorischen Beeutung des § 2 AO *Debatin*, DB 1985, Beilage 23, 1 ff.; *ders.*, DStR 1992, 1; *Fischer-Zernin*, in: Becker/Höppner/Grotherr/Kroppen, DBA, Grundlagen Abschn. 3 Rn. 35; *Schaumburg*, Internationales, Rz. 3.26; a.A. *Wassermeyer*, in: Debatin/Wassermeyer, Vor Art. 1 MA Rz. 8.

[14] *Gloria*, Verständigungsverfahren, S. 45 f.; *Henkel*, in: Becker/Höppner/Grotherr/Kroppen, DBA, Grundlagen Abschn. 4 Rn. 11 ff., m.w.N.

[15] *Knobbe-Keuk*, Bilanzsteuerrecht, § 8 a II 1; *Wassermeyer*, in: Debatin/Wassermeyer, MA Art. 1 Rz. 9; *ders.* StuW 1990, 404, 411.

[16] In diesem Sinne bereits RFH v. 3.10.1935 - III A 267/34, RStBl. 1935, 1399; ferner BFH v. 12.3.1980 - I R 186/76, BStBl. II 1980, 531; *Gloria*, Verständigungsverfahren, S. 61; *Kluge*, Internationales Steuerrecht, Rz. R 20 f.; *Schaumburg*, Internationales, 16.40, m.w.N.; *Wassermeyer*, in: Debatin/Wassermeyer, MA Art. 1 MA Rz. 10; Ausnahmen bestehen z.B. im Bereich des Abzugsverbotes von Verlusten einer ausländischen DBA-Betriebsstätte.

[17] Statt aller *Vogel*, DBA, Einl. Rz. 26; *Wassermeyer*, in: Debatin/Wassermeyer, MA Art. 1 Rz. 9.

[18] Für den Begriff „Verteilungsnormen" *Vogel*, DBA, Einl. Rz. 45 ff.; „Verzichtsnormen" oder „Schrankennormen" *Debatin*, DStR 1992, Beih. 23, 1 ff.; „kollisions- oder konfliktauflösende Normen" *Schaumburg*, Internationales, Rz. 16.38; „Steuerbefreiungs- bzw. ermäßigungsnormen" *Wassermeyer*, in: Debatin/Wassermeyer, MA Art. 1 Rz. 9 u. Vor Art. 6-22 Rz. 1.

[19] *Vogel*, DBA, Einl. Rz 45 c.

Die Ausgestaltung der Normen in den von der Bundesrepublik Deutschland abgeschlossenen DBA folgen in Inhalt und Aufbau weitgehend dem von der Organisation für wirtschaftliche Zusammenarbeit und Entwicklung (OECD) entwickelten Musterabkommen (MA) und dem zugehörigen Kommentar. Daher geht die hier durchgeführte Betrachtung von dem OECD-MA aus. Soweit sich Besonderheiten aus der deutschen Vertragspraxis ergeben, wird darauf gesondert eingegangen. Darüber hinaus bestehen weitere Musterabkommen, so z.B. das UN - Modell[20], welches zwar im Aufbau dem OECD-MA folgt, jedoch mit dem Ziel konzipiert wurde, den Interessen der Entwicklungsländer gerecht zu werden.[21]

2. Auslegung der DBA

a) Völkerrechtliche Auslegungsregeln

Die DBA bedienen sich einer mit dem nationalen Steuerrecht vergleichbaren Systematik. Es bedarf einer subjektiven Abkommensberechtigung einer Person und der Zuordnung eines Sachverhaltes zu einer der abkommensrechtlichen Einkunftsarten. Hierbei ist jedoch zu beachten, daß die Normen der DBA als Teil eines völkerrechtlichen Vertrages einen in sich geschlossenen Regelungskreis und mithin eine eigene Begriffswelt bilden.[22] Somit unterliegen die DBA nicht den innerstaatlichen Auslegungsregeln, sondern den allgemeinen Grundsätzen für die Auslegung völkerrechtlicher Verträge. Diese unterscheiden sich allerdings nicht grundlegend von denen des innerstaatlichen Rechts.[23] Die völkerrechtlichen Auslegungsgrundsätze sind in dem Wiener Übereinkommen über das Recht der Verträge (WÜRV) vom 23.5.1969 in den Art. 31 ff. WÜRV geregelt.[24] Ziel der Auslegung ist die Ermittlung des normativen Gehalts der Vertragsnormen, d.h. es ist der normative Wille zweier Vertragsparteien zu ermitteln.[25] Als Auslegungsmerkmale stehen hierbei der Wortlaut sowie Zusammenhang und

---

[20] Zu den Änderungen des UN-Musterabkommen i.d.F. v. 2000, *Krabbe*, IStR 2000, 618.

[21] Ein weiteres Musterabkommen, sowie das von dem Schatzamt der Vereinigten Staaten herausgegebene US-Musterabkommen; dazu siehe *Vogel*, DBA, Einl. Rz. 15 ff.

[22] So bereits RFH v. 23.11.1933 - 23.11.1933 - III A 955/31, RStBl. 1934, 38; *E. Becker*, Einkommensteuer, § 120 f.; ferner BFH v. 9.11.1977 - I R 254/75, BStBl. II 1978, 195, 196; *Debatin*, AWD 1969, 477, 479; *ders.*, DB 1985, Beil. 23, 1, 3; *Schaumburg*, Internationales, Rz. 16.52, m.w.N.

[23] Dazu ausführlich *Blumenwitz*, in: Mössner/Blumenwitz u.a., S. 5 ff.; *Kerath*, Auslegung von DBA, S. 166 ff., S. 173 ff.; *Vogel*, DBA, Einl. Rz. 63 ff.; *Wassermeyer*, in: Mössner/Blumenwitz, u.a., S. 19, S. 21.

[24] WÜRV, BGBl. II 1985 S. 927; der BFH v. 1.2.1989 - I R 74/86, BStBl. II 1990, 4; BFH v. 11.4.1990 - I R 63/88, BFH/NV 1990, 705, hat jedoch die Anwendung des WÜRV auf Abkommen, die vor dem 20.8.87 abgeschlossen wurden, abgelehnt.

[25] BFH v. 24.4.1975 - I R 204/73, BStBl. II 1975, 604, 605; *Henkel*, in: Becker/Höppner/Grotherr/Kroppen, DBA, Grundlagen Abschn. 4 Rn. 19; *Weber-Fas*, Staatsverträge im Internationalen Steuerrecht, S. 82.

Zweck zur Verfügung.[26] Dabei muß der Wortlaut in dem Zusammenhang gesehen werden, in den er gestellt ist. Die subjektiven Ansichten der Vertragsparteien sind nur dann zu berücksichtigen, wenn diese abweichend von der gewöhnlichen Bedeutung der Ausdrücke in dem Wortlaut seinen Niederschlag gefunden haben. Insofern ist davon auszugehen, daß den Vertragsstaaten die international gewöhnliche Bedeutung eines Ausdrucks bekannt ist. Ist demnach ein Ausdruck nicht explizit definiert, besteht die begründete Vermutung, daß die Vertragsparteien die gewöhnliche Bedeutung übernehmen wollen.[27] Dabei kommt den Musterabkommen und den Kommentaren, sofern sie als Vorlage des jeweiligen Abkommens dienten, zur Erschließung des Begriffsverständnisses entscheidende Bedeutung zu.[28] Ferner können als Hilfsmittel die Materialien des jeweiligen DBA, wie z.B. Ausarbeitungen, zur Auslegung der Abkommen herangezogen werden.[29] Sofern die Vertragstexte in verschiedenen Sprachen bestehen, sind alle Fassungen in gleicher Weise verbindlich[30], es sei denn, eine wird als verbindlich erklärt (Art. 33 Abs. 4 WÜRV).

Aus den soeben dargestellten Auslegungsgrundsätzen im Zusammenhang mit dem allgemeinen Zweck, eine Doppelbesteuerung zu vermeiden, wird das Gebot der Entscheidungsharmonie abgeleitet. Danach ist diejenige Auslegung anzustreben, die am ehesten Aussicht hat, in beiden Vertragsstaaten akzeptiert zu werden.[31] Erschließt sich jedoch die Bedeutung eines Begriffs weder durch Auslegung nach dem Wortlaut noch anhand des Sinn und Zwecks, ist auf die Bedeutung des nationalen Rechts des jeweiligen Anwendestaates zurückzugreifen.[32] Der Rückgriff auf das nationale Steuerrecht ist immer dann eindeutig, wenn die abkommensrechtliche Definition durch Verweisung

---

[26] Z.B. BFH v. 15.6.1973 - III R 118//70, BStBl. II 1973, 810, 811; BFH v. 24.4.1975 - I R 204/73, BStBl. II 1975, 604, 605; *Blumenwitz*, in: Mössner/Blumenwitz u.a., S. 5; S. 12 ff.; *Debatin*, DB 1986, Beil. 23, 1ff., 6; zur Auslegung des Art. 31 Abs. 1 WÜRV *Henkel*, in: Becker/Höppner/Grotherr/Kroppen, DBA, Grundlagen Abschn. 4 Rn. 26; *Vogel*, DBA, Einl. Rz. 69; *Wassermeyer*, in: Debatin/Wassermeyer, MA Art. 3 Rz. 78.

[27] *Vogel*, DBA, Einl. Rz. 69 a; *Wassermeyer*, in: Debatin/Wassermeyer, MA Art. 3 Rz. 78; a.A. RFH v. 19.4.1939 - IV 233/38, RStBl. 1939, 878; BFH v. 14.3.1989 - I R 20/87, BStBl. II 1989, 649.

[28] Soweit es sich um neuere Abkommen der Bundesrepublik Deutschland mit Entwicklungsländern handelt, die dem UN-MA nachgebildet sind, kommt dementsprechend diesem Musterabkommen einschließlich des Kommentars entscheidende Bedeutung zu, vgl. *Vogel*, DBA, Einl. Rz. 82.

[29] Zur Problematik der Berücksichtigung späterer Übereinkünfte i.S.d. Art. 31 Abs. 3 WÜRV; BFH v. 1.3.1963 - VI 119/61 U, BStBl. III 1963, 212; *Gloria*, Verständigungsverfahren, S. 77; kritisch *Vogel*, DBA, Einl. Rz.70 a; *Wassermeyer*, in: Debatin/Wassermeyer, MA Art. 3 Rz. 79.

[30] BFH v. 3.2.1988 - I R 369/83, BStBl. II 1988, 486; *Wassermeyer*, in: Debatin/Wassermeyer, MA Art. 3 Rz. 83.

[31] Die Annahme eines solchen Gebots ist jedoch strittig, bejahend BFH v. 24.3.1999 - I R 114/97, DStR 1999, 889, 892; *Gloria*, Verständigungsverfahren, S. 73; *Mössner*, in: FS Seidl-Hohenveldern, S. 403, S. 406; *Vogel*, DBA, Einl. Rz. 74 ff., m.w.N.; *ders.*, in: FS Flick, 1997, S. 1043 ff.; zweifelnd *Wassermeyer*, in: Debatin/Wassermeyer, MA Art. 3 Rz. 78; ablehnend *Henkel*, in: Becker/Höppner/Grotherr/Kroppen, DBA, Grundlagen Abschn. 4 Rn. 45 f.

[32] *Henkel*, in: Becker/Höppner/Grotherr/Kroppen, DBA, Grundlagen Abschn. 4 Rn. 59 f.; *Vogel*, DBA, Einl. Rz. 77 a; *Wassermeyer*, in: Debatin/Wassermeyer, MA Art. 3 Rz. 80 f.

auf das innerstaatliche Recht eines Abkommensstaates erfolgt.[33] Hingegen ist in allen anderen Fällen umstritten, unter welchen Voraussetzungen auf innerstaatliches Steuerrecht zurückgegriffen werden kann.[34]

b) Bedeutung des OECD-MA 2000

Das OECD-MA von 1977 in der Fassung von 1995 ist durch das OECD-MA 2000 ersetzt worden.[35] Aufgrund der durchgeführten Änderungen stellt sich die Frage, inwieweit das OECD-MA 2000 zur Auslegung bisher bereits bestehender, dem OECD-MA 1963 bzw. 1977 nachgebildeter Abkommen der Bundesrepublik Deutschland zur Auslegung herangezogen werden. Dies erschließt sich aus der Bedeutung des OECD-MA im Rahmen der Abkommensauslegung. Ist ein Abkommen zwischen zwei OECD-Staaten dem OECD-MA nachgebildet, so ist zunächst allgemein davon auszugehen, daß die verwendeten Begriffe und Ausdrücke, soweit sie wörtlich mit dem OECD-MA bzw. dem OECD-MA übereinstimmen, eine identische Bedeutung haben. Für diese Vermutung spricht eindeutig die Empfehlung des Rates der OECD, wonach die Regierungen gehalten sind, ihren DBA die OECD-MA zugrunde zu legen, sofern keine Vorbehalte durch die Vertragsstaaten angemeldet werden.[36] Gleichwohl kommt dem OECD-MA keine sich auf dem völkerrechtlichen Gewohnheitsrecht begründende normative Wirkung zu.[37] Dennoch gehören sie zu den primären Auslegungsmitteln i.S.d. Art. 34 Abs. 4 WÜRV, um zum einen die historischen Absichten der Vertragsstaaten und zum anderen den objektiven Erklärungswert des tatsächlich Vereinbarten zu ermitteln, da es um die Auslegung eines völkerrechtlichen Vertrages geht, der im Zweifel so in innerstaatliches Recht umgesetzt wurde, wie es von den Verhandlungsleitern vereinbart wurde.[38] Ist demnach in einem DBA ein vom OECD-MA abweichender Wortlaut verwendet worden und spricht der Sinn und Zweck des Abkommens hierfür, besteht die Vermutung einer anderen Bedeutung des Begriffes.[39]

Aus dem Zusammenhang einer möglichen identischen Begriffsbedeutung zwischen dem OECD-MA und dem jeweils konkreten Abkommen ergibt sich, daß das OECD-MA in der Fassung als Auslegungshilfe dienen können, die bei Vertragsabschluß gül-

---

[33] So z.B. in Art. Art. 6 Abs. 2 OECD-MA. Der Begriff „unbewegliches Vermögen" ist nach dem Recht des Belegenheitsstaates zu definieren.

[34] Nach *Wassermeyer* in: Debatin/Wassermeyer, MA Art. 3 Rz. 80; *ders.*, StuW 1990, 404, spreche bei einer fehlenden Definition eines Begriffes innerhalb des Abkommens eine Vermutung für die Anwendung des nationalen Rechts; unter Berufung auf die Art. 31, 32 WÜRV widersprechend *Vogel*, DBA, Einl. Rz. 77 b.

[35] Zu den Änderungen siehe z.B. *Krabbe*, IStR 2000, 196; *Menck*, IWB F. 10 Gr. 2, S. 1469 ff.

[36] *Schaumburg*, Internationales, Rz. 16.75 ff.; *Wassermeyer*, in: Debatin/Wassermeyer, MA, Vor Art. 1 Rz. 51; *Vogel*, DBA, Einl. Rz. 81.

[37] *Gloria*, Verständigungsverfahren, S. 90; *Schaumburg*, Internationales, Rz. 16.78; *Tipke/Kruse*, AO, § 2 Tz. 11; *Wassermeyer*, MA, Vor Art. 1 Rz. 41; in diesem Sinne auch *Henkel*, in: Becker/Höppner/Grotherr/Kroppen, DBA,Grundlagen, Abschn. 4, Rn. 43.

[38] *Wassermeyer*, in: Debatin/Wassermeyer, MA, Vor Art. 1 Rz. 44.

[39] So zu Recht *Lang*, in: Gassner, u.a., Aktuelle Entwicklungen, S. 11 ff.; S. 23; *Schaumburg*, Internationales, Rz. 16.79; *Vogel*, DBA, Einl. Rz. 81, da ein genereller Umkehrschluß niemals zwingend sein kann vgl. *Larenz/Canaris*, Methodenlehre, S. 209 f.; einschränkend *Gloria*, Verständigungsverfahren, S. 90.

tig war. Denn es ist davon auszugehen, daß zumindest diese Fassung den Vertragsstaaten im Zeitpunkt des Vertragsabschlusses bekannt ist. Daher ist eine spätere Fassung nicht heranzuziehen, sofern die enthaltenen Änderungen nicht nur klarstellender Natur sind.[40] Infolgedessen ist das OECD-MA 2000 erst zur Auslegung für Abkommen heranzuziehen, die nach Veröffentlichung des OECD-MA 2000 abgeschlossen werden.[41] Für diese Abkommen ist jedoch des weiteren gesondert zu prüfen, ob ihnen die geänderte Rechtsauffassung zugrunde liegt.[42]

Ist das Abkommen dem OECD-MA nachgebildet der andere Vertragsstaat jedoch ein Nichtmitgliedstaat, so gelten die Ausführungen entsprechend, wobei der Prüfung, ob die geänderte Rechtsauffassung zugrunde liegt, ein besonderes Gewicht beizumessen ist.[43]

Entsprechendes gilt für die Änderungen des Kommentars zum OECD-MA 2000[44], sofern es, wie z.B. in dem neuen DBA-Österreich v. 24.8.2000, ausdrücklich künftige Änderungen des Kommentars als Auslegungshilfe zugelassen werden.[45] Die frühere Rspr. des BFH[46] unterscheidet nicht danach, ob der Kommentar im Zeitpunkt des Vertragsabschlusses bereits Geltung hatte oder nicht.[47] Letztlich wendet der BFH[48] das OECD-MA und den Kommentar als Auslegungshilfe an, ohne jedoch explizit eine methodologische Einordnung vorzunehmen. Sofern der BFH[49] in einem Urteil vom 8.4.1997 andeutet, daß Änderungen des OECD-Musterabkommens und des Kommentars Rückwirkungen auf früher abgeschlossene Abkommen haben können. Dies ist insofern verständlich, als es im Einzelfall schwierig sein kann, die zum Zeitpunkt der Vertragsverhandlungen und des Vertragsabschlusses bekannte Fassung zu ermitteln. Letztlich ist jedoch eine Rückwirkung nicht zulässig.[50]

Soweit der OECD-Steuerausschuß Stellungnahmen veröffentlicht hat[51], ist darauf hinzuweisen, daß sich der Steuerausschuß aus Repräsentanten der Finanzverwaltungen der einzelnen Mitgliedstaaten zusammensetzt. Insofern sind die Berichte eine veröffentlichte Meinung, denen jedoch im Rahmen der Auslegung von Abkommen, die dem des

---

40 *Kluge*, Internationales Steuerrecht, Rz. R 40 f.; *Schaumburg*, Internationales, Rz. 16.79; *Vogel*, DBA, Einl. Rz. 82 a; *Wassermeyer*, in: Debatin/Wassermeyer, MA, Vor Art. 1 Rz. 60, 63.

41 *Ch. Schmidt*, IStR 2001, 489, 496; *Lang*, IStR 2000, 129; in diesem Sinne auch zur Auslegung des DBA-Deutschland-Schweiz *FW*, IStR 1999, 118; a.A. *Krabbe*, IStR 2000, 196; *Menck*, IWB, F. 10, Gr. 2, S. 1469 ff., S. 1472, sehen in dem OECD-MA 2000 eine allgemeine Auslegungshilfe.

42 *Wassermeyer*, in: Debatin/Wassermeyer, MA, Art. 1 Rz. 28 g.

43 *Schaumburg*, Internationales, Rz. 16.79; *Wassermeyer*, a.a.O.

44 Dazu ausführlich *Lang*, IStR 2001, 536.

45 Zur Problematik einer dynamischen Verweisung siehe *Vogel*, DBA, Einl. Rz. 82 b.

46 Z.B. BFH v. 27.7.1965 - I 110/63 S, BStBl. III 1966, 463; BFH v. 19.1.1986 - I R 109/85, BStBl. II 1986, 442, 444.

47 Daher zu Recht kritisch *J. Strobl*, in: FS Döllerer, S. 635 ff., S. 640.

48 So greift der BFH v. 13.8.1997 - I R 65/95, BStBl. II 1998, 21, 24 zur Begriffsbestimmung zutreffenderweise nicht auf das OECD-MA, sondern auf ein Parallelabkommen zurück, da keine Begriffsidentität gegeben war.

49 BFH v. 8.4.1997 - , BStBl. II 1997, 679, 680.

50 *Lang*, IStR 2001, 536; *Wassermeyer*, in: Debatin/Wassermeyer, MA, Art. 1 Rz. 27 c.

51 OECD, Application, passim.; *dies.*, Issues related to Art. 14, passim.

OECD-MA 2000 nachgebildet sind, nicht derselbe Rang beizumessen ist, wie dem OECD-MA 2000 und dem dazugehörigen Kommentar. Gleichwohl wird diese Meinung im Rahmen der Auslegung künftiger dem OECD-MA nachgebildeter Abkommen zu beachten sein.[52]

Da die deutschen Abkommen überwiegend dem OECD-MA nachgebildet sind, wird im weiteren von diesem ausgegangen und auf in dem OECD-MA 2000 enthaltene Änderungen gesondert eingegangen.

c) Art. 3 Abs. 2 OECD-MA

In den meisten der von der Bundesrepublik Deutschland abgeschlossenen DBA ist eine dem Art. 3 Abs. 2 OECD-MA (sog. Lex-Fori-Klausel) entsprechende Auslegungsregelung enthalten.[53] Als vertragliche Regelung geht diese den allgemeinen völkerrechtlichen Auslegungsregeln vor.[54] Nach Art. 3 Abs. 2 OECD-MA hat bei der Anwendung des Abkommens durch einen Vertragsstaat, wenn der Zusammenhang nichts anderes erfordert, jeder im Abkommen nicht definierte Ausdruck die Bedeutung, die ihm im Anwendungszeitraum nach dem Recht dieses Staates über die Steuern zukommt, für die das Abkommen gilt. Insofern ist fraglich, ob die Auslegung nach dem Sinnzusammenhang vorrangig gegenüber dem Rückgriff auf nationales Steuerrecht ist. Die Rspr. des BFH[55] und die h.M. in der Literatur[56] gehen von einem solchen Vorrang aus (sog. völkerrechtliche Theorie). Dieser sei durch den Zweck der DBA bestimmt, eine Doppelbesteuerung zu vermeiden. Demnach sei ein Rückgriff auf innerstaatliches Recht versperrt, solange aus dem Abkommen selbst ein Auslegungsergebnis zu gewinnen sei. Zudem wird angeführt, der Vorrang der Auslegung nach dem innerstaatlichen Recht ermögliche den Vertragsstaaten durch Abänderungen in den jeweiligen nationalen Rechtsordnungen Abkommensregeln zu unterlaufen.[57] Demgegenüber ist die Mindermeinung[58] der Auffassung, die Vorrangigkeit der Anwendung des innerstaatlichen Rechts gehe nach Berücksichtigung von Begriffsdefinitionen des Abkommens aus dem Wortlaut hervor, da diese lediglich unter dem Vorbehalt des Erfordernisses des Zusammenhangs stehe (sog. länderrechtliche Theorie).

---

52 Ebenso *Wassermeyer*, in: Debatin/Wassermeyer, MA, Art. 1 Rz. 28.

53 Z.B. erlaubt das DBA USA 1989 den zuständigen Behörden, sich auf die Definition eines Begriffes zu einigen. Das DBA Österreich enthält keine vergleichbare Vorschrift; vgl. zu den einzelnen Abkommen *Vogel*, DBA, Art. 3 Rz. 75 ff.

54 Statt aller *Vogel*, DBA, Art. 3 Rz. 61; *Schaumburg*, Internationales, Rz. 16.69.

55 Z.B. BFH v. 21.8.1985 - IR 63/80, BStBl. II 1986, 4; ausdrücklich BFH v. 30.5.1990 - I R 179/86, BStBl. II 1990, 907.

56 Für die h.M. *Debatin*, AWD 1969, 477; *Knobbe-Keuk*, RIW 1991, 306; *Piltz*, Personengesellschaften im IStR, S. 126; *Gloria*, Verständigungsverfahren, S. 93; *Kluge*, RIW 1975, 90, 96; *May*, Ertragsbesteuerung von Technologietransfer bei Vorliegen eines DBA, 1994, S. 41, m.w.N. zur Rspr. (FN 180).*Schaumburg*, Internationales, Rz. 16.58 f., m.w.N. (FN 195).

57 Zur Veränderung von DBA ohne Änderung des Vertragsgesetzes *Pöllath*, in: Mössner/Blumenwitz u.a., S. 55 ff.; *Widmann*, in: Mössner/Blumenwitz u.a., S. 47 ff.

58 BFH v. 17.10.1990 - I R 16/89, BStBl. II 1991, 211; die landesrechtliche Theorie wird überwiegend im angelsächsischen Bereich vertreten, vgl. dazu *Gloria*, Verständigungsverfahren, S. 96 (FN 180).

Eine zwischen diesen Theorien vermittelnde Ansicht wird von *Vogel*[59] vertreten.[60] Danach sei der länderrechtlichen Theorie insoweit zu folgen, als es keinen systematischen Vorrang der Auslegung aus dem Zusammenhang des Abkommens gebe. Soweit das Abkommen jedoch keine eigene Begriffsdefinition enthalte, sei zunächst auf innerstaatliches Recht zurückzugreifen, um die Bedeutung des auszulegenden Begriffs festzustellen und anschließend anhand dieser Bedeutung zu prüfen, ob der Zusammenhang eine andere Auslegung nahe lege bzw. fordere. Diesem Ansatz folgt *Wassermeyer*[61] insofern, als jede tatsächlich getroffene Abkommensregelung vorrangig zu beachten sei. Werde dagegen in einem DBA ein terminus technicus verwendet, der im Abkommen selbst nicht abschließend definiert ist, jedoch in dem innerstaatlichen Recht der Vertragsstaaten üblicherweise definiert werde, spreche, im Gegensatz zur Ansicht von *Vogel*[62], eine Vermutung für einen allgemeinen Verweis der DBA auf das Recht des Anwendestaates. Deshalb dürfe an den Ausdruck „wenn der Zusammenhang nichts anderes erfordert" keine überspitzten Anforderungen gestellt werden.[63] Gleichwohl ist zu berücksichtigen, daß der Zusammenhang auch durch den Zweck der DBA, eine Doppelbesteuerung zu vermeiden, bestimmt wird.[64] Insofern birgt der Rückgriff auf das nationale Recht des jeweiligen Vertragsstaates die Gefahr, daß der „Wille eines Vertragsstaates vergewaltigt"[65] wird. Sieht man zudem den Zweck der DBA auch in einer Koordinationsfunktion der wirtschaftlichen Rahmenbedingungen zweier Industrienationen, um Wettbewerbsgerechtigkeit zu erstreben[66], ist ein Rückgriff auf das nationale Recht der Vertragsstaaten nur zulässig, wenn sonst eine Anwendung von Abkommensvorschriften versagt bleibt.[67] Daher wird im weiteren der sog. völkerrechtlichen Theorie gefolgt.

Ist unter Beachtung der Auslegungsreihenfolge des Art. 3 Abs. 2 OECD-MA das nationale Recht des Anwendestaates anzuwenden, ist nach dem Wortlaut des Art. 3 Abs. 2 OECD-MA i.S. einer dynamischen Verweisung die jeweils geltende Definition maßgebend. Materiell kommt es auf die in den Steuergesetzen, für die das Abkommen gilt, enthaltenen Definitionen an. Eine in anderen Gesetzen enthaltene Definition ist nur dann zur Auslegung heranzuziehen, wenn der Ausdruck zugleich in den Steuergesetzen für die das Abkommen gilt, in derselben Bedeutung verwendet wird.[68] Kommt es

---

59 *Vogel*, DBA, Art. 3 Rz. 70.

60 Ähnlich *Mössner*, in: FS Seidl-Hohenveldern, S. 403, S. 425 f.; diesen folgend *Wilke*, in: Becker/Höppner/Grotherr/Kroppen, DBA, Art. 3 Rn. 95.

61 *Wassermeyer*, in: Debatin/Wassermeyer, MA Art. 3 MA Rz. 82.

62 *Vogel*, Art. 3 Rz. 70.

63 So auch *Kluge*, Internationales Steuerrecht,Rz. R 56 f.

64 Nach *Kluge*, Internationales Steuerrecht, Rz. R 50 f., *Wassermeyer*, in: Debatin/Wassermeyer, MA Art. 3 Rz. 78 hat dieses Auslegungsziel nur sekundäre Bedeutung, da z.B. eine Doppelfreistellung im Interesse einer einfachen und praktikablen Auslegung in Kauf genommen worden sein könne.

65 So zutreffend *Knobbe-Keuk*, RIW 1991, 306, 310.

66 Zu dieser Sichtweise vgl. *Pott*, Kollision, S. 194 ff.; zustimmend *Knobbe-Keuk*, Bilanzsteuerrecht, § 8 a II 1; *Schaumburg*, Internationales, Rz. 16.59.

67 So auch *Schaumburg*, Internationales, Rz. 16.59.

68 *Schaumburg*, Internationales, Rz. 16.68; *Vogel*, DBA, Art. 3 Rz. 62; *Wassermeyer*, in: Debatin/Wassermeyer, MA Art. 3 Rz. 92; der ohne diese Einschränkung bestehende Wortlaut des MA-Kommentars zu Art. 3 Nr. 13.1 stellt insoweit einen Widerspruch zu dem Wortlaut des Art. 3 Abs. 2 OECD-MA dar; *Vogel*, a.a.O.

bei der von abkommensrechtlichen Normen durch die Vertragsstaaten zu unterschiedlichen Ergebnissen, kann dieser Auslegungskonflikt auf bilateraler Ebene durch ein in Art. 25 OECD-MA geregeltes Verständigungsverfahren aufgelöst werden.[69]

3. Geltungsbereich der DBA

Der Geltungsbereich der DBA ist in den persönlichen und sachlichen aufzuteilen. Die in Art. 1 OECD-MA geregelte abkommensrechtliche Subjektfähigkeit setzt die Personeneigenschaft und deren Ansässigkeit in einem oder in beiden Vertragsstaaten voraus. Personen i.S.d. Abkommens sind nach Art. 3 Abs. 1 a OECD-MA natürliche Personen, Gesellschaften und andere Personenvereinigungen. Die Ansässigkeit ist in Art. 4 Abs. 1 OECD-MA geregelt. Danach ist Voraussetzung, daß die Person in einem oder beiden Vertragsstaaten nach dortigem Recht aufgrund ihres Wohnsitzes, ihres ständigen Aufenthalts, des Orts der Geschäftsleitung oder eines anderen Merkmals steuerpflichtig ist. Demnach beurteilt sich die Ansässigkeit einer Person nach dem jeweiligen nationalen Steuerrecht des Staates, der im Rahmen der unbeschränkten Steuerpflicht die Besteuerung des Welteinkommens für sich beansprucht.[70]

Der sachliche Geltungsbereich erstreckt sich nach Art. 2 OECD-MA und diesem zumeist folgend die deutschen DBA[71] auf die Steuern vom Einkommen und Vermögen für Rechnung eines Vertragsstaates oder einer Gebietskörperschaft erhoben werden. Nach deutschem Steuerrecht betrifft es die Einkommensteuer, die Körperschaftsteuer und die Gewerbesteuer sowie die nicht mehr gültige Vermögensteuer.[72]

4. Einkunftsartensystem im Rahmen des OECD-MA

Die Wirkung der Doppelbesteuerungsabkommen konkretisiert sich in der Zuordnung der erzielten Einkünfte oder Vermögensgegenstände zu den einzelnen Einkunftsnormen der DBA. Dabei gehen die Abkommensnormen der Einkunftsarten von einer Aufrechterhaltung der Besteuerung im Wohnsitzstaat aus, mit der Folge, daß die Steuerberechtigung im Quellenstaat entweder aufrechterhalten, begrenzt oder gänzlich aufgehoben wird. Bei den ersten zwei Alternativen hat der Wohnsitzstaat eine Doppelbesteuerung durch Steuerfreistellung (Art. 23 A OECD-MA) oder Steueranrechnung (Art. 23 B OECD-MA) auszugleichen. Die Wirkung der DBA setzt somit erst auf einer nachgeordneten Stufe bei den Normen zur Vermeidung der Doppelbesteuerung ein. Bei der letzten Alternative - gänzliche Aufhebung der Steuerberechtigung im Quellenstaat - handelt es sich um eine vollständige Verteilungsnorm, d.h. mit einer abschließenden Rechtsfolge nämlich der Besteuerung nur durch den Wohnsitzstaat.[73]

Die in den Art. 6 -21 des OECD-MA geregelten abkommensrechtlichen Einkunftsarten sollen alle Einkünfte erfassen, deren Besteuerung das innerstaatliche Recht vorsieht,

---

[69] Dazu siehe z.B. *Schaumburg*, Internationales, Rz. 16.87 ff., m.w.N.
[70] Statt aller *Schaumburg*, Internationales, Rz. 16.160 ff.
[71] Vgl. hierzu die Abkommensübersicht bei *Vogel*, DBA, Art. 2 Rz. 47.
[72] Statt aller *Schaumburg*, Internationales, Rz. 16.182 ff., m.w.N.
[73] *Schaumburg*, Internationales, Rz. 16.204 ff., m.w.N.

wogegen die Einkunftsarten im nationalen Steuerrecht der Tatbestandsbestimmtheit des Steuerrechts dient und Lücken in der Erfassung der steuerwürdigen Sachverhalte bewußt in Kauf nimmt.[74] Dies ist durch die Auffangklausel des Art. 21 OECD-MA sichergestellt. Daher sind die abkommensrechtlichen Einkunftsarten nicht deckungsgleich mit denen des nationalen Steuerrechts.[75] Das OECD-MA kennt neben anderen Einkunftsarten, wie z.B. Einkünfte aus Dividenden (Art. 10 OECD-MA), Zinsen (Art. 11 OECD-MA) oder Lizenzen (Art. 12 OECD-MA), vier Grundformen der Erwerbstätigkeit.[76] Darunter fallen auch die Einkünfte aus selbständiger Arbeit i.S.d. Art. 14 OECD-MA, die Unternehmensgewinne i.S.d. Art. 7 OECD-MA, die unmittelbare Nutzung, der Vermietung und Verpachtung sowie jede andere Art der Nutzung unbeweglichen Vermögens (Art. 6 OECD-MA), die unselbständige Tätigkeit (Art. 15 OECD-MA) einschließlich der aus dieser Tätigkeit gezahlten Ruhegehälter (Art. 18 OECD-MA). Die Einkünfte der vier Grunderwerbsarten schließen sich gegenseitig aus. Im Rahmen der abkommensrechtlichen Einordnung der Einkünfte eines Rechtsanwalts, Wirtschaftsprüfers oder Steuerberaters aus seiner selbständig ausgeübten Berufstätigkeit sind hierbei insbesondere die Einkunftsnormen der Unternehmensgewinne (Art. 7 OECD-MA) und der selbständigen Arbeit von Bedeutung (Art. 14 OECD-MA).[77]

Gemäß Art. 14 Abs. 1 OECD-MA steht das Besteuerungsrecht der Einkünfte aus selbständiger Arbeit dem Wohnsitzstaat zu und zwar auch dann, wenn sie durch eine Tätigkeit im anderen Vertragsstaat erwirtschaftet wurde. Dies gilt jedoch nicht, wenn der Person im anderen Vertragsstaat für die Ausübung ihrer Tätigkeit gewöhnlich eine feste Einrichtung zur Verfügung steht. Ist dies der Fall, so kann der Staat des Ortes der Tätigkeit als Quellenstaat die Einkünfte besteuern, sofern sie der festen Einrichtung zugeordnet werden können (Art. 14 Abs. 1 S. 2 OECD-MA). In diesen Fällen wird die Doppelbesteuerung durch Freistellung oder durch Steueranrechnung durch den Wohnsitzstaat vermieden (Art. 23 A oder B OECD-MA). In der deutschen Abkommenspraxis wird die Doppelbesteuerung regelmäßig durch die Freistellung der Einkünfte unter Progressionsvorbehalt vermieden.[78]

5. OECD-MA 2000

Das OECD-MA 2000 enthält wesentliche Änderungen gegenüber dem OECD-MA von 1977.[79] In dem hier zu betrachtenden Zusammenhang ist die Streichung des Art. 14 OECD-MA der Einkünfte aus selbständiger Tätigkeit entscheidend, die in den erweiterten Art. 7 OECD-MA 2000 aufgehen. Ferner enthält Art. 23 A einen neuen Abs. 4.

---

[74] *Schaumburg*, Internationales, Rz. 16.207; *Vogel*, DBA, Vor Art. 6-22 Rz. 2.

[75] Statt aller *Debatin*, DB 1985, Beil. 23, 1 ff., 7, wonach sich dies bereits aus der Tatsache ergibt, daß die DBA einen eigenen, von den nationalen Rechtsordnungen losgelösten Regelungskreis bilden.

[76] *Vogel*, DBA, Art. 7 Rz. 25; vgl. auch *Wassermeyer*, in: Debatin/Wassermeyer, MA Art. 7 Rz. 39.

[77] Für die Einkünfte aus Aufsichtsrats- und Verwaltungsvergütungen sowie die Einkünfte aus der Tätigkeit als Künstler und Sportler, bestehen in Art. 16 und Art. 17 OECD-MA Regelungen, die als lex specialis Vorrang vor Art. 14 OECD-MA haben.

[78] *Vogel*, DBA, Art. 14 Rz. 32 ff.

[79] *Krabbe*, IStR 2000, 196.

Danach findet die Freistellung nach Abs. 1 keine Anwendung , wenn der Quellenstaat die Abkommensvorschriften so anwendet, daß die Einkünfte oder Vermögenswerte nicht oder nur begrenzt besteuert werden.

Im weiteren wird noch auf die Ergänzung bzw. Änderung des Kommentars zur Abkommensberechtigung von Personengesellschaften und zur Vermeidung der Doppelbeteuerung nach Art. 23 A/B OECD-MA einzugehen sein.[80]

6. Deutsche Abkommenspraxis

Soweit die von der Bundesrepublik Deutschland abgeschlossenen DBA[81] dem OECD-MA folgen, ist auf die vorstehenden Ausführungen zu verweisen. Jedoch ergeben sich in der deutschen Abkommenspraxis Abweichungen von dem OECD-MA. Werden in den deutschen DBA anstatt dem Begriff „feste Einrichtung" die Ausdrücke „fester Mittelpunkt" und „ständige Einrichtung" verwendet, stimmen diese Begriffe in ihrem sachlichen Gehalt überein.[82] Soweit die deutschen DBA neu gefaßt oder revidiert werden, wird dabei die Regelung des Art. 14 Abs. 1 OECD-MA unverändert übernommen.[83]

a) Eingeschränkte oder fehlende Regelung

In einigen deutschen Abkommen ist der Anwendungsbereich der Norm für die Einkünfte aus selbständiger Arbeit auf natürliche Personen beschränkt. Dies gilt für die dem Ursprungslandprinzip bzw. dem sog. Arbeitsortprinzip folgenden Abkommen.[84] Unabhängig von der Unterscheidung der einzelnen Abkommen nach der Anknüpfung der Besteuerung findet sich diese Einschränkung auch in anderen Abkommen. Dies gilt z.B. für die DBA der Bundesrepublik Deutschland mit den USA (1989), Australien und Österreich.[85]

In den DBA mit Kenia und der USSR ist hingegen keine Norm für Einkünfte aus selbständiger Arbeit enthalten. In dem DBA-USSR gelten daher die Bestimmungen über die Unternehmensgewinne.[86] Nach dem DBA-Kenia sind die Einkünfte unter den Anwendungsbereich über Lizenzgebühren zuzuordnen.[87]

---

[80] Dazu siehe unten 2. Teil § , 3. Teil § , 4. Teil § , 5. Teil § .

[81] Zum Stand der Doppelbesteuerungsabkommen der Bundesrepublik Deutschland am 1.1.2000 einschließlich der Fundstellen der einzelnen Abkommenstexte BMF v. 2.1.2001, BStBl. I 2000, 41; siehe auch die Abkommensübersicht bei *Vogel*, DBA, Art. 14 Rz. 31 u. Rz. 56.

[82] BFH v. 3.2.1988 - I R 369/83, BStBl. II 1988, 486, (DBA-Italien); statt aller *Stehlik/Hezel*, DB 1963, 764, 765; *Vogel*, DBA, Art. 14 Rz. 32, m.w.N.

[83] Dies ist z.B. bei den Abkommen der Bundesrepublik Deutschland mit den USA (1989), mit Norwegen (1991) und mit Schweden (1992) geschehen, vgl. im einzelnen die Abkommensübersicht bei *Vogel*, DBA, Art. 14 Rz. 56 und das nächste Kapitel.

[84] Dies sind die DBA der Bundesrepublik Deutschland mit Indien 1959/84, Korea, Malaysia, Pakistan 1958/70, Singapur, Thailand und USA 1954/65.

[85] Weitere Bsp. sind die DBA mit Bolivien, Dänemark 1962, Indien.

[86] *Vogel*, DBA, Art. 14 Rz. 39.

[87] *Vogel*, DBA, Art. 14 Rz. 60.

b) Abweichende Bestimmung der freien Berufe

Soweit in der dem Art. 14 Abs. 2 OECD-MA entsprechenden Aufzählung der freien Berufe die Berufe des Wirtschaftsprüfers bzw. Steuerberaters ausdrücklich erwähnt sind, hat dies nur klarstellende Bedeutung.[88] Enthält die Art. 14 Abs. 2 OECD-MA entsprechende Aufzählung weniger Berufe, so kann daraus nicht der Schluß gezogen werden, die fehlenden Berufe fallen nicht unter den Begriff der freien Berufe, da die Aufzählung nicht abschließend ist.[89] Keine dem Art. 14 Abs. 2 OECD-MA entsprechende Aufzählung der freien Berufen enthalten dagegen die Abkommen der Bundesrepublik Deutschland mit folgenden Staaten[90]: Australien, Dänemark 1962, Frankreich, Griechenland, Großbritannien, Indien 1949/84, Irland, Israel, Korea, Luxemburg, Malaysia, Niederlande, Norwegen 1958[91], Pakistan 1958/70, Schweden 1959, Singapur, Thailand sowie USA 1954/65.[92] Die neu gefaßten Abkommen, wie z.B. das DBA mit den USA von 1989, enthalten zumeist eine dem Art. 14 Abs. 2 OECD-MA entsprechende Regelung. Sofern in Art. 9 des DBA-Niederlande und in Art. 9 DBA-Luxemburg nur der Begriff „selbständige Arbeit" genannt wird, ist der Begriff als Oberbegriff zu verstehen, dem auch die „freiberufliche Tätigkeit" zuzuordnen ist.[93]

c) Anknüpfung der Besteuerung

aa) Modifikationen des OECD-MA

In zahlreichen Abkommen steht zwar ebenso wie in Art. 14 Abs. 1 OECD-MA das Besteuerungsrecht für die Einkünfte aus selbständiger Arbeit im Grundsatz dem Wohnsitzstaat zu, jedoch weichen die Kriterien, nach denen der Quellenstaat die Einkünfte besteuern kann, von denen des OECD-MA ab. Soweit die Abkommen[94] dem UN-Musterabkommen[95] nachgebildet sind, steht dem Quellenstaat nicht nur bei Bestehen einer festen Einrichtung das Besteuerungsrecht zu, sondern auch unter der Voraussetzung, daß die Person sich während des Steuerjahres zur Ausübung der Tätigkeit in dem Tätigkeitsstaat über einen gewissen Mindestzeitraum von 183 Tage aufhält.[96]

---

[88] *Vogel*, DBA, Art. 14 Rz. 58.

[89] *Vogel*, DBA, Art. 14 Rz. 59; *Wilke*, in: Becker/Höppner/Grotherr/Kroppen, DBA, Art. 14 Rn. 18.

[90] Vgl. die Abkommensübersicht bei *Vogel*, DBA, Art. 14 Rz. 56.

[91] Das DBA von 1991 enthält eine dem Art. 14 Abs. 2 OECD-MA entsprechende Regelung.

[92] Die neueren DBA enthalten eine dem Art. 14 Abs. 2 OECD-MA entsprechende Regelung. Dies gilt z.B. für das DBA mit Dänemark v. 22.11.1995, BGBl. II S. 2565; Indien v. 25.4.1996, BGBl. II 1996 S. 706, Norwegen v. 4.10.1991, BGBl. II 1993 S. 970; Pakistan v. 14.7.1994, BGBl. II 1995 S. 836; Schweden v. 14.7.1992, BGBl. II S. 686.

[93] Zum DBA-Niederlande *Vogel*, DBA, Art. 14 Rz. 43; *Wilke*, in Becker/Höppner/Grotherr/Kroppen, DBA-Niederlande, Art. 9 Rn. 3; zum DBA-Luxemburg *Siegers*, in: Debatin/Wassermeyer, DBA-Luxemburg, Art. 9 Rz. 13; *Vogel*, a.a.O.

[94] Dies gilt für die DBA der Bundesrepublik mit Portugal, Ägypten, Bangladesch, China, Elfenbeinküste, Indien, Indonesien, Kenia, Marokko, Mexiko, Mongolei, Namibia, Pakistan, Papua Neuginea, Philippinen, Sambia und Tunesien; vgl. auch die Übersicht bei *Vogel*, DBA, Art. 14 Rz. 31.

[95] Vgl. dazu ausführlich *Hundt*, RIW/AWD 1981, 306.

[96] Z.B. 120 Tage DBA mit Indien, Indonesien 1990, Pakistan 1994, Philippinen oder 90 Tage Ägypten, Bangladesch; vgl. dazu im einzelnen *Vogel*, DBA, Art 14 Rz. 44.

Nach den DBA der Bundesrepublik Deutschland mit Ecuador, Trinidad und Tobago, Uruguay sowie Jamaika wird die Besteuerung dem Quellenstaat trotz fehlender festen Einrichtung überlassen, sofern die Tätigkeiten eine Mindestdauer (Uruguay: 183 Tage im Kalenderjahr, Ecuador: 180 Tage im Steuerjahr, Trinidad und Tobago sowie Jamaika: 30 Tage im Kalenderjahr) überschreitet. Nach dem DBA-Jamaika muß zudem die Vergütung für die Tätigkeit von einer Betriebsstätte am Arbeitsort oder einer dort ansässigen Person getragen werden. Im Unterschied zum UN-MA kommt es somit nicht auf die Aufenthaltsdauer zur Ausübung, sondern allein auf die Tätigkeitsdauer an.[97]

Nach dem DBA-Brasilien[98] steht, ebenso wie in Art. 14 Abs. 1 OECD-MA, dem Wohnsitzstaat die Besteuerung für die Einkünfte aus selbständiger Arbeit zu. Die Besteuerung im Tätigkeitsstaat ist allerdings allein davon abhängig, ob die Vergütungen für die Tätigkeit von einer in dessen Gebiet befindlichen Betriebsstätte oder in diesem Gebiet ansässigen Person getragen werden. Daher reicht eine Verwertung der Tätigkeit als Anknüpfungspunkt für die Besteuerung aus. Somit hängt das Besteuerungsrecht eines Quellenstaates nicht von einer Mindestaufenthaltsdauer der Person ab.

Diese Regelungen der o.a. Abkommen stellen wirtschaftspolitisch motivierte Abweichung von dem Musterabkommen der OECD dar, die insbesondere die sog. Entwicklungsländer begünstigen sollen, da diesen auch dann das Besteuerungsrecht zusteht, wenn der Person dort keine feste Einrichtung zur Verfügung steht.

bb) Nach dem Ursprungsland- bzw. Arbeitsortprinzip und andere

In den älteren deutschen DBA sind Einkünfte aus selbständiger und unselbständiger Tätigkeit in einer Vorschrift zusammengefaßt. Die Regelung des Besteuerungsrechts folgt in diesen Abkommen dem von Art. 14 OECD-MA abweichenden Tätigkeitsortprinzip.[99] Danach sind die Einkünfte grundsätzlich in dem Staat zu besteuern, in dem die Tätigkeit ausgeübt wird (sog. Arbeitsortprinzip).[100] Das Arbeitsortprinzip gilt nach dem aktuellen Stand für die DBA der Bundesrepublik Deutschland mit den Staaten Korea, Singapur und Malaysia.[101] Dem Tätigkeitsstaat wird die Besteuerung nur dann nicht gewährt, wenn sich die Person dort nur kurzzeitig - in den meisten DBA bis zu 183 Tage im Kalender- oder Steuerjahr - aufhält und die Tätigkeit vom Wohnsitzstaat aus vergütet wird.[102] Nach den Regelungen der DBA der Bundesrepublik mit Malaysia, Singapur und Thailand entfällt die Besteuerung im Tätigkeitsstaat selbst bei einem Aufenthalt von weniger 183 Tagen nur dann, wenn die Vergütungen von einer Person oder für eine Person gezahlt werden, die nicht im Staat der Arbeitsausübung ansässig ist und wenn die Vergütung nicht von einer Betriebsstätte der Person, die die Vergü-

---

97 Dazu siehe ausführlich *Görl*, Freie Berufe im IStR, S. 114 ff.

98 Dazu siehe *Görl*, Freie Berufe im IStR, S. 116 f.; *Vogel*, DBA, Art. 14 Rz. 48.

99 Zum Ursprungslandprinzip als normenkonzipierendes Prinzip im internationalen Steuerrecht *Niedner*, Einkünfte aus Arbeit im IStR, S. 96 ff.

100 Das Arbeitsortprinzip gilt für die DBA der Bundesrepublik Deutschland mit Korea, Malaysia, Singapur, Thailand; vgl. auch die Übersicht bei *Vogel*, DBA, Art. 14 Rz. 31.

101 Dem Arbeitsortprinzip folgen auch die DBA mit USA 1954/65, Indien 1959/84, Pakistan 1958/70.

102 *Vogel*, DBA, Art. 14 Rz. 33.

Vergütung zahlt, im Staat der Tätigkeitsausübung getragen werden. Hiermit soll die Besteuerung durch den Tätigkeitsstaat auch bei einem Aufenthalt von weniger als 183 Tage sichergestellt werden, sofern die Vergütungen von einer im Tätigkeitsstaat ansässigen Person getragen werden oder dort erwirtschaftet wurden.

Nicht in die bestehende Systematisierung lassen sich dagegen die DBA der Bundesrepublik mit der Türkei und mit Liberia einordnen. Das DBA-Türkei sieht entweder die Zahlung der Vergütung als Voraussetzung für die Besteuerung im Tätigkeitsstaat vor oder die Aufenthaltsdauer des Empfängers der Einkünfte im Tätigkeitsstaat von mehr als 183 Tage.[103] In dem DBA Liberia steht dem Quellenstaat das Besteuerungsrecht zu, wenn der Person entweder eine feste Einrichtung zur Verfügung steht oder sich diese während eines Zeitraums von 12 Monaten insgesamt länger als sechs Monate dort aufhält. Die Besonderheit gegenüber dem UN-MA besteht in der technischen Umsetzung. In Art. 14 Abs. 3 des DBA-Liberia wird das Besteuerungsrecht aufgrund einer fingierten festen Einrichtung dem Tätigkeitsstaat zugewiesen.[104]

II. Nationales Steuerrecht

Werden ausländische Einkunfts- und Vermögensteile eines unbeschränkt Steuerpflichtigen aufgrund des Welteinkommensprinzips nicht nur im Inland sondern auch im Ausland besteuert und besteht kein Doppelbesteuerungsabkommen, ist es nach allgemeiner Auffassung Sache des Wohnsitzstaates, die Doppelbesteuerung zu vermeiden.[105] Die Vermeidung der Doppelbesteuerung im Rahmen der Einkommensteuer von unbeschränkt Steuerpflichtigen i.S.d. § 1 Abs. 1 und Abs. 2 EStG ist in den §§ 34 c, 34 d EStG und § 68 a - c EStDV[106] geregelt.[107] Wahlweise kann danach die ausländische Steuer auch auf Antrag bei der Ermittlung der Einkünfte abgezogen werden (§ 34 c Abs. 2 EStG).

---

[103] Vgl. dazu *Vogel*, DBA, Art. 14 Rz. 47.

[104] Vgl. dazu *Vogel*, DBA, Art. 14 Rz. 45.

[105] Statt aller *Schaumburg*, Internationales, Rz. 15.17, m.w.N.

[106] EStDV v. 18.6.1997, i.d.F.v.19.6.2001, BGBl. I S. 1046.

[107] Kritisch zur Ausgestaltung der Regelungen *Lornsen*, Unilaterale Maßnahmen, S. 80 ff.; *Mössner*, DStJG 8, S. 135 ff.

2. Teil: Freiberufliche Tätigkeit inländischer Berufsangehöriger im Ausland

§ 1 Steuerrechtliche Behandlung nach Abkommensrecht

A. Nach dem OECD-MA

I. Allgemeines

Der Vorrang des DBA-Rechts vor nationalem Recht gilt auch hinsichtlich der formellen Steuerpflichten. Dies ändert allerdings nichts an der Anwendung der allgemeinen Verfahrensgrundsätze und Meldepflichten.[1] Da bereits nach der AO keine Buchführungspflicht besteht und sich auch keine unmittelbar aus dem OECD-MA ergibt, gibt es keine Besonderheiten gegenüber der Rechtslage nach nationalem Recht.[2] Entsprechendes gilt auch für die Gewinnermittlung. Diese bestimmt sich allein nach den nationalen Vorschriften des einzelnen Vertragsstaates.[3] Somit kann die Ermittlung des Gewinns wahlweise durch Bestandsvergleich (§ 4 Abs. 1 EStG) oder durch Überschußrechnung (§ 4 Abs. 3 EStG) erfolgen.

Aufgrund der Aufteilung der einzelnen Normen in dem OECD-MA ist die abkommensrechtliche Abgrenzung zwischen den Unternehmensgewinnen (Art. 7 OECD-MA) und Einkünften aus selbständiger Arbeit (Art. 14 OECD-MA) vergleichbar mit dem deutschen Steuerrecht. Daher ist zunächst auf die Regelung für Unternehmensgewinne einzugehen.

II. Unternehmensgewinne (Art. 7 OECD-MA)

1. Begriff „Unternehmen"

Gegenstand der Regelung des Art. 7 OECD-MA sind die „Gewinne eines Unternehmens". Da der Begriff „Unternehmen" im OECD-MA nicht ausdrücklich definiert ist, stellt sich die Frage, wie dieser Begriff zu bestimmen ist. Einigkeit besteht dahingehend, daß der Begriff entsprechend der Begriffsorientierung an § 15 Abs. 1 EStG aus deutscher Sicht im Kernbereich den Einkünften aus Gewerbebetrieb entspricht.[4] In der Sache geht es darum, ob nach Art. 3 Abs. 2 OECD-MA der Rückgriff auf nationales Steuerrecht zulässig ist. Nach der überwiegenden Meinung in der Literatur[5] sei der

---

1 Vgl. *Piltz*, Personengesellschaften im IStR, S. 164.

2 Dazu siehe unten § 2 A.

3 BFH v. 29.10.1997 – I R 35/95, BStBl. I 1998, 235; BFH v. 24.3.1999 - I R 114/97, BStBl. II 2000, 399, 402; MA-Komm. Art. 7 Nr. 27, abgedruckt bei *Vogel*, DBA, Art. 7 Rz. 88; *ders.*, DBA, Art. 7 Rz. 22; *Wassermeyer*, in: Debatin/Wassermeyer, MA Art. 7 Rz. 185.

4 *Kroppen*, in: Becker/Höppner/Grotherr/Kroppen, DBA, Art. 7 Rn. 43 ff.; *Schaumburg*, Internationales, Rz. 16.230; *Vogel*, DBA, Art. 7 Rz. 23; *Wassermeyer*, in: Debatin/Wassermeyer, MA Art. 7 Rz. 16.

5 *Knobbe-Keuk*, Bilanzsteuerrecht, § 13 a III 2 a dd; *Kroppen*, in: Becker/Höppner/Grotherr/Kroppen, DBA, Art. 7 Rn. 43 ff.*Schaumburg*, Internationales, Rz. 16.230; *Vogel*, DBA, Art. 7 Rz. 23.

Begriff „Unternehmen" ein Typusbegriff, der ein gemeinsames Verständnis der OECD-Mitgliedsstaaten voraussetze. Aus dem englischen Ausdruck „trade and industry", dem französischen „activités industrielles et commerciales" und dem deutschen „Gewerbe" ergebe sich ein nach Herkunft gemeineuropäischer Begriff[6], der eine selbständige und auf Erwerb gerichtete Tätigkeit umschreibe, die sich einerseits gegen die land- und forstwirtschaftliche Urproduktion und andererseits gegen die künstlerischen, wissenschaftlichen oder eine wissenschaftliche Vorbildung erfordernden „freien" Berufe abgrenze.

Demgegenüber vertritt die Mindermeinung[7] die Ansicht, der Begriff sei gem. Art. 3 Abs. 2 OECD-MA nach dem nationalen Recht des Anwendestaates auszulegen, da sich gerade im Randbereich, wie z.B. der Einordnung der Einkünfte eines EDV-Beraters, kein eindeutiges Auslegungsergebnis aus dem Abkommenszusammenhang gewinnen lasse.

2. Betriebsstättenprinzip und Betriebsstättenvorbehalt

Nach Art. 7 OECD-MA können Unternehmensgewinne eines Vertragsstaates nur in diesem besteuert werden, es sei denn, das Unternehmen übt seine Tätigkeit durch eine dort gelegene Betriebsstätte aus. Die Voraussetzungen einer Betriebsstätte sind in Art. 5 OECD-MA geregelt. Danach ist eine Betriebsstätte anzunehmen, wenn eine feste Gechäftseinrichtung, durch die die Tätigkeit eines Unternehmens ganz oder teilweise ausgeübt wird, vorhanden ist.[8] Nach diesem sog. Betriebsstättenprinzip wird die unternehmerische Tätigkeit erst dann von einem ausländischen Staat zum Anknüpfungspunkt für die Besteuerung, wenn sie zu einer intensiven geschäftlichen Bindung an diesen Staat geführt hat.[9] Infolgedessen hat bei der Feststellung einer Betriebsstätte im Einzelfall die Auslegung der in Art. 5 OECD-MA Regelungen unter Beachtung der jeweils ausgeübten Art der unternehmerischen Tätigkeit zu erfolgen.[10]

Ist eine Betriebsstätte gegeben, wird dem Betriebsstättenstaat das Besteuerungsrecht insoweit überlassen, als der Unternehmensgewinn der ausländischen Betriebsstätte zuzuordnen ist. Soweit Dividenden, Zinsen und Lizenzen tatsächlich zu einer Betriebsstätte gehören, sind sie nach Art. 10 Abs. 4, Art. 11 Abs. 4 und Art. 12 Abs. 4 OECD-MA dem Betriebsstättengewinn zuzuordnen (sog. Betriebsstättenvorbehalt).[11] Dies gilt nach Art. 21 Abs. 2 OECD-MA ebenso für Dividenden, u.s.w., die der Betriebsstätte

---

6 Offen bleibt, warum nur das Verständnis der europäischen OECD-Staaten und nicht etwa auch das der amerikanischen und asiatischen Staaten den Unternehmensbegriff prägen; daher zu Recht kritisch
Wassermeyer, in: Debatin/Wassermeyer, MA Art. 7 Rz. 17.

7 *Piltz*, in: Mössner, u.a., Int. Unternehmenssteuerrecht, F 26; *Wassermeyer*, in: Debatin/Wassermeyer, MA Art. 7 Rz. 15 ff.

8 Statt aller *Schaumburg*, Internatioanles, Rz. 16.235 ff., m.w.N.

9 Statt aller *Schaumburg*, Internationales, Rz. 16.234; *Vogel*, DBA, Art. 5 Rz. 4.

10 *Storck*, Ausländische Betriebsstätten, S. 121 ff., daher sei der Begriff der Betriebsstätte ein Typusbegriff.

11 Zum Betriebsstättenvorbehalt z.B. *Vogel*, DBA, Art. 7 Rz. 149 ff., auch mit Nachweisen zu DBA, in denen ein Betriebsstättenvorbehalt nicht verankert ist.

zuzuordnen sind, aber aus einem Staat stammen, der nicht Vertragspartner des DBA ist (sog. Drittstaateneinkünfte). Insoweit hat Art. 13 OECD-MA nur klarstellende Bedeutung. Danach steht dem Betriebsstättenstaat das Besteuerungsrecht auch für Veräußerungsgewinne von beweglichem Vermögen, einschließlich der Veräußerung der Betriebsstätte selbst, zu, wenn das Vermögen Betriebsvermögen einer Betriebsstätte ist. Wird jedoch keine Betriebsstätte in dem Quellenstaat unterhalten bzw. gehören die Dividenden, Zinsen und Lizenzen nicht „tatsächlich" zu der in dem Quellenstaat belegenen Betriebsstätte, sind gem. Art. 7 Abs. 7 OECD-MA die jeweiligen Bestimmungen (Art. 10, 11 u. 12 OECD-MA) anzuwenden. Der Betriebsstättenvorbehalt gilt jedoch nicht für Einkünfte aus unbeweglichem Vermögen (Art. 6 OECD-MA). Das Besteuerungsrecht hinsichtlich der Einkünfte wird dem Staat überlassen, in dem das unbewegliche Vermögen belegen ist.

III. Einkünfte aus selbständiger Arbeit (Art. 14 OECD-MA)

1. Begriff „freier Beruf"

a) Grundlagen

Einkünfte aus selbständiger Arbeit i.S.d. Art. 14 OECD-MA sind solche, die in einem Vertragsstaat ansässige Person aus einem freien Beruf oder aus sonstiger selbständiger Tätigkeit bezieht. Dabei sind die Begriffspaare „freier Beruf" und „freiberufliche Tätigkeit" sowie „sonstige selbständige Arbeit" und „sonstige selbständige Tätigkeit" synonym zu verstehen.[12] Allerdings sind sie, ebenso wie der Begriff „selbständige Arbeit", im OECD-MA nicht definiert. Der Ausdruck „freier Beruf" wird dagegen in Art. 14 Abs. 2 OECD-MA durch eine nicht erschöpfende, der Erläuterung dienende Aufzählung einiger Beispiele typischer freiberuflicher Tätigkeiten konkretisiert.[13] Diese sind in inhaltsbezogene Tätigkeiten (wissenschaftliche, literarische, künstlerische, erzieherische, unterrichtende Tätigkeit) und sog. Katalogberufe unterteilt. Danach gehören zu den Katalogberufen die selbständige Tätigkeit der Ärzte, Rechtsanwälte, Ingenieure, Architekten, Zahnärzte und Buchsachverständigen. Da darüber hinaus die Begriffe „freier Beruf" und „sonstige selbständige Tätigkeit" nicht näher definiert sind, ist fraglich, wie diese zu bestimmen sind. Die Differenzierung zu den Einkünften aus unselbständiger Arbeit (Art. 15 OECD-MA) bereitet aus tatsächlichen Gründen weniger Schwierigkeiten. Eine unselbständige Tätigkeit liege vor, wenn der Tätigkeit nicht ein Dienstvertrag oder sonstiges Arbeitsverhältnis zugrunde liegt und der Steuerpflichtige nicht in den Organismus des Unternehmens eingegliedert sei.[14] Nach dem MA-Kommentar[15] sind damit Tätigkeiten Angehöriger freier Berufe ausgeschlossen, wenn

---

[12] *Wassermeyer*, in: Debatin/Wassermeyer, MA Art. 14 Rz. 11.

[13] Vgl. MA-Komm. zu Art. 14 Nr. 2, abgedruckt bei *Vogel*, DBA, Art. 14 Rz. 51; nach *Wassermeyer*, in: Debatin/Wassermeyer, MA Art. 14 Rz. 11 u. Rz. 111, handelt es sich um eine „Teildefinition"; nach *Vogel*, DBA, Art. 14 Rz. 53, um einen Ansatz zu einer Definition.

[14] BFH v. 10.4.1970 - VI R 303/66, BStBl. II 1970, 716, 718; *Görl*, Freie Berufe im IStR, S. 35 ff; *Vogel*, DBA, Art. 14 Rz. 14 f., 51 ff.; *Wilke*, in: Becker/Höppner/Grotherr/Kroppen, DBA, Art. 14 Rn. 20.

[15] MA-Komm Art. 14 Nr. 1, abgedruckt bei *Vogel*, DBA, Art. 14 Rz. 2.

sie im Rahmen eines Arbeitsverhältnisses erbracht werden. In der Sache geht es im Rahmen der abkommensrechtlichen Bestimmung der Begriffe „freier Beruf" und „sonstige selbständige Arbeit" um die Abgrenzung zu den Einkünften aus Unternehmensgewinne (Art. 7 OECD-MA). Entsprechend den zu Art. 3 Abs. 2 OECD-MA und dem Unternehmensbegriff vertretenen Meinungen lassen sich im Schrifttum zwei Auffassungen unterscheiden.

b) Meinungsstand

aa) Auslegung aus dem Abkommenszusammenhang

Von *Vogel*[16] wird die Ansicht vertreten, die Begriffe „freier Beruf" und „sonstige selbständige Arbeit" seien aus dem Zusammenhang des Abkommens auszulegen, d.h. aus dem als abschließend zu verstehenden System der Einkunftsarten des OECD-MA. Ferner ergebe sich aus dem Gleichklang der Art. 14 und 15 OECD-MA sowie deren frühere Zusammenfassung in einem einheitlichen Artikel, daß es sich in Art. 14 OECD-MA um eine Tätigkeit handeln müsse, die auch nach Art. 15 OECD-MA in abhängiger Arbeit ausgeübt werden könne. Des weiteren bestimme sich der Begriff „freier Beruf" „nur" nach Art. 14 Abs. 2 OECD-MA.[17] Die Voraussetzungen zu dem Begriff der sonstigen selbständigen Arbeit seien zwar regelmäßig gleichfalls gegeben, jedoch brauche dies nicht notwendigerweise der Fall zu sein.

Görl[18] ist ebenfalls der Auffassung, wonach der Begriff des freien Berufs aus dem Abkommenszusammenhang auszulegen sei. Dabei kommt er im weiteren zu dem Ergebnis, der abkommensrechtliche Begriff „freier Beruf" sei ein Typusbegriff, dessen Begriffskern die in Art. 14 Abs. 2 OECD-MA aufgeführten traditionellen freien Berufe bilden. Dieser stelle einen „Begriffshof" dar, der gem. Art. 3 Abs. 2 OECD-MA unter Einbeziehung des abkommensrechtlichen Zusammenhangs anhand seines in seiner zeitlichen Entwicklung veränderbaren Gesamtbildes zu bestimmen sei.[19] Demnach umfasse der Begriff „freier Beruf" i.S.d. DBA neben den ausdrücklich genannten Tätigkeiten und Berufen jede ihrer Art nach besonders qualifizierte Dienstleistung, die sich unter Berücksichtigung der soziologischen, wirtschaftlichen und technischen Entwicklung in ihrer Wurzel auf die Tradition des artes liberales zurückführen lasse und bei der nicht die typisch gewerblichen Elemente überwiegen und die keine landwirtschaftliche Urproduktion ist.

bb) Auslegung nach dem Recht des Anwendestaates

Nach der Meinung von *Wassermeyer*[20] ist der vorstehenden Auffassung insofern zuzustimmen, als die Begriffe „sonstige selbständige Arbeit" und „freier Beruf" zunächst

---

[16] *Vogel*, DBA, Art. 14 Rz. 14 f., 51 ff. und Art. 7 Rz. 25.

[17] *Görl*, Freie Berufe im IStR, S. 56 f.; *Vogel*, DBA, Art. 14 Rz. 15; in diesem Sinne wohl auch *Wilke*, in: Becker/Höppner/Grotherr/Kroppen, DBA, Art. 14 Rn. 18.

[18] *Görl*, Freie Berufe im IStR, S.35 ff.

[19] *Görl*, Freie Berufe im IStR, S. 55.

[20] *Wassermeyer*, in: Debatin/Wassermeyer, MA Art. 14 Rz. 11 ff. u. 111 ff.

vorrangig aus dem abkommensrechtlichen Zusammenhang auszulegen seien.[21] Hinsichtlich des Begriffs „selbständige Arbeit" bestehe jedoch außerhalb des durch die Aufzählung einzelner Tätigkeiten in Art. 14 Abs. 2 OECD-MA festgelegten Kernbereichs keine klar abgrenzbaren Konturen, wie z.B. im Fall eines EDV-Beraters. Für diese Randbereiche lasse sich kein gemeinsames Begriffsverständnis der Mitgliedsstaaten der OECD für den Ausdruck „selbständige Arbeit" feststellen. Dies spreche für eine von seiner gewöhnlichen Bedeutung abweichenden Auslegung des Begriffes (Art. 31 Abs. 1 WÜRV). Für die Bereiche außerhalb der Teildefinition des Art. 14 Abs. 2 OECD-MA verweise der Begriff „selbständige Arbeit" daher auf das Recht des Anwendestaates. Deshalb bestimme sich der Ausdruck „selbständige Arbeit" nach dem Steuerrecht des jeweiligen Anwendestaates, soweit aus dem abkommensrechtlichen Zusammenhang nichts anderes folge. Aus deutscher Sicht komme es entscheidend auf die Sinnverwandtschaft bzw. die vergleichbare Funktion bzgl. der Einkunftsartenabgrenzung zu § 18 EStG an. Daher könne unter Beachtung des Vorbehalts der abkommensrechtlichen Regelungen aus deutscher Sicht unter den Ausdruck „selbständige Arbeit" nur eine Tätigkeit fallen, die auch unter § 18 EStG zu subsumieren ist. Des weiteren sei zu bedenken, daß das Berufsbild der in Art. 14 Abs. 2 OECD-MA genannten Katalogberufe schon wegen unterschiedlicher Ausbildungsnormen von Vertragsstaat zu Vertragsstaat ein anderes sein könne.[22] Es könne nicht darum gehen, eine Tätigkeit für alle Mitgliedstaaten der OECD einheitlich dem Art. 14 OECD-MA oder einer anderen Einkunftsart zuzuordnen, sondern es stehe nur die von einer bestimmten Person in einem bestimmten Vertragsstaat ausgeübte Tätigkeit zur Subsumtion an. Insoweit könne nicht angenommen werden, daß die Vertragsstaaten einen so wichtigen Teil des Abkommensrechts wie die Abgrenzung der Ausdrücke „sonstige selbständige Arbeit" und „freier Beruf" gewissermaßen einem nicht näher faßbaren gemeinsamen Verständnis aller OECD-Mitgliedsstaaten überlassen wollten. Daher liege die Annahme sehr viel näher, daß die Vertragsstaaten die Randbereiche der Begriffe durch die Anwendung des eigenen innerstaatlichen Steuerrechts ausfüllen wollen.

Nach Auffassung von *Wilke*[23] ist ebenfalls auf das nationale Recht des Anwendestaates zurückzugreifen. Allerdings bezieht er dies nur auf die Bestimmung der sonstigen selbständigen Tätigkeit. Danach ergebe sich zwar aus dem Abkommenszusammenhang und unter Berücksichtigung des Zusatzes in Art. 14 OECD-MA 1963, daß die sonstige selbständige Tätigkeit „ähnlicher Art" wie die freiberufliche Tätigkeit sein müsse. Da sich aus dem Abkommen keine Kriterien der ähnlichen Art ableiten lassen, sei nach Art. 3 Abs. 2 OECD-MA zur Bestimmung der sonstigen selbständigen Arbeit auf das nationale Steuerrecht des jeweiligen Anwendestaates zurückzugreifen. Aus deutscher Sicht seien daher die Grundsätze der Rspr.[24] zu einem freien Beruf ähnlichen Beruf i.S.d. § 18 Abs. 1 Nr. 1 EStG anzuwenden.

---

[21] Für die Abgrenzung zu anderen Einkünften ist, soweit sich aus dem Abkommen nichts anderes ergebe, auf das nationale Recht des Anwendestaates zurückzugreifen *Wassermeyer*, a.a.O.

[22] Ebenfalls darauf hinweisend *Wilke*, in: Becker/Höppner/Grotherr/Kroppen, DBA, Art. 14 Rn. 20.

[23] *Wilke*, in: Becker/Höppner/Grotherr/Kroppen, DBA, Art. 14 Rn. 31 ff.

[24] Z.B. BFH v. 1.2.1990 - IV R 42/89, BStBl. II 1990, 514.

c) Teildefinition in Art. 14 Abs. 2 OECD-MA

Durch die in Art. 14 Abs. 2 OECD-MA enthaltene Aufzählung von Tätigkeiten und Berufen wird der Begriff „freier Beruf" geprägt. Die aufgeführten Tätigkeiten und Berufe zeichnen sich, ungeachtet einzelstaatlicher Unterschiede, typischerweise dadurch aus, daß der Einsatz von Kapital gegenüber der geistigen Arbeit und der eigenen Arbeitskraft in den Hintergrund tritt. Der Begriff des Unternehmens (Art. 7 OECD-MA) erhält insofern einen anderen Inhalt, als Ausbildung und Können das beherrschende Moment bilden. Dies gilt auch dort, wo die Tätigkeit ein nicht unerhebliches Betriebsvermögen erfordert. Es muß eine persönliche Arbeitsleistung anstelle einer Unternehmensleistung erbracht werden. Gleichwohl kann auch in Unternehmen der geistigen Arbeit ein größeres Gewicht als dem Kapitaleinsatz zukommen. Umgekehrt gibt es freie Berufe, wie z.B. Röntgen- oder Laborärzte, bei denen der Kapitaleinsatz überwiegt.[25]

In Art. 14 Abs. 2 OECD-MA wird die Tätigkeit von Rechtsanwälten und Buchsachverständigen ausdrücklich erwähnt. Nach ganz h.M.[26] ist der Oberbegriff der Buchsachverständigen weit auszulegen. Dieser steht stellvertretend für die sog. wirtschaftsberatenden Berufe. Aus deutscher Sicht handelt es sich hierbei u.a. um die Tätigkeit eines Steuerberaters oder Wirtschaftsprüfers.[27] Da die in Art. 14 Abs. 2 OECD-MA aufgeführten einzelnen Tätigkeiten und Berufsbezeichnungen nicht näher definiert sind, sei nach der h.M.[28] gem. Art. 3 Abs. 2 OECD-MA zur Begriffsbestimmung auf innerstaatliches Recht zurückzugreifen, soweit sich aus dem Zusammenhang nichts näheres ergebe. Aus deutscher Sicht sei demnach, z.B. zur Bestimmung des Berufs des Rechtsanwalts, § 18 Abs. 1 Nr. 1 EStG anzuwenden. Nach *Wassermeyer*[29] gelte dies jedoch für den Beruf des Rechtsanwalts nur einschränkend, da unter dem abkommensrechtlichen Begriff „Rechtsanwalt" entgegen der Bedeutung nach § 18 Abs. 1 Nr. 1 EStG auch die Tätigkeit eines Notars oder Patentanwalts zu subsumieren sei. *Wilke*[30] weist in diesem Zusammenhang auf die Problematik der in den einzelnen Staaten unterschiedlichen Ausprägungen der freien Berufe hin. Insoweit müsse bei der Anwendung des § 18 Abs. 1 Nr. 1 EStG berücksichtigt werden, daß in anderen Rechtsordnungen für die Einordnung in die Kategorie der freien Berufe andere Kriterien maßgebend sein können.

Da die Aufzählung des Art. 14 Abs. 2 OECD-MA nicht abschließend ist, umfasse dieser darüber hinaus den freien Berufen ähnliche Berufe. Die Bestimmung der ähnlichen

---

[25] *Wassermeyer*, in: Debatin/Wassermeyer, MA Art. 14 Rz. 18; diese typisierende Betrachtungsweise ablehnend *Görl*, Freie Berufe im IStR, S. 41 f., S. 55 f.

[26] *Görl*, Freie Berufe im IStR, S. 54 f.; *Wassermeyer*, in: Debatin/Wassermeyer, MA Art. 14 Rz. 126; *Wilke*, in: Becker/Höppner/Grotherr/Kroppen, DBA, Art. 14 Rn. 29; *Vogel*, DBA, Art. 14 Rz. 57.

[27] Ebenso die Tätigkeit eines Steuerbevollmächtigten und eines vereidigten Buchprüfers, statt aller *Wassermeyer*, in: Debatin/Wassermeyer, MA Art. 14 Rz. 126.

[28] *Amann*, Dienstleistungen im IStR, S. 131; *Görl*, Freie Berufe im IStR, S. 51; *Schaumburg*, Internationales, Rz. 16.410; *Vogel*, DBA, Art. 14 Rz. 54; einschränkend *Wassermeyer*, in: Debatin/Wassermeyer, MA Art. 14 Rz. 111.

[29] *Wassermeyer*, in: Debatin/Wassermeyer, MA Art. 14 Rz. 111.

[30] *Wilke*, in: Becker/Höppner/Grotherr/Kroppen, DBA, Art. 14 Rn. 18 ff. u. Rn. 28.

Berufe erfolge gem. Art. 3 Abs. 2 OECD-MA mangels näherer Anhaltspunkte nach nationalem Recht. Daher seien die zu den ähnlichen Berufen i.S.d. § 18 Abs. 1 Nr. 1 EStG entwickelten Grundsätze der Rspr. des BFH[31] anzuwenden.[32]

d) Stellungnahme

Im OECD-MA gibt es keine abschließende Definition der Begriffe „freier Beruf" und „sonstige selbständige Arbeit". Die in Art. 14 Abs. 2 OECD-MA aufgeführten Tätigkeiten und Berufe stelle eine Teildefinition dar.[33] Unter den Anwendungsbereich des Art. 14 Abs. 2 OECD-MA fallen ausdrücklich die Berufe der Rechtsanwälte und die Buchsachverständigen. Zu letzteren zählen unstreitig auch die Berufe der Wirtschaftsprüfer und Steuerberater.[34] Fraglich jedoch ist, wie die aufgeführten Berufe zu bestimmen sind.

Gegenstand der Auslegung ist der jeweilige völkerrechtliche Vertrag zwischen zwei Staaten. Das OECD-MA kann insofern eine Auslegungshilfe sein, als zwei Staaten ein dem Musterabkommen entsprechendes DBA abgeschlossen haben. Angesichts dessen kann es nicht darum gehen, aus den in Art. 14 Abs. 2 OECD-MA genannten Tätigkeiten und Berufen eine für alle OECD-Staaten geltende Definition der freien Berufe zu finden. Beispielhaft hierfür steht der von *Görl*[35] entwickelte Typusbegriff[36] der freien Berufe. Die von ihm herausgearbeiteten Merkmale, die den Typus beschreiben, sind so allgemein, daß im Rahmen der Rechtsanwendung eine eindeutige Zuordnung einer bestimmten Tätigkeit bzw. eines Berufs, z.B. die Tätigkeit eines ausländischen Wirtschaftsprüfers, zu dem Begriff „freier Beruf" nicht möglich ist.[37] Die Crux eines solchen übergreifenden Typusbegriffs zeigt sich auch im weiteren seiner Ausführungen, wonach die Bestimmung nicht in Art. 14 Abs. 2 OECD-MA genannter freiberuflicher Tätigkeiten und Berufe nach nationalem Steuerrecht erfolge und nicht anhand des Typusbegriffes.[38]

Wollte man die Bestimmung der in Art. 14 Abs. 2 OECD-MA aufgeführten Katalogberufe per se dem nationalen Steuerrecht der Vertragsstaaten überlassen, hätte es keiner Aufzählung bedurft, da diese lediglich für die Staaten konstitutive Bedeutung hätte,

31 Z.B. BFH v. 1.2.1990 - IV R 42/89, BStBl. II 1990, 514.

32 *Görl*, Freie Berufe im IStR, S. 51 ff.; *Wassermeyer*, in: Debatin/Wassermeyer, MA Art. 14 Rz. 111; a.A. *Wilke*, in: Becker/Höppner/Grotherr/Kroppen, DBA, Art. 14 Rn. 18 ff. u. 28 f., wonach die ähnlichen Berufe i.S.d. § 18 Abs. 1 Nr. 1 EStG unter den Begriff der „sonstigen selbständigen Tätigkeit" i.S.d. Art. 14 OECD-MA fallen.

33 Statt aller *Wassermeyer*, in: Wassermeyer/Debatin, MA Art. 14 Rz. 11 ff.

34 Dazu siehe vorigen Abschnitt.

35 *Görl*, Freie Berufe im IStR, S. 55; nach hier vertretener Ansicht ist es zweifelhaft, ob der abkommensrechtliche Begriff „freier Beruf" als Typusbegriff angesehen werden kann, da es sowohl nach nationalem Recht als auch nach Abkommensrecht an den (eindeutigen) Merkmalen eines Typusbegriffes fehlt. Insoweit handelt es sich nur um eine typisierende Betrachtungsweise.

36 Insofern kann auch die Frage dahingestellt bleiben, ob der Begriff „freier Begriff" ein Typusbegriff i.S.d. juristischen Methodenlehre darstellt; vgl. dazu allgemein *Larenz/Canaris*, Methodenlehre, S. 290 ff.

37 So zu Recht *Wassermeyer*, in: Debatin/Wassermeyer, MA Art. 14 Rz. 13.

38 *Görl*, Freie Berufe im IStR, S. 55.

deren nationale Steuerrechtsordnungen keine dem Art. 14 OECD-MA entsprechende Einkunftsart „selbständige Arbeit" kennen.[39] Für ein solches Verständnis gibt es jedoch keine Anhaltspunkte. Insofern liegt die Annahme sehr viel näher, daß die Umschreibung des Begriffs freier Beruf in Art. 14 Abs. 2 OECD-MA ein im Kernbereich einheitliches Begriffsverständnis des Begriffs „freie Berufe" der Mitgliedsstaaten der OECD voraussetzt.[40] Haben demnach zwei Vertragsstaaten in einem DBA eine dem Art. 14 Abs. 2 OECD-MA entsprechende Regelung getroffen, sind die darin aufgeführten Tätigkeiten und Berufe dieser Norm zuzuordnen, da von einem einheitlichen Verständnis der Vertragsstaaten auszugehen ist. Hierfür spricht auch der Vertragstext, der regelmäßig die landesüblichen Berufsbezeichnungen verwendet. Sofern nicht eine oder eine dritte Sprache für verbindlich erklärt wird, sind beide Vertragstexte verbindlich.

Für den Begriff Rechtsanwalt bedeutet dies aus deutscher Sicht zum einen, daß unter diesen Begriff auch die nicht genannten Berufe der Notare und Patentanwälte zuzuordnen sind und zum anderen, daß ein im anderen Vertragsstaat zugelassener Rechtsanwalt ebenfalls unter den Begriff „Rechtsanwalt" fällt. Dies dürfte dem normativen Willen der Vertragsparteien entsprechen.[41] Insofern ist in sich widersprüchlich, wenn der abkommensrechtliche Begriff Rechtsanwalt einerseits nach § 18 Abs. 1 Nr. 1 EStG zu bestimmen sei, andererseits jedoch der in § 18 Abs. 1 Nr. 1 EStG gesondert aufgeführte Beruf der Notare und Patentanwälte unter den Begriff Rechtsanwalt subsumiert wird.[42] Wenn zur abkommensrechtlichen Einordnung der in Art. 14 Abs. 2 OECD-MA aufgeführten Tätigkeiten und Berufe auf nationales Steuerrecht zurückgegriffen wird, handelt es sich um einen Anwendungsfall der Bestimmung der freien Berufe außerhalb des Art. 14 Abs. 2 OECD-MA. In der Sache gilt nichts anderes, wenn im Rahmen der abkommensrechtlichen Einordnung ausländischer Berufsangehöriger nach nationalem Steuerrecht berufsrechtliche Verhältnisse im Ausland berücksichtigt werden sollen.[43]

Der Begriff „sonstige selbständige Tätigkeit" i.S.d. Art. 14 Abs. 1 OECD-MA stellt eine Auffangnorm für selbständig ausgeübte Tätigkeiten dar, die nicht den freien Berufen zuzuordnen sind.[44] Dies ergibt sich auch aus der Streichung des Erfordernisses, wie es in dem Art. 14 OECD-MA von 1963 enthalten war, wonach die sonstige selbständige Tätigkeit nicht mehr „..ähnlicher Art.." sein müsse, wie die freiberufliche Tätigkeit. Soweit *Wilke*[45] der Auffassung ist, der Begriff „sonstige selbständige Tätigkeit" sei unter Rückgriff auf das nationale Steuerrecht durch die Anwendung der Grundsätze der Rspr.[46] zu den ähnlichen Berufen i.S.d. § 18 Abs. 1 Nr. 1 EStG zu bestimmen, ist dies aus systematischer Sicht verfehlt, da nach dem eindeutigen Wortlaut des

[39] Dazu siehe unten § 2 B; wohl a.A. *Rademacher-Gottwald*, Grenzüberschreitende Sozietäten, S. 187.
[40] Vgl. auch *Wassermeyer*, in: Debatin/Wassermeyer, MA Art. 14 Rz. 13, wonach allerdings die Abgrenzung nach dem nationalen Steuerrecht des Anwendestaates erfolgen soll.
[41] Im Ergebnis ebenso *Eckert*, IStR 1999, 478, 480.
[42] A.A. *Wassermeyer*, in: Debatin/Wassermeyer, MA Art. 14 Rz. 122.
[43] So aber *Wilke*, in: Becker/Höppner/Grotherr/Kroppen, DBA, Art. 14 Rn. 18 ff. u. Rn. 28.
[44] *Wassermeyer*, in: Debatin/Wassermeyer, MA Art. 14 Rz. 17.
[45] *Wilke*, in: Becker/Höppner/Grotherr/Kroppen, DBA, Art. 14 Rn. 31 ff.
[46] Z.B. BFH v. 1.2.1990 - IV R 42/89, BStBl. II 1990, 514; dazu siehe oben 1. Teil § 4 B II 3.

§18 Abs. 1 Nr. 1 EStG die ähnlichen Berufe unter den Begriff „freiberufliche Tätigkeit" zu subsumieren sind und daher abkommensrechtlich nur zur Bestimmung des Begriffs „freier Beruf" außerhalb des in Art. 14 Abs. 2 OECD-MA beschriebenen Kernbereichs der freien Berufe herangezogen werden können.

Im Ergebnis ist der h.M.[47] nicht zu folgen, wonach die in Art. 14 Abs. 2 OECD-MA aufgeführten Tätigkeiten und Berufe gem. Art. 3 Abs. 2 OECD-MA per se nach nationalem Steuerrecht auszulegen seien.

2. Mithilfe fachlich vorgebildeter Arbeitskräfte

Bedient sich ein RA, WP oder StB der Mithilfe fachlich vorgebildeter Arbeitskräfte, stellt sich abkommensrechtlich die Frage, ob er Einkünfte aus selbständiger Arbeit i.S.d. Art. 14 OECD-MA erzielt oder ob die Einkünfte den Unternehmensgewinnen (Art. 7 OECD-MA) zuzuordnen sind. Im Abkommensrecht wird eine freiberufliche Tätigkeit i.S.d. Art. 14 Abs. 2 OECD-MA im Unterschied zur Unternehmenstätigkeit typischerweise durch die Erbringung einer höchstpersönlichen Arbeitsleistung geprägt.[48] Daher kann auch die Beschäftigung von Arbeitskräften die persönliche Arbeitsleistung überlagern, so daß die Einkünfte den Unternehmensgewinnen (Art. 7 OECD-MA) zuzuordnen sind. Die Grundsätze zur leitenden und eigenverantwortlichen Tätigkeit i.S.d. § 18 Abs. 1 Nr. 1 S. 3 EStG sind nicht anzuwenden, da unter die in Art. 14 Abs. 2 OECD-MA genannten Tätigkeiten jede Tätigkeit der Berufsangehörigen fällt und diese Voraussetzung nicht enthalten ist.[49] Insoweit ist die Anwendung des nationalen Steuerrechts ausgeschlossen. Daher ist, wie dies *Wassermeyer*[50] zutreffend feststellt, auch die Tätigkeit eines Buchsachverständigen, der sich der Mithilfe von 20 fachlich vorgebildeten Hilfskräften zur Bearbeitung von 13000 Anträgen pro Jahr bedient, entgegen der Qualifikation als gewerbliche Tätigkeit nach nationalem Steuerrecht[51] (§ 18 Abs. 1 S. 3 EStG), eine freiberufliche i.S.d. Art 14 Abs. 2 OECD-MA, sofern der Beruf unter den Begriff der Buchsachverständigen zu subsumieren sei.[52] Wenn aber das abkommensrechtliche Kriterium der persönlichen Arbeitsleistung im Vergleich zu dem des EStG weiter auszulegen ist, so gilt dies auch bei der Mithilfe eines ausländischen Berufsangehörigen. Wird demnach ein ausländischer Berufsangehöriger wegen seiner Kenntnisse des ausländischen Rechts beschäftigt, ist keine unter-

---

[47] *Görl*, Freie Berufe im IStR, S. 51; *Schaumburg*, Internationales, Rz. 16.410; *Vogel*, DBA, Art. 14 Rz. 54; einschränkend *Wassermeyer*, in: Debatin/Wassermeyer, MA Art. 14 Rz. 111, wonach die Tätigkeit eines Notars oder Patentanwalts abweichend von § 18 Abs. 1 Nr. 1 EStG unter den Begriff „Rechtsanwalt" i.S.d. Art. 14 OECD-MA fällt.

[48] *Wassermeyer*, in: Debatin/Wassermeyer, MA Art. 14 Rz. 18.

[49] Zutreffend *Wassermeyer*, in: Debatin/Wassermeyer, MA Art. 14 Rz. 31.

[50] *Wassermeyer*, a.a.O.

[51] So der zu entscheidende Sachverhalt des FG D'dorf v. 17.3.1993 (rkr.), EFG 1993, 512.

[52] *Bödefeld*, in: Becker/Höppner/Grotherr/Kroppen, DBA, Art. 14 Rz. 95; im Ergebnis ebenso *Krabbe*, FR 1995, 693.

nehmerische Tätigkeit i.S.d. Art. 7 OECD-MA gegeben.[53] Wann jedoch die freiberufliche Tätigkeit i.S.d. Art. 14 OECD-MA in eine unternehmerische umschlägt, ist letztlich im Wege einer typisierenden Betrachtung festzustellen.

3. Ausländische Berufsangehörige

Übt ein in Deutschland unbeschränkt steuerpflichtiger RA, WP oder StB, der nach ausländischem Recht zugelassen bzw. bestellt ist, seinen Beruf in einem anderen Staat aus, mit dem ein dem OECD-MA entsprechendes Abkommen besteht, ist fraglich, ob Einkünfte aus selbständiger Arbeit i.S.d. Art. 14 OECD-MA gegeben sind. In der Sache geht es um die Bestimmung der in Art. 14 Abs. 2 OECD-MA nicht abschließend aufgezählten freien Berufe. Nach der h.M. in der Literatur[54] sind die Begriffe nach nationalem Steuerrecht auszulegen (Art. 3 Ab. 2 OECD-MA). Demnach wären nur i.S.d. BRAO, der WPO oder dem StBerG zugelassene RA, WP oder StB Art. 14 Abs. 2 OECD-MA zuzuordnen.[55] Die Zuordnung von ausländischen Berufsangehörigen müßte nach den Grundsätzen zu den ähnlichen Berufen i.S.d. § 18 Abs. 1 Nr. 1 EStG erfolgen.[56] Wenn aber die These aufgestellt wird, die OECD-Staaten seien sich über den Kernbereich des Begriffs „freier Beruf", wie er sich aus Art. 14 Abs. 2 OECD-MA ergebe, einig, dann ist es in sich widersprüchlich, zur Auslegung der in Art. 14 Abs. 2 OECD-MA genannten Tätigkeiten und Berufe auf das nationale Steuerrecht zurückzugreifen[57], denn insofern liegt offenbar kein gemeinsamer Kernbereich für die in Art. 14 Abs. 2 OECD-MA aufgeführten Berufe vor, da ansonsten der Rückgriff auf das nationale Steuerrecht nicht erforderlich wäre.

Folgt man dagegen der hier vertretenen Ansicht zu Art. 14 Abs. 2 OECD-MA, ist von einem Kernbereich der freien Berufe auszugehen. Haben die Vertragsstaaten eine dem Art. 14 Abs. 2 OECD-MA entsprechende Regelung in einem Abkommen getroffen, besteht die Vermutung, daß der normative Wille der Vertragsparteien darauf abzielt, die in dem jeweiligen anderen Vertragsstaat zugelassenen bzw. bestellten Anwälte, Angehörige der wirtschaftsprüfenden oder steuerberatenden Berufe den Begriffen „Rechtsanwälte" und „Buchsachverständige" zuzuordnen.[58] Somit fallen auch die aus der Berufstätigkeit von ausländischen Berufsangehörigen erzielten Einnahmen unter

---

[53] So wohl auch *Wassermeyer*, in: Debatin/Wassermeyer, MA Art. 14 Rz. 92, obwohl er im übrigen meint, die Abgrenzung zwischen den Einkünften aus unternehmerischer Tätigkeit und selbständiger Arbeit müsse nach dem nationalen Steuerrecht des Anwendestaates erfolgen *Wassermeyer*, in: Debatin/Wassermeyer, MA Art. 14 Rz. 11 ff.

[54] Für die h.M. *Görl*, Freie Berufe im IStR, S. 51; *Schaumburg*, Internationales, Rz. 16.410; *Vogel*, DBA, Art. 14 Rz. 54; *Wassermeyer*, in: Debatin/Wassermeyer, MA Art. 14 Rz. 13 u. 111.

[55] Zur Ähnlichkeit ausländischer Berufsangehöriger i.S.d. § 18 Abs. 1 Nr. 1 EStG siehe unten § 2 A II 2.

[56] *Görl*, Freie Berufe im IStR, S. 51 ff.; *Wassermeyer*, in: Debatin/Wassermeyer, MA, Art. 14 Rz. 111; offenbar a.A. *Vogel*, DBA, Art. 14 Rz. 14 f., 51 ff., wonach der Begriff „freier Beruf" außerhalb des Anwendungsbereichs des Art. 14 Abs. 2 OECD-MA aus dem Zusammenhang auszulegen sei.

[57] So aber z.B. *Görl*, Freie Berufe im IStR, S. 51; *Wassermeyer*, in: Debatin/Wassermeyer, MA, Art. 14 Rz. 11 ff.

[58] Dazu siehe oben 1 d.

den Anwendungsbereich der Einkünfte aus selbständiger Arbeit (Art. 14 OECD-MA). Da nach allgemeiner Meinung über den in Art. 14 Abs. 2 OECD-MA geregelten Kernbereich Einigkeit besteht, sind einem dem Art. 14 Abs. 2 OECD-MA nachgebildeten Artikel die RA, WP oder StB anderer OECD-Staaten zuzuordnen.[59]

4. Gemischte Tätigkeiten

Ist ein RA, WP oder StB sowohl freiberufliche als auch gewerblich tätig, ist abkommensrechtlich zu prüfen, ob die Grundsätze zur gemischten Tätigkeit auf Abkommensebene durchschlagen. Folgt man der hier vertretenen Ansicht, ist zu differenzieren. In den Fällen, in denen die Ausübung einer Tätigkeit unter den Anwendungsbereich des Art. 14 Abs. 2 OECD-MA fällt, ist der Rückgriff auf nationales Steuerrecht nicht zulässig. Dies dürfte regelmäßig in den Fällen gegeben sein, in denen der Berufsangehörige nach dem Recht beider Vertragsstaaten eine Zulassung besitzt und die Zulassung in dem anderen Staat eine Tätigkeit beinhaltet, die nach deutschem Steuerrecht zur Annahme von gewerblichen Einkünften führen würde.

Beispiel: Ein in Deutschland unbeschränkt steuerpflichtiger Fachanwalt für Steuerrecht ist in einem anderen DBA-Staat als Anwalt zugelassen. Übt er dort eine Tätigkeit aus, die nach dem dortigen Berufsrecht dem Berufsbild des Anwalts nicht fremd ist, z.B. Anlagenberatung[60], ist davon auszugehen, daß die Einkünfte nach ausländischem Steuerrecht als freiberufliche qualifiziert werden, wohingegen nach deutschem Steuerrecht unter der Voraussetzung einer untrennbaren gemischten Tätigkeit Einkünfte aus Gewerbebetrieb gegeben sein könnten. Abkommensrechtlich kommt es jedoch darauf nicht an, da beide Tätigkeiten unter die Einkünften aus freiberuflicher Tätigkeit (Art. 14 Abs. 2 OECD-MA) fallen.

Insofern unproblematisch ist hingegen die im Ausland zulässige Vereinbarung eines Erfolgshonorars, da diese Einnahmen selbst nach dem EStG den Einkünften aus selbständiger Arbeit i.S.d. § 18 EStG zuzuordnen sind, obwohl ein Erfolgshonorar gegen das Berufsbild von RA, WP oder StB verstößt.[61]

Abschließend ist somit festzuhalten, daß sich die Schwierigkeiten, die sich im Rahmen der Einordnung der Einkünfte aus der selbständigen Tätigkeit von inländischen und ausländischen RA, WP oder StB ergeben, obwohl sie dem in Art. 14 Abs. 2 OECD-MA ausdrücklich genannten Kernbereich zuzuordnen sind, auf der in Grenzbereichen nicht eindeutigen Trennbarkeit der Unternehmensgewinne (Art. 7 OECD-MA) und selbständiger Arbeit (Art. 14 OECD-MA) beruht. Infolgedessen ist unter Rückgriff auf das nationale Steuerrecht des Anwendestaates eine abweichende Auslegung der auf Eindeutigkeit gerichteten Abkommensnormen durch die Vertragsstaaten vorprogrammiert, die durch ein Verständigungsverfahren i.S.d. Art. 25 OECD-MA beseitigt werden kann.

---

59 Im Ergebnis ebenso *Rademacher-Gottwald*, Grenzüberschreitende Sozietäten, S. 190.

60 Die Anlagenberatung entspricht nach dem EStG nicht dem Berufsbild eines RA, BGH, DB 1980, 1985; *HHR/BRandt*, § 18 EStG Anm. 152 ff.

61 BFH v. 15.10.1980 - IV R 77/76, BStBl. II 1982, 340; statt aller *Schmidt/Wacker*, EStG, § 18 Rz. 100.

5. Abgrenzung zu Einkünften aus Lizenzgebühren (Art. 12 OECD-MA)

Nach Art. 12 Abs. 1 OECD-MA steht das Besteuerungsrecht für Lizenzgebühren dem Wohnsitzstaat zu. Gem. Art. 12 Abs. 2 OECD-MA liegen Lizenzgebühren vor, wenn Vergütungen jeder Art, die für die Benutzung oder für das Recht auf Benutzung von Urheberrechten an literarischen, künstlerischen oder wissenschaftlichen Werken, einschließlich für die Mitteilung gewerblicher, kaufmännischer oder wissenschaftlicher Erfahrungen (Know-how[62]) gezahlt werden. Sofern ein RA, WP oder StB für die Überlassung von zeitlich begrenzten Nutzungsrechten, wie z.B. eines Urheberrechts, Einkünfte erzielt, sind diese den Lizenzgebühren zuzuordnen.[63] Sind die Rechte dagegen nicht zeitlich begrenzt entgeltlich zur Nutzung überlassen, sind die Einkünfte denen aus selbständiger Tätigkeit i.S.d. Art. 14 OECD-MA zuzuordnen. Des weiteren ergibt sich aus dem OECD-MA-Kommentar zu Art. 12[64], daß die entgeltliche Beratungsleistung eines Rechtsanwalts oder Buchsachverständigen keine Überlassung von Know-how darstellt und damit die Vergütung nicht als Lizenzgebühr i.S.d. Art. 12 OECD-MA zu qualifizieren ist. Ebensowenig ist die Erstellung eines Gutachtens durch einen RA, WP oder StB als Überlassung von „Know-how" zu qualifizieren[65], da nach ganz h.M.[66] und der Rspr.[67] unter dem Begriff „Know-how" ein technisches und kein rechtliches Spezialwissen zu verstehen ist. Insofern wird eine konkrete Beratungsleistung geschuldet und nicht die Überlassung von Wissen.

IV. Feste Einrichtung (Art. 14 Abs. 1 OECD-MA)

1. Abkommensrechtliche Funktion und Begriff der festen Einrichtung

Übt eine abkommensberechtigte Person eine selbständige Arbeit gem. Art. 14 Abs. 1 OECD-MA aus, kann der Quellenstaat die Einkünfte nur dann besteuern, wenn für die Ausübung gewöhnlich eine feste Einrichtung zur Verfügung steht und die Einkünfte der festen Einrichtung zugerechnet werden können. Eine Definition der festen Einrichtung ist in Art. 14 Abs. 1 OECD-MA nicht geregelt. Aus dem MA-Kommentar[68] geht hervor, daß zwar Art. 7 und Art. 14 OECD-MA auf denselben Grundsätzen beruhen, es jedoch für richtig befunden wurde, den Begriff der Betriebsstätte nur den gewerblichen Tätigkeiten vorzubehalten. Nicht erforderlich sei es, den Begriff der festen Einrichtung zu definieren. Jedoch würde z.B. der Praxisraum eines Arztes oder das Büro eines Architekten oder eines Rechtsanwalts darunter fallen. Demnach hat eine

---

[62] Mit dieser Klassifizierung zielt Art. 12 Abs. 2 OECD-MA auf den Begriff „know-how" ab; so ausdrücklich MA-Komm. Art. 12 Nr. 11, abgedruckt bei *Vogel*, DBA, Art. 12 Rz. 33.

[63] BFH v. 1.12.1982 - I B 11/82, BStBl. II 1983, 367; BFH v. 23.5.1973 - I R 163/71, BStBl. II 1974, 287; statt aller *Wilke*, in: Becker/Höppner/Grotherr/Kroppen, DBA, Art. 12 Rn. 48.

[64] MA-Komm Art. 12 Nr. 11, abgedruckt bei *Vogel*, DBA, Art. 12 Rz. 33.

[65] *Portner*, in: Becker/Höppner/Grotherr/Kroppen, DBA, Art. 12 Rn. 89.

[66] MA-Komm Art. 12 Nr. 11, abgedruckt bei *Vogel*, DBA, Art. 12 Rz. 33; *Amann*, Dienstleistungen im IStR, S. 133 f.; *Niedner*, Einkünfte aus Arbeit im IStR, S. 53; *Portner*, in: Becker/Höppner/Grotherr/Kroppen, DBA, Art. 12 Rn. 86.

[67] Z.B. BFH v. 23.11.1988 - II R 209/82, BStBl. II 1989, 82; BFH v. 10.3.1993 - I R 116/91, BFH/NV 1993, 595; vgl. auch BGHZ 16, 172 [175].

[68] MA-Komm. Art. 14 Nr. 4, abgedruckt bei *Vogel*, DBA, Art. 14 Rz. 4.

feste Einrichtung die abkommensrechtliche Funktion eines ortsbezogenen Anknüpfungsmerkmals, das ein Besteuerungsrecht des Quellenstaates begründet. Der Ausdruck soll die intensive selbständige und deshalb ein Besteuerungsrecht begründende Bindung einer Person zum Quellenstaat von einer nur gelegentlichen, lockeren und deshalb kein Besteuerungsrecht begründenden Beziehung abgrenzen.[69] Nichts anderes gilt für die Betriebsstätte eines Unternehmens (Art. 5 OECD-MA).[70] Demnach haben die Betriebsstätte und die feste Einrichtung für die jeweilige abkommensrechtliche Norm dieselbe Funktion.[71] In diesem funktionalen Sinne kann die feste Einrichtung (früher: fester Mittelpunkt[72]) auch als Betriebsstätte eines Selbständigen bezeichnet werden.[73]

Darüber hinaus ist in der Literatur allgemein streitig, ob Begriff „feste Einrichtung" ein eigenständiger ist.[74] Im Kern geht es dabei um die Frage, ob zur Feststellung einer festen Einrichtung auf die in Art. 5 OECD-MA enthaltenen Regelungen zur Betriebsstätte zurückgegriffen werden kann.[75] Nach hier vertretener Ansicht tragen die unterschiedlichen Begriffe der Tatsache Rechnung, daß abkommensrechtlich zwischen den Einkünften aus Unternehmensgewinnen (Art. 7 OECD-MA) und den Einkünften aus selbständiger Arbeit (Art. 14 OECD-MA) zu unterscheiden ist. Unter Berücksichtigung der abkommensrechtlichen Funktionsgleichheit sind die Kriterien zur Feststellung, ob eine Betriebsstätte gegeben ist, entsprechend für eine feste Einrichtung anwendbar.[76] Der Unterschied besteht jedoch darin, daß die im Rahmen der Feststellung

---

69 *Wassermeyer*, in: Debatin/Wassermeyer, MA Art. 14 Rz. 67; *Vogel*, DBA, Art. 14 Rz. 22.

70 Statt aller *Wassermeyer*, in: Debatin/Wassermeyer, MA Art. 5 Rz. 1; *Vogel*, DBA, Art. 5 Rz. 22.

71 Zuerst *Micheaux*, Intertax 1987, 68, 72; diesem folgend *Vogel*, DBA, Art. 14 Rz. 23; *Krüger*, IStR 1998, 104, 107.

72 BFH v. 3.2.1988 - I R 369/83, BStBl. II 1988, 486, DBA-Italien.

73 Diese Formulierung geht zurück auf RFH v. 31.10.1940 - IV 78/40, RStBl. 1941, 19; ferner BFH v. 22.3.1966 - I 65/63, BStBl. III 1966, 463; BFH v. 12.10.1978 - I R 69/75, BStBl. II 1979, 64; BFH v. 3.2.1988 - I R 369/83, BStBl. II 1988, 486; BFH v. 11.4.1990 - I R 82/86, BFH/NV 1991, 143; *Vogel*, DBA, Art. 14 Rz. 22; *Wilke*, in: Becker/Höppner/Grotherr/Kroppen, DBA, Art. 14 Rn. 45; *Rademacher-Gottwald*, Grenzüberschreitende Sozietäten, S. 217; *Schaumburg*, Internationales, Rz. 16.412, m.w.N.

74 So die h.M. *Erhard*, in: Flick/Wassermeyer/Wingert/Kempermann, DBA; Art. 14 Anm. 76; *Görl*, Freie Berufe im IStR, S. 90 ff.; *Micheaux*, Intertax, 1987, 68, 71; *Vogel*, DBA, Art. 14 Rz. 8 u. 22 f.; so wohl auch *Thöben*, IWB, F. 10 Gr. 2, 1253, 1254 f.; *Wilke*, in: Becker/Höppner/Grotherr/Kroppen, DBA, Art. 14 Rn. 46; siehe auch Bulletin zu IFA 50 th Congress 1996, abgedruckt in: International Bureau of Fiscal Documation, S. 548, S. 550.

75 Bejahend *Krüger*, IStR 1998, 104, 109; *Micheaux*, Intertax, 1987, 68; *Vogel*, DBA, Art. 14 Rz. 22; verneinend *Huston*, Intertax, 1988, 282, 286; *Krabbe*, IStR 1995, 692; für eine analoge Anwendung des Art. 5 *Wassermeyer*, in: Debatin/Wassermeyer, MA Art. 14 Rz. 66; es ist m. E. jedoch zweifelhaft, ob insoweit eine planwidrige, wertmäßig inkonsequente und nicht gewollte Regelungslücke besteht.

76 *Vogel*, DBA, Art. 14 Rz. 22; a.A. *Krüger*, IStR 1998, 104, 109, es handle sich zwar um einen eigenstänigen Begriff, die Regelungen in Art. 5 Abs. 2-7 OECD-MA können jedoch nicht auf die feste Einrichtung übertragen werden. Dies ist m. E. insofern nicht überzeugend, als er an anderer Stelle, a.a.O., 107, den Rechtsgedanken des Art. 5 Abs. 3 e OECD-MA auch für eine feste Einrichtung anwenden will.

zu erfolgende Wertung die Tatsache einzubeziehen hat, wonach die Tätigkeit, die mit Hilfe der festen Einrichtung erbracht wird, keine unternehmerische ist.[77] In der Praxis wird zumeist kein Unterschied gegeben sein[78], dies darf jedoch nicht den Blick dafür verstellen, daß es sich aus systematischer Sicht um verschiedene Anknüpfungsmerkmale handelt, die nicht inhaltsgleich sein müssen.[79] Der innere Grund für die geführte Diskussion liegt vielmehr in der Ähnlichkeit der hier in Rede stehenden Erwerbstätigkeiten. Insofern ist die in der Literatur[80] geforderte Abschaffung der festen Einrichtung zu kurz gegriffen. Vielmehr geht es um die Streichung der Einkünfte aus selbständiger Arbeit (Art. 14 OECD-MA) aufgrund der auf der rechtstatsächlichen Ähnlichkeit beider Tätigkeiten ruhenden Abgrenzungsschwierigkeiten.[81]

2. Voraussetzungen

Nach Art. 14 Abs. 1 OECD-MA muß die feste Einrichtung für die Ausübung der Tätigkeit gewöhnlich eine feste Einrichtung zur Verfügung stehen. Für die Berufsgruppe der RA, WP und StB wird eine feste Einrichtung unzweifelhaft immer dann gegeben sein, wenn diese in einem anderen als ihrem Ansässigkeitsstaat ein Büro errichtet haben und dieses auch zur Berufsausübung nutzen. Problematisch sind jedoch die Fälle, in denen ein Freiberufler kein Büro unterhält, sondern z.B. in den Räumen des Auftraggebers tätig wird.

a) Merkmal „dienen"

Nach dem Wortlaut des Art. 14 Abs. 1 S. 1 OECD-MA muß die feste Einrichtung für die Ausübung eines freien Berufs oder einer sonstigen selbständigen Tätigkeit gewöhnlich zur Verfügung stehen. Daraus ergibt sich, daß die feste Einrichtung der Ausübung der Tätigkeit „dienen" muß.[82] Ob eine feste Einrichtung dazu geeignet ist, hängt von dem jeweiligen ausgeübten freien Beruf oder der jeweiligen sonstigen Tätigkeit ab.[83] Für die Berufe des RA, WP oder StB kommen hierfür Räumlichkeiten in Be-

---

77 In diesem Sinne auch *Krabbe*, IStR 1995, 692; *Wassermeyer*, in: Debatin/Wassermeyer, MA Art. 14 Rz. 66.

78 Insoweit zutreffend *Huston*, Intertax, 1988, 282, 286.

79 Wie hier *Kluge*, Internationales Steuerrecht, Rz. S 271.

80 Dazu siehe *Huston*, Intertax, 1988, 282; *Krüger*, IStR 1998, 104; *Micheaux*, Intertax 1987, 68.

81 Insofern kann es auch dahingestellt bleiben, ob es, wie von *Vogel*, DBA, Art. 14 Rz. 27 a vertreten wird, für die Annahme einer festen Einrichtung eines engeren Verhältnisses der Tätigkeit zur Einrichtung bedarf als bei einer Betriebsstätte; diesem offenbar folgend *Rademacher-Gottwald*, Grenzüberschreitende Sozietäten, S. 229.

82 BFH v. 11.4.1990 - I R 82/86, BFH/NV 1991, 143, 146; BFH v. 2.12.1992 - I R 77/91, DB 1993, 668; aus der Literatur z.B. *Görl*, Freie Berufe im IStR, S. 93 f.; *Krüger*, IStR 1998, 104, 107 f.; *Rademacher-Gottwald*, Grenzüberschreitende Sozietäten, S. 221, spricht insofern zutreffend von Berufsausübungsstätten; *Stehlik/Hezel*, BB 1963, 764, 766; *Wassermeyer*, in: Debatin/Wassermeyer, MA Art. 14 Rz. 68.

83 So bereits *Stehlik/Hezel*, BB 1963, 764, 766; zustimmend *Vogel*, DBA, Art. 14 Rz. 22; *Wilke*, in: Becker/Höppner/Grotherr/Kroppen, DBA, Art. 14 Rn. 46.

tracht.[84] Diese müssen der freiberuflichen Tätigkeit „dienen". Hierfür bedarf es einer sachlichen Ausstattung der Räumlichkeiten.[85] Nach der h.M.[86] in der Literatur bestimme sich die erforderliche sachliche Ausstattung der Einrichtung anhand des objektiven Berufsbilds der freiberuflichen Tätigkeit. Diese Aussage ist in ihrer Allgemeinheit jedoch irreführend. So folgert *Görl*[87] daraus, eine Wohnung eines Röntgenarztes könne keine feste Einrichtung sein, da für die Berufsausübung die technischen Apparaturen zwingend erforderlich seien. Des weiteren sei eine feste Einrichtung wegen der Eigenart der freien Berufe immer nur „Hilfsmittel" für die Berufsausübung, da diese bei einem Freiberufler immer von der persönlichen Arbeitsleistung geprägt werde. Der Rechtsgedanke des Art. 5 Abs. 4 OECD-MA, wonach eine Betriebsstätte nicht anzunehmen ist, wenn sie nur zur Ausübung der dort aufgezählten Hilfs- oder vorbereitenden Tätigkeiten diene, sei daher nicht auf die feste Einrichtung (Art. 14 Abs. 1 OECD-MA) übertragbar.[88] Die Ausführungen von *Görl*[89] sind jedoch insofern zweifelhaft, als Gegenstand der freiberuflichen Tätigkeit eines Röntgenarztes beispielsweise auch die Erstellung von Fachliteratur sein kann.[90] Zum anderen bedarf es für eine intensive wirtschaftliche Bindung weder der sachlichen Ausstattung zur Ausübung der gesamten freiberuflichen Tätigkeit noch reicht die sachliche Ausstattung zur Ausübung unbedeutender Arbeiten für die Annahme einer festen Einrichtung aus.[91] Daher ist auch der Auffassung von *Micheaux*[92] nicht zu folgen, wonach der Unterschied einer festen Einrichtung zu einer Betriebsstätte in der fehlenden Notwendigkeit einer besonderen Ausstattung liege.[93] Die notwendige sachliche Ausstattung der festen Einrichtung hängt somit von der tatsächlich ausgeübten Tätigkeit ab.[94]

Die sachliche Ausstattung einer festen Einrichtung gilt auch für die Tätigkeit von RA, WP oder StB. Ist eine Räumlichkeit als Büro eingerichtet, dient diese offensichtlich der

[84] Das in einer Privatwohnung befindliche Arbeitszimmer, die Büroecke mit Schreibtisch und Aktenschrank in Betracht BFH v. 30.1.1974 - I R 87/72, BStBl. II 1974, 327; BFH v. 15.7.1986 - VIII R 124/83, BStBl. II 1986, 744; ferner das in einer Ferienwohnung gelegene Arbeitszimmer oder die Zweitwohnung an sich BFH v. 22.3.1966 - I 65/63, BStBl. III 1966, 463; dazu siehe auch *Wassermeyer*, in: Debatin/Wassermeyer, MA Art. 14 Rz. 68; *Vogel*, DBA, Art. 14 Rz. 23.

[85] Statt aller *Stehlik/Hezel*, BB 1963, 764; *Wassermeyer*, in: Debatin/Wassermeyer, MA Art. 14 Rz. 68.

[86] *Stehlik/Hezel*, BB 1963, 764, 766; diesen folgend *Erhard*, in: Flick/Wassermeyer/Wingert/Kempermann, DBA-Schweiz, Art. 14 Anm. 76; *Görl*, Freie Berufe im IStR, S. 93 f.; *Krüger*, IStR 1998, 104, 107; *Vogel*,DBA, Art. 14 Rz. 23.

[87] *Görl*, Freie Berufe im IStR, S. 94.

[88] *Görl*, Freie Berufe im IStR, S. 100 f.

[89] *Görl*, a.a.O.

[90] So zu Recht *Wassermeyer*, in: Debatin/Wassermeyer, MA Art. 14 Rz. 68.

[91] Im Ergebnis ebenso *Stehlik/Hezel*, BB 1963, 764, 766; *Krüger*, IStR 1998, 104, 108; *Vogel*, DBA, Art. 14 Rz. 23; im Wege der analogen Anwendung des Art. 5 Abs. 4 OECD-MA ebenso *Wassermeyer*, in: Debatin/Wassermeyer, MA Art. 14 Rz. 68; eine Analogie ist jedoch insofern nicht gegeben, als sich die Ausklammerung der Einrichtungen, die nur unbedeutenden Arbeiten dienen, aus der abkommensrechtlichen Funktion der festen Einrichtung ableiten läßt.

[92] *Micheaux*, Intertax 1987, 68, 73.

[93] Ebenfalls kritisch *Huston*, Intertax 1988, 282, 286.

[94] In diesem Sinne auch *Wassermeyer*, in: Debatin/Wassermeyer, MA Art. 14 Rz. 68; *Wilke*, in: Becker/Höppner/Grotherr/Kroppen, DBA, Art. 14 Rn. 46.

Ausübung der Tätigkeit.[95] Zwar ist die sachliche Ausstattung zur freiberuflichen Tätigkeit von RA, WP oder StB im Vergleich zu anderen Berufen eher gering, jedoch macht, wie *Krüger*[96] zutreffend feststellt, „ein Palandt .. aus der Zweitwohnung eines Rechtsanwalts noch keine feste Einrichtung". Daher führt auch allein die Ausstattung z.B. einer Ferienwohnung eines Rechtsanwalts mit Kommunikationsmittel, wie z.B. Telefon, Fax oder Internet, nicht zur Annahme einer festen Einrichtung.

Beispiel 1: Ein in Deutschland ansässiger Anwalt unterhält in Brüssel eine Kanzlei, die ausschließlich als Akquisitionskanzlei ausgestattet ist, d.h. insbesondere ohne Bibliothek, aber mit einem Besprechungsraum. Hinsichtlich der Annahme einer festen Einrichtung kommt es weniger auf die Tatsache an, daß ein Besprechungsraum in der Kanzlei eingerichtet ist, der auch für Beratungsgespräche und Vertragsverhandlungen genutzt wird, als auf die Tatsache, daß tatsächlich keine Beratungsgespräche und Vertragsverhandlungen, d.h. freiberufliche Tätigkeit, in der Kanzlei ausgeübt werden bzw. dazu bestimmt sind.[97]

Beispiel 2: Ein in Deutschland ansässiger Fachanwalt für Steuerrecht schreibt an einem Kommentar zum HGB. Hierfür nutzt er (ausschließlich) seine im Ausland gelegene Ferienwohnung, in der er auch die hierfür notwendigen Kommentare, Literatur und Entscheidungssammlungen aufbewahrt. Für die Annahme einer festen Einrichtung kann es nicht darauf ankommen, ob dieser dort auch Kommentare u.s.w. zum allgemeinen und speziellen Steuerrecht aufbewahrt.[98]

b) Merkmal „Ausüben einer freiberuflichen Tätigkeit"

Nach Art. 14 Abs. 1 OECD-MA muß der Person „für die Ausübung ihrer Tätigkeit" gewöhnlich eine feste Einrichtung zur Verfügung stehen. Demnach muß mit Hilfe der festen Einrichtung tatsächlich eine Tätigkeit ausgeübt werden.[99] Aus der abkommensrechtlichen Funktion einer festen Einrichtung, wonach diese als ortsbezogenes Anknüpfungsmerkmal eine intensive wirtschaftliche Beziehung zu dem Tätigkeitsstaat sicherstellen soll, ergibt sich, daß einerseits die Ausübung unbedeutender Nebentätigkeiten nicht zur Annahme einer festen Einrichtung führt[100], andererseits müssen nicht alle Arbeiten, die die Person im Rahmen ihrer selbständigen Tätigkeit anzubieten pflegt, dort ausgeübt werden. So steht z.B. der Annahme einer festen Einrichtung nicht entgegen, wenn in ihr nur schriftliche Anfragen beantwortet werden, obwohl die selbständige Arbeit im übrigen auch die persönliche Beratung umfaßt. Diese kann z.B. in den Räumen der Mandanten erfolgen. Ebenso braucht die in ihr ausgeübte Arbeit nicht werbender Natur sein.[101] *Rademacher-Gottwald*[102] betont, es werde nicht die tatsächliche Nutzung der festen Einrichtung ausdrücklich verlangt. Soweit eine für die Aus-

[95] BFH v. 10.5.1989 - I R 50/85, BStBl. II 1989, 755; BFH v. 2.2.1993 - I R 80-81/91, BStBl. II 1993, 462.
[96] *Krüger*, IStR 1998, 104, 107.
[97] Ebenso *Rademacher-Gottwald*, Grenzüberschreitende Sozietäten, S. 222.
[98] Im Ergebnis ebenso die Bsp. bei *Krüger*, IStR 1998, 104, 107 f.; *Stehlik/Hezel*, BB 1963, 764, 766 f.
[99] *Wassermeyer*, in: Debatin/Wassermeyer, MA Art. 14 Rz. 74.
[100] *Wassermeyer*, in: Debatin/Wassermeyer, MA Art. 14 Rz. 68.
[101] *Wassermeyer*, in: Debatin/Wassermeyer, MA Art. 14 Rz. 82.
[102] *Rademacher-Gottwald*, Grenzüberschreitende Sozietäten, S.219 f.

übung einer freiberuflichen Tätigkeit eingerichtete feste Einrichtung tatsächlich nicht genutzt wird, ist jedoch zu prüfen, ob es an der Absicht fehlt, eine feste Einrichtung zu errichten, ob diese aufgelöst oder ob die Existenz unterbrochen ist.

Soweit *Vogel*[103] der Ansicht ist, unter Berücksichtigung des englischen Originaltextes ergebe sich aus dem Wortlaut des Art. 14 Abs. 1 OECD-MA die notwendige Voraussetzung eines engeren Verhältnisses der ausgeübten Tätigkeit zu einer Einrichtung als es bei Betriebsstätten erforderlich sei, ist dies insofern zweifelhaft, als sowohl mit Hilfe einer feste Einrichtung als auch einer Betriebsstätte eine (Haupt-) Tätigkeit ausgeübt werden muß.[104]

Beispiel: Ein StB bereitet, während seines Urlaubs, in seinem im Ausland belegenen Ferienhaus, das von ihm zu erstellende Gutachten durch Studium der Akten und Herausarbeiten des Sachverhaltes vor. Fertiggestellt wird es in seiner inländischen Kanzlei. Das Ferienhaus wird ansonsten nur zu Urlaubszwecken genutzt. Die vorbereitende Tätigkeit stellt eine abkommensrechtlich nicht zu beachtende Nebentätigkeit dar. Ist das Ferienhaus derart eingerichtet, daß der StB das Gutachten in seinem Ferienhaus erstellt, ist eine abkommensrechtlich beachtliche Haupttätigkeit gegeben. Inwieweit ein „engeres" Verhältnis zur Einrichtung als zu einer Betriebsstätte gegeben sein soll, ist m. E. nicht zu erkennen.

c) Merkmal „fest"

Nach dem Wortlaut des Art. 14 Abs. 1 OECD-MA muß es sich um eine „feste" Einrichtung handeln. Dies gilt sowohl nach Art. 5 OECD-MA als auch nach § 12 AO für eine Betriebsstätte, wonach eine „feste" Geschäftseinrichtung gegeben sein muß. Zwar ist der Rückgriff auf innerstaatliches Steuerrecht (§ 12 AO) formell ausgeschlossen[105], gleichwohl ist zu berücksichtigen, daß Art. 5 OECD-MA vom deutschen Recht stark beeinflußt ist und insoweit einzelne Merkmale inhaltlich übereinstimmen können.[106] Insofern ist der Ausdruck „fest" sowohl im Sinne eines ortsbezogenen als auch eines zeitlichen Kriteriums zu verstehen.

Eine feste Einrichtung muß örtlich fixiert sein.[107] Hierfür bedarf es einer Berührung mit der Erdoberfläche.[108] Da die Tätigkeit von RA, WP und StB üblicherweise in Räumlichkeiten ausgeübt wird, wird diese Voraussetzung im Regelfall vorliegen.[109]

---

[103] *Vogel*, DBA, Art. 14 Rz. 27 a; diesem offenbar folgend *Rademacher-Gottwald*, Grenzüberschreitende Sozietäten, S.229.

[104] So auch *Krüger*, IStR 1998, 104, 108.

[105] Statt aller *Debatin*, DB 1989, 1692, 1739, 1692 f.; *Vogel*, DBA, Art. 5 Rz. 22.

[106] In diesem Sinne auch zum DBA-Großbritanien BFH v. 3.2.1993 - I R 80-81/91, BStBl. II 1993, 462, 467; ferner *Lüdicke*, in: Lademann, EStG, § 49 Anm. 372 u. 289 f.; *Schaumburg*, Internationales, Rz. 16.412; *Vogel*, DBA, Art. 5 Rz. 22; *Wassermeyer*, in: Debatin/Wassermeyer, MA Art. 5 Rz. 8.

[107] So zu Betriebsstätten bereits RFH v. 6.3.1935 - VI A 210/34, RStBl. 1935, 605; BFH v.9.10.1974 - I R 128/73, BStBl. II 1975, 203; aus der Literatur, statt aller *Wassermeyer*, in: Debatin/Wassermeyer, MA Art. 14 Rz. 70.

[108] Vgl. zur Betriebsstätte BFH v. 28.7.1993 - I R 15/93, IStR 1994, 27; statt aller *Wassermeyer*, in: Debatin/Wassermeyer, MA Art. 14 Rz. 70.

[109] Insoweit stellt sich auch die Frage der Verbundenheit mit dem Erdboden nur in Ausnahmefällen; vgl. dazu *Wassermeyer*, in: Debatin/Wassermeyer, MA Art. 5 Rz. 37.

Eine andere Frage ist, ob mehrere Räumlichkeiten, die zwar in einem Vertragsstaat belegen sind, aber örtlich voneinander getrennt sind, zu einer festen Einrichtung zusammengefaßt werden können. Diese Frage hat Bedeutung für die Beurteilung, ob die zeitlichen und sachlichen Voraussetzungen gegeben sind. Da das Erfordernis der örtlichen Fixierung besteht, muß jede Einrichtung notwendigerweise die Voraussetzungen einer festen Einrichtung erfüllen.[110]

> Beispiel: Ein WP, der seit einem Jahr einen belgischen Mandanten regelmäßig in dessen Räumen berät, hat zur Unterstützung der Beratungsleistung gegenüber seines Mandanten ein Büro in diesem Staat eingerichtet. Dieses schließt er jedoch bereits nach drei Monaten wieder, da kein neuer Beratungsvertrag abgeschlossen wurde. Sofern es sich bei den vom Auftraggeber zur Verfügung gestellten Räumlichkeiten nicht um eine feste Einrichtung handelte, ist für die Beurteilung der Frage, ob das Büro dauerhaft genutzt werden sollte, der Zeitraum, in dem die Tätigkeit in den Räumen des Auftraggebers ausgeübt wurde, nicht zu berücksichtigen.

Der Ausdruck „fest" ist auch als zeitliches Kriterium zu verstehen.[111] Danach darf eine Betriebsstätte (Art. 5 OECD-MA) und eine feste Einrichtung (Art. 14 Abs. 1 OECD-MA) nicht nur vorübergehend für die jeweilige Tätigkeit bestehen, sondern muß auf längere bzw. eine gewisse Dauer angelegt sein.[112] Für die feste Einrichtung ergibt sich dies auch aus dem MA-Kommentar zu Art. 14, wonach „..ein Mittelpunkt fester oder dauerhafter Art.." Voraussetzung für die Besteuerung im Quellenstaat sei.[113] Für die feste Einrichtung kommt es nicht auf die tatsächliche, sondern auf die Absicht der dauerhaften freiberuflichen Nutzung an.[114] Demnach muß eine feste Einrichtung für die selbständige Tätigkeit bestimmt sein.[115] Daher wird eine feste Einrichtung auch dann als auf Dauer angelegt gesehen, wenn wegen Umständen, die nach der Aufnahme der Tätigkeit neu hinzutreten, wie z.B. mangelnde Rentabilität, o.ä., die Einrichtung nach

---

110 Im Ergebnis ebenso *Wassermeyer*, in: Debatin/Wassermeyer, MA Art. 14 Rz. 70, unter entsprechender Anwendung seiner zu Betriebsstätten vertretenen Ansicht, *ders.*, a.a.O., Art. 5 Rz. 37; a.A. zu Betriebsstätten *Kumpf*, Betriebsstätten, S. 31; *Storck*, Ausländische Betriebsstätten, S. 134 ff., S. 164, eine Zusammenfassung sei ausnahmsweise dann möglich, wenn „ein direkter funktionaler, wirtschaftlicher Zusammenhang vorliegt".

111 Statt aller *Görl*, Freie Berufe im IStR, S. 95; *Schaumburg*, Internationales, Rz. 239.

112 BFH v. 2.12.1992 - I R 77/91, DB 1993, 668 (ständige Einrichtung gem. Art. 12 Abs. 2 S. 2 DBA-Frankreich); BFH v. 19.5.1993 - I R 80/92, BStBl. II 1993, 655, 656 (fester Mittelpunkt gem. Art. 7 Abs. 1 S. 2 DBA-Italien 1924); BFH v. 3.2.1993 - I R 80-81/91, BStBl. II 1993, 462, 465 (Betriebsstättenbegriff im DBA- Großbritanien); der Rspr. folgend *Görl*, Freie Berufe im IStR, S. 95; *Vogel*, DBA, Art. 14 Rz. 24 a; *Wassermeyer*, in: Debatin/Wassermeyer, MA Art. 14 Rz. 70; dies gilt ebenso für die Betriebsstätte gem. § 12 AO nach nationalem Steuerrecht. Insoweit ist der Betriebsstättenbegriff nach nationalem Recht und nach abkommensrecht inhaltsgleich; so bereits RFH v. 4.3.1927 - I B 1/27, RStBl. 1927, 112, 113; RFH v. 22.1.1941 - VI B 7/40, RStBl. 1941, 90; dem RFH folgend BFH v. 27.4.1954 - I B 136/53 U, BStBl. III 1954, 179; BFH v. 30.10.1973 – I R 50/71, BStBl. II 1974, 107; BFH v. 25.6.1986 - V R 20/79, BStBl. II 1987, 162; aus dem Schrifttum z.B. *Lüdicke*, in: Lademann, EStG, § 49 Anm. 280 ff.; *Kumpf*, in: Haarmann (Hrsg.), Beschränkte Steuerpflicht, S. 27 ff.; *Tipke/Kruse*, AO, § 12 Tz. 2; *Wassermeyer*, in: Haarmann (Hrsg.), Beschränkte Steuerpflicht, S. 47 ff.

113 MA-Komm. Art. 14 Nr. 4 S. 5, abgedruckt bei *Vogel*, DBA, Art. 14 Rz. 4; in MA-Komm. Art. 5 Nr. 6, abgedruckt bei *Vogel*, DBA, Art. 5 Rz. 4 wird der Begriff „Ständigkeit" verwendet.

114 *Vogel*, DBA, Art. 14 Rz. 24 a; *Wassermeyer*, in: Debatin/Wassermeyer, MA Art. 14 Rz. 70; vgl. auch MA-Komm Art. 5 Nr. 6, abgedruckt bei *Vogel*, DBA, Art. 5 Rz. 14.

115 *Görl*, Freie Berufe im IStR, S. 95; *Vogel*, DBA, Art. 14 Rz. 24 a.

kurzer Zeit wieder aufgegeben wird.[116] Ebenso wird eine zunächst nur vorübergehend geplante Einrichtung rückwirkend zu einer festen Einrichtung, wenn der selbständig Tätige nach ihrer Begründung die Absicht faßt, sie ständig für seine Tätigkeit zu nutzen.[117] Insoweit besteht Einigkeit.[118]

Umstritten ist jedoch, ob die Feststellung des Merkmals „gewisse Dauer" nach Überschreitung einer Mindestdauer erfolgt oder ob auf die Gesamtumstände des Einzelfalls abzustellen ist. Nach Ansicht des BFH[119] könne nur das Gesamtbild entscheidend sein, wie es sich nach den Erfordernissen des Steuerpflichtigen auf eine gewisse Zeit darstellt. Wie lange der Zeitraum zu bemessen ist, sei von den Verhältnissen des Einzelfalls abhängig. Hierbei biete eine Nutzungsdauer von mehr als sechs Monaten, wie sie in § 16 Abs. 2 Nr. 3 StAnpG (heute: § 12 AO) vorgesehen war, einen Anhaltspunkt. Die Frage nach einer maßgeblichen Zeitspanne sei allerdings nicht abschließend geklärt.[120] Dem folgt zwar im Grundsatz auch der I. Senat des BFH[121], jedoch weicht er von der bisherigen Rspr. insofern ab, als er von einer Mindestfrist zur Bestimmung der „gewissen Dauer" eines festen Mittelpunkts i.S. .d. DBA-Italien 1925 ausgeht. Insoweit seien die Rechtsgedanken der §§ 9 und 12 S. 2 Nr. 8 AO analog anzuwenden. Danach begründet die Dauer von länger als sechs Monaten einen gewöhnlichen Aufenthalt bzw. eine Betriebsstätte bei Bauausführungen und Montagen.[122]

Der überwiegende Teil der Literatur[123] ist der Auffassung, es komme weder für eine Betriebsstätte (Art. 5 OECD-MA) noch für eine feste Einrichtung (Art. 14 Abs. 1 OECD-MA) auf einen Mindestzeitraum an. Entscheidend seien vielmehr die Gesamtumstände des Einzelfalls. Die in Art. 5 Abs. 3 OECD-MA enthaltene Mindestzeitspanne für Bauausführung oder Montagebetriebsstätten sei auf die feste Einrichtung nur dann übertragbar, wenn es sich um einen freiberuflich tätigen Ingenieur oder Architekt handle und nach dem geltenden DBA ausdrücklich durch die bloße Bauüberwachung eine Betriebsstätte begründet werden könne. Dies sei jedoch nach dem OECD-MA nicht der Fall.[124]

---

116 So ausdrücklich *Vogel*, DBA, Art. 14 Rz. 24 a; vgl. auch MA-Komm. Art. 5 Nr. 6, abgedruckt bei *Vogel*, DBA, Art. 5 Rz. 14.

117 So ausdrücklich *Wassermeyer*, in: Debatin/Wassermeyer, MA Art. 14 Rz. 70; vgl. auch MA-Komm Art. 5 Nr. 6, abgedruckt bei *Vogel*, DBA, Art. 5 Rz. 14.

118 Z.B. BFH v. 2.12.1992 - I R 77/91, DB 1993, 668; BFH v. 19.5.1993 - I R 80/92, BStBl. II 1993, 655, 656; aus dem Schrifttum *Görl*, Freie Berufe im IStR, S. 95 f.; *Vogel*, DBA, Art. 14 Rz. 24 f.; *Wassermeyer*, in: Debatin/Wassermeyer, MA Art. 14 Rz. 70; *Wilke*, in: Becker/Höppner/Grotherr/Kroppen, DBA, Art. 14 Rn. 76.

119 So ausdrücklich BFH v. 27.4.1954 - I B 136/53, BStBl. III 1954, 179.

120 Im Ergebnis ebenso BFH v. 30.10.1973 - I R 50/71, BStBl. II 1974, 107; BFH v. 2.12.1992 - I R 77/91, DB 1993, 668; BFH v. 3.2.1993 - I R 80-81/91, BStBl. II 1993, 462, 465.

121 BFH v. 19.5.1993 - I R 80/92, BStBl. II 1993, 655 656.

122 Zustimmend *Erhard*, in: Flick/Wassermeyer/Wingert/Kempermann, DBA-Schweiz, Art. 14 Anm. 47; *Wilke*, in: Becker/Höppner/Grotherr/Kroppen, DBA, Art. 14 Rn. 49.

123 Zur festen Einrichtung *Vogel*, DBA, Art. 14 Rz. 24 f.; so wohl auch *Görl*, Freie Berufe im IStR, S. 95 f.; zur Betriebsstätte *Kumpf*, Betriebsstätten, S. 27 ff.; *Storck*, Ausländische Betriebsstätten, S. 136. *Vogel*, DBA, Art. 5 Rz. 28.

124 *Vogel*, DBA, Art. 14 Rz. 26.

Demgegenüber wird im Schrifttum die Meinung[125] vertreten, zur Bestimmung des Merkmals „gewisse Dauer“ sei auf eine Mindestdauer abzustellen. Dies lasse sich aus Art. 5 Abs. 3 OECD-MA ableiten, wonach eine Bauausführung oder Montage nur dann eine Betriebsstätte ist, wenn ihre Dauer zwölf Monate überschreitet.[126] Daher begründe eine Dauer von mehr als zwölf Monaten stets eine feste Einrichtung. Aus den Vorbehalten einzelner OECD-Staaten zu Art. 5 Abs. 3 OECD-MA[127], wonach bereits die Dauer von sechs Monaten zur Annahme einer Betriebsstätte bei Bauausführungen und Montagen führen soll, folge im Umkehrschluß, daß eine Dauer von weniger als sechs Monaten keine feste Einrichtung begründe. Verstehe man Art. 5 Abs. 3 OECD-MA als zeitliche Sonderregelung speziell für den dort geregelten Fall der Bauausführungs- und Montagebetriebsstätte, dann bestimme die dort genannte Zwölfmonatsfrist nicht notwendigerweise auch die Mindestdauer für die feste Einrichtung i.S.d. Art. 14 Abs. 1 S. 2 OECD-MA, weshalb die Dauer von mehr als sechs Monaten die maßgebliche Zeitgrenze bilden solle.

Im Kern geht es hierbei um die Frage, ob das Erfordernis einer Mindestdauer eine Rechtsgrundlage im Abkommensrecht hat. Soweit der I. Senat des BFH vom 19.5.1993[128] unter analoger Anwendung der Rechtsgedanken der Regelungen über den gewöhnlichen Aufenthalt i.S.d. § 9 AO und über die Bauausführungs- und Montagebetriebsstätten i.S.d. § 12 S. 2 Nr. 8 AO[129] von einem solchen i.S.d. DBA-Italien 1925 ausgeht, ist dem, wie *Vogel*[130] und *Krüger*[131] überzeugend darlegen, nicht zu folgen. Der I. Senat verkenne, daß die Bestimmung für den „gewöhnlichen Aufenthalt“ nicht einen Mindestzeitraum verlange, sondern, wie derselbe Senat in seinem Urteil vom 30.8.1989[132] ausführt, einen kürzeren Aufenthalt durchaus ausreichen lasse und nur nach 6 Monaten einen „gewöhnlichen Aufenthalt“ unwiderleglich vermute.[133]

---

[125] Für eine 6 Monatsfrist bei Betriebsstätten *Günkel*, in: Becker/Höppner/Grotherr/Kroppen, DBA, Art. 5 Rn. 79; *Mössner*, in: Mössner, u.a., Int. Unternehmenssteuerrecht, B 88; *Schaumburg*, Internationales, Rz. 16.239 (FN 855); *Wassermeyer*, in: Debatin/Wassermeyer, MA Art. 5 Rz. 37; zur festen Einrichtung *ders.*, a.a.O, Art. 14 Rz. 70; soweit sich *Wassermeyer*, a.a.O., dabei auf BFH v. 27.4.1954 - I B 136/53 U, BStBl. III 1954, 179, 180 f., beruft, ist dem entgegenzuhalten, daß dieser zur Bestimmung der Dauerhaftigkeit ausdrücklich auf das Gesamtbild der Umstände abstellt. Der Zeitraum biete nur ein Anhaltspunkt zur Bestimmung der Dauerhaftigkeit.

[126] Zur Prüfung der zeitlichen Voraussetzungen BFH v. 16.5.2001 – I R 47/00, IStR 2001, 564.

[127] Vorbehalte zu Art. 5 Nrn. 47, 48, 50, 54 und 55, abgedruckt bei *Vogel*, DBA, Art. 5 Rz. 70 a ff.

[128] BFH v. 19.5.1993 - I R 80/92, BStBl. II 1993, 655, 656.

[129] Zum nationalen Betriebsstättenbegriff ebenfalls kritisch *Klein/Orlopp*, AO, § 12 Anm. 5; *Tipke/Kruse*, AO, § 12 Tz. 8.

[130] *Vogel*, DBA, Art. 14 Rz. 24.

[131] *Krüger*, IStR 1998, 104, 108.

[132] So ausdrücklich BFH v. 30.8.1989 - I R 21/85, BStBl. II 1989, 956, 957.

[133] Soweit *Krüger*, a.a.O., und *Vogel*, a.a.O. der Meinung sind, diese Auslegung stelle ein Widerspruch zur Regelung im UN-MA und die diesem nachgebildeten Abkommen dar, wonach neben einer festen Einrichtung ein Mindestaufenthalt von 183 Tage das Besteuerungsrecht des Quellenstaates begründen, ist dem m. E. nicht zuzustimmen. Das OECD-MA und das UN-MA stellen Auslegungshilfen für die nach deren Muster erstellten Abkommen dar. Bei der Alternative eines Mindestaufenthalts handelt es sich in der Sache um ein eigenständiges, von dem örtlichen Anknüpfungsmerkmal der festen Einrichtung zu unterscheidendes Anknüpfungsmerkmal, so daß die Annahme einer Mindestfrist bei einer festen Einrichtung kein Widerspruch darstellt. Wenn schon der Aufenthalt innerhalb dieser Frist zur Besteuerung durch den Quellenstaat führt, dann ist

Gleichwohl schließt das OECD-MA nach hier vertretener Ansicht die Annahme eines Mindestzeitraums nicht aus. So ist z.B. in Art. 5 Abs. 3 OECD eine Mindestfrist geregelt. Obgleich diese für einen Sonderfall der Betriebsstätte gilt, steht der Annahme einer Mindestzeitspanne im Rahmen der Auslegung des Merkmals „fest" bei systematischer Betrachtung des Abkommenszusammenhangs nicht das Argument der unzulässigen Rechtsfortbildung entgegen. Hierfür sprechen auch die Vorbehalte einzelner OECD-Staaten zu Art. 14 OECD-MA[134], wonach eine Besteuerung trotz fehlender fester Einrichtung durch den Quellenstaat vorgenommen wird, wenn sich die abkommensberechtigte Person auf dessen Gebiet länger als 183 Tage innerhalb eines Zeitraums von 12 Monaten[135] bzw. innerhalb des Kalenderjahres aufhält. Aus praktischer Sicht spricht für eine Mindestzeitspanne die Eindeutigkeit der Feststellung sowohl einer Betriebsstätte als auch einer festen Einrichtung. Dem könnte entgegengehalten werden, daß den Steuerpflichtigen somit die Möglichkeit eingeräumt wird, die Besteuerung im Quellenstaat zu umgehen oder sie ggf. zu erwirken. Solche einseitig fiskalisch geprägten Überlegungen sollten jedoch gegenüber einer im Sinne der Rechtsanwendung auf Eindeutigkeit gerichteten Auslegung zurücktreten. Im übrigen gelten diese Überlegungen stets bei Normen, deren Anwendbarkeit von der Überschreitung bestimmter Grenzen abhängt. Letztlich muß jedoch die Frage offen bleiben, warum die gewählte Grenze die sachlich richtige ist. Im Ergebnis sollte künftig die Rspr. des BFH die Erfüllung des Merkmals „gewisse Dauer" von einer eindeutigen Mindestzeitspanne abhängig machen.

d) Merkmal „gewöhnlich zur Verfügung stehen"

Nach dem Wortlaut des Art. 14 Abs. 1 S. 1 OECD-MA ist eine feste Einrichtung nur dann gegeben, wenn der Person in diesem Staat für die Ausübung ihrer Tätigkeit „gewöhnlich eine feste Einrichtung zur Verfügung steht". Nach ganz h.M.[136] ist eine feste Einrichtung nicht notwendigerweise demjenigen zuzurechnen, der Eigentümer oder in sonstiger Weise (Mieter, o.ä.) Berechtigter des Ortes der Betriebsstätte oder der festen Einrichtung ist. Ebensowenig reicht es aus, wenn die abkommenberechtigte Person zwar Eigentümer des Ortes ist, jedoch nicht nutzungsberechtigt ist. Entsprechendes gilt

erst recht eine ein Besteuerungsrecht begründende wirtschaftliche Bindung an den Quellenstaat innerhalb dieser Frist gegeben, wenn die Bindung nicht nur aufgrund des Aufenthaltes gegeben ist, sondern hierfür ein ortsbezogenes Anknüpfungsmerkmal erforderlich ist. Insofern spricht auch nicht die Tatsache gegen die Anwendung einer Mindestfrist, daß durch das OECD-MA das in den Völkerbundsentwürfen enthaltene Merkmal des Aufenthalts durch das ortsbezogene Merkmal „feste Einrichtung" ersetzt wurde.

134 Vorbehalte zu Art. 14 Nrn. 5, 7, 9 OECD-MA, abgedruckt bei Vogel, DBA, Art. 14 Rz. 5.

135 Zur Ermittlung des Zeitraums BMF v. 5.1.1994, BStBl. I 1994, 483.

136 FG RhPf v. 14.1.1992, rkr.,EFG 1992, 507 (DBA-Italien 1925); aus der Literatur *Görl*, Freie Berufe im IStR, S.97; *Vogel*, DBA, Art. 14 Rz. 25 a; *Wassermeyer*, in: Debatin/Wassermeyer, MA Art. 14 Rz. 73; *Wilke*, in: Becker/Höppner/Grotherr/Kroppen, DBA, Art. 14 Rn. 47.

für eine Betriebsstätte eines Unternehmens.[137] Daher stellt sich die Frage, ob eine feste Einrichtung auch dann vorliegt, wenn der Freiberufler in der Einrichtung des Auftraggebers oder Mandanten tätig ist.

aa) „Verfügungsmacht"

Nach der Rspr.[138] und der h.M. im Schrifttum[139] setzt die Annahme einer Betriebsstätte i.S.d. Abkommensrechts (Art. 5 OECD-MA) eine „nicht nur vorübergehende Verfügungsmacht bzw. Verfügungsgewalt" der abkommensberechtigten Person voraus, damit die feste Geschäftseinrichtung als solche des Unternehmens angesehen werden könne. Die von der Rspr.[140] entwickelten Grundsätze zur „Verfügungsmacht" einer Betriebsstätte seien für eine feste Einrichtung entsprechend anzuwenden, da diese abkommensrechtlich die gleiche Funktion wie eine Betriebsstätte habe.[141] Nach der Rspr.[142] müsse der Person für die Annahme einer nicht nur vorübergehenden Verfügungsmacht eine Rechtsposition eingeräumt sein, die ihr ohne Mitwirkung nicht ohne weiteres entzogen werden könne oder die ohne ihre Mitwirkung nicht ohne weiteres verändert werden könne, z.B. durch Mietvertrag, Nutzungsüberlassung, u.s.w. Unerheblich sei, ob es sich um eine entgeltliche oder unentgeltliche Nutzungsüberlassung handle.[143] Jedoch sei für die Annahme einer Verfügungsmacht stets eine zivilrechtliche Vereinbarung erforderlich, aus der sich die Rechtsposition zur Nutzung ableiten lasse.[144] Dabei komme es nicht auf eine nach außen gerichtete Erkennbarkeit der Verfü-

---

137 Z.B. BFH v. 16.5.1990 - I R 113/87, BStBl. II 1990, 983; BFH v. 3.2.1993 - I R 80-81/91, BStBl. II 1993, 462; aus dem Schrifttum *Kumpf*, Betriebsstätten, S. 32 f.; *Wassermeyer*, in: Debatin/Wassermeyer, MA Art. 5 Rz. 42.

138 So bereits der RFH v. 3.7.1934 - I A 129/33, RFHE 36, 244; RFH v. 9.6.1939 - I 254/38, RStBl. 1939, 788; RFH v. 26.9.1939 - I 272/39, RFHE 47, 257; RFH v. 11.3.1942 - VI B 1/42, RStBl. 1942, 801; ihm folgend BFH v. 10.5.1961 - IV 155/60 U, BStBl. III 1961, 317; BFH v. 9.3.1962 – I B 156/58 S, BStBl. III 1962, 227; BFH v. 16.8.1962 - I B 223/61, BStBl. III 1962, 477; BFH v. 30.1.1974 - I R 87/72, BStBl. II 1974, 327; BFH v. 18.3.1976 - IV R 168/72, BStBl. II 1976, 365; BFH v. 29.4.1987 - I R 118/83, BFH/NV 1988, 122; BFH v. 11.10.1989 - I R 77/88, BStBl. II 1990, 166; BFH v. 16.5.1990 - I R 113/87, BStBl. II 1990, 983; BFH v. 3.2.1993 - I R 80-81/91, BStBl. II 1993, 462.

139 *Blümich/Wied*, § 49 EStG Rz. 59; *Günkel*, in: Becker/Höppner/Grotherr/Kroppen, DBA, Art. 5 Rn. 93 ff.; *Kumpf*, Betriebsstätten, S. 31 ff.; *Lüdicke*, in: Lademann, EStG, § 49 Anm. 292; *Schaumburg*, Internationales, Rz. 16.238, m.w.N.; *Vogel*, DBA, Art. 5 Rz. 25 ff.

140 RFH, a.a.O.; BFH, a.a.O.

141 BFH v. 3.2.1988 - I R 369/83, BStBl. II 1988, 486; BFH v. 11.4.1990 - I R 82/86, BFH/NV 1991, 143, 146; BFH v. 2.12.1992 - I R 77/91, DB 1993, 668; FG RhPf, v. 14.1.1992, rkr., EFG 1992, 507, 508.

142 So zur Betriebsstätte BFH v. 17.3.1982 - I R 189/79, BStBl. II 1982, 624; BFH v. 28.8.1986 - V R 20/79, BStBl. II 1987, 162; BFH v. 16.5.1990 - I R 113/87, BStBl. II 1990, 983; BFH v. 3.2.1993 - 80-81/91, BStBl. II 1993, 462; *Wilke*, in: Becker/Höpper/Grotherr/Kroppen, DBA, Art. 14 Rn. 47, m.w.N. zur Rspr.; *Vogel*, DBA, Art. 14 Rz. 25 a.

143 BFH v. 30.1.1974 - I R 87/72, BStBl. II 1974, 327; BFH v. 3.2.1993 - 80-81/91, BStBl. II 1993, 462, 466; vgl. auch BGH, DB 1994, 2430; zustimmend *Görl*, Freie Berufe im IStR, S. 97 ff.; *Vogel*, DBA, Art. 14 Rz. 25 a; *Wilke*, in: Becker/Höppner/Grotherr/Kroppen, DBA, Art. 14 Rn. 47.

144 BFH v. 8.3.1988 - VIII R 270/81, BFH/NV 1988, 735; BFH v. 17.3.1982 - I R 189/79, BStBl. II 1982, 624; vgl. auch BGH, IStR 1995, 81.

gungsmacht an.[145] Abzugrenzen seien die Fälle der bloßen Gestattung zur (Mit-) Benutzung von Räumen; diese reiche für die Annahme einer Verfügungsmacht nicht aus.[146] Eine Verfügungsmacht könne im Einzelfall dagegen dann gegeben sein, wenn eine nur allgemeine rechtliche Absicherung vorliege, sofern aus tatsächlichen Gründen anzunehmen sei, daß dem Steuerpflichtigen zumindest ein bestimmter Raum zur ständigen Nutzung zur Verfügung gestellt und seine Verfügungsmacht darüber nicht bestritten werde.[147] Ob sich darüber hinaus die Rechtsposition auf bestimmte Räume beziehen muß, ist unklar.[148]

Die h.M. in der Literatur[149] übernimmt die von der Rspr. entwickelten Kriterien zur Bestimmung der Verfügungsmacht, wobei sich das Erfordernis der Verfügungsgewalt aus dem Wortlaut des Art. 14 Abs. 1 S. 1 OECD-MA ableiten lasse, wonach die feste Einrichtung der Person „gewöhnlich zur Verfügung stehen" muß. Demgegenüber wird von *Wassermeyer*[150] die Auffassung vertreten, das Merkmal „nicht nur vorübergehende Verfügungsmacht" lasse sich weder aus dem Wortlaut[151] noch aus dem Sinn des § 12 AO bzw. der Art. 5, 14 Abs. 1 OECD-MA ableiten. Ferner sei unklar, welcher Art die Verfügungsmacht sein soll. Da auch eine tatsächliche Nutzung ohne vertragliche Nutzungsvereinbarung ausreiche[152], sei es inkonsequent, daß nicht jedes ständige Tätigwerden in fremden Räumen eine feste Einrichtung begründe. Daher müsse man sich auf den Wortlaut und Sinn des Art. 14 OECD-MA besinnen, welcher nur voraussetze, daß eine selbständige Arbeit in einer festen Einrichtung ausgeübt werde. Deshalb begründe der Gegenstand der selbständigen Arbeit ebensowenig wie die bloße Belegenheit von Grund- und Kapitalvermögen eine feste Einrichtung.[153] Es reiche auch nicht

---

[145] So bereits RFH v. 4.3.1927 - I 1/27, RStBl. 1927, 112; BFH v. 3.2.1993 - 80-81/91, BStBl. II 1993, 462, 466.

[146] BFH v. 3.2.1988 - I R 369/83, BStBl. II, 486; BFH v. 11.10.1989 - I R 77/88, BStBl. II 1990, 166; BFH v. 16.5.1990 - I R 113/87, BStBl. II 1990, 983; FG D'dorf v. 24.6.1992, rkr., EFG 1993, 42.

[147] So für den Fall einer Betriebsstätte BFH v. 3.2.1993 - I R 80-81/91, BStBl. II 1993, 462, 466; in diesem Sinne auch für den Fall, daß einem freiberuflich tätigen Schuhdesigner Räume des Auftraggebers im Rahmen des Vertragsverhältnisses zur Verfügung stehen FG RhPf v. 14.1.1992, rkr., EFG 1992, 507; zustimmend *Vogel*, DBA, Art. 14 Rz. 25 a.

[148] Bejahend BFH v. 17.3.1982 - I R 189/79, BStBl. II 1982, 624; BFH v. 3.2.1993 - I R 80-81/91, BStBl. II 1993, 462, 466; verneinend FG RhPf v. 4.2.1991, rkr., EFG 1991, 485, es ändere nichts an der Verfügungsmacht, die in der vertraglichen Verpflichtung bestand, einen Raum zur Berufsausübung zur Verfügung zu stellen, wenn kein Anspruch auf einen fest zugewiesenen Raum bestehe.

[149] *Görl*, Freie Berufe im IStR, S. 96 ff.; *Krüger*, IStR 1998, 104, 109; *Rademacher-Gottwald*, Grenzüberschreitende Sozietäten, S. 226 f.; so wohl auch *Schaumburg*, Internationales, Rz. 16.417; *Vogel*, DBA, Art. 14 Rz. 25 a; *Wilke*, in: Becker/Höppner/Grotherrr/Kroppen, DBA, Art. 14 Rn. 47.

[150] *Wassermeyer*, in: Debatin/Wassermeyer, MA Art. Art. 5 Rz. Rz. 42 u. Art. 14 Rz. 74; zur Betriebsstätte i.S.d. § 12 AO *ders.*, in: Haarmann (Hrsg.), Beschränkte Steuerpflicht, S. 47 ff.

[151] Nach dem Wortlaut des MA-Komm. zu Art. 5 Nr. 11, abgedruckt bei *Vogel*, DBA, Art. 5 Rz. 18, hört eine Betriebsstätte mit Aufgabe der „Verfügungsmacht" über die feste Geschäftseinrichtung. auf zu bestehen.

[152] BFH v. 3.2.1993 - I R 80-81/91, BStBl. II 1993, 462, 466 f.; *Görl*, Freie Berufe im IStR, S. 98.

[153] RFH v. 26.9.1939 - I 101/39, RStBl. 1939, 755; RFH v. 27.5.1941 - I 112/41, RStBl. 1941, 393; BFH v. 20.1.1959 - I 112/57, BStBl. III 1959, 133; BFH v. 29.11.1960 - I B 222/59 U, BStBl. III 1961, 52.

ein nur gelegentliches Tätigwerden in fremden Räumen für die Annahme einer feste Einrichtung aus. Die Geschäftsführung begründe dagegen immer eine solche und zwar auch dann, wenn sie nur ein gelegentliches Tätigwerden erfordere. Diese Auffassung entspreche allein dem Kommentar zu Art. 5 Nr. 6 MA, in dem von Ständigkeit und nicht von Verfügungsmacht die Rede sei. Daher müsse das eigentliche Schwergewicht bei der zeitlichen Dauer der Einrichtung liegen. Für die ortsbezogene Anknüpfung sei daher entscheidend, ob die die Arbeit ausübende Person eine feste Einrichtung in dem Vertragsstaat für Zwecke ihrer selbständigen Arbeit ständig, d.h. auf eine gewisse Dauer, tatsächlich nutze. Hierbei solle eine Mindestzeitspanne von sechs Monaten maßgeblich sein.

bb) „Gewöhnlich zur Verfügung stehen"

Nach Art. 14 Abs. 1 S. 1 OECD-MA muß die feste Einrichtung dem selbständig Tätigen „gewöhnlich zur Verfügung" stehen. Im OECD-MA von 1963 wurde für den Begriff „gewöhnlich" der Ausdruck „regelmäßig" verwendet. Beide Ausdrücke stimmen jedoch sachlich überein.[154] Hinsichtlich des Begriffs „gewöhnlich" ist allgemein anerkannt, daß tatsächlich eine selbständige Tätigkeit in bzw. mit Hilfe der festen Einrichtung „ausgeübt" werden muß, auch wenn dies nur „teilweise" bzw. „nicht kontinuierlich" erfolgt.[155] Es ist auch nicht entscheidend, ob die mit Hilfe der festen Einrichtung ausgeübte Tätigkeit eine werbende Tätigkeit oder auf Gewinnerzielungsabsicht angelegt ist.[156]

Umstritten ist allerdings, ob in der Formulierung „gewöhnlich zur Verfügung stehen" ein Unterschied zur Betriebsstätte besteht. Nach Ansicht von *Vogel*[157] bestehe ein solcher Unterschied, da für die Betriebsstätte verlangt werde, daß sich in der Geschäftseinrichtung eine Tätigkeit des Unternehmens vollziehe (Art. 7 Abs. 1 S. 1 OECD-MA); dagegen brauche die feste Einrichtung dem selbständig Tätigen für dessen Zwecke lediglich zur Verfügung stehen. Es sei daher nicht notwendig, daß sie von ihm kontinuierlich benutzt werde. Ferner könne eine ständige Benutzung wegen der Unterschiede zwischen der Unternehmenstätigkeit und der selbständigen Tätigkeit nicht verlangt werden.[158] „Gewöhnlich" stehe daher eine feste Einrichtung zur Verfügung, wenn sie nur ausnahmsweise der Verfügungsmacht des Steuerpflichtigen entzo-

[154] *Görl*, Freie Berufe im IStR, S. 99; *Vogel*, DBA, Art. 14 Rz. 25 a; *Wassermeyer*, in: Debatin/Wassermeyer, MA Art. 14 Rz. 75; *Wilke*, in: Becker/Höppner/Grotherr/Kroppen, DBA, Art. 14 Rn. 48.

[155] Statt aller *Görl*, Freie Berufe im IStR, S. 97; *Schaumburg*, Internationales, Rz. 16.417; *Vogel*, DBA, Art. 14 Rz. 22; *Wassermeyer*, in: Debatin/Wassermeyer, MA Art. 14 Rz. 74.

[156] So bereits zur Betriebsstätte RFH v. 29.10.1935 - I A 76/35, RStBl. 1935, 1516; zustimmend *Wassermeyer*, in: Debatin/Wassermeyer, MA Art. 14 Rz. 83.

[157] *Vogel*, DBA, Art. 14 Rz. 25.

[158] *Amann*, Dienstleistungen im IStR, S. 137; *Görl*, Freie Berufe im IStR, S. 97; *Krüger*, IStR 1998, 104, 109; *Michaux*, Intertax 1987, 68, 71.

gen ist.[159] Dagegen ist *Wassermeyer*[160] der Meinung, die in Art. 14 Abs. 1 S. 2 OECD-MA vorgesehene Zurechnung von Einkünften setzte die tatsächliche Nutzung der festen Einrichtung für Zwecke der selbständigen Arbeit voraus. Eine feste Einrichtung ohne eine mit ihrer Hilfe ausgeübte selbständige Arbeit erlaube jedenfalls keine Einnahmenzurechnung. Dies gelte gleichermaßen für die Betriebsstätte. Das Wort „gewöhnlich“ solle lediglich der Tatsache Rechnung tragen, daß Freiberufler häufig außerhalb ihrer Praxis, ihres Büros oder ihres anderweitigen Berufsmittelpunktes tätig werden.

cc) Stellungnahme

Dem Merkmal der Verfügungsmacht kommt in der Auslegungspraxis bei der Bestimmung einer festen Einrichtung immer dann Bedeutung zu, wenn die Tätigkeit eines Freiberuflers oder eines sonstig selbständig Tätigen i.S.d. Art. 14 OECD-MA nicht in einer Einrichtung, die er selbst zur beruflichen Nutzung gemietet oder angeschafft hat, ausgeübt wird. Das Merkmal „Verfügungsmacht“ soll sicherstellen, ob dennoch eine intensive wirtschaftliche Bindung an den Quellenstaat besteht. Daher ist das Merkmal der Verfügungsmacht Ausfluß der abkommensrechtlichen Funktion der festen Einrichtung.[161] Infolgedessen ist es irreführend, wenn der Eindruck erweckt wird, das Merkmal „Verfügungsmacht“ leite sich aus dem Wortlaut des Art. 14 Abs. 1 OECD-MA ab, wonach die feste Einrichtung „gewöhnlich zur Verfügung“ stehen muß, zumal eine entsprechende Formulierung in Art. 5 OECD-MA für Betriebsstätten nicht besteht.[162]

Die Ableitung eines Merkmals Verfügungsmacht über den Wortlaut hinaus wäre dann zulässig, wenn sich daraus eine an der Systematik oder am Sinn und Zweck des Art. 7 OECD-MA bzw. des Art. 14 OECD-MA orientierte neue Erkenntnis ergäbe. Abstrakt betrachtet könnte das Merkmal der Verfügungsmacht entsprechend dem Sinn und Zweck der Betriebsstätte/festen Einrichtung dazu beitragen, festzustellen, ob im Einzelfall eine Betriebsstätte oder feste Einrichtung gegeben ist. Unter welchen Voraussetzungen eine Verfügungsmacht i.S.d. Rspr.[163] gegeben ist, ist im Rahmen der Rechtsanwendung letztlich nicht möglich.

---

[159] *Görl*, Freie Berufe im IStR, S. 99; *Rademacher-Gottwald*, Grenzüberschreitende Sozietäten, S. 226 f.; *Schaumburg*, Internationales, Rz. 16.417; *Vogel*, DBA, Art. 14 Rz. 25 a; *Wilke*, in: Becker/Höppner/Grotherr/Kroppen, DBA, Art. 14 Rn. 48.

[160] *Wassermeyer*, in: Debatin/Wassermeyer, MA Art. 14 Rz. 74.

[161] So auch die Rspr. BFH v. 3.2.1988 - I R 369/83, BStBl. II 1988, 486; BFH v. 11.4.1990 - I R 82/86, BFH/NV 1991, 143, 146; BFH v. 2.12.1992 - I R 77/91, DB 1993, 668; FG RhPf v. 14.1.1992, rkr., EFG 1992, 507, 508.

[162] So aber *Görl*, Freie Berufe im IStR, S. 97; *Schaumburg*, Internationales, Rz. 16.417; *Vogel*, DBA, Art. 14 Rz. 25 a.

[163] BFH v. 3.2.1988 - I R 369/83, BStBl. II 1988, 486; BFH v. 11.10.1989 - I R 77/88, BStBl. II 1990, 166; BFH v. 16.5.1990 - I R 113/87, BStBl. II 1990, 983; FG D'dorf, v. 24.6.1992, rkr., EFG 1993, 42.

Dies macht das Urteil des BFH v.3.2.1992[164] deutlich. Zunächst folgt der I. Senat ausdrücklich der bisherigen Rspr. und geht davon aus, daß der Steuerpflichtige eine Rechtsposition innehaben müsse[165], die ohne seine Mitwirkung nicht verändert werden könne und auf bestimmte Räume[166] bezieht, wobei es nicht erforderlich sei, daß die Verfügungsmacht nach außen erkennbar ist[167]. Diese Grundsätze seien jedoch insofern fortzuentwickeln, als für die Annahme einer Betriebsstätte entscheidend sei, daß eine bestimmte unternehmerische Tätigkeit durch eine Geschäftseinrichtung mit einer festen örtlichen Bindung ausgeübt wird. In der örtlichen Bindung muß sich eine gewisse „Verwurzelung" des Steuerpflichtigen mit dem Ort der Ausübung der unternehmerischen Tätigkeit ausdrücken. Diese Verwurzelung müsse jedoch nicht notwendigerweise rechtlich abgesichert sein. Vielmehr reiche im Einzelfall eine allgemeine rechtliche Absicherung aus, wenn die Verfügungsmacht nicht bestritten werde. Darüber hinaus wird in der Urteilsbegründung das Erfordernis des Anspruchs auf einen bestimmten Raum aus tatsächlichen Gründen abgelehnt.

Wie *Wassermeyer*[168] zu Recht feststellt, ist die Rspr. insofern inkonsequent, als nicht jedes dauerhafte Tätigwerden in fremden Räumen eine feste Einrichtung begründet. Ebensowenig kann es darauf ankommen, ob die Nutzung eines bestimmten Raumes eines Freiberuflers durch den Auftraggeber zugesichert ist oder ob er, je nach den tatsächlichen Verhältnissen, in verschiedenen Räumen tätig wird.[169]

Aus der Urteilsbegründung geht nicht hervor, worin der Rechtsgrund für eine Fortentwicklung der bisherigen Rspr. des BFH besteht. Über das Auslegungsmerkmal der Verwurzelung kommt der BFH[170] zu dem Schluß, es komme nicht auf die rechtliche Verfügungsmacht über einen bestimmten Raum an, obgleich er unmißverständlich an der bisherigen Rspr. festhält, die eindeutig auf die (rechtliche) Verfügungsmacht bestimmter Räume abgestellt hat. Berücksichtigt man, daß nach tatsächlicher Feststellung des Finanzgerichts keine rechtliche Verfügungsmacht über bestimmte Räume bestanden hat und mithin nach der bisherigen Rspr. des BFH eine Betriebsstätte in Deutschland hätte abgelehnt werden müssen, besteht die Vermutung, das der Grund für die Fortentwicklung in einer letztlich fiskalisch orientierten Auslegung des Betriebsstättenbegriffs begründet ist, die vordergründig „wirtschaftlich" gerechtfertigt sein mag. Insofern beachtet die Rspr. jedoch nicht mehr die Gesetzesbindung des Richters und liefert sich selbst die normativen Vorgaben.[171] Aus rechtsstaatlichen Gründen sollte daher die Rspr. des BFH berücksichtigen, daß Maßstab der Gesetzesauslegung der Wortlaut des Gesetzes sein muß und nicht eine davon losgelöste „wirtschaftliche Be-

---

[164] BFH v. 3.2.1993 – I R 80-81/91, BStBl. II 1993, 462.
[165] So BFH v. 11.10.1989 – I R 77/88, BStBl. II 1990, 166, m.w.N.
[166] So BFH v. 17.3.1982 – I R 189/79, BStBl. II 1982, 624.
[167] So bereits RFH v. 14.3.1927 – I R 1/27, RStBl. 1927, 112.
[168] *Wassermeyer*, in: Debatin/Wassermeyer, MA Art. 14 Rz. 74.
[169] Im Ergebnis ebenso FG RhPf v. 4.2.1991, rkr., EFG 1991, 485; a.A. BFH v. 17.3.1982 - I R 189/79, BStBl. II 1982, 624; BFH v. 3.2.1993 - I R 80-81/91, BStBl. II 1993, 462, 466; z.B. *Rademacher-Gottwald*, Grenzüberschreitende Sozietäten, S. 228.
[170] BFH v. 3.2.1993 - I R 80-81/91, BStBl. II 1993, 462, 466.
[171] Vgl. *Mössner*, in: FS Vogel, S. 945, S. 958.

trachtungsweise", die zu Zirkelschlüssen führt und damit letztlich blanke Willkür droht.[172]

Im Ergebnis wäre es sachgerecht, dem Merkmal „gewisse Dauer" entscheidende Bedeutung zukommen zu lassen und einer zivilrechtlich gegebenen Verfügungsmacht allenfalls indizielle Bedeutung beizumessen, zumal das Merkmal Verfügungsmacht weder in dem Kommentar zum OECD-MA erwähnt ist, noch von anderen Staaten angewendet wird.[173] Für die Bestimmung der Dauer der Tätigkeit ist systematisch betrachtet die Regelung zu Bauausführungs- und Montagebetriebsstätten maßgeblich (Art. 5 Abs. 3 OECD-MA).[174]

Nach dem Wortlaut des Art. 14 Abs. 1 OECD-MA muß die feste Einrichtung für die Ausübung der freiberuflichen oder sonstigen selbständigen Tätigkeit „gewöhnlich zur Verfügung stehen". Typischerweise unterscheidet sich die freiberufliche Tätigkeit von der unternehmerischen Tätigkeit i.S.d. Art. 7 OECD-MA dadurch, daß die freiberufliche Tätigkeit auf dem Einsatz der persönlichen Arbeitskraft des Freiberuflers und weniger auf dem Einsatz von Kapital beruht. Es liegt in der Natur der freiberuflichen Tätigkeit, daß Freiberufler häufig außerhalb ihrer Praxis, ihres Büros oder ihres anderweitigen Berufsmittelpunktes tätig werden.[175] Somit bringt der Wortlaut lediglich den Unterschied zwischen den Einkünften aus selbständiger Arbeit und denen aus Unternehmensgewinnen zum Ausdruck. Daher leitet sich der Unterschied, entgegen der Ansicht von *Vogel*[176], nicht aus der festen Einrichtung und einer Betriebsstätte ab, sondern beruht auf den zu unterscheidenden Tätigkeiten. Infolgedessen ist es unschädlich, wenn die feste Einrichtung ausnahmsweise der Verfügung des Steuerpflichtigen entzogen sein sollte.[177]

e) Beginn und Unterbrechung einer festen Einrichtung

Unterhält ein in Deutschland ansässiger RA, WP oder StB in einem anderen Staat eine feste Einrichtung i.S.d. Art. 14 Abs. 1 OECD-MA, ist zunächst zu untersuchen, ab welchem Zeitpunkt eine feste Einrichtung gegeben ist. Der Beginn einer festen Einrichtung setzt deren Existenz voraus. Ferner ist erforderlich, daß durch sie eine Tätigkeit ausgeübt wird. Fraglich ist, ob eine feste Einrichtung bereits dann besteht, wenn Tätigkeiten vorbereitender Natur in ihr ausgeübt werden. Hierbei kann auf die Grundsätze des MA-Kommentars[178] zu Betriebsstätten (Art. 5 OECD-MA) zurückgegriffen werden.[179] Demnach besteht eine feste Einrichtung eines RA, StB, oder WP bereits dann, wenn die Tätigkeiten vorbereitet wird, für die die Einrichtung auf Dauer be-

---

[172] Vgl. *Schön*, StuW 1996, 275, 282.
[173] *Mössner*, in: FS Vogel, S. 945, S. 953.
[174] Ebenso *Mössner*, in: FS Vogel, S. 946, S. 953; *Wassermeyer*, in: Debatin/Wassermeyer, MA Art. 14 Rz. 74 u. Art. 5 Rz. 42.
[175] *Wassermeyer*, in: Debatin/Wassermeyer, MA Art. 14 Rz. 75.
[176] *Vogel*, DBA, Art. 14 Rz. 25 a.
[177] *Vogel*, DBA, Art. 14 Rz. 25 a.
[178] MA-Komm. Art. 5 Nr. 11 S. 2 u. S. 3, abgedruckt bei *Vogel*, DBA, Art. 5 Rz. 18.
[179] *Rademacher-Gottwald*, Grenzüberschreitende Sozietäten, S. 229 f.; *Wassermeyer*, in: Debatin/Wassermeyer, MA Art. 14 Rz. 86.

stimmt ist. Solche vorbereitenden Tätigkeiten sind z.B. werbende Maßnahmen oder die Herbeiführung der Registrierung in der ausländischen Berufskammer oder ähnliche Tätigkeiten. Die Zeit, während der die feste Einrichtung erstellt wird, bleibt unberücksichtigt, da diese Tätigkeit sich wesentlich von derjenigen unterscheidet, der die feste Einrichtung auf Dauer dienen soll.

Nach dem Wortlaut des Art. 14 Abs. 1 OECD-MA reicht es zwar aus, wenn die feste Einrichtung dem selbständig Tätigen „gewöhnlich zur Verfügung steht", jedoch ist fraglich, ob die Existenz einer festen Einrichtung unterbrochen werden kann. *Görl*[180] vertritt hierzu die Ansicht, die in dem Kommentar zu Art. 5 OECD-MA[181] enthaltenen Grundsätze zur Arbeitsunterbrechung und anderer Produktionspausen können nicht auf die feste Einrichtung übertragen werden, da die feste Einrichtung nur „gewöhnlich zur Verfügung" stehen müsse. Insofern wird der Eindruck erweckt, die Existenz einer festen Einrichtung könne nicht unterbrochen werden. Nach hier vertretener Ansicht ist vielmehr entscheidend, ob es sich um eine nur vorübergehende, in der Art der Tätigkeit liegende Unterbrechung der selbständigen Arbeit handelt. Dies ist danach zu beurteilen, ob die Wiederaufnahme der Tätigkeit sichergestellt ist und welche Zeitabstände bestehen.[182] Im Kern geht es darum, eine Nutzung der Einrichtung nur von Fall zu Fall auszuschließen.[183] Dies ist auch sachgerecht, da es andernfalls nicht eines ortsbezogenen Anknüpfungsmerkmals „feste Einrichtung" für die Begründung des Besteuerungsrechts durch den Quellenstaat bedurft hätte, sondern allein das Tätigwerden im Quellenstaat hierfür ausgereicht hätte.

Beispiel: Ein in Deutschland ansässiger WP hat seit 1999 einen Dauerberatungsvertrag mit einem in Belgien ansässigen Mandanten. Aufgrund eines Auftrags war er von Juni bis Dezember 1999 im Durchschnitt eine Woche pro Monat bei dem Mandanten tätig. Seine Tätigkeit führte er in dieser Zeit in den Räumen des Mandanten aus. Seit Beendigung dieses Auftrages im Dezember 1999 war der WP im Rahmen verschiedener Aufträge während des Jahres 2000 nur 13 Tage zu Beratungsgesprächen, die ebenfalls in den Räumen des Mandanten stattfanden, in Belgien. Für die zweite Hälfte im Jahr 1999 ist m. E. eine feste Einrichtung gegeben, allerdings nicht für das Jahr 2000. Zwar stehen dem WP die Räume des Mandanten auch im Jahr 2000 „gewöhnlich zur Verfügung", jedoch wurden sie nur von Fall zu Fall genutzt, da sich aus dem Dauerberatungsvertrag keine dauerhafte Nutzung ableiten läßt. Daher ist für das Jahr 2000 keine feste Einrichtung anzunehmen.

Die feste Einrichtung wird aufgegeben, wenn der Steuerpflichtige erkennbar seine zumindest auf Dauer beabsichtigte Tätigkeit beendet.[184] Der Verlust einer nicht näher bestimmbaren Verfügungsmacht hat für die Ermittlung der Absicht des Steuerpflichtigen nur indizielle Bedeutung.[185]

---

180 *Görl*, Freie Berufe im IStR, S. 97.
181 MA-Komm. Art. 5 Nrn. 7 u. 11, abgedruckt bei *Vogel*, DBA, Art. 5 Rz. 15 u. 18.
182 *Wassermeyer*, in: Debatin/Wassermeyer, MA Art. 14 Rz. 88.
183 FG RhPf v. 25.4.1985, rkr., EFG 1985, 593.
184 *Wassermeyer*, in: Debatin/Wassermeyer, MA Art. 14 Rz. 87.
185 Dazu siehe auch voriges Kapitel; a.A. *Rademacher-Gottwald*, Grenzüberschreitende Sozietäten, S. 230.

3. Zuordnung der Einkünfte

a) Meinungsstand

Aus Art. 14 Abs. 1 S. 2 OECD-MA ergibt sich die Zurechenbarkeit der Gewinne zur festen Einrichtung nach dem Veranlassungsprinzip. Nach dem insoweit gleichlautenden Wortlaut des Art. 7 Abs. 1 S. 2 OECD-MA gilt nichts anderes für die Zurechnung der Einkünfte bei Betriebsstätten. Somit erfolgt die Zuordnung der Einkünfte bei einer festen Einrichtung und bei Betriebsstätten nach dem Veranlassungsprinzip.[186] Demnach können Gewinne im Staat der festen Einrichtung (Quellenstaat) nur dann besteuert werden, wenn ein wirtschaftlicher Zusammenhang, zu dieser besteht. Fraglich jedoch ist, unter welchen Voraussetzungen ein wirtschaftlicher bzw. sachlicher Zusammenhang zu einer festen Einrichtung besteht.

Nach Auffassung der Rspr. des BFH[187], die sich insoweit dem RFH[188] angeschlossen hat, müsse hierfür zum einen eine feste Einrichtung vorhanden sein und zum anderen sei der Ort der Ausübung maßgebend. Hierbei komme es auf den physischen Aufenthaltsort der Person an, an dem sie ihre Berufstätigkeit persönlich entfaltet. Die h.M.[189] im Schrifttum folgt der zweistufigen Betrachtungsweise. In einem ersten Schritt sei zu untersuchen, ob die freiberufliche Tätigkeit in dem anderen Staat ausgeübt wird. Dabei komme es auf den Ausübungsort an. Dies sei der Ort, an dem sich der Freiberufler physisch aufhält (sog. Arbeitsortprinzip). Ferner sei die Art der Tätigkeit zu berücksichtigen, so daß letztlich der Ort entscheidend sei, an dem die Haupttätigkeit ausgeübt werde.[190] Somit komme es z.B. bei einer Beratungstätigkeit darauf an, wo sich diese unmittelbar vollzieht.[191] In einem zweiten Schritt sei dann zu prüfen, ob dem Freiberufler gem. Art. 14 Abs. 1 OECD-MA für die Ausübung seiner Tätigkeit eine feste Einrichtung gewöhnlich zur Verfügung stehe.[192]

Rademacher-Gottwald[193] ist der Meinung, die Zuordnung einer durch den Freiberufler erbrachten Leistungen zu einer festen Einrichtung sei dahingehend zu unterscheiden,

---

[186] So für die Geltung des Veranlassungsprinzips bei Betriebsstätten z.B. *Kumpf*, Betriebsstätten, S. 106; *Schaumburg*, Internationales, Rz. 18.14; *Storck*, Ausländische Betriebsstätten, S. 246; für die feste Einrichtung statt aller *Wilke*, in: Becker/Höppner/Grotherr/Kroppen, DBA, Art. 14 Rn. 3.

[187] BFH v. 2.5.1969 - I R 176/66, BStBl. II 1969, 579; BFH v. 28.2.1973 - I R 145/70, BStBl. II 1973, 660; BFH v. 12.11.1986 - I R 268/83, BStBl. II 1987, 372; BFH v. 5.11.1992 -I R 41/92, BStBl. II 1993, 407.

[188] RFH v. 29.1.1935 - I A 244/32, RStBl. 1935, 759, 762.

[189] *Erhard*, in: Flick/Wassermeyer/Wingert/Kempermann, DBA-Schweiz, Art. 14 Rz. 92; *Görl*, Freie Berufe, S. 82; *Portner/Bödefeld*, IWB, F. 3 Gr. 3, S. 1037, S. 1039; *Schaumburg*, Internationales, Rz. 16.415; *Vogel*, DBA, Art. 14 Rz. 18 ff.; *Wilke*, in: Becker/Höppner/Grotherr/Kroppen, DBA, Art. 14 Rn. 36; in diesem Sinne wohl auch *Amann*, Dienstleistungen im IStR, S. 137.

[190] So unter Berufung auf den Beschluß des Großen Senats des BFH v. 15.1.1971 - GrS 1/71, BStBl. II 1972, 68, zum DBA-Schweiz *Wilke*, in: Becker/Höppner/Grotherr/Kroppen, DBA, Art. 14 Rn. 36.

[191] BFH v. 22.3.1966 - I 65/63, BStBl. III 1966, 463.

[192] So z.B. *Erhard*, in: Flick/Wassermeyer/Wingert/Kempermann, DBA-Schweiz, Art. 14 Rz. 92; *Görl*, Freie Berufe im IStR, S. 81 ff. u. S. 90 f.; *Vogel*, DBA, Art. 14 Rz. 18 f. u. 22.

[193] *Rademacher-Gottwald*, Grenzüberschreitende Sozietäten, S. 257 f.

ob eine ortsungebundene oder eine ortsgebundene Leistung erbracht werde. Ortsgebundene Leistungen, wie insbesondere die Vertretung der Mandanten vor Gerichten, werden ausschließlich am Ort der physischen Präsenz, d.h. z.B. dem Gericht, erbracht. Für ortsungebundene Leistungen soll es auf den Ort ankommen, an dem die Leistung unter wirtschaftlichen Gesichtspunkten verwirklicht werde. So werde ein schriftliches Gutachten dort erstellt, wo es verfasst wird. Hingegen werde die Teilnahme eines in der inländischen Stamm-Kanzlei tätigen Berufsangehörigen an einem in der festen Einrichtung stattfindenden Beratungsgespräch via Konferenzschaltung, an dem Ort der festen Einrichtung ausgeübt, da sich dort die freiberufliche Tätigkeit realisiere. Insofern mache die virtuelle Präsenz durch moderne Kommunikationsmittel die physische Präsenz entbehrlich.

Wassermeyer[194] betont demgegenüber, für die Zurechnung der Einkünfte sei ein sachlicher Zusammenhang zur festen Einrichtung erforderlich. Die selbständige Arbeit müsse mit Hilfe der festen Einrichtung ausgeübt werden.[195] Da die selbständige Arbeit auf dem Wissen und der Erfahrung der sie ausübenden Person aufbaue, hänge dies davon ab, in welcher festen Einrichtung die Person, die die selbständige Arbeit ausübt, „gewöhnlich“ tätig sei. Daher komme dem Ort der Ausübung nur indizielle Bedeutung zu.

b) Stellungnahme

Die zweistufige Betrachtung, wonach erstens der Ort der Tätigkeit und zweitens eine feste Einrichtung festzustellen ist, ist hinsichtlich der allgemeinen Ausführungen zumindest mißverständlich.[196] Bei konsequenter Anwendung wären Einkünfte einer festen Einrichtung bereits dann zuzurechnen, wenn die selbständige Tätigkeit in dem Staat der festen Einrichtung ausgeübt wird. Im Ergebnis käme dies einer sog. Attraktivkraft der festen Einrichtung gleich und würde einen fundamentalen Unterschied zum Betriebsstättenprinzip darstellen.[197] Nach Art. 7 Abs. 1 S. 2 OECD-MA besteht das Besteuerungsrecht des Quellenstaats nur dann, wenn die Einkünfte der jeweiligen Einrichtung zugerechnet werden können. Im Rahmen der Einkünftezuordnung bei Betriebsstätten kommt dem in Art. 7 Abs. 2 OECD-MA geregelten sog. dealing at arm`s length-principle (auch: Fremd- oder Fremdvergleichsgrundsatz) entscheidende Bedeutung zu:

---

[194] *Wassermeyer*, in: Debatin/Wassermeyer, MA Art. 14 Rz. 92.

[195] In diesem Sinne bereits *Niedner*, Einkünfte aus Arbeit im IStR, S. 85, S. 109, wonach das Besteuerungsrecht dem Nicht-Wohnsitzstaatüberlassen werde, wenn die Tätigkeit dort ausgeübt wird und die Ausübung von einer innerhalb der Grenzen dieses Staates gelegenen ständigen Einrichtung aus erfolgt.

[196] BFH v. 2.5.1969 - I R 176/66, BStBl. II 1969, 579; BFH v. 28.2.1973 - I R 145/70, BStBl. II 1973, 660; BFH v. 12.11.1986 - I R 268/83, BStBl. II 1987, 372; BFH v. 5.11.1992 - I R 41/92, BStBl. II 1993, 407; aus der Literatur *Erhard*, in: Flick/Wassermeyer/Wingert/Kempermann, DBA-Schweiz, Art. 14 Rz. 92; *Görl*, Freie Berufe im IStR, S. 81 ff. u. S. 90 f.; *Vogel*, DBA, Art. 14 Rz. 18 f. u. 22.

[197] Statt aller *Kroppen*, in: Becker/Höppner/Grotherr/Kroppen, DBA, Art. 7 Rn. 72.

Der Betriebsstätte werden „die Gewinne zugerechnet, die sie hätte erzielen können, wenn sie eine gleiche oder ähnliche Tätigkeit unter gleichen oder ähnlichen Bedingungen als selbständiges Unternehmen ausgeübt hätte und im Verkehr mit dem Unternehmen, dessen Betriebsstätte sie ist, völlig unabhängig gewesen wäre“ (Art. 7 Abs. 2 OECD-MA).

Im Rahmen der Anwendung des Art. 14 Abs. 1 OECD-MA ergibt sich die Zuordnung der Einkünfte nach dem Veranlassungszusammenhang S. 2 der Norm, wonach das Besteuerungsrecht dem Belegenheitsstaat der festen Einrichtung überlassen werden kann, wenn die Einkünfte der festen Einrichtung zugerechnet werden können. Der unterschiedliche Wortlaut des Art. 5 Abs. 1 OECD-MA und des Art. 14 Abs. 1 OECD-MA rechtfertigt keine von dem Veranlassungsgrundsatz abweichende Zuordnung der Einkünfte.[198] Soweit nach Art. 14 Abs. 1 OECD-MA die feste Einrichtung für die Ausübung der Tätigkeit „gewöhnlich zur Verfügung“ stehen muß, wird damit nur der Personenbezogenheit der freiberuflichen Tätigkeit Rechnung getragen.[199] Darüber hinaus gelten nach dem Kommentar zu Art. 14 OECD-MA die Grundsätze der Einkünftezuordnung bei Betriebsstätten entsprechend für feste Einrichtungen.[200] Insofern ist der in dem Betriebsstättenerlaß vertretenen Meinung des BMF[201] zuzustimmen.

Im Ergebnis geht von einer festen Einrichtung keine Attraktivkraft aus. Infolgedessen kommt es auch nicht auf die Verwertung der Tätigkeit an.[202] Daher sind Einkünfte einer festen Einrichtung nur dann zurechenbar, wenn ein sachlicher Zusammenhang zu dieser besteht.[203] Somit gilt der Grundsatz des Fremdvergleichs (Art. 7 Abs. 2 OECD-MA) entsprechend für die Zuordnung der Einkünfte i.S.d. Art. 14 Abs. 1 OECD-MA:

Infolgedessen sind der festen Einrichtung eines selbständig tätigen RA, WP oder StB nur die Gewinne zuzuordnen, die der RA, WP oder StB hätte erzielen können, wenn er eine gleiche oder ähnliche Tätigkeit unter gleichen Bedingungen in der festen Einrichtung ausgeübt hätte und im Verkehr mit seiner inländischen Kanzlei völlig unabhängig gewesen wäre.

Eine andere Frage ist, ob ein sachlicher Zusammenhang zu einer festen Einrichtung stets dann angenommen werden kann, wenn der Freiberufler im Inland an einer in der festen Einrichtung stattfindenden Besprechung mit Hilfe von Kommunikationsmitteln teilnimmt.[204] Im Kern geht es dabei um die Wertung, ob die Zuordnung von Einkünften zu einer festen Einrichtung bereits dann gerechtfertigt ist, wenn der Markt des Staates genutzt wird, in dem die feste Einrichtung belegen ist.[205] In dieser ausschließlichen Form der Auslegung ist dem m.E. nicht zu folgen, da nach der Wertung des OECD-MA die persönliche Leistung des Freiberuflers im Vordergrund steht und deshalb de lege lata keine Rechtsgrundlage besteht.[206] Vielmehr kommt es darauf an, wo

[198] A.A. aber wohl *Thöben*. IWB, F. 10 Gr. 2, S. 1253 ff., S. 1256.
[199] Dazu siehe oben III.
[200] MA-Komm. Art. 14 Nr. 3 S. 3., abgedruckt bei *Vogel*, DBA, Art. 14 Rz. 3.
[201] BMF v. 24.12.1999, BStBl. I 1999, 1076, Tz. 6.1.
[202] Statt aller *Wassermeyer*, in: Debatin/Wassermeyer, MA Art. 14 Rz. 91 f.
[203] So auch zu Recht *Wassermeyer*, a.a.O.
[204] *Rademacher-Gottwald*, Grenzüberschreitende Sozietäten, S. 257 f.
[205] Dazu siehe auch unten § 2 A III 2 b aa (2), zur Auslegung des Ausübungstatbestands i.S.d. §§ 34 d Nr. 3, 49 Abs. 1 Nr. 4 EStG.
[206] Dazu siehe oben III 1 d.

der Freiberufler gewöhnlich tätig ist, da allein dies die Beachtung des Fremdvergleichsgrundsatzes sicherstellt.

Beispiel: Ein im Staat A gewöhnlich tätiger Anwalt hält sich zu einer Besprechung mit einem Mandanten Z in die festen Einrichtung im Staat B auf. Von dort nimmt er über eine Videokonferenzschaltung an einer Besprechung mit dem Mandanten X teil, die in der Stamm-Kanzlei stattfindet. Ein sachlicher Zusammenhang ist zu der Kanzlei im Staat A gegeben, da dieser, wären die Stamm-Kanzlei und die feste Einrichtung fremde Dritter üblicherweise in der Stamm-Kanzlei tätig gewesen wäre und nicht in der festen Einrichtung.

Bei der Zuordnung der Einkünfte unter Beachtung des Fremdvergleichs geht es zunächst darum, die dem Grunde nach gegebene Funktionsverteilung zwischen Stamm-Kanzlei und fester Einrichtung in tatsächlicher Hinsicht festzustellen. Soll dabei von einer unter Fremden üblichen Aufteilung abgewichen werden, muss die Abweichung durch den Steuerpflichtigen nachgewiesen werden, um steuerlich anerkannt zu werden.[207] Von der Zuordnung dem Grunde nach zu trennen, ist die Anwendung des Fremdvergleichs im Rahmen der Bewertung der zwischen Stamm-Kanzlei und fester Einrichtung erbrachten Leistungen.[208]

Im weiteren ist demnach zu untersuchen, welcher Sachverhalt üblicherweise einen sachlichen Zusammenhangs eines selbständig tätigen RA, WP oder StB zu einer festen Einrichtung begründet.

c) Zurechnung nach dem sachlichen Zusammenhang

aa) Selbständig tätige RA, WP oder StB

Ein sachlicher Zusammenhang zur festen Einrichtung ist immer dann eindeutig gegeben, wenn der selbständig tätige RA, WP oder StB die Tätigkeit entweder ausschließlich in der festen Einrichtung oder ausschließlich in seiner inländischen Kanzlei bzw. Niederlassung ausübt. Berät der Freiberufler einen ausländischen Mandanten, z.B. telefonisch, oder erstellt er für diesen ein Gutachten in seinem inländischen Büro, sind die Einkünfte nicht der festen Einrichtung zuzurechnen. Übt der Freiberufler die jeweilige Tätigkeit sowohl in der inländischen Kanzlei bzw. Niederlassung als auch in seiner festen Einrichtung aus, sind die Einkünfte aufzuteilen, da insoweit eine Vermutung für einen sachlichen Zusammenhang besteht.[209] Eine Aufteilung kommt jedoch nur dann in Betracht, wenn die der festen Einrichtung zuzurechnende Leistung eine abkommensrechtlich beachtliche Haupttätigkeit ist, da die ausschließliche Ausübung von Hilfs- bzw. Nebentätigkeiten nicht zur Annahme einer festen Einrichtung führt.[210]

---

[207] *Buciek*, in: Flick/wassermeyer/Wingert/Kempermann, DBA-Schweiz, Art. 7 Rz. 272; *Wassermeyer*, in: Debatin/Wassermeyer, MA, Art. 7 Rz. 321; letzterem folgend *Rademacher-Gottwald*, Grenzüberschreitende Sozietäten, S. 292 f.; a.A. *Kroppen*, in: Becker/Höppner/Grotherr/Kroppen, DBA, Art. 7 Rn. 93; in diesem Sinne auch die Rspr. zu den Verrechnungspreisen zwischen Mutter- und Tochtgersellschaften BFH v. 17.10.2001 – I R 103/00, DB 2001, 2474.

[208] Dazu siehe unten § 3 B II 1.

[209] *Wassermeyer*, in: Debatin/Wassermeyer, MA Art. 14 Rz. 92.

[210] Dazu siehe oben 2 a u. b.

Beispiel 1: Ein in Deutschland zugelassener RA berät einen Mandanten in seiner in Brüssel[211] belegenen festen Einrichtung. Die hierfür notwendigen Arbeiten hat der RA in seiner in Köln belegenen Kanzlei erbracht. Das Beratungsgespräch mit dem Mandanten in Brüssel ist eine Haupttätigkeit. Da die zu erbringende Beratungsleistung sowohl in der inländischen Kanzlei als auch in der festen Einrichtung ausgeübt wird, besteht auch jeweils ein sachlicher Zusammenhang. Daher sind die Einkünfte aufzuteilen.

Die eigentliche Schwierigkeit besteht letztlich darin, einen sachlichen Zusammenhang zu einer oder mehrerer festen Einrichtung(en) für die außerhalb einer festen Einrichtung, z.B. in den Räumen des Mandanten, ausgeübte Tätigkeit festzustellen. Hierbei ist darauf abzustellen, wo der Freiberufler „gewöhnlich" seine Tätigkeit erbringt, da die freiberufliche Tätigkeit auf dem Wissen und der Erfahrung der sie ausübenden Person beruht. Ein sachlicher Zusammenhang zu einer festen Einrichtung liegt somit nur dann vor, wenn die die selbständige Arbeit ausübende Person gewöhnlich mit Hilfe einer festen Einrichtung tätig wird.[212]

Beispiel 2: Ein deutscher RA berät üblicherweise einen in Brüssel[213] ansässigen Mandanten in seinem dortigen Büro. Findet eine Beratung in einer Betriebsstätte des Mandanten in Belgien statt, besteht ein sachlicher Zusammenhang zur festen Einrichtung in Brüssel. Handelt es sich dagegen um einen deutschen Mandanten, der von dem RA zu Vertragsverhandlungen nach Belgien begleitet wird, besteht kein sachlicher Zusammenhang zur festen Einrichtung in Brüssel, sofern der Mandant durch den RA gewöhnlich im Inland beraten wird.

Die bisherige Betrachtung ging von der Tätigkeit des Freiberuflers aus. Da in der Praxis häufig fachlich vorgebildete Arbeitskräfte eingeschaltet sind, ist zu untersuchen, inwieweit dies auf die Feststellung des sachlichen Zusammenhangs Einfluß hat.

bb) Mithilfe fachlich vorgebildeter Arbeitskräfte

Erbringt ein RA, WP oder StB in seiner festen Einrichtung mit Hilfe der dort tätigen Mitarbeiter die gegenüber einem Mandanten vereinbarte Leistung, besteht unzweifelhaft ein sachlicher Zusammenhang ausschließlich zur festen Einrichtung, da der Freiberufler nur mit Hilfe dieser tätig wird.

Beispiel 1: Ein in Deutschland zugelassener RA unterhält in Brüssel eine feste Einrichtung.[214] In dieser ist ein belgischer Anwalt als Angestellter tätig. Der Angestellte leistet die für die Beratung eines belgischen Mandanten notwendigen Vorarbeiten. Der RA selbst führt die Beratung in der festen Einrichtung durch. Insoweit besteht ausschließlich ein sachlicher Zusammenhang zur festen Einrichtung, da allein mit Hilfe der Einrichtung die persönliche Tätigkeit des RA erbracht wird.

Fraglich jedoch ist, ob ein sachlicher Zusammenhang auch dann gegeben ist, wenn die in der festen Einrichtung tätigen Angestellten oder freien Mitarbeiter die vertraglich vereinbarte Leistung gegenüber dem Mandanten, ohne dabei die Grenze zur Gewerb-

211 Das DBA-Belgien enthält einen dem Art. 14 OECD-MA entsprechenden Artikel.
212 So zu Recht *Wassermeyer*, in: Debatin/Wassermeyer, MA Art. 14 Rz. 92.
213 Das DBA-Belgien enthält einen dem Art. 14 OECD-MA entsprechenden Artikel.
214 Das DBA-Belgien enthält einen dem Art. 14 OECD-MA entsprechenden Artikel.

lichkeit zu überschreiten, selbst erbringen. Unzweifelhaft wäre bei der Tätigkeit eines Unternehmens i.S.d. Art. 7 OECD-MA ein sachlicher Zusammenhang zu einer Betriebsstätte gegeben. Bei den Einkünften aus freiberuflicher Tätigkeit (Art. 14 Abs. 2 OECD-MA) steht jedoch typischerweise die höchstpersönliche Arbeitsleistung des Freiberuflers im Vordergrund. Wird demnach der Freiberufler nicht tätig, so könnte es mangels Tätigkeit des Freiberuflers an einem sachlichen Zusammenhang zur festen Einrichtung fehlen. Es ist jedoch zu berücksichtigen, daß das abkommensrechtliche Begriffsverständnis das Kriterium der Mithilfe fachlich vorgebildeter Arbeitskräfte (§ 18 Abs. 1 Nr. 1 S. 3 EStG) nicht kennt.[215] Daher verdrängt auch nicht das Kriterium der persönlichen Arbeitsleistung einen sachlichen Zusammenhang zu einer festen Einrichtung, sofern ein Mandant ganz überwiegend von Mitarbeitern betreut wird. Werden dabei Mitarbeiter sowohl im Inland als auch im Ausland tätig, so sind die Einkünfte aufzuteilen.

Beispiel 2: Ausgangsfall wie in Bsp. 1. Ein Mandant wird ausschließlich durch den in der festen Einrichtung tätigen belgischen Anwalt betreut. Die Einkünfte sind der festen Einrichtung in Brüssel zuzurechnen.

Abwandlung: Ein Gutachten wird für einen belgischen Mandanten erstellt. Dieses wird durch den in der festen Einrichtung tätigen ausländischen Anwalt sowie einen in Deutschland tätigen freien Mitarbeiter erstellt und dies durch Unterschrift nach außen kenntlich gemacht. Da zu beiden Einrichtungen ein sachlicher Zusammenhang besteht, sind die Einkünfte aufzuteilen.

Allerdings liegt es in der Natur der Sache, daß zumeist die Mitarbeiter und der Freiberufler selbst im Rahmen eines Mandates tätig werden. Hierbei sind einerseits die im vorigen Kapitel dargestellten Grundsätze zur Ermittlung eines sachlichen Zusammenhangs bei einem selbständig tätigen RA, WP oder StB und andererseits die soeben dargestellten Grundsätze zusammenzuführen. Besteht bei einem ausländischen Mandanten aufgrund der Tätigkeit der Arbeitskräfte in einer festen Einrichtung gewöhnlich ein sachlicher Zusammenhang zu dieser, ist der sachliche Zusammenhang bei Beteiligung des Freiberuflers neu zu beurteilen. Insoweit verdrängt die im Vordergrund stehende Arbeitsleistung den ansonsten gegebenen Zusammenhang zur festen Einrichtung.

Beispiel 3: Ausgangsfall wie in Bsp. 1. Ein Mandant wird gewöhnlich von dem in der festen Einrichtung in Brüssel tätigen belgischen Anwalt betreut. Berät der deutsche RA diesen Mandanten in Belgien, liegt kein sachlicher Zusammenhang zur festen Einrichtung vor. Etwas anderes gilt jedoch dann, wenn der RA die Beratungen mit Hilfe des in Belgien tätigen Anwalts durchführt. Insoweit besteht ein sachlicher Zusammenhang sowohl zur inländischen Kanzlei als auch zur festen Einrichtung. In diesem Fall sind die Einkünfte aufzuteilen.

cc) Dauerberatungsvertrag

Besteht ein als Dienstvertrag mit festen Bezügen i.S.d. § 627 BGB - die Anwendbarkeit des deutschen Zivilrechts nach den Bestimmungen des internationalen Privatrechts (Art. 27 und Art. 28 EGBGB[216]) vorausgesetzt - ausgestaltetes Dauermandat, ist frag-

---

[215] Dazu siehe oben III 2.

[216] Einführungsgesetz zum Bürgerlichen Gesetzbuche v. 18.8.1896, RGBl. S. 604, i.d.F. v. 20.12.1999, BGBl. I S. 2493.

lich, ob ein sachlicher Zusammenhang zur festen Einrichtung besteht, wenn sich die Tätigkeit des RA, WP oder StB mangels Auftrag in dem Bereithalten zur Berufsausübung erschöpft. Wird die zu erbringende Leistung gewöhnlich mit Hilfe der - auch mehrere - festen Einrichtung erbracht, so sind die Einkünfte dieser zuzurechnen, andernfalls der inländischen Kanzlei bzw. Niederlassung. Wird bei einer zu erbringenden Einzelleistung davon abgewichen, sind die Einkünfte nach dem Sachzusammenhang des konkreten Einzelfalls zuzuordnen.

d) Vorbehalt der festen Einrichtung

Einkünfte für die die Voraussetzungen anderer Verteilungsnormen i.S.d. OECD-MA erfüllt sind, sind nicht den Einkünften aus selbständiger Arbeit i.S.d. Art. 14 OECD-MA zuzuordnen. Ungeachtet dessen sind gem. den Art. 10 Abs. 4, Art. 11 Abs. 4 und Art. 12 Abs. 4 OECD-MA von 1977[217] die Einkünfte aus Dividenden, Zinsen und Lizenzen einer festen Einrichtung zuzurechnen, wenn sie „tatsächlich" zu dieser gehören. Nach Art. 21 Abs. 2 OECD-MA gilt dies ebenso für die eben genannten Einkünfte, wenn es sich um Einkünfte aus Drittstaaten handelt. Nach Art. 6 Abs. 4 OECD-MA gilt dies jedoch nicht für Einkünfte aus unbeweglichem Vermögen. Systematisch betrachtet sind dies die entsprechenden Regelungen des Betriebsstättenvorbehalts für die feste Einrichtung i.S.d. Art. 14 Abs. 1 OECD-MA.[218] Insofern besteht abkommensrechtlich ein „Vorbehalt der festen Einrichtung".[219]

Im Rahmen der Tätigkeit als RA, WP oder StB können auch Dividenden, Zinsen oder Lizenzen anfallen, wie z.B. aus der Beteiligung an einer in dem Belegenheitsstaat der festen Einrichtung ansässigen Freiberufler-Kapitalgesellschaft, aus Zinsen einer Honorarforderung[220] oder aus Lizenzgebühren, die der Freiberufler aus der Abtretung oder zur Nutzung überlassener Urheberrechte aus einem DBA-Staat erhält. Sind demnach Einkünfte gegeben, die unter den Vorbehalt der festen Einrichtung fallen, ist fraglich, unter welchen Voraussetzungen die zugrundeliegenden Rechtsverhältnisse „tatsächlich" zu einer festen Einrichtung gehören. Der Begriff „tatsächlich" ist abkommensrechtlich nicht definiert. Aus dem Zusammenhang des Abkommens ergibt sich kein weiterer Anhaltspunkt, wie der Begriff auszulegen ist. Die der Rspr. zugrundeliegenden Sachverhalte und die in der Literatur geführte Diskussion wird dabei vor dem Hintergrund der abkommensrechtlichen Behandlung von Sondervergütungen im Rahmen des Betriebsstättenprinzips geführt.[221] Für die Bedeutung des Begriffs „tatsächlich" kann es jedoch weder auf die Unterscheidung zwischen dem Betriebsstättenvor-

---

[217] Zum OECD-MA von 1963 siehe *Görl*, Freie Berufe im IStR, S. 72 ff.; nach FinMin Nds. v. 11.7.1995, IStR 1995, 397 gilt dieser auch für die dem OECD-MA von 1963 nachgebildeten Abkommen.

[218] Insoweit hat Art. 13 Abs. 2 OECD-MA auch für eine feste Einrichtung nur klarstellende Bedeutung. Nach Art. 6 OECD-MA wird dem Staat das Besteuerungsrecht überlassen, in dem das unbewegliche Vermögen belegen ist.

[219] A.A. *Wilke*, in: Becker/Höppner/Grotherr/Kroppen, DBA, Art. 14 Rz. 12, der auch im Rahmen der Anwendung des Art. 14 OECD-MA von dem Betriebsstättenvorbehalt spricht.

[220] Vgl. dazu auch *Vogel*, DBA, Vor Art. 10-12 Rz. 25 b, mit einem Bsp. zu einer Kaufpreisforderung.

[221] Dazu siehe unten 4. Teil § 2 B VI 3.

behalt und dem Vorbehalt der festen Einrichtung ankommen noch auf die anzuwendenden Artikel.[222]

Die Rspr. des BFH[223] geht für die Zurechnung einer Beteiligung zu einer Betriebsstätte davon aus, daß die „tatsächliche" Zugehörigkeit in einem Gegensatz zur rechtlichen Zugehörigkeit steht.[224] Für die tatsächliche Zugehörigkeit einer Beteiligung zu einer Betriebsstätte bedürfe es einer weiteren Voraussetzung. Es müsse ein „funktionaler Zusammenhang" zur Tätigkeit vorliegen, die in der Betriebsstätte ausgeübt wird. Allein die Tatsache, daß die Beteiligung das Betriebsstättenvermögen „verstärkt", reiche hierfür nicht aus.[225] Letztlich ist jedoch auch das von der Rspr. herausgearbeitete Merkmal des „funktionalen Zusammenhangs" wenig eindeutig. Daher können diese Grundsätze nicht als abgeschlossen angesehen werden.[226] Somit läßt sich auch nach den Grundsätzen des funktionalen Zusammenhangs im jeweiligen Einzelfall die „tatsächliche" Zugehörigkeit nicht gesichert feststellen. Im Schrifttum wird von *Vogel*[227] die Meinung vertreten, daß die Kriterien für die Zuordnung keine anderen als in Art. 22 Abs. 2 OECD-MA sein können. Hiernach sind die beweglichen Wirtschaftsgüter für Zwecke der Besteuerung des Vermögens dann einer Betriebsstätte oder festen Einrichtung zuzuordnen, wenn sie dieser dienen.[228] Der Begriff „dienen" ist jedoch ebensowenig bestimmt, wie derjenige der tatsächlichen Zugehörigkeit.[229]

Hält ein in Deutschland ansässiger Berufsangehörige in dem Staat der festen Einrichtung eine Beteiligung an einer ausländischen Freiberufler-Kapitalgesellschaft in seinem Betriebsvermögen, ist davon auszugehen, daß diese tatsächlich zur festen Einrichtung gehört. Hierfür spricht auch die Tatsache, daß der Berufsangehörige über die Beteiligung an der Kapitalgesellschaft die Möglichkeit besitzt, neue, in diesem Staat ansässige Mandanten zu akquirieren, die er in seiner festen Einrichtung betreuen kann. Dagegen sollte bei der Zuordnung von Zinsen auf Honorarforderungen und Lizenzgebühren darauf abgestellt werden, ob die zugrundeliegenden Leistungen des Freiberuflers mit Hilfe der festen Einrichtung erbracht wurden. Sofern die Tätigkeit sowohl in der festen Einrichtung als auch in der inländischen Kanzlei ausgeübt wurde, könnte zur Bestimmung der tatsächlichen Zugehörigkeit als Indiz der gewöhnliche Tätigkeitsort des Freiberuflers herangezogen werden, da die persönliche Arbeitsleistung des Freiberuflers im Vordergrund steht.

---

[222] Vgl. *Wassermeyer*, in: Debatin/Wassermeyer, MA Art. 10 Rz. 134.

[223] BFH v. 27.2.1991 - I R 15/89, BStBl. 1991, 444; BFH v. 27.2.1991 - I R 96/89, BFH/NV 1992, 385; BFH v. 26.2.1992 - I R 85/91, BStBl. II 1992, 937; BFH v. 14.7.1993 - I R 71/92, BStBl. II 1994, 91; BFH v. 31.5.1995 - I R 74/93, BStBl. II 1995, 683; BFH v. 30.8.1995 - I R 112/94, BStBl. II 1996, 563; BFH v. 23.10.1996 - I R 10/96, BStBl. II 1997, 313.

[224] So auch *Schaumburg*, Internationales, Rz. 16.327; *Wassermeyer*, in: Debatin/Wassermeyer, MA Art. 10 Rz. 132 ff.

[225] So aber *Wingert*, in: Flick/Wassermeyer/Wingert/Kempermann, DBA-Schweiz, Art. 11 Rz. 60.

[226] *Wassermeyer*, in: Debatin/Wassermeyer, MA Art. 10 Rz. 134.

[227] *Vogel*, DBA, Vor Art. 10-12 Rz. 25.

[228] So auch *Portner*, in: Becker/Höppner/Grotherr/Kroppen, DBA, Vor Art. 10-12 Rn. 49 ff.; *Vogel*, DBA, Art. 22 Rz. 22 ff.; *Wilke*, in: Becker/Höppner/Grotherr/Kroppen, DBA, Art. 22 Rn. 54 f.

[229] *Wassermeyer*, in: Debatin/Wassermeyer, MA Art. 10 Rz. 132.

Beispiel: Ein RA veröffentlicht einen Beitrag in einer ausländischen Fachzeitschrift. Dieser wurde von ihm sowohl in seiner inländischen Kanzlei als auch in der festen Einrichtung verfaßt. Für die Abtretung der Nutzungsrechte an dem in dem Belegenheitsstaat der festen Einrichtung ansässigen Verlag erhält er ein Entgelt. Zur Bestimmung der tatsächlichen Zugehörigkeit i.S.d. Art. 12 Abs. 3 OECD-MA sollte es auf den Ort ankommen, an dem der Freiberufler gewöhnlich tätig ist.

V. Vermeidung der Doppelbesteuerung

Sind der festen Einrichtung Einkünfte zuzurechnen, wird dem Staat der festen Einrichtung das Besteuerungsrecht überlassen. Die Doppelbesteuerung der Einkünfte wird in den deutschen Abkommen, die dem OECD-MA entsprechen, durch die Freistellungsmethode entsprechend Art. 23 A OECD-MA vermieden. Die Einkünfte sind nach Art. 23 A Abs. 3 OECD-MA unter Progressionsvorbehalt von der Besteuerung im Inland auszunehmen.[230] Erzielt ein RA, WP oder StB mit Hilfe der festen Einrichtung negative Einkünfte[231], sind diese in Deutschland weder bei der Ermittlung der Einkünfte noch im Rahmen des Verlustausgleichs des § 10 d EStG zu berücksichtigen. Sie gehen ausschließlich in die Ermittlung des Progressionsvorbehalts ein (sog. negativer Progressionsvorbehalt).[232] Diese letztlich völkerrechtswidrige[233] Einbeziehung in den negativen Progressionsvorbehalt gilt jedoch nach Ansicht der Rspr. des BFH[234] nicht, sofern die der festen Einrichtung zuzurechnenden Einkünfte negative i.S.d. § 2 a Abs. 1 Nr. 2 EStG sind und keine aktive gewerbliche Betriebsstätte (§ 2 a Abs. 2 EStG) gegeben ist.[235]

Die Nichtberücksichtigung der ausländischen Einkünfte bei der Ermittlung der Einkünfte hat wiederum Auswirkungen auf den eingeschränkten vertikalen Verlustausgleichs i.S.d. § 2 Abs. 3 EStG. Zum einen kann die Nichtberücksichtigung zu einer Erhöhung der positiven Einkünfte aus selbständiger Arbeit (§ 18 EStG) führen, die bei Überschreitung der Grenze von DM 100.000 die Beschränkung der Verlustausgleichs zur Folge hat. Diese, aus Sicht des Steuerpflichtigen, ungünstige Wirkung wird zum Vorteil desselben, wenn bei einer gedachten Berücksichtigung der ausländischen Verluste insgesamt Einkünfte aus selbständiger Arbeit (§ 18 EStG) in Höhe von mehr als 100.000 DM gegeben wären. In diesen Fällen führt der Ausschluß der ausländischen Verluste bei der Ermittlung der Einkünfte zu einer Erhöhung der positiven Einkünfte und damit zu einer Erhöhung der ausgleichsfähigen Einkünfte i.S.d. § 2 Abs. 3 EStG

[230] Da die DBA unmittelbar anzuwendendes Recht darstellen (§ 2 AO), kommt § 32 b Abs. 1 Nr. 2 u, Abs. 2 Nr. 2 EStG insoweit nur deklaratorische Bedeutung zu *Schmidt/Heinicke*, EStG, § 32 b Rz. 15.

[231] Zum Begriff der negativen Einkünfte im DBA-Recht siehe bereits RFH v. 26.6.1935 - VI A 414/35, RStBl. 1935, 1358; ferner BFH v. 9.11.1966 - I 29/65, BStBl. III 1967, 88; BFH v. 12.1.1983 - I R 90/79, BStBl. II 1983, 382; *Wassermeyer*, in: Debatin/Wassermeyer, MA Art. 14 Rz. 57.

[232] BFH v. 25.5.1970 - I R 109/68, BStBl. II 1970, 660; BFH v. 12.1.1983 - I R 90/79, BStBl. II 1983, 382; kritisch dazu *Vogel*, DBA, Art. 23 Rz. 71 f.

[233] Dazu siehe *Lüdicke*, Steuermäßigung, S. 36 f.

[234] BFH v. 17.10.1991 - I R 182/87, BStBl. II 1991, 136; *HHR/Bopp*, § 2 a EStG Anm. 17, m.w.N.

[235] Dazu siehe unten § 2 A III 2 e bb.

mit ausländischen Verlusten.[236] Diese Überlegungen zeigen, daß die Neuregelung des § 2 Abs. 3 EStG bei grenzüberschreitenden Sachverhalten erheblichen Gestaltungsspielraum bietet.

VI. OECD-MA 2000

1. Änderungen gegenüber dem OECD-MA 1977

Nach längjähriger Diskussion[237] wird Art. 14 OECD-MA 1977 in dem revidierten OECD-MA 2000 nicht mehr enthalten sein.[238] Die bisher unter Art. 14 OECD-MA fallenden Tätigkeiten werden den Unternehmenseinkünften zugeordnet. Dies ergibt sich aus der insofern geänderten Definition der Unternehmens in Art. 3, die ausdrücklich die freiberufliche Tätigkeit und andere Tätigkeiten unabhängiger Art („other activities of independent character") einbezieht. Die weiteren Änderungen ergeben sich als Folge der Streichung des Art. 14, wie z.B. die Streichung des Vorbehalts der festen Einrichtung in den Art. 10 Abs. 4, 11 Abs. 4, 12 Abs. 3 sowie der Verweis in Art. 13 Abs. 2 für die Gewinne aus der Veräußerung von Vermögen, das einer festen Einrichtung zuzurechnen ist. Dies gilt ebenso für die Änderung der Überschrift des Art. 15 in „Arbeitseinkünfte".

Entsprechend wurde der Kommentar zu dem OECD-MA 2000 geändert.[239] In dem Kommentar zu Art. 3 OECD-MA 2000 wird die Einbeziehung der freiberuflichen Tätigkeit sowie der Tätigkeit selbständiger Art in die Unternehmensgewinne nochmals ausdrücklich klargestellt. Nach dem Kommentar zu Art. 5 Nr. 1.1, Art. 7 Nr. 2.1 und Art. 14 OECD-MA 2000 bringt die Streichung des Art. 14 OECD-MA zum Ausdruck, daß kein Unterschied zwischen der Betriebsstätte und der festen Einrichtung bestanden habe. Ebenso bestehe kein Unterschied hinsichtlich der Einkünftezuordnung, obgleich ursprünglich daran gedacht wurde, das Betriebsstättenkonzept dem Handel und der Industrie vorzubehalten. Ferner wird in dem Kommentar zu Art. 12 Nr. 11 OECD-MA 2000 ausdrücklich klargestellt, daß die gutachterliche Tätigkeit von Anwälten und Buchprüfern keine Lizenz i.S.d. Art. 12 Abs. 2 OECD-MA 2000 darstellt. Die weiteren Änderungen sind in dem hier zu betrachtenden Zusammenhang redaktioneller Natur.[240]

Nach dem Bericht des Steuerausschusses der OECD-MA[241] beruht die Streichung - neben den noch zu diskutierenden Überlegungen hinsichtlich der abkommensrechtlichen Behandlung von Freiberufler-Personengesellschaften - im wesentlichen auf den folgenden Überlegungen. Zunächst wurde untersucht, welche Tätigkeiten fallen unter den Anwendungsbereich des Art. 14 OECD-MA. Auf die Schwierigkeiten der Be-

---

[236] Zur Neuregelung des § 2 Abs. 3 EStG siehe die Beispiele bei *Risthaus/Plenker*, DB 1999, 605.
[237] Vgl. *Kippenberg*, IStR 1999, Beih. zu H. 17, 1; *Krabbe*, IStR 1995, 692, 694.
[238] Es bedarf noch der Billigung des OECD-Ministerrats.
[239] OECD, Issues related to Art. 14, Annex, Changes to the Commentary.
[240] Zu weiteren Änderungen siehe *Krabbe*, IStR 2000, 196.
[241] OECD, Issues related to Art. 14, Introduction, I.

stimmung der freien Berufe i.S.d. Art. 14 wurde bereits oben eingegangen.[242] Des weiteren war zu prüfen, ob der Begriff der Person in Art. 14 OECD-MA auch für juristische Personen gilt. Nach dem Steuerausschuß[243] seien keine unterschiedliche Behandlung der Einkünfte nach Art. 14 und Art. 7 OECD-MA zu erkennen. Daher bestehe kein Argument gegen eine Streichung des Art. 14 OECD-MA.

Ferner wurde von dem Steuerausschuß geprüft, ob hinsichtlich der abkommensrechtlichen Behandlung der Einkünfte zwischen Art. 7 und Art. 14 OECD-MA Unterschiede bestehen. Dabei wird auf die bereits oben dargestellte Diskussion eingegangen, ob ein Unterschied zwischen den Voraussetzungen einer Betriebsstätte und einer festen Einrichtung besteht.[244] Der Steuerausschuß konnte im Ergebnis keinen Unterschied feststellen. Dabei hält der OECD-Steuerausschuß die Regelung für Montagebetriebsstätten, entgegen der hier vertretenen Ansicht[245], nicht auf Art. 14 OECD-MA übertragbar und sieht demzufolge in der Streichung der festen Einrichtung eine Vereinheitlichung der abkommensrechtlichen Behandlung der Tätigkeit eines selbständigen Ingenieurs, dessen Tätigkeit einer solchen Betriebsstätte zuzuordnen ist.[246] Ferner geht der Ausschuß zutreffenderweise von der Verwendung des Einkünftebegriffs in Art. 14 OECD-MA i.S.v. Nettoeinkünften aus.[247]

2. Stellungnahme

Unzweifelhaft bedeutet die Streichung des Art. 14 OECD-MA eine Vereinfachung hinsichtlich der Abgrenzung zwischen Einkünften aus Unternehmensgewinnen (Art. 7) und selbständiger Arbeit (Art. 14). Ebenso zutreffend wird in dem Kommentar zu Art. zu Art. 5 Nr. 1.1, Art. 7 Nr. 2.1 und Art. 14 OECD-MA 2000 festgestellt, daß zwischen den Voraussetzungen einer festen Einrichtung und einer Betriebsstätte praktisch kein Unterschied besteht. Dabei liegt der innere Grund in der unternehmerischen und selbständige Tätigkeit in der ähnlichen Art der Tätigkeiten und nicht an den ortsbezogenen Anknüpfungsmerkmalen selbst.[248] Entsprechendes gilt auch hinsichtlich der Zuordnung der Einkünfte.

Entgegen der Betonung der Rechtskontinuität des OECD-MA-Kommentars 2000, kommen in dem Bericht des Steuerausschusses der OECD Differenzen zwischen der Anwendung des Art. 7 und des Art. 14 OECD-MA zum Ausdruck, so daß die Änderung des OECD-MA zu einer materiellen Änderung führt.[249] Dies gilt insbesondere für das Ausmaß und Intensität der bisher unterschiedlich zu qualifizierenden Tätigkeiten, die Geltung der Fristen des Art. 5 Abs. 3 OECD-MA für Art. 14 OECD-MA[250], Gel-

[242] Dazu siehe oben III.
[243] OECD, Issues related to Art. 14, Introduction, III, 17.
[244] Dazu siehe oben IV.
[245] Dazu siehe oben IV 1.
[246] Dazu auch *Menck*, IWB, F. 10, Gr. 2, S. 1469, S. 1471.
[247] Im Ergebnis wie hier, dazu siehe unten II. 2.
[248] Dazu siehe oben IV 1; a.A. *Rademacher-Gottwald*, Grenzüberschreitende Sozietäten, S. 214, zur Kritik an dieser Ansicht siehe unten 4. Teil § 2 A VII.
[249] *Menck*, IWB, F. 10, Gr. 2, S. 1469, S. 1471.
[250] Entgegen der hier vertretenen Ansicht.

tung der Sondertatbestände des Art. 5 OECD-MA für Selbständige, vollumfängliche Anwendung des Art. 7 OECD-MA für Selbständige und im Rahmen der Quellenbesteuerung die Verlangung der Inländerbehandlung i.S.d. Art. 24 Abs. 3 OECD-MA.

Der hier vertretenen Ansicht folgend[251] besteht in den Fällen ein Unterschied, in denen sich der Freiberufler der Mithilfe von Angestellten bedient und die persönliche Arbeitsleistung des Freiberuflers zu einer Aufteilung der Einkünfte führt, da die im Vordergrund stehende persönliche Tätigkeit des Freiberuflers je nach Einzelfall im Rahmen der Prüfung des Veranlassungszusammenhangs zu berücksichtigen ist. Bei einer Zuordnung nach Art. 7 OECD-MA dagegen ist dies nicht zu beachtet.

Beispiel: Ein Mandant wird gewöhnlich von dem in der festen Einrichtung in Brüssel tätigen belgischen Anwalt betreut. Berät der deutsche RA diesen Mandanten in Belgien, so liegt kein sachlicher Zusammenhang zur festen Einrichtung vor, da das Mandat gewöhnlich von der festen Einrichtung aus betreut wird. Etwas anderes gilt jedoch dann, wenn der RA die Beratungen mit dem in der festen Einrichtung tätigen belgischen Anwalt durchführt. Insoweit besteht ein sachlicher Zusammenhang sowohl zur inländischen Einrichtung als auch zur festen Einrichtung in Brüssel. Bei einer Qualifikation der Einkünfte als unternehmerische und einer Zuordnung nach Art. 7 OECD-MA käme es insoweit nicht auf die persönliche Tätigkeit des Freiberuflers an. Damit wären die Einkünfte der belgischen Betriebsstätte zuzuordnen.

Ausdrücklich zu begrüßen ist die in dem Kommentar zu Art. 12 Nr. 11 OECD-MA 2000 enthaltene Klarstellung, wonach die gutachterliche Tätigkeit eines Anwalts oder eines Buchprüfers keine Lizenz i.S.d. Art. 12 Abs. 2 OECD-MA 2000 darstellt. Damit ist die Gefahr einer fiskalischen Auslegung des Lizenzbegriffes durch den Quellenstaat beseitigt worden.

Angesichts der in dem Bericht des Steuerausschusses und der im Rahmen dieser Arbeit bestehenden Unterschiede ist es m.E. irreführend, wenn der OECD-MA-Kommentar 2000 in Punkt 1.1 zu Art. 5 davon spricht, daß Unterschiede zwischen der Betriebsstätte und der festen Einrichtung oder der Einkünftezuordnung beabsichtigt gewesen seien. Insofern bleibt offen, warum bislang eine gesonderte Regelung bestanden hat. Nach hier vertretener Ansicht erweckt diese auf Rechtskontinuität gerichtete Anmerkung in dem OECD-MA-Kommentar vielmehr den Eindruck, auf die Auslegungsschwierigkeiten im Rahmen bestehender dem OECD-MA 1977 nachgebildeter Abkommen Einfluß nehmen zu wollen. Werden künftig deutsche Abkommen entsprechend dem OECD-MA 2000 abgeschlossen, kann das OECD-MA 2000 als Auslegungshilfe herangezogen werden.[252]

---

[251] Dazu siehe oben IV 3 c bb.

[252] Dazu siehe oben 1. Teil § 5 B 2 b.

B. Deutsche Abkommenspraxis

Folgen die deutschen Abkommen nicht dem OECD-MA, ist zu untersuchen, inwieweit sich daraus Änderungen ergeben.[253]

I. Fehlende Teildefinition der freien Berufe

Einige deutsche Abkommen enthalten keine dem Art. 14 Abs. 2 OECD-MA entsprechende Teildefinition der freien Berufe. Daher ist fraglich, ob die Auslegung des in diesen Abkommen verwendeten Begriffs „freie Berufe" nach dem Recht des jeweiligen Anwendestaates oder unter Heranziehung des Art. 14 Abs. 2 OECD-MA zu erfolgen hat. Nach Auffassung der h.M.[254] in der Literatur ist der Begriff „freier Beruf" in diesen Abkommen nach nationalem Steuerrecht auszulegen, da die Vertragsstaaten nicht den Willen haben, den jeweiligen Begriff nach dem Musterabkommen auszulegen. Die Schwierigkeit besteht darin, den normativen Willen der Vertragsparteien zu ermitteln. In den Rechtsordnungen anderer Staaten gibt es ebenso wie im EStG keine eindeutige Definition des Begriffes „freier Beruf". Daher ist eine abweichende Auslegung durch die Vertragsstaaten vorprogrammiert. Da der normative Wille der Vertragsparteien jedoch mangels Definition nicht aus dem Abkommen ableitbar ist, erfolgt die Bestimmung der freien Berufe nach nationalem Steuerrecht. Folglich werde aus Sicht der Bundesrepublik aufgrund der gegenüber dem OECD-MA engeren Voraussetzungen hinsichtlich ähnlicher Berufe sowie dem Erfordernis der leitenden und eigenverantwortlichen Tätigkeit i.S.d. § 18 Abs. 1 Nr. 1 EStG häufig Unternehmensgewinne gegeben sein. Daher kann es bei abweichender Einordnung der Einkünfte durch den anderen Vertragsstaat zu einer abweichenden Zuordnung der Einkünfte kommen. Vor diesem Hintergrund ist die Abkommensentwicklung der Bundesrepublik zur Einführung einer dem Art. 14 Abs. 2 OECD-MA vergleichbaren Regelung zu begrüßen.[255]

II. Zuordnung der Einkünfte

1. Nach modifizierten Regelungen des OECD-MA

a) Alternative Aufenthaltsklausel entsprechend dem UN-MA

Ist ein in Deutschland ansässiger RA, WP oder StB in einem Staat tätig, mit dem ein dem UN-MA entsprechendes DBA[256] besteht und steht ihm in diesem Staat keine feste Einrichtung zur Verfügung, so steht dem Quellenstaat das Besteuerungsrecht nur dann zu, wenn sich der Freiberufler in diesem Staat zur Ausübung seiner Berufstätigkeit

---

[253] Zu den Voraussetzungen im einzelnen siehe oben 1. Teil § 5 B 5.

[254] Für die h.M. *Görl*, Freie Berufe im IStR, S. 59; *Vogel*, DBA, Art. 14 Rz. 61; *Wassermeyer*, in: Debatin/Wassermeyer, MA, Art. 14 Rz. 11 f.; *Wilke*, in: Becker/Höppner/Grotherr/Kroppen, DBA, Art. 14 Rn. 30.

[255] Dazu siehe oben 1. Teil § 5 B I 5.

[256] Dies gilt für die DBA mit Portugal, Ägypten, Bangladesch, China, Elfenbeinküste, Indien, Indonesien, Kenia, Marokko, Mexiko, Mongolei, Namibia, Pakistan, Papua-Neuginea, Philippinen, Sambia, und Tunesien.

über einen gewissen Mindestzeitraum aufhält. Dazu ist auf die Grundsätze zur Ermittlung des Mindestaufenthalts bei unselbständig Tätigen i.S.d. Art. 15 OECD-MA zurückzugreifen, da im Rahmen des Art. 15 OECD-MA ebenfalls die Aufenthaltsdauer einer Person zu ermitteln ist. Nach dem Kommentar zu Art. 15 OECD-MA[257] kommt es insoweit auf die physische Anwesenheit der Person an. Für die Bestimmung der Dauer sind auch Tage einzubeziehen, in denen der Freiberufler seine Tätigkeit nicht ausübt, aber in dem Staat anwesend ist.[258]

Gegenstand des Besteuerungsrechts eines Staates sind die Einkünfte. Da der abkommensrechtliche Einkünftebegriff in dieser Hinsicht als Oberbegriff zu verstehen ist[259], ist fraglich, ob Brutto- oder Nettoeinkünfte entsprechend dem deutschen Steuerrecht zuzuordnen sind. Der Wortlaut der Abkommen spricht sowohl im Fall der festen Einrichtung als auch im Rahmen der Tätigkeitsklausel ausdrücklich von Einkünften. Da die dem UN-MA folgenden Regelungen zudem im Grundsatz das Besteuerungsrecht dem Wohnsitzstaat überlassen, spricht dies für eine Auslegung des Einkünftebegriffs i.S.d. Art. 14 OECD-MA. Daher ist der Begriff „Einkünfte" i.S.v. Nettoeinkünfte zu verstehen.[260]
Dies ergibt sich auch durch Vergleich des Wortlauts der UN-Abkommen mit den Abkommen, die dem Arbeitsortprinzip folgen. Letztere verwenden den Begriff „Vergütungen", wie er auch in Art. 15 OECD-MA enthalten ist.

Für die Zurechnung der Einkünfte ist entscheidend, an welchem Ort der RA, WP oder StB tätig wird, da er sich nach dem Wortlaut der Regelungen zur Ausübung seiner beruflichen Tätigkeit in dem Quellenstaat aufhalten muß. Infolgedessen ist festzustellen, wo die selbständige Arbeit ausgeübt wird. Da auch nach nationalem Steuerrecht (§ 34 d Nr. 3 EStG) der Tätigkeitsort zu ermitteln, kann auf die Regelungen des nationalen Steuerrechts zurückgegriffen werden.[261] Hierbei ist jedoch zu beachten, daß die Einkünfte nur dann durch den Tätigkeitsstaat besteuert werden dürfen, wenn sie auf die in diesem Staat ausgeübte Tätigkeit entfallen.[262] Daher müssen die Einkünfte in einem wirtschaftlichen Zusammenhang zu der in dem anderen Vertragsstaat ausgeübten Tätigkeit stehen.

---

[257] MA-Komm. zu Art. 15 Nr. 5, abgedruckt bei *Vogel*, DBA, Art. 15 Rz. 4 b.

[258] Zu Art. 10 Abs. 2 Nr. 2 DBA-Niederlande BFH v. 10.7.1996 - I R 4/96, BStBl. II 1997, 15; zustimmend BMF v. 5.1.1994, BStBl. I 1994, 11 u. BMF v. 5.7.1995, BStBl. I 1995, 373; anders noch BFH v. 10.5.1996 - I R 50/85, BStBl. II 1989, 755, wonach insofern § 9 AO zur Bestimmung des Begriffs „sich aufhalten" anzuwenden sei; Nichtanwendungserlaß BMF v. 30.7.1990, BStBl. I 1990, 314; *Lohse/Madle*, DStR 1998, 789, 793, m.w.N.; *Vogel*, DBA, Art. 15 Rz. 22.

[259] *Wassermeyer*, in: Debatin/Wassermeyer, MA Vor Art. 6-22 Rz. 2.

[260] Dazu siehe dieses Kapitel unten Punkt 2.

[261] Dazu siehe unten § 2 III 2 b.

[262] Eine solche Regelung fehlt im DBA-Portugal, gleichwohl ist sie im Protokoll Abs. 7 zu Art. 14, abgedruckt, bei: Becker/Höppner/Grotherr/Kroppen, DBA-Portugal, Art. 14, ausdrücklich enthalten.

Beispiel: Ein in Deutschland ansässiger WP/StB hält sich zur Beratung eines deutschen Mandanten 185 Tage innerhalb eines Zeitraums von einem Jahr in Mexiko auf. Die Voraussetzungen einer festen Einrichtung sollen nicht gegeben sein. Nach Art. 14 Abs. 1 b DBA-Mexiko steht Mexiko das Besteuerungsrecht hinsichtlich der erzielten Einkünfte zu. Dies gilt aber nur, wenn der WP/StB nicht auch in Deutschland im Rahmen des Mandates tätig wird. Ist dies der Fall, sind die Einkünfte aufzuteilen.

Diese Zuordnung der Einkünfte könne nach der Auffassung von *Debatin/Wassermeyer*[263] zu einem nicht sachgerechten Ergebnis führen. Bei der Beschäftigung von Angestellten in einem Tätigkeitsstaat falle die Besteuerungszuordnung bei gleicher Leistungserbringung unterschiedlich aus, da es nach dem Wortlaut auf die Anwesenheit des Steuerpflichtigen ankomme. Letzterem ist zwar zuzustimmen, jedoch ist, um die Sachverhalte vergleichen zu können, zu berücksichtigen, daß der Angestellte sich mehr als 183 Tage im Jahr in diesem Staat aufhalten müßte. In der Regel ist dann aber, sofern der Mitarbeiter nicht in ständig wechselnden Räumen tätig wird, eine feste Einrichtung gegeben und mithin ist ggf. die Tätigkeit des Mitarbeiters der festen Einrichtung zuzurechnen.

b) Alternative Tätigkeitsklausel und DBA-Brasilien

Ist ein in Deutschland ansässiger RA, WP oder StB in einem Staat tätig, mit dem ein Abkommen besteht, das eine Tätigkeitsklausel enthält[264], ist zur Bestimmung der Mindestzeitspanne allein die Zahl der Tätigkeitstage in diesem Staat entscheidend. Die Bestimmung des Tätigkeitsortes erfolgt ebenso wie in den Abkommen, die dem UN-MA nachgebildet sind.[265]

Nach Art. 14 DBA-Brasilien[266] wird Deutschland das Besteuerungsrecht überlassen, wenn ein Freiberufler mit Wohnsitz in Deutschland in Brasilien tätig wird. Etwas anderes gilt nur dann, wenn die Vergütungen für diese Tätigkeiten von einer in dem anderen Vertragsstaat gelegenen Betriebsstätte oder einer dort ansässigen Gesellschaft getragen werden. In diesem Fall steht Brasilien das Besteuerungsrecht zu. Da alleiniges Kriterium der Zurechnung der gesamten Einkünfte die Ansässigkeit bzw. Belegenheit der Zahlstelle der Vergütung ist, gibt es keine Sachverhalte, die eine Aufteilung der Einkünfte erfordern. Die Regelung des DBA-Brasilien beruht auf der Umsetzung des Territorialitätsprinzips. Daher sind nicht Nettoeinkünfte, sondern Vergütungen, die der Freiberufler erhält, Bemessungsgrundlage der Besteuerung.[267] Dies spiegelt sich auch in der progressiv gestaffelten (in sieben Stufen von 5 % auf 30 % ansteigenden)

[263] *Debatin/Wassermeyer*, DBA-Tunesien, Art. 14.
[264] Dies gilt für die DBA mit Ecuador, Jamaika, Trinidad und Tobago sowie Uruguay.
[265] Dazu siehe voriges Kapital; im DBA mit Trinidad und Tobago ist die Anwendung des Fremdvergleichsgrundsatzes in einem Zusatzprotokoll ausdrücklich festgeschrieben, vgl. auch *Debatin/Wassermeyer*, DBA-Trinidad und Tobago, Art. 14 2.; die in Art. 14 Abs. 4 DBA-Trinidad und Tobago enthaltene Sonderreglung gilt nicht für die selbständige Tätigkeit eines Freiberuflers, sondern nur für Dienstleistungen von Unternehmen i.S.d. Art. 7 DBA-Trinidad und Tobago.
[266] Abgedruckt bei *Debatin/Wassermeyer*, DBA.
[267] Dazu siehe auch nächstes Kapitel 2.

brasilianischen Quellenbesteuerung der Vergütungen wieder, sofern diese von einer dort ansässigen juristischen Person an einen selbständig tätigen Freiberufler gezahlt wird.[268]

2. Nach dem Arbeitsortprinzip

Nach heutigem Stand folgen (nur) noch die DBA mit Korea, Malaysia, Singapur und Thailand dem Arbeitsortprinzip.[269] Wird ein in Deutschland ansässiger RA, WP oder StB in einem dieser Staaten tätig, steht demjenigen Staat das Besteuerungsrecht zu, in dem der Freiberufler tätig wird. Abweichend von dem Grundsatz des Arbeitsortprinzips steht dem anderen Staat das Besteuerungsrecht zu, wenn sich die Person in dem Tätigkeitsstaat nur kurzzeitig, d.h. weniger als 183 Tage, zur Berufsausübung aufhält. Darüber hinaus ist erforderlich, daß die Vergütung für die Tätigkeit von einer oder für eine nicht im Tätigkeitsstaat ansässige Person gezahlt wird und die Vergütung nicht von einer Betriebsstätte getragen wird, die die Person, welche die Vergütung zahlt, im Tätigkeitsstaat unterhält. Zur Bestimmung der Aufenthaltsdauer ist auf die Grundsätze des Art. 15 Abs. 2 OECD-MA zurückzugreifen, da dieser ebenfalls dem Arbeitsortprinzip folgt.[270] Maßgebend ist das Jahr, in dem die Tätigkeit ausgeübt wurde, und nicht dasjenige, in dem die Bezüge gezahlt worden sind.[271]

Gegenstand des Besteuerungsrechts eines Staates sind die Vergütungen. Fraglich ist, ob unter Vergütungen Bruttoeinkünfte i.S.d. deutschen Steuerrechts, d.h. Einnahmen der Person zu verstehen sind. Der Begriff der Vergütungen wird auch im Rahmen der Einkünfte aus nichtselbständiger Arbeit i.S.d. Art. 15 OECD-MA verwendet. Danach bedeutet der Ausdruck Vergütungen Einnahmen.[272] Demnach unterliegen dem Besteuerungsrecht des Tätigkeitsstaates allein die Einnahmen aus der beruflichen Tätigkeit als RA, WP oder StB.[273] Soweit im Zusammenhang mit dieser Tätigkeit Ausgaben angefallen sind, dürfen diese nicht berücksichtigt werden. Etwas anderes könnte sich nur - entgegen dem Abkommensrecht - nach den Bestimmungen des nationalen Steuerrechts des jeweiligen Tätigkeitsstaates ergeben.

III. Vermeidung der Doppelbesteuerung

Unterliegt ein in Deutschland ansässiger RA, WP oder StB mit seinen Einkünften der Besteuerung durch den Tätigkeitsstaat, so wird die Doppelbesteuerung der Einkünfte in den Abkommen, deren Regelungen dem UN-MA entsprechen, durch Freistellung der Besteuerung durch den Wohnsitzstaat vermieden.[274] Demnach sind die im Ausland

---

268 *Debatin/Wassermeyer*, DBA-Brasilien Art. 14.

269 Dazu siehe oben 1. Teil § 5 B I 5.

270 *Wilke*, in: Becker/Höppner/Grotherr/Kroppen, DBA-Korea, Art. 14 Rn. 7.

271 *Vogel*, DBA, Art. 14 Rz. 34; zur Fristenberechnung vgl. *Vogel*, DBA, Art. 15 Rz. 22; siehe auch *Vogelsang*, in: Becker/Höppner/Grotherr/Kroppen, DBA, Art. 15 Rn. 128 ff.

272 Statt aller *Schieber*, in: Debatin/Wassermeyer, MA, Art. 15 Rz. 152; *Vogelsang*, in: Becker/Höppner/Grotherr/Kroppen, DBA, Art. 15 Rn. 88.

273 So zum DBA-Korea *Debatin/Wassermeyer*, DBA-Korea, Art. 14.

274 Zur Freistellungsmethode z.B. *Schaumburg*, Internationales, Rz. 16.533 ff.; *Vogel*, DBA, Art. 23 Rz. 50 ff., jeweils m.w.N.

erzielten Einkünfte eines in Deutschland ansässigen RA, WP oder StB bei der Ermittlung der Einkünfte unter Progressionsvorbehalt (§ 32 b Abs. 1 Nr. 2 EStG) nicht zu berücksichtigen.[275] Dies gilt ebenso für die Abkommen, die dem Arbeitsortprinzip folgen.[276] Die Ausnahme bildet allein das DBA-Brasilien. Nach Art. 24 Abs. 2 DBA-Brasilien ist die von Brasilien erhobene Steuer auf die Einkünfte einer in Deutschland ansässigen Person anzurechnen.[277]

Erzielt der RA, WP oder StB im Ausland Verluste, sind diese in Deutschland bei der Ermittlung der Einkünfte nicht zu berücksichtigen bzw. nur über den negativen Progressionsvorbehalt.[278] Dies stellt jedoch ein Widerspruch zu dem im EStG verankerten Welteinkommensprinzip dar. Voraussetzung ist allerdings, daß sie nicht einen Tatbestand der negativen Einkünfte i.S.d. § 2 a Abs. 1 EStG erfüllen.[279] Einen Sonderfall bilden insofern die Abkommen, die dem Arbeitsortprinzip folgen. Das Besteuerungsrecht des ausländischen Staates erstreckt sich nur auf die Vergütungen, d.h. auf die Einnahmen. Daher können Ausgaben im Zusammenhang mit der Tätigkeit nicht zu negativen Einkünften führen. Ferner dürfen gem. § 3 c EStG Ausgaben bei der Ermittlung der Einkünfte nicht als Betriebsausgaben (§ 4 Abs. 4 EStG) oder Werbungskosten (§ 9 EStG) berücksichtigt werden, wenn sie mit steuerfreien Einnahmen in unmittelbarem wirtschaftlichen Zusammenhang stehen. Im Ergebnis führt dies zu einer Bruttobesteuerung, die weder mit dem Welteinkommens- noch mit dem sich aus dem Leistungsfähigkeitsprinzip ergebenden objektiven Nettoprinzip vereinbaren läßt. Dagegen sind die Ausgaben für die Ermittlung des Progressionsvorbehalts zu berücksichtigen, da es sich nach dem Wortlaut des § 32 b Abs. 1 Nr. 2 EStG um Einkünfte, also solche i.S.d. § 2 EStG, handelt.[280] Im Ergebnis gilt nichts anderes für das DBA-Brasilien. Der Unterschied besteht jedoch darin, daß die ausländische Steuer gem. Art. 24 Abs. 2 DBA-Brasilien anzurechnen ist.[281]

C. EU-Recht

Nach Art. 220 EGV „leiten soweit erforderlich die Mitgliedsstaaten untereinander Verhandlungen ein, um zugunsten ihrer Staatsangehörigen ... folgendes sicherzustellen: die Beseitigung der Doppelbesteuerung innerhalb der Gemeinschaft. Wie bereits

[275] Z.B. Art. 23 Abs. 1 Nr. 1 DBA-Marokko; Art. 23 Abs. 1 a DBA-Mongolei; Art. 23 Abs. 1 a DBA-Namibia; Art. 24 Abs. 1 a DBA-Ägypten; Art. 23 Abs. 1 a DBA-Indonesien; abgedruckt bei *Debatin/Wassermeyer*, DBA.

[276] Art. 23 Abs. 1 a DBA-Singapur; Art. 22 Abs. 2 a DBA-Thailand; Art. 23 Abs. 1 a DBA-Malaysia; Art. 22 Abs. 1 a DBA-Korea; abgedruckt bei *Debatin/Wassermeyer*, DBA.

[277] Vgl. dazu *Krabbe*, DB 1974, 1641, 1644; zur Berechnung des Anrechnungshöchstbetrages und zur Ermittlung der anrechenbaren ausländischen Steuer ist gem. § 34 c Abs. 6 S. 2 EStG § 34 c Abs. 1 S. 2 u. 3 EStG anzuwenden. Alternativ kann die ausländische Steuer gem. § 34 c Abs. 2 EStG auch abgezogen werden (§ 34 c Abs. 6 EStG) vgl. dazu *Grotherr*, in: Becker/Höppner/Grotherr/Kroppen, DBA, Art. 23/24, Rn. 209 ff.

[278] BFH v. 12.01.1983 - I R 90/79, BStBl. II 1983, 382.

[279] Dazu siehe unten § 2 A III 2 e bb.

[280] Statt aller *Schmidt/Heinicke*, EStG, § 3 c Rz. 14.

[281] Fraglich ist daher, ob § 3 c EStG auch bei der Ermittlung der ausländischen Einkünfte zur Berechnung des Anrechnungshöchstbetrages gem. § 34 c Abs. 6 EStG zu berücksichtigen ist.

oben dargestellt wurde, sind die Abkommensnormen, nach denen die Vertragsstaaten ihre Besteuerungskompetenzen abgrenzen bzw. aufteilen, in den Abkommen der Bundesrepublik mit anderen EU - Mitgliedstaaten unterschiedlich ausgestaltet.

Die in der deutschsprachigen Literatur h. M[282] leitet aus Art. 220 EGV ab, daß bei unterschiedlichen DBA Regelungen für die gleichen Einkünfte die für den Steuerpflichtigen jeweils günstigeren eines anderen DBA Anwendung finden müsse, da andernfalls ein Verstoß gegen die EU-Diskriminierungsverbote gegeben sei. Dies hätte die „Umwandlung" der DBA-Regelungen in sog. Meistbegünstigungklauseln[283] durch EU-Recht zur Folge.

Der EuGH[284] hat in seinem Urteil vom 12.5.1998 (Rs. Gilly) erstmals ausdrücklich einen Verstoß gegen Art. 220 EGV abgelehnt. In dem zu entscheidenden Fall machte eine in Frankreich lebende und in Deutschland arbeitende Ehefrau, die wegen der gegebenen Umstände des Einzelfalls im Ergebnis u.a. keinen Sonderausgabenabzug und kein Ehegattensplitting in Anspruch nehmen konnte, geltend, daß sich nach den Art. 4, 13, 14 und 16 des DBA Deutschland Frankreich unterschiedliche Anknüpfungspunkte hinsichtlich der Besteuerung für Lehrkräfte ergeben. Nach Ansicht des EuGH[285] ergebe sich aus den abkommensrechtlichen Normen keine Benachteiligung. Die Vorteilhaftigkeit oder Nachteiligkeit der steuerlichen Behandlung der betroffenen Steuerpflichtigen folge nicht so sehr aus der Besteuerung in dem angesichts der mangelnden gemeinschaftsrechtlichen Harmonisierung der Steuersätze für die direkten Steuern zuständigen Staat. Daher kann auch nicht eine DBA-Norm als diskriminierend angesehen werden, wenn die Schlechterstellung des Ausländers, die sich allein aus dem höheren Steuerniveau ergibt, auf die Anwendung der DBA-Normen zurückzuführen ist. Die Mehrbelastung folgt aus der nicht gegebenen Harmonisierung der Steuerbelastungen in der EU, ist also bewußte Konsequenz des „Subsidiaritätsprinzips" (Art. 3 b EGV). Die aus der mangelnden Harmonisierung der direkten Steuern resultierenden Probleme für den Binnenmarkt lassen sich in der Regel nicht im Wege der Rspr. zur Auslegung von Diskriminierungsverboten lösen.[286]

Die DBA der Bundesrepublik Deutschland mit anderen EU Mitgliedstaaten folgen innerhalb der Einkünfte aus selbständiger Arbeit dem Konzept der festen Einrichtung mit Ausnahme des Abkommens mit Portugal, so daß eine Diskriminierung wegen abweichender Anknüpfungsmerkmale ausschließlich dann gegeben sein kann, wenn ein in Deutschland ansässiger und tätiger RA, WP oder StB in einem anderen EU Mitgliedstaat und in Portugal freiberuflich tätig ist. Folgt man der hier vertretenen Ansicht, wonach für die Annahme einer festen Einrichtung die Dauer i.S.d. Regelung zu den Beu-

---

[282] Für die h.M. *Beul*, IStR 1997, 1; *Herzig/Dautzenberg*, DB 1992, 2519; *Rädler*, FR 1994, 705; *Thömmes*, IWB 1995, 293, 697; *Vedder*, in: , Europarrecht, S. 1 ff., S. 8 f.; *Wassermeyer*, DStJG Bd. 19, S. 151 ff., S. 158 f.; a.A. *Stockmann*, IStR 1999, 129, 136 f., m.w.N.

[283] Zur Stellung solcher Klauseln im System des Völkerrechts und des DBA-Rechts z.B. *Stockmann*, IStR 1999, 129, m.w.N.

[284] EuGH v. 12.5.1998 - Rs. C-336/96 (Gilly), DB 1998, 1381.

[285] EuGH v. 12.5.1998 - Rs. C-336/96 (Gilly), DB 1998, 1381, 1382 (Rn. 34).

[286] *Heinicke*, DStR 1998, 1332, 1337; *Saß*, DB 1998, 1482; *Schön*, JbFStR 1998/99, S. 73 ff., 129 f.

und Montagebetriebsstätten maßgeblich ist[287], sind Sachverhalte zumindest theoretisch denkbar, die einer Überprüfung anhand des Art. 220 EGV bedürfen, sofern die Mindestzeitspannen für Bau- und Montagebetriebsstätten in den jeweiligen DBA unterschiedlich geregelt sind. Entsprechendes gilt für die künftig dem OECD-MA 2000 angepassten DBA, wobei sich im Hinblick auf unterschiedliche Aktivitätsklauseln, wie z.B. in dem DBA Deutschland-Spanien, weitere mögliche Diskriminierungen ergeben können.[288]

Beispiel[289]: Der in Freiburg niedergelassene RA A unterhält in Frankreich keine ständige Einrichtung (Büro) i.S.d. Art. 12 Abs. 2 DBA-Frankreich. Der ebenfalls dort niedergelassene RA Z hielt sich 1998 mehr als 183 Tage an verschiedenen Orten in Portugal auf und war während seines Aufenthalts dort freiberuflich tätig, ohne daß ihm hierfür eine feste Einrichtung zur Verfügung stand. Nach Art. 14 Abs. 1 b DBA-Portugal unterliegt RA Z mit dem Teil der Einkünfte, die auf die in Portugal ausgeübte Tätigkeit entfallen, dem portugiesischen Besteuerungsrecht. Dagegen sind die Einkünfte des RA A gem. Art. 12 DBA-Frankreich allein in Deutschland zu besteuern, da keine dem Art. 14 DBA-Portugal entsprechende Aufenthaltsklausel enthalten ist.

Würde die Besteuerung der Einkünfte des RA Z in Portugal zu einer wesentlichen Entlastung führen, bezogen auf das gesamte Einkommen, ist nach den Grundsätzen des EuGH[290] keine Diskriminierung gegeben, obgleich die unterschiedliche Ausgestaltung der Abkommensnormen nicht ohne weiteres erkennbar ist.

Im Rahmen dieser Arbeit kann diese Problemstellung keiner abschließenden Lösung zugeführt werden. Das Urteil des EuGH[291] hat jedoch keine endgültige Rechtssicherheit hinsichtlich der Auslegung des Art. 220 EGV als Meistbegünstigungsklausel gebracht. Bejaht man eine solche Auslegung, hätte dies die praktische Konsequenz, daß ein Verstoß gegen Art. 220 EGV nur durch multilaterale Doppelbesteuerungsabkommen[292] vermieden werden könnte. Europäisch multilaterale DBA hätten zur Konsequenz, daß möglicherweise eine Diskriminierung unter Berufung auf Normen in Abkommen mit Drittstaaten vorliegen könnte.[293]

---

[287] Dazu siehe oben A. IV. 2 d cc.

[288] Zur unterschiedlichen Ausgestaltung der Aktivitätsklauseln der DBA zu Recht kritisch *Wassermeyer*, IStR 2000, 65.

[289] Ein vergleichbares Beispiel zu Bauausführungen und Montage findet sich bei *Wassermeyer*, DB 1998, 28,31.

[290] EuGH, a.a.O.

[291] EuGH, a.a.O.

[292] *M. Lang*, Hrsg., Multilateral tax treaties, passim.; *Wassermeyer*, DB 1998, 28.

[293] Dazu siehe *Saß*, DB 1998, 1482, 1483, m.w.N.; *Wassermeyer*,DB 1998, 28, 32, der angesichts der Konsequenzen von einer tickenden Zeitbombe spricht.

§ 2 Steuerrechtliche Behandlung nach nationalem Steuerrecht

A. Nach inländischem Steuerrecht

I. Melde- und Buchführungspflichten

1. Allgemeine Verfahrensgrundsätze bei Auslandssachverhalten

Nach dem in § 88 AO geregelten Amtsermittlungsgrundsatz trifft die Behörden die Pflicht, den Sachverhalt von Amts wegen zu ermitteln. Da die Steuerbehörde bei der Ermittlung von Sachverhalten nicht im Ausland tätig werden darf, besteht nach § 90 Abs. 2 AO eine erweiterte Aufklärungspflicht des Steuerpflichtigen für die im Ausland verwirklichten Besteuerungsmerkmale. Er hat den Sachverhalt aufzuklären und die erforderlichen Beweismittel zu beschaffen.[1] Der Steuerpflichtige übernimmt allerdings nicht die den Finanzbehörden übertragene Verpflichtung zur Sachverhaltsaufklärung. Somit ist der Amtsermittlungsgrundsatz (§ 88 AO) gegenüber der erweiterten Mitwirkungspflicht (§ 90 Abs. 2 AO) auch bei Auslandssachverhalten vorrangig zu beachten.[2]

Da die selbständige Tätigkeit der hier zu betrachtenden Berufsgruppe sowohl im Inland als auch zumindest überwiegend im Ausland berufsrechtlich reglementiert ist, sind Sachverhalte denkbar, in denen eine Beratung unter Mißachtung eines berufsrechtlichen Verbots erfolgt und der Berufsangehörige für die geleistete Tätigkeit ein Entgelt erhält. Nach § 40 AO ist es für die Besteuerung jedoch unerheblich, ob ein Verhalten, das den Tatbestand eines Steuergesetzes ganz oder zum Teil erfüllt, gegen ein gesetzliches Gebot oder Verbot verstößt. Nach § 41 AO gilt dies selbst dann, wenn das Rechtsgeschäft unwirksam ist oder wird, soweit und solange die Beteiligten das wirtschaftliche Ergebnis dieses Rechtsgeschäfts eintreten und bestehen lassen.

2. Betriebsstätte (§ 12 AO)

Bei internationalen Sachverhalten kommt dem Begriff der Betriebsstätte i.S.d. § 12 AO, u.a. für die Anzeige- und Buchführungspflichten, entscheidende Bedeutung zu. Gem. § 12 S. 1 AO ist eine Betriebsstätte jede Geschäftseinrichtung oder Anlage, die der Tätigkeit eines Unternehmens dient. Daher ist fraglich, ob ein Freiberufler ein Unternehmen i.S.d. § 12 AO betreiben kann. Der Begriff „Unternehmen" ist in der AO nicht definiert. Nach der ganz h.M.[3] in der Literatur ist auf den Begriff des Unternehmens i.S.d. UStG[4] zurückzugreifen. Gem. § 2 Abs. 1 S. 2 UStG umfaßt ein Unternehmen die gesamte gewerbliche und oder berufliche Tätigkeit des Unternehmers und Unternehmer ist, wer eine gewerbliche oder berufliche Tätigkeit selbständig ausübt

---

[1] Vgl. dazu z.B. *Klein/Orlopp*, AO, § 90 Anm. 4, auch zu Nachweisen zur Rspr.

[2] *Becker*, in: GS Knobbe-Keuk, S. 557 ff., S. 574; *Söhn*, in: Hübschmann/Hepp/Spitaler, AO, § 90 Rz. 66; *Tipke/Kruse*, AO, § 90 Tz. 16.

[3] Für die h.M. *Birk*, in: HHSp, § 12 AO Rz. 3; *Kaiser/Bellstedt*, Anwaltssozietät, S. 119; *Klein/Orlopp*, AO, § 12 Anm. 3; *Tipke/Kruse*, AO, § 12 Tz.. 7.

[4] UStG v. 27.4.1993. i.d.F.v.19.12.2000, BGBl. I S. 1790.

(§ 2 Abs. 1 S. 1 UStG). Ein selbständig tätiger Freiberufler übt unzweifelhaft eine berufliche Tätigkeit aus.[5] Somit kann auch ein Freiberufler eine Geschäftseinrichtung, die der Tätigkeit eines Unternehmens dient und damit eine Betriebsstätte i.S.d. § 12 AO unterhalten. Der Ausdruck „Betriebsstätte" wird ebenso wie im Abkommensrecht durch die Merkmale Geschäftseinrichtung, Dauerhaftigkeit, Verfügungsmacht und Unternehmenstätigkeit gekennzeichnet. Der abkommensrechtliche Begriff ist jedoch aufgrund des Negativkatalogs in Art. 5 Abs. 4 OECD-MA, wonach bestimmte Hilfs- und Nebentätigkeiten keine Betriebsstätte begründen, enger zu fassen als der nationale.[6] In der Sache gilt nichts anderes für eine feste Einrichtung i.S.d. Art. 14 Abs. 1 OECD-MA.[7] Daher liegt im Gegensatz zu einer festen Einrichtung bereits dann eine Betriebsstätte (§ 12 AO) eines Freiberuflers vor, wenn dieser z.B. seine Ferienwohnung dauerhaft zur Ausübung von Hilfstätigkeiten nutzt.

3. Anzeige- und Buchführungspflicht

Nimmt ein RA, WP oder StB im Inland eine freiberufliche Tätigkeit auf, muß er dies gem. § 138 Abs. 1 S. 3 AO gegenüber dem nach § 19 AO zuständigen Finanzamt anzeigen. Nach § 138 Abs. 1 S. 4 AO gilt diese Anzeigepflicht auch für die Verlegung einer Betriebsstätte i.S.d. § 12 AO oder einer freiberuflichen Tätigkeit. Gründet oder erwirbt der steuerpflichtige Freiberufler dagegen eine Betriebsstätte i.S.d. § 12 AO im Ausland, ist er gem. § 138 Abs. 2 Nr. 1 AO verpflichtet, dies gegenüber dem nach § 19 AO zuständigen Finanzamt anzuzeigen.[8]

Nach §§ 140, 141 AO besteht für selbständig tätige Freiberufler keine Pflicht zur Führung von Büchern.[9] Daher sind die §§ 142 ff. AO bei Freiberuflern nicht anwendbar. Folglich besteht auch keine Pflicht zur Führung und Aufbewahrung der Bücher und Aufzeichnungen im Geltungsbereich dieses Gesetzes gem. § 146 Abs. 2 S. 1 AO. Insoweit geht auch die Ausnahmeregelung des § 146 Abs. 2 S. 2 AO zur Bestimmung des Ortes der Buchführung bei ausländischen Betriebsstätten ins Leere.[10] Soweit eine Buchführungspflicht nach dem Recht des ausländischen Staates besteht, kann daher der Ort der Buchführung frei gewählt werden.

---

5 Statt aller *Crezelius*, Steuerrecht II, § 24 Rz. 13.
6 Statt aller *Kumpf*, Betriebsstätten, S. 34 f.; *Storck*, Ausländischen Betriebsstätten, S. 129; vgl. zur Betriebsstätte i.S.d. § 12 AO, *Lüdicke*, in: Lademann, EStG, § 49 Anm. 285 ff., m.w.N.
7 Dazu siehe oben § 1 IV 2 a u. b.
8 Dazu siehe z.B. *Trzaskalik*, in: HHSp, AO, § 138 AO Rz. 4.
9 Vgl. *Trzaskalik*, in: HHSp, AO, Vor § 140 Rz. 18.
10 Zu europarechtlichen „Gefährdung" der Norm und auch des § 90 Abs. 2 AO *Münch*, DB 2000, 2140 (FN 8); *Saß*, DB 2000, 176.

II. Bestimmung der Einkünfte

Ist ein Berufsangehöriger unbeschränkt steuerpflichtig, unterliegt er nach dem Welteinkommensprinzip mit seinem gesamten Einkommen der Einkommensteuer.[11] Insofern richtet sich die Bestimmung der Einkunftsart nach den Grundsätzen des § 2 Abs. 1 i. V. m. § 18 EStG.[12]

1. Mithilfe fachlich vorgebildeter Arbeitskräfte

Nach § 18 Abs. 1 S. 3 EStG muß der unbeschränkt steuerpflichtige RA, WP oder StB aufgrund eigener Fachkenntnis leitend und eigenverantwortlich tätig sein. Fraglich ist, ob die Eigenverantwortlichkeit und Leitungsfunktion auch dann gegeben ist, wenn der Berufsangehörige seine Tätigkeit überwiegend im Inland erbringt und die im Ausland tätigen Mitarbeiter aus seiner inländischen Kanzlei überwacht. Bei grenzüberschreitender Tätigkeit wird die Kontrolle durch den Einsatz von Kommunikationsmitteln erfolgen, wie z.B. Telefon, Fax oder Internet. Nach den Grundsätzen der Rspr. des BFH[13] muß die Tätigkeit des Freiberuflers durch den unmittelbaren, persönlichen und deshalb individuellen Einsatz und den eigenen Kontakt mit dem Klienten ihr besonderes Gepräge erhalten. Zwar steht bei der Ausübung eines freien Berufs die persönliche Tätigkeit und die Beziehung des Freiberuflers zu den Mandanten im Vordergrund, aber mit welchen technischen Mitteln dies erreicht wird, bleibt dem Steuerpflichtigen überlassen. Daher ist allein wegen der im Ausland tätigen Arbeitskräfte die Eigenverantwortlichkeit sowie die Leitungsfunktion i.S.d. § 18 Abs. 1 Nr. 1 S. 3 EStG nicht abzulehnen.

Eine andere Frage ist, ob bei der Mithilfe von ausländischen Berufsangehörigen der unbeschränkt steuerpflichtige RA, WP oder StB aufgrund eigener Fachkenntnis eigenverantwortlich tätig ist (§ 18 Abs. 1 S. 3 EStG). Dabei muß sich die Fachkenntnis des Freiberuflers auf den gesamten Bereich der Tätigkeit erstrecken. Dabei muß er in der Lage sein, für die von seinen Mitarbeitern erbrachten Leistungen die uneingeschränkte fachliche Verantwortung zu übernehmen.[14] Dies ist unzweifelhaft zu bejahen, wenn der Berufsangehörige in dem ausländischen Tätigkeitsstaat nach dortigem Recht zur Rechts-, Steuerberatung oder Jahresabschlußprüfung zugelassen bzw. bestellt ist. Ist der Berufsangehörige dagegen ausschließlich in Deutschland zugelassen bzw. bestellt, ist zu prüfen, ob die Tätigkeit aufgrund eigener Fachkenntnis ausgeübt wird. Ist ein im Ausland zugelassener Berufsangehöriger als Angestellter oder als freier Mitarbeiter[15]

---

[11] Vgl. statt aller *Schmidt/Seeger*, EStG, § 2 Rz. 4.

[12] Dazu siehe oben 1. Teil § 4 B II.

[13] Z.B. BFH v. 29.7.1965 - IV 61/65 U, BStBl. III 1965, 557; BFH v. 1.2.1990 - IV R 140/88, BStBl. II 1990, 507.

[14] Z.B. BFH v. 2.12.1980 - VIII R 32/75, BStBl. II 1981, 170; BFH v. 7.10.1987 - X B 54/87, BStBl. II 1988, 17; BFH v. 8.6.1995 - IV R 80/94, BStBl. II 1995, 776.

[15] Insoweit ist fraglich, ob die Beschäftigung eines ausländischen Berufsangehörigen mit dem berufsrechtlichen Gebot der unabhängigen Berufsausübung vereinbar ist; vgl. auch BFH v. 28.11.989 – VII R 48/89, BStBl. II 1990, 399; BFH v. 4.10.1995 – VII R 38/95, BStBl. II 1996, 488; BFH v. 12.8.1997 – VII R 32/97, BStBl. II 1998, 166, wonach auch Personen als freie Mitarbeiter beschäftigt werden dürfen, die nicht zur Hilfeleistung in Steuersachen befugt sind,

für einen deutschen RA, WP oder StB im Ausland tätig, kommt es auf die von ihm tatsächlich ausgeübte Tätigkeit an. Ist dieser z.B. nachweislich aus berufsrechtlichen Gründen des anderen Staates nur für die Leitung des im Ausland belegenen Büros zuständig, ist von der Eigenverantwortlichkeit i.S.d. § 18 Abs. 1 S. 3 EStG auszugehen. Ist der ausländische Berufsangehörige dagegen wegen seiner Kenntnis im ausländischen Rechtsgebiet für den inländischen Freiberufler im Ausland tätig, besteht die Vermutung einer nicht mehr aufgrund eigener Fachkenntnis eigenverantwortlichen Tätigkeit. Infolgedessen erzielt der Freiberufler Einkünfte aus Gewerbebetrieb (§ 15 Abs. 1 S. 1 Nr. 1 EStG).

Beispiel: Ein RA beauftragt einen Kollegen, der als freier Mitarbeiter in einem Nicht-DBA-Staat tätig ist, für einen deutschen Mandanten, der sich in diesem Staat niederlassen möchte, ein Gutachten zu erstellen. Insoweit liegt die Vermutung nahe, daß der ausländische Anwalt wegen seiner Kenntnis des ausländischen Rechts als freier Mitarbeiter tätig ist. Somit liegt keine eigenverantwortliche Tätigkeit des deutschen Rechtsanwalts vor. Aus Sicht des Steuerpflichtigen sollte deshalb die Zusammenarbeit mit einem ausländischen Kollegen bei einer solchen Interessenlage nach dem „Best-friend-Prinzip" erfolgen. Dabei ist darauf zu achten, daß der ausländische Anwalt in eigenem Namen und für eigene Rechnung tätig wird.[16] Zahlt der ausländische Berufsangehörige eine Vergütung für die Vermittlung, sind diese den Einkünften i.S.d. § 22 Nr. 3 EStG zuzuordnen, sofern sie gelegentlich erfolgen.

Diese Grundsätze gelten auch dann, wenn der ausländische Berufsangehörige als freier Mitarbeiter tätig ist. Ist dabei eine allseitige Beteiligung am Gewinn mit dem freien Mitarbeiter vereinbart, besteht die Gefahr einer verdeckten Mitunternehmerschaft.[17] Sind hingegen im Ausland überwiegend Arbeitskräfte angestellt, deren Berufsbild z.B. dem eines deutschen Steuerfachangestellten entspricht, kommt es auf die Qualität und die Quantität der Mithilfe durch die Arbeitskräfte an.[18]

2. Ausländische Berufsangehörige

In der Praxis wird der Fall eines unbeschränkt steuerpflichtigen Berufsangehörigen, der nach ausländischem Recht zur Berufsausübung zugelassen ist, eher die Ausnahme bilden. Gleichwohl gilt diese Konstellation ebenso für deutsche Berufsangehörige, die neben ihrer Zulassung in Deutschland auch im Ausland zugelassen sind (sog. Doppelzulassung). Nach der Umsetzung der Niederlassungsrichtlinie für Rechtsanwälte, die eine Vereinfachung des Erwerbs der Zulassung als Anwalt in anderen EU-Staaten darstellt[19], wird die Fragestellung insbesondere für Rechtsanwälte, die eine Doppelzulassung anstreben, an Bedeutung gewinnen.

---

sofern der freie Mitarbeiter unter der fachlichen Aufsicht und berufliche Verantwortung des Steuerberaters tätig ist.

16 Vgl. auch *Korn*, DStR 1995, 1249, 1252; *Portner/Bödefeld*, AnwBl. 1994, 104, 109.

17 Zur verdeckten Mitunternehmerschaft z.B. BFH v. 13.7.1993 - VIII R 50/72, BStBl. II 1994, 283; *Schmidt*, EStG, § 15 Rz. 280 ff., m.w.N.

18 Dazu siehe oben 1. Teil § 4 B II 4.

19 Dazu siehe oben 1. Teil § 2 A.

Ist ein unbeschränkt Steuerpflichtiger im Ausland als Anwalt zugelassen, übt dieser nach h.M.[20] keinen Beruf als „Rechtsanwalt" i.S.d. § 18 Abs. 1 S. 1 EStG aus. Unter den Begriff „Rechtsanwalt" fallen ausschließlich Rechtsanwälte die gem. § 4 BRAO als solche zugelassen sind.[21] Daher ist fraglich, ob ein im Ausland zugelassener Anwalt einen ähnlichen Beruf i.S.d. § 18 Abs. 1 Nr. 1 EStG ausübt. Die Rspr. hatte bislang keine Gelegenheit, zu dieser Frage Stellung zu nehmen. Nach den Grundsätzen des BFH[22] ist ein ähnlicher Beruf gegeben, sofern die berufliche Tätigkeit hinsichtlich der Ausbildung und der beruflichen Tätigkeit mit dem Vergleichsberuf in wesentlichen Punkten vergleichbar ist. Unterliegt der Vergleichsberuf einer berufsrechtlichen Erlaubnispflicht, ist eine solche auch für den zu vergleichenden Beruf notwendig.[23] Dies gilt selbst nach bestandener Eignungsprüfung, solange die Zulassung als Rechtsanwalt noch nicht erfolgt ist.[24] Da in anderen Staaten der Anwaltsberuf regelmäßig einer Zulassungsbeschränkung unterliegen, ist insofern von einer Vergleichbarkeit auszugehen. Soweit für die anwaltliche Tätigkeit in einigen Ländern, wie z.B. Italien, nur ein Rechtsberatungsmonopol für forensische Tätigkeit besteht, sollte letzteres für die Annahme der Ähnlichkeit i.S.d. § 18 Abs. 1 Nr. 1 EStG ausreichen. Dies gilt erst recht, wenn der ausländische Anwalt nach § 206 BRAO oder Art. 1 § 1 Abs. 1 S. 2 Nr. 6 RBerG in Deutschland zur (eingeschränkten) Rechtsbesorgung bzw. zur Besorgung in fremden Rechtsangelegenheiten zugelassen ist.

Für im Ausland zugelassener bzw. bestellter Berufsangehöriger der wirtschaftsprüfenden und steuerberatenden Berufe ist die Rechtslage entsprechend. Es müssen die Voraussetzungen eines ähnlichen Berufs i.S.d. § 18 Abs. 1 Nr. 1 EStG erfüllt sein. Dabei werden diejenigen Berufsangehörigen sowohl hinsichtlich der Erlaubnispflicht und des Berufsbilds einem Wirtschaftsprüfer i.S.d. WPO am nächsten kommen, die nach dem jeweiligen Recht des ausländischen Staates zur Durchführung gesetzlicher Abschlußprüfungen befugt sind, da diese einer Kammerpflicht, einer Eintragung in ein spezielles Register oder einer gesetzlich vorgeschriebenen Ausbildung bzw. Prüfung unterliegen. Sofern das ausländische Recht die Berufsgruppe nach den zu prüfenden Gesellschaften aufgeteilt hat, ist nach der Einzelähnlichkeitsprüfung als Vergleichsberuf auf den Katalogberuf „vereidigter Buchprüfer" i.S.d. § 18 Abs. 1 Nr. 1 EStG zurückzugreifen. Diejenigen Berufsangehörigen, die keiner Erlaubnis- oder Kammerpflicht o. ä. unterliegen, sind nach den Grundsätzen der Rspr.[25] wegen der fehlenden Erlaubnispflicht nicht als ähnliche Berufe i.S.d. § 18 Abs. 1 Nr. 1 EStG zu qualifizieren. Dies gilt für die überwiegende Zahl der ausländischen steuerberatenden Berufe.

[20] Für die h.M. BFH v. 3.6.1992 - V B 240/91, BFH/NV 1993, 283; aus dem Schrifttum *HHR/Brandt*, § 18 EStG Anm 67, m.w.N.; a.A. *Stuhrmann*, in: Kirchhof/Söhn, EStG, RdNrn. B 164 ff.

[21] Nach Umsetzung für der Niederlassungsrichtlinie für Rechtsanwälte gilt dies dann auch für die nach der Niederlassungsrichtline vollintegrierten ausländischen Anwälte.

[22] Z.B. BFH v. 12.10.1989 - IV R 1414/88, BFH/NV 1990,438; BFH v. 14.12.1993 - VIII R 13/93, BStBl. II 1994, 922.

[23] Nach BFH v. 12.10.1989 - IV R 141/88, BFH/NV 1990, 438 übt ein StB, der nicht i.S.d. StBerG zugelassen ist, obwohl er die Voraussetzungen dazu erfüllt, keinen ähnlichen Beruf aus.

[24] Im Ergebnis ebenso *Oho*, Internationale Praxen, S. 29.

[25] Z.B. BFH v. 12.10.1989 - IV R 1414/88, BFH/NV 1990,438; BFH v. 14.12.1993 - VIII R 13/93, BStBl. II 1994, 922.

Dementsprechend sieht das BMF[26] einen niederländischen Belastingadviseur, der keiner Zulassungspflicht unterliegt, nicht als ähnlichen Beruf an. Selbst wenn die Berufsangehörigen freiwillig einer Berufskammer angehören und letztere eine gewisse Ausbildung oder eine Prüfung für die Aufnahme voraussetzt, ist unter Berücksichtigung der restriktiven Haltung der Rspr.[27] zweifelhaft, ob eine freiwillige Mitgliedschaft einer Berufskammer für die Vergleichbarkeit hinsichtlich der Erlaubnispflicht ausreicht.

3. Gemischte Tätigkeit

Ist der unbeschränkt Steuerpflichtige nicht nur in Deutschland als RA, WP oder StB zugelassen, sondern in mindestens einem anderen Staat (sog. Doppel- oder Mehrfachzulassung), ist die Einordnung der Einkünfte aus beiden Tätigkeiten immer dann unproblematisch, wenn der ausländische Beruf unter den Tatbestand „ähnlicher Berufe" i.S.d. § 18 Abs. 1 Nr. 1 EStG subsumierbar ist und somit Einkünfte aus selbständiger Arbeit (§ 18 EStG) vorliegen. Ist der ausländische Beruf dagegen nicht als ähnlicher Beruf zu qualifizieren, sondern als gewerbliche Tätigkeit i.S.d. § 15 Abs. 2 EStG, ist fraglich, ob eine trennbare oder untrennbare gemischten Tätigkeit i.S.d. Rspr. des BFH[28] gegeben ist. Die Tätigkeiten müssen sich gegenseitig bedingen und nach der Verkehrsauffassung als einheitlicher Betrieb anzusehen sein. Unter Berücksichtigung der Rspr.[29] zur Feststellung eines selbständigen Teils des Vermögens, das der selbständigen Arbeit dient (§ 18 Abs. 3 EStG), ist eine Trennbarkeit nur dann anzunehmen, wenn die Betreuung der Mandanten, die den Freiberufler wegen seiner Doppelzulassung beauftragt haben, räumlich und organisatorisch getrennt erfolgt, z.B. in einer im Ausland belegenen Zweigstelle oder weiteren Beratungsstelle. Dies dürfte in der Praxis eher die Ausnahme sein, da zumeist auch Tätigkeiten für diese Mandanten in der inländischen Kanzlei oder beruflichen Niederlassung erfolgen. Führt eine Doppelzulassung demnach zur Annahme einer untrennbaren gemischten Tätigkeit, ist zur Bestimmung der Einkunftsart die Tätigkeit abzustellen, die ihr das Gepräge gibt bzw. in den Vordergrund tritt. Allein die Betrachtung quantitativer Größen reiche nach Ansicht der Rspr.[30] für die Beurteilung nicht aus. Dem mag für die Betrachtung der Umsätze zuzustimmen sein[31], jedoch ist die Zahl der Mandate, die den Freiberufler wegen seiner Doppelzulassung beauftragen, in die Wertung einzubeziehen. Unter Berücksichtigung der engen Auslegung des Begriffs freiberufliche Tätigkeit durch die Rspr. besteht bei einer Doppelzulassung stets die Gefahr der Umqualifizierung der Einkünfte in ge-

---

26 BMF v. 4.5.1998, DB 1998, 1207.

27 Z.B. BFH v. 12.10.1989 - IV R 1414/88, BFH/NV 1990,438; BFH v. 14.12.1993 - VIII R 13/93, BStBl. II 1994, 922.

28 Z.B. BFH v. 9.8.1983 - VIII R 92/83, BStBl. II 1984, 129; BFH v. 30.3.1994 - I R 54/93, BStBl. II 1994, 864, m.w.N.

29 BFH v. 29.10.1992 - IV R 16/91, BStBl. II 1993, 182; BFH v. 22.12.1993 - I R 62/93, BStBl. II 1994, 352, jeweils m.w.N.

30 Z.B. BFH v. 1.2.1990 - IV R 140/88, BStBl. II 1990, 507, BFH v. 21.4.1994 - IV R 99/93, BStBl. II 1994, 650.

31 So *Rose*, DB 1980, 2464, 2469 f.

werbliche, sofern der ausländische Beruf nicht als ähnlicher Beruf i. S .d. § 18 Abs. 1 Nr. 1 EStG zu qualifizieren ist. In der Praxis sollte zur Klärung vorab eine verbindliche Auskunft bei der Finanzverwaltung gestellt werden.[32]

Die Problematik der untrennbaren gemischten Tätigkeit kann sich bei internationalen Sachverhalten ferner insofern ergeben, als ein unbeschränkt steuerpflichtiger Berufsangehöriger im Ausland tätig wird und eine nach ausländischem Berufsrecht zulässige Tätigkeit ausübt, die jedoch als gewerbliche (§ 15 Abs. 2 EStG) zu qualifizieren ist. Davon zu trennen, sind die Fälle, in denen im Ausland ein nach nationalem Berufsrecht unzulässiges Geldgeschäft vorliegt, wie z.B. die Vereinbarung eines Erfolgshonorars für eine Tätigkeit in den USA. Ein solches Honorar ist als Betriebseinnahme im Rahmen der Ermittlung der Einkünfte aus freiberuflicher Tätigkeit (§ 18 Abs. 1 Nr. 1 EStG) zu berücksichtigen.[33]

4. Stellungnahme

Die Subsumtion der Tätigkeit eines ausländischen Berufsangehörigen unter die Einkünfte aus Gewerbebetrieb (§ 15 EStG) oder selbständiger Arbeit (§ 18 EStG) macht deutlich, daß zur Annahme eines ähnlichen Berufs i.S.d. § 18 Abs. 1 Nr. 1 EStG faktisch eine Gleichheit und nicht eine Ähnlichkeit des Vergleichsberufs erforderlich ist. Der innere Grund für die eng gefaßten Grundsätze der Rspr. des BFH[34] besteht letztlich in der Gewerbesteuerpflicht der Einkünfte aus Gewerbebetrieb. Insofern wird deutlich, die ausschließlich auf nationale Sachverhalte gerichtete Gewerbesteuer - steuerpflichtig sind nach § 2 Abs. 1 GewStG nur im Inland betriebene stehende Gewerbebetriebe[35] - führt zu erheblichen Schwierigkeiten bei der einkommensteuerrechtlichen Beurteilung internationaler Sachverhalte, zumal die meisten ausländischen Staaten eine vergleichbare Steuer und mithin ein ähnlich enges Begriffsverständnis der freien Berufe nicht kennen.

Im Hinblick auf die Dienstleistungs- (Art. 59 EGV) und Niederlassungsfreiheit (Art. 52 EGV) bestehen erhebliche Zweifel an der Vereinbarkeit einer unterschiedlichen steuerrechtlichen Behandlung mit dem EGV. Unter Berücksichtigung der Dienstleistungs- und Niederlassungsrichtlinie gilt dies insbesondere für die anwaltliche Tätigkeit.[36]

---

[32] Zur verbindlichen Auskunft BFH v. 13.12.1989 - X R 208/87, BStBl. II 1990, 274, m.w.N.

[33] Statt aller *Schmidt/Wacker*, EStG, § 18 Rz. 165.

[34] Z.B. BFH v. 12.10.1989 - IV R 1414/88, BFH/NV 1990,438; BFH v. 14.12.1993 - VIII R 13/93, BStBl. II 1994, 922.

[35] Unterhält der Steuerpflichtige im Inland keine Betriebsstätte i.S.d. § 12 AO, ist die im Inland ausgeübte Tätigkeit nicht nach § 2 Abs. 1 GewStG gewerbesteuerpflichtig statt aller *Knobbe-Keuk*, Bilanzsteuerrecht, § 21 I 2.

[36] Zum EU-Recht siehe auch oben § 1 C.

Im Ergebnis sollte vor dem Hintergrund internationaler Sachverhalte der BFH seine Grundsätze zur Feststellung eines ähnlichen Berufes i.S.d. § 18 Abs. 1 Nr. 1 EStG überdenken.[37] Im übrigen ist, wie dies bereits *Görl*[38] zutreffend feststellt, aus Sicht der Rechtsanwendung die Durchführung eines wertenden Vergleichs angesichts historisch bedingter unterschiedlicher Berufsrechtsordnungen und Ausbildungssysteme in anderen Staaten nicht möglich.

Aus praktischer Sicht ist zu beachten, daß aufgrund der Kappung des Spitzensteuersatzes nach § 32 c EStG Einkünfte aus Gewerbeertrag in Abhängigkeit von der Höhe der erzielten Einkünfte zu einer niedrigeren Gesamtsteuerbelastung bis einschließlich Veranlagungszeitraum 2000 (§ 52 Abs. 44 EStG) kommen konnte. Die ab dem VZ 2001 geltende Anrechnung der Gewerbesteuer gem. § 35 EStG wird hingegen regelmäßig zu einer höheren Gesamtsteuerbelastung führen und nur im Ausnahmefall zu einer gänzlichen Entlastung von Gewerbesteuer.

III. Steuerrechtliche Behandlung der Einkünfte

1. Vermeidung der Doppelbesteuerung

Die Anwendung der unilateralen Maßnahmen i.S.d. §§ 34 c, 34 d EStG und § 68 a - c EStDV setzt in personeller Hinsicht die Steuersubjektidentität und in sachlicher Hinsicht ausländische Einkünfte i.S.d. § 34 d EStG sowie eine direkt auf das Einkommen gerichtete und keinem Ermäßigungsanspruch mehr unterliegende ausländische Steuer voraus.[39] Ist dieses gegeben, kann nach § 34 c Abs. 1 EStG die ausländische Steuer auf die deutsche Einkommensteuer wahlweise angerechnet (§ 34 c Abs. 1 EStG) oder abgezogen (§ 34 c Abs. 2 EStG)[40] werden. Die anrechenbare ausländische Steuer ist nach § 34 c Abs. 1 S. 2 EStG allerdings auf einen Höchstbetrag begrenzt.[41] Dieser berechnet sich nach folgender Formel:

$$\text{Anrechnungshöchstbetrag} = \frac{\text{deutsche Einkommensteuer x ausländische Einkünfte}}{\text{Summe der Einkünfte}}$$

Stammen die ausländischen Einkünfte aus verschiedenen Staaten, so kann das Wahlrecht für jeden Staat gesondert ausgeübt werden.[42] Die Anrechnung der ausländischen

---

[37] Im Ergebnis ebenso *Korn*, Freiberufler-Personengesellschaften, S. 39; zur Vergleichbarkeit der steuerberatenden Berufe i.S.d. § 56 StBerG siehe BMF v. 19.3.1998, BStBl. I 1998, 361.

[38] *Görl*, Freie Berufe im IStR, S. 53.

[39] *Schmidt/Heinicke*, EStG, § 34 c Rz. 7; vgl. auch Anlage 8 zu R 212 a EStR.

[40] Nach dem Wortlaut der Vorschrift ist die ausländische Steuer bei der Ermittlung der Einkünfte abzuziehen. Kommt es bei der Ermittlung der Einkünfte zu einem Verlust oder zu einer Erhöhung eines bereits bestehenden Verlusts, so kann dieser nicht wie bisher nach § 10 d EStG vor- oder zurücktragen werden. Insoweit ist zunächst § 2 Abs. 3 EStG zu beachten.

[41] Aus § 34 c Abs. 1 S. 3 EStG läßt sich kein weiterer Höchstbetrag ableiten BFH v.2.2.1994 – I R 66/92, BStBl. II 1994, 727, 730; BMF v. 18.12.1992, BStBl. I 1992, 123; *Wassermeyer*, FR 1991, 680; a.A. BFH v. 4.6.1991 - X R 35/88, FR 1991, 567; *Mathiak*, FR 991, 735, 736.

[42] Demnach ist im Fall der Anrechnung der Höchstbetrag für jeden Staat einzelnen zu berechnen, vgl. § 34 c Abs. 1 i. V. m. § 68 a EStDV; sog. per counrty limitation; statt aller *Flick/Wassermeyer/Lüdicke*, in: Flick/Wassermeyer/Baumhoff, AStR, § 34 d Rz. 15 ff.

Steuer ist dabei nur insoweit möglich, als sie auf die im Veranlagungszeitraum bezogenen Einkünfte entfällt. Sind die Voraussetzungen des § 34 c Abs. 1 EStG nicht gegeben, weil die ausländische Steuer nicht der deutschen Einkommensteuer entspricht[43] oder nicht in dem Staat erhoben wird, aus dem die Einkünfte stammen (z.B. Einkünfte aus einem Drittstaat), oder weil keine ausländischen Einkünfte i.S.d. § 34 d EStG vorliegen, ist nach § 34 Abs. 3 EStG die ausländische Steuer bei der Ermittlung der Einkünfte abzuziehen, soweit sie auf die Einkünfte entfällt, die der deutschen Einkommensteuer unterliegen. Die Anrechnung der ausländischen Steuer ist demnach nur möglich, wenn ausländische Einkünfte i.S.d. § 34 d EStG gegeben sind.

2. Bestimmung ausländischer Einkünfte (§ 34 d EStG)

a) Grundlagen

In § 34 d EStG werden die ausländischen Einkünfte unter ausdrücklichem Verweis auf die Regelungen der einzelnen Einkunftsarten (§§ 13 ff. EStG) abschließend beschrieben.[44] Daher ist zur Bestimmung ausländischer Einkünfte aus selbständiger Arbeit i.S.d. § 34 d Nr. 3 EStG auf § 18 EStG zurückzugreifen.[45] Für die Anwendung des § 34 d Nr. 3 EStG ist jedoch im Unterschied zu § 18 EStG die nachhaltige Ausübung der Tätigkeit nicht erforderlich.[46] Entscheidend für die Annahme „ausländischer" Einkünfte i.S.d. § 34 d EStG ist allerdings ein Bezug zum Ausland. Dieser ist je nach Einkunftsart unterschiedlich geregelt. So liegen ausländische Einkünfte aus selbständiger Arbeit gem. § 34 d Nr. 3 EStG vor, sofern diese in einem ausländischen Staat „ausgeübt oder verwertet wird oder worden ist". Für Einkünfte aus Gewerbebetrieb ist nach § 34 d Nr. 2 a EStG eine Betriebsstätte oder ein im Ausland tätiger ständiger Vertreter erforderlich.

Im Rahmen der Bestimmung der ausländischen Einkünfte ist nach Ansicht des I. Senats des BFH[47] und der h.M. im Schrifttum[48] die in § 49 Abs. 2 EStG normierte sog. isolierende Betrachtungsweise entsprechend anzuwenden, da der Einkünftekatalog des § 34 d EStG inhaltlich dem der beschränkten Steuerpflicht entspricht und die sog. umgekehrte isolierende Betrachtungsweise für bestimmte Einkünfte in §§ 34 d Nr. 1, Nr. 2 a und Nr. 3 EStG ausdrücklich geregelt ist. Demnach bleiben im Inland gegebene Besteuerungsmerkmale außer Betracht, wenn andernfalls keine ausländischen Ein-

---

43 Vgl. dazu z.B. *Schmidt/Heinicke*, EStG, § 34 c Anm. 7, m.w.N.

44 *Flick/Wassermeyer/Lüdicke*, in: Flick/Wassermeyer/Baumhoff, AStR, § 34 d Rz. 6 ff.

45 Statt aller *Schmidt/Heinicke*, EStG, § 34 d Rz. 2.

46 *Blümich/Wied*, § 49 EStG Rz. 128; *HHR/Kumpf*, § 49 EStG Anm. 670; *Krabbe*, in: Brezing/Krabbe/Lempenau/Mössner/Runge, AStR, § 34 d Rz. 29; *Schmidt/Heinicke*, EStG, § 49 Rz. 46 „gelegentliche" Ausübung reiche aus; dazu, daß gelegentlich nicht gleichbedeutend mit nachhaltig ist, *Schmidt/Weber-Grellet*, EStG, § 15 Rz. 17; a.A. *Rademacher-Gottwald*, Grenzüberschreitende Sozietäten, S. 318.

47 BFH v. 9.4.1997 - I R 178/94, DB 1997, 1600.

48 *Blümich/Wied*, § 34 d EStG Rz. 9; *Flick/Wassermeyer/Lüdicke*, in: Flick/Wassermeyer/Baumhoff, AStR, § 34 d Rz. 14; *Hellwig*, in: Littmann/Bitz/Pust, EStG, § 34 d Rz. 3; *Krabbe*, in: Brezing/Krabbe/Lempenau/Mössner/Runge, AStR, § 34 d Rz. 2; *Schaumburg*, Internationales, Rz. 15.26 f., m.w.N.

künfte angenommen werden können. Nach der h.M.[49] gilt dies auch für das Verhältnis zwischen den Einkünften aus Gewerbebetrieb (§ 15 EStG) und selbständige Arbeit (§ 18 EStG).[50] Demnach sind auch dann ausländische Einkünfte aus selbständiger Arbeit i.S.d. § 34 d Nr. 3 EStG gegeben, wenn zum einen der Nicht-DBA-Staat die Einkünfte bei Ausübung (oder Verwertung) besteuert, wohingegen nach dem EStG die gesamten Einkünfte als gewerbliche zu qualifizieren sind und zum anderen im Ausland keine Betriebsstätte (§ 12 AO) unterhalten wird. Zum anderen liegen ausländische Einkünfte vor, wenn die Einnahmen aus der im Ausland ausgeübten oder verwerteten Tätigkeit eines RA, WP oder StB isoliert betrachtet als Einkünfte aus selbständiger Arbeit i.S.d. § 18 Abs. 1 Nr. 1 EStG zu qualifizieren sind. Ist dies der Fall, kann der Steuerpflichtige die ausländische Steuer wahlweise nach § 34 c Abs. 1 anrechnen oder nach § 34 c Abs. 2 EStG abziehen. Im Umkehrschluß bedeutet dies allerdings, daß es nach § 34 c Abs. 3 EStG bei dem Abzug der ausländischen Steuer bleibt, sofern die Qualifizierung der Einkünfte insgesamt als gewerbliche auf im Nicht-DBA-Staat verwirklichte Besteuerungsmerkmale beruht.

Beispiel: Ein im Inland niedergelassener WP beschäftigt in seinem inländischen Büro 40 Mitarbeiter. Daneben ist der WP ohne Mithilfe seiner Mitarbeiter gelegentlich im Ausland beratend tätig, wobei er dort keine Betriebsstätte unterhält. Nach den Grundsätzen der Rspr. besteht die Vermutung, daß der WP mangels leitender und eigenverantwortlicher Tätigkeit Einkünfte aus Gewerbebetrieb (§ 15 Abs. 2 EStG) erzielt. Nach der umgekehrten isolierenden Betrachtungsweise sind ausländische Einkünfte aus freiberuflicher Tätigkeit gegeben (§ 34 d Nr. 3 EStG), da die im Ausland erbrachte Tätigkeit isoliert betrachtet eine freiberufliche Tätigkeit i.S.d. § 18 Abs. 1 Nr. 1 EStG darstellt. Im Ergebnis hat der WP damit die Wahl zwischen Anrechnung einer ausländischen Steuer gem. § 34 c Abs. 1 EStG oder dem Abzug gem. § 34 c Abs. 2 EStG. Läge der Fall so, daß die Gewerblichkeit der Einkünfte auf einer untrennbaren gemischten Tätigkeit beruhe, wären mangels ausländischer Betriebsstätte keine ausländischen Einkünfte gegeben. Folglich käme gem. § 34 c Abs. 3 EStG nur der Abzug ausländischer Steuern in Betracht.

b) Tatbestand der Ausübung i.S.d. § 34 d Nr. 3 EStG

aa) Tätigkeitsortprinzip

Die selbständige Arbeit muß nach § 34 d Nr. 3 EStG in einem ausländischen Staat ausgeübt werden. Was unter dem Begriff „Ausübung" zu verstehen ist, geht weder aus dem Wortlaut des § 34 d Nr. 3 EStG noch aus dem insoweit gleichlautenden § 49 Abs. 1 Nr. 3 EStG hervor. Das Tatbestandsmerkmal der Ausübung gilt auch für die Annahme ausländischer bzw. inländischer Einkünfte aus nichtselbständiger Arbeit i.S.d. §§ 34 d Nr. 5, 49 Abs. 1 Nr. 4 i. V. m. § 19 EStG und für die Bestimmung des

---

[49] Für die h.M. *Blümich/Wied*, § 49 EStG Rz. 32; *Crezelius*, in: Haarmann (Hrsg.), Beschränkte Steuerpflicht, S. 75 ff., S. 85 f.; *HHR/Clausen*, § 49 EStG Anm. 1250; *Kluge*, Internationales Steuerrecht, Rz. Q 19; *Lüdicke*, in: Lademann, EStG, § 49 Anm. 858; *Mössner*, in: FS Flick, S. 939 ff.; S. 949 ff.; *Schaumburg*, Internationales, Rz. 5.149; *Scholtz*, in: Bordewin/Brandt, § 49 EStG Rz. 80 a; *Wassermeyer*, DStJG 8 (1985), S. 49, S. 60 f.; a.A. *Eicher*, in: Littmann/Bitz/Pust, EStG, § 49 Rn. 104; *Flies*, DStZ 1995, 431, 433 f.; *Grams*, RIW 1997, 55, 56; *Jakob*, Einkommensteuer, § 9 Rz. 10 f.; *Schmidt/Heinicke*, EStG, § 49 Rz. 10.

[50] Dazu siehe auch unten 3. Teil § 3 B II 2.

Besteuerungsrechts bei nichtselbständiger Arbeit nach Art. 15 OECD-MA. Insoweit kann zur Auslegung des Begriffes „Ausübung“ auf die Grundsätze zur nichtselbständigen Arbeit nach nationalem und nach Abkommensrecht[51] zurückgegriffen werden.[52]

Bereits aus der Begründung zum EStG von 1934[53] ergibt sich, daß die Ausübung die Erbringung einer persönlichen Tätigkeit im Ausland voraussetzt. Dieser Auffassung war auch der RFH[54] gefolgt. Nach der heute ganz h.M.[55] kommt es hierbei auf die physische Anwesenheit des Steuerpflichtigen an. Diese Voraussetzung lehnt *Bellstedt*[56] mit der Begründung ab, das Merkmal der physischen Anwesenheit gehe nicht aus dem Wortlaut hervor.

Dem ist zwar zuzustimmen, jedoch ist die Ausgestaltung des Tatbestands § 34 d Nr. 3 EStG näher zu untersuchen. Der Tatbestand ist verwirklicht, wenn der Steuerpflichtige seine Tätigkeit im Ausland ausübt oder verwertet. Daher ist zwischen der Ausübung und der Verwertung der selbständigen Arbeit zu unterscheiden. Ferner knüpft § 34 d Nr. 3 EStG an die Bestimmung des § 18 EStG an. Folglich steht auch bei der „Ausübung“ der Tätigkeit die persönliche Arbeitsleistung des Freiberuflers im Vordergrund. Unter Berücksichtigung dieses Merkmals wird bei grenzüberschreitenden Sachverhalten die freiberufliche Tätigkeit in dem Staat ausgeübt, in dem die persönliche Arbeitsleistung durch den Freiberufler erbracht wird. Dies setzt die physische Anwesenheit des Freiberuflers in dem jeweiligen Staat voraus. Würde man dies verneinen, so könnte nach Wertung des § 34 d Nr. 3 EStG der ausländische Staat die Einkünfte des Steuerpflichtigen bereits dann besteuern, wenn das Ergebnis der Tätigkeit einem Steuerpflichtigen in seinem Staat zugute kommt. Diese Sachverhalte werden aber de lege lata durch den Verwertungstatbestand erfaßt. Wenn es bei der Bestimmung des Tatbestands der Ausübung somit auf den physischen Aufenthaltsort des Freiberuflers nicht ankommen soll, läuft der Tatbestand der Verwertung ins Leere. Dies entspricht aber nicht dem insoweit eindeutigen Wortlaut der Regelung des § 34 d Nr. 3 EStG. Im Ergebnis wird die freiberufliche Tätigkeit i.S.d. § 34 d Nr. 3 EStG an dem Ort ausgeübt, an dem sich der Freiberufler physisch zur Ausübung der Tätigkeit aufhält (Tätigkeitsortprinzip).

---

[51] Insoweit besteht eine Begriffsparallelität.

[52] Statt aller *Schmidt/Heinicke*, EStG, § 49 Rz. 45.

[53] Begr. zum EStG 1934, RStBl. 1935, 35, 59.

[54] So bereits vor dem EStG 1934 RFH v. 1.10.1924 - VI e A 126/24, RFHE 14, 193; ferner RFH v. 29.1.1935 - I A 244/32, RStBl. 1935, 759.

[55] Für die h.M. BFH v. 12.11.1986 - I R 268/83, BStBl. II 1987, 372; *Eicher*, in: Littmann/Bitz/Pust, EStG, § 49 Rz. 54; *Flick/Wassermeyer/Lüdicke*, in: Flick/Wassermeyer/Baumhoff, AStR, § 34 d Rz. 91; *Krabbe*, in: Brezing/Krabbe/Lempenau/Mössner/Runge, AStR, § 34 d Rz. 29; *HHR/Kumpf*, § 49 EStG Anm. 672; *Lüdicke*, in: Lademann, EStG, § 49 Anm. 545; *Schaumburg*, Internationales, Rz. 15.45; *Schmidt/Heinicke*, EStG, § 49 Rz. 46.

[56] *Bellstedt*, IStR 1995, 361, 362; diesem folgend *Oho*, Internationale Praxen, S. 7.

bb) Berücksichtigung der „Art der Tätigkeit"

(1) Meinungsstand

Nach der Rspr. des BFH[57] sei zur Bestimmung des Ausübungsortes neben dem physischen Ausübungsort die „Art" der ausgeübten Tätigkeit zu berücksichtigen. Nach dem grundlegenden Beschluß des Großen Senats von 1971[58] zum DBA-Schweiz, sei die Tätigkeit eines Geschäftsführers einer GmbH unter Berücksichtigung der Art der Tätigkeit stets am Sitzort der Gesellschaft anzunehmen, da die Tätigkeit in der Erteilung von Weisungen bestehe und diese erst mit Übermittlung am Ort des Empfängers ausgeübt werde. Dieser Ansatz geht letztlich auf eine Entscheidung des RFH[59] zurück.

Die h.M.[60] in der Literatur folgte dem Beschluß des Großen Senats und wendet diesen Grundsatz auch im Rahmen der freiberuflichen Tätigkeit an. Wird demnach die Tätigkeit eines RA, WP oder StB eindeutig im Inland oder im Ausland ausgeübt, komme der Art der Tätigkeit keine Bedeutung zu. Werde z.B. ein im Ausland ansässiger Mandant mit Hilfe von Kommunikationsmitteln, wie beispielsweise Telefon, Fax oder Internet, von einem im Inland ansässigen Mandanten beraten, wird die Tätigkeit im Inland ausgeübt. Somit seien keine ausländischen Einkünfte aus der Ausübung der Tätigkeit gegeben (§ 34 d Nr. 3 EStG).[61] Ist ein RA, WP oder StB im Rahmen eines Mandates hingegen sowohl im Inland als auch im Ausland tätig, sei wegen der Berücksichtigung der Art der Tätigkeit der Ausübungsort an dem Ort anzunehmen, an dem die „maßgebliche"[62] bzw. die „steuerrechtlich zu beachtende Haupttätigkeit"[63] erfolge. Demnach komme es z.B. bei einer Beratungsleistung auf den Ort an, an dem (unmittelbar) die Beratungsleistungen oder wesentliche Vorarbeiten hierzu erbracht werden.[64]

---

57 BFH v. 12.8.1960 - VI 300/58 S, BStBl. III 1960, 441; BFH v. 15.1.1971 - GrS 1/71, BStBl. II 1972, 68; BFH v. 20.10.1982 - I R 104/79,BStBl. II 1983, 402; BFH v. 12.11.1986 - I R 268/83, BStBl. II 1987, 372; BFH v. 11.4.1990 - I R 82/86, BFH/NV 1991, 143.

58 BFH v. 15.1.1971 - GrS 1/71, BStBl. II 1972, 68.

59 RFH v. 25.4.1933 - VI A 988/31, 1252/31, RStBl. 1934, 417; RFH v. 29.1.1935 - I A 244/32, RStBl. 1935, 75.

60 *Blümich/Wied*, § 49 EStG Rz. 128; *HHR/Kumpf*, § 49 EStG Anm. 672; *Krabbe*, in: Brezing/ Krabbe/Lempenau/Mössner/Runge, AStR, § 34 d Rz. 29; *Lüdicke*, in: Lademann, EStG, § 49 Anm. 545; *Schaumburg*, Internationales, Rz. 5.222; *Schmidt/Heinicke*, EStG, § 49 Rz. 46; *Schulze zur Wiesche*, RIW 1987, 600.

61 *Lüdicke*, in: Lademann, EStG, § 49 Anm. 547.

62 *Lüdicke*, in: Lademann, EStG, § 49 Anm. 545.

63 So ausdrücklich bzgl. § 49 Abs.1 Nr.3 EStG *Schulze zur Wiesche*, RIW 1987, 600, 601.

64 So zur Bestimmung des festen Mittelpunkts für das DBA-Schweiz BFH v. 22.3.1966 - I 65/63, BStBl. III 1966, 463, 464; aus dem Schrifttum *Lüdicke*, in: Lademann, EStG, § 49 Anm. 547; im Ergebnis ebenso *Schulze zur Wiesche*, RIW 1987, 600, 601; so wohl auch *Flick/Wassermeyer/ Lüdicke*, in: Flick/Wassermeyer/Baumhoff, AStR, § 34 d Rz. 91.

Demgegenüber weicht der I. Senat des BFH[65] seit seinem Urteil vom 5.10.1994 zum DBA-Canada ausdrücklich von der bisherigen Praxis ab.[66] Das BMF ist der Rspr. insoweit gefolgt.[67] Entscheidend für die Bestimmung der Einkünfte aus unselbständiger Arbeit sei demnach der Ort, an dem die Tätigkeit „tatsächlich" ausgeübt wird. Die bei der Ermittlung des tatsächlichen Tätigkeitsortes entstehenden praktischen Schwierigkeiten seien hinzunehmen. Der Beschluß des Großen Senats von 1971[68] sei nur für das damals geltende DBA-Schweiz anzuwenden.

(2) Stellungnahme

Die Ausübung der Tätigkeit eines RA, WP oder StB i.S.d. § 34 d Nr. 3 EStG vollzieht sich an dem Ort, an dem sich der Freiberufler zur Ausübung tatsächlich aufhält. Dies setzt im Grundsatz die physische Anwesenheit des RA, WP oder StB voraus. Im Rahmen der Einkünfte aus freiberuflicher Tätigkeit i.S.d. § 18 Abs. 1 Nr. 1 EStG geht es in der Sache um die Schwierigkeit, die überwiegend geistige Arbeitskraft eines RA, WP oder StB zum Zwecke der Besteuerung zu lokalisieren. Dies ist i.S.d. Tatbestandsmäßigkeit der Besteuerung[69] nur dann möglich, wenn sich die geistige Arbeit nach außen erkennbar konkretisiert, z.B. durch Besprechungen mit dem Mandanten, Anfertigen von Schriftstücken, u.s.w. Daher ist es gerechtfertigt, daß nicht allein die bei jeder geistigen Tätigkeit anfallende gedankliche Befassung mit den Problemen für die Annahme der Ausübung i.S.d. § 34 d Nr. 3 EStG ausreicht, sondern es einer Konkretisierung bedarf.[70] Erstellt z.B. ein RA, WP oder StB einen Schriftsatz, so ist für die Ausübung der Tätigkeit der Ort entscheidend, an dem dieser verfaßt wird und nicht an dem sich der Freiberufler ausschließlich geistig mit dem Sachverhalt befaßt.[71]

Soweit bisher durch die Rspr.[72] und h.M. im Schrifttum[73] die Meinung vertreten wird, daß zur Bestimmung des Tätigkeitsortes die „Art der Tätigkeit" zu berücksichtigen sei,

---

[65] BFH v. 5.10.1994 - I R 67/93, BStBl. II 1995, 95; bestätigt durch BFH v. 2.5.1997 - I B 117/96, BFH/NV 1998, 18; BFH v. 15.12.1998 - I B 45/98, IStR 1999, 117; bereits zuvor an der h.M. zweifelnd BFH v. 5.7.1990 - I B 17/90, BFH/NV 1991, 146.

[66] Zustimmend *FW*, IStR 1993, 331; *HHR/Roth*, § 49 EStG Anm. 742; *Schmidt/Heinicke*, EStG, § 49 Rz. 46; zuvor bereits zweifelnd *Eicher*, in: Littmann/Bitz/Pust, EStG, § 49 Rn. 54; *Flick/Wassermeyer/Lüdicke*, in: Flick/Wassermeyer/Baumhoff, AStR, § 34 d Rz. 93; ablehnend *HHR/Kumpf*, § 49 EStG Anm. 742 ff.; *Kempermann*, FR 1995, 158; *Kramer*, RIW 1995, 742; *Neyer*, IStR 1997, 33.

[67] BMF v. 5.7.1995, BStBl. I 1995, 373.

[68] BFH v. 15.1.1971 - GrS 1/71, BStBl. II 1972, 68.

[69] Vgl. dazu z.B. *Crezelius*, Rechtsanwendung, S. 91 ff.

[70] Ebenso zur Ausübung eines freien Berufs zum DBA-Schweiz 1931 BFH v. 22.3.1966 - I 65/63, BStBl. II 1966, 463, 464; zustimmend *Lüdicke*, in: Lademann, EStG, § 49 Rz. 547.

[71] So auch *Flick/Wassermeyer/Lüdicke*, in: Flick/Wassermeyer/Baumhoff, AStR, § 34 d Rz. 93.

[72] RFH v. 25.4.1933 - VI A 988/31, 1252/31, RStBl. 1934, 417; RFH v. 29.1.1935 - I A 244/32, RStBl. 1935, 759; BFH v. 12.8.1960 - VI 300/58 S, BStBl. III 1960, 441; BFH v. 15.1.1971 - GrS 1/71, BStBl. II 1972, 68; BFH v. 12.11.1986 - I R 268/83, BStBl. II 1987, 372; BFH v. 11.4.1990 – I R 82/86, BFH/NV 1991, 143.

[73] *Blümich/Wied*, § 49 EStG Rz. 128; *HHR/Kumpf*, § 49 EStG Anm. 672; *Krabbe*, in: Brezing/Krabbe/Lempenau/Mössner/Runge, AStR, § 34 d Rz. 29; *Lüdicke*, in: Lademann, EStG, § 49 Anm. 545; *Schaumburg*, Internationales, Rz. 5.222; *Schmidt/Heinicke*, EStG, § 49 Rz. 46.

mag dies im Hinblick auf die unterschiedlichen Arten der in dem Tatbestand des § 18 EStG zusammengefaßten Tätigkeiten gerechtfertigt sein. Nach hier vertretener Ansicht rechtfertigt die „Art der Tätigkeit" allerdings nicht die Aufteilung des Tatbestands der Ausübung i.S.d. § 34 d Nr. 3 EStG in eine steuerrechtlich beachtliche Tätigkeit und eine nicht zu beachtende Nebentätigkeit. Aus dem Wortlaut des § 34 d Nr. 3 EStG geht nur hervor, daß die selbständige Arbeit in einem ausländischen Staat ausgeübt werden muß. Die Berücksichtigung des Umfangs der ausgeübten Tätigkeit läßt sich weder aus dem Wortlaut noch der Systematik des EStG ableiten. Der Gesetzgeber hat sich nicht für ein Anknüpfungsmerkmal entschieden, anhand dessen eine solche Aufteilung durchzuführen wäre, wie z.B. eine feste Einrichtung oder Betriebsstätte. Daher besteht auch keine Rechtsgrundlage für die Einschränkung anhand der „Art der Tätigkeit". Wird demnach ein RA, WP oder StB in einem Nicht-DBA-Staat tätig und erhebt dieser Staat eine Steuer auf die Einnahmen, liegen ausländische Einkünfte i.S.d. § 34 d Nr. 3 EStG vor. Im Ergebnis kommt es, der Auffassung des I. Senats des BFH[74] folgend, auf den Ort an, an dem die Tätigkeit tatsächlich ausgeübt wird. Um Schwierigkeiten hinsichtlich des Nachweises der Tätigkeit zu vermeiden, dürfte allerdings der ausländische Staat im Regelfall nicht jede noch so geringe in seinem Hoheitsgebiet ausgeübte Tätigkeit zur Besteuerung heranziehen. Im Ergebnis stellt allein die hier vertretene Ansicht sicher, daß bei der Besteuerung der Einnahmen aus der freiberuflichen Tätigkeit durch einen Nicht-DBA-Staat ausländische Einkünfte i.S.d. § 34 d Nr. 3 EStG vorliegen und damit die ausländische Steuer gem. § 34 c Abs. 1 und Abs. 2 EStG wahlweise angerechnet oder abgezogen werden kann.

Beispiel: Ein in Deutschland zugelassener RA hat für einen Mandanten einen Prozeß in Köln übernommen. Die Schriftsätze wurden in seiner Kanzlei in Köln gefertigt und die Verhandlungen erfolgten vor einem Gericht in Köln. Im Rahmen des Prozesses fand ein Beweistermin in Asuncion (Paraguay) statt, an dem der deutsche RA teilnahm und bei dem durch einen Richter ein Zeuge vernommen wurde. Erhebt der Staat Paraguay eine Steuer, so handelt es sich um ausländische Einkünfte i.S.d. § 34 d Nr. 3 EStG. Erhebt er keine Steuer, so unterliegen die auf die Tätigkeit in diesem Staat entfallenden Einkünfte ohnehin nach dem Welteinkommensprinzip den Einkünften aus selbständiger Arbeit (§ 18 EStG) und mithin der deutschen Besteuerung.

Eine andere Frage ist, ob durch die Besteuerung nach dem Tätigkeitsortprinzip eine zutreffende steuerliche Erfassung internationaler Sachverhalte möglich ist, wenn man den zunehmenden Einsatz moderner Kommunikationsmittel berücksichtigt.[75] In der Literatur[76] wird diese Frage im Rahmen der gewerblichen Nutzung des Internets dis-

---

[74] BFH v. 5.10.1994 - I R 67/93, BStBl. II 1995, 95; BFH v. 2.5.1997 - I B 117/96, BFH/NV 1998, 18.

[75] Zweifelnd *Grotherr/Herfort/Strunk*, Int. Steuerrecht, S. 555 f.

[76] Dazu siehe z.B. *Becker*, Intertax 1998, 410; *Boekhoudt/Gerrit te Spenke*, International Tax Review 1996, 9 zitiert bei *Hemmelrath*, in: Haarmann u.a. (Hrsg.), Gestaltung, S. 623, S. 634; *Cannon*, International Tax Review 1997, 15 zitiert bei *Hemmelrath*, a.a.O.; *Geurts*, Intertax 1998, 301; *Kowallik*, DStR 1999, 223; *Portner*, IStR 1998, 553; *Strunk/Zölkau*, INF 1998, 609; vgl. auch die Beiträge in: *Fischer/Strunk* (Hrsg.), Steuerliche Aspekte des Electronic Commerce, jeweils m.w.N.; vgl. in diesem Zusammenhang auch das sog. Rohrleitungsurteil des BFH v. 30.10.1996 – III R 12/92, BStBl. II 1997, 12, wonach allein eine technische Einrichtung ohne die Tätigkeit einer natürlichen Person die Voraussetzungen einer Betriebsstätte erfüllen kann.

kutiert. Im Steuerausschuß der OECD gibt es offenbar Bestrebungen, den Betriebsstättenbegriff im neuen elektronischen Handel auszuweiten, um das Abwandern des Steuersubstrats in Niedrigsteuerländer zu vermeiden.[77] Im Kern geht es um die Frage, ob die Besteuerung in dem Staat erfolgen soll, in dem die Arbeitsleistung erbracht wird oder in dem Staat, dessen Markt genutzt wird. Letzteres entspricht eher dem Rechtsgedanken des Territorialitätsprinzips, wonach dem Staat das Substrat zur Besteuerung überlassen wird, in dessen Gebiet die Erträge erwirtschaftet werden. Das EStG folgt jedoch im Grundsatz dem Welteinkommensprinzip, so daß die Frage zu beantworten ist, ob allein die Nutzung des ausländischen Markts eine so starke Bindung des Steuerpflichtigen zu dem ausländischen Staat begründet, die eine Besteuerung durch diesen rechtfertigen würde. Die freiberuflichen Tätigkeit von RA, WP und StB ist durch die im Vordergrund stehende persönliche Arbeitsleistung des Freiberuflers gekennzeichnet. Insofern gilt auch bei dem Einsatz moderner Kommunikationsmittel im Rahmen der freiberuflichen Tätigkeit die Ausübung an dem Ort der physischen Präsenz des Berufsangehörigen.[78]

cc) Mithilfe fachlich vorgebildeter Arbeitskräfte

Übt ein unbeschränkt steuerpflichtiger RA, WP oder StB in einem Nicht-DBA-Staat seine Tätigkeit mit Hilfe von fachlich vorgebildeten Arbeitskräften aus und erzielt er Einkünfte aus freiberuflicher Tätigkeit (§ 18 Abs. 1 Nr. 1 EStG), ist fraglich, ob eine Tätigkeit, die in der Erteilung von Weisungen besteht, an dem Ort als ausgeübt gilt, an dem die Weisungen erteilt werden oder an dem Ort, an dem sie verwertet werden. Nach der bisher h.M.[79] in der Literatur, die sich insoweit auf den Beschluß des Großen Senats[80] stützt, werde die Tätigkeit am Ort des Weisungsempfängers ausgeübt. Nach der hier vertretenen, dem I. Senat des BFH[81] folgenden, Ansicht ist der tatsächliche Tätigkeitsort entscheidend und nicht die Art der Tätigkeit. Folglich gilt dies auch für die Erteilung von Weisungen eines RA, WP oder StB gegenüber seinen Mitarbeitern. Für diese Auslegung spricht die Tatsache, daß es sich bei der Ausübung einer freiberuflichen Tätigkeit i. S .d. § 18 Abs. 1 Nr. 1 EStG um eine höchstpersönliche, im Vordergrund stehende Tätigkeit handelt. Zudem ist gem. § 18 Abs. 1 Nr. 1 S. 3 EStG die freiberufliche Tätigkeit aufgrund eigener Fachkenntnis leitend und eigenverantwortlich auszuüben. Daher besteht kein Raum, den Ausübungstatbestand des § 34 d Nr. 3 EStG de lege lata i.S. eines Verwertungstatbestandes auszulegen.[82] Die dogmatisch zutreffende Frage wäre, ob bei der Mithilfe fachlich vorgebildeter Arbeitskräfte im Ausland das Tatbestandsmerkmal der leitenden und eigenverantwortlichen Tätigkeit i.S.d. § 18 Abs. 1 Nr. 1 S. 3 EStG erfüllt ist.

---

[77] *JK*, IStR 1999, Beih. zu Heft 1/99, XIV.

[78] Ebenso allgemein für Dienstleistungen *Portner*, IStR 1999, 594, 597.

[79] *HHR/Kumpf*, § 49 EStG Anm. 670; *Lüdicke*, in: Lademann, EStG, § 49 Anm. 545; *Schaumburg*, Internationales, Rz. 5.222; vgl. auch *Bellstedt*, IStR 1995, 361; 364; *Krabbe*, FR 1995, 692, 694.

[80] Z.B. BFH v. 15.1.1971 - GrS 1/71, BStBl. II 1972, 68.

[81] Z.B. BFH v. 5.10.1994- I R 67/93, BStBl. II 1995, 95; BFH v. 2.5.1997 - I B 117/96, BFH/NV 1998, 18.

[82] Im Ergebnis ebenso *HHR/Roth*, § 49 EStG Anm. 742; so bereits vor Änderung der Rspr. *Eicher*, in: Littmann/Bitz/Pust, EStG, § 49 Rn. 54; *Flick/Wassermeyer/Lüdicke*, in: Flick/Wassermeyer/Baumhoff, AStR, § 34 d Rz. 93.

Beispiel: Ein Angestellter leitet ein in einem Nicht-DBA-Staat belegenes Büro eines deutschen RA. Dabei erledigt dieser auch Arbeiten für dort ansässige Mandanten. Soweit der RA in diesem Nicht-DBA-Staat nicht selbst durch Erteilung von Weisungen oder dort persönlich tätig wird, liegen demnach keine ausländischen Einkünfte i.S.d. § 34 d Nr. 3 EStG vor. Hält sich der RA zur Ausübung seines Berufes in diesem Staat auf, so spricht eine Vermutung dafür, daß er seinem Angestellten auch Weisungen erteilt.

Somit übt ein Freiberufler seine Tätigkeit an dem Ort aus, an dem er sich zur Erteilung der Weisungen tatsächlich aufhält. Hierbei kommt es auf die Feststellung im Rahmen des jeweiligen Einzelfalls an. Demnach sind immer dann keine ausländischen Einkünfte i.S.d. § 34 d Nr. 3 EStG gegeben, wenn ein Mitarbeiter eines unbeschränkt steuerpflichtigen RA, WP oder StB in einem Nicht-DBA-Staat im Rahmen eines Mandats tätig wird und der RA, WP oder StB sich nicht in diesem Staat zur Erteilung von Weisungen aufhält oder dort im Rahmen des jeweiligen Mandates persönlich tätig wird. Erhebt der Nicht-DBA-Staat auf die durch die die Mitarbeiter ausgeübte Tätigkeit eine Steuer, so kann diese mangels ausländischer Einkünfte i.S.d. § 34 d Nr. 3 EStG nur nach § 34 c Abs. 3 EStG abgezogen werden. Soweit der tatsächliche Weisungsort nicht eindeutig nachgewiesen werden kann, ist eine ggf. erforderliche Aufteilung nach § 162 AO zu schätzen.[83]

dd) Dauerberatungsvertrag

Ist ein unbeschränkt steuerpflichtiger RA, WP oder StB im Rahmen eines Dauerberatungsvertrages - es wird ein Dienstvertrag mit festen Bezügen i.S.d. § 627 BGB angenommen - tätig, ist fraglich, ob ausländische Einkünfte i.S.d. § 34 d Nr. 3 EStG auch dann vorliegen, wenn sich die Tätigkeit des RA, WP oder StB in dem Bereithalten zur Berufsausübung erschöpft. Die Rspr. des BFH[84] geht bei der Bestimmung des Ausübungsortes bei Einkünften aus nichtselbständiger Arbeit davon aus, daß Leistungen passiver Natur (Sich-Zur-Verfügung-Halten) am Aufenthaltsort erbracht werden. Nach der zutreffenden h.M.[85] im Schrifttum gilt dies ebenso für freiberufliche Tätigkeiten i.S.d. § 18 Abs. 1 Nr. 1 EStG. Dies ist sachgerecht, da der Berufsangehörige bei Beauftragung durch den Mandanten regelmäßig zunächst an seinem Aufenthaltsort tätig wird. Im übrigen kann es keinen Unterschied machen, ob der Freiberufler sich an einem Ort zur Ausübung seiner Tätigkeit bereit hält oder von diesem Ort aus Weisungen an seine Mitarbeiter erteilt. Entscheidend ist der tatsächliche Aufenthaltsort des Freiberuflers.

---

[83] BFH v. 5.10.1994- I R 67/93, BStBl. II 1995, 95.

[84] So zum DBA-USA 1954 BFH v. 9.9.1970 - I R 19/69, BStBl. II 1970, 867; BFH v. 9.11.1977 - I R 254/ 75, BStBl. II 1978, 195.

[85] *Eicher*, in: Littmann/Bitz/Pust, EStG, § 49 Rz. 54; *Flick/Wassermeyer/Lüdicke*, in: Flick/Wassermeyer/Baumhoff, AStR, § 34 d Rz. 93; *HHR/Kumpf*, § 49 EStG Anm. 674; *Schmidt/Heinicke*, EStG, § 49 Rz. 46.

c) Tatbestand der Verwertung (§ 34 d Nr. 3 EStG)

aa) Grundlagen

Nach § 34 d Nr. 3 EStG ist der Auslandsbezug der Einkünfte aus selbständiger Arbeit nicht nur bei Ausübung der Tätigkeit sondern auch bei „Verwertung" der Tätigkeit im Ausland gegeben. Ist allerdings das Tatbestandsmerkmal der Ausübung erfüllt, schließt dies die Anwendung des Verwertungstatbestands aus.[86] Wird demnach die Tätigkeit im Inland ausgeübt, kommt dem Verwertungstatbestand selbständige Bedeutung zu, sofern diese im Ausland verwertet wird.[87] Fraglich ist, was unter dem Begriff der Verwertung zu verstehen ist. Da der Begriff in den §§ 34 d Nrn. 3 u. 5, 49 Abs. 1 Nrn. 3 u. 4, 50 a Abs. 4 Nrn. 1 u. 2 EStG verwendet wird, deutet dies auf eine einheitliche Auslegung hin.[88] Die Rspr.[89] und die h.M. im Schrifttum[90] geht seit 1986 von einem eingeschränkten Verwertungsbegriff aus.[91] Danach setzt die Verwertung einen über die Erbringung einer körperlichen Leistung hinausgehenden Vorgang voraus, durch den entweder ein körperliches oder geistiges Produkt geschaffen wird, dessen wirtschaftlichen Wert sich der Steuerpflichtige durch Verkauf, Übertragung oder Einräumung von Nutzungsrechten nutzbar macht. Nach Ansicht der Rspr.[92] sei die Erstellung eines Marktanalyseberichts oder eines Forschungsberichts, selbst ohne materiellen Wert, einer Verwertung zugänglich. Fraglich ist somit, ob die Tätigkeit eines RA, WP oder StB einer Verwertung zugänglich ist.

bb) Verwertbarkeit der Tätigkeit von RA, WP oder StB

Die Verwertbarkeit der Tätigkeit eines RA, WP oder StB i.S.d. §§ 34 d Nr. 3, 49 Abs. 1 Nr. 3 EStG wird im Schrifttum bisher nur wenig Bedeutung beigemessen. Nach Ansicht von *Piltz*[93] - dessen Auffassung basiert allerdings noch auf der Rechtslage vor 1986[94] - sei die schriftliche Beratung eines ausländischen Mandanten durch einen im Inland tätigen Rechtsanwalt der Verwertung zugänglich. Dies gilt nach Meinung von

---

86 BFH v. 12.11.1986 - I R 268/83, BStBl. II 1987, 372.

87 Statt aller *Flick/Wassermeyer/Lüdicke*, in: Flick/Wassermeyer/Baumhoff, AStR, § 34 d Rz. 91; *Schaumburg*, Intenationales, Rz. 15.47.

88 *Flick/Wassermeyer/Lüdicke*, in: Flick/Wassermeyer/Baumhoff, AStR, § 34 d Rz. 98.

89 Zu § 49 Abs. 1 Nr. 4 EStG z.B. BFH v. 12.11.1986 - I R 38/83, BStBl. II 1987, 377; BFH v. 12.11.1986 - I R 69/83, BStBl. II 1987, 379; BFH v. 12.11.1986 - I R 192/85, BStBl. II 1987, 383; entsprechendes gilt jedoch für die Auslegung des § 49 Abs. 1 Nr. 3 EStG BFH v. 12.11.1986 - I R 268/83, BStBl. II 1987, 372, 373.

90 *Eicher*, in: Littmann/Bitz/Pust, EStG, § 49 Rn. 56; *Flick/Wassermeyer/Lüdicke*, in: Flick/Wassermeyer/Baumhoff, AStR, § 34 d Rz. 99 a; *HHR/Kumpf*, § 49 EStG Anm. 680; *Krabbe*, in: Brezing/Krabbe/Lempenau/Mössner/Runge, AStR, § 34 d Rz. 31; *Lüdicke*, in: Lademann, EStG, § 49 Anm. 549; *Schmidt/Heinicke*, EStG, § 49 Rz. 48; *Schaumburg*, Internationales, Rz. 5.223.

91 Zur Rechtslage vor 1986 siehe *Flick/Wassermeyer/Lüdicke*, in: Flick/Wassermeyer/Baumhoff, AStR, § 34 d Rz. 99.

92 BFH v. 12.11.1986 - I R 69/83, BStBl. II 1987, 379 (Marktanalysebericht); BFH v. 12.11.1986 – I R 144/80, BFH/NV 1987, 761 (Forschungsbericht).

93 So für den umgekehrten Fall des § 49 Abs. 1 Nr. 3 EStG, *Piltz*, IWB, F. 3 Gr. 3, S. 683, S. 695.

94 Danach lag eine Verwertung i.S.d. § 34 d NR. 3 EStG bereits dann vor, wenn die Vergütung zugunsten der inländischen Volkswirtschaft gezahlt wurde; vgl. *Schmidt/Heinicke*, EStG § 49 Rz. 47.

Bellstedt[95] ebenso für die Erstellung von Gutachten.[96] Demgegenüber geht *Kumpf*[97] davon aus, daß sich die Tätigkeit eines Anwalts in der Ausübung erschöpft. Nach Meinung von *Flick/Wassermeyer/Lüdicke*[98] gelte dies allgemein für Tätigkeiten im Dienstleistungsbereich, da der Ort der Verwertung regelmäßig mit deren Ausübung zusammenfalle. Dem Verwertungstatbestand komme daher nur dann eine eigenständige Bedeutung zu, wenn „freiberufliche Erfahrungen" in besonderer Weise überlassen werden.

Nach der Rspr.[99] und h.M.[100] kommt es darauf an, ob sich die Tätigkeit eines RA, WP oder StB in der Erbringung der persönlichen Arbeitsleistung erschöpft und somit keiner Verwertung zugänglich ist oder ob ein RA, WP oder StB im Rahmen seiner Tätigkeit ein über die persönliche Arbeitsleistung hinausgehendes geistiges Produkt erstellen kann. Dabei ist unter „verwerten" der Vorgang zu verstehen, durch den der RA, WP oder StB das Ergebnis seiner persönlichen Arbeitsleistung dem Mandanten zuführt.[101] Voraussetzung wäre demnach, daß sich die persönliche Arbeitsleistung eines RA, WP oder StB in einem Ergebnis konkretisiert[102] oder anders ausgedrückt, wenn der RA, WP oder StB dem Mandanten die Herbeiführung eines Arbeitsergebnisses schuldet. Insoweit wäre es naheliegend auf die zivilrechtliche Unterscheidung zwischen der zu erbringenden werkvertraglichen Leistung i.S.d. § 631 Abs. 2 BGB und der zu erbringenden dienstvertraglichen Leistung i.S.d. § 611 Abs. 2 BGB zurückzugreifen. Da allerdings bei einem Mandat, dem ein Dienstvertrag zugrunde liegt, ebenfalls ein einzelnes Arbeitsergebnis geschuldet werden kann, kann es bei der Beurteilung der Verwertbarkeit i.S.d. § 34 d Nr. 3 EStG nicht auf die zivilrechtliche Ausgestaltung des Mandatsverhältnisses ankommen. Nach hier vertretener Ansicht ist zu berücksichtigen, daß die freiberufliche Tätigkeit i.S.d. § 18 Abs. 1 Nr. 1 EStG eine im Geistigen liegende Arbeitskenntnis voraussetzt und daher eine höchstpersönliche Tätigkeit ist, die auf dem Einsatz der eigenen Arbeitskraft des Berufsträgers beruht.[103] Dies gilt auch für die gutachterliche Tätigkeit eines RA, WP oder StB, da diese die persönlichen Umstände bzw. das persönliche Interesse des jeweiligen Mandanten zu berücksichtigen hat. Daher erschöpft sich die Tätigkeit eines RA, WP oder StB in der Ausübung der persönlichen Arbeitsleistung und ist mithin der Verwertung nicht zugänglich. Die Beratungsleistung als solche erschöpft sich in der Ausübung.[104] Dies gilt

---

95 *Bellstedt*, IStR 1995, 361, 362.

96 Dies hält „eventuell" auch *Lüdicke*, in: Lademann, EStG, § 49 Anm. 549 für möglich.

97 *HHR/Kumpf*, § 49 EStG Anm. 81.

98 *Flick/Wassermeyer/Lüdicke*, in: Flick/Wassermeyer/Baumhoff, AStR, § 34 d Rz. 99 a; vgl. auch *Schmidt/Heinicke*, EStG, § 49 Rz. 48.

99 Z.B. BFH v. 12.11.1986 - I R 38/83, BStBl. II 1987, 377; BFH v. 12.11.1986 - I R 69/83, BStBl. II 1987, 379; BFH v. 12.11.1986 - I R 192/85, BStBl. II 1987, 383.

100 Z.B. *Flick/Wassermeyer/Lüdicke*, in: Flick/Wassermeyer/Baumhoff, AStR, § 34 d Rz. 99 a; *Schaumburg*, Internationales, Rz. 5.223; *Schmidt/Heinicke*, EStG, § 49 Rz. 48.

101 Die entsprechende Anwendung bejahend BFH v. 12.11.1986 - I R 268/83, BStBl. II 1987, 372, 373.

102 Vgl. BFH v. 12.11.1986 - I R 144/80, BFH/NV 1987, 761, 763, bei einem durch den Arbeitnehmer zu erbringenden Forschungsbericht.

103 BFH v. 10.10.1963 - VI 198/62, BStBl. III 1964, 120.

104 *Flick/Wassermeyer/Lüdicke*, in: Flick/Wassermeyer/Baumhoff, AStR, § 34 d Rz. 99 a; *Lüdicke*, in: Lademann, EStG, § 49 Anm. 459.

selbst dann, wenn im Rahmen der Beratungsleistung Schriftsätze im Inland erstellt werden und dem im Ausland ansässigen Mandanten zugehen.[105] Anders ausgedrückt: Es wird nicht die Überlassung von Wissen, sondern eine konkrete Beratungsleistung geschuldet.

Zu beachten ist jedoch die Ausnahme der Abtretung oder Einräumung eines Nutzungsrechts gegen Entgelt. Veröffentlicht z.B. ein WP ein Buch, Aufsatz o. ä., so liegt unter entsprechender Anwendung der Rspr.[106] zur schriftstellerischen Tätigkeit eine Verwertung im Ausland vor, wenn der Freiberufler das Werk im Inland erstellt und die Rechte an einen ausländischen Verleger gegen Entgelt abtritt oder diesem ein Nutzungsrecht gegen Entgelt einräumt. Ob hierbei eine Verwertung im Ausland i.S.d. § 34 d Nr. 3 EStG vorliegt, hängt von dem Sitz bzw. dem Ort der Geschäftsleitung des Verlages ab. Dieser muß im Ausland belegen sein.[107]

d) Andere Einkünfte (§ 34 d Nr. 3 EStG)

Nach § 34 d Nr. 3 EStG sind den ausländischen Einkünften aus selbständiger Arbeit auch die Einkünfte aus Veräußerungen (§ 34 d Nr. 4 EStG), Kapitalvermögen (§ 34 d Nr. 6 EStG), Vermietung und Verpachtung (§ 34 d Nr. 7 EStG) und Leistungen (§ 34 d Nr. 8 c EStG), d.h. sonstige Leistungen (§ 22 Nr. 3 EStG) einschließlich der Leistungen i.S.d. § 49 Abs. 1 Nr. 9 EStG[108] zuzurechnen, sofern sie zu den ausländischen Einkünften aus selbständiger Arbeit gehören. Im Rahmen der Tätigkeit von RA, WP oder StB wird dabei dem Auffangtatbestand des § 34 d Nr. 8 c EStG keine praktische Bedeutung zukommen, da sich die Tätigkeit, wie bereits im vorigen Kapitel festgestellt wurde, in der Ausübung und Verwertung erschöpft und Autorenrechte i.S.d. § 15 UrhG[109] nicht unter den Anwendungsbereich des § 49 Abs. 1 Nr. 9 EStG fallen.[110] Erzielt der Steuerpflichtige jedoch andere ausländische Einkünfte i.S.d. § 34 d Nr. 3 EStG, ist Voraussetzung für die Zurechnung zu den Einkünften aus Selbständiger Arbeit, daß sie zu diesen „gehören". Fraglich ist die Bedeutung des Begriffs „gehören". Auf die Eigenschaft „notwendiges Betriebsvermögen" kann es insofern nicht ankommen[111], da diese im Hinblick auf das Gesamtbetriebsvermögen eines Freiberuflers gilt und daher keine eindeutige Zuordnung zu inländischen oder ausländischen Einkünften zuläßt. Entscheidend ist vielmehr die Zuordnung nach dem Veranlassungszusammenhang. Demnach kommt es auf den wirtschaftlichen Zusammenhang zu der im Ausland

105 So auch *Scholtz*, in: Bordewin/Brandt, § 49 EStG Rz. 40; a.A. FG D`dorf v. 17.11.19955, , rkr., EFG 1956, 106; *Krabbe*, in: Brezing/Krabbe/Lempenau/Mössner/Runge, AStR, § 34 d Rz. 31.

106 BFH v. 20.7.1988 - I R 174/85, BStBl. II 1989, 87; zustimmend *Flick/Wassermeyer/Lüdicke*, in:Flick/Wassermeyer/Baumhoff, AStR, § 34 d Rz. 99 a; *Lüdicke*, in: Lademann, EStG, § 49 Anm. 549; *Schmidt/Heinicke*, EStG, § 49 Rz. 48.

107 So zu § 49 Abs. 1 Nr. 3 EStG BFH v. 20.7.1988 - I R 174/85, BStBl. II 1989, 87.

108 Zu dieser Regelung siehe unten 3. Teil § 3 B IV.

109 Urheberrechtsgesetz v. 9.9.1965, i.d.F.v.17.12.1999, BGBl. I S. 2448.

110 BFH v. 20.7.1988 - I R 174/85, BStBl. II 1989, 87.

111 So aber *Flick/Wassermeyer/Lüdicke*, in: Flick/Wassermeyer/Baumhoff, AStR, § 34 d Rz. 102.

ausgeübten oder verwerteten Tätigkeit an.[112] Soweit dieser Zusammenhang nicht eindeutig, z.B. durch Belegenheit oder Nutzung des Wirtschaftsgutes bestimmbar ist, so kann auf die in Buchführung und Bilanzierung zum Ausdruck kommende Willensentscheidung des RA, WP oder StB als Indiz zurückgegriffen werden.[113]

Beispiel: Ein in Deutschland ansässiger Fachanwalt für Steuerrecht unterhält in einem Nicht-DBA-Staat eine Zweigstelle. Ferner ist er an einer dortigen Anwalts - Kapitalgesellschaft beteiligt. Diese „vermittelt" dem RA Mandanten, die sich in Deutschland niederlassen möchten. Unzweifelhaft ist von einem wirtschaftlichen Zusammenhang mit der im Ausland ausgeübten Tätigkeit auszugehen. Die ausgeschütteten Dividenden sind daher als andere Einkünfte den ausländischen Einkünften aus selbständiger Arbeit i.S.d. § 34 d Nr. 3 EStG zuzurechnen.

e) Verluste

aa) Systematik des EStG

Erzielt der unbeschränkt steuerpflichtige RA, WP oder StB aus der Ausübung seines freien Berufs Verluste, sind diese zunächst innerhalb derselben Besteuerungsperiode mit positiven Einkünften innerhalb derselben Einkunftsart (§ 18 EStG) auszugleichen. Dieser sog. horizontaler Verlustausgleich ist auch nach der Einführung des § 2 Abs. 3 EStG durch das Steuerentlastungsgesetz 1999/2000/2002 uneingeschränkt möglich. Bezieht der steuerpflichtige keine Einkünfte einer anderen Einkunftsart, sind die Verluste nach Maßgabe des § 10 d Abs. 1 EStG bis zu einem Gesamtbetrag von 1 Millionen DM vom Gesamtbetrag der Einkünfte des unmittelbar vorangegangenen Veranlagungszeitraums vorrangig vor Sonderausgaben, außergewöhnlichen Belastungen und sonstigen Abzugsbeträgen abzuziehen. Nicht ausgeglichene negative Einkünfte sind nach § 10 d Abs. 2 EStG in den folgenden Veranlagungszeiträumen entsprechend vom Gesamtbetrag der Einkünfte abzuziehen. Der Verlustausgleich zwischen den verschiedenen Einkunftsarten (sog. vertikaler Verlustausgleich) ist dagegen nach § 2 Abs. 3 S. 2 EStG eingeschränkt, soweit die Summe der positiven Einkünfte den Betrag von 100.000 DM übersteigt. Ist dies der Fall, kann die positive Summe der Einkünfte durch negative Summen der Einkünfte aus anderen Einkunftsarten höchstens bis zur Hälfte gemindert werden. Die Höhe der Minderung der positiven Summe der Einkünfte hängt dabei von den nach § 2 Abs. 3 S. 4 und S. 5 EStG zu ermittelnden Beträgen ab. Soweit die negativen Einkünfte dabei nicht ausgeglichen werden, sind sie nach § 10 d Abs. 2 EStG von dem Gesamtbetrag der Einkünfte des folgenden Veranlagungszeitraums abzuziehen.[114]

Diese einkommensteuerrechtliche Behandlung gilt ebenso bei Verlusten, die im Ausland erzielt werden. Nach dem Welteinkommensprinzip unterliegen positive und negative Einkünfte eines unbeschränkt Steuerpflichtigen in Deutschland der Besteuerung.

---

[112] In diesem Sinne bereits für die Frage, wann inländisches Betriebsvermögen vorliegt RFH v. 10.9.1936 - III A 213/35, RStBl. 1936, 1161; aus dem Schrifttum *Kumpf*, Betriebsstätten, S. 99; *Storck*, Ausländische Betriebsstätten, S. 338.

[113] Vgl. *Kumpf*, Betriebsstätten, S. 103.

[114] Zur Neuregelung des Verlustausgleichs im Rahmen des Steuerentlastungsgeetzes 1999/2000/2002 z.B. *Raupach/Böckstiegel*, FR 1999, 487; *Risthaus/Plenker*, DB 1999, 605.

Zum anderen entspricht die Berücksichtigung ausländischer negativer Einkünfte dem objektiven Nettoprinzip, das in § 2 Abs. 2 EStG verankert und Ausfluß des Leistungsfähigkeitsprinzips ist. Danach erfaßt die Einkommensteuer nur die Erwerbseinnahmen nach Abzug der bei der Erzielung der Einkünfte angefallenen Aufwendungen. Nach der Systematik des EStG ist es daher ohne Bedeutung, ob der Verlust im In- oder Ausland entstanden ist.[115]

bb) Anwendbarkeit des § 2 a EStG

Die Berücksichtigung von ausländischen Verlusten ist entgegen der Systematik des EStG durch § 2 a EStG eingeschränkt. Diese können nur mit positiven Einkünften der jeweils selben Art aus demselben ausländischen Staat ausgeglichen werden und nur in dem Steuerabschnitt, in dem sie entstanden sind. Die Verluste dürfen nur in den darauf folgenden 7 Jahren verrechnet werden. Eine Ausnahme gilt nach der in § 2 a Abs. 2 EStG geregelten Aktivitätsklausel für die negativen Einkünfte aus einer ausländischen gewerblichen Betriebsstätte. Voraussetzung ist die ausschließliche oder fast ausschließliche Tätigkeit der ausländischen Betriebsstätte.[116] Erzielt ein unbeschränkt steuerpflichtiger RA, WP oder StB Verluste aus der Ausübung seines Berufs in einem Nicht-DBA-Staat, ist fraglich, ob insoweit negative Einkünfte i.S.d. § 2 a Abs. 1 EStG gegeben sind. In der Praxis ist diese Konstellation immer dann von Bedeutung, wenn der Freiberufler nicht nur vorübergehend im Ausland tätig wird, da wegen den Aufwendungen für die zumeist hohen Mieten, EDV sowie Personalkosten, zumindest anfangs geringere Einnahmen gegenüberstehen werden.

In der Sache ist im Wege der Auslegung zu bestimmen, ob ein Freiberufler negative Einkünfte „aus einer in einem ausländischen Staat belegenen gewerblichen Betriebsstätte" i.S.d. § 2 a Abs. 1 Nr. 2 EStG erzielen kann. Dem Wortlaut nach kommt es zunächst auf die Bedeutung des Begriffs „Betriebsstätte" an. Dieser ergibt sich aus § 12 AO.[117] Bereits oben wurde festgestellt[118], daß der Betriebsstättenbegriff des § 12 AO auch im Rahmen der freiberuflichen Tätigkeit i.S.d. § 18 Abs. 1 Nr. 1 EStG gilt. Entscheidende Bedeutung kommt demnach der Auslegung des Begriffes „gewerblich" zu. Nach dem Verständnis des Betriebsstättenbegriffs kann eine Betriebsstätte nur dann gewerblich sein, wenn die Tätigkeit, der die Betriebsstätte i.S.d. § 12 AO dient, eine solche ist.[119] Die gewerbliche Tätigkeit ist in § 15 Abs. 2 EStG definiert. Danach fällt jedoch ausdrücklich die Ausübung eines freien Berufs nicht unter die gewerbliche Tätigkeit. Somit ist eine „gewerbliche Betriebsstätte" i.S.d. § 2 a Abs. 1 Nr. 2 EStG nur

[115] *Crezelius*, Steuerrecht II, § 10 Rz. 12.

[116] Vgl. dazu *Schmidt/Heinicke*, EStG, § 2 a Rz. 13, m.w.N.

[117] BFH v. 5.6.1986 - IV R 268/82, BStBl. II 1986, 659; BFH v. 4.12.1991 - I R 140/90, BStBl. II 1992, 750; *HHR/Bopp*, § 2 a EStG Anm. 36; *Portner*, in: Lademann, EStG, § 2 a Anm. 42 f.; *Schmidt/Heinicke*, EStG, § 2 a Rz. 12, der wegen der früheren Regelung des Abs. 3 bestehende Streit hinsichtlich der Anwendung des abkommensrechtlichen Betriebsstättenbegriffs dürfte angesichts der Streichung des § 2 Abs. 3 EStG obsolet geworden sein.

[118] Dazu siehe oben Kapitel A I 2.

[119] So auch *Mössner*, in: Kirchhof/Söhn, EStG, § 2 a RdNrn. B 32 f.; *Probst*, in: Flick/Wassermeyer/Baumhoff, AStR, § 2 a Anm. 62; *Schmidt/Heinicke*, EStG, § 2 a Rz. 12.

bei einer gewerblichen Tätigkeit des Steuerpflichtigen gegeben. Dem Wortlaut nach ist daher die Anwendung des § 2 a Abs. 1 Nr. 2 EStG auf negative Einkünfte aus selbständiger Arbeit nicht möglich.

Ferner spricht gegen eine Ausweitung des Tatbestands des § 2 a Abs. 1 Nr. 2 EStG die historische Rechtsentwicklung. So war für die Zeit von 1977 bis 1979 die durch das Steuerentlastungsgesetz 1999/2000/2002 ersatzlos gestrichene Regelung des § 2 a Abs. 3 EStG[120] (versehentlich) durch die neue Definition des Betriebsstättenbegriffs in § 12 AO auf Verluste aus freiberuflicher Tätigkeit anwendbar.[121]

Sofern im Schrifttum[122] die gegenteilige Meinung vertreten wird, fehlt es an einer (ausführlichen) Begründung. Dieser Meinung ist zuzugestehen, daß es auf den ersten Blick für die Beschränkung der Berücksichtigung ausländischer Verluste kein Unterschied machen kann, ob die im Ausland ausgeübte Tätigkeit eine freiberufliche oder eine gewerbliche ist. Hierbei handelt es sich aber um eine verkürzte Argumentation. In der Sache geht es um ein methodologisches Problem.[123] Wie soeben gezeigt wurde, ist die Regelung des § 2 a Abs. 1 Nr. 2 EStG anhand der Auslegung nach dem Wortlaut nicht für Verluste aus freiberuflicher Tätigkeit anwendbar. Fraglich könnte allerdings sein, ob sich etwas anderes im Wege der systematischen Auslegung ergibt. Diesbezüglich wird in der Literatur[124] die Auffassung vertreten, bei der Aufzählung des § 2 a Abs. 1 EStG handle es sich um „Quellen" und „Tätigkeiten", die unabhängig von der Qualifikation der §§ 13 ff. EStG zu bestimmen seien. Gestützt wird dies auf die Gesetzesbegründung[125], wonach die Aufzählung „..keine Einkunftsarten im technischen Sinne (§ 2)" enthalte. Aus systematischer Sicht kann aber § 2 a EStG nur steuerbare Einkünfte i.S.d. § 2 i. V. m. § 13 ff. EStG einschränken.[126] Wird in der Aufzählung des § 2 a Abs. 1 EStG auf im EStG definierte Begriffe zurückgegriffen, rechtfertigen die „orakelhaften Ausführungen"[127] des Gesetzgebers keine davon abweichende Auslegung.

Des weiteren ist zu prüfen, ob eine teleologische Auslegung der Norm über den Wortlaut hinaus zulässig ist.[128] Nach der Auffassung des Gesetzgebers besteht der Sinn und Zweck der Norm darin, die Verrechnung von volkswirtschaftlich nicht nutzenstiften-

---

120 Vor dem Hintergrund des EuGH v. 14.12.2000, C-141/99 (AMID), IStR 2001, 86, wird die Ansicht vertreten, eine Wiedereinführung des § 2 a Abs. 3 EStG sei europarechtlich geboten *Saß*, DB 2001, 508; a.A. *Bernhard*, IStR 20001, 366.

121 *Schmidt/Heinicke*, EStG, § 2 a Rz. 65.

122 *Krabbe*, RIW/AWD 1978, 240, 241; nicht eindeutig *Vogel*, DBA, Art. 14 Rz. 50, dieser geht davon aus, daß § 2 a Abs.1 EStG nur auf Betriebsstätten anwendbar sei, nicht jedoch auf feste Einrichtungen. Als Norm der Gewinnermittlung ist § 2 a EStG nach nationalem Steuerrecht auszulegen. Daher gilt der Betriebsstättenbegriff des § 12 AO, der auch für Freiberufler i.S.d. § 18 EStG gelten kann, dazu siehe auch oben A I. 2.

123 Zur Auslegung i.S.d. juristischen Methodenkanons z.B. *Larenz/Canaris*, Methodenlehre, S. 133 ff.

124 Z.B. *HHR/Bopp*, § 2 a EStG Anm. 32; *Schmidt/Heinicke*, EStG, § 2 a Rz. 6.

125 BR-Drs. 334/82, S. 48.

126 *Mössner*, in: Kirchhof/Söhn, EStG, § 2 a RdNr. B 3.

127 So zu Recht *Mössner*, in: Kirchhof/Söhn, EStG, § 2 a RdNr. B 1.

128 Ausdrücklich offengelassen BFH v. 21.8.1990 - VIII R 271/84, BStBl. II 1991, 126 129 f.

den Auslandsverlusten mit inländischen Einkünften zu verhindern.[129] Insofern wird die wirtschaftspolitische Motivation des Gesetzgebers deutlich. Ungeachtet der Frage, ob die wirtschaftspolitischen Ziele des Gesetzgebers mit der Regelung des § 2 a EStG tatsächlich erreicht werden[130], durchbricht die Norm das dem EStG zugrunde liegende Welteinkommensprinzip und objektive Nettoprinzip. Wenn sich der Gesetzgeber aber, unter Mißachtung der Systematik des EStG, für eine Einschränkung der Berücksichtigung ausländischer Verluste entscheidet, dann findet der Zweck der Norm in dem Wortlaut seinen Niederschlag. Daher besteht kein Raum für eine über den Wortlaut hinausgehende teleologische Auslegung des § 2 a EStG. Ebensowenig kann der fiskalische Anlaß allein der Steuergesetze nicht für ihre Auslegung und Anwendung im Sinne einer wie auch immer gearteten teleologischen Auslegung eingesetzt werden.[131] Infolgedessen besteht auch keine planwidrige, d.h. mit dem Gesetzesziel nicht zu vereinbarende, Unvollständigkeit des Gesetzes, deren Schließung auf die Zulässigkeit zu überprüfen wäre.[132]

Des weiteren könnten verfassungsrechtliche Bedenken hinsichtlich einer gegen Art. 3 GG verstoßenden Ungleichbehandlung gewerblicher und freiberuflicher Verluste bestehen. Zwar wurde in dem Beschluß des BVerfG vom 30.9.1998[133] zum Verlustverrechnungsverbot des § 22 Nr. 3 S. 3 EStG der Gleichheitsgrundsatz sowie die Besteuerung nach der Leistungsfähigkeit und dem Nettoprinzip in den Vordergrund gestellt[134], jedoch ist hier zutreffenderweise zu prüfen, ob § 2 a EStG gegen das Welteinkommensprinzip und das objektive Nettoprinzip verstößt. Letzteres hängt von dem verfassungsrechtlichen Rang des Leistungsfähigkeitsprinzips ab.[135] Die höchstrichterliche Rspr.[136] hält die Regelung des § 2 a EStG, trotz kritischer Stimmen in der Literatur[137], für verfassungsgemäß. Wenn aber eine von dem Nettoprinzip abweichende Ausnahmeregelung verfassungsgemäß ist, ist es in sich widersprüchlich, im Rahmen der Auslegung der einzelnen Tatbestandsmerkmale dieser Norm sich auf eine Gleichbehandlung nach Art. 3 GG zu berufen.

---

[129] Vgl. BR-Drs. 334/82, S. 39.

[130] Zu Recht kritisch *Crezelius*, Steuerrecht II, § 10 Rz. 12; *HHR/Bopp*, § 2 a EStG Anm. 4; *Mössner*, in: Kirchhof/Söhn, EStG, § 2 a RdNrn. A 2 ff.

[131] *Crezelius*, Rechtsanwendung, S. 126 ff., S. 128; *Tipke/Lang*, Steuerrecht, § 5 Rz. 54, jeweils m.w.N.

[132] Zur Problematik der Analogie im Steuerrecht *Crezelius*, Rechtsanwendung, S. 149 ff.; *Tpke/Lang*, Steuerrecht, § 5 Rz. 71 ff.

[133] BVerfG, DStR 1998, 1743.

[134] Vgl. dazu *Arndt/Jenzen*, DStR 1998, 1818; *Weber-Grellet*, DStR 1998, 1781.

[135] Grundlegend zur Bedeutung des Leistungsfähigkeitsprinzips im internationalen Steuerrecht *Schaumburg*, in: FS Tipke, S. 125 ff.

[136] BVerfG, IStR 1998, 344 u. 376; Nichtannahmebeschluß BVerfG, HFR 1998, 520; BFH v. 13. 5. 1993 - IV R 69/92, BFH/NV 1994, 100, 101, m.w.N.

[137] Z.B. *Arndt/Jenzen*, DStR 1998, 1818; *Schaumburg*, Internationales, Rz. 5.89, 5.92 ff., m.w.N.; *Schulze-Osterloh*, JbFStR 1984/85, S. 276, S. 268; *Vogel*, BB 1983, 180; aus europarechtlicher Sicht § 2 a EStG wegen des Verstoßes gegen die Grundvoraussetzungen eines freien Marktes i.S.d. Art. 67 EWGV abehnend *Loritz/Wagner*, BB 1991, 2266, 2271 f.

sichtigen.[138] Daher ergeben sich auch keine Konkurrenzen hinsichtlich der Anwendung der einzelnen Voraussetzungen in § 2 a Abs. 1 EStG.[139] Ein Anwendungsfall des § 2 a Abs. 1 Nr. 2 EStG kann nur dann gegeben sein, wenn der Berufsangehörige Einkünfte aus Gewerbebetrieb erzielt. Dies ist der Fall, wenn ein Berufsangehöriger im Ausland Verluste aus gewerblicher Tätigkeit erzielt, wohingegen im Inland eine freiberufliche Tätigkeit ausgeübt wird und die Voraussetzungen einer untrennbaren gemischten Tätigkeit nicht erfüllt sind.

f) Gewinnermittlung

Soweit nach ausländischem Recht eine Buchführungs- oder Bilanzierungspflicht für die ausländischen Einkünfte besteht, ist diese nicht für die Gewinnermittlung i.S.d. § 4 EStG maßgebend. Die Einbeziehung des Welteinkommens in die deutsche Steuerpflicht verwirklicht den Grundsatz der Besteuerung nach der Leistungsfähigkeit. Aus dem Gebot der Gleichmäßigkeit der Besteuerung ergibt sich, daß die Leistungsfähigkeit aller Steuerpflichtiger in gleicher Weise erfaßt werden muß.[140] Daher ist der Gewinn der ausländischen Einkünfte (§ 34 d EStG) im Grundsatz entweder nach § 4 Abs. 1 durch Bestandsvergleich oder nach § 4 Abs. 3 EStG durch Überschußrechnung zu ermitteln.[141]

3. Abweichende Qualifikation der Einkünfte

Die Bedeutung der Begriffe „Qualifikation“ bzw. „Qualifikationskonflikt“ ist vielschichtig.[142] In diesem Kapitel wird unter Qualifikation die Bestimmung der Einkünfte verstanden. Dieser kommt insofern von Bedeutung, als nach § 34 d EStG für die einzelnen Einkunftsarten verschiedene territoriale Anknüpfungsmerkmale für die Annahme ausländischer Einkünfte vorausgesetzt werden. Für ausländische Einkünfte aus Gewerbebetrieb sind dies eine Betriebsstätte bzw. ein ständiger Vertreter im Ausland (§ 34 d Nr. 2 a EStG), wohingegen es bei Einkünften aus selbständiger Arbeit

---

138 Im Ergebnis ebenso *Grotherr/Herfort/Strunk*, Int. Steuerrecht, S. 553 f.; *Maier-Bridou*, AnwBl. 1993, 264, 265; *Oho*, Internationale Praxen, S. 16; in diesem Sinne wohl auch *Krabbe*, DStJG 8, S. 79 ff., S. 83 ff., *Lüdicke*, Steuerermäßigung, S. 40.

139 Zu den sich daraus ergebenden Problmen siehe z.B. *Mössner*, in: Kirchhof/Söhn, EStG, § 2 a RdNrn. B 4 ff. u. B 13 ff.; *Portner*, in: Lademann, EStG, § 2 a Anm. 37; *Vogel*, BB 1983, 180, 183; denkbar wäre dies z.B. bei negativen ausländischen Einkünften aus dem Ansatz des niedrigeren Teilwerts der zum Betriebsvermögen gehörenden Beteiligung an einer Anwalts-Kapitalgesellschaft mit Sitz im Ausland (§ 2 a Abs. 1 S. 1 Nr. 3 a EStG), sofern der Berufsangehörige gewerbliche Einkünfte (§ 15 Abs. 2 EStG) erzielt.

140 Vgl. *Piltz*, Personengesellschaften im IStR, S. 89 ff.

141 Statt aller *Schmidt/Heinicke*, EStG, § 4 Rz. 7; zur Berücksichtigung von Aufwendungen im Rahmen der Gewinnermittlung ausländischer Einkünfte BFH v. 16.3.1994 – I R 42/93, IStR 1994, 502; BFH v. 9.4.1997 – I R 178/94, IStR 1997, 495; zu Besonderheiten OFD Frankfurt a.M. v. 15.1.1998, RIW 1998, 657; OFD Düsseldorf v. 26.3.1998, RIW 1998, 507.

142 Die Begriffe „Qualifikation“ und „Qualifikationskonflikt“ stammen ursprünglich aus dem internationalen Privatrecht. Im Rahmen dieser Arbeit werden sie entsprechend der herrschenden Übung im überwiegenden Teil des Schrifttums auch im internationalen Steuerrecht verwendet; zur Differenzierung der Begriffe vgl. *Hannes*, Qualifikationskonflikte im internationalen Steuerrecht, 1992, S. 37 ff.; *Piltz*, Personengesellschaften im IStR, S. 107 ff., *Vogel*, DBA, Einl. Rz. 90 ff.

(§ 18 EStG) auf das Ausüben oder Verwerten der Tätigkeit im Ausland ankommt (§ 34 d Nr. 3 EStG). Eine im Grundsatz vergleichbare Ausgestaltung der Anknüpfungsmerkmale haben auch die ausländischen Staaten.[143] Dies kann zu folgenden Sachverhalten führen: Qualifiziert der ausländische Staat die Einkünfte eines unbeschränkt Steuerpflichtigen als Einkünfte aus selbständiger Arbeit und besteuert sie demnach bei Ausübung und/oder Verwertung, so liegen keine inländischen Einkünfte i.S.d. des § 34 d EStG vor, sofern nach den Regelungen des EStG Einkünfte aus Gewerbebetrieb gegeben sind und der Steuerpflichtige in dem betreffenden Staat weder eine Betriebsstätte i.S.d. § 12 AO unterhält noch dort ein ständiger Vertreter (§ 13 AO) tätig ist.[144] Besteuert der ausländische Staat dennoch, kann der Steuerpflichtige die auf die in dem jeweiligen Staat erzielten Einkünfte erhobene Steuer mangels ausländischer Einkünfte nur abziehen (§ 34 c Abs. 3 EStG). Der spiegelbildliche Fall, der ausländische Staat qualifiziert die Einkünfte als gewerbliche, wohingegen nach dem EStG Einkünfte aus selbständiger Abriet vorliegen, dürfte in der Praxis die Ausnahme bilden. Insofern lägen jedoch - das Anknüpfungsmerkmal Betriebsstätte im Ausland vorausgesetzt - ausländische Einkünfte aus selbständiger Arbeit i.S.d. § 34 d Nr. 3 EStG vor, da es nicht auf das Vorhandensein einer Betriebsstätte ankommt.

B. Nach ausländischem Steuerrecht

Die Ausführungen zur Besteuerung freiberuflicher Tätigkeit beruhen mangels umfassender Quellen in der Literatur[145] im wesentlichen auf dem Generalbericht von *Coulombe*[146] aus dem Jahr 1982 und den Ausführungen von *Mennel/Förster*[147].

Die Steuerrechtsordnungen der meisten Staaten unterscheiden, ebenso wie im EStG, zwischen Einkünften aus selbständiger Arbeit und solchen aus nichtselbständiger Arbeit. Hinsichtlich der Abgrenzung zwischen diesen beiden Einkunftsarten gelten in den meisten Staaten mit den deutschen Grundsätzen vergleichbare Kriterien.[148] Des weiteren unterscheiden die meisten Staaten zwischen Einkünfte aus selbständiger Arbeit und einer den deutschen Einkünften aus Gewerbebetrieb entsprechenden Einkunftsart. Die Abgrenzung ist schwierig und umstritten.[149] Eine dem § 18 Abs. 1 Nr. 1 EStG ver-

[143] Dazu siehe unten Kapitel B.

[144] Nach § 13 AO muß dieser die Geschäfte des Unternehmens besorgen. Ferner muß er nachhaltig, also nicht nur gelegentlich oder vorübergehend tätig werden und nicht nur Hilfsgeschäfte erbringen; BFH v. 18.12.1990 - X R 82/89, BStBl. II 1991, 395; FG Nds. v. 4.7.1991, rkr., RIW 1991, 1055; *HHR/Kumpf*, § 49 EStG Anm. 304 ff.; *Lüdicke*, in: Lademann, EStG, § 49 Anm. 302 ff.; insofern wird im Regelfall kein ständiger Vertreter gegeben sein.

[145] Vgl. z.B. zu der in Italien neu eingeführten pauschalen Abgabe von 10 % für eintragungspflichtige Freiberufler, wie z.B. Avvocato, auf die Einkünfte, *Hipold*, IStR 1996, 275, 276 f.; allgemein zur Besteuerung von Freiberuflern in Italien, *Hilpold/Steinmair/Zandanel*, Italienisches Steuerrechts, S. 140 ff.; zu Anknüpfungskriterien des irischen internationalen Steuerrechts vgl. *Schindhelm/Stein*, FR 1998, 85.

[146] *Coulombe*, Generalbericht, CDFI, LXV II b, S. 63 ff.

[147] *Mennel/Förster*, Steuern in Europa.

[148] Vgl. dazu ausführlich *Coulombe*, Generalbericht, CDFI, LXV II b, S. 63, S. 64 ff., sowie die einzelnen Nationalberichte von 24 Staaten, a.a.O., S. 115 ff.

[149] So z.B. in Italien, wo die Rspr. zwar an die zivilrechtliche Unterscheidung anknüpft, diese jedoch ebenfalls umstritten ist, *Hilpold/Steinmair/Zandanel*, Italienisches Steuerrecht, S. 141.

gleichbare Aufzählung von Tätigkeiten und Berufen gibt es im griechischen, luxemburgischen portugiesischen und spanischen[150] Steuerrecht. Das Steuerrecht der Niederlande[151], Schweden[152] und Schweiz[153] trennt hingegen nicht zwischen den Einkunftsarten „selbständige Arbeit" und „Unternehmensgewinne bzw. Gewerbe", sondern ordnet die Einkünfte einer Einkunftsart zu.

Das Steuerrecht der überwiegenden Anzahl der ausländischen Staaten folgt, wie auch das EStG, dem Welteinkommensprinzip. Ein in Deutschland unbeschränkt Steuerpflichtiger wird, entsprechend der deutschen beschränkten Steuerpflicht, nur dann durch einen anderen Staat zur Besteuerung herangezogen, wenn die Einkünfte zu diesem Staat eine objektive Beziehung haben (sog. Territorialitätsprinzip[154]). Für Staaten, deren Steuerrecht nicht dem Welteinkommensprinzip, sondern dem Territorialitätsprinzip folgt, gilt dies ohnehin, da in diesen Staaten die Steuerpflichtigen nur mit dem Einkommen besteuert werden, das einen territorialen Bezug zu dem jeweiligen Staat hat. Wird demnach ein in Deutschland unbeschränkt steuerpflichtiger Freiberufler im Ausland tätig, hängt die Besteuerung durch den ausländischen Staat von der territorialen Anknüpfungsvoraussetzung der jeweiligen Rechtsordnung ab. Hierbei lassen sich folgende Unterscheidungen feststellen[155]:

- In Dänemark, Niederlanden und Schweden - in Niederlanden und Schweden wird steuerrechtlich nicht zwischen gewerblicher und freiberuflicher Tätigkeit unterschieden - werden die Einkünfte aus selbständiger Arbeit einer nicht ansässigen Person nur dann besteuert, wenn diese im Staatsgebiet über eine Betriebsstätte verfügt.

- Allein die Ausübung der Tätigkeit wird in Belgien, Finnland, Großbritannien, Hongkong, Italien, Japan, Kanada, Norwegen und die USA vorausgesetzt.

- In Israel enthalten die Steuergesetze ferner Bestimmungen, wonach auch diejenigen, die aus Vergütungen für außerhalb von Israel geleistete Dienste stammen, in Israel besteuert werden können. Davon wird jedoch ganz oder zum Teil abgesehen, sofern sich der Empfänger der Einkünfte nur vorübergehend in Israel aufhält und nicht die Absicht hat, in Israel einen Wohnsitz zu begründen.

- Neben das Tatbestandsmerkmal der Ausübung kommt in Österreich, Luxemburg[156] und der Schweiz das Merkmal der Verwertung hinzu.

- In Australien entsteht die Steuerpflicht abweichend von der Ausübung der Tätigkeit im Staatsgebiet auch dann, wenn der Dienstvertrag in Australien abgeschlossen wurde und die Vergütung in Australien bezahlt worden ist. Vergleichbar ist die Rechtslage in Griechenland und Spanien. Hierbei kommt es nur darauf an, daß die Dienstleistung einer im Inland ansässigen Person zugute kommt und diese auch die Vergütung bezahlt.

---

[150] Hierbei werden 169 Tätigkeiten als freiberufliche bezeichnet.
[151] *Müssener*, in: Mennel/Förster, Steuern in Europa, Niederlande, Rn. 49.
[152] *Mennel/Förster*, Steuern in Europa, Schweden, Rn. 50.
[153] *Kolb*, in: Mennel/Förster, Steuern in Europa, Niederlande, Rn. 56.
[154] Dazu siehe grundlegend *Schaumburg*, Internationales, Rz. 5.67 ff., m.w.N.
[155] Dazu siehe ausführlich *Coulombe*, Generalbericht, CDFI, LXV II b, S. 63, S. 68 ff.; *Mennel/Förster*, Steuern in Europa.
[156] Dazu siehe *Steichen*, in: Wassermeyer/Debatin, DBA-Luxemburg, Art. 9 Rz. 232 ff.

- In Brasilien und Portugal werden auch die Einnahmen aus Dienstleistungen, die zwar außerhalb des Staatsgebietes erbracht werden, aber die Vergütung von einer im Staatsgebiet ansässigen Person gezahlt werden, zur Besteuerung herangezogen.

- In Mexiko werden die Einnahmen aus einer dort ausgeübten Tätigkeit dann nicht besteuert, wenn die Vergütung von einer natürlichen oder juristischen Person getragen wird, die weder in Mexiko ansässig ist noch dort über eine Betriebsstätte verfügt. Wir die Tätigkeit dagegen nur zum Teil in Mexiko ausgeübt, so gilt die selbständige Arbeit als vollständig in Mexiko erbracht. Hierbei handelt es sich jedoch um eine widerlegbare Vermutung.

Die Form der Steuererhebung hängt häufig von der Intensität der Bindung des Steuerpflichtigen an den Quellenstaat ab, um somit die Besteuerung durch den Quellenstaat sicherzustellen. Zumeist erfolgt sie durch Abgabe einer Einkommensteuererklärung. Hierbei erheben eine Reihe von Staaten eine auf die Steuerschuld anrechenbare Quellensteuer. Nur wenige Staaten unterwerfen alle Arten von Vergütungen eines beschränkt Steuerpflichtigen aus der Ausübung einer selbständigen Arbeit einer pauschalen Quellensteuer mit Abgeltungswirkung.[157] Im Einzelfall weisen die verschiedenen Rechtsordnungen jedoch erhebliche Unterschiede auf.[158]

[157] Zur Quellenbesteuerung ausländischer Dienstleistungserbringer in Frankreich, *Richter*, IStR 2000, 134; ausschließlich eine Quellensteuer mit Abgeltungswirkung erheben Argentinien und Brasilien.

[158] Vgl. dazu *Coulombe*, Generalbericht, CDFI, LXV II b, S. 63, S. 72 ff. u. die Nationalberichte der einzelnen Staaten, S. 115 ff.

§ 3 Ergebnisermittlung

A. Allgemeines

Liegen dem Grunde nach der festen Einrichtung zuzuordnende Einkünfte vor, ist im Rahmen der Ergebnisermittlung[1] zu ermitteln, welche Aufwendungen bzw. Betriebsausgaben und Erträge bzw. Betriebseinnahmen der Betriebsstätte oder festen Einrichtung zuzuordnen sind. Dies ergibt sich aus dem i.S.v. Nettoeinkünften zu verstehen Einkünftebegriff des Art. 14 Abs. 1 OECD-MA. Ob die Einkünfte tatsächlich durch den Quellenstaat besteuert werden, hängt von den nationalen Steuertatbeständen und der Höhe nach von den Einkunfts- bzw. Gewinnermittlungsvorschriften ab.

Die abkommensrechtlichen Zuordnungsnormen gehen zwar auf der Grundlage des Art. 59 Abs. 2 GG und des § 2 AO innerstaatlichen Regelungen vor, sie lassen jedoch rechtstechnisch die Ergebnisermittlungsvorschriften unberührt.[2] Formal knüpfen sie erst an das nach inländischen Gewinnermittlungsvorschriften ermittelte Ergebnis an und regeln dessen Aufteilung.[3] Ein unbeschränkt steuerpflichtiger Freiberufler muß daher seine weltweit erzielten Einkünfte, einschließlich die einer festen Einrichtung zuzuordnenden, nach den Bestimmungen des nationalen Steuerrechts (§ 4 EStG) ermitteln.

B. Zuordnung nach dem Veranlassungszusammenhang

Abkommensrechtlich ergibt sich aus Art. 7 Abs. 1 S. 2 und Abs. 2 OECD-MA die Zuordnung der Aufwendungen und Erträge nach dem Veranlassungsprinzip unter Beachtung des dealing-at-arm's-length- Prinzip (auch: Fremd- oder Drittvergleichsgrundsatzes).[4] Nach dem Kommentar zu Art. 14 OECD-MA gelten für die Ergebnisermittlung einer festen Einrichtung dieselben Grundsätze.[5] Demnach besteht für die auf Regelungshomogenität ausgerichteten DBA im Rahmen der Ergebnisermittlung eine Bindungswirkung für beide Vertragsstaaten. Im nationalen Steuerrecht fordert § 4 Abs. 4 EStG einen Veranlassungszusammenhang zwischen Aufwendungen und einem Betrieb. Aus §§ 21 a Abs. 3 Nr. 1, 50 Abs. 1 EStG und § 103 BewG[6] folgt, daß unter Veranlassung ein „wirtschaftlicher Zusammenhang" zu verstehen ist. Die Rspr.[7] läßt dafür an sich einen mittelbaren wirtschaftlichen Zusammenhang genügen, wobei es

---

[1] Hierfür werden auch die Begriffe der Einkünfte- oder Gewinnzuordnung verwendet *Schaumburg*, Internationales, Rz. 18. 1 ff. u. Rz. 18.25.

[2] In diesem Sinne auch BFH v. 24.3.1999 - I R 114/97, BStBl. II 2000, 399, m.w.N.

[3] Vgl. MA-Komm. Art. 7 Nr. 27, abgedruckt bei *Vogel*, DBA, Art. 7 Rz. 88; statt vieler *Blümich/Wied*, EStG, § 49 Rz. 69; *Kleineidam*, IStR 2000, 577, 579; *Vogel*, DBA, Art. 7 Rz. 22; *Wassermeyer*, in: Debatin/Wassermeyer, MA Art. 7 Rz. 185; wohl a.A. *Kramer*, IStR 2000, 449, 455.

[4] Statt aller *Kumpf*, Betriebsstätten, S. 106; *Schaumburg*, Internationales, Rz. 18.14, m.w.N.

[5] MA-Komm. zu Art. 14 Nr. 3 S. 3, abgedruckt bei Vogel, DBA, Art. 14 Rz. 3; dazu siehe auch oben § 1 A IV 3 b.

[6] Bewertungsgesetz v. 1.2.1991, i.d.F. v. 19.12.2000, BGBl. I S. 1790.

[7] BFH v. 28.11.1977 GrS 2-3/77, BStBl. II 1978, 105; BFH v. 4.7.1990 GrS 2-3/88, BStBl. II 1990, 817.

mehrere (unmittelbare und mittelbare) wirtschaftliche Zusammenhänge nebeneinander geben kann, so daß ggf. zu entscheiden ist, welcher Veranlassung die vorrangige steuerliche Bedeutung zukommt.[8] Soweit § 3 c Abs. 1 EStG einen unmittelbaren Zusammenhang fordert, stellt dies ein Systembruch dar, da der Begriff des mittelbaren wirtschaftlichen Zusammenhangs tatsächlich nicht zu definieren ist und es streng genommen keinen wirtschaftlichen Zusammenhang zwischen Aufwendungen und steuerfreien Einnahmen geben kann.[9] Daher ist der Veranlassungszusammenhang maßgeblich, wobei ein unmittelbarer oder mittelbarer wirtschaftlicher Zusammenhang zu einer Betriebsstätte ausreicht.

In der Literatur[10] besteht dahingehend Einigkeit, daß das Veranlassungsprinzip zumindest in seinem Kern dem Fremdvergleichsgrundsatz entspricht und es durch den Fremdvergleichsgrundsatz objektiviert wird. Umstritten ist dabei, auf welcher Rechtsgrundlage die Anwendung des Fremdvergleichsgrundsatzes im nationalen Steuerrecht beruht.[11] Nach der h.M.[12] in der Literatur hat Art. 7 Abs. 2 OECD-MA eine self-executing-Wirkung[13], d.h. die Norm ist unmittelbar im innerstaatlichen Steuerrecht anzuwenden. Der Grund liege in dem Wortlaut des Art. 7 Abs. 2, der gegenüber dem des Art. 9 Abs. 1 OECD-MA abweicht. Gemäß Art. 9 OECD-MA „dürfen" die Gewinne zugeordnet werden, wohingegen nach Art. 7 OECD-MA die Gewinne zugerechnet „werden". Geht man von der Einheitlichkeit des Fremdvergleichsgrundsatzes auf der Ebene der Tatbestandsvoraussetzungen innerhalb des OECD-MA aus[14], dann ist der Grund für der unterschiedlichen Formulierungen in Art. 9 und Art. 7 Abs. 2 OECD-MA darin zu sehen, daß die Einheit zwischen Betriebsstätte und Stammhaus der Anwendung des Maßstabs des Fremdvergleichs im Rahmen der Ergebnisermittlung zwischen Stammhaus und Betriebsstätte entgegen steht. Daher ist eine Regelung im Wege der fiktiven Trennung beider Unternehmensteile, wie sie in Art. 7 Abs. 2 OECD-MA vorgenommen wird, zwingende Voraussetzung für die Anwendung des Fremdver-

---

8 Vgl. auch BFH v. 20.7.1988 - I R 49/84, BStBl. II 1989, 140.

9 *Wassermeyer*, DB 1998, 642; im Ergebnis ebenso statt vieler *v. Beckenrath*, in: Kirchhof/Söhn, EStG, § 3 c RdNr. 61; allgemein kritisch zur verewndeten Begriffsvielfalt *Kleineindam*, IStR 2000, 577; *Lüdicke*, in: Ladamann/Söffing, EStG, § 49 Anm. 565; *Schmidt/Heinicke*, EStG, § 34 d Rz. 4.

10 Statt aller *Blümich/Wied*, § 49 EStG Rz. 71; *Kleineidam*, IStR 1993, 349; *Schaumburg*, Internationales, Rz. 18.15 m.w.N.

11 Zu möglichen Konsequenzen der unterschieldlichen Auffassungen Verständnisses siehe unten D II und D IV 3; das BMF v. 24.12.1999, BStBl. I 1076 nennt jedoch keine Rechtsgrundlage, wegen derer der Fremdvergleichsgrundsatz im innerstaatlichen Steuerrecht anzuwenden ist; daher zu Recht kritisch *Kumpf/Roth*, DB 2000, 741, 744.

12 Für die h.M. *Debatin*, DB 1989, 1692, 1739, 1695; *Kluge*, StuW 1975, 294, 302 f.; *Kroppen*, in: Becker/Höppner/Grotherr/Kroppen, DBA, Art. 7 Rz. 107 ff.; *Schaumburg*, Internationales, Rz. 16.262; *Vogel*, DBA, Art. 7 Rz. 58.

13 Dazu siehe *Kluge*, Internationales Steuerrecht; R 5 u. S 120 f.

14 *Kluge*, Internationales Steuerrecht; S 120; *Wassermeyer*, in: Debatin/Wassermeyer, MA, Art. 7 Rz. 171; mißverständlich bei *Vogel*, DBA, Art. 9 Rz. 22, der Art. 7 insoweit als Spezialvorschrift gegenüber Art. 9 bezeichnet.

gleichs. Daraus läßt sich m.E. jedoch keine self-executing-Wirkung ableiten. Somit hat der Fremdvergleichsgrundsatz seine alleinige Rechtsgrundlage im nationalen Steuerrecht und zwar im Veranlassungsprinzip, das durch diesen Grundsatz objektiviert wird.[15]

Soweit das nationale Steuerrecht gegenüber dem OECD-MA auf abweichende territoriale Anknüpfungsmerkmale abstellt - Ausübung und Verwertung (§§ 34 d Nr. 3, 49 Abs. 1 Nr. 3 EStG) - folgt daraus keine Abweichung der Ergebnisermittlung.[16] Eine Ausnahme besteht jedoch nach Ansicht des I. Senats des BFH[17] für ausländische Einkünfte i.S.d. § 34 d EStG, die unter die Subsidiaritätsklausel in § 34 d Nr. 3 EStG fallen.[18] Für die Ermittlung der Einkünfte sind diese Einkünfte dem Grunde nach auszusondern, da bei diesen indirekte Aufwendungen[19] nicht berücksichtigt werden dürfen.[20] Dies beruht auf einer für den Steuerpflichtigen günstigen Gleichstellung mit einer Person, die die Einkunftsquelle im Privatvermögen hält und daher keine indirekt zurechenbare Werbungskosten ansetzen könnte.[21] Im Ergebnis führt diese Ausnahme zu einer für den Steuerpflichtigen günstigen Erhöhung des Anrechnungshöchstbetrages i.S.d. § 34 c EStG. Insofern wird dadurch dem Sinn und Zweck des § 34 c EStG, eine Doppelbesteuerung zu vermeiden, Rechnung getragen.[22] Für in einem Nicht-DBA-Staat tätige Berufsangehörige, die z.B. Einnahmen aus Zinsen aus einer Honorarforderung oder aus der Überlassung von Urheberrechten an eine dort ansässigen Person erzielen. Im weiteren wird jedoch von einer Tätigkeit in einem DBA-Staat ausgegangen.

Die vorstehend dargestellten Regelungen gelten im Grundsatz auch für die Vermögenszuordnung, d.h. die Zuordnung der Wirtschaftsgüter zwischen Stammhaus und Betriebsstätte.[23] Insoweit ist jedoch strittig, ob sich aus der entsprechenden Anwen-

---

15 Ausführlich *Wassermeyer*, StbJb 1998/99, S. 157, S. 161 f.; *ders.*, in: Debatin/Wassermeyer, MA Art. 7 Rz. 171; a.A. *Becker*, StbJb 1985/86, S. 381, S. 386, Rechtsgrundlage sei die im römischen Recht zu findende Rechtsfigur des „pater familias"; dagegen *Wassermeyer*, a.a.O.

16 Zur Anwendung der direkten und indirekten Methode nach nationalem Steuerrecht *Krabbe*, in: Brezing/Krabbe/Lempenau/Mössner/Runge, AStR, § 34 d Rz. 64.

17 BFH v. 16.3.1994 - I R 42/93, BStBl. II 1994, 799, 801.

18 Dies sind die Einkünfte aus Kapitalvermögen (§ 34 d Nr. 6 EStG), aus Vermietung und Verpachtung (§ 34 d Nr. 7 EStG) sowie sonstige Einkünfte (§ 34 d Nr. 8 c EStG).

19 Zu dem Begriff vgl. *Krabbe*, in: Brezing/Krabbe/Lempenau/Mössner/Runge, AStR, § 34 d Rz. 65.

20 Zustimmend OFD Frankfurt/M v. 29.8.1995, DB 1995, 2245; aus dem Schrifttum *Amann*, DB 1997, 796, 798; *Baranowski*, Auslandsbeziehungen, Rn. 1264; *DB*, IStR 1994, 504; *Brenner*, DStZ 1995, 97; *Piltz*, IStR 1995, 71; *Schaumburg*, Internationales, Rz. 15.28; *Schmidt/Heinicke*, EStG, § 34 d Rz. 4.

21 Auf den unmittelbaren wirtschaftlichen Zusammenhang i.S.d. § 3 c EStG kommt es nicht an BFH v. 16.3.1994 - I R 42/93, BStBl. II 1994, 799, 801 f.; *Krabbe*, DB 1994, 242.

22 Vor dem Hintergrund des Sinn und Zwecks des § 34 c EStG fordert *Schaumburg*, Internationales, Rz. 15.28 die generelle Ablehnung indirekt zurechenbarer Aufwendungen.

23 So bereits RFH v. 10.9.1936 - III A 213/35, RStBl. 1935, 1161; ferner z.B. *Neubauer*, JbFStR 1976/77, S. 314; *Rädler/Raupach*, Auslandsbeziehungen, S. 495; *Ritter*, JbFStR 1976/77, S. 298; *Schaumburg*, in: Fischer, L. (Hrsg.), Zurechnung, S. 53 ff.

dung des Fremdvergleichsgrundsatzes aus dem Art. 7 Abs. 2 OECD-MA ergibt, daß Wirtschaftsgüter ausschließlich entweder dem Stammhaus oder der Betriebsstätte bzw. festen Einrichtung zuzuordnen sind.[24]

C. Anwendbarkeit der Methoden

Mit dem Fremdvergleichsgrundsatz (Art. 7 Abs. 2 OECD-MA) vereinbar ist die Ergebnisermittlung mit Hilfe der indirekten (Art. 7 Abs. 4 OECD-MA) und/oder der direkte Methode. Die einmal gewählte Methode ist entsprechend Art. 7 Abs. 6 OECD-MA zukünftig beizubehalten, es sei denn, daß ausreichende Gründe dafür bestehen, anders zu verfahren.

I. Vorrang der indirekten Methode bei Freiberuflern?

Nach allgemeiner Auffassung ist die direkte Methode vorrangig anzuwenden, da allein diese in der Lage ist, den Grundsatz des Drittvergleichs uneingeschränkt zu verwirklichen.[25] Dagegen ist die indirekte Methode[26] anzuwenden, sofern die Durchführung der direkten Methode aus tatsächlichen Gründen nicht möglich ist. Ein solcher Grund könnte bei Freiberuflern in der fehlenden Buchführungspflicht zu sehen sein, da die direkte Methode naturgemäß an diese anknüpft, allerdings keine notwendige Voraussetzung hierfür ist.[27] Soweit ferner für die Anwendung der indirekten Methode eine homogene „Betriebsstruktur" gefordert wird[28], liegt diese in der Natur der freiberuflichen Tätigkeit. In der Literatur wird die Meinung vertreten, insofern müsse der indirekten Methode zur Ergebnisermittlung selbständig tätiger Freiberufler eine größere Bedeutung zukommen.[29] Darüber hinausgehend, gebe, nach Ansicht von *Görl*[30], die direkte Zuordnung die Erwerbsleistung im Ausland nicht zutreffend wieder.

Der Vorrangigkeit der indirekten Methode ist insofern zu folgen, als im Unterschied zu Gewerbetreibenden die Feststellung eines verursachungsgerechten, von beiden Ver-

---

[24] Für eine ausschließliche Zuordnung BFH v. 12.1.1994 – II R 95/89, IStR 1994, 177; BMF v. 24.12.1999, BStBl. I 1999, 1024, Tz. 2.4.
v. 24.12.1999, BStBl. I 1076; *Blümich/Wied*, EStG, § 49 Rz. 74; *HHR/Kumpf*, § 49 EStG Anm. 275;
Schaumburg, in: Fischer, L. (Hrsg.), Zurechnung, S. 53 ff., S. 66, S. 67; a.A. *Halfar*, IWB, F. 3 Gr.1, S. 1049; *Kleineidamm*, IStR 1993, 349; *Kumpf*, Betriebsstätten, S. 110 f.; *Neubauer*, JbFStR 1976/77, S. 312 ff., S. 319 u. S. 323; *Storck*, Ausländische Betriebsstätten, S. 339 u. S. 343 f.; *Wassermeyer*, in: Debatin/Wassermeyer, MA, Art. 7 Rz. 240 f.

[25] BFH v. 29.7.1992 - II R 39/89, BStBl. II 1989, 63; BFH v. 12.1.1994 - II R 95/89, BFH/NV 1994, 690; MA-Komm. zu Art. 7 Nr. 24 S. 1 und S. 2, abgedruckt bei *Vogel*, DBA, Art. 7 Rz. 85; aus dem Schrifttum statt aller *Kroppen*, in: Becker/Höppner/Grotherr/Kroppen, DBA, Art. 7 Rn. 133; *Schaumburg*, Internationales, Rz. 18.25, jeweils m.w.N.

[26] Zur indirekten Methode ausführlich *Kumpf*, Betriebsstätten, S. 116 ff.; *Storck*, Ausländische Betriebsstätten, S. 291 ff.

[27] Vgl. *Wassermeyer*, in: Debatin/Wassermeyer, MA Art. 7 Rz. 189.

[28] *Debatin*, RIW/AWD 1980, 1, 7; *Vogel*, DBA, Art. 7 Rz. 96.

[29] *Görl*, Freie Berufe, S. 107; *Kischel*, in: Möckershoff (Hrsg.), Freie Berufe, S. 254 f.

[30] *Görl*, a.a.O.

tragsstaaten angewendeten Verteilungsschlüssels einfacher ist. Sofern der RA, WP oder StB nach Stunden abrechnet, käme als Aufteilungsschlüssel die mit Hilfe der festen Einrichtung ausgeübten Arbeitsstunden in Betracht. Andernfalls wäre eine Aufteilung nach den mit Hilfe der festen Einrichtung ausgeübten Arbeitstage möglich. Darüber hinaus führt die indirekte Methode jedoch nur dann zu einem sachgerechten Ergebnis, wenn der RA, WP oder StB im Inland und im Ausland seine Leistung nach den gleichen Sätzen abrechnet.[31] Entscheidendes Argument gegen eine Vorrangigkeit der indirekten Methode ist in der Ausgangsgröße zu sehen. Ausgehend von dem Gesamtgewinn aus der im Inland und Ausland erzielten Einkünfte führt die indirekte Methode im Verlustfall zu einem Ausgleich innerhalb der gesamten Einkünfte aus freiberuflicher Tätigkeit, wohingegen nach der direkten Methode der festen Einrichtung negative Einkünfte zuzuordnen wären und der Freiberufler im Inland positive Einkünfte erzielt hätte.[32]

Beispiel: Ein RA unterhält in Brüssel[33] eine feste Einrichtung, die er im Jahr 1998 für Beratungen mit einem Mandanten genutzt hat. Hierfür hat er einen Betrag von 40.000 Euro erhalten. Die direkt zuordnungsfähigen Kosten (Jahresmiete, Personal) betragen 42.000 Euro. Weitere Ausgaben werden nicht angenommen. Nach der direkten Methode ist der festen Einrichtung ein Verlust von 2.000 Euro zuzuordnenden. Nach der indirekten Methode ist der Gesamtgewinn festzustellen. Dieser beläuft sich bei inländischen Einkünften von 200.000 Euro auf 198.000 Euro. Angenommen der RA war zu Beratungen 30 Arbeitstage von insgesamt 210 Arbeitstagen im Jahr in seinem ausländischen Büro tätig, wäre der festen Einrichtung ein Gewinn von 24.750 Euro zuzuordnen. Unterliegt das im Ausland zu versteuernde Einkommen einem niedrigeren Steuersatz, könnte der Steuerpflichtige bei Auslandsverlusten durch die Wahl der Ergebnisermittlungsmethode im Inland erzielte Einkünfte ins Ausland verlagern.

Infolgedessen führt in Fällen, in denen mit Hilfe der festen Einrichtung Verluste erwirtschaftet werden, die indirekte Methode zu einer mit dem Fremdvergleichsgrundsatz (Art. 7 Abs. 2 OECD-MA) nicht zu vereinbarenden Ergebnisermittlung. Erfolgt die Ergebnisermittlung nach der indirekten Methode und erwirtschaftet die ausländische Einrichtung (nachhaltig) Verlust, ist von der indirekten auf die direkte Methode überzugehen.[34] Dies entspricht auch der in dem Betriebsstättenerlaß vertretenen Auffassung der Finanzverwaltung.[35] Daher ist die These, wonach der indirekten Methode bei Freiberuflern größere Bedeutung zu kommt, sachlich nicht zutreffend. Man muß sich von der Vorstellung lösen, die Ergebnisermittlung erfolge entweder nach der einen oder der anderen Methode. Die ausschließliche Anwendung der indirekten Methode ist

---

[31] Vgl. *Görl*, Freie Berufe, S. 108.

[32] *Kroppen*, in: Becker/Höppner/Grotherr/Kroppen, DBA, Art. 7 Rn. 234.

[33] Soweit der Wortlaut des Art. 14 Abs. 1 S. 2 DBA-Belgien von dem OECD-MA abweicht - es wird betont, daß die Tätigkeit über die feste Einrichtung ausgeübt werden muß -, ergibt sich materiel keine andere Rechtslage als bei Art. 14 Abs. 1 S. 2 OECD-MA.

[34] A.A. *Vogel*, DBA, Art. 7 Rz. 139, wonach ein Wechsel von der indirekten zur direkten Methode de facto nicht möglich sei.

[35] BMF v. 24.12.1999, BStBl. I 1999, 1076, Tz. 2.3.2.

vielmehr als ultima ratio zu verstehen.[36] Dies ergibt sich auch aus dem MA-Kommentar.[37] Entscheidender Bedeutung sollten sog. Misch - Methoden zukommen, bei denen die indirekte und direkte parallel angewendet werden.[38]

In der Praxis dürfte die Verlustsituation bei internationale tätigen RA, WP oder StB zumindest in den Anfangsjahren gegeben sein.[39] Daher wird die Anwendung der sog. Mischmethode überwiegen. Direkt zurechenbar sind z. B die Miete für die ausländische Zweigstelle bzw. Niederlassung, die Personalkosten von ausschließlich im Ausland tätigen Hilfskräften, Reisekosten, die durch die Tätigkeit mit Hilfe der festen Einrichtung veranlaßt sind, oder das Entgelt für die Nutzungsüberlassung einer EDV-Anlage. Sind die Honorareinnahmen dagegen dem Grunde nach sowohl der festen Einrichtung als auch dem inländischen Büro zuzuordnen, wird die Zuordnung der Einnahmen indirekt, anhand der Stunden erfolgen.[40]

II. Direkte Methode

1. Grundlagen

Im Rahmen der direkten Methode (Art. 7 Abs. 3 OECD-MA) sind alle dem Grunde nach direkt zurechenbare Ausgaben und Einnahmen der festen Einrichtung zuzuordnen. Somit stellt sich die Rechtslage nicht anders dar als bei der Ergebnisermittlung von Betriebsstätten.[41] Nach dem Kommentar zu Art. 14 OECD-MA sind die für die feste Einrichtung entstandenen Ausgaben einschließlich der Kosten der allgemeinen Verwaltung bei der Ermittlung der zuzurechnenden Einkünfte zum Abzug zugelassen.[42] Als Aufteilungsschlüssel kommt das Verhältnis zwischen den Einnahmen aus der Tätigkeit in der festen Einrichtung und der inländischen Kanzlei bzw. Niederlassung des RA, WP oder StB in Betracht.

Die direkte Zuordnung der Einnahmen wird nur mit Hilfe eines Erfassungssystems möglich sein.[43] Ein solches Erfassungssystem ist jedoch bereits für die Zuordnung der Einkünfte dem Grunde nach nicht notwendig. Eine direkte Zuordnung ist nur dann möglich, wenn eine Abrechnung gegenüber dem Mandanten nach Stunden erfolgt bzw.

---

36 *Jacobs*, Int. Unternehmensbesteuerung, S. 552; *Wassermeyer*, in: Debatin/Wassermeyer, MA Art. 7 Rz. 190.

37 MA-Komm. Art. 7 Nr. 24, abgedruckt bei *Vogel*, DBA, Art. 7 Rz. 85.

38 Zur Zulässigkeit statt aller *Kumpf*, Betriebsstätten, S. 113, S. 116 ff.; *Vogel*, DBA, Art. 14 Rz. 28; *Wassermeyer*, in: Debatin/Wassermeyer, MA Art. 14 Rz. 91.

39 Der Grund hierfür besteht in den hohen Mieten für die typischerweise in ausländischen Metropolen belegenen Zweigstellen bzw. Niederlassungen sowie den Personalkosten, denen geringere direkt zurechenbare Einnahmen gegenüber stehen.

40 Nach § 90 Abs. 2 AO trifft den Steuerpflichtigen dabei die erhöhte Mitwirkungspflicht.

41 Dies gilt insbesondere für die Zurechnung von Ausgaben vor Errichtung der festen Einrichtung, die Ausstattung der festen Einrichtung mit Eigen- (sog. Dotationskapital) und Fremdkapital; vgl. dazu BMF v. 24.12.1999, BStBl. I 1999, 1076; unmittelbar dazu *Strunk/Kaminski*, IStR 2000, 33; ferner *Jacobs*, Int. Unternehmensbesteuerung, S. 568 ff.; *Schaumburg*, Internationales, Rz. 18.37 ff.; *Schröder*, in: Mössner, u.a., Int. Unternehmenssteuerrecht, C 91 ff.; alle m.w.N.

42 MA-Komm. Art. 14 Nr. 3 S. 4, abgedruckt bei *Vogel*, DBA, Art. 14 Rz. 3.

43 Zur Ertragszuordnung bei Betriebsstätten vgl. *Schaumburg*, Internationales, Rz. 18.43 ff., m.w.N.

die geleisteten Stunden erfaßt werden oder vereinfachend nach den Tagen, an denen der Freiberufler für das jeweilige Mandat mit Hilfe der festen Einrichtung oder der inländischen Kanzlei tätig war, getrennt erfaßt werden.

Angesichts dessen erhöht sich der Verwaltungsaufwand des Steuerpflichtigen in beträchtlichem Umfang. Zwar geht der Amtsermittlungsgrundsatz (§ 88 AO), wonach die Finanzverwaltung den Sachverhalt zu ermitteln hat, gegenüber der Mitwirkungspflicht i.S.d. § 90 Abs. 2 AO auch bei für den Steuerpflichtigen günstigen Sachverhalten[44] vor, jedoch kann sich der Steuerpflichtige darauf nicht berufen, da es der Finanzverwaltung aus tatsächlichen Gründen nicht möglich sein wird, eine Ergebnisermittlung vorzunehmen, solange der Steuerpflichtige nicht mitwirkt. Ist eine Zuordnung der Einnahmen nicht möglich, erfolgt die Aufteilung der Einnahmen im Wege der Schätzung nach § 162 AO. Sollte jedoch auch für die Schätzung erforderliche Klarheit nicht zu erzielen sein, trifft die Feststellungslast bei steuerbegünstigenden Normen, wie z.B. die Freistellung unter Progressionsvorbehalt, grundsätzlich den Steuerpflichtigen.[45]

Gemäß Art. 7 Abs. 2 OECD-MA erfolgt die Bewertung der zwischen Stamm-Kanzlei und fester Einrichtung erbrachten Leistungen nach dem Fremdvergleichsgrundsatz. Dies gilt grundsätzlich auch im Rahmen der indirekten Methode, wird jedoch aufgrund der Vorrangigkeit der direkten Zuordnung im weiteren dargestellt. Hinsichtlich der in Art. 7 Abs. 2 OECD-MA enthaltenen Selbständigkeitsfiktion der Betriebsstätte bzw. festen Einrichtung werden zwei Theorien vertreten. Die Vertreter der sog. Funktionsnutzentheorie[46] gehen von der vollständigen Selbständigkeit der festen Einrichtung (Betriebsstätte) aus und bewerten die Leistungen nach den Nutzenbeiträgen, d.h. die erbrachten Leistungen werden mit dem Fremdvergleichspreis bewertet. Demgegenüber schränken die Vertreter der sog. Erwirtschaftungstheorie[47], der auch die Rspr. des BFH[48] und die Finanzverwaltung[49] folgen, die Selbständigkeit der festen Einrichtung im Hinblick auf die rechtliche Einheit ein und lassen dementsprechend nur eine Verrechnung von Aufwendungen zwischen Stamm-Kanzlei und fester Einrichtung zu. Die Rspr. des BFH[50] und die Finanzverwaltung[51] wollen jedoch die Verrechnung zum Fremdvergleichspreis dann vornehmen, wenn die Leistung der festen Einrichtung auch gegenüber Dritten erbracht wird oder die feste Einrichtung ausdrücklich für die zu

---

[44] *Becker*, in: GS Knobbe-Keuk, S. 557 ff.

[45] Vgl. BFH v. 15.2.1989 - X R 16/86, BStBl. II 1989, 462; BFH v. 5.10.1994 - I R 67/93, BStBl. II 1995, 95, 97, m.w.N.

[46] Für diese z.B. *Becker*, DB 1990, 392; *Kluge*, StuW 1975, 294; *Kroppen*, in: Becker/Höppner/Grotherr/Kroppen, DBA, Art. 7 Rn. 107 f.

[47] Für diese *Debatin*, DB 1989, 1739; *Kleineidam*, IStR 1993, 395; *Knobbe-Keuk*, Bilanzsteuerrecht, § 7 III 2 d; *Schaumburg*, Internationales, Rz. 18.40 ff.; *Schröder*, in: Mössner u.a., Int. Unternehmensteuerrecht, C 1; *Vogel*, DBA, Art. 7 Rz. 71; *Wassermeyer*, in: Debatin/Wassermeyer, MA, Art. 7 Rz. 323.

[48] BFH v. 20.7.1988 - I R 49/84, BStBl. II 1989, 140; BFH v. 16.2.1996 - I R 43/95, IStR 1996, 435.

[49] BMF v. 24.12.1999, BStBl. I 1999, 1076, Tz. 3.4.

[50] BFH v. 28.3.1985 – I R 80/82, BStBl. II 1985, 405; BFH v. 20.7.1988 - I R 49/84, BStBl. II 1989, 140.

[51] BMF, a.a.O., wonach sich die Grundsätze nur „in der Regel" auf gewerbliche Dienstleistungen beziehen

erbringende Leistung eingerichtet wurde.[52] Letzterer Sachverhalt ist auch im Kommentar zu Art. 7 OECD-MA[53] ausdrücklich erwähnt. Ist demnach eine feste Einrichtung gegeben, die auch, ggf. sogar überwiegend der Akquise von Mandanten dient[54], sind die der Stamm-Kanzlei erbrachten Akquiseleistungen mit den Aufwendungen zzgl. eines Gewinnaufschlags zu bewerten.

Rademacher-Gottwald[55] kombiniert die Funktionsnutzentheorie mit der Erwirtschaftungstheorie und versteht demnach die Selbständigkeitsfiktion dahingehend, daß interne Leistungen, die in unmittelbaren Zusammenhang mit Außenumsätzen stehen, mit dem Fremdvergleichspreis, d.h. einschließlich eines Gewinnaufschlags, zu bewerten sind, wohingegen interne Leistungen, die mittelbar mit einem Außenumsatz im Zusammenhang stehen, nur mit den Aufwendungen verrechnet werden dürfen.

Der Kombinationsansatz geht von der Prämisse aus, daß die Bewertung einer durch die feste Einrichtung erbrachten Leistung, wie z.B. Akquisitionsleistung, davon abhängt, ob sie einem Außenumsatz („Umsatzzusammenhang") der Stamm-Kanzlei unmittelbar oder nur mittelbar zugeordnet werden kann. Unabhängig von der Reichweite der Selbständigkeitsfiktion würde nach hier vertretener Ansicht ein fremder Dritter einer solchen Bewertung gerade nicht zustimmen, da aus dessen Sicht die feste Einrichtung hinsichtlich der Bewertung ihrer Leistung keine Unterscheidung danach treffen würde, ob die Leistung bei der Kanzlei unmittelbar oder nur mittelbar einem Ausgangsumsatz zuzurechnen ist. Denkbar wäre lediglich eine erfolgsabhängige Vergütung.

<u>Beispiel:</u> Eine Mandantenveranstaltung wurde ausschließlich von den Mitarbeitern der ausländischen festen Einrichtung vorbereitet. Zu dieser Veranstaltungen wurden auch Unternehmer eingeladen, die bisher keine Mandanten der Kanzlei sind. Einige Monate später beauftragen die Unternehmer A den Freiberufler, der die geforderten Leistungen im Inland erbringt. Unternehmer A teilt dem Freiberufler mit, daß der Grund für die Beauftragung die Mandantenveranstaltung gewesen sei. Auf Empfehlung von A beauftragt auch Unternehmer B den Freiberufler. M.E. ist der dem Grunde nach anteilig auf den Unternehmer A entfallende Akquisitionsaufwand unmittelbar der Umsatzleistung zuzurechnen, wohingegen der Akquisitionsaufwand bzgl. B nur mittelbar diesem Außenumsatz zuzurechnen ist.

Nach hier vertretener Ansicht ist Selbständigkeitsfiktion einer festen Einrichtung unter Einbeziehung der im Vordergrund stehenden persönlichen Arbeitsleistung des Freiberuflers so zu betrachten, als sei der Freiberufler in der festen Einrichtung tätig. Insofern wird er die zu erbringenden Dienstleistung dort ausführen. Daher fallen keine Dienstleistungen an, die zu Marktpreisen bezogen werden, sondern solche die gedanklich zu Herstellungskosten führen. Somit sind die allgemeinen Verwaltungskosten ohne einen Gewinnaufschlag der festen Einrichtung zuzuordnen.[56]

---

52 Z.B. *Schaumburg*, Internationales, Rz. 18.40 ff.; *Vogel*, DBA, Art. 7 Rz. 70 f.; allgemein zur Problematik der Gewinnabgrenzung bei Dienstleistungen *Baranowski*, in: FS Flick, S. 615, S. 623; *Grotherr/Herford/Strunk*, Int. Steuerrecht, S. 495 f; jeweils m.w.N.

53 MA-Komm. zu Art. 7 Nr. 17.6, abgedruckt bei *Vogel*, DBA, Art. 7 Rz. 78 f.

54 Zu den Voraussetzungen einer festen Einrichtung bei überweigenden Nutzung für die Aquise siehe oben § 1 A IV 2 b.

55 *Rademacher-Gottwald*, Grenzüberschreitende Sozietäten, S. 306 f.

56 Zur Zuordnung von Verwaltungskosten z.B. *Haarmann*, IStR 2000, 504.

Die Ermittlung des Fremdvergleichspreises kann mit Hilfe der allgemein anerkannten (äußeren oder inneren) Preisvergleichsmethode, Wiederverkaufspreismethode oder der Kostenaufschlagsmethode erfolgen.[57]

2. Zuordnung von Bruttoeinkünften

Ist der RA, WP oder StB in einem Staat tätig mit dem ein von dem OECD-MA abweichendes DBA besteht und dieses dem Arbeitsortprinzip folgt, wird dem anderen Staat das Besteuerungsrecht für die dort erzielten Bruttoeinkünfte (Vergütungen) überlassen. Hierbei kann auf die Grundsätze zur Aufteilung von Vergütungen bei unselbständiger Arbeit i.S.d. Art. 15 OECD-MA zurückgegriffen werden.[58] Daher kann die Aufteilung anhand der im Ausland geleisteten Arbeitszeit oder eine Aufteilung nach dem Verhältnis der im Ausland erbrachten Arbeitstage zu den insgesamt erbrachten Arbeitstagen erfolgen.[59]

Hinsichtlich der Zahlung des Entgelts kommt es nicht auf den Ort oder Zeitpunkt der Zahlung an.[60] Da allein die Einnahmen dem Besteuerungsrecht des Quellenstaates überlassen werden, führt dies zu einer Bruttobesteuerung. Die Bruttoeinkünfte sind in Deutschland unter dem Progressionsvorbehalt von der Einkommensteuer freizustellen. Da insoweit steuerfreie Einkünfte i.S.d. § 3 c EStG gegeben sind, können die auf die ausländischen Einkünfte entfallenden Betriebsausgaben nur dann bei der Ermittlung der Einkünfte aus freiberuflicher Tätigkeit i.S.d. § 18 Abs. 1 Nr. 1 EStG abgezogen werden, wenn sie in einem unmittelbaren wirtschaftlichen Zusammenhang mit den freigestellten Bruttoeinkünften stehen.[61] Ein solcher Zusammenhang wird dann angenommen, wenn es sich um Ausgaben handelt, die in einem unlösbaren Zusammenhang zu dem Aufenthalt im Ausland bzw. der dort ausgeübten Tätigkeit stehen, d.h. ohne diese nicht angefallen wären.[62] Unterhält ein in Deutschland ansässiger RA, WP oder StB ein Büro in einem solchen Staat, stehen nach hier vertretener Ansicht die Miet- und Personalkosten in einem unmittelbaren wirtschaftlichen Zusammenhang zur in dem jeweiligen Staat ausgeübten Tätigkeit. Infolgedessen kommt es in Höhe der Betriebsausgaben zu einer wirtschaftlichen Doppelbesteuerung.

---

[57] Dazu ausführlich *Rademacher-Gottwald*, Grenzüberschreitende Sozietäten, S. 307 f.; zu den ein zelnen Methoden siehe z.B. *Baumhoff*, in: Mössner u.a., Int. Unternehmensbesteuerung, C 419 ff., m.w.N.

[58] *Lang*, in: FS Flick, S. 895 ff., S. 898 f.

[59] Vgl. dazu z.B. *Vogelgesang*, in: Becker/Höppner/Grotherr/Kroppen, DBA, Art. 15 Rn. 233 ff.; *Wassermeyer*, in: Debatin/Wassermeyer, MA Art. 15 Rz. 142 ff.

[60] BFH v. 5.2.1992 - I R 158/90, BStBl. II 1992, 660; BMF v. 5.1.1994, BStBl. I 1994, 11; *Vogelgesang*, in: Becker/Höppner/Grotherr/Kroppen, DBA, Art. 15 Rn. 233.

[61] Bei dem DBA-Brasilien ist insoweit fraglich, ob § 3 c EStG für die Ermittlung der ausländischen Einkünfte im Rahmen der Ermittlung des Anrechnungshöchstbetrages anzuwenden ist.

[62] So zu Art. 15 OECD-MA z.B. BFH v. 29.1.1986 - I R 22/85, BStBl. II 1986, 479, 481; BFH v. 19.1.1986 - I R 296//82, BStBl. II 1986, 513, 516; vgl. auch *Vogelgesang*, in: Becker/Höppner/Grotherr/Kroppen, DBA, Art. 15 Rn. 253; *Wassermeyer*, in: Debatin/Wassermeyer, MA Art. 15 Rz. 152.

D. Überführung von Wirtschaftsgütern ins Ausland

I. Rechtslage

Nach der Rspr. des BFH[63] sind Wirtschaftsgüter des Anlagevermögens, die in eine Betriebsstätte in einem DBA-Staat (DBA-Betriebsstätte) überführt werden, mit dem Teilwert (§ 6 Abs. 1 EStG) zu bewerten. Eine sich ergebende Differenz zum Buchwert erhöhe den Gewinn und unterliege somit der laufenden Besteuerung. Dogmatisch beruht die Bewertung der Wirtschaftsgüter mit dem Teilwert auf einer extensiven Auslegung des Entnahmetatbestands des § 4 Abs. 1 S. 2 EStG (sog. finale Entnahmelehre).[64] Die Rspr. wird jedoch in der Literatur[65] abgelehnt, da tatsächlich kein Gewinnrealisierungstatbestand erfüllt ist. Vielmehr handelt es sich um ein Problem der Ergebnisermittlung, wonach die Aufwendungen und Erträge verursachungsgerecht zwischen dem Staat der Betriebsstätte bzw. festen Einrichtung aufzuteilen sind. Aus Sicht des Inlands geht es um die verursachungsgerechte Aufteilung der stillen Reserven zwischen den Vertragsstaaten. Aus Sicht des Betriebsstättenstaates geht es um die verursachungsgerechte Aufteilung des Werteverzehrs. Dies ergibt sich aus dem Veranlassungsprinzip unter Beachtung des Fremdvergleichsgrundsatzes.[66] Soweit von Teilen in der Literatur[67] eine Aufgabe der finalen Entnahmelehre vermutet wird, hat der VIII. Senat des BFH[68] dies ausdrücklich offengelassen.

Seit dem BMF-Schreiben vom 12.2.1990[69] zur Überführung von Wirtschaftsgütern in eine DBA-Betriebsstätte hatte die Rspr. keine Gelegenheit mehr, zur sog. finalen Entnahmelehre Stellung zu nehmen.[70] Die Grundsätze des BMF- Schreibens von 1990 sind in dem sog. Betriebsstättenerlaß vom 24.12.1999[71] in geänderter und erweiterter Form enthalten.

Wird ein Wirtschaftsgut von einem inländischen Stammhaus in eine DBA-Betriebsstätte überführt, deren Einkünfte nach dem Abkommen von der deutschen Be-

---

[63] Z.B. BFH v. 16.7.1969 - I 266/65, BStBl. II 1970, 175; BFH v. 16.12.1975 - VIII R 3/74, BStBl. II 1976, 246; BFH v. 24.11.1982 - I R 23/78, BStBl. II 1983, 113; BFH v. 14.6.1988 - VIII R 387/83, BStBl. II 1989, 187.

[64] Im Ergebnis ebenso *Plückebaum*, in: Kirchhof/Söhn, EStG; § 4 RdNr. B 238; *Meurer*, in: Lademann, EStG, § 4 Anm. 349.

[65] Z.B. *Crezelius*, Rechtsanwendung, S. 165 f., S. 174 f.; *Kempka*, Gewinnrealisierung, S.103 ff., S. 132 ff.; *Pach-Hanssenheimb*, Verstrickung, S. 123 ff.; *Schaumburg*, DStJG 4 (1981), S. 247, S. 250; *ders.*, Internationales, Rz. 5.379 ff., m.w.N.

[66] *Knobbe-Keuk*, Bilanzsteuerrecht, § 7 III 2 d; *Schaumburg*, Internationales, Rz. 18.26.

[67] Unter Bezugnahme auf BFH v. 20.7.1988 - I R 49/484, BStBl. II 1989, 140, *Roth*, FR 1988, 678; *Schaumburg*, Internationales, Rz. 5.381 (FN 796); *Strunk/Kaminski*, IStR 2000, 33, 37; *Vogel*, DBA, Art. 7 Rz. 66 a; *Wassermeyer*, in: Debatin/Wassermeyer, MA Art. 7 Rz. 246.

[68] BFH v. 13.11.1990 - VIII R 152/86, BStBl. II 1991, 94, 96 f.

[69] BMF v. 12.2.1990, BStBl. I 1990, 72.

[70] Zu Recht kritisch gegenüber dem BMF-Schreiben *Debatin*, BB 1990, 826, 827; *Kempka*, Gewinn realisierung, S. 119 f.; *Knobbe-Keuk*, Bilanzsteuerrecht, § 7 III 2 d; *Kramer*, StuW 1991, 151; *Kroppen*, in: Becker/Höppner/Grotherr/Kroppen, DBA, Art. 7 Rn. 154 ff.; *Schaumburg*, Internationales, Rz. 18.46; *Wassermeyer*, in: Debatin/Wassermeyer, MA Art. 7 Rz. 246.

[71] BMF v. 24.12.1999, BStBl. I 1999, 1076, Tz. 2.6.

steuerung freizustellen sind, ist, wie bisher auch, nach der Methode der aufgeschobenen Gewinnrealisierung[72] im Zeitpunkt der Überführung der Fremdvergleichspreis anzusetzen.[73] Ein bestehender Unterschiedsbetrag zwischen Fremdvergleichspreis und Buchwert (bei Anlagevermögen) oder den Anschaffungs- oder Herstellungskosten oder dem nach § 6 EStG maßgeblichen Wert (bei Umlaufvermögen) ist im Zeitpunkt der Überführung aus Billigkeitsgründen nicht zu besteuern, sondern durch die Bildung eines passiven (bei einem positiven Unterschiedsbetrag) bzw. eines aktiven (bei einem negativen Unterschiedsbetrag) Abgrenzungsposten in einer Nebenrechnung zu neutralisieren. Dieser ist bei Ausscheiden des Wirtschaftsgutes aus der Betriebsstätte aufzulösen. Bei abnutzbaren Wirtschaftsgütern des Anlagevermögens erfolgt die Auflösung des Abgrenzungspostens zeitanteilig nach Maßgabe des angenommen Nutzungsverlaufs bei der empfangenden Betriebsstätte. Ein solcher Ausgleichsposten kann jedoch längstens für 10 Jahre bestehen und ist nach Ablauf der Frist erfolgswirksam aufzulösen. Wahlweise kann jedoch der entstehende Gewinn bereits im Zeitpunkt der Überführung der Besteuerung unterworfen werden, wobei das Wahlrecht nur einheitlich für alle innerhalb eines Wirtschaftsjahres in ausländische Betriebsstätten überführten Wirtschaftsgüter auszuüben ist. Das Wahlrecht kann in jedem Jahr einheitlich hinsichtlich des Anlage- bzw. Umlaufvermögens einer Betriebsstätte ausgeübt werden.

Wird ein Wirtschaftsgut aus einer DBA-Betriebsstätte, deren zuzurechnenden Einkünfte von der deutschen Besteuerung freizustellen sind, auf das inländische Stammhaus rücküberführt, ist ein Ausgleichsposten erfolgsneutral aufzulösen oder ggf. eine erfolgte Gewinnrealisierung rückgängig zu machen. Ist der Merkposten wegen der Frist bereits vollständig erfolgswirksam berücksichtigt, ist im Zeitpunkt der Rücküberführung der Fremdvergleichspreis als Merkposten anzusetzen.[74]

Die Zuordnung eines Wirtschaftsgutes davon ab, ob es ausschließlich zur Nutzung oder Verwertung durch die ausländische Betriebsstätte bestimmt ist oder wenn aus dem Wirtschaftsgut Einkünfte erzielt werden, zu deren Erzielung die Betriebsstätte beigetragen hat. Wird das Wirtschaftsgut sowohl von dem Stammhaus als auch der Betriebsstätte genutzt, ist es ausschließlich einem Unternehmensteil zuzuordnen.[75] Insofern kommt dem Steuerpflichtigen ein Wahlrecht zu, sofern es sich nicht um dem Gesamtunternehmen dienende oder durch die Betriebsstätte erwirtschaftete und nicht betriebs-

---

72 Der Begriff ist nicht zutreffend, da tatsächlich im Zeitpunkt der Überführung kein Gewinnrealisierungstatbestand erfüllt ist.

73 A.A. *Debatin*, BB 1990, 826; diesem folgend *Knobbe-Keuk*, Bilanzsteuerrecht, § 7 III 2 d, wonach die Aufteilung nach dem Erwirtschaftungsbeitrag bzw. -prinzip erfolgen müsse.

74 Kritisch dazu *Göttsche/Stangl*, DStR 2000, 498, 503 f.; *Kramer*, IStR 2000, 449, 454; *Kumpf/Roth*, DB 2000, 787, 789; *dies.*, DB 2000, 2192; *Strunk/Kaminski*, IStR 2000, 33, 37; *Wassermeyer*, in: Debatin/Wassermeyer, MA, Art. 7 Rz. 263.

75 BMF v. 24.12.1999, BStBl. I 1999, 1076, Tz. 2.4, so auch die h.M. *Göttsche/Stangl*, DStR 2000, 498, 503, m.w.N.; *Lüdicke*, in: Lademann, EStG, § 49 Anm. 325; *Kumpf/Roth*, DB 2000, 741, 745; a.A. z.B. *Kleineidamm*, IStR 1993, 349.

notwendige Finanzmittel handelt sowie Beteiligungen, die nicht der Betriebsstätte dienen.[76] Diese Grundsätze sollen entsprechend für noch nicht realisierte Verluste gelten.[77]

Wird ein Wirtschaftsgut in eine Betriebsstätte überführt und die Steuer auf die Einkünfte der Betriebsstätte wird in Deutschland angerechnet, d.h. bei einem DBA, das der Anrechnungsmethode folgt oder einer Nicht-DBA-Betriebsstätte, erfolgt die Überführung erfolgsneutral. Wird ein Wirtschaftsgut aus einer solchen Betriebsstätte in eine DBA-Betriebsstätte überführt, die von der deutschen Steuer freigestellt ist, sei jedoch von einer Gewinnrealisierung i.S.d. Methode der aufgeschobenen Gewinnrealisierung auszugehen.[78]

Die vorstehenden Grundsätze sollen entsprechend für ein selbst geschaffenes immaterielles Wirtschaftsgut gelten. Entgegen der bisherigen Auffassung des BMF[79], wonach die Überführung nur dann angenommen wurde, „wenn" das Wirtschaftsgut zur ausschließlichen Nutzung oder Verwertung in der Betriebsstätte bestimmt war, soll nunmehr eine Überführung angenommen werden, „soweit" das Wirtschaftsgut zur ausschließlichen Nutzung oder Verwertung in der Betriebsstätte bestimmt ist.[80]

II. Stellungnahme

Nach der überwiegenden Meinung im Schrifttum[81] ist Art. 7 Abs. 2 OECD-MA kein Gewinnrealisierungstatbestand, da die Bestimmung der Gewinnrealisierung allein dem nationalen Steuerrecht des Anwendestaates überlassen wird. Die Ergebnisermittlung nach Art. 7 Abs. 2 OECD-MA knüpft an das nach inländischen Gewinnermittlungsvorschriften ermittelte Ergebnis an und regelt dessen Aufteilung.[82] Daher kann nur der Gewinn aufgeteilt werden, der nach nationalem Steuerrecht realisiert wurde. Somit stellt sich die Frage, ob die Überführung eines Wirtschaftsgutes einen Gewinnrealisierungstatbestand i.S.d. EStG erfüllt.

Durch das sog. Steuerentlastungsgesetz 1999/2000/2002[83] wurde § 6 Abs. 5 EStG eingeführt und durch das „Steuersenkungsgesetz"[84] bereits geändert. Wird ein einzelnes

---

76 Ausführlich dazu *Kumpf/Roth*, DB 2000, 741, 746.

77 Zu den Folgen und der technischen Abwicklung *Halfar*, IWB, F. 3 Gr. 1, S. 1263; *Kaminski*, DStR 1996, 1794; *Kramer*, StuW 1991, 151; *Neubauer*, JbFStR 1976/77, S. 312 ff., S. 319; *Pach-Hanssenheimb*, DB 1992, 2115; mit einem Rechtsvergleich der Länder Deutschland, Österreich und Schweiz *Altheim/Bertl*, IStR 1994, 309.

78 BMF v. 24.12.1999, BStBl. 1999, 1076, Tz. 2.6.1.

79 BMF v. 12.2.1990, BStBl. I 1990, 72.

80 BMF v. 24.12.1999, BStBl. 1999, 1076, Tz. .

81 Dies ergibt sich bereits aus dem MA-Komm zu Art. 7 Nr. 15; abgedruckt bei *Vogel*, DBA, Art. 7 Rz. 54; für die h.M. *Debatin*, 1692, 1739; *Schaumburg*, Internationales, Rz. 18.38; *Vogel*, DBA, Art. 7 Rz.101; *Wassermeyer*, in: Debatin/Wassermeyer, MA, Art. 7 Rz. 243, 249; a.A. *Becker*, DB 1990, 392, 395; *Kluge*, StuW 1975 294, 303; *Kroppen*, StbJb 1999/2000, S. 137, S. 160 f.

82 Dazu siehe oben § 3 A; wohl a.A. Kramer, IStR 2000, 449, der die Diskussion, ob ein Gewinnrealisierungstatbestand gegeben ist oder nicht für ein Mißverständnis hält.

83 BGBl. I 1999, S. 402.

84 BGBl. I 2000, S. 1433.

Wirtschaftsgut von einem Betriebsvermögen in ein anderes Betriebsvermögen desselben Steuerpflichtigen überführt, ist demnach bei der Überführung der Wert anzusetzen, der sich nach den Vorschriften über die Gewinnermittlung ergibt, sofern die Besteuerung der stillen Reserven sichergestellt ist. Nach ausdrücklicher Feststellung des Gesetzgebers sei die Besteuerung der stillen Reserven immer dann nicht gesichert, wenn ein Wirtschaftsgut in eine ausländische Betriebsstätte überführt werde und zwar unabhängig davon, ob mit dem Betriebsstättenstaat ein DBA besteht oder nicht.[85] Dieser Meinung ist ein Teil der Literatur[86] gefolgt. Fraglich ist demnach, ob unter dem Begriff „anderes Betriebsvermögen" eine im Ausland belegene Betriebsstätte zu verstehen ist. Der Begriff „Betriebsvermögen" ist im Zusammenhang mit dem des Privatvermögens auszulegen. Daher ist der Zweck der eingesetzten Wirtschaftsgüter maßgebend, nicht jedoch der Ort, an dem sie eingesetzt werden. Somit kann eine Betriebsstätte nur dann „anderes Betriebsvermögen" sein, wenn die Besteuerung der stillen Reserven nicht mehr sichergestellt ist.[87]

Selbst wenn man zu dem Ergebnis käme, die Betriebsstätte oder feste Einrichtung im Ausland sei ein anderes Betriebsvermögen, ist nach dem Wortlaut weiterhin zu prüfen, ob die Besteuerung der stillen Reserven eines überführten Wirtschaftsguts noch sichergestellt ist.[88] Dogmatisch gesehen geht es darum, ob das Tatbestandsmerkmal „Sicherstellung der Besteuerung der stillen Reserven" die gesetzliche Verankerung eines allgemeinen Entstrickungsgrundsatzes darstellt. Dieser, bisher zu Recht allgemein verneinte Grundsatz[89], ermöglicht immer dann die Besteuerung der stillen Reserven eines Wirtschaftsguts, wenn diese nicht mehr gesichert sind. Im Hinblick auf die steuerliche Rechtsanwendung ist dies nicht unproblematisch, da die Gefahr besteht, eine Steuer mit der Begründung zu erheben, die Erfassung der stillen Reserven sei nicht mehr sichergestellt, ohne den jeweiligen Sachverhalt exakt unter den Tatbestand einer Norm zu subsumieren. Die Tatsache, daß durch die Überführung eines Wirtschaftsguts in eine Betriebsstätte oder feste Einrichtung die Besteuerung der stillen Reserven im Inland sichergestellt ist, ist bereits von der ganz h.M. in der Literatur[90] überzeugend dargelegt worden, so daß auf sie verwiesen werden kann.

---

[85] BT-Drs. 14/23, S. 235.

[86] *Cattelaens*, DB 1999, 1083; *Weber-Grellet*, DB 1998, 2435, 2438.

[87] Ebenso *Buciek*, DStZ 2000, 636, 637; *Kroppen*, StbJb 1999/2000, S. 137 ff., S. 162; nach *Baranwoski*, IWB, Nr. 15 v. 11.8.1999, Editorial, sei die Betriebsstätte per se kein anderes Betriebsvermögen, da nur ein Gewerbebtrieb bestehe; im Ergebnis wohl auch *Schmidt/Glanegger*, EStG, § 6 Rz. 492 zur Auslegung des Betriebsbegriffs i.S.d. EStG ausführlich *Burmester*, Gewinn und Verlustrealisierung, S. 96 ff.

[88] Nach hier vertretener Ansicht ist zweifelhaft, ob eine Betriebsstätte oder feste Einrichtung ein anderes Betriebsvermögen darstellt, da es den Betrieb, dem es zu dienen bestimmt ist, nicht verläßt.

[89] BFH v. 10.2.1972 - I R 205/66, BStBl. II 1972, 455; BFH v. 16.12.1975 - VIII R 3/74,BStBl. II 1976, 246; *Crezelius*, Steuerrecht II, § 8 Rz. 76; *Knobbe-Keuk*, Bilanzsteuerrecht, § 7 IV.

[90] Zuletzt *Pfaar*, IStR 2000, 42; ferner z .B. *Crezelius*, Rechtsanwendung, S. 165 f.; *Kempka*, Gewinnrealisierung, S.103 ff., S. 132 ff.; *Schaumburg*, DStJG 4 (1981), S. 247, S. 250; *ders.*, Internationales, Rz. 5.379 ff., m.w.N.

Käme man zu dem Ergebnis, die Überführung eines Wirtschaftsguts von einem inländischen Stammhaus in eine ausländische Betriebsstätte bzw. feste Einrichtung verwirkliche einen Gewinnrealisierungstatbestand, ist zu prüfen, mit welchem Wert das Wirtschaftsgut im Zeitpunkt der Überführung anzusetzen wäre. Aus der Gesetzesbegründung geht nicht eindeutig hervor, ob der Gesetzgeber davon ausgeht, daß sich der Wert aus den Vorschriften des EStG ergibt. Insofern käme die Bewertung einer Entnahme mit dem Teilwert gem. § 6 Abs. 1 Nr. 4 EStG in betracht, mit der Folge, der Wiederauflebung der finalen Entnahmetheorie, der hier gerade nicht das Wort geredet werden soll.[91] Ebensowenig ist die Überführung als rein unternehmensinterner Vorgang ein veräußerungsähnlicher Tatbestand. Daher ist die Bewertung mit dem Fremdvergleichspreis nicht mit § 6 Abs. 5 S. 1 EStG vereinbar.[92]

Als Zwischenergebnis ist festzuhalten, daß nach dem Wortlaut des § 6 Abs. 5 S. 1 EStG die Überführung eines Wirtschaftsgutes vom inländischen Stammhaus in eine ausländische Betriebsstätte/feste Einrichtung keinen Gewinnrealisierungstatbestand erfüllt. Damit ist das Wirtschaftsgut nicht mit dem Fremdvergleichspreis zu bewerten. Aus systematischer Sicht sich aus der Regelung der § 6 Abs. 5 S. 2 u. S. 3 EStG ggf. eine Gewinnrealisierung ergeben, sofern ein Vergleich zwischen dem unterschiedlichen Wortlaut „Überführung" (S. 1 u. 2) und „Übertragung" (S. 3) überhaupt zulässig ist und auf internationale Sachverhalte angewendet werden kann.

Die unter § 6 Abs. 5 S. 2 u. S. 3 EStG fallenden Sachverhalte schreiben im Grundsatz die Bewertung von Wirtschaftsgütern zu Buchwerten vor bei der Überführung zwischen (Sonder-)Betriebsvermögen des Steuerpflichtigen (S. 2) und bei Übertragungen von Wirtschaftsgütern aus den (Sonder-) Betriebsvermögen des Steuerpflichtigen in Gesamthandsvermögen einer Mitunternehmerschaft (S. 3). Fraglich ist dabei zunächst, inwieweit diese Regelungen auf internationale Sachverhalte anwendbar sind.

Die Finanzverwaltung[93] ist der Auffassung, daß bei der Überführung eines Wirtschaftsgutes aus einem inländischen Betriebsvermögen in eine ausländische Personengesellschaft (einschließlich des Sonderbetriebsvermögens) der Fremdvergleichspreis anzusetzen ist und eine aufgeschobene Besteuerung nicht in Betracht komme. Damit lehnt sie mittelbar die Anwendung des § 6 Abs. 5 EStG auf grenzüberschreitende Sachverhalte ab. Dazu ist kritisch anzumerken, daß der Wortlaut des Erlasses nicht eindeutig ist, da er nur von Überführung spricht, wohl aber auch Sachverhalte der Übertragung i.S.d. § 6 Abs. 5 S. 3 EStG erfassen will. Nach ganz h.M.[94] ist die Regelung des § 6 Abs. 5 EStG eine steuerliche Bewertungsvorschrift im Rahmen der Gewinnermittlung. Die Gewinnermittlung ist allein Sache des nationalen Steuer-

---

91 Dazu siehe voriger Abschnitt; im Ergebnis ebenso *Kaminski*, IStR 2001, 129, der daher zu Recht die Überführung eines Wirtschaftsguts in eine Betriebsstätte nicht als Entnahme i.S.d. § 4 Abs. 4 a EStG qualifiziert.

92 Ebenso *Buciek*, DStZ 2000, 636, 638; *Wassermeyer*, in: Debatin/Wassermeyer, MA, Art. 7 Rz. 265.

93 BMF v. 24.12.1999, BStBl. I 1999, 1076, Tz. 2.6.4.

94 Statt aller *Buciek*, DStZ 2000, 936; *Schmidt/Glanegger*, EStG, § 6 Rz. 17 f.

rechts und der Ergebnisermittlung vorgeschaltet. Als Gewinnermittlungsnorm ist § 6 Abs. 5 EStG unmittelbar auch auf internationale Sachverhalte anwendbar.

Übertragen auf grenzüberschreitende Sachverhalte ist nach § 6 Abs. 5 S. 2 i.V.m. S. 1 EStG ein Wirtschaftsgut, das von einem inländischen Betriebsvermögen des Steuerpflichtigen in dessen Sonderbetriebsvermögen einer ausländischen Mitunternehmerschaft überführt wird, mit dem Buchwert zu bewerten, wenn die Besteuerung der stillen Reserven sichergestellt ist. Letzteres wird davon abhängen, ob abkommensrechtlich dem anderen Vertragsstaat das Besteuerungsrecht hinsichtlich des Sonderbetriebsvermögens zusteht und ob infolge dessen der andere Staat die Besteuerung der stillen Reserven nach nationalem Steuerrecht ausschließlich für sich beansprucht oder die Möglichkeit für den deutschen Fiskus besteht, die während der Zugehörigkeit des Wirtschaftsgutes zu einem inländischen Betriebsvermögen entstandenen stillen Reserven im Zeitpunkt ihrer späteren Realisierung zu besteuern.[95]

Ab dem 1.1.2001 gilt gem. § 6 Abs. 5 S. 3 i.V.m. § 52 Abs. 16 a EStG entsprechendes für die Übertragung eines Wirtschaftsguts des Betriebsvermögens eines Mitunternehmers auf das Gesamthandsvermögen einer Mitunternehmerschaft und umgekehrt, der Übertragung eines Wirtschaftsguts aus einem Gesamthandsvermögen einer Mitunternehmerschaft in das Sonderbetriebsvermögen derselben Mitunternehmerschaft und umgekehrt. Dies gilt auch bei der Übertragung eines Wirtschaftsguts zwischen Sonderbetriebsvermögen derselben Mitunternehmerschaft und umgekehrt, soweit sich nicht durch die Übertragung der Anteil einer Körperschaft, Personenvereinigung oder Vermögensmasse an dem Wirtschaftsgut unmittelbar oder mittelbar erhöht. Ist demnach z.B. der an einer ausländischen Personengesellschaft als Mitunternehmer beteiligte in Deutschland unbeschränkt steuerpflichtig und überträgt er ein Wirtschaftsgut aus seinem inländischen Betriebsvermögen in das dem Gesamthandsvermögen entsprechende Vermögen der ausländischen Personengesellschaft, kommt es ebenso wie im Fall des § 6 Abs. 5 S. 2 EStG auf die Sicherstellung der Besteuerung der vor Übertragung des Wirtschaftsguts in Deutschland gebildeten stillen Reserven an.

Für die Sicherstellung der Besteuerung der in Deutschland gebildeten stillen Reserven ist es maßgeblich, wie der Sachverhalt durch die Vertragsstaaten abkommensrechtlich behandelt wird und ob nach nationalem Steuerrecht des anderen Staates eine spätere Besteuerung der in Deutschland gebildeten stillen Reserven zulässig ist. Insofern kann beispielsweise die Übertragung eines Wirtschaftsgutes von einem Betriebsvermögen eines unbeschränkt steuerpflichtigen Mitunternehmers in ein dem Gesamthandsvermögen vergleichbares Vermögen einer ausländischen Mitunternehmerschaft zu einer Bewertung des Wirtschaftsgutes mit dem Buchwert führen. Dabei ist die Besteuerung der stillen Reserven sichergestellt, wenn Deutschland und der andere Vertragsstaat die

[95] Nach *Wassermeyer*, in: Debatin/Wassermeyer, MA, Art. 7 Rz. 266, ist ungeregelt, welche Folge sich ergibt, wenn die Besteuerung der stillen Reserven erst zu einem späteren Zeitpunkt im Inland unsicher wird.

Übertragung des Wirtschaftsgutes abkommensrechtlich als Überführung eines Wirtschaftsgutes von dem inländischen Stammhaus des Steuerpflichtigen in dessen ausländische Betriebsstätte qualifizieren.[96]

Soweit die Finanzverwaltung[97] der Auffassung ist, daß, unabhängig von der Anwendung des § 6 Abs. 5 S. 3 EStG, der Fremdvergleichspreis im Zeitpunkt der Überführung anzusetzen ist, fehlt es immer dann an einer Rechtsgrundlage, wenn die Besteuerung der stillen Reserven sichergestellt ist, da insoweit keine Gewinnrealisierung gegeben ist.[98] Ist hingegen die Besteuerung der stillen Reserven nicht sichergestellt, z.B., wenn der ausländische Staat die Personengesellschaft als Körperschaftsteuersubjekt behandelt[99], ist das Wirtschaftsgut gem. § 6 Abs. 5 S. 3 EStG mit dem Teilwert zu bewerten.

Berücksichtigt man, daß die Übertragung eines Wirtschaftsguts auf eine Personengesellschaft derjenige Vorgang ist, der einer Veräußerung näher steht, als die Überführung eines Wirtschaftsguts und folglich dessen Bewertung mit einem Veräußerungspreis logische Konsequenz wäre, ist die Bewertung des Wirtschaftsguts im Zeitpunkt der Überführung mit einem Veräußerungspreis/Fremdvergleichspreis nicht sachgerecht, denn nach § 6 Abs. 5 S. 3 EStG ist die Übertragung eines Wirtschaftsguts zum Buchwert auch bei grenzüberschreitenden Sachverhalten möglich.[100] Da die Ergebnisermittlung der Einkünfteermittlung nachgeschaltet ist, besteht auch nach systematischer Auslegung keine Rechtsgrundlage für die Anwendung der sog. Methode der aufgeschobenen Gewinnverwirklichung.[101]

Eine über den Wortlaut des Gesetzes hinausgehende Auslegung wäre zulässig, wenn sich dies aus dem Sinn und Zweck der Regelung ergäbe. Zwar besteht eine eindeutige Aussage des Gesetzgebers für eine Anwendung des § 6 Abs. 5 S. 1 EStG in diesen Fällen, gleichwohl betont er an anderer Stelle[102], Ziel sei es, die Steuerpflichtigen - ähnlich wie Arbeitnehmer - nach ihrer tatsächlichen Leistungsfähigkeit zu besteuern. Bei der Überführung von Wirtschaftsgütern in eine ausländische feste Einrichtung (oder Betriebsstätte) ist wegen mangelnden Markttests keine Steigerung der „tatsächlichen" Leistungsfähigkeit des Steuerpflichtigen gegeben. Infolge der sich widerspre-

96 Für eine solche Anwendung *Piltz*, in: Debatin/Wassermeyer, MA, Art. 7 Rz. 138; diese Ansicht ist m.E. sachgerecht, da sie auf einer Konsequenten Anwendung der Fiktion beruht, daß die Beteiligung eines unbeschränkt Steuerpflichtigen an einer ausländischen Mitunternehmerschaft als dessen Betriebsstätte i.S.d. Art. 7 OECD-MA anzusehen ist. dazu siehe unten 4. Teil § 2 A IV 3.; für sämtliche Übertragungen in das Sonderbetriebsvermögen ist die Frage der Zuordnung des Wirtschaftsguts zur Betriebsstätte vorgelagert siehe Teil 4 § 2 A VI 3.

97 BMF v. 24.12.1999, BStBl. I 1999, 1076, Tz. 2.6.4.

98 Daher zu Recht kritisch *Jacobs*, Int. Unternehmensbesteuerung, S. 622; *Roth*, in: Fischer, L. (Hrsg.), Zurechnung, S. 87, S. 125 f.; vgl. auch *Greif*, in: Mössner, u.a., Int. Unternehmensteuerrecht, S. 599; *Piltz*, in: Mössner, u.a., Int. Unternehmensteuerrecht, S. 818 f.; *Prinz/Breuninger*, IWB, F. 10 Gr. 2, S. 1293; S. 1301.

99 Dazu siehe unten 5. Teil § 4 u. § 5 A II.

100 Im Ergebnis ebenso zu § 6 Abs. 5 S. 3 EStG i.d.F. des StEntlG 1999/2000/2002 *Buciek*, DStZ 2000, 636, 638.

101 Im Ergebnis ebenso *Roth*, in: Fischer, L. (Hrsg.), Zurechnung, S. 87, S. 125 f.

102 BT-Drs. 14/23, S. 231.

chenden Ausführungen des Gesetzgebers würde eine über den Wortlaut hinausgehende Auslegung des § 6 Abs. 5 S. 1 EStG gegen das Prinzip der Tatbestandsmäßigkeit der Besteuerung verstoßen.[103] Infolgedessen besteht auch nach einer am Sinn und Zweck des § 6 Abs. 5 EStG orientierten Auslegung keine Rechtsgrundlage für die Annahme einer Gewinnrealisierung und des Ansatzes eines Wirtschaftsgutes mit dem Fremdvergleichspreis.

Als Ergebnis ist festzustellen, daß bei einer am Wortlaut, an der Systematik und am Sinn und Zweck des EStG orientierten Auslegung des § 6 Abs. 5 EStG für die Ansicht der Finanzverwaltung[104], wonach die Überführung von Wirtschaftsgütern in eine DBA-Betriebsstätte, deren Einkünfte von der deutschen Steuer freizustellen sind, zu einer Gewinnrealisierung führe, keine Rechtsgrundlage besteht. Somit besteht auch keine gesetzliche Grundlage für die zwangsweise erfolgswirksame Auflösung eines Merkpostens nach Ablauf von 10 Jahren.[105] Entsprechendes gilt auch nunmehr[106] für die Fälle der Rücküberführung von Wirtschaftsgütern oder der Überführung von einer Betriebsstätte, die entweder zu einer erfolgsneutralen Auflösung des Merkpostens oder zu einer Rückgängigmachung einer bei Überführung in die Betriebsstätte gewählte Gewinnrealisierung führen soll.[107]

Dennoch besteht die Schwierigkeit, auf der Grundlage des innerstaatlichen deutschen Steuerrechts zu einem Ergebnis zu finden[108], daß dem Fremdvergleichsgrundsatz entspricht. Denn der Fremdvergleich hat Prinzip zur unternehmensinternen steuerrechtlichen Ergebnisermittlung bei Betriebsstätten[109], der hier vertretenen Ansicht folgend, seine Rechtsgrundlage in dem nach nationalem Steuerrecht geltenden Veranlassungsprinzip hat. Die Erfassung der nach nationalem Steuerrecht nicht realisierten stillen Reserven wird im Rahmen der Ergebnisermittlung der ausländischen Betriebsstätte grundsätzlich dadurch vollzogen, daß man den Fremdvergleichspreis des überführten Wirtschaftsgutes als Erinnerungsposten festhält, Einnahmen der Betriebsstätte in Höhe des Differenzbetrages zwischen der planmäßigen AfA auf den Fremdvergleichspreis des überführten Wirtschaftsgutes und der AfA auf der Grundlage des fortgeführten Buchwertes werden unter Veranlassungsgesichtspunkten von den Einnahmen der Betriebsstätte bis zur Höhe des Erinnerungspostens abgesetzt und als Einnahme des Stammhauses behandelt.[110]

---

[103] Im Ergebnis ebenso *Pfaar*, IStR 1999, 42.

[104] BMF v. 24.12.1999, BStBl. I 1999, 1076, Tz. 2.6.

[105] So auch *Strunk/Kaminski*, IStR 2000, 33, 36.

[106] Nach BMF v. 12.2.1990, BStBl. I 1990, 72; vgl. auch BMF v. 3.6.92, DStR 1992, 948, war der aktuelle Fremdvergleichspreis anzusetzen und ein noch bestehender Ausgleichsposten von diesem abzuetzen.

[107] Daher zu Recht kritisch *Kumpf/Roth*, DB 2000, 2192; *Strunk/Kaminski*, IStR 2000, 33; *Wassermeyer*, in: Debatin/Wassermeyer, MA, Art. 7 Rz. 263.

[108] Zu weiteren Auslegungsschwierigkeiten in diesem Zusammenhang siehe unten D IV 3.

[109] So *Blümich/Wied*, § 49 EStG Rz. 71; *Kumpf*, Betriebsstätten, S. 106; *Schaumburg*, Internationales, Rz. 18.15 f.; *Schröder*, in: Mössner u.a., Int. Unternehmenssteuerrecht, C 14.

[110] *Wassermeyer*, in: Debatin/Wassermeyer, MA, Art. 7 Rz. 263.

Nicht höchstrichterlich geklärt[111] ist hingegen die Rechtslage bei der Überführung von Wirtschaftsgütern in eine Betriebsstätte, die nicht in einem DBA-Staat belegen ist.[112] Nach dem Betriebsstättenerlaß ist die Finanzverwaltung[113] nunmehr der Ansicht, die Überführung von Wirtschaftsgütern in eine Nicht-DBA- Betriebsstätte oder eine, deren Doppelbesteuerung der Einkünfte abkommensrechtlich durch die Anrechnungsmethode vermieden wird, führe zu keiner Gewinnrealisierung. Zwar ist die Besteuerung der stillen Reserven durch das Welteinkommensprinzip sichergestellt, ist man jedoch so sind die stillen Reserven bzw. der Werteverzehr entsprechend dem Veranlassungsprinzip auf die beteiligten Staaten aufzuteilen.[114]

Des weiteren sei eine Überführung immaterieller Wirtschaftsgüter gegeben „soweit" diese zur Nutzung oder Verwertung in der Betriebsstätte bestimmt sind. Fraglich ist, ob durch die Ersetzung des Wortes „wenn" durch „soweit" eine materielle Änderung gegenüber den bisherigen Verwaltungsgrundsätzen insofern eingetreten ist, als nunmehr eine anteilige Zurechnung möglich sei.[115] Da in Tz. 2.4[116] ausdrücklich der Grundsatz der einheitlichen Zuordnung von immateriellen Wirtschaftsgütern bestimmt wird, besteht die Vermutung, daß es sich um einen redaktionellen Fehler handelt.

III. Mandate als immaterielle Wirtschaftsgüter?

1. Ausgangsüberlegung

Aus tatsächlichen Gründen wird die Überführung von materiellen Wirtschaftsgütern im Rahmen der grenzüberschreitenden Tätigkeit eines RA, WP oder StB nur eine untergeordnete Rolle spielen, da diese regelmäßig neu angeschafft werden. Fraglich ist allerdings, ob ein Ausgleichsposten für die Mandate zu bilden ist, die bisher vom Inland bearbeitet wurden und zukünftig der ausländischen festen Einrichtung zugerechnet werden. Sowohl *Schaumburg*[117] als auch *Wassermeyer*[118] gehen, ohne nähere Untersuchung, von der Wirtschaftsguteigenschaft eines einzelnen Mandates und mithin

[111] Aus BFH v. 16.7.1969 - I 266/65, BStBl. II 1970, 175, 176; BFH v. 14.7.1988 - VIII R 387/83, BStBl. II 1989, 187, 188, 189, geht nur hervor, daß nicht jede Verbringung eines Wirtschaftsgutes in eine ausländische Betriebsstätte zu einer Entnahme führe. Daraus ergebe sich, daß bei diesen Sachverhalten keine Entnahme vorliege, dazu siehe *Kempka*, Gewinnrealisierung, S. 130 ff.; *Pach-Hanssenheimb*, Verstrickung, S. 87, S. 97, jeweils m.w.N.

[112] Auführlich dazu *Kempka*, Gewinnrealisierung, S. 130 ff., m.w.N. zum Meinungsstand.

[113] BMF v. 24.12.1999, BStBl. I 1999, 1076, Tz. 2.6; *Kempka*, Gewinnrealisierung, S. 131 f.

[114] Vor dem Hintergrund einer korrekten Durchführung der Methoden zur Vermeidung der Doppelbesteuerung ebenso *Kempka*, Gewinnrealisierung, S. 132 ff., m.w.N.; *Kramer*, StuW 1991, 151, 160; *Pach-Hanssenheimb*, Verstrickung, S. 73; *Scheffler*, RIW 2000, 569; *Storck*, Ausländische Betriebsstätten, S. 315; *Uelner*, Bericht IdW-Fachtagung 1980, S. 146; a.A. *Altheim/Bertl*, IStR 1994, 309, 310; *Kaminski*, DB 1996, 1794; 1796; *Knobbe-Keuk*, StuW 1976, 154; *Nieland*, in: Littmann/Bitz/Pust, EStG, §§ 4, 5 Anm. 231; *Plückebaum*, in: Kirchhof/Söhn, EStG, § 4 RdNrn. B 15 u. B 229; *Strunk/Kaminski*, IStR 2000, 33, 36, wonach die Besteuerung der stillen Reserven durch das Welteinkommensprinzip gesichert sei.

[115] *Kumpf/Roth*, DB 2000, 787, 788.

[116] BMF v. 24.12.1999, BStBl. I 1999, 1076.

[117] *Schaumburg*, in: Streck u.a. (Hrsg.), Aktivitäten, S. 115 ff., S. 117.

[118] *Wassermeyer*, in: Debatin/Wassermeyer, MA Art. 14 Rz. 91.

von der Bildung eines Ausgleichsposten aus. Angesichts der Tatsache, daß die Wirtschaftsguteigenschaft einzelner Mandate bislang nicht höchstrichterlich entschieden wurde, ihr aber im Hinblick auf die internationale Tätigkeit von Freiberuflern, gleich welcher Berufsgruppe, aus tatsächlichen Gründen[119] entscheidende Bedeutung beizumessen ist, ist im weiteren zu prüfen, ob einzelne Mandate als Wirtschaftsgut zu qualifizieren sind. Dabei ist zunächst auf die zivilrechtliche Einordnung der Mandatsverträge einzugehen.

2. Zivilrechtliche Einordnung und begriffliche Abgrenzung

Ist ein Mandant im Ausland ansässig, können die Vertragsparteien nach den Regelungen des internationalen Privatrechts das anzuwendende Recht frei wählen (Art. 27 Abs. 1 S. 1 EGBGB).[120] Andernfalls ist gem. Art. 28 Abs. 1 EGBGB das Recht desjenigen Staates anzuwenden, mit dem die engsten Verbindungen bestehen.[121]

Ausgehend von der Anwendung deutschen Rechts[122], ist ein Anwaltsvertrag grundsätzlich ein entgeltlicher Geschäftsbesorgungsvertrag i.S.d. §§ 675 BGB, dem entweder ein selbständiger Dienstvertrag (§ 611 BGB), was den Regelfall darstellt, oder aber ein Werkvertrag (§ 631 BGB) zugrunde liegt.[123] Dagegen liegt nach Ansicht des BGH[124] bei einem sog. Dauerberatungsvertrag kein Geschäftsbesorgungsvertrag i.S.d. § 675 BGB, sondern ein reiner, selbständiger Dienstvertrag i.S.d. § 611 BGB vor.[125] Dies dürfte in der Praxis allerdings die Ausnahme sein. Zur Unterscheidung zwischen einer dienst- und werkvertraglichen Geschäftsbesorgung sollte, entsprechend der Dogmatik des BGB, darauf abgestellt werden, ob die Erbringung einer Arbeitsleistung als solche, wie z.B. die prozessuale Vertretung[126], oder die Herbeiführung eines Arbeitsergebnisses, wie z.B. die Erstellung eines Gutachtens, geschuldet wird.[127] Die

[119] Bevor im Ausland eine feste Einrichtung begründet wird, werden die Mandanten bzw. Klienten häufig vom Inland aus betreut, die dann in die feste Einrichtung „überführt" werden.

[120] *MünchKomm-Martiny*, EGBGB, Art. 27 Rdnr. 7; *Soergel-v. Hoffmann*, EGBGB, Art. 27 Rz. 4.

[121] Für ein Rangeverhältnis der in Art. 28 EGBGB geregelten Vermutungen;*MünchKomm-Martiny*, EGBGB, Art. 28 Rdnrn. 15 f; *Soergel-v. Hoffmann*, EGBGB, Art. 28 Rz. 16; wohl a.A. *Palandt/Heldrich*, EGBGB, Art. 28 Rz. 3.

[122] Zur Problematik der Haftung bei internationalen Zusammenhängen vgl. *v. Waldthausen*, in: Haarmann, u.a. (Hrsg.), Gestaltung, S. 675 ff.

[123] So bereits RGZ 75, 98 [105]; RGZ 110, 139 [141]; ferner z.B. BGHZ 34, 64; BGHZ 37, 258; BGH, NJW 1964, 2402, 2403; BGH, NJW 1967, 719, 720; BGH, NJW 1985, 2642; *MünchKomm-Seiler*, BGB, § 675 Rdnr. 6; *Staudinger/Martinek*, BGB, § 675 Rn. C 2, m.w.N.

[124] BGH, VersR 1969, 38.

[125] Strittig, zustimmend *Jauernig/Schlechtriem*, BGB, vor § 611 Anm. 19; *Palandt/Putzo*, BGB, Einf. v. § 611 Rz. 21; *Vollkommer*, Anwaltshaftungsrecht, S. 2 (FN 13); ablehnend *MünchKom-Söllner*, BGB, § 611 Rdnr. 88; *Staudinger/Martinek*, BGB, § 675 Rn. C 2.

[126] Zur Abgrenzung zu nicht berufstypischer vertraglicher und außervertraglicher Tätigkeit vgl. BGH, NJW 1985, 2642, 2643; *Vollkommer*, Anwaltshaftungsrecht, S. 8 ff.

[127] Zur Abgrenzung zwischen Dienst- und Werkvertrag vgl. BGH, NJW 1965, 106.

Rechtsnatur von Wirtschaftsprüfer-[128] und Steuerberaterverträgen[129] bestimmt sich entsprechend derjenigen eines Anwaltvertrages. Die Abgrenzung zwischen dienst- und werkvertraglicher Geschäftsbesorgung ist allerdings schwieriger als bei einem Anwaltsvertrag.[130]

Der Begriff „Dauermandat" ist im deutschen Recht kein feststehender Rechtsbegriff. Gleichwohl wird er in Rspr.[131] und Literatur[132] neben anderen Begriffen, wie z.B. „Dauerberatungsvertrag", verwendet.[133] Unklar ist dabei, welche Rechtsnatur der einem solchen „Dauermandat" zugrundeliegender Vertrag hat. Im weiteren wird anhand der zivilrechtlichen Systematik zwischen folgenden Mandaten unterschieden:

- „Dauermandat" bzw. „Dauerberatungsvertrag": Darunter sind ausschließlich solche Mandate zu verstehen, die zivilrechtlich als Dauerschuldverhältnis[134] zu qualifizieren sind. Ein Mandatsvertrag ist als Dauerschuldverhältnis zu qualifizieren, wenn der Mandant mit dem Freiberufler einen Vertrag schließt, worin sich der Mandant verpflichtet, für eine gewisse oder unbestimmte Zeit die Dienste des Freiberuflers in Anspruch zu nehmen, oder der Mandatsvertrag als dauerndes Dienstverhältnis mit festen Bezügen i.S.d. § 627 BGB ausgestaltet ist.[135] Abzugrenzen ist der Begriff von Verträgen, die als Wiederkehrschuldverhältnis ausgestaltet sind. Diese werden nicht dem Begriff „Dauermandat" zugeordnet, da es insoweit an der wechselseitigen Bindung der Parteien fehlt, als der Mandant zwar berechtigt aber nicht verpflichtet ist, den Freiberufler zu beauftragen. Jede Beauftragung führt daher zu einem eigenständigen Vertrag über die von dem RA, WP oder StB zu erbringende Leistung.[136]

- „Schwebendes Mandat": Ein schwebendes Mandat ist gegeben, wenn der RA, WP oder StB seine zu erbringende Dienstleistung oder sein zu erstellendes Werk noch nicht erfüllt bzw. erstellt hat und kein Dauerschuldverhältnis vorliegt.

- „Abgeschlossenes Mandat": Ein abgeschlossenes Mandat ist ein Mandat, bei dem beide Vertragsparteien ihre zu erbringende Leistung erfüllt haben.

---

[128] Vgl. dazu z.B. BGH, WM 1971, 1206; *Erman/Hanau*, BGB, § 611 Rdz. 38; *MünchKomm-Seiler*, BGB, § 675 Rdnr. 44; jeweils m.w.N.; zu Pflichtprüfungsverträgen vgl. *HdJ/Nonnenmacher*, Abt. VI 1 Rn. 5; *v. Westphalen*, AGB für RA, WP und StB, S. 5 ff., jeweils m.w.N.

[129] Vgl. dazu z.B. BGHZ 54, 106; BGH, BB 1971, 1305; BGH, WM 1981, 92; BGHZ 115, 382 [386] m.w.N.; OLG D'dorf, DStR 1985, 281; *Gehre*, StBerG, § 33 Rdnrn. 19 ff.; *Gräfe/Lenzen/Schmeer*, Steuerberaterhaftung, Rz. 438 f.; *Palandt/Sprau*, BGB, Einf. v. § 631 Rz. 18; *Schäfer*, DStR 1997, 794, 795 ff.; *Späth*, Die zivilrechtliche Haftung des Steuerberaters, S. 199.

[130] Vgl. z.B. den Streit, ob bei einem Auftrag, auf mehrere Jahre oder auf unbestimmte Zeit die Fertigung der Buchführung und der Abschlüsse zu übernehmen, mit der Annahme eines Dienstvertrages vereinbar ist, bejahend BGHZ 54, 106; BGH, DStR 1972, 58; BGHZ 115, 382 [386]; *Gehre*, StBerG, § 33 Rz. 19 u. 24, m.w.N. zur Rspr.; *MünchKomm-Soergel*, BGB, § 631 Rdnr. 100; verneinend OLG Kobl., DStR 1979, 265; OLG Nürnberg, DStR 1974, 709.

[131] Z.B. BFH v. 30.3.1994 - I R 52/93, BStBl. II 1994, 903.

[132] Z.B. *George*, DB 1995, 896, 897.

[133] Z.B. *Vollkommer*, Anwaltshaftung, S. 2 (FN 13).

[134] Zum Begriff des Dauerschuldverhältnisses vgl. *MünchKomm-Kramer*, BGB, Einl. Bd. 2, Rdnr. 97.

[135] Zur Kündigung eines als dauerndes Dienstverhältnis mit festen Bezügen ausgestalteten Mandatsvertrages OLG Hamm, NJW-RR 1995, 1530.

[136] Vgl. dazu *MünchKomm-Kramer*, Einl. Bd. 2 , Rdnr. 97 ; *Palandt/Heinrichs*, BGB, Einf § 305 Rz. 28; *Soergel-Teilmann*, BGB, § 241 Rz. 7.

3. Voraussetzung eines Vermögensgegenstandes/Wirtschaftsgutes

Der Begriff des Vermögensgegenstandes geht unzweifelhaft über den des bürgerlichrechtlichen „Gegenstandes" hinaus und umfaßt auch Güter, die nicht mit einem Recht verbunden sind.[137] Dabei ist allgemein anerkannt, daß Vermögensgegenstand nur ein Vermögenswert[138] sein kann, aber nicht jeder Vermögenswert ein Vermögensgegenstand ist, da aufgrund des Vorsichtsprinzips eine ausreichende Konkretisierung notwendig ist.[139] Nach welchen Kriterien sich die Konkretisierung des handelsrechtlichen Vermögensgegenstandes (§§ 240 Abs. 1, 246 Abs. 1, 248 Abs. 2, 252 Abs. 1 HGB) bestimmt, ist seit jeher umstritten.[140] Im Steuerrecht wird der Gegenstand der Aktivierung als Wirtschaftsgut bezeichnet. Nach Ansicht des BFH[141] und der h.M.[142] in der Literatur müßte der handelsrechtliche Begriff des Vermögensgegenstandes und der steuerrechtliche Eigenbegriff des Wirtschaftsgutes in ihrem abstrakten, im Obersatz des juristischen Schlusses zugrunde zu legenden Voraussetzungen inhaltsgleich sein. Allerdings wird der theoretische Gleichlauf von Handelsrecht und Steuerrecht in der praktischen Rechtsanwendung nicht durchgehalten, so daß die Gefahr besteht, daß der handelsrechtliche Begriff Vermögensgegenstand mangels zivilrechtlicher Kasuistik durch die nur im Grundsatz streng handelsrechtskonforme Steuerrechtsprechung geprägt wird.[143] Der BFH[144] läßt es für ein Wirtschaftsgut und damit auch für einen Vermögensgegenstand genügen, daß der betreffende Wert selbständig bewertbar bzw. nach der Verkehrsauffassung einer besonderen Bewertung zugänglich ist, periodenübergreifend genutzt wird und zusammen mit dem Unternehmen „seiner Art nach"[145]

---

137 Statt aller *Knobbe-Keuk*, Bilanzsteuerrecht, § 4 IV 2 a.

138 Die Begriffe „wirtschaftliches Gut" oder „wirtschaftlicher Wert" gehen in dem Begriff des Vermögenswerts auf *Streim*, in: Hofbauer/Kupsch, § 240 Rn. 11; *Tiedchen*, Vermögensgegenstand, S. 66.

139 *Crezelius*, Steuerecht II, § 8 Rz. 22; *Hommel*, Anlagewerte, S. 52 ff.; *Moxter*, Bilanzrechtspre chung, S. 11 ff.; *Streim*, in: Hofbauer/Kupsch, § 240 Rn. 9; *Tiedchen*, Vermögensgegenstand, S. 9.

140 Letztlich geht es um die Frage, welche Kriterien geeignet sind, dem handelsrechtlichen Gläubigerschutzprinzip Rechnung zu tragen; vgl. dazu die Meinungsübersicht bei *Tiedchen*, Vermögensge genstand S. 28 ff. (konkrete Verkehrsfähigkeit); S. 34 ff. (abstrakte Verkehrsfähigkeit), S. 41 ff. (Verwertbarkeit); S. 59 ff. (selbständige Bewertbarkeit); S. 82 ff. (Vollstreckbarkeit).

141 Z.B. BFH v. 26.2.1975 - I R 72/73, BStBl. II 1976, 13, 14; BFH v. 26.10.1988 - GrS 2/86, BStBl. II 1988, 348, 352; BFH v. 26.8.1992 - I R 24/91, BStBl. II 1992, 977; BFH v. 16.12.1998, GrS 2/99, BStBl. II 2000, 632.

142 Für die h.M. *Blümich/Schreiber*, § 5 EStG Rz. 304; *Bordewin*, in: Bordewin/Brandt, §§ 4-5 EStG Rz. 148 a; *Döllerer*, ZGR 1976, 349, 350; *Groh*, DB 1988, 514; *Knobbe-Keuk*, Bilanzsteuerrecht, § 4 IV 2 b; *Moxter*, Bilanzrechtsprechung, S. 12 f.; *Plewka*, in: Lademann, EStG, § 5 Anm. 626; *Schmidt/Weber-Grellet*, EStG, § 5 Rz. 93 ff.; *Uelner*, StbJb 1980/81, 385; a.A. *HHR/o.V.*, § 4 EStG Anm. 16 h; *Hoffmann*, in: Littmann/Bitz/Pust, EStG, §§ 4, 5 Rn. 594; *Plückebaum*, in: Kirchhof/Söhn, EStG, § 4 RdNrn. B 56 ff.

143 *Crezelius*, ZGR 1987, 1, 16; *ders.*, in: Kirchhof, EStG, § 4 Rz. 46 f.

144 Z.B. BFH v. 29.4.1965 - IV 403/62, BStBl. III 1965, 414; BFH v. 28.8.1974 - I R 66/72, BStBl. II 1975, 56; BFH v. 26.5.1982 - I R 180/80, BStBl. II 1982, 695; BFH v. 10.8.1989 - X R 176-177/87, BStBl. II 1990, 15; BFH v. 4.12.1991 - I R 148/90, BStBl. II 1992, 383.

145 Z.B. BFH v. 23.6.1978 - III R 22/76, BStBl. II 1978, 521; BFH v. 26.8.1992 - I R 24/91, BStBl. II 1992, 977, 979.

übertragen werden kann.[146] In diesem Sinne muß sich das Wirtschaftsgut hinreichend objektiviert erfassen lassen, d.h. „die Greifbarkeit“[147] erst erweist das Wirtschaftsgut.[148] Die Voraussetzungen gelten dabei sowohl für materielle als auch für immaterielle, d.h. unkörperliche Wirtschaftsgüter.[149]

4. Ansicht der Rechtsprechung

Die Rspr. des RFH und des BFH hatten bislang keine Gelegenheit, zur Wirtschaftsguteigenschaft eines einzelnen Mandats o.ä. Stellung zu nehmen. Gleichwohl ist in diesem Zusammenhang ein Urteil aus dem Jahre 1960 und die neuere Entwicklung der Rspr. des I. Senats des BFH zu beachten.

a) I. Senat des BFH vom 19.1.1960

Der I. Senat des BFH[150] hatte laut dem zugrundeliegenden Sachverhalt zu entscheiden, ob die entgeltliche Übertragung einzelner Prüfungsmandate eines Wirtschaftsprüfers an eine Wirtschaftsprüfungsgesellschaft mbH die Voraussetzungen eines Wirtschaftsgutes erfüllen. Dies sei nach den - damals gültigen - „Grundsätzen über die Behandlung schwebender Verträge“ zu beurteilen. [151] Hierbei sei die wirtschaftliche und rechtliche Lage mit der von Belieferungsrechten im Zeitschriftenvertrieb vergleichbar und diese seien als Wirtschaftsgüter zu qualifizieren.[152] Daher entstehe durch die Übernahme der Mandate ein Wirtschaftsgut.

b) I. Senat des BFH seit dem Urteil vom 30.3.1994

Der I. Senat des BFH stellt in dem Urteil vom 30.3.1994[153] fest, daß der Mandantenstamm als ein vom Praxiswert[154] isoliertes abnutzbares immaterielles Wirtschaftsgut

---

[146] Der Rspr. folgt ein beachtlicher Teil des steuerrechtlichen Schriftums z.B. *Blümich/Wacker*, § 4 EStG Rz. 129; *Groh*, DB 1988, 514, 517; *HHR/o.V.*, § 4 EStG Anm. 16 h; *Plückebaum*, in: Kirchhof/Söhn, EStG, § 4 RdNrn. B 56 ff.; *Schmidt/Weber-Grellet*, EStG, § 5 Rz. 94 ff.

[147] Z.B. BFH v. 18.6.1975 - I R 24/73, BStBl. II 1975, 809.

[148] Mit einer Analyse der Kriterien der Rspr *Hommel*, Anlagenwerte, S. 52 ff.

[149] Statt aller *Knobbe-Keuk*, Bilanzsteuerrecht, § 4 IV 3 a; *Kupsch*, in: Hofbauer/Kupsch, § 248 Rn. 13.

[150] BFH v. 19.1.1960 - I 213/59, DB 1960, 596.

[151] Diese Grundsätze gelten mittlerweile nicht mehr; vgl. dazu BFH v. 4.8.1976 - I R 145/74, BStBl. II 1976, 675; *Moxter*, Bilanzrechtsprechung, S. 19.

[152] So bereits RFH v. 12.2.1941 - VI 303/40, RStBl. 1941, 499.

[153] BFH v. 30.3.1994 - I R 52/93, BStBl. II 1994, 903; insoweit bestätigt durch BFH v. 18.12.1996 - I R 128-129/95, BStBl. II 1997, 546.

[154] Seit dem BFH-Urteil v. 24.2.1994 - IV R 33/93, BStBl. II 1994, 590, ist entgegen der bisherigen Rspr. BFH v. 23.1.1975 - IV R 166/71, BStBl. II 1975, 381; BFH v. 23.5.1985 - IV R 81/83, BFH/NV 1985, 31, für die Zeit nach Inkrafttreten des BiRiLiG ein Praxiswert, auch dann abnutzbar, wenn sich derjenige, der den Praxiswert geschaffen hat, mit einem anderen zu einer Sozietät zusammenschließt. Die Nutzungsdauer sei dabei doppelt so lang wie die des Wertes einer erworbenen Einzelpraxis; zustimmend BMF v. 15.1.1995, BStBl. I 1995, 14.

qualifiziert werden kann.[155] In dem zu entscheidenden Sachverhalt ging es um die Frage, ob die Übertragung des Praxiswerts oder des Mandantenstamms einer Einzelpraxis eines Freiberuflers an die u.a. von ihm begründete Steuerberatungs - GmbH überführt worden ist.[156] Bei der hier zu betrachtenden Problematik der Wirtschaftsguteigenschaft eines einzelnen Mandates ist von besonderem Interesse, unter welchen Voraussetzungen der Mandantenstamm als von dem Praxiswert gesondertes Wirtschaftsgut angesehen werden kann. Der BFH[157] führte dazu aus, daß die Übertragung des Mandantenstamms nur dann möglich sei, wenn der Mandantenstamm nicht als Teil eines allgemeinen Praxiswertes übergegangen sein sollte. Daher sei in tatsächlicher Hinsicht zu klären, welches Wirtschaftsgut übertragen worden ist. Hinsichtlich des abnutzbaren Wirtschaftsguts Praxiswert verweist er auf die seit den Entscheidungen des RFH[158] bestehende Rspr.[159]. Demnach bestehe der Praxiswert in der über den Substanzwert einer freiberuflichen Praxis hinausgehenden Gewinnaussicht, die sich aus dem Vertrauen der Mandanten in die Tüchtigkeit und Leistungsfähigkeit des Praxisinhabers ergibt. Von der Übertragung eines Praxiswertes könne allerdings nur dann ausgegangen werden, wenn der Mandantenstamm in seinem organisatorischen und sachlichen Zusammenhang zu anderen Wirtschaftsgütern übertragen werde. Abzugrenzen sei der verkehrsfähige Praxiswert von der höchstpersönlichen Arbeitsleistung/Schaffenskraft des Freiberuflers, seines Rufes, seines Namens und seiner individuellen Fähigkeiten, da er diese nicht verkaufen könne. Der verkehrsfähige Praxiswert werde dagegen wesentlich von den Dauermandaten, der örtlichen Lage der Praxis und den tatsächlichen Beratungsmöglichkeiten geprägt. Bei der Unterscheidung zwischen höchstpersönlicher Arbeitsleistung bzw. Schaffenskraft und verkehrsfähigem Praxiswert sei auf die zivilrechtliche Rspr. des BGH[160] zurückzugreifen. Demnach hängt die Annahme eines Wirtschaftsgutes von der objektiven Realisierbarkeit des Praxiswertes ab.[161]

Diese Grundsätze hat der I. Senat in der Entscheidung vom 18.12.1996[162] weiter konkretisiert. Danach liege bei Veräußerung einer Praxis unter Zurückbehaltung des Mandantenstamms keine Betriebsveräußerung i.S.d. § 18 Abs. 3 EStG vor, da der wesentlichste und werthaltigste Teil des Betriebsvermögens nicht mitveräußert werde. Sofern der Wert des Mandantenstamms nicht der persönlichen Arbeitsleistung/Schaffenskraft des Freiberuflers entspreche, hänge die Wirtschaftsguteigenschaft desselben davon ab,

[155] Dabei habe der Mandantenstamm eine erheblich kürzere betriebliche Nutzungsdauer als der Praxiswert, BFH, a.a.O., unter Verweis auf OFD Münster v. 12.8.1987, BB 1987, 1779.

[156] Nach BFH v. 28.2.1990 - I R 144/87, BStBl. II 1990, 595, führte dies per se zur Annahme einer verdeckten Geinnausschüttung.

[157] BFH v. 30.3.1994 - I R 52/93, BStBl. II 1994, 903.

[158] RFH v. 30.1.1929 - VI A 369/28, RStBl. 1929, 326; RFH v. 28.7.1938 - IV 5/38, RStBl. 1938, 955; RFH v. 15.4.1944 - IV 102/43, RStBl. 1944, 582.

[159] BFH v. 28.7.1958 - I 61/57 U, BStBl. III 1958, 330; BFH v. 1.4.1982 - IV R 2-3/79, BStBl. II 1982, 20; BFH v. 13.3.1991 - I R 83/89, BB 1991, 1156; BFH v. 28.2.1990 - I R 144/87, BStBl. II 1990, 595; BFH v. 24.2.1994 - IV R 33/93, BStBl. II 1994, 590.

[160] Z.B. BGH, FamRZ 1977, 38; BGH, DB 1977, 1843; BGH, NJW 1991, 1547; BGH, NJW 1995, 1551.

[161] Daher sei nur für den Fall, daß diese nicht gegeben ist, die Grundsätze des BFH v. 28.2.1990 - I R 144/87, BStBl. II 1990, 595, und somit eine verdeckte Gewinnausschüttung anzunehmen.

[162] BFH v. 18.12.1996 - I R 128-129/95, BStBl. II 1997, 546.

ob dieser unabhängig von dem übrigen Vermögen der Praxis und mithin unabhängig von dem Praxiswert übertragen werden könne, da der Praxiswert, ebenso wie der Geschäftswert eines Gewerbebetriebs[163], dem Betrieb des Freiberuflers folge.[164]

5. Stellungnahme

a) Dauermandate und schwebende Mandate

Bei einem Dauermandat sowie einem schwebenden Mandat besteht ein schwebender Vertrag zwischen RA, WP oder StB und Mandant. In beiden Fällen liegt ein Vermögenswert vor, da nach ganz h.M.[165] allein die Chance, die Klientel eines Anwalts zu übernehmen, ein Vermögenswert darstellt. Der BGH[166] führt dazu aus:

> „Ein erfolgreicher Anwalt schafft in dem Vertrauen seiner Klientel einen Vermögenswert, der zwar wesentlich an seine Person gebunden ist, aber in gewissen Grenzen auch einem Nachfolger zugänglich gemacht werden kann." Diese hindern jedoch den Anwalt nicht, die durch die Ausübung seines freien Berufs geschaffenen Werte gegen ein Entgelt auf einen anderen zu übertragen. Ferner führt er aus, daß „die Grenzen sich aus der Sache selbst ergeben. Gibt ein Anwalt seine Praxis auf, so sind seine Klienten nicht gehalten, die noch nicht abgewickelten Aufträge durch seinen Nachfolger in der Praxis weiterbearbeiten zu lassen; erst recht brauchen sie diesem keine neuen Mandate zu erteilen, die sie sonst dem bisherigen Inhaber erteilt hätten. Darin, daß sie dies (häufig oder in der Regel) tun, liegt der auf einen Praxisnachfolger übertragbare Wert einer Klientel." Der Erwerb einer Praxis gebe dem Nachfolger im Grunde nur die Chance, das von seinem Vorgänger erworbene Vertrauen der Klientel auch für seine Person zu rechtfertigen.[167]

Wenn der Mandantenstamm ein Vermögenswert ist, so kann für ein einzelnes Dauermandat und schwebendes Mandat nichts anderes gelten. Für die Vermögenswerteigenschaft eines Dauer- oder schwebenden Mandats spricht auch die Tatsache, daß Freiberufler für den Erwerb einzelner Dauer- oder schwebender Mandate ein Entgelt zahlen.[168] Im Gegensatz zu anderen Freiberuflern handelt es sich aber bei der Tätigkeit von RA, WP oder StB nicht um den Vermögenswert bzw. das Wirtschaftsgut „Knowhow".[169] Der Begriff „Know-how" ist zwar ein unbestimmter Rechtsbegriff, gleichwohl handelt es sich nach allgemeiner Meinung um ein technisches Spezialwissen.

---

[163] Vgl. dazu z.B. BFH v. 28.6.1989 - I R 25/88, BStBl. II 1989, 982, m.w.N.
[164] BFH v. 30.3.1994 - I R 52/93, BStBl. II 1994, 903, 906.
[165] Z.B. BGH, MDR 1957, 285; BGHZ 43, 45; BGH, NJW 1973, 98; *Soergel-Huber*, BGB, § 433 Rz. 37; *MünchKomm-Mayer-Maly-Armbrüster*, BGB, § 138 Rdnr. 48.
[166] BGHZ 43, 45 [48 f.]; BGH, DStRE 1999, 363.
[167] A.A. *Kotzur*, NJW 1988, 3239; vgl. demgegenüber BGH, MDR 1957, 285, 287, wonach das persönliche Vertrauen „im eigentlichen Sinne" nicht übertragen werden könne.
[168] Vgl. dazu *Mittelbach*, Praxisübertragungen, S. 153 f.; *Wollny*, Übertragungen, S. 524 f.
[169] Zum Wirtschaftsgut „know-how" BFH v. 13.2.1970 - III R 43/68, BStBl. II 1970, 383; BFH v. 15.7.1987 - II R 249/83, BStBl. II 1987, 809; BFH v. 10.3.1993 - I R 116/91, BFH/NV 1993, 595, 597; BFH v. 26.4.1995 - XI R 86/94, FR 1996, 34; jeweils m.w.N.; vgl. auch BGHZ 16,172 [175]; *Kanzler*, FR 1996, 35; zur Ergebnisermittlung von „know-how" *May*, Ertragsbesteuerung von Technologietransfer bei Vorliegen eines Doppelbesteuerungsabkommens, S. 113 ff.

Hinsichtlich der Verkehrsfähigkeit eines Dauermandates und eines schwebenden Mandates ist fraglich, worin der Vermögenswert besteht, der übertragen wird. Die Verfügung über ein Schuldverhältnis hat keinen Einfluß auf seine Identität und Struktur.[170] Folglich besteht der Vermögenswert eines Dauermandates bzw. schwebenden Mandates bereits vor der Übertragung.[171] Wenn dieser bereits vor der Übertragung besteht, erhält der Freiberufler mit Erwerb der Rechtsposition die Möglichkeit, aus dem bestehenden Vertragsverhältnis einen Gewinn zu erzielen und zu dem Mandanten ein Vertrauensverhältnis aufzubauen, um diesen auch künftig an sich zu binden.[172] Gegenstand der Übertragung ist somit ein schwebender Vertrag. Zivilrechtlich kann ein Vertrag Gegenstand eines Kaufes sein.[173] Ferner verstößt die Veräußerbarkeit eines Dauer- oder schwebenden Mandates einzeln[174] und zusammen mit einer freiberuflichen Praxis nicht gegen § 138 BGB.[175] Die Übertragung eines bestehenden Vertrages erfolgt nach der im BGB nicht geregelten, aber von der Rspr. des BGH[176] und der h. L.[177] anerkannten Vertragsübernahme. Hierfür ist die Zustimmung aller Beteiligten erforderlich. Diese kann in Form eines dreiseitigen Vertrages oder eines Vertrages zwischen dem ausscheidenden und dem neuen Vertragsteil unter Zustimmung des verbleibenden Teils geschehen. Darüber hinaus besteht nach § 203 Abs. 1 Nr. 3 StGB eine Zustimmungspflicht aufgrund des informationellen Selbstbestimmungsrechts des Mandanten. Nach Auffassung des BGH[178] sei die vertragliche Verpflichtung im Rahmen einer Veräußerung einer Arztpraxis bzw. Rechtsanwaltskanzlei, die Akten der Mandanten bzw. Patienten an den Erwerber zu übergeben, ohne Einwilligung der betreffenden Mandanten bzw. Patienten nach § 134 BGB i. V. m. § 203 StGB nichtig.[179] Gibt der Mandant nicht die Zustimmung zur Veräußerung des Mandates, verliert der Veräußerer gem.

---

[170] *Larenz*, Schuldrechts, Bd I, § 35 III.

[171] Ähnlich *Lamers*, Aktivierungsfähigkeit und Aktivierungspflicht immaterieller Werte, S. 305 f.

[172] Der Vermögenswert beinhaltet demnach auch die Gewinnchance aus einem schwebenden Mandatsvertrags. Somit ist die Gewinnchance eine bloße Rechengröße und kein selbständiger Vermögenswert. Abspalten läßt sich insoweit nur eine dem zukünftigen Gewinn entsprechende Forderung auf eine Geldleistung; im Ergebnis ebenso *Tiedchen*, Vermögensgegenstand, S. 173 f.

[173] Strittig ist, ob ein kaufähnlicher Vertrag nach § 445 BGB oder ein Sach- und Rechtskauf gem. § 433 BGB vorliegt; vgl. dazu *Koller*, JR 1982, 333, m.w.N.

[174] Der Einzelveräußerbarkeit sind gem. § 9 Abs. 2 StBerG jedoch Grenzen gesetzt. Ob sich aus dieser Vorschrift jedoch eine generelle Unzulässigkeit der entgeltlichen Übertragung einzelner Mandate ableiten läßt, wie dies *Gehre*, StBerG, § 9 Rz. 1 u. 6 vertritt, ist m. E. insbesondere im Hinblick auf die Übernahme von Mandate bei Tod oder Arbeitsunfähigkeit des StB oder StBv zweifelhaft; vgl. dazu auch *Wollny*, Übertragungen, S. 524 f.

[175] BGHZ 16, 78; BGHZ 43, 45 [50], auch zu Ausnahmen; statt aller *MünchKomm-Mayer-Maly-Armbrüster*, BGB, § 138 Rdnr. 48; *MünchKomm-Westermann*, BGB, § 433 Rdnr. 12 (FN 33) m.w.N.; ablehnend noch RGZ 66, 139, RGZ 161, 153.

[176] BGH, MDR 1958, 90; BGHZ 95, 88, 94 f.; BGHZ 96, 303, 308; BGHZ 129, 371.

[177] Statt aller *Larenz*, Schuldrecht, Bd. II, § 52 II a; *ders.*, Schuldrechts, Bd. I, § 35 III; *MünchKomm-Westermann*, BGB, § 433 Rdnr. 9.

[178] BGHZ 116, 268; BGH, NJW 1995, 2026; zustimmend *Fiala/v. Walter*, DStR 1998, 614, 736, 739; *Staudinger/Köhler*, BGB, § 433 Rz. 121; so bereits zuvor *Mittelbach*, Praxisübertragungen, S. 152 f.; a.A. *MünchKomm-Westermann*, BGB, § 433 Rz. 13.

[179] Entsprechendes gilt für die Abtretung einer Honorarforderung z.B. BGH, NJW 1991, 2955; BGH, NJW, 1995, 2026; BGH, AnwBl 1997, 349, m.w.N.; zu den formellen Anforderungen der Zustimmung BGH, DStR 1995, 1559; BGH, AnwBl. 1997, 349; LG Darmstadt, NJW 1994, 2962.

§§ 275, 323 BGB den Anspruch auf die Kaufpreiszahlung.[180] Im Ergebnis wird nicht die Chance übertragen, in ein bestehendes Vertragsverhältnis einzutreten[181], sondern ein Vertrag, da bei einem schwebenden Vertrag zwischen Mandant und Freiberufler seitens des Käufers kein Interesse bestehen wird, allein die Chance zur Übernahme eines Dauermandates zu erwerben, denn bei Scheitern der Vertragsübernahme schuldet der Käufer den Kaufpreis.[182]

Da ein Dauermandat sowie ein schwebendes Mandat übertragbare Vermögenswerte sind, ist fraglich, ob diese dem Grunde nach „greifbar" und „selbständig bewertbar" sind.[183] Die Greifbarkeit bzw. selbständige Bewertbarkeit eines Vermögenswertes ist nicht gegeben, sofern es sich um höchstpersönliche Vorteile handelt.[184] Die freiberufliche Tätigkeit i.S.d. EStG setzt eine im Geistigen liegende Arbeitskenntnis voraus und ist daher keine vertretbare, sondern eine höchstpersönliche Tätigkeit.[185] Demnach beruht der Kernbereich der freiberuflichen Tätigkeit auf dem Einsatz der eigenen Arbeit und der Leistungsfähigkeit des Berufsträgers.[186] Zwar gibt es auch gewerbliche Tätigkeiten, bei denen die persönliche Arbeitsleistung im Vordergrund steht, wie z.B. im Fall sog. personenbezogener Gewerbebetriebe[187], jedoch handelt es sich insoweit um Ausnahmefälle. Im Gegensatz zu Freiberuflern kommt es selbst bei personenbezogenen Gewerbebetrieben entscheidend auf die Leistungsfähigkeit der betrieblichen Organisation an, wie z.B. Bezugsmöglichkeiten und Vertriebswege, wohingegen bei einem Freiberufler stets der persönliche Einsatz im Vordergrund steht. Dies hat auch der X. Senat[188] für den Beruf des Handelsvertreters festgestellt. Danach erwerbe ein Handelsvertreter für die „Einstandszahlung" an den Geschäftsherrn ein immaterielles Wirtschaftsgut „Vertreterrecht". Im weiteren führt er aus, daß die Dauerhaftigkeit bereits bestehender Geschäftsbeziehungen zwischen Lieferant und Abnehmer nicht nur vom persönlichen Einsatz des Handelsvertreters im Bereich „Kundenpflege" abhänge, sondern auch von Art, Qualität und Marktposition des vertriebenen Produktes. Ein Vergleich zu einem Freiberufler sei daher nur hinsichtlich des - im Regelfall - geringen

---

[180] Vgl. dazu *Koller*, JR 1982, 353; zur Übertragung von Verträgen als Teil des Unternehmenskaufs bzw. Praxiskaufs vgl. *Grunewald*, ZGR 1981, 622, 634 ff.; *Holzapfel/Pöllath*, Recht und Praxis des Unternehmenskaufs, Rz. 829 f.; *MünchKomm-Westermann*, BGB, § 433 Rz. 30.

[181] So aber offenbar *Gehre*, StBerG, § 57 Rz. 84; zivilrechtliche liegt in diesen Fällen ein Hoffnungskauf vor *Palandt/Putzo*, BGB, § 433 Rz. 1; *Staudinger-Köhler*, BGB, § 433 Rz. 57; a.A. *Soergel-Huber*, BGB, § 433 Rz. 50, es liege ein kaufähnlicher Vertrag i.S.d. § 445 BGB vor.

[182] Vgl. *Platz*, DStR 1997, 1465, 1467.

[183] Zu diesen Merkmalen vgl. ausführlich *Hommel*, Anlagenwerte, S. 139 ff., S. 206 ff., m.w.N.

[184] Statt aller *Hommel*, Anlagenwerte, S. 102 f., m.w.N. auch zur Rspr.

[185] In diesem Sinne bereits RGZ 144, 1; so auch BFH v. 10.10.1963 - VI 198/62 S, BStBl. III 1964, 120; BFH v. 30.3.1994 - I R 52/93, BStBl. II 1994, 903, 905, BFH v. 26.4.1995 - XI R 86/94, FR 1996, 34; *Portner*, IStR 1996, 391.

[186] BFH v. 23.5.1984 - I R 122/81, BStBl. II 1984, 823.

[187] Zu einem Apotheker vgl. BFH v. 27.3.1996 - I R 60/95, BStBl. II 1996, 576; *Schmidt/Weber-Grellet*, EStG, § 5 Rz. 221; m.w.N.

[188] BFH v. 18.1.1989 - X R 10/86, BStBl. II 1989, 549, 551.

Kapitaleinsatzes möglich.[189] Infolgedessen ist die Rechtslage eines Freiberuflers i.S.d. § 18 Abs. 1 Nr. 1 EStG nicht mit der eines Gewerbetreibenden i.S.d. § 15 Abs. 2 EStG vergleichbar.

Des weiteren ist zu berücksichtigen, daß bei Freiberuflern wegen der Höchstpersönlichkeit der Tätigkeit das Risiko der Vertragskündigung besteht.[190] Dies gilt unabhängig von der Rechtsnatur der zu erbringenden Leistung. Auch eine werkvertragliche Leistung kann höchstpersönlicher Natur sein.[191] Wenn die höchstpersönliche Tätigkeit derart für die freiberufliche Tätigkeit prägend ist und der Vermögenswert eines Dauermandates oder schwebenden Mandates auf dem durch die persönliche Arbeitsleistung geschaffenen, nicht übertragbaren Vertrauensverhältnisses zwischen Mandant und Freiberufler beruht, dann verbleibt einem (gedachten) Erwerber die Möglichkeit, durch seine persönliche Arbeitsleistung den von einem Mandanten entgegengebrachten Vertrauensvorschuß zu rechtfertigen.[192] Demnach wird der Vermögenswert eines Dauermandates bzw. eines schwebenden Mandates durch die persönliche Arbeitsleistung des veräußernden RA, WP oder StB geschaffen. Sofern im Rahmen einer Vertragsübernahme ein Entgelt entrichtet wird, stellt dies die Kapitalisierung der persönlichen Arbeitsleistung des veräußernden Freiberuflers dar.[193] Diese ist nach Ansicht der Rspr. des BFH[194] und der ganz h. L. im Schrifttum[195] - ebensowenig wie die Arbeitsleistung von im Unternehmen angestellter Arbeitnehmer[196] - als immaterielles Wirtschaftsgut zu qualifizieren.

Aufgrund dessen kann nicht auf die Rspr. zur entgeltlichen Überlassung bestehender Geschäftsbeziehungen etwa durch Einräumung eines Bierlieferungsrechts[197], eines Alleinvertretungsrechts[198] oder eines Verlagsrechts[199] und auch hinsichtlich der mögli-

---

[189] Die frühere Rspr. des BFH v. 26.2.1964 - I 383/61 U, BStBl. III 1964, 423; BFH v. 17.12.1964 – IV 378/61 U, BStBl. III 1965, 170, ist von einem extensiven dynamischen Bilanzverständnis geprägt. Daher hat der X. Senat des BFH, a.a.O., die Geltung dieser Rspr. ausdrücklich offengelassen.

[190] Zur Kündigung eines als dauerndes Dienstverhältnis mit festen Bezügen ausgestalteten Dauerberatungsvertrages OLG Hamm, NJW-RR 1995, 1530.

[191] *MünchKomm-Roth*, BGB, § 399 Rdnrn. 23 f.

[192] Vgl. insoweit auch BFH v. 15.4.1958, I 61/57 U, BStBl. III 1958, 330, zur Unterscheidung zwischen Geschäfts- und Praxiswert; BFH v. 18.1.1989 - X R 10/86, BStBl. II 1989, 549, zur Nutzungsdauer des immateriellen Wirtschaftsguts Vertreterrecht.

[193] In diesem Sinne auch *Mittelbach*, Praxisübertragungen S. 149.

[194] BFH v. 9.7.1987 - IV R 87/85, BStBl. II 1988, 342.

[195] Für die h.M. *Blümich/Wacker* § 4 EStG Rz. 196; *Hoffmann*, in: Littmann/Bitz/Pust, EStG, §§ 4, 5 Rz. 208; *Meurer*, in: Lademann, EStG, § 4 Anm. 340; *Schmidt/Glanegger*, EStG, § 6 Rz. 425.

[196] BFH v. 7.11.1985 - IV R 7/83, BStBl. II 1986, 176, 178.

[197] BFH v. 26.2.1975 - I R 72/73, BStBl. II 1976, 13.

[198] BFH v. 27.7.1988 - I R 130/84, BStBl. II 1989, 101.

[199] BFH v. 14.3.1979 - I R 37/75, BStBl. II 1979, 470, m.w.N.; so auch zur Überführung eines Verlagswertes in einen DBA-Staat BFH v.24.11.1982 - I R 123/78, BStBl. II 1983, 113.

chen Wirtschaftsguteigenschaft eines Auftragsbestands[200] oder Kundenstamms[201] zurückgegriffen werden. Allein die Tatsache des Eintritts in einen schwebenden Vertrag reicht für die Annahme eines Wirtschaftsgutes nicht aus.[202] Ebensowenig ist ein Dauermandat oder schwebenden Mandat als gesondertes Wirtschaftsgut „Wettbewerbsverbot"[203] zu qualifizieren, da bei einem hier gedachten Erwerb eines solchen Mandates das Wettbewerbsverbot schon als (ungeschriebene) Nebenpflicht des (gedachten) Veräußerers besteht und somit kein gesondertes Wettbewerbsverbot übertragen wird.

Im Ergebnis ist ein Dauermandat bzw. ein schwebendes Mandat zwar ein übertragbarer Vermögenswert, dieser konkretisiert sich erst durch die zukünftige Arbeitsleistung des Freiberuflers und ist daher nicht als Wirtschaftsgut zu qualifizieren ist.

b) Abgeschlossene Mandate

Der in der Praxis größte Teil der Mandate eines RA, WP oder StB bilden abgeschlossene Mandate, denen kein Vertragsverhältnis zugrunde liegt. Fraglich ist, ob diese Mandate einen Vermögenswert darstellen. Wenn die Chance, die gesamten Mandate eines Anwalts zu übernehmen, ein durch die persönliche Arbeitsleistung des Freiberuflers geschaffener Vermögenswert ist[204], dann gilt dies ebenso für die Chance, ein abgeschlossenes Mandat zu übernehmen. Dies dokumentiert auch die Tatsache, daß auch für den Erwerb einzelner abgeschlossener Mandate ein Entgelt gezahlt wird.[205] Der Vermögenswert eines abgeschlossenen Mandates besteht in dem durch die persönliche Arbeitsleistung des Freiberuflers geschaffenen Vertrauensverhältnis des Mandanten zu dem Freiberufler, weshalb der Mandant häufig auch zukünftig, sei es aus Bequemlichkeit, wegen der günstigen Lage der Praxisräume oder aus anderen Gründen, den Praxisnachfolger bzw. Erwerber beauftragen wird.[206]

Ein abgeschlossenes Mandat ist jedoch kein rechtlich übertragbares Gut, da keine Vertrag besteht.[207] Übertragbar ist lediglich die Chance, daß der Mandant künftig den (gedachten) Erwerber beauftragt. Die Veräußerung der Chance, ein abgeschlossenes

[200] Die Wirtschaftsguteigenschaft bejahend BFH v. 5.8.1970 - I R 180/66, BStBl. II 1970, 804; BFH v. 1.2.1989 - VIII R 361/83, BFH/NV 1989, 778; BFH v. 15.12.1993 - X R 102/92, BFH/NV 1994, 543, 545, m.w.N. zur Rspr.; aus dem Schrifttum z.B. *Breidenbach/Niemeyer*, DB 1991, 2500; *Köhler*, DStR 1997, 297; *Kupsch*, in: Hofbauer/Kupsch, § 248 Rn. 33; *Siegel*, DB 1997, 941, m.w.N; ablehnend *Flies*, DB 1996, 846.

[201] BFH v. 14.2.1973 - I R 89/71, BStBl. II 1973, 580; BFH v. 26.7.1989 - I R 49/85, BFH/NV 1990, 442; BFH v. 30.03.1994 - I R 52/93, BStBl. II 1994, 903.

[202] So zu Recht *Moxter*, Bilanzrechtsprechung, S. 18 f.; a.A. BFH v. 1.2.1989 - VIII R 361/83, BFH/NV 1989, 778; BFH v. 19.6.1997 - IV R 16/95, BB 1997, 2156; offengelassen in BFH v. 7.11.1985 - IV R 7/83, BStBl. II 1986, 176, 177; offenbar lebt die durch das Urteil des BFH v. 4.8.1976 - I R 145/74, BStBl. II 1976, 675, als aufgegeben geglaubte Rspr. des BFH, wonach ein schwebender Vertrag per se zur Annahme eines Wirtschaftsgutes führe, wieder auf.

[203] BFH v. 13.2.1996 - VIII R 39/92, BStBl. II 1996, 409, m.w.N.; vgl. auch BFH v. 23.6.1981 - VIII R 43/79, BStBl. II 1982, 56.

[204] BGHZ 43, 45.

[205] Vgl. BFH v. 19.1.1960 - I 213/59, DB 1960, 596.

[206] Vgl. auch *Tiedchen*, FR 1992, 705, 706.

[207] Vgl. *MünchKomm-Westermann*, BGB, § 433 Rdnr. 19; *Soergel-Huber*, BGB, § 433 Rz. 29.

Mandat zu übernehmen, ist sowohl berufsrechtlich als auch zivilrechtlich (§ 138 BGB) zulässig. Zivilrechtlich liegt bei Veräußerung einer Chance ein sog. Hoffnungskauf vor.[208] Die Verpflichtung des Veräußerers richtet sich insoweit nur darauf, dem Erwerber die tatsächliche Möglichkeit zu verschaffen, den Mandanten an sich zu binden, d.h. gegenüber dem Mandanten nicht mehr als Anbieter von freiberuflicher Tätigkeit aufzutreten. Der Erwerber ist dagegen unabhängig von einer Beauftragung seitens des Mandanten zur Kaufpreiszahlung verpflichtet. Ebenso kann ein (gedachter) Erwerber einer freiberuflichen Praxis bei nicht erfolgter Beauftragung durch den Mandanten kein Anspruch auf Minderung des Gesamtkaufpreises verlangen.[209] Da kein Vertragsverhältnis zwischen Freiberufler und Mandant besteht, bedarf es auch keiner Zustimmungspflicht des letzteren. Eine Zustimmungspflicht kann sich jedoch nach § 203 Abs. 1 Nr. 3 StGB aus der ggf. vereinbarten Übergabe der Handakten ergeben. Somit ist der Vermögenswert eines abgeschlossenen Mandates sowohl einzeln (abstrakt) verkehrsfähig bzw. zusammen mit einer freiberuflichen Praxis veräußerbar.[210]

Des weiteren ist zu prüfen, ob ein abgeschlossenes Mandat ein greifbares und selbständig bewertbares Wirtschaftsgut ist. Der Vermögenswert eines abgeschlossenen Mandats besteht in einer Chance. Wenn aber, wie im vorigen Kapitel dargelegt wurde, ein Dauermandat oder ein schwebendes Mandat kein Wirtschaftsgut ist, muß dies erst Recht für den Vermögenswert eines abgeschlossenen Mandates gelten. Denn einem abgeschlossenen Mandat liegt nicht einmal eine vertragliche Bindung zwischen Freiberufler und Mandant zugrunde. Folglich handelt es sich um einen weitaus unsichereren Wert als ein schwebendes Mandat. Im Ergebnis ist daher auch ein abgeschlossenes Mandat nicht als Wirtschaftsgut zu qualifizieren.

Aus dogmatischer Sicht geht es bei der Wirtschaftsguteigenschaft einzelner Mandate um die Frage, ob die Wirtschaftsguteigenschaft von unsicheren zukünftigen (Erwerbs-) Chancen, deren tatsächlicher Wert sich erst durch zukünftige Ereignisse am Markt konkretisiert, erst nach erfolgtem Markttest zu Einnahmen des Fiskus führen kann. Betrachtet man die Rolle des Fiskus als Kostgänger des Steuerbürgers in einer marktwirtschaftlichen Grundordnung, ist die Wirtschaftsguteigenschaft von Dauer-, schwebenden und abgeschlossenen Mandaten abzulehnen. Sie wäre letztlich nur durch ein extensiv dynamisches Bilanzverständnis zu rechtfertigen.

c) I. Senat des BFH vom 19.1.1960

Der BFH[211] kommt in einem Urteil aus dem Jahre 1960 zu dem Ergebnis, die Übertragung einzelner Prüfungsmandate seien als Wirtschaftsgüter zu qualifizieren. Den An-

---

[208] Vgl. dazu *Staudinger-Köhler*, BGB, § 433 Rz. 57.

[209] In der Praxis wird dieses Risiko seitens des Käufers durch sog. Garantie-, Rückrechnungs- oder Abschlagsklauseln begrenzt. Dies geschieht durch eine vertraglich geregelte Kaufpreisminderung, deren Höhe sich nach den nicht zu dem (gedachten) Erwerber gewechselten Mandanten bestimmt. Entsprechendes gilt bei Veräußerung eines abgeschlossenen Mandates zusammen mit einer freiberuflichen Praxis; vgl. dazu *Platz*, DStR 1997, 1465, 1467.

[210] Dazu siehe voriges Kapitel.

[211] BFH v. 19.1.1960 - I 213/59, DB 1960, 596.

gaben in der Urteilsbegründung folgend, bestand jedoch zwischen Mandant und Freiberufler kein schwebender Vertrag. Dies spricht für die Annahme, daß die Verträge durch jährliche Beschlußfassung im Rahmen der Bestellung der Wirtschaftsprüfer neu abgeschlossen wurden. In der Urteilsbegründung erkennt der I. Senat zwar an, daß der Vermögenswert in einer Chance besteht, der im Gegensatz zu einem schwebenden Vertrag mit einem weitaus größeren Risiko behaftet ist, jedoch sei von einer „Vergleichbarkeit der rechtlichen und wirtschaftlichen Lage" mit der eines schwebenden Vertrages auszugehen. Letztlich beruht die Annahme der Vergleichbarkeit auf einer wirtschaftlichen Betrachtungsweise. Wegen des weitaus höheren Risikos seitens des Erwerbers müßte man auch bei wirtschaftlicher Betrachtung eine Vergleichbarkeit mit einem schwebenden Vertrag ablehnen. Insofern steht selbst hinter einer verkürzt als wirtschaftliche Betrachtung zu bezeichnenden Unterscheidung die zutreffende zivilrechtliche Einordnung des zugrundeliegenden Sachverhalts als Hoffnungskauf. Die Chance, ein abgeschlossenes Mandat zu erwerben, ist jedoch, der hier vertretenen Ansicht folgend, nicht als Wirtschaftsgut zu qualifizieren.

d) I. Senat des BFH seit dem Urteil vom 30.3.1994

In dem Urteil vom 30.3.1994 stellt der I. Senat des BFH[212] zum ersten Mal ausdrücklich fest, daß ein Mandantenstamm als ein vom Praxiswert isoliertes immaterielles Wirtschaftsgut qualifiziert werden kann. Soweit der erkennende Senat auf zwei ältere Entscheidungen des BFH[213] verweist, ist festzustellen, daß der Mandantenstamm in den angegebenen Entscheidungen mit keinem Wort erwähnt wird. Dies gilt ebenso für den Verweis auf eine Stellungnahme der OFD Münster.[214] Wenn aber der Mandantenstamm als Wirtschaftsgut zu qualifizieren ist, so ist zum einen fraglich, worin der Unterschied zwischen Mandantenstamm und Praxiswert besteht und zum anderen, wie der Mandantenstamm von der persönlichen Arbeitsleistung abzugrenzen ist.

Der Praxiswert ist ein unbestimmter Rechtsbegriff. Nach ganz h.M.[215] ist dieser als abnutzbares immaterielles Wirtschaftsgut zu qualifizieren. Der Vermögenswert besteht in der Gewinnchance, die sich aus dem Vertrauen der Mandanten zu dem Praxisveräußerer ergibt. Von diesem profitiert der Erwerber, denn die größte Zahl der Mandanten wird zunächst die Dienste des Nachfolgers beanspruchen. Wenn nach Ansicht der Rspr.[216] der Mandantenstamm im Gegensatz zum Praxis- oder Geschäftswert nicht notwendigerweise das Rechtsschicksal der im übrigen übertragenen Gegenstände des Betriebsvermögens teilen müsse, ist zu klären, ob neben einem Praxiswert ein getrenntes Wirtschaftsgut „Mandantenstamm" existieren kann oder ob bei Zurückbehaltung des Mandantenstamms kein Praxiswert existiert. Die zuletzt ergangenen Urteile

---

212 BFH v. 30.3.1994 - I R 52/93, BStBl. II 1994, 903.

213 BFH v. 28.7.1958 - I 61/57 U, BStBl. III 1958, 330; BFH v. 12.9.1970 - I R 196/67, BStBl. II 1971, 175.

214 OFD Münster v.12.8.1987, BB 1987, 1779.

215 So bereits RFH v. 30.1.1929 - VI A 369/28, RStBl. 1929, 326; ferner BFH v. 30.3.1994 - I R 52/93, BStBl. II 1994, 903; statt aller *Schmidt/Wacker*, EStG, § 18 Rz. 200.

216 BFH v. 18.12.1996 - I R 128-129/95, BStBl. II 1997, 546.

des I. Senats[217] führen insoweit zu keiner neuen Erkenntnis. Nach dem Urteil vom 30.3.1994[218] werde der verkehrsfähige Praxiswert „..wesentlich von den Dauermandaten, der örtlichen Lage und den tatsächlichen Beratungsmöglichkeiten geprägt."[219] Dem ist insofern zuzustimmen, als ein Freiberufler für den Erwerb einer Kanzlei regelmäßig bereit ist, einen weitaus höheren Wert als den Substanzwert zu zahlen.[220] Veräußert ein RA, WP oder StB seine Praxis dagegen unter Zurückbehaltung des Mandantenstamms, so wird der Erwerber allein für die örtliche Lage und die tatsächlichen Beratungsmöglichkeiten regelmäßig nicht bereit sein, einen über den Substanzwert liegenden Praxiswert zu zahlen, sofern er nicht die Chance erhält, die Mandanten zu übernehmen. Veräußert z.B. ein Freiberufler seine Praxis, um an anderer Stelle seine Praxis mit dem bisherigen Mandantenstamm weiterzuführen, ist der Erwerb der tatsächlichen Beratungsmöglichkeiten aufgrund der Lage letztlich mit Null zu bewerten. Daher kommen der örtlichen Lage der Kanzlei und der tatsächlichen Beratungsmöglichkeiten eines RA, WP oder StB ausschließlich im Zusammenhang mit dem Mandantenstamm die Funktion eines praxiswertbildenden Faktors zu. Ohne die Chance, den Mandantenstamm oder zumindest einen Teil davon zu erwerben, wird ein RA, WP oder StB nicht bereit sein, für die Praxiseinrichtung einen über den Zeitwert liegenden Preis zu zahlen. Im Umkehrschluß folgt daraus, daß der Vermögenswert eines Mandantenstamms und der eines Praxiswerts nicht identisch sind.[221] Somit ist ein Praxiswert der Kanzlei eines RA, WP oder StB nur dann anzunehmen, wenn in diesem der Mandantenstamm enthalten ist.[222]

Hinsichtlich der Abgrenzung zwischen höchstpersönlicher Arbeitskraft und verkehrsfähigem Praxiswert/Mandantenstamm ist nach Ansicht der Rspr. auf die zivilrechtliche Rspr. des BGH[223] zurückzugreifen. Bei Rechtsanwaltskanzleien und Steuerberaterpraxen (ebenso bei Arztpraxen) bejaht der BGH[224] regelmäßig das Vorhandensein eines verkehrsfähigen Goodwill. Dies führt steuerrechtlich dazu, daß die Wirtschaftsguteigenschaft eines Praxiswertes bzw. Mandantenstamms nur in seltenen Ausnahmefällen abzulehnen sein wird.[225] Im Kern geht es hierbei um die Frage, ob der Rückgriff auf die Rspr. des BGH zulässig ist, da insoweit eine andere Interessenlage als die hier in

[217] BFH v. 30.3.1994 - I R 52/93, BStBl. II 1994, 903; BFH v. 18.12.1996 - I R 128-129/95, BStBl. II 1997, 546.

[218] BFH v. 30.3.1994 - I R 52/93, BStBl. II 1994, 903.

[219] So bereits *Wilhelm*, BB 1967, 158; diesem folgend *Tiedchen*, FR 1992, 705.

[220] Vgl. *Schmidt von Rhein*, Freiberuflerpraxen, S. 45 ff.

[221] A.A. *Schick*, Freie Berufe, S. 152; der Praxiswert werde durch jene Faktoren gebildet, die nicht auf der Person des Freiberuflers beruhen, da ansonsten kein Praxiswert entstehen könne.

[222] Zu weiteren Fragen hinsichtlich der Verpachtung des Mandantenstammes nach der neueren Rspr. siehe *Korn*, Freiberufler-Personengesellschaften, S. 50 ff.; *v. Rechenberg*, INF 1997, 717.

[223] BGH, FamRZ 1977, 38; BGH, DB 1977, 1843; BGH, NJW 1991, 1547; BGH, NJW 1995, 1551.

[224] BGH, MDR 1960, 387; BGH, NJW 1973, 100; BGH, FamRZ 1991, 43; BGH, NJW 1995, 1551.

[225] Vgl. dazu OLG München, FamRZ 1984, 1096, wonach bei einem Architekt, der eine besondere schöpferische Leistung erbracht hat und der Ruf der Praxis darauf zurückzuführen ist, kein Goodwill anzunehmen sei, da der Erfolg der Praxis überwiegend auf den individuellen Fähigkeiten des Freiberuflers beruhe.

Rede stehende Beziehung zwischen Fiskus und Steuerpflichtigen gegeben ist.[226] Das Interesse des Fiskus besteht allgemein bei Vermögenswerten darin, die Ausgaben eines Steuerpflichtigen durch Annahme eines Wirtschaftsgutes zu aktivieren, um somit die steuerrechtliche Gewinnminderung erst über die Abschreibung der Folgejahre zu berücksichtigen.[227] Gleichwohl müssen die Voraussetzungen eines Wirtschaftsgutes gegeben sein. Der Vermögenswert eines Mandantenstamms besteht üblicherweise überwiegend aus der Summe abgeschlossener Mandate und somit aus der Summe einzelner Chancen. Wenn aber der Mandantenstamm aus der Summe nicht als Wirtschaftsgüter zu qualifizierender Vermögenswerte besteht, kann nichts anderes für den Mandantenstamm gelten. Die Annahme eines Wirtschaftsguts könnte allein mit dem Argument begründet werden, wonach durch die Summe der einzelnen Chancen, das Risiko seitens des Erwerbers minimiert werde. Insofern stellt sich jedoch zwingend die, hier nicht näher zu erläuternde, Frage, welche Größe und Zusammensetzung der Mandantenstamm haben muß, um eine Konkretisierung annehmen zu können. Da der Mandantenstamm der werthaltigste[228] praxiswertbildende Faktor ist, gilt in der Sache nichts anderes für die Wirtschaftsguteigenschaft eines Praxiswerts.

Die Annahme der Wirtschaftsguteigenschaft eines Mandantenstamms und eines Praxiswerts durch die Rspr.[229] ist nicht unproblematisch. Wenn die Wirtschaftsguteigenschaft von höchstpersönlichen Vermögenswerten bejaht wird, ist der Schritt zur Aktivierung zukünftiger Erwerbschancen, etwa aus Werbefeldzügen, nicht weit, zumal im Unterschied zu Freiberuflern die Beziehung zwischen Kunde und Gewerbebetrieb objekt- und nicht personenbezogen ist. Infolgedessen ist der Vermögenswert eines Geschäftswerts von dem eines Praxiswerts zwar nicht „wesensverschieden“, jedoch handelt es sich um zwei verschiedene Vermögenswerte.[230]

IV. Hilfsweise Annahme der Wirtschaftsguteigenschaft eines Mandats

Berücksichtigt man die Rspr. des BFH, wonach zunehmend unsichere Vermögenswerte, wie z.B. die Spielerlaubnis eines Lizenzspielers[231] und Markenzeichen[232], als immaterielle Wirtschaftsgüter zu qualifizieren sind, liegt die Vermutung nahe, daß der BFH in einem zu entscheidenden Sachverhalt, entgegen der hier vertretenen Auffas-

[226] Häufig geht es um die Einbeziehung eines Goodwills dem Grunde nach und/oder der Höhe nach im Rahmen des Zugewinnausgleichsanspruchs nach § 1372 BGB, vgl. zur Einbeziehung dem Grunde nach bei einer Steuerberaterpraxis BGH, DStRE 1999, 363, 365 f.; zu weiteren zivil- und gesellschaftsrechtlichen Anlässen der Bewertung von Freiberuflerpraxen vgl. *Schmidt von Rhein*, Freiberuflerpraxen, S. 25 ff., m.w.N.

[227] *Crezelius*, Steuerrecht II, § 8 Rz. 22.

[228] So ausdrücklich BFH v. 18.12.1996 - I R 128-129/95, BStBl. II 1997, 546.

[229] Z.B. BFH v. 30.3.1994 - I R 52/93, BStBl. II 1994, 903.

[230] Im Ergebnis ebenso *M. Söffing*, DB 1987, 1753, 1756; *Tiedchen*, FR 1992, 705; a.A. die h.M. BFH v. 12.3.1992 - IV R 29/91, BStBl. II 1993, 37, 40; *Schmidt/Wacker*, EStG, § 18 Rz. 201, m.w.N.

[231] BFH v. 26.8.1992 - I R 24/91, BStBl. II 1992, 977; zu Recht kritisch *Crezelius*, Steuerrecht II, § 8 Rz. 28.

[232] Nichtabnutzfähiges WG BFH v. 4.9.1996 - II B 135/95, BStBl. II 1996, 586, abnutzfähig nach § 7 Abs.1 Nr.3 EStG BMF v. 27.2.1998, DB 1998, 698, a.A. *Gold*, DB 1998, 956, m.w.N.

sung, einzelne Mandate als Wirtschaftsgut qualifizieren wird. Daher wird im weiteren hilfsweise von der Wirtschaftsguteigenschaft einzelner Mandate ausgegangen. Dabei sollen die Auswirkungen anhand des Betriebsstättenerlasses dargestellt werden.[233]

1. Gewinnermittlung und Zuordnung dem Grunde nach

Die Grundsätze der Methode der aufgeschobenen Gewinnrealisierung für materielle Wirtschaftsgüter des Anlagevermögens gelten ebenso für immaterielle. Daher ist im Überführungszeitpunkt für immaterielle Wirtschaftsgüter der Fremdvergleichspreis anzusetzen und in den Folgeperioden fortzuführen. Denkbar wäre auch, die hier nicht näher diskutierte bloße Nutzungsüberlassung eines Mandats.[234] Der Freiberufler kann seinen Gewinn entweder durch Überschußrechnung i.S.d. § 4 Abs. 3 EStG oder durch Bestandsvergleich i.S.d. § 4 Abs. 1 EStG ermitteln. Einer Änderung der Gewinnermittlung ist nicht notwendig.[235]

Ferner muß das Wirtschaftsgut „Mandat" dem Grunde nach und zeitlich der festen Einrichtung zugeordnet werden. Dem Grunde nach richtet sich die Zuordnung von Vermögensgegenständen (sog. Vermögenszuordnung) nach dem wirtschaftlichen Veranlassungszusammenhang unter Beachtung des dealing at arm's length-Grundsatzes.[236] Ein wirtschaftlicher Zusammenhang zu einer festen Einrichtung ist immer dann eindeutig feststellbar, wenn ein Mandat ausschließlich mit Hilfe dieser oder ausschließlich mit Hilfe des ausländischen Büros bearbeitet wird.[237] Dies dürfte in der Praxis jedoch die Ausnahme sein. Fraglich ist, wonach sich die Zurechnung dem Grunde nach bestimmt, wenn das Wirtschaftsgut nicht eindeutig zugeordnet werden kann. Nach der h.M.[238] ergibt sich aus dem Fremdvergleichsgrundsatz, daß das Wirtschaftsgut entweder zu 100 % der ausländischen festen Einrichtung oder dem inländischen Büro zuzuordnen ist. Ist ein wirtschaftlicher Zusammenhang nicht eindeutig ermittelbar, ist auf die überwiegende Nutzung, durch welchen Betriebsteil das Wirtschaftsgut angeschafft wurde oder welchem Betriebsteil das Wirtschaftsgut auf Dauer dient, abzustellen.[239] Bei einem ausländischen Mandanten könnte das Mandat der festen Einrichtung zuzuordnen sein, da insoweit die Chance besteht, über diesen Mandanten von weiteren ausländischen Mandanten beauftragt zu werden und somit der festen Einrichtung auf Dauer dient. Allein diese Überlegungen zeigt, daß eine eindeutige Zuordnung eines Mandats anhand dieser Kriterien häufig nicht möglich sein wird. In diesen Fällen ist von einer gewissen Entscheidungsfreiheit des Steuerpflichtigen bezüglich der Zurech-

---

233 BMF v. 24.12.1999, BStBl. I 1999, 1076, Tz. 2.6.

234 Dazu siehe *Blümich/Wied*, EStG, § 49 Rz. 79; *Wassermeyer*, in: Debatin/Wassermeyer, MA, Art. 7 Rz. 250.

235 Vgl. zur Ermittlung eines Veräußerungsgewinns i.S.d. § 18 Abs. 3 EStG BFH v. 17.4.1986 - IV R 151/85, BFH/NV 1987, 759; *Schmidt/Wacker*, EStG, § 18 Rz. 266.

236 Dazu siehe oben unter Punkt B.

237 So auch BMF v. 12.2.1990, BStBl. I 1990, 72.

238 Dazu siehe oben B.

239 *Kumpf*, Betriebsstätten, S. 103.

nung auszugehen.[240] Dabei kommt der in dem Ausweis im Rahmen der Gewinnermittlung zum Ausdruck kommenden Willensentscheidung des Steuerpflichtigen indizielle Bedeutung zu.[241]

Ist die Zuordnung eines Mandats zur festen Einrichtung dem Grunde nach erfolgt, muß der Zeitpunkt der Überführung bestimmt werden. Soweit es sich um den in der Praxis häufigsten Fall der abgeschlossenen Mandate handelt, dürfte die Überführung zu dem Zeitpunkt anzunehmen sein, in dem der Mandant, dessen bisherige Aufträge vom Inland aus betreut wurden, bei einem neuen Auftrag mit Hilfe der ausländischen festen Einrichtung betreut wird. Dagegen ist die Feststellung des Zeitpunkts, in dem ein Mandat aus dem Betriebsvermögen ausscheidet, aus tatsächlichen Gründen nicht möglich. Dies gilt um so mehr, wenn man davon ausgeht, daß im Rahmen internationaler Beratungen ganz überwiegend keine Dauerberatungsverträge i.S.v. schwebenden Verträgen bestehen. Insofern besteht in Anbetracht des vorrangig zu beachtenden Amtsermittlungsgrundsatzes (§ 88 AO) ein erhebliches Nachweisproblem.[242]

2. Bestimmung des Fremdvergleichspreises

Ist die Zuordnung eines Mandats zu einer festen Einrichtung dem Grund nach und zeitlich festgestellt, so ist im Zeitpunkt der Überführung der Fremdvergleichspreis des Mandats zu bestimmen. Zur Bewertung könnte auf die Methoden zur Verrechnungspreisbestimmung bei verbundenen Unternehmen zurückgegriffen werden.[243] Die Ermittlung eines Fremdvergleichspreises i.S.d. Preisvergleichs- oder der Wiederverkaufspreismethode scheitert aber an dem fehlenden Markt für einzelne Mandate. Folglich ist weder (äußerer) Preisvergleich[244] noch eine Ermittlung eines Wiederverkaufspreises möglich. Handelt es sich bei dem überführten Mandat um ein Dauermandat oder ein schwebendes Mandat, könnte die Kostenaufschlagsmethode zur Ermittlung des Fremdvergleichspreis herangezogen werden. Dieser wäre dann durch die Ermittlung der bisher entstandenen Kosten des RA, WP oder StB unter Berücksichtigung eines Gewinnaufschlags für die bereits erbrachte Arbeitsleistung festzustellen. Hierbei wird jedoch der Tatsache nicht Rechnung getragen, daß der Fremdvergleichspreis eines Mandates auch durch die Chance bestimmt wird, künftig durch Beauftragung des Mandanten Gewinne zu erzielen. Die Schwierigkeit der Ermittlung des Fremdvergleichspreises eines Mandates, wie auch allgemein bei immateriellen Wirtschaftsgütern[245], besteht darin, zum Zeitpunkt der Überführung vorherzusehen, welche Gewinne aus dem laufenden Mandatsvertrag bzw. den zukünftigen Mandatsverträgen zu erzie-

---

[240] Vgl. *Kumpf*, a.a.O.; *Wassermeyer*, in: Debatin/Wassermeyer, MA, Art. 7 Rz. 241.

[241] Vgl. *Kumpf*, Betriebsstätten, S. 103 f.; *Wassermeyer*, in: Debatin/Wassermeyer, MA Art. 7 Rz. 240.

[242] *Becker*, in: GS Knobbe-Keuk, S. 557 ff., S. 574; *Söhn*, in: HHSp, AO, § 90 AO Rz. 66; *Tipke/Kruse*, AO, § 90 Tz. 16.

[243] Vgl. dazu z.B. *Baumhoff*, in: Mössner u.a., Int. Unternehmensteuerrecht, Rz. C 315 ff.; *Jacobs*, Int. Unternehmensbesteuerung, S. 872 ff.; *Schaumburg*, Internationales, Rz. 18.111.

[244] Ein innerer Preisvergleich ist in dem hier vorliegenden Fall aus tatsächlichen Gründen nicht möglich; vgl. *Baumhoff*, in: Mössner u.a., Int. Unternehmensteuerrecht, Rz. C 320.

[245] *Halfar*, IWB, F. 3 Gr. 1, S. 1263 ff., S. 1266.

len sind. Nach Ansicht des BFH[246] ist der gemeine Wert (§ 9 BewG) von geschützten Patenten deren Kapitalwert. Dieser hänge von der geschätzten Laufzeit der Erfindung und von dem fiktiven Zinssatz des in dem Patent verkörperten Vermögens ab. Insofern könnte unter entsprechender Anwendung der Bestimmung des Kapitalwerts bei geschützten Patenten die Bewertung eines Mandats erfolgen. Somit wäre der Zinssatz, die Bindungsdauer des Mandanten an den Freiberufler sowie die Höhe der zukünftigen Honorareinnahmen zu schätzen.[247] Die Tatsache, daß der Fremdvergleichspreis eines Mandates durch eine Schätzung zu bestimmen ist, wird abkommensrechtlich regelmäßig zu einer abweichenden Erstbewertung und mithin einer abweichenden Folgebewertung der beteiligten Finanzverwaltungen führen.[248]

3. Verstoß gegen § 5 Abs. 2 EStG?

Ist ein Mandat der festen Einrichtung dem Grunde nach und zeitlich zugeordnet sowie der Fremdvergleichspreis ermittelt, sind die stillen Reserven eines Mandats nach Maßgabe der Nutzung[249], der Veräußerung oder des Untergangs - dies entspricht dem „Ausscheiden" i.S.d. Betriebsstättenerlasses - erfolgswirksam aufzulösen. Von der Abnutzbarkeit eines Mandats ist auszugehen, da die Rspr.[250] von einem abnutzbaren immateriellen Wirtschaftsgut Mandantenstamm ausgeht. Die Nutzungsdauer eines Mandats ist letztlich nur im Wege der Schätzung bestimmbar. Im weiteren wären entsprechend den Verwaltungsgrundsätzen[251] die stillen Reserven aufzuteilen, wobei hier, entgegen dem mißverständlichen Wortlaut, nicht von einer Aufteilung des immateriellen Wirtschaftsgut ausgegangen wird.[252] Die Aufteilung bei selbstgeschaffenen immateriellen Wirtschaftsgütern des Anlagevermögens erfolgt entsprechend den Bestimmungen zur Überführung von materiellen Wirtschaftsgütern.[253]

<u>Beispiel:</u> Ein belgischer Mandant, der den unbeschränkt Steuerpflichtigen RA regelmäßig zur Erbringung verschiedener anwaltlicher Leistungen beauftragt, soll künftig nur noch mit Hilfe der belgischen festen Einrichtung betreut werden. Das Mandat wird im Jahr 00 in die feste Einrichtung überführt, mit Euro 15.000 bewertet und soll drei Jahre „genutzt" werden. In der in-

[246] Z.B. BFH v. 13.10.1976 - I R 261/70, BStBl. II 1977, 76, 78; m.w.N.
[247] Dies gilt nicht für den Ausnahmefall eines als dauerndes Dienstverhältnis mit festen Bezügen i.S.d. § 627 BGB ausgestalteten Dauermandates; vgl. zur Prognose der Zukunftserfolge im Rahmen des Ertragswertverfahrens bei Freiberuflerpraxen *Schmidt-von Rhein*, Freiberuflerpraxen, S. 189 ff.
[248] Zur Problematik der Wertschwankungen *Becker*, in: FS Debatin, S. 25 ff., S. 31 f.; *Halfar*, IWB, F. 3 Gr. 1, S. 1263 ff., S. 1266; siehe auch den neuen OECD-Bericht zur Bestimmung der Verrechnungspreise bei verbundenen Unternehmen, abgedruckt in IStR 1998, Beih. zu Heft 1/98; darin werden die Finanzverwaltungen bei der Überprüfung des Fremdvergleichspreises immaterieller Güter dahingehend ermahnt, nachträgliche Korrekturen nur dann vorzunehmen, wenn die Gründe für eine Änderung des ursprünglichen Fremdvergleichspreises unstreitig sind und nicht auf den Schwierigkeiten im Rahmen der Ermittlung desselben beruhen; siehe dazu *Gangemi*, in: FS Flick, S. 737 ff., S. 747 f.
[249] Mandate wären dem Anlagevermögen zuzuordnen, da sie eine der wesentlichsten Betriebsgrundlagen eines Freiberuflers darstellen, vgl. BGHZ 43, 45; BFH v. 18.12.1996 - I R 128-129/95, BStBl. II 1997, 546, und somit dauernd seiner Tätigkeit dienen.
[250] BFH v. 30.3.1994 - I R 52/93, BStBl. II 1994, 903.
[251] BMF v. 24.12.1999, BStBl. I 1999, 1076.
[252] Dazu siehe oben I. und II.
[253] Wegen der beabsichtigten dauerhaften Nutzung sind Mandate dem Anlagevermögen zuzuordnen.

ländischen Gewinnermittlung ist insoweit ein passiver Abgrenzungsposten in voller Höhe (Euro 15.000) zu bilden. In der Gewinnermittlung der festen Einrichtung ist ein aktiver Abgrenzungsposten i. H. v. Euro 10.000 zu bilden.

Jahr 01: Im Inland führt die anteilige Auflösung des Abgrenzungsposten zu einer den steuerrechtlichen Gewinn erhöhenden Auflösung des passiven Ausgleichsposten von Euro 5.000. Der festen Einrichtung sind dagegen gewinnmindernde Ausgaben aus der Auflösung des Abgrenzungspostens von Euro 5.000 zuzurechnen. Hat der RA aus der Tätigkeit für diesen Mandanten ein Gewinn von Euro 30.000 erzielt, ist der festen Einrichtung ein Gewinn von Euro 25.000 zuzuordnen.

Jahr 02: Im Jahr 02 wird der RA von diesem Mandanten nicht mehr beauftragt und das Mandat scheidet annahmegemäß aus dem Betriebsvermögen aus. Dies führt zu einer Gewinnerhöhung im Inland von 10.000 Euro aus der Auflösung des Abgrenzungspostens. Der Gewinn der festen Einrichtung mindert sich aus der Auflösung des aktiven Abgrenzungspostens um Euro 10.000. Erzielt der RA in diesem Jahr aus der Betreuung anderer Mandate in der festen Einrichtung Einnahmen von Euro 20.000, ergibt sich ein Gewinn der festen Einrichtung in Höhe von Euro 10.000.

Unter Ausschluß von Wertschwankungen führt die Methode der aufgeschobenen Gewinnrealisierung zu einer über die Nutzungsdauer verteilten Erhöhung der im Inland steuerpflichtigen Einkünfte aus selbständiger Arbeit (§ 18 EStG) eines RA, WP oder StB und zwar in Höhe des Fremdvergleichs des in die feste Einrichtung überführten Mandats. Der festen Einrichtung wird der Betrag i.S. einer Absetzung für Abnutzung zugeordnet. Wird das Mandat von der festen Einrichtung in das inländische Büro rücküberführt, ist der Ausgleichsposten erfolgsneutral aufzulösen.[254]

Aus dogmatischer Sicht ergibt sich aus dem Zusammenspiel des Grundsatzes der Anknüpfung der Ergebnisermittlung an die Gewinnermittlung nach innerstaatlichem Steuerrecht und des Grundsatzes der Anwendbarkeit des Fremdvergleichsgrundsatzes auch im nationalen Steuerrecht[255] die Frage, inwieweit die Vorschriften der Gewinnermittlung insbesondere das in § 5 Abs. 2 EStG enthaltene Aktivierungsverbot die veranlassungsgemäße Aufteilung der stillen Reserven zwischen Betriebsstätte bzw. fester Einrichtung und inländischem Stammhaus bzw. Kanzlei oder Niederlassung einschränken kann. Denn die formale Anknüpfung der Ergebnisermittlung an die Einkünfteermittlung nach nationalem Steuerrecht führt dazu, daß nicht realisierte stille Reserven im Rahmen der Ergebnisermittlung nicht aufgeteilt werden dürfen. Im Kern geht es demnach um die Vereinbarkeit der sowohl nach Abkommensrecht als auch nach nationalem Steuerrecht durchzuführenden Ergebnisermittlung unter Beachtung des Fremdvergleichsgrundsatzes mit den innerstaatlichen Gewinnermittlungsnormen.[256]

[254] Dazu siehe oben D I.

[255] Dazu siehe oben A. u. B. D II.

[256] Dazu siehe oben A. und B.; a. A. *Kramer*, IStR 2000, 449, 455, der die Einhaltung des bei der direkten Methode gelten den Fremdvergleichsgrundsatzes als Rechtsgrundlage für eine von der steuerrechtlichen Gewinnermittlung abgekoppelte Nebenrechnung sieht.

Kleineidam[257] stellt dazu zutreffend fest, die Finanzverwaltung könne nur einen erfolgswirksamen Ausweis in der „Stamm-Haus GuV" in der Höhe des Fremdvergleichspreises und eine entsprechende Neutralisierung in einem passiven Ausgleichsposten in derselben Höhe gemeint haben, da die ausländische Betriebsstätte den Regelungen des Stammhauses über die Gewinnermittlung unterliege und somit auch das Aktivierungsverbot des § 5 Abs. 2 EStG für nicht entgeltlich erworbene Wirtschaftsgüter gelte.[258]

Hinsichtlich der Bildung eines Ausgleichspostens ist es m.E. unerheblich, ob dieser innerhalb oder außerhalb der Steuerbilanz zu bilden sind. Denn zum einen knüpft die Ergebnisermittlung an das nach den Gewinnermittlungsvorschriften ermittelte Ergebnis an und zum anderen ist die Steuerbilanz nach Wertung des EStG lediglich eine technische (Hilfs-)Möglichkeit, den Gewinn zu ermitteln (§ 60 Abs. 2 S. 2 EStDV).[259] Sinn und Zweck des § 5 Abs. 2 EStG ist es sicherzustellen, daß der Ausweis der nicht entgeltlich erworbenen immateriellen Wirtschaftsgüter des Anlagevermögens wegen der Wertunsicherheit erst dann erfolgt, wenn und soweit der Markt ihren Wert durch Anschaffungskosten bestätigt hat.[260] Somit ist das Aktivierungsverbot des § 5 Abs. 2 EStG Ausfluß der Rolle des Fiskus als Kostgänger des Steuerbürgers in einer marktwirtschaftlichen Grundordnung.[261] Wenn aber gem. § 5 Abs. 2 EStG der Fiskus ohne Markttest nicht auf die stillen Reserven immaterieller Wirtschaftsgüter des Anlagevermögens zugreifen darf, gilt dies de lege lata auch für die der Ergebnisermittlung vorgeschaltete Gewinnermittlung. Insofern steht der Aufteilung der stillen Reserven zwischen Stammhaus und Betriebsstätte bzw. feste Einrichtung gemäß dem Veranlassungsprinzip unter Beachtung des Fremdvergleichsgrundsatzes § 5 Abs. 2 EStG entgegen, so daß Rechtsverhältnis zwischen § 5 Abs. 2 EStG und der sachgerechten Zuordnung der stillen Reserven im Rahmen der Ergebnisermittlung zu klären ist.

Rechtsgrundlage für die Nichtanwendung des § 5 Abs. 2 EStG könnte ein aus dem Fremdvergleichsgrundsatz abgeleitetes übergeordnetes steuerrechtliches Gebot der verursachungsgerechten Zuordnung stiller Reserven von Wirtschaftsgütern des Betriebsvermögens sein, das die territoriale Besteuerung der stillen Reserven sicherstellen soll. Materiell geht es um den Vorrang des berechtigten hoheitlichen Interesses des deutschen Fiskus an der Sicherstellung der Besteuerung der im Inland gebildeten stillen Reserven vor dem Verbot des Zugriffs auf nicht marktgetestete Werte i.S.d. § 5

---

257 *Kleineidam*, Rechnungslegung, S. 190 ff.; *ders*., IStR 1993, 349; *ders*., IStR 2000, 577.

258 Ebenfalls kritisch zur Behandlung immaterieller Wirtschaftsgüter nach der Methode der aufgeschobenen Gewinnrealisierung *Halfar*, IWB, F. 3 Gr. 1, S. 1263, S. 1268; *Kramer*, StuW 1991, 151, 162; siehe auch *Becker*, in: FS Debatin, S. 25, S. 31 f.; *Kroppen*, in: Becker/Höppner/Grotherr/Kroppen, DBA, Art. 7 Rn. 145 ff. u. Rn. 156 ff.; *Schaumburg*, Internationales, Rz. 18.46 (FN 146).

259 Wohl a.A. *Strunk/Kaminski*, IStR 2000, 33, 37, technisch geht es um die Methode der Aufnahme steuerlicher Ausgleichsposten direkt in der Steuerbilanz oder die der Abwicklung des Transfers mit Hilfe von Korrekturposten in Ergänzungsbilanzen siehe dazu die Bsp. bei *Pach-Hansenheimb*, Verstrickung, S. 231 ff.

260 BFH v. 26.8.1992 - I R 24/91, BStBl. II 1992, 977, m.w.N.; *Crezelius*, in: Kirchhof, EStG, § 5 Rn. 59 u. 131 f.

261 Zur Rolle des Fiskus in der Funktion des Steuersystems *Crezelius*, Steuerrecht II, § 1 Rz. 1.

Abs. 2 EStG durch den deutschen Fiskus. Der BFH[262] hat bereits im Zusammenhang mit der Trennung zwischen betrieblichen und privaten Bereich sowie die Erfassung der gesellschaftsvertraglich veranlaßten Wertbewegungen zwischen einer Kapitalgesellschaft und ihren Gesellschaftern, letztlich zugunsten des Fiskus, ein solches, dem Aktivierungsverbot des § 5 Abs. 2 EStG vorgehendes Gebot angenommen.[263] Ausgehend von der Rolle des Fiskus als Kostgängers des Steuerbürgers in einer marktwirtschaftlichen Grundordnung, ist eine Besteuerung der erfassten stillen Reserven jedoch nur zulässig, wenn ein Markttest stattgefunden hat. Auf der Grundlage eines solchen Vorverständnisses ist die erfolgswirksame Auflösung und Besteuerung der stillen Reserven nicht entgeltlich erworbener immaterieller Wirtschaftsgüter im Rahmen der Überführung in eine Betriebsstätte oder feste Einrichtung nur dann zulässig, wenn das Wirtschaftsgut entgeltlich veräußert wird. Insbesondere gibt es keine Rechtsgrundlage für die Wahlweise Sofortbesteuerung der stillen Reserven bzw. die Zwangsrealisierung der stillen Reserven nach 10 Jahren, wie sie nach Ansicht der Finanzverwaltung[264] besteht.[265]

E. Überführung eines selbständigen Teils des Vermögens ins Ausland

I. Grundlagen

Im Gegensatz zur Überführung von einzelnen Wirtschaftsgütern in eine ausländische feste Einrichtung ist nach der Rspr. des BFH[266] der Tatbestand der Betriebsaufgabe (§ 16 Abs. 3 EStG) und der Aufgabe der freiberuflichen Tätigkeit gem. § 18 Abs. 3 i.V.m. § 16 Abs. 3 EStG erfüllt, wenn ein Betrieb ins Ausland verlegt wird und der Gewinn aus dem ausländischen Betriebsvermögen aufgrund eines DBA der inländischen Besteuerung entzogen ist.[267] Der Betrieb sei „durch eine Handlung des Steuerpflichtigen oder durch einen Rechtsvorgang in seiner ertragsteuerrechtlichen Einordnung so verändert, daß die Erfassung der im Buchansatz für die Wirtschaftsgüter des Betriebsvermögens enthaltenen stillen Reserven nicht mehr gewährleistet ist“.[268] Dies

---

[262] Z.B. BFH v. 20.8.1986 - I R 150/82, BStBl. II 1987, 455; BFH v. 24.3.1987 - I R 202/83, BStBl. II 1987, 705; zustimmend *Blümich/Schreiber* § 5 EStG Rz. 526; *HHR/o.V.* § 5 EStG Anm. 1737; *Meurer*, in: Lademann, EStG, § 4 Anm. 331; *Schmidt/Weber-Grellet*, EStG, § 5 Rz. 165, m.w.N.

[263] Dagegen zu Recht kritisch *Crezelius*, Steuerrecht II, § 8 Rz. 56; *ders*., in: Kirchhof, EStG, § 5 Rz. 61; ausführlich *Fischer*, Sacheinlagen, S. 119 ff., m.w.N.; *Knobbe-Keuk*, Bilanzsteuerrecht, § 16 II 1 a; so aber auch das FG München 21.11.2000, EFG 2001, 280, nrkr. u. BFH v. 29.1.1975 – I R 135/70, BStBl. II 1975, 553.

[264] BMF v. 24.12.1999, BStBl. I 1999, 1076, Tz. 2.6.1 c u. a.

[265] Im Ergebnis ebenso *Kleineidam*, IStR 2000, 577; *Wassermeyer*, in: Debatin/Wassermeyer, MA, Art. 7 Rz. 247.

[266] BFH v. 28.4.1971 - I R 55/66, BStBl. II 1971, 630; BFH v. 29.10.1981 - IV R 138/78, BStBl. II 1982, 381; BFH v. 13.12.1983 - VIII R 90/81, BStBl. II 1984, 474, m.w.N.; der Abschluß eines DBA zu einem späteren Zeitpunkt führe allerdings nicht zu einer Betriebsaufgabe BFH v. 16.12.1975 - VIII R 3/74, BStBl. II 1976, 246.

[267] Zustimmend *Blümich/Stuhrmann*, § 16 EStG Rz. 217; *Söffing*, in: Lademann, EStG, § 16 Anm. 115.

[268] So zum Betreibsaufgabetatbestand des § 16 Abs. 3 EStG nach Beendigung der Betriebsaufspaltung BFH v. 13.12.1983 - VIII R 90/81, BStBl. II 1984, 474, m.w.N.

gilt ebenso für die Verlagerung eines Teilbetriebs i.S.d. § 16 Abs. 1 Nr. 1 EStG oder eines selbständigen Teils des freiberuflichen Vermögens i.S.d. § 18 Abs. 3 i.V.m. § 16 Abs. 1 Nr. 1 EStG.[269]

Da die Verlagerung eines selbständigen Teils des freiberuflichen Vermögens i.S.d. § 18 Abs. 3 i. V. m. § 16 Abs. 1 Nr. 1 EStG in eine ausländische feste Einrichtung zu einem steuerpflichtigen Aufgabegewinn führt, ist fraglich, unter welchen Voraussetzungen ein selbständiger Teil des Vermögens eines RA, WP oder StB gegeben ist. Nach Ansicht der Rspr. des BFH[270] und der h.M.[271] im Schrifttum seien die Voraussetzungen eines selbständigen Teils des Vermögens i.S.d. § 18 Abs. 4 EStG, das der selbständigen Arbeit dient, unter entsprechender Anwendung der Voraussetzungen eines (gewerblichen) Teilbetriebes zu bestimmen. Die Tatsache, daß die wesentliche Betriebsgrundlage bei Freiberuflern in immateriellen Wirtschaftsgütern liegt, stehe der Annahme eines selbständigen Vermögensteils i.S.d. § 18 Abs. 3 EStG nicht entgegen.[272] Allerdings müsse die Personenbezogenheit der selbständigen Arbeit berücksichtigt werden. Ein selbständiger Teil des freiberuflichen Vermögens sei daher nur in zwei Fällen zulässig. Zum einen sei eine Organisationseinheit vorauszusetzen, mit deren Hilfe von der übrigen freiberuflichen Tätigkeit abgrenzbare freiberufliche Leistungen am Markt angeboten und erbracht werden.[273] Dies sei dann gegeben, wenn es sich um verschiedenartige Tätigkeiten mit verschiedenen Mandantenkreisen handelt, wie z.B. bei einem Steuerpflichtigen, der sowohl RA als auch StB ist und die Praxen organisatorisch und hinsichtlich der Mandanten getrennt sind.[274] Zum anderen sei ein selbständiger Teil des Vermögens anzunehmen, wenn bei gleichartiger Tätigkeit diese im Rahmen organisatorisch selbständiger Büros mit besonderem Personal und regelmäßig, wenn auch nicht zwingend, an unterschiedlichen Orten, in voneinander entfernten ört-

---

[269] *Schaumburg*, Internationales, Rz. 5.883; zur Verlagerung der freiberuflichen Tätigkeit eines Erfinders BFH v. 13.10.1976 - I R 261/70, BStBl. II 1977, 76, 77.

[270] BFH v. 29.10.1992 - IV R 16/91, BStBl. II 1993, 182; BFH v. 22.12.1993 - I R 62/93, BStBl. II 1994, 352, jeweils m.w.N.; vgl. auch BFH v. 18.11.1998 - IV B 126/97, DStRE 1999, 344.

[271] *Fitsch*, in: Lademann, EStG, § 18 Anm. 201; *HHR/Brandt*, § 18 EStG Anm. 340; *Nieland*, in: Littmann/Bitz/Pust, EStG, § 18 Rn. 378; *Schmidt/Wacker*, EStG, § 18 Rz. 250; *Stuhrmann*, in: Kirchhof/Söhn, EStG, § 18 RdNr. D 41; jeweils m.w.N.

[272] Vgl. BFH v. 4.2.1982 - IV R 150/78, BStBl. II 1982, 348, 349.

[273] BFH v. 22.12.1993 - I R 62/93, BStBl. II 1994, 352.

[274] Die ältere Rspr. bezieht sich auf das EStG vor 1965, als die Teilpraxisveräußerung in § 18 EStG gesetzlich nicht geregelt war, BFH v. 10.10.1963 - IV 198/62 S, BStBl. III 1964, 120; BFH v. 6.12.1963 - IV 268/63 U, BStBl. III 1964, 135; diese Rspr. hat nach BFH v. 14.03.75 - IV R 78/71, BStBl. II 1975, 661, ausdrücklich auch für deas EStG 1965 Gültigkeit; zustimmend *HHR/Brandt*, § 18 EStG Anm 75; *Mittelbach*, Praxisübertragungen, S. 298; *Schmidt/Wacker*, EStG, § 18 Rz. 250.

lichen Wirkungsbereichen mit getrennten Mandantenkreisen ausgeübt wird.[275] Eine lediglich organisatorische Trennung bei einheitlichem Mandantenstamm genüge nicht.[276]

Beispiel: Ein StB hat in Köln seine berufliche Niederlassung. In Aachen unterhält er eine weitere Beratungsstelle, die er ganz überwiegend für Beratungen mit seinen belgischen Mandanten nutzt. Wegen des gestiegenen Beratungsbedarfs schließt der StB das Büro in Aachen und eröffnet eines in Belgien. Werden künftig die Mandate überwiegend mit Hilfe der festen Einrichtung in Belgien beraten, sind diese der festen Einrichtung i.S.d. Art. 14 Abs. 1 DBA-Belgien[277] zuzuordnen. In diesem Fall besteht die Gefahr der Annahme einer Teilbetriebsaufgabe. Diese wäre durch eine fehlende örtliche Trennung der Beratung der Mandanten vor der Überführung zu vermeiden.

Angesichts der engen Voraussetzungen eines selbständigen Vermögensteils i.S.d. § 18 Abs. 3 EStG wird in der Praxis nur selten der Tatbestand eines Teils der selbständigen freiberuflichen Tätigkeit eines RA, WP oder StB gegeben sein.[278] Hintergrund der restriktiven Auslegung des Tatbestands des selbständigen Vermögensteils (§ 18 Abs. 3 EStG) ist die Steuerermäßigung für Veräußerungs- bzw. Aufgabegewinne i.S.d. §§ 18 Abs. 3, 16 i.V.m. § 34 EStG. Offen muß bleiben, ob der BFH im Fall der Überführung von Teilbetrieben und selbständigen Vermögensteilen ins Ausland die engen Voraussetzungen anwendet oder diese aufgrund eines übergeordneten Gebots der Sicherstellung der Besteuerung der in Deutschland gebildeten stillen Reserven ausdehnt. Den kritischen Stimmen im Schrifttum[279] folgend, wonach die Voraussetzung der wesensmäßig verschiedenen Tätigkeiten mit verschiedenen Kundenkreisen mit der Begründung abgelehnt wird, diese Voraussetzung führe tatsächlich zur Annahme eines einzigen Betriebs, ist konsequenterweise häufiger die Verlagerung der freiberuflichen Tätigkeit eines RA, WP oder StB ins Ausland gegeben.

II. Rechtsfolgen - Realisierung eines Praxiswerts?

Wird ein selbständiger Vermögensteil eines RA, WP oder StB i.S.d. § 18 Abs. 3 EStG in eine ausländische feste Einrichtung überführt, ist der Aufgabegewinn nach § 18 Abs. 3 i. V. m. § 16 Abs. 3 EStG zu ermitteln. Ermittelt der RA, WP oder StB seinen Gewinn durch eine Überschußrechnung (§ 4 Abs. 3 EStG), muß dieser auf die Gewin-

---

275 Zur Teilpraxis eines StBv BFH v. 10.10.1963 - IV 198/62 S, BStBl. II 1964, 120; BFH v. 14.5.1970 - IV 136/65, BStBl. II 1970, 566; BFH v. 27.4.1978 - IV R 102/74, BStBl. II 1978, 562, m.w.N.; BFH v. 5.2.1987 - IV R 121/83, BFH/NV 1987, 571; zu einem selbständigen Teil des Vermögens einer Fahrschule BFH v. 24.8.1989 - IV R 120/88, BStBl. II 1990, 55; BFH v. 29.10.1992 - IV R 16/91, BStBl. II 1993, 182; zu einem Dentallabor einer Zahnarztpraxis BFH v. 22.12.1993 - I R 62/93, BStBl. II 1994, 352.

276 *HHR/Brandt*, § 18 EStG Anm. 340; *Stuhrmann*, in: Kirchhof/Söhn, EStG, § 18 RdNr. D 41; vgl. auch *Nieland*, in: Littmann/Bitz/Pust, EStG, § 18 Rn. 378, wonach einzelne Mandate einer freiberuflichen Praxis kein selbständiger Vermögensteil i.S.d. § 18 Abs. 3 EStG darstellen; a.A. *Bordewin*, DStZ 1980, 459, 463 f.; *Schick*, Freie Berufe, S. 129.

277 Dieser ist Art. 14 OECD-MA nachgebildet.

278 So bezogen auf nationale Sachverhalte *Blümich/Hutter*, § 18 EStG Rz. 260; *Bordewin*, DStZ 1980, 459, 464; *Nieland*, in: Littmann/Bitz/Pust, EStG, § 18 Rn. 378.

279 *Blümich/Hutter*, § 18 EStG Rz. 264; *Bordewin*, DStZ 1980, 459, 463 f.; *Hermstädt*, BB 1979, 96, 99; *Schick*, Freie Berufe, S. 129, m.w.N. (FN 430).

nermittlung durch Bestandsvergleich übergehen.[280] Die überführten Wirtschaftsgüter sind nach § 16 Abs. 3 S. 4 EStG mit ihrem gemeinen Wert (§ 9 Abs. 2 BewG) anzusetzen. Fraglich ist jedoch, inwieweit die immateriellen Wirtschaftsgüter in die Ermittlung eines Aufgabegewinns eingehen. Nach Ansicht der Rspr. des BFH[281] und der h.M. im steuerrechtlichen Schrifttum[282] kann ein gewerblicher Teilbetrieb einen als abnutzbares immaterielles Wirtschaftsgut zu qualifizierenden Geschäftswert haben. Handelt es sich um einen nicht entgeltlich erworbenen Geschäftswert, unterliegt dieser dem Aktivierungsverbot nach §§ 248 Abs. 2 HGB, 5 Abs. 2 EStG, d.h. er kann nur mit dem Teilbetrieb veräußert bzw. genutzt werden. Liegt dagegen eine Teilbetriebsaufgabe (§ 16 Abs. 3 EStG) vor, geht sowohl ein originärer als auch ein derivativer Geschäftswert unter[283], da der Geschäftswert an den Betrieb bzw. Teilbetrieb gebunden ist und nicht ohne diesen veräußert oder entnommen werden kann.[284]

Bisher nicht geklärt ist allerdings, ob ein originärer Geschäftswert auch dann untergeht, wenn der Teilbetrieb in eine ausländische DBA-Betriebsstätte überführt wird, da der Teilbetrieb tatsächlich nicht untergeht, sondern vielmehr fortgeführt wird. In dem von dem I. Senat des BFH[285] zu entscheidenden Sachverhalt bedurfte es keiner Klärung, da die Voraussetzungen eines Teilbetriebs nicht gegeben waren.[286] Folgt man, entgegen der hier vertretenen Ansicht[287], der h.M.[288] sind Geschäftswert und Praxiswert nicht wesensverschieden. Insofern stellt sich die Frage, ob der Praxiswert oder ggf. der Mandantenstamm bei Verlegung eines selbständigen Teils des freiberuflichen Vermögens in eine ausländische feste Einrichtung überführt wird. Letztlich handelt es sich hierbei um die Frucht der bösen Tat. Denn wie *Schaumburg*[289] zutreffenderweise

[280] Statt aller *Schmidt/Wacker*, EStG, § 18 Rz. 266; *Weber-Grellet*, in: Kirchhof/Söhn, EStG, § 4 RdNrn. D 220 ff.

[281] Z.B. BFH v. 7.11.1985 - IV R 7/83, BStBl. II 1986, 176, m.w.N.; BFH v. 20.8.1986 - I R 150/82, BStBl. II 1987, 455; BFH v. 13.3.1991 - I R 83/89, BB 1991, 1156; BFH v. 27.03.96 - I R 60/95, BStBl. II 1996, 576, danach ist unter einem Geschäftswert der Mehrwert eines erworbenen Unternehmens zu verstehen, der über den Substanzwert der materiellen und immateriellen Wirtschaftsgüter abzüglich der Verbindlichkeiten hinausgeht.

[282] Für die h.M. *Hörger*, in: Littmann/Bitz/Pust, EStG, § 16 Rn. 49; *Reiß*, in:Kirchhof/Söhn, EStG, § 16 RdNr. B 261 a; *Schmidt/Wacker*, EStG, § 16 Rz. 153.

[283] BFH v. 14.2.1978 - VIII R 158/73, BStBl. II 1979, 99, bzgl. eines originären Geschäftswerts; BFH v. 4.4.1989 - X R 49/87, BStBl. II 1989, 606 bzgl. eines derivativen Geschäftswerts.

[284] BFH v. 14.12.1993 - VIII R 13/93, BStBl. II 1994, 922; BFH v. 30.3.1994 - I R 52/93, BStBl. II 1994, 903.

[285] BFH v. 24.11.1982 - I R 123/78, BStBl. II 1983, 113, 114; gleichwohl hat der zuständige I. Senat im Rahmen der sog. finalen Entnahmelehre die Entnahme eines immateriellen Wirtschaftsgutes „Verlagswert“ bejaht.

[286] Dieses Problem wird auch von *Schmidt/Wacker*, EStG, § 16 Rz. 160 (Geschäftswert), erkannt; siehe auch OFD Frankfurt v. 1.8.1985, abgedruckt in: Debatin/Wassermeyer, II 58 b Anhang B, wonach bei den nach § 12 KStG aufzudeckenden stillen Reserven bei Verlegung einer inländischen Betriebsstätte einer beschränkt steuerpflichtigen Körperschaft ins Ausland ein originärer Geschäftswert aufzudecken sei.

[287] Dazu siehe voriges Kapitel D III 5 d.

[288] Für die h.M. BFH v. 12.3.1992 - IV R 29/91, BStBl. II 1993, 36, 40; *HHR/Heuer*, § 6 EStG Anm. 869; *Schmidt/Wacker*, EStG, § 18 Rz. 201, m.w.N.; zutreffend a.A. *Söffing*, M., DB 1987, 1753, 1756 f.; *Tiedchen*, FR 1992, 705.

[289] *Schaumburg*, Internationales, Rz. 5.883.

ausführt, sei weder der Tatbestand der Betriebs- noch derjenige der Teilbetriebsaufgabe (§ 16 Abs. 3 EStG) erfüllt, da der Betrieb unverändert fortgeführt werde und daher kein analogiefähiges Prinzip vorliege.[290] Folglich sei die Auffassung der Rspr. von einem einseitigen fiskalischem Interesse geprägt und darauf gerichtet, die deutsche Besteuerung sicherzustellen. Vielmehr handelt es sich um eine Frage der Ergebnisermittlung. Im übrigen ist die steuerliche Erfassung der stillen Reserven nach den Grundsätzen der Rspr. des BFH[291] zur Wohnsitzverlegung eines unbeschränkt Steuerpflichtigen ins Ausland auch weiterhin sichergestellt. Danach sei der Tatbestand der Betriebsaufgabe i.S.d. § 16 Abs. 3 EStG erfüllt, sofern die Erfassung der stillen Reserven nicht mehr gesichert sei, da z.B. der Gewinn aus dem ausländischen Gewerbebetrieb wegen eines bereits bestehenden DBA nunmehr der inländischen Besteuerung entzogen ist.[292]

Eine andere Frage ist, ob ein originär geschaffener Praxiswert im Rahmen der Methode der aufgeschobenen Gewinnrealisierung zu berücksichtigen ist. Dabei geht es im Kern um die bereits im vorigen Kapitel Verhältnis zwischen Gewinnermittlung und Ergebnisermittlung.[293]

F. EU-Recht

Bei der Erfassung der stillen Reserven im Rahmen der Überführung von Wirtschaftsgütern in eine ausländische feste Einrichtung handelt es sich um die abkommensrechtliche Ergebnisermittlung. Fraglich ist, ob die steuerrechtliche Behandlung der Überführung von Wirtschaftsgütern in eine ausländische feste Einrichtung ein Verstoß, d.h. eine versteckte Inländer-Diskriminierung[294], gegen die Niederlassungsfreiheit nach Art. 6 i. V. m. Art. 52 Abs. 1 S. 2 EGV darstellt, da die Überführung eines Wirtschaftsguts von einer inländischen zu einer anderen inländischen Betriebsstätte nicht zur (aufgeschobenen) Besteuerung der stillen Reserven führt.[295] Seit dem Urteil des EuGH[296] in der Rechtsache Gebhard ist die Niederlassungsfreiheit i.S. eines allgemeinen Beschränkungsverbots zu verstehen. Eine Beschränkung durch nationale Bestimmungen ist nur dann zulässig, wenn diese einer sog. Verhältnismäßigkeitsprüfung standhalten. Hierbei müssen die Regelungen in nicht diskriminierender Weise angewendet werden, aus zwingenden Gründen des Allgemeininteresses gerechtfertigt sein, geeignet sein, die Verwirklichung des mit ihnen verfolgten Zieles zu gewährleisten,

---

[290] In diesem Sinne auch *Hörger*, in: Littmann/Bitz/Pust, EStG, § 16 Rn. 70; *Knobbe-Keuk*, Bilanzsteuerrecht, §7 IV u. V; *Reiß*, in: Kirchhof/Söhn, EStG, § 16 RdNr. F 71; *Schaumburg*, Internationales, Rz. 5.384.

[291] BFH v. 28.4.1971 - I R 55/66, BStBl. II 1971, 630; BFH v. 13.10.1976 - I R 261/70, BStBl. II 1977, 76; BFH v. 28.3.1984 - I R 191/79, BStBl. II 1984, 664.

[292] Der Abschluß eines DBA zu einem späteren Zeitpunkt führt daher zu keiner Aufdeckung der stillen Reserven BFH v. 16.12.1975 - VIII R 3/74, BStBl. II 246.

[293] Dazu siehe voriges Kapitel D IV 3.

[294] Allgemein zur Inländerdiskriminierung vgl. *Herzig/Dautzenberg*, DB 1997, 8, 10.

[295] Vgl. allgemein zur Problematik des Verhältnisses zwischen Abkommensrecht und EU - Recht z.B. *Scherer*, in: Debatin/Wassermeyer, MA Vor Art. 1 Rz. 86 ff.; *Vogel*, DBA, Einl. 1 Rz. 136 ff., jeweils m.w.N.

[296] EuGH v. 30.11.1995 - Rs. C-55/94 (Gebhard), NJW 1996, 579.

und dürfen nicht über das hinausgehen, was zur Erreichung dieses Zieles erforderlich ist. Im Kern geht es somit darum, ob die Sicherstellung der Besteuerung der in einem Mitgliedstaat gebildeten stillen Reserven für den Zweck der Einnahmenerzielung desjenigen Mitgliedstaates einer Verhältnismäßigkeitsprüfung standhält.[297] Der EuGH hat bisher zu dieser Frage nicht Stellung genommen. Im einzelnen kann jedoch im Rahmen dieser Arbeit eine solche Prüfung nicht erfolgen, zumal die Anwendung des Verhältnismäßigkeitsgrundsatzes i.S. dieser Auslegung erst am Anfang steht.[298] Gleichwohl ist festzustellen, daß der EuGH[299] in der Rechtsache „Daily Mail" offenbar eine Nichtbesteuerung der stillen Reserven bei einer Sitzverlegung einer Gesellschaft ins Ausland für nicht tragbar hielt.[300] Infolgedessen besteht die Vermutung, daß der EuGH zumindest dann keine Inländer-Diskriminierung annehmen wird, wenn im Zeitpunkt der Überführung keine Gewinnrealisierungstatbestand nach geltendem Steuerrecht erfüllt ist, sondern es vielmehr um die dem Veranlassungsprinzip unter Beachtung des Fremdvergleichsgrundsatzes entsprechende Zuordnung der in einem Staat erwirtschafteten stillen Reserven.[301]

Ferner ist die sekundärrechtliche Verpflichtung zur Beseitigung der Doppelbesteuerung nach dem Übereinkommen der EU-Staaten über die Beseitigung der Doppelbesteuerung im Falle von Gewinnberichtigungen bei verbundenen Unternehmen zu beachten.[302] Diese gilt auch für die Ergebnisermittlung zwischen inländischem Stammhaus und ausländischer Betriebsstätte.[303] Da diese bei Freiberuflern ebenfalls nach dem Veranlassungsprinzip unter Beachtung des Fremdvergleichs erfolgt, gilt diese Verpflichtung entsprechend für die Ergebnisermittlung zwischen inländischem Büro und ausländischer fester Einrichtung. Allein die Tatsache, daß abkommensrechtlich Einkünfte aus selbständiger Arbeit entsprechend Art. 14 OECD-MA vorliegen, rechtfertigt keine unterschiedliche Behandlung.

Ferner ist fraglich, ob die Besteuerung der Verbringung eines selbständigen Teils des Vermögens (§ 18 Abs. 3 EStG) in eine ausländische feste Einrichtung gegen die Niederlassungsfreiheit i.S.d. Art. 6 i. V. m. Art. 52 EGV verstößt.[304] In der Sache geht es auch hier um eine versteckte Inländerdiskriminierung. Ein aus zwingenden Gründen bestehendes Allgemeininteresse ist mit der Sicherstellung der Besteuerung der in einem Mitgliedstaat gebildeten stillen Reserven gegeben. Gleichwohl ist zweifelhaft, ob die gewählten Mittel, d.h. hier die Ausweitung des Tatbestands der Aufgabe eines selbständigen Teils des Vermögens i.S.d. § 18 Abs. 3 EStG[305], nicht über das verfolgte

[297] Vgl. *Herzig/Dautzenberg*, DB 1997, 8, 12.
[298] *Roth*, in: Dauses, (Hrsg.), E. I RdNr. 122.
[299] EuGH v. 27.9.1988 - Rs. 81/87 (Daily Mail), EuGHE 1988, S. 5483 ff.
[300] *Voß*, in: Dauses, (Hrsg.), J. RdNr. 21.
[301] Eine solche Pflicht würde über das Ziel der Erfassung der stillen Reserven hinausgehen und mithin nicht dem Verhältnismäßigkeitsgrundsatz entsprechen; in diesem Sinne wohl auch *Kramer*, IStR 2000, 449, 450 f., der zu Recht auf die europarechtlichen Bedenken einer Entstrickung hinweist.
[302] Abl.Nr. L 225/10 v. 20.8.1990 (90/436/EWG).
[303] Vgl. dazu *Knobbe-Keuk*, Bilanzsteuerrecht, § 8 b II 3, m.w.N.
[304] Die Anwendung der Dienstleistungsfreiheit kommt nicht in Betracht, da der Freiberufler wegen der festen Einrichtung nicht nur vorübergehend in dem anderen EU - Staat tätig wird.
[305] Nichts anderes gilt für den Fall der Teilbetriebsaufgabe i.S. .d § 16 Abs. 3 EStG.

Ziel hinausgehen. Die Erfassung der stillen Reserven ist einerseits im Rahmen der abkommensrechtlichen Ergebnisermittlung sichergestellt und andererseits durch die Rspr. des BFH[306] zur Wohnsitzverlegung eines unbeschränkt Steuerpflichtigen ins Ausland, wonach die Wohnsitzverlegung eines unbeschränkt steuerpflichtigen Berufsangehörigen eine Aufgabe der freiberuflichen Tätigkeit i.S.d. § 18 Abs. 3 EStG zur Folge hat.[307] Infolgedessen ist zweifelhaft, ob die Ausweitung des Tatbestands der Aufgabe eines Teils des Vermögens (§ 18 Abs. 3 EStG) einer Verhältnismäßigkeitsprüfung durch die Rspr. des EuGH standhalten würde. Eine andere, hier nicht näher zu untersuchende Frage ist, ob die steuerrechtliche Behandlung der Wohnsitzverlegung gegen den Verhältnismäßigkeitsgrundsatz verstößt.[308]

306 BFH v. 28.4.1971 - I R 55/66, BStBl. II 1971, 630; BFH v. 13.10.1976 - I R 261/70, BStBl. II 1977, 76; BFH v. 28.3.1984 - I R 191/79, BStBl. II 1984, 664.

307 Zu Recht kritisch *Knobbe-Keuk*, DB 1991, 298; kritisch zur Regelung des Progressionsvorbehalts § 32 b EStG bei Zu- und Wegzug *Apel/Oltmanns*, DB 1998, 2560.

308 Ein Verstoß kommt zumindest in den Fällen in betracht, in denen der Unternehmer oder Freiberufler ins Ausland zieht, aber mit seiner im Inland ausgeübten oder verwerteten Tätigkeit im Rahmen der beschränkten Steuerpflicht (§ 49 Abs. 1 EStG) ohnehin der deutschen Besteuerung unterliegt, daher die Rspr. zu Recht ablehnend *Knobbe-Keuk*, DB 1990, 2529; *dies.*, DB 1991, 298, 300; *Schaumburg*, Internationales, Rz. 5.384.

3. Teil: Freiberufliche Tätigkeit ausländischer Berufsangehöriger im Inland

§ 1 Vorbemerkung

Vordergründig trifft die Besteuerung der freiberuflichen Tätigkeit ausländischer Berufsangehöriger im Inland die im Ausland zugelassenen Berufsangehörigen. Gleichwohl gilt dies ebenso für die in der Bundesrepublik Deutschland zugelassenen bzw. bestellten RA, WP und StB, die ihre Kanzlei oder berufliche Niederlassung weiterhin im Inland unterhalten, ihren Wohnsitz (§ 8 AO) hingegen ins Ausland verlegt haben. Angesichts der Entwicklung der technischen Kommunikationsmittel ist davon auszugehen, daß künftig die Zahl der in der Bundesrepublik zugelassenen Berufsangehörigen, die im Ausland ansässig sind, zunehmen wird und somit die beschränkte Steuerpflicht (§ 1 Abs. 4 i.V.m. § 49 EStG) von RA, WP oder StB vermehrt an Bedeutung gewinnen wird.

§ 2 Steuerrechtliche Behandlung nach Abkommensrecht

A. Grundlagen

Ist ein RA, WP oder StB oder ein ausländischer Berufsangehöriger in Deutschland beschränkt steuerpflichtig (§§ 1 Abs. 4, 49 EStG) und besteht mit dem Ansässigkeitsstaat ein Doppelbesteuerungsabkommen, ergibt sich hinsichtlich der Melde- und Buchführungspflichten aus dem DBA-Recht keine Einschränkung gegenüber nationalem Steuerrecht.[1]

Die inländischen Einkünfte (§ 49 EStG) können in Deutschland nur besteuert werden, wenn Deutschland als Quellenstaat nach dem jeweiligen Abkommen das Besteuerungsrecht zusteht. Liegen Einkünfte aus selbständiger Arbeit vor[2], hängt es von dem jeweiligen Abkommen ab, unter welchen Voraussetzungen das Besteuerungsrecht Deutschland zusteht. In den meisten deutschen Doppelbesteuerungsabkommen richtet sich das Besteuerungsrecht des Nicht-Wohnsitzstaates bzgl. der Einkünfte aus selbständiger Arbeit zum einen danach, ob eine feste Einrichtung besteht und zum anderen, ob dieser Einkünfte zugerechnet werden können. Nach nationalem Steuerrecht besteht entsprechend § 34 d Nr. 3 EStG[3] hingegen das Besteuerungsrecht, wenn die Tätigkeit im Inland ausgeübt oder verwertet wird oder worden ist (§ 49 Abs. 1 Nr. 3 EStG). Daher sind die sich aus den unterschiedlichen Anknüpfungsmerkmalen ergebenden Folgen zu untersuchen, da abkommensrechtlich ein Besteuerungsrecht weder begründet noch erweitert werden kann.[4]

---

1 Dazu siehe unten § 3 A.
2 Dazu siehe oben 2. Teil § 1 A III.
3 Dazu siehe oben 2. Teil § 2 A II.
4 Statt aller *Schmidt/Heinicke*, EStG, § 49 Rz. 9.

Hinsichtlich der Änderungen durch das OECD-MA 2000 kann auf die Ausführungen im vorigen Teil der Arbeit verwiesen werden, da diese hier entsprechend gelten.[5]

B. Erweiterung bzw. Einschränkung des nationalen Steuerrechts

Erzielt ein Berufsangehöriger aus einer im Inland ausgeübten Tätigkeit inländische Einkünfte aus selbständiger Arbeit i.S.d. § 49 Abs. 1 Nr. 3 EStG, kann sich aus dem Abkommen die Einschränkung des Besteuerungsrechts der Bundesrepublik ergeben. Dies ist der Fall, wenn im Inland die Tätigkeit i.S.d. § 49 Abs. 1 Nr. 3 EStG zwar ausgeübt wird, jedoch die Einkünfte nach den oben dargestellten Grundsätzen[6] nicht einer festen Einrichtung zuzuordnen sind.

> Beispiel: Ein in Deutschland zugelassener, in Belgien wohnhafter RA unterhält in Aachen seine Kanzlei, von der aus er überwiegend deutsche Mandanten berät. Ferner unterhält er in Belgien eine Zweigstelle. Nach Art. 14 Abs. 1 DBA-Belgien/Deutschland ist demnach eine feste Einrichtung in Deutschland gegeben. Der RA begleitet einen belgischen Mandanten bei mehrtägigen Vertragsverhandlungen, die in Köln stattfinden. Sofern der Mandant nicht gewöhnlich in der inländischen Kanzlei betreut wird, besteht kein sachlicher Zusammenhang zu dieser. Allerdings sind nach nationalem Steuerrecht inländische Einkünfte i.S.d. § 49 Abs. 1 Nr. 3 EStG gegeben. Nach Abkommensrecht wird jedoch Belgien das Besteuerungsrecht überlassen, da es keine Attraktivkraft der festen Einrichtung gibt.

Unterhält ein in einem ausländischen DBA-Staat ansässiger Berufsangehöriger im Inland eine feste Einrichtung, in der fachlich vorgebildete Mitarbeiter tätig sind, sind die Einkünfte nach den oben dargestellten Grundsätzen auch dann der festen Einrichtung zuzurechnen, wenn der Berufsangehörige im Inland nicht die Tätigkeit ausgeübt hat, sondern die fachlich vorgebildeten Arbeitskräfte.[7] Folgt man der hier vertretenen Ansicht zum Tatbestand der Ausübung i.S.d. § 49 Abs. 1 Nr. 3 EStG[8], sind nach nationalem Steuerrecht keine steuerbaren Einkünfte gegeben, da die Tätigkeit des Berufsangehörigen nicht im Inland als ausgeübt gilt. Sofern in dem betreffenden Abkommen keine sog. subject-to-tax-Klausel[9] besteht, d.h. die Zuordnung des Besteuerungsrechts des Wohnsitzstaates ist von der tatsächlichen Besteuerung der Einkünfte durch den Quellenstaat abhängig, wären die Einkünfte zwar der festen Einrichtung zuzuordnen, jedoch sind sie in Deutschland mangels inländischer Einkünfte nicht steuerbar. Somit lägen sog. weiße Einkünfte vor.

Sind hingegen mangels leitender und eigenverantwortlicher Tätigkeit i.S.d. § 18 Abs. 1 Nr. 1 S. 3 EStG Einkünfte aus Gewerbebetrieb (§ 15 Abs. 2 EStG) gegeben, ist zu prü-

---

[5] Dazu siehe oben 2. Teil § 1 A VI.
[6] Dazu siehe oben 2. Teil § 1 A IV 3.
[7] Dazu siehe ausführlich oben 2. Teil § 1 A III 3 c bb.
[8] Dazu siehe oben 2. Teil § 2 III 2 b.
[9] Danach hängt die Zuordnung der Einkünfte davon ab, ob der Quellenstaat diese auch besteuert; ausführlich dazu *Vogel*, IStR 1997, Beih. zu Heft 24, S. 1 ff., m.w.N.

fen, ob im Inland eine Betriebsstätte besteht (§ 49 Abs. 1 Nr. 2 a EStG).[10] Selbst wenn bei der Mithilfe fachlich vorgebildeter Arbeitskräfte inländische gewerbliche Einkünfte i.S.d. § 49 Abs. 1 Nr. 2 a EStG anzunehmen sind, ist zu beachten, daß abkommensrechtlich gleichwohl Einkünfte aus selbständiger Arbeit i.S.d. Art. 14 OECD-MA vorliegen.[11] Nach der hier vertretenen Zuordnung der Einkünfte zu einer festen Einrichtung dem Grunde nach[12], führt jedoch nicht jede Mithilfe der in der festen Einrichtung tätigen Arbeitskräfte zur Zuordnung der Einkünfte zur festen Einrichtung. Da hingegen die Zuordnung der Einkünfte zu einer Betriebsstätte i.S.d. § 49 Abs. 1 Nr. 2 a EStG, ebenso wie im Abkommensrecht, nach dem Veranlassungszusammenhang unter Beachtung des Fremdvergleichs erfolgt, kann die abkommensrechtliche Zuordnung zu einer Einschränkung des Besteuerungsrechts nach nationalem Steuerrecht führen.[13]

Beispiel: Ein belgischer Avocat[14] (Anwalt) unterhält in Brüssel seine Kanzlei und in Köln eine feste Einrichtung i.S.d. Art. 14 DBA-Belgien.[15] In der festen Einrichtung arbeiten 8 RA als freie Mitarbeiter. Ein deutscher Mandant wird gewöhnlich von dem in der festen Einrichtung tätigen RA Y beraten. Zu Vertragsverhandlungen in Münster begleitet ausnahmsweise Y den Mandanten. Insoweit besteht kein sachlicher Zusammenhang zur festen Einrichtung in Köln. Daher steht Belgien das Besteuerungsrecht zu. Nach nationalem Steuerrecht sind zunächst mangels leitender und eigenverantwortlicher Tätigkeit gewerbliche Einkünfte i.S.d. § 15 Abs. 1 EStG gegeben. Die Einkünfte sind der Betriebsstätte i.S.d. § 49 Abs. 1 Nr. 2 a EStG zuzuordnen, da eine gewerbliche Tätigkeit ausgeübt wird und es insoweit nicht auf die persönliche Tätigkeit des Gewerbetreibenden ankommt. Somit liegt eine Beschränkung des Besteuerungsrechts gem. § 49 Abs. 1 Nr. 2 a EStG vor.

Eine weitere Beschränkung der Besteuerung nach nationalem Steuerrecht gilt für die Sachverhalte, die unter den Verwertungstatbestand i.S.d. § 49 Abs. 1 Nr. 3 EStG fallen. Da sich die freiberufliche Tätigkeit der hier zu betrachtenden Berufsgruppe in der Ausübung erschöpft, gilt dies ausschließlich für die Verwertung von Urheberrechten im Inland. Werden im Inland Urheberrechte eines im Ausland ansässigen Berufsangehörigen verwertet und ist keine feste Einrichtung gegeben, steht Deutschland nicht das Besteuerungsrecht zu. Der nach § 50 a Abs. 4 Nr. 3 EStG i.V.m. § 50 d Abs. 1 S. 1 EStG einzubehaltende Steuerabzug[16] ist gem. § 50 d Abs. 1 S. 2 EStG zu erstatten, sofern nach Abkommensrecht i.V.m. § 37 Abs. 2 AO ein Anspruch auf Erstattung der einbehaltenen Steuer besteht.[17]

---

[10] Die Zuordnung der Einkünfte aus der Tätigkeit der Mitarbeiter zu einer Betriebsstätte i. S.d. § 49 Abs. 1 Nr. 2 a EStG erfolgt ebenso wie im Abkommensrecht nach dem Veranlassungszusammen—hang unter Objektivierung des Fremdvergleichspreises *Kumpf*, Betriebsstätten, S. 106; *Schaumburg*, Internationales, Rz. .18.15 f.

[11] Dazu siehe oben 2. Teil § 1 A III 2.

[12] Dazu siehe oben 2. Teil § 1 A III 2.

[13] *Krabbe*, in: Brezing/Krabbe/Lempenau/Mössner/Runge, AStR, § 34 d Rz. 73 f.; *Kumpf*, Betriebsstätten, S. 105 f.; *Schaumburg*, Internationales, Rz. 18.15 f.

[14] Zum Beruf des Avocat siehe Institut für freie Berufe (Hrsg.), Freie Berufe in Europa, S. 173 ff.

[15] Das DBA-Belgien enthält einen dem Art. 14 OECD-MA entsprechenden Artikel.

[16] Vgl. dazu auch BMF v. 19.12.1995, BStBl. I 1996, 89, 92 u.94 f.; insofern ist fraglich, ob dies ein völkerrechtswidriges sog. Treaty Overriding darstellt.

[17] Zu Einzelheiten siehe *Schmidt/Heinicke*, EStG, § 50 d Rz. 4 f.

Folgt das Abkommen hingegen nicht dem OECD-MA, wird es insofern nicht zu einer Einschränkung der Besteuerung nach nationalem Steuerrecht kommen, als die von der festen Einrichtung abweichenden ortsbezogenen Anknüpfungsmerkmale häufig auf die Ausübung der Tätigkeit im Quellenstaat abstellen.[18]

Angesichts der unterschiedlichen Ausgestaltung der Anknüpfungsmerkmale für die Besteuerung nach nationalem und nach Abkommensrecht, ist im Rahmen der Abkommensanwendung eine abweichende Zuordnung der Einkünfte dem Grunde nach durch die Vertragsstaaten vorprogrammiert. Letztlich lassen sich diese nur durch eine Änderung des nationalen Steuerrechts beseitigen. Unter Berücksichtigung der Streichung des Art. 14 OECD-MA sollte der Tatbestand der Ausübung und Verwertung durch das örtliche Anknüpfungsmerkmal „Betriebsstätte" ersetzt werden.

[18] Dazu siehe oben 2. Teil § 1 B II.

§ 3 Steuerrechtliche Behandlung nach nationalem Recht

A. Melde- und Buchführungspflichten

Hinsichtlich des Amtsermittlungsgrundsatzes gem. § 88 AO und der Mitwirkungspflicht des Steuerpflichtigen nach § 90 Abs. 2 AO ergibt sich kein Unterschied zur unbeschränkten Steuerpflicht.[1] Eine gesondert für beschränkt Steuerpflichtige geltende Meldepflicht besteht nicht. Wer eine freiberufliche Tätigkeit im Inland aufnimmt, muß diese gem. § 138 Abs. 1 S. 3 AO dem nach § 19 AO zuständigen Finanzamt anzeigen. Da selbständig tätige RA, WP oder StB nicht nach §§ 140, 141 AO verpflichtet sind, Bücher zu führen, ist auch nicht die in § 146 Abs. 2 S. 2 AO enthaltene Regelung zur Buchführung und Aufzeichnung bei ausländischen Betriebsstätten anwendbar.[2] Gleichwohl ergibt sich im Verlustfall eine mittelbare Aufbewahrungspflicht aus § 50 Abs. 1 S. 3 EStG. Danach ist ein Verlustvor- bzw. -rücktrag gem. § 10 d EStG nur zulässig, wenn u.a. sich die Verluste aus „Unterlagen" ergeben, die im Inland aufbewahrt werden.

B. Beschränkte Steuerpflicht gem. § 49 EStG

I. Grundlagen

Zu den inländischen Einkünften i.S.d. § 49 Abs. 1 EStG eines beschränkt Steuerpflichtigen zählen nach völkerrechtlicher Überzeugung der Staaten nur die Einkünfte, die in irgendeiner nicht zu fern liegenden Inlandsbeziehung stehen. Somit liegt der beschränkten Steuerpflicht (§ 49 EStG) als gesetzgeberischer Leitgedanke das Territorialitätsprinzip zugrunde.[3] Insoweit kommt es weniger auf die Inlandsbeziehung der Person, als auf die der Einkunftsquelle an. Infolgedessen weist die beschränkte Steuerpflicht objektsteuerartige Züge auf, ohne jedoch eine Objektsteuer zu sein.[4] Nach § 49 Abs. 1 Nr. 3 EStG besteht der Inlandsbezug bei Einkünften aus selbständiger Arbeit (§ 18 EStG) darin, daß die selbständige Arbeit im Inland ausgeübt oder verwertet wird oder worden ist. Hierfür bedarf es keiner nachhaltigen Ausübung oder Verwertung der Tätigkeit im Inland.[5] Dagegen sind die im Inland erzielten Einkünfte aus Gewerbebetrieb (§ 15 Abs. 2 EStG) nach § 49 Abs. 1 Nr. 2 a EStG nur dann steuerpflichtig, wenn der im Inland beschränkt Steuerpflichtige eine Betriebsstätte i.S.d. § 12 AO unterhält oder für ihn ein ständiger Vertreter i.S.d. § 13 AO im Inland bestellt ist. Ist eine dieser Voraussetzungen gegeben, unterliegt er nach § 2 Abs. 1 GewStG darüber hinaus mit dem der inländischen Betriebsstätte zuzurechnenden Gewinn der Gewerbeertragsteuer, da ein stehender Gewerbebetrieb im Inland betrieben wird.[6]

---

1 Dazu siehe oben 2. Teil § 2 A I.

2 Dazu siehe oben 2. Teil § 2 A III.

3 Statt aller *Schaumburg*, Internationales, Rz. 5.65 ff., m.w.N.

4 Statt aller *Lüdicke*, in: Lademann, EStG, § 49 Anm. 7, m.w.N.; *Wassermeyer*, DStJG 8 (1985), S. 49; S. 76.

5 So bereits *Strutz*,EStG 1925, Bd. I, 1927, § 3 Anm. 27; ferner *Blümich/Wied*, § 49EStG Rz. 128; *HHR/Kumpf*, § 49 EStG Anm. 670.

6 *Glanegger/Güroff*, GewStG, § 2 Anm. 6.

II. Bestimmung der Einkünfte

1. Grundlagen

Voraussetzung für die Annahme inländischer Einkünfte i.S.d. § 49 Abs. 1 EStG ist, daß die Tatbestandsmerkmale einer Einkunftsart i.S.d. §§ 2 Abs. 1, 13 - 23 EStG erfüllt sind.[7] Für die Bestimmung der Einkünfte aus selbständiger Arbeit (§ 18 EStG) ergibt sich dies aus dem ausdrücklichen Verweis auf § 18 EStG in dem Wortlaut des § 49 Abs. 1 Nr. 3 EStG. Insofern gelten die Ausführungen zur Bestimmung ausländischer Einkünfte i.S.d. § 34 d Nr. 3 EStG entsprechend.[8]

Ist er dagegen nur vorübergehend, d.h. ohne die Unterhaltung einer Betriebsstätte i.S.d. § 12 AO, im Inland tätig, erzielt er mangels Inlandsbezug i.S.d. § 49 Abs. 1 Nr. 2 a EStG nicht steuerbare Einkünfte. Beabsichtigt demnach ein im Ausland ansässiger Berufsangehöriger nur vorübergehend im Inland tätig zu werden, ohne dabei eine Betriebsstätte (§ 12 AO) zu begründen bzw. einen ständigen Vertreter (§ 13 AO) zu bestellen, ist aus Sicht des Steuerpflichtigen zu beachten, daß die Gewerblichkeit der Einkünfte zu nichtsteuerbaren Einkünften führt.

Angesichts der aktuellen Entwicklung dürften die Fälle von in Deutschland zugelassenen bzw. bestellten RA, WP oder StB, die unter Beibehaltung ihrer inländischen Kanzlei bzw. beruflichen Niederlassung oder zumindest einer Zweigstelle bzw. weiteren beruflichen Niederlassungen ihren Wohnsitz ins Ausland verlegt haben, an Bedeutung gewinnen.[9] Folglich wird die Prüfung leitender und eigenverantwortlicher Tätigkeit zunehmen.[10]

Beispiel: Ein in München zugelassener RA, der sich nachweislich mehr als 183 Tage auf einer ausländischen Ferieninsel aufhält, unterhält in München eine Kanzlei. Überwiegend wird er für deutsche Mandanten rechtsberatend tätig. In seiner inländischen Kanzlei sind drei fachlich vorgebildete Arbeitskräfte beschäftigt sowie ein in München zugelassener RA als freier Mitarbeiter, dessen Mitarbeit sich jedoch im Durchschnitt auf 10 Stunden pro Monat beschränkt. Die überwiegende Tätigkeit wird von dem im Ausland ansässigen RA dort erbracht. Der RA steht mit Hilfe von Kommunikationsmitteln in direktem Kontakt zu seinen Mitarbeitern und Mandanten. Es liegt in diesem Fall eine leitende und eigenverantwortliche Tätigkeit i.S.d. § 18 Abs. 1 Nr. 1 S. 3 EStG vor, da der persönliche und individuelle Einsatz des Freiberuflers gegenüber den Mandanten gegeben ist.

Abwandlung: Ausgangsfall wie in dem vorangegangenen Beispiel. Allerdings soll der RA in seiner inländischen Kanzlei 15 Mitarbeiter beschäftigen, wovon drei als RA zugelassen sind und einer als StB bestellt ist. Letztere treten überwiegend gegenüber den Mandanten auf. Der RA hält sich nachweislich nur im Rahmen der Bearbeitung weniger Mandate persönlich in Deutschland auf. Allein die in seiner Münchner Kanzlei tätigen Berufsangehörigen stehen in

---

7 Statt aller *HHR/Kraft*, § 49 EStG Anm. 660; *Schmidt/Heinicke*, EStG, § 49 Rz. 3.

8 Dazu siehe oben 2. Teil § 2 A II.

9 Bei Wohnsitzverlegung ist jedoch zu beachten, daß der BFH v. 28.41971 - I R 55/66, BStBl. II 1971, 630; BFH v. 13.10.1976 - I R 261/70, BStBl. II 1977, 76; BFH v. 28.3.984 - I R 191/79, BStBl. II 1984, 664; zur Besteuerung eines Aufgabegewinns nach § 18 Abs. 3 i.V.m. § 16 Abs. 3 EStG führt.

10 Dazu siehe oben 2. Teil § 2 II 1.

Kontakt mit dem im Ausland ansässigen RA. Insofern ist zweifelhaft, ob noch eine leitende und eigenverantwortliche Tätigkeit i.S.d. § 18 Abs. 1 Nr. 1 S. 3 EStG gegeben ist, da die freiberufliche Tätigkeit des im Ausland ansässigen RA letztlich nicht mehr im Vordergrund steht, sondern die Tätigkeit der in seiner inländischen Kanzlei tätigen Berufsangehörigen.

2. Isolierende Betrachtungsweise

Nach der in § 49 Abs. 2 EStG geregelten isolierenden Betrachtungsweise bleiben im Ausland verwirklichte Besteuerungsmerkmale bei der Bestimmung der inländische Einkünfte i.S.d. § 49 Abs. 1 EStG außer Betracht, soweit bei ihrer Berücksichtigung inländische Einkünfte i.S.d. § 49 Abs. 1 EStG nicht angenommen werden können. In der Sache geht es vordergründig um die Ausschaltung der Subsidiarität der in §§ 20, 21, 22 Nr. 3 S. 1 und 22 Nr. 2 i.V.m. 23 EStG normierten Einkunftsarten gegenüber den Gewinneinkünften.[11] Insoweit ist auch die Anwendung der isolierenden Betrachtungsweise (§ 49 Abs. 2 EStG) allgemein anerkannt.[12]

Im Rahmen der grenzüberschreitenden Tätigkeit von RA, WP oder StB dürften die Fälle, in denen ein im Ausland ansässiger Berufsangehöriger inländische Einkünfte erzielt, die unter eine Subsidiaritätsklausel fallen, abgesehen von einer Beteiligung an einer Freiberufler-GmbH, eher die Ausnahme sein. Vielmehr geht es um die Frage, ob die isolierende Betrachtungsweise auf das Verhältnis der Einkünfte aus Gewerbebetrieb (§ 15 EStG) und selbständiger Arbeit (§ 18 EStG) anwendbar ist. Hintergrund ist die unterschiedliche Ausgestaltung der Inlandsmerkmale für die Einkunftsarten. Nach § 49 Abs. 1 Nr. 2 a EStG wird bei Einkünften aus Gewerbebetrieb das Unterhalten einer Betriebsstätte i.S.d. § 12 AO oder eines ständigen Vertreters (§ 13 AO) im Inland vorausgesetzt, wohingegen nach § 49 Abs. 1 Nr. 3 EStG der Inlandsbezug bei den Einkünften aus selbständiger Arbeit (§ 18 EStG) bereits bei Ausübung oder Verwertung der Tätigkeit im Inland gegeben ist.

<u>Beispiel 1:</u> Ein in einem ausländischen Staat zugelassener Anwalt, dessen Beruf annahmegemäß als ähnlicher Beruf i.S. v. § 18 Abs. 1 Nr. 1 EStG zu qualifizieren ist, ist gelegentlich für mehrere Mandanten in Deutschland beratend tätig und hält sich hierfür auch in Deutschland auf. Die Voraussetzungen einer Betriebsstätte i.S.d. § 12 AO sind nicht erfüllt. In seinem ausländischen Büro beschäftigt der Anwalt 30 Mitarbeiter, wovon allein 15 Anwälte sind. Unter Berücksichtigung der ausländischen Besteuerungsmerkmale liegen mangels leitender und eigenverantwortlicher Tätigkeit i.S.d. § 18 Abs. 1 Nr. 1 S. 3 EStG Einkünfte aus Gewerbebetrieb (§ 15 Abs. 2 EStG) vor, die mangels Betriebsstätte im Inland nicht steuerbar wären. Ein entsprechender Sachverhalt wäre denkbar, wenn der im Ausland ansässige Berufsangehörige im Ausland eine Tätigkeit, wie z.B. Treuhandaufgaben im Rahmen eines Bauherrenmodells, ausübt, die nach Wertung des EStG zu einer untrennbaren gemischten Tätigkeit führen würde.

Zur Anwendung der isolierenden Betrachtungsweise auf das Verhältnis der Einkünfte aus Gewerbebetrieb (§ 15 EStG) und selbständiger Arbeit (§ 18 EStG) hat der BFH[13],

---

[11] Zur Problemstellung *Crezelius*, in: Haarmann (Hrsg.), Beschränkte Steuerpflicht, S. 75 ff.

[12] Statt aller *Crezelius*, a.a.O.; *Schmidt/Heinicke*, EStG, § 49 Rz. 10 f., m.w.N. auch zur Rspr.

[13] BFH v. 29.9.1987 - X R 17/82, BStBl. II 1988, 49; BFH v. 27.7.1988 - I R 130/84, BStBl. II 1989, 101; BFH v. 18.8.1992 - VIII R 22/89, BFH/NV 1993, 595, vgl. auch BFH v. 23.3.1995 - IV R 94/93, BStBl. II 1995, 637.

entgegen der von *Heinicke*[14] vertretenen Meinung, nicht ausdrücklich Stellung genommen. In der Sache ist zu entscheiden, ob § 49 Abs. 2 EStG eine Kodifizierung der auf den RFH v. 7.2.1929[15] zurückgehenden Rspr. zur isolierenden Betrachtungsweise bzgl. der Subsidiaritätsklauseln darstellt.[16] Nach der zutreffenden h.M.[17] in der Literatur ist jedoch § 49 Abs. 2 EStG auf das Verhältnis der Gewinneinkunftsarten anzuwenden.[18] Für eine Anwendung auch im Verhältnis der Gewinneinkunftsarten spricht, wie dies von *Crezelius*[19] überzeugend dargelegt wird, eine systematische und eine am Sinn und Zweck der Vorschrift orientierte Auslegung des § 49 Abs. 2 EStG. Im übrigen dürfte das Auslegungsergebnis auch im Interesse des Fiskus sein.[20] Erzielt demnach ein beschränkt steuerpflichtiger Berufsangehöriger Einkünfte aus Gewerbebetrieb im Inland, unterhält aber keine Betriebsstätte, sind Einkünfte aus selbständiger Arbeit anzunehmen, wenn die inländischen Besteuerungsmerkmale isoliert betrachtet die Voraussetzungen des § 18 EStG erfüllen. Entsprechendes gilt auch dann, wenn der beschränkt steuerpflichtige Berufsangehörige zwar im Inland eine Betriebsstätte unterhält, die im Inland ausgeübte Tätigkeit jedoch nicht der Betriebsstätte zugerechnet werden kann.[21]

Beispiel 2: Ausgangsfall wie im Bsp. 1. Allerdings unterhält der Anwalt im Inland eine Betriebsstätte i.S.d. § 12 AO. Soweit die Tätigkeit in der Betriebsstätte ausgeübt wird, sind die Einkünfte aus Gewerbebetrieb dieser wegen des wirtschaftlichen Zusammenhangs zuzurechnen und somit nach § 49 Abs. 1 Nr. 2 a EStG steuerbar. Ist der Anwalt daneben, ohne die Betriebsstätte zu nutzen, in Deutschland bei einem Mandanten beratend tätig, können die Einkünfte nicht der Betriebsstätte zugeordnet werden, da sie in keinem wirtschaftlichen Zusammenhang zu dieser stehen. Daher lägen keine steuerbaren inländischen Einkünfte i.S.d. § 49 Abs. 1

---

14 *Schmidt/Heinicke*, EStG, § 49 Rz. 10 f., wonach der BFH, a.a.O., stets eine wesensmäßige Umqualifizierung der Einkünfte auf der Grundlage der isolierenden Betrachtungsweise ablehne; eine ausdrückliche Ablehnung geht jedoch aus den Urteilsbegründungen nicht hervor.

15 RFH v. 7.2.1929 - I A 377/28, RStBl. 1929, 193.

16 Zur historischen Entwicklung vgl. *Crezelius*, in: Haarmann (Hrsg.), Beschränkte Steuerpflicht, S. 75, S. 81 ff.; *Mössner* in: FS Flick, S. 939, S. 940 ff., jeweils m.w.N.

17 *Blümich/Wied*, § 49 EStG Rz. 32; *Crezelius*, in: Haarmann (Hrsg.), Beschränkte Steuerpflicht, S. 75 ff.; *HHR/Clausen*, § 49 EStG Anm. 1250; *Lüdicke*, in: Lademann, EStG, § 49 Anm. 858; *Schaumburg*, Internationales, Rz. 5.149; *Scholtz*, in: Bordewin/Brandt, § 49 EStG Rz. 80 a; *Wassermeyer*, DStJG 8 (1985), S. 49, S. 60 f.; im Ergebnis ebenso *Mössner*, in: FS Flick, S. 939; S. 949 ff.; danach sei vorrangig die Bestimmung des Inlandskriteriums i.S.d. § 49 Abs. 1 EStG zu prüfen. Erst wenn dieses erfüllt sei, könne überprüft werden, ob die Voraussetzungen der jeweilige Einkunftsart (im Inland) erfüllt sind; a.A. *Strunk*, in: Korn, EStG, § 49 Rz. 240 f., der offfenbar in § 49 Abs. 2 EStG die Normierung der Rspr. des RFH sieht.

18 A.A. *Eicher*, in: Littmann/Bitz/Pust, EStG, § 49 Rn. 104; *Flies*, DStZ 1995, 431, 433 f.; *Grams*, RIW 1997, 55, 56; *Jakob*, Einkommensteuer, § 9 Rz. 10 f.; *Kluge*, Internationales Steuerrecht, S. 209; *Schmidt/Heinicke*, EStG, § 49 Rz. 10.

19 *Crezelius*, in: Haarmann (Hrsg.), Beschränkte Steuerpflicht, S. 75 ff., S. 79 ff.

20 Für eine fiskalische Sichtweise bereits *E. Becker*, Einkommensteuer, S. 168, wonach sich aus dem Zweck des § 49 EStG ergebe, daß die dort aufgeführten Einkünfte „..unter allen Umständen zu erfassen" seien.

21 Die Zuordnung der Einkünfte richtet sich nach dem wirtschaftlichen Zusammanhang, der durch den Fremdvergleichsgrundsatz objektiviert wird. Dies gilt sowohl nach nationalem als auch nach Abkommensrecht statt aller *Kumpf*, Betriebsstätten, S. 106; *Schaumburg*, Internationales, Rz. 18.15. f.

Nr. 2 a EStG vor. Durch die Anwendung der isolierenden Betrachtungsweise (§ 49 Abs. 2 EStG) ergibt sich jedoch die Steuerbarkeit der Einkünfte aus der Beratungstätigkeit, da isoliert betrachtet Einkünfte aus selbständiger Arbeit (§ 18 EStG) im Inland gegeben sind.

III. Tatbestand der Ausübung und Verwertung

Ist ein Berufsangehöriger nicht im Inland ansässig, sind Einkünfte aus selbständiger Arbeit nach § 49 Abs. 1 Nr. 3 EStG nur dann im Inland steuerbar, wenn die Tätigkeit im Inland ausgeübt oder verwertet wird oder worden ist. Die Tatbestandsmerkmale „Ausüben" und „Verwerten" in den §§ 49 Abs. 1 Nr. 3, 34 d Nr. 3 EStG unterscheiden sich nicht.[22] Daher treffen die obigen Ausführungen spiegelbildlich auf die beschränkte Steuerpflicht zu. Folgt man der hier vertretenen Ansicht, erschöpft sich mit Ausnahme der Verwertung urheberrechtlich geschützter Rechte die Tätigkeit eines RA, WP oder StB im Ausüben der Tätigkeit.

Ferner führt jede Ausübung der selbständigen Tätigkeit im Inland, wie z.B. die Wahrnehmung eines Gerichtstermins durch einen ausländischen Anwalt im Inland, zur beschränkten Steuerpflicht i.S.d. § 49 Abs. 1 Nr. 3 EStG.[23] Aus verfahrensrechtlicher Sicht ist dies jedoch wenig praktikabel. Nach § 138 Abs. 1 S. 3 AO müßte der Berufsangehörige jede, noch so geringe im Inland ausgeübte Tätigkeit dem zuständigen Finanzamt (§ 19 AO) anzeigen. Der Finanzverwaltung wird es aus tatsächlichen Gründen häufig nicht möglich sein, entsprechend dem Amtsermittlungsgrundsatz (§ 88 AO) den Sachverhalt zu ermitteln bzw. festzustellen. Diese Schwierigkeiten rechtfertigen allerdings nicht, den Tatbestand der Ausübung abweichend von seinem eindeutigen Wortlaut dahingehend auszulegen, daß eine im Inland ausgeübte, wie auch immer zu bestimmende Nebentätigkeit nicht zur Annahme der beschränkten Steuerpflicht i.S.d. § 49 Abs. 1 Nr. 3 EStG führten.[24] Um jedoch die praktischen Schwierigkeiten zu vermeiden, käme eine Billigkeitsregelung der Finanzverwaltung in Betracht. Dabei wird es sich trefflich darüber streiten lassen, was in Abhängigkeit von dem jeweils ausgeübten freien Beruf unter einer Nebentätigkeit zu verstehen ist.

Hinsichtlich der Mithilfe fachlich vorgebildeter Arbeitskräfte wird nach hier vertretener Ansicht die Tätigkeit an dem Ort erbracht, an dem der Freiberufler die Weisungen erteilt.[25] Demgegenüber soll nach der h.M.[26] in der Literatur auch in diesen Fällen die Tätigkeit als im Inland ausgeübt gelten. Der innere Grund dürfte in fiskalischen Überlegungen zu sehen sein. Bestimmt sich die Steuerbarkeit i.S.d. § 49 Abs. 1 Nr. 3 EStG nach dem tatsächlichen Weisungsort des Freiberuflers, kommt diesem ein erheblicher Gestaltungsspielraum zu. Infolgedessen besteht aus fiskalischer Sicht die Befürchtung von geringeren Einnahmen. Allein in der Sicherstellung der Besteuerung jeder auf deutschem Hoheitsgebiet ausgeübten Tätigkeit ist jedoch kein übergeordnetes steuer-

[22] Statt aller *Schmidt/Heinicke*, EStG, § 34 d Rz. 3.
[23] Dazu siehe oben 2. Teil § 2 A III 2 b.
[24] Dazu siehe oben 2. Teil § 2 A III 2 b.
[25] Dazu siehe oben 2. Teil § 2 A III 2 b.
[26] Für die h.M. *HHR/Kumpf*, § 49 EStG Anm. 670; *Lüdicke*, in: Lademann, EStG, § 49 Anm. 545; *Schaumburg*, Internationales, Rz. 5.222; vgl. auch *Bellstedt*, IStR 1995, 361; 364; *Krabbe*, FR 1995, 692, 694.

rechtliches Prinzip zu erkennen, das eine von dem Wortlaut und der systematischen Betrachtung abweichenden Auslegung der in § 49 Abs. 1 Nr. 3 EStG enthaltenen Tatbestandsmerkmale rechtfertigt. Vielmehr ist von der gesetzgeberischen Definition der inländischen Einkünfte auszugehen. Das Gesetz muß eine Grenze zwischen denjenigen Elementen ziehen, die den inländischen Steuerzugriff rechtfertigen und denjenigen, die völkerrechtlich nicht mehr erlaubt sind. Deshalb können nicht alle Einkünfte mit Inlandsbezug, obwohl der deutsche Markt in Anspruch genommen wird, durch die abschließende Aufzählung in § 49 Abs. 1 EStG erfaßt werden. Somit liegen Lücken bei der Erfassung beschränkt Steuerpflichtiger in der Natur der Sache.[27] Dies stellt zwar eine Schwäche des Territorialitätsprinzips dar[28], rechtfertigt jedoch keine i.S. eines Verwertungstatbestands extensiv fiskalische Auslegung des Tatbestandsmerkmals Ausübung i.S.d. § 49 Abs. 1 Nr. 3 EStG.

Im übrigen ist die Befürchtung eines Steuerausfalls insofern unbegründet, als zutreffenderweise zu prüfen ist, ob bei der Mithilfe fachlich vorgebildeter Arbeitskräfte im Inland eine leitende und eigenverantwortliche Tätigkeit i.S.d. § 18 Abs. 1 Nr. 1 S. 3 EStG vorliegt. Ist dies zu verneinen, übt der Berufsangehörige eine gewerbliche Tätigkeit i.S.d. § 15 Abs. 2 EStG aus. Die Annahme gewerblicher Einkünfte hat, eine Betriebsstätte (§ 12 AO) im Inland vorausgesetzt, zur Folge, daß die Einkünfte im Inland steuerpflichtig sind. Sie sind der inländischen Betriebsstätte zuzurechnen, wenn sie in einem wirtschaftlichen Zusammenhang zu dieser stehen.[29] Von der Zurechenbarkeit ist dann auszugehen, wenn die Mitarbeiter weitgehend selbständig tätig sind. Wird die Tätigkeit gemeinsam erbracht, sind die Einkünfte aufzuteilen. Dogmatisch gesehen beruht die abweichende Zurechnung auf der Unterscheidung zwischen gewerblicher und der freiberuflicher Tätigkeit.

Beispiel: Ein in Deutschland zugelassener RA mit Wohnsitz im Ausland unterhält eine Zweigstelle in Deutschland, in der ein weiterer RA angestellt ist. Dieser berät unter Anleitung des im Ausland ansässigen RA einen deutschen Mandanten. Insoweit liegen keine steuerbaren Einkünfte i.S.d. § 49 Abs. 1 Nr. 3 EStG vor, da keine freiberufliche Tätigkeit im Inland ausgeübt wird. Beschäftigt der ausländische RA jedoch weitere 5 RA im Inland, die überwiegend selbständig tätig sind, liegen Einkünfte aus Gewerbebetrieb (§ 15 Abs. 2 EStG) vor. Da die Zweigstelle als Betriebsstätte i.S.d. § 12 AO gilt, sind die Einkünfte aus den Tätigkeiten unabhängig von dem Tätigkeitsort des im Ausland ansässigen Anwalts nach § 49 Abs. 1 Nr. 2 a EStG im Inland steuerbar, da sie in einem wirtschaftlichen Zusammenhang mit der Betriebsstätte stehen. Auf den Ort der Tätigkeit des Berufsangehörigen kann es insoweit nicht ankommen, da die Tätigkeit des Gewerbebetriebs maßgebend ist.

Offen ist, wie der Fall zu lösen wäre, wenn der RA im Inland keine Zweigstelle unterhält und die anderen Rechtsanwälte als freie Mitarbeiter in ihren eigenen Kanzleien tätig sind. Sofern der im Ausland ansässige RA keine „Verfügungsmacht" über die Räume der jeweiligen Kanz-

---

27 *Crezelius*, in: Haarmann (Hrsg.), Beschränkte Steuerpflicht, S. 75, S. 76.; *Wassermeyer*, DStJG 1985, S. 59, S. 56 f.

28 So zutreffend *Crezelius*, Steuerrecht II, § 5 Rz. 17.

29 Zur Zurechnung der Einkünfte bei Betriebsstätten i.S.d. § 49 Abs. 1 Nr. 2 a EStG vgl. z.B. *Kumpf*, Betriebsstätten, S. 103; *Schaumburg*, Internationales, Rz. 18.15; vgl. auch *Wassermeyer*, DB 1998, 642.

leien hat, liegt keine Betriebsstätte und mithin keine steuerbaren Einkünfte i.S.d. § 49 Abs. 1 Nr. 2 a EStG vor. Allerdings könnten die freien Mitarbeiter als ständige Vertreter i.S.d. § 13 AO zu qualifizieren sein.

IV. Sonstige Einkünfte (§ 49 Abs. 1 Nr. 9 EStG)

Erzielt der im Ausland ansässige Berufsangehörige keine steuerbaren Einkünfte i.S.d. § 49 Abs. 1 Nr. 3 oder Nr. 2 a EStG, könnten inländische Einkünfte i.S.d. § 49 Abs. 1 Nr. 9 EStG gegeben sein.[30] Danach gehören sonstige Einkünfte (§ 22 Nr. 3 EStG) zu den inländischen Einkünften i.S.d. § 49 Abs. 1 EStG, auch wenn sie bei Anwendung des § 49 EStG einer anderen Einkunftsart zuzurechnen wären, soweit es sich u.a. um Einkünfte aus der Überlassung der Nutzung oder des Rechts auf Nutzung von gewerblichen, technischen, wissenschaftlichen und ähnlichen Erfahrungen, Kenntnissen und Fertigkeiten handelt, die im Inland genutzt werden oder worden sind. Erzielt der Freiberufler Einkünfte aus der Abtretung oder Überlassung von Autorenrechten i.S.d. § 15 UrhG, sind sie nicht unter den Tatbestand des § 49 Abs. 1 Nr. 9 EStG sondern unter den Verwertungstatbestand i.S.d. § 49 Abs. 1 Nr. 3 EStG zu subsumieren.[31] Fraglich ist allerdings, ob § 49 Abs. 1 Nr. 9 EStG anzuwenden ist, sofern der Berufsangehörige im Ausland ein Gutachten für einen inländischen Mandanten erstellt, da er diesem „Erfahrungen" zur Nutzung überläßt. Der Begriff „Erfahrungen" ist im Gesetz nicht definiert. Der Gesetzgeber in § 49 Abs. 1 Nr. 9 EStG hat die Definition des Begriffes „Know-how" i.S.d. Rspr.[32] nicht übernommen, sondern durch die beispielhafte nicht abschließende Aufzählung von Plänen, Mustern und Verfahren umschrieben. Die Beispiele haben jedoch gemeinsam, daß sie nicht nur für denjenigen, dem sie überlassen werden, einen Nutzen stiften können, sondern auch Dritten, wie z.B. anderen in derselben Branche tätigen Unternehmen. Dies ist jedoch bei der Erstellung eines Gutachtens typischerweise nicht der Fall, da nicht die Überlassung von Wissen geschuldet wird, sondern ein konkretes Beratungsergebnis. Daher ist ein Gutachten eines RA, WP oder StB keine „ähnliche Erfahrung" i.S.d. § 49 Abs. 1 Nr. 9 EStG und mithin § 49 Abs. 1 Nr. 9 EStG im Rahmen der selbständigen Tätigkeit eines RA, WP oder StB nicht anwendbar.

V. Verfassungsmäßigkeit der Inlandsmerkmale des § 49 Abs. 1 EStG

Im Hinblick auf die unterschiedliche Ausgestaltung der Inlandsmerkmale der Einkünfte aus Gewerbebetrieb (§ 49 Abs. 1 Nr. 2 EStG) und aus selbständiger Arbeit (§ 49 Abs. 1 Nr. 3 EStG) wird die Verfassungsmäßigkeit in der Literatur bezweifelt.[33] So wird von *Schaumburg*[34] die Meinung vertreten, es lasse sich keine einheitliche gesetzgeberische Wertung erkennen, vielmehr seien die Ausprägungen derart unterschiedlich, daß sie insgesamt als willkürlich erscheinen. Da hierfür kein Grund beste-

---

[30] Aus systematischer Sicht kritisch zu dieser Vorschrift *Flies*, DStZ 1995, 431, 434.

[31] BFH v. 20.7.1988 - I R 174/85, BStBl. II 1989, 87; zustimmend *Lüdicke*, in: Lademann, EStG, § 49 Anm. 810; *Schmidt/Heinicke*, EStG, § 49 Rz. 94.

[32] BFH v. 23.11.1988 - II R 209/82, BStBl. II 1989, 82, m.w.N.

[33] *Amann*, Dienstleistungen im IStR, S. 57 ff.; *HHR/Kraft*, § 49 EStG Anm. 6; *Schaumburg*, Internationales, Rz. 5.146 u. 5.221.

[34] *Schaumburg*, a.a.O.

he, liege eine Differenzierung vor, die gegen Art. 3 GG verstoße. Im Rahmen der Überprüfung der Verfassungsmäßigkeit der Ausgestaltung des Inlandsbezugs ist jedoch zu berücksichtigen, daß die unterschiedlichen Merkmale auf der gesetzgeberischen Umsetzung des Territorialitätsprinzips beruhen. Dieses ist aber als Rechtsprinzip im internationalen Steuerrecht anerkannt.[35] Insofern stellen unterschiedliche Inlandsmerkmale bei verschiedenen Einkunftsarten keinen Verstoß gegen Art. 3 GG dar. Wenn aber die unterschiedliche Ausgestaltung der Inlandsmerkmale der Einkünfte aus Gewerbebetrieb und selbständiger Arbeit (§ 49 Abs. 1 Nr. 2 u. Nr. 3 EStG) für gleichheitswidrig gehalten wird, liegt der innere Grund hierfür nicht in der Unterschiedlichkeit der Inlandsmerkmale, sondern in der Unterscheidung zwischen den Einkunftsarten Einkünfte aus Gewerbebetrieb (§ 15 EStG) und Einkünfte aus selbständiger Arbeit (§ 18 EStG) an sich. Da nach Ansicht des BVerfG[36] die gesetzliche Trennung der Einkünfte aus Gewerbebetrieb und selbständiger Arbeit mit den damit verbundenen Rechtsfolgen der Gewerbesteuerpflicht nicht gegen Art. 3 GG verstoßen, ist es m.E. zweifelhaft, ob das BVerfG die unterschiedliche Ausgestaltung der territorialen Anknüpfungsmerkmale in § 49 Abs. 1 EStG als Verstoß gegen Art. 3 GG qualifizieren würde.[37] Eine andere Frage ist, ob die unterschiedliche steuerrechtliche Behandlung de lege ferenda beibehalten werden soll.

VI. Gewinnermittlung

Die einen beschränkt steuerpflichtigen Berufsangehörigen treffenden inländischen Einkünfteermittlungsvorschriften beziehen sich stets nur auf die steuerbaren Einkünfte.[38] Da freiberuflich Tätige weder nach §§ 140, 141 AO noch auf Grund anderer gesetzlicher Vorschriften verpflichtet sind, Bücher zu führen, können auch beschränkt steuerpflichtige Freiberufler ihren Gewinn wahlweise im Wege einer Überschußrechnung gem. § 4 Abs. 3 EStG oder durch einen Bestandsvergleich nach § 4 Abs. 1 EStG ermitteln. Für beschränkt steuerpflichtige Freiberufler ist jedoch § 50 Abs. 1 EStG zu beachten.[39] Danach dürfen Betriebsausgaben (§ 4 Abs. 4 bis 8 EStG) nur insoweit abgezogen werden, als sie mit inländischen Einkünften in einem wirtschaftlichen Zusammenhang stehen.[40] Dies entspricht zwar dem objektiven Nettoprinzip, verstößt aber gegen das subjektive, da der Steuerpflichtige die persönlichen Verhältnisse nicht berücksichtigen kann.

VII. Besteuerung der Einkünfte

Die Besteuerung der Einkünfte aus selbständiger Arbeit eines beschränkt steuerpflichtigen Berufsangehörigen erfolgt gem. § 50 Abs. 3 S. 1 EStG durch Veranlagung. Veranlagungszeitraum ist das Kalenderjahr (§ 25 Abs. 1 S. 1 EStG). Der Einkommensteu-

---

35 *Schaumburg*, Internationales, Rz. 5.121, m.w.N.

36 BVerfG, BStBl. II 1978, 273, 276; BVerfG, BStBl. II 1978, 125; 129.

37 Im Ergebnis ebenso *Lüdicke*, in: Lademann, EStG, § 49 Anm. 63.

38 BFH v. 17.12.1997 - I R 95/96, DStR 1998, 212.

39 Zur zeitlichen Zurechnung vorab bzw. nachträglich entstandener Betriebsausgaben vgl. *Schmidt/Heinicke*, EStG, § 49 Rz. 8, m.w.N.

40 Zur Frage des wirtschaftlichen Zusammenhangs siehe oben 2. Teil § 3 B.

ertarif bemißt sich dabei nach § 32 a EStG. Nach § 50 Abs. 3 S. 2 EStG beträgt er mindestens 25 %.[41] Ermittelt der Freiberufler seinen Gewinn durch Überschußrechnung (§ 4 Abs. 3 EStG) und fließen ihm die Einnahmen erst in dem auf die Ausübung der Tätigkeit folgenden Veranlagungszeitraum zu, lägen insoweit keine steuerbaren Einkünfte i. S .d. § 49 Abs. 1 Nr. 3 EStG vor. Da § 49 Abs. 1 EStG an die Einkunftsarten in § 2 Abs. 1 EStG anknüpft, gilt auch im Rahmen der beschränkten Steuerpflicht die Bestimmung des § 24 EStG. Nach § 24 Nr. 2 EStG gehören zu den Einkünften i.S.d. § 2 Abs. 1 EStG auch solche aus einer ehemaligen Tätigkeit i.S.d. § 2 Abs. 1 Nr. 1 bis 4 EStG. Daher gilt dies auch für die in § 2 Abs. 1 Nr. 3 EStG genannten Einkünfte aus selbständiger Arbeit. Somit sind die Einkünfte aus selbständiger Arbeit auch dann nach § 49 Abs. 1 Nr. 3 EStG steuerbar, wenn sie nicht in dem Veranlagungszeitraum zufließen, in dem die Tätigkeit ausgeübt oder verwertet wurde.[42]

Erzielt ein beschränkt steuerpflichtiger Berufsangehöriger Verluste aus der Ausübung oder Verwertung der freiberuflichen Tätigkeit im Inland, können diese nach § 10 d i.V.m. § 2 Abs. 3 EStG vor- bzw. zurückgetragen werden, wenn die Verluste in wirtschaftlichem Zusammenhang mit inländischen Einkünften stehen und sich aus Unterlagen ergeben, die im Inland aufbewahrt werden. Nach § 50 Abs. 5 S. 3 EStG gilt dies jedoch nicht für Einkünfte, die dem Steuerabzug unterliegen oder für Einkünfte i.S.d. § 20 Abs. 1 Nr. 5 oder Nr. 7 EStG.[43]

Kommt es durch die Besteuerung im Ausland ansässiger Berufsangehöriger im Rahmen der beschränkten Steuerpflicht zu einer Doppelbesteuerung der Einkünfte in dem Wohnsitzstaat des beschränkt Steuerpflichtigen, ist es nach Überzeugung des Gesetzgebers[44] Sache des Wohnsitzstaates, diese zu vermeiden. Eine Ausnahme hiervon ist in § 50 Abs. 6 EStG geregelt.[45] Danach ist § 34 c Abs. 1 bis 3 EStG bei den Gewinneinkünften, für die im Inland ein Betrieb unterhalten wird, entsprechend anzuwenden, soweit darin nicht Einkünfte aus einem ausländischen Staat enthalten sind, mit denen der beschränkt Steuerpflichtige dort in einem der unbeschränkten Steuerpflicht ähnlichen Umfang zu einer Steuer vom Einkommen herangezogen wird. Voraussetzung ist zunächst, daß der im Ausland ansässige Berufsangehörige im Inland einen „Betrieb", d.h. eine Betriebsstätte i.S.d. § 12 AO, unterhält.[46] Die Regelung des § 50 Abs. 6 EStG trifft damit vornehmlich Steuern aus Drittstaaten, d.h. aus Staaten, in denen der beschränkt Steuerpflichtige nicht ansässig ist.[47] Werden jedoch die i.S.d. § 49 Abs. 1 Nr. 3 EStG beschränkt steuerpflichtigen Einkünfte durch den Wohnsitzstaat besteuert, ist diese Steuer nach § 34 c Abs. 1 oder Abs. 2 EStG anrechenbar oder abziehbar, da es

41 Zu Einzelheiten vgl. *Schmidt/Heinicke*, EStG, § 50 Rz. 32 f., m.w.N.

42 BFH v. 12.10.1978 - I R 69/75, BStBl. II 1979, 64, zu Honorareinnahmen aus der Veräußerung einer freiberuflichen Praxis; aus dem Schrifttum statt aller *Eicher*, in: Littmann/Bitz/Pust, EStG, § 49 Rn. 55a; *Schaumburg*, Internationales, Rz. 5.145; *Schmidt/Heinicke*, EStG, § 49 Rz. 7.

43 FG D'dorf v. 26.11.1990, rkr., EFG 1991, 318; *Schmidt/Heinicke*, EStG, § 50 Rz. 26.

44 So ausdrücklich Begr. zu § 50 Abs. 6 EStG BT-Drs. 8/3648, S. 22.

45 FG RhPf. v. 21.3.1988, rkr., EFG 1988, 574.

46 Insofern sind die Begriffe „inländischen Betriebs" in § 50 Abs. 5 S. 3 EStG mit dem Wortlaut des § 50 Abs. 6 EStG, wonach „im Inland ein Betrieb unterhalten wird", identisch; dazu siehe voriges Kapitel 1.

47 Vgl. dazu die Bsp. bei *Blümich/Wied*, § 50 EStG Rz. 63 f.

sich nicht um Einkünfte handelt, die aus dem Wohnsitzstaat stammen.[48] Da § 50 Abs. 6 EStG nicht auf § 34 c Abs. 6 EStG verweist, ist er auch dann anzuwenden, wenn mit dem ausländischen Quellenstaat ein DBA besteht.[49]

Die Besteuerung durch Veranlagung gilt jedoch nicht uneingeschränkt für die inländischen Einkünfte i.S.d. § 49 Abs. 1 Nr. 3 EStG. Erzielt der Freiberufler Einkünfte aus der Überlassung des Rechts auf Nutzung von Urheberrechten im Inland, z.B. aus einer Veröffentlichung, unterliegen die Einkünfte gem. § 50 a Abs. 4 Nr. 3 EStG dem Steuerabzug. Nach § 50 a Abs. 4 S. 3 EStG beträgt der Steuerabzug 25% der Einnahmen. Der Abzug von Betriebsausgaben ist, entgegen dem EStG zugrundeliegenden Nettoprinzip, nicht zulässig (§ 50 a Abs. 4 S. 4 EStG). Die Steuer entsteht in dem Zeitpunkt, in dem die Vergütungen dem Gläubiger der Vergütung zufließen (§ 50 a Abs. 5 S. 1 EStG). Sind die Einkünfte Betriebseinnahmen eines inländischen Betriebs, ist nach § 50 Abs. 5 S. 3 i.V.m. § 36 Abs. 2 Nr. 2 EStG die abgezogene Steuer auf die veranlagte Einkommensteuer anzurechnen. Nach h.M.[50] ist dabei unter dem Begriff „Betrieb" eine Betriebsstätte i.S.d. § 12 AO zu verstehen. Somit reicht allein die Ausübung der Tätigkeit im Inland nicht aus.[51] Die entsprechenden Betriebsausgaben bzw. Betriebseinnahmen sind bei der Veranlagung zu erfassen.

---

48 So für die inländischen Einkünfte eines beschränkt steuerpflichtigen Gesellschafters einer inländischen Personengesellschaft FG RhPf. v. 21.3.1988, rkr., EFG 1988, 574; zustimmend *Piltz*, in: Mössner u.a., Int. Unternehmssteuerrecht, Rz. F 96; *Schmidt/Heinicke*, EStG, § 50 Rz. 34.

49 *Piltz*, in: Mössner u.a., Int. Unternehmenssteuerrecht, Rz. F 96; auch zur Problematik der daraus möglicherweise resultierenden Konkurrenzen bei Bestehen eines DBA zwischen dem Sitzstaat des Gesellschafters und dem Drittstaat.

50 Für die h.M. BFH v. 23.10.1991 - I R 86/89, BStBl. II 1992, 185, 187; *HHR/Roth*, § 50 EStG Anm. 254, m.w.N.; nach nationalem Recht kann es aber auf das Vorhandensein einer festen Einrichtung nicht ankommen, da es eine solche nicht gibt; so aber wohl *Schmidt/Heinicke*, EStG, § 50 Rz. 10.

51 So zu Recht *Schmidt/Heinicke*, a.a.O.

§ 4 Ergebnisermittlung

Hinsichtlich der abkommensrechtlichen Ergebnisermittlung gelten die obigen Ausführungen im Grundsatz entsprechend.[1] Die Ergebnisermittlung erfolgt nach dem Veranlassungszusammenhang unter Beachtung des Fremdvergleichsgrundsatz.[2]

Ebenso stellt sich die Frage der Überführung eines Wirtschaftsguts von einer inländischen Betriebsstätte eines beschränkt Steuerpflichtigen ins Ausland. Wie die Überführung steuerrechtlich zu behandeln ist, ist im Schrifttum umstritten.[3] Soweit die Ansicht vertreten wird, es liege eine Entnahme i.S.d. § 4 Abs. 1 S. 2 EStG vor, wird dies damit Begründet, daß die inländische Betriebsstätte ein eigenständiger Betrieb ist und somit bei Verlassen des Wirtschaftsguts der Betriebsstätte eine Entnahme gegeben ist.[4] Folgt man dieser Auffassung, dürfte nicht der Fremdvergleichspreis, sondern der Teilwert angesetzt werden.[5] Des weiteren wird angeführt, insoweit komme es zu einer entsprechenden Anwendung des § 12 Abs. 2 KStG, da dieser nur deklaratorische Funktion habe.[6]

Nach Auffassung der Finanzverwaltung[7] verläßt das Wirtschaftsgut den Unternehmensbereich endgültig, sofern es von der inländischen Betriebsstätte in das ausländische Stammhaus überführt wird oder in eine andere ausländische Betriebsstätte. Folglich sei das Wirtschaftsgut mit dem Fremdvergleichspreis zu bewerten und die stillen Reserven im Zeitpunkt der Überführung zu besteuern. Die Bewertung mit dem Fremdvergleichspreis ist jedoch, eine Entnahme unterstellt, nicht stimmig, sondern als Entnahme müsste sie mit dem Teilwert i.S.d. § 6 Abs.1 Nr. 4 EStG bewertet werden.

In der Sache gilt jedoch auch hier die bereits oben dargestellte Problematik, der zwischen der Ergebnisermittlung und der steuerrechtliche Gewinnermittlung bestehenden Auslegungsschwierigkeiten. Die unterschiedliche Auslegung des Entnahmetatbestandes gegenüber der Verbringung von Wirtschaftsgütern aus dem

---

1 Dazu siehe oben 2. Teil § 3.

2 Das Erfordernis des wirtschaftlichen Zusammenhangs zu den inländischen Einkünften stellt keine Diskriminierung i.S.d. EU-Rechts dar, EuGH v. 15.5.1997 - Rs. C-250/95 (Futura-Singer), FR 1997, 567, 570.

3 Vgl. dazu ausführlich *Kempka*, Gewinnrealisierung, S. 147 ff., m.w.N.

4 Bejahend *Baranowski*, Auslandsbeziehungen, Rn. 320 f.; *Kempka*, Gewinnrealisierung, S. 155 ff., m.w.N.; *Plückebaum*, in: Kirchhof/Söhn, EStG, § 4 RdNr. B 237; *Wassermeyer*, in: Debatin/Wassermeyer, Art. 7 Rz. 258; ablehnend *Blümich/Wied*, § 49 EStG Rz. 75; *Kumpf*, Betriebsstätten, S. 120 ff.; *Lüdicke*, in: Lademann, EStG, § 49 Anm. 337; *Pach-Hansenheimb*, Verstrickung, S. 165.

5 *Wassermeyer*, in: Debatin/Wassermeyer, Art. 7 Rz. 258; zustimmend *Kumpf/Roth*, DB 2000, 787, 789.

6 *Wassermeyer*, in: Debatin/Wassermeyer, Art. 7 Rz. 258

7 BMF v. 24.12.1999, BStBl. I 1999, 1076, Tz. 2.6.3; zuvor BdF v. 3.6.1992, RIW 1992, 688.

inländischen Stammhaus in die ausländische Betriebsstätte erscheint jedoch im Hinblick auf Art. 3 GG sowie Art. 24 Abs. 3 OECD-MA bedenklich.[8]

[8] Dazu siehe oben 2. Teil § 3 D; im Ergebnis ebenso *Göttsche/Stangl*, DStR 2000, 498, 507; *Kramer*, IStR 2000, 449, 456; *Kumpf/Roth*, DB 2000, 787; *Strunk/Kaminski*, IStR 2000, 33, 37.

§ 5 EU-Recht

Aus europarechtlicher Sicht ist fraglich, ob die unterschiedliche Ausgestaltung der Inlandsmerkmale der Einkünfte aus Gewerbebetrieb (§ 49 Abs. 1 Nr. 2 EStG) und der Einkünfte aus selbständiger Arbeit (§ 49 Abs. 1 Nr. 3 EStG) gegen die Dienstleistungsfreiheit i.S.d. Art. 48 EGV oder gegen die Niederlassungsfreiheit i.S.d. Art. 52 EGV verstößt. Da die beschränkte Steuerpflicht (§§ 1 Abs. 4, 49 EStG) tatbestandlich nicht an die Staatsangehörigkeit anknüpft, ist ein Verstoß gegen das Verbot offener Diskriminierung nicht gegeben.[1] Gleichwohl könnte eine verdeckte Diskriminierung vorliegen. Der EuGH[2] hat eine solche bereits dann angenommen, wenn die Gefahr besteht, daß die betreffende nationale Steuerregelung besonders zum Nachteil der Steuerpflichtigen, die Staatsangehörige anderer Mitgliedsstaaten sind, wirksam wird. Typischerweise werden Steuerpflichtige, die ihre Berufszulassung oder -bestellung in einem Mitgliedstaat der EU erlangt haben, Staatsangehörige desselben sein.

Soweit ausländische Berufsangehörige keinen ähnlichen Beruf i.S.d. § 18 Abs. 1 Nr. 1 EStG ausüben, könnte die Gewerbesteuerpflicht (§ 2 GewStG) der inländischen Betriebsstätteneinkünfte eine versteckte Diskriminierung darstellen, da in Deutschland zugelassene RA, WP oder StB typischerweise deutsche Staatsangehörige sind und diese im Fall der beschränkten Steuerpflicht grundsätzlich inländische Einkünfte aus selbständiger Arbeit (§ 49 Abs. 1 Nr. 3 EStG) erzielen, die nicht der Gewerbesteuerpflicht unterliegen. Angesichts der europarechtlichen Entwicklung der hier zu betrachtenden Berufsgruppe[3] ist ein Verstoß gegen die Dienstleistungs- bzw. Niederlassungsfreiheit (Art. 48 bzw. 52 EGV) nicht auszuschließen, obgleich eingewendet werden kann, daß der Schutz der Rechtspflege und damit zwingende Gründe des Allgemeininteresses für eine Ungleichbehandlung sprechen.[4]

Ebenso könnte ein deutscher Staatsangehöriger, der in Deutschland als RA, WP und/oder StB zugelassen bzw. bestellt ist, aber im Ausland niedergelassen und in Deutschland tätig ist, auf eine umgekehrte Diskriminierung berufen. Denn der ausländische Berufsangehörige unterliegt typischerweise nur dann der Besteuerung im Inland, wenn er dort eine Betriebsstätte unterhält, wohingegen der im Inland zugelassene Berufsangehörige bereits bei der Ausübung seiner Tätigkeit im Inland steuerpflichtige Einkünfte erzielt.

Des weiteren sind nach der Rspr. des EuGH[5] Regelungen i.S.d. § 50 Abs. 1 S. 3 HS 2 EStG nicht mit der in Art. 52 EGV normierten Niederlassungsfreiheit vereinbar. Zwar erging das Urteil zu einer Regelung des luxemburgischen Rechts, jedoch weist diese

---

1 *Schaumburg*, Internationales, Rz. 5.141.
2 EuGH v. 8.5.1990 - Rs. C-175/88 (Biehl), NJW 1991, 1406; EuGH v. 14.2.1995 - Rs. C 279/93 (Schumacker), EuZW 1995, 177; EuGH v. 27. 6.1996 - Rs. C 107/94 (Asscher), RIW 1996, 696.
3 Dazu siehe oben 1. Teil § 6 C III.
4 *Caspers*, Freiberufliche Einkünfte, S. 72 f.
5 EuGH v. 15.7.1997 - Rs. C 250/95 (Futura-Singer), DB 1997, 1211.

eindeutige Parallelen zu § 50 Abs. 1 S. 3 HS 2 EStG auf.[6] Danach müssen für die Anwendung des in § 10 d EStG geregelten interperiodischen Verslustausgleichs bei beschränkt Steuerpflichtigen die Unterlagen, aus denen sich die Verluste ergeben, im Inland aufbewahrt werden. Der Gesetzgeber hat es bereits mehrmals versäumt, die Regelung zu streichen, wohingegen die Finanzverwaltung gem. Abschn. 223 a EStR im Wege einer rückwirkenden Bewilligung der Aufbewahrungsgenehmigung der Unterlagen in einem anderen Mitgliedsstaat der EU oder des EWR das Urteil bereits anwendet. Nach Abschn. 223 a S. 3 EStR ist jedoch Voraussetzung, daß der beschränkt Steuerpflichtige die von ihm geltend gemachten Verluste nach dem im fraglichen Wirtschaftsjahr zugrundeliegenden Recht über die Berechnung der Einkünfte belegt.

Ferner ist zweifelhaft, ob die nach Ansicht des BMF[7] gebotene Besteuerung der stillen Reserven eines Wirtschaftsgutes, das von der inländischen Betriebsstätte in das ausländische Stammhaus überführt wird, mit geltendem EU-Recht vereinbar ist.[8] Insofern ist auf das bereits erwähnte EuGH[9] Urteil in der Sache Futura-Singer hinzuweisen. Die Besteuerung der im Inland gebildeten stillen Reserven eines Wirtschaftsgutes steht im hoheitlichen Interesse eines jeden Mitgliedstaates. Die Tatsache, daß in dem spiegelbildlichen Fall, der typischerweise bei Inländern gegeben ist, ein Wahlrecht hinsichtlich der Gewinnrealisierung eingeräumt wird, ist m. E. nicht mit Art. 43 EGV (ex-Art. 52 EGV) vereinbar.[10] Denn auch in den Fällen der Überführung eines Wirtschaftsgut in ein ausländisches Stammhaus könnte die Besteuerung der stillen Reserven, z.B. durch insofern gerechtfertigte erhöhte Mitwirkungspflichten, zu einem späteren Zeitpunkt (tatsächliche Gewinnrealisierung) erfolgen, ohne daß der Bundesrepublik die Besteuerung der stillen Reserven entginge. Auf die Frage, ob nach nationalem Steuerrecht überhaupt ein Gewinnrealisierungstatbestand gegeben ist, kommt es insoweit nicht an, da der EuGH[11] in der Biehl II Entscheidung klar zum Ausdruck gebracht hat, daß EG-Rechtsverstöße auf der gleichen Ebene, d.h. hier auf Verwaltungsebene, beseitigt werden müssen.[12]

---

6 *Dautzenberg*, FR 1997, 570; *Heinicke*, DStR 1998, 1332, 1338; *Saß*, DB 1997, 1533; *Thömmes*, IWB, F. 11 a, S. 194.
7 BMF v. 24.12.1999, BStBl. I 1999, 1076, Tz. 2.4.
8 In diesem Sinne auch *Kumpf/Roth*, DB 2000, 787, 789.
9 EuGH v. 15.5.1997 - Rs. C 250/95 (Futura-Singer), DB 1997, 1211.
10 Ebenso *Kramer*, IStR 2000, 449, 456.
11 EuGH v. 26.10.1995 - Rs. C-151/94, Slg. 1995 I, S. 3685.
12 Vgl. *Thömmes*, IWB, F. 11 a, S. 194, 195.

4. Teil: Inländische Freiberufler-Personengesellschaften

§ 1 Allgemeines

Die steuerrechtliche Behandlung international tätiger Personengesellschaften wurde in der Literatur[1] bisher ausschließlich anhand von gewerblich tätigen (gewerblich geprägten) Personengesellschaften diskutiert. Dies gilt insbesondere für die Behandlung ausländischer Personengesellschaften[2] und für die Behandlung von Sondervergütungen[3]. Ausgehend von dem Stand der Diskussion bei gewerblich tätigen Personengesellschaften wird im weiteren die steuerrechtliche Behandlung international tätiger Berufsausübungsgesellschaften untersucht. Aus systematischer Sicht geht es darum, inwieweit auf die steuerrechtliche Behandlung gewerblicher Personengesellschaften zurückzugreifen ist. Dies setzt die Darstellung der Rechtslage bei gewerblich tätigen Personengesellschaften voraus.

Die Untersuchung international tätiger inländischer Berufsausübungsgesellschaften setzt internationale Sachverhalte voraus. Diese können sich aus der Geschäftstätigkeit ergeben oder aus dem Gesellschafterkreis. Aus steuerrechtlicher Sicht läßt sich dies entsprechend der sich in der Literatur[4] herausgebildeten Unterscheidung der Sachverhalte wie folgt systematisieren:

- Ein im Ausland ansässiger Gesellschafter, der als solcher nur im Inland tätig ist, ist an einer inländischen Sozietät beteiligt, die ausschließlich im Inland tätig wird.

- Eine inländische Sozietät mit im Inland ansässigen Gesellschaftern und mit einem oder mehreren im Ausland ansässigen Gesellschaftern wird sowohl im Inland als auch im Ausland tätig (inländische Sozietät mit ausländischen Gesellschaftern).

- Eine inländische Sozietät mit ausschließlich im Inland ansässigen Gesellschaftern wird im Ausland tätig. Hierzu braucht es nicht notwendigerweise eine in einem anderen Staat belegene Kanzlei, weitere Beratungsstelle oder Zweigniederlassung der inländischen Sozietät. Die Tätigkeit kann beispielsweise auch in den Räumen des Mandanten erfolgen (grenzüberschreitende Tätigkeit einer inländischen Sozietät).

Im weiteren wird dabei die unbeschränkte Steuerpflicht (§ 1 Abs. 1 EStG) eines in Deutschland ansässigen Gesellschafters vorausgesetzt. Dementsprechend ist bei einem Gesellschafter, der in einem ausländischen Staat ansässig ist, davon auszugehen, daß dieser dort mit seinem Welteinkommen einer der deutschen unbeschränkten Steuer-

[1] Dazu siehe die Monographien von *Hannes*, Qualifkationskonflikte, S. 183 ff.; *Hock*, Personengesellschaften, passim.; *Riemenschneider*, Abkommensberechtigung, passim.; *Piltz*, Personengesellschaften im IStR, passim; *Pott*, Kollision, S. 162 ff.; *Selent*, Ausländische Personengesellschaften, passim., jeweils m.w.N.

[2] Dazu zuletzt *Wassermeyer*, IStR 1998, 489; die Entgegnung von *Vogel*, IStR 1999, 5 und die Duplik von *Wassermeyer*, IStR 1999, 8.

[3] Dazu siehe z.B. *Jacobs*, Int. Unternehmensbesteuerung, S. 495 ff., S. 499 ff.; *Knobbe-Keuk*, Bilanzsteuerrecht, § 13 a III 2 b; *Ostendorf*, Sondervergütungen, S. 141 ff., *Schaumburg*, Internationales, Rz. 18.59, jeweils m.w.N.

[4] Dazu siehe FN 2.

pflicht entsprechenden Besteuerung unterliegt. Sofern das ausländische Steuerrecht dem Territorialitätsprinzip folgt, werden die Einkünfte unabhängig von der Ansässigkeit des Gesellschafters nur dann in dem jeweiligen Staat besteuert, wenn sie einen Bezug zum Inland haben. Nicht eingegangen wird auf die steuerrechtliche Behandlung im Fall eines Doppelwohnsitzes, d.h. der Gesellschafter wird nicht nur im Inland, sondern in einem weiteren Staat zu einer der unbeschränkten Steuerpflicht vergleichbaren Besteuerung seines Welteinkommens herangezogen. Ebensowenig wird auf Sachverhalte eingegangen, die im Hinblick auf eine mißbräuchliche Gestaltung i.S.d. § 42 AO abzielen.

§ 2 Steuerrechtliche Behandlung inländischer Sozietäten

A. Steuerrechtliche Behandlung nach dem OECD-MA

Die Problematik der abkommensrechtlichen Behandlung der Personengesellschaften zeigt sich bereits daran, daß sie im OECD-MA mit keinem Wort erwähnt sind. Nach dem Kommentar zu Art. 1 OECD-MA[1] ist dies auf die unterschiedlichen Vorstellungen der einzelnen Mitgliedsstaaten über die Besteuerung von Personengesellschaft zurückzuführen. Diese seien derartig verschieden, daß eine einvernehmliche Lösung in das Muster nicht aufgenommen werden konnte.

I. Abkommensberechtigung von Personengesellschaften

1. Ausgangsüberlegung

Nach Art. 14 Abs. 1 OECD-MA darf der Quellenstaat die Einkünfte aus selbständiger Arbeit einer in einem anderen Vertragsstaat ansässigen Person nur dann besteuern, wenn dieser Person in dem Quellenstaat regelmäßig für die Ausübung der freiberuflichen Tätigkeit oder der sonstigen selbständigen Arbeit eine feste Einrichtung zur Verfügung steht. Die Regelung des Art. 14 Abs. 1 OECD-MA ist jedoch dem Wortlaut nach nicht auf die freiberufliche Tätigkeit eines Gesellschafters einer inländischen Sozietät anwendbar. Dies beruht auf der Ausgestaltung der persönlichen Abkommensberechtigung nach dem OECD-MA. Nach Art. 14 OECD-MA kann nur eine „in einem Vertragsstaat ansässige Person" Einkünfte aus selbständiger Arbeit erzielen. Unter einer abkommensberechtigten „Person" kann nach Art. 3 Abs. 1 a OECD-MA eine natürliche Person, eine Gesellschaft und alle anderen Personenvereinigungen zu verstehen sein. Der Ausdruck „alle anderen Personenvereinigungen" umfaßt alle nichtrechtsfähigen Personenvereinigungen, wie die GbR, OHG, KG, Partnerschaft und EWIV.[2] Nach Art. 3 Abs. 1 Buchst. b OECD-MA bedeutet der Ausdruck „Gesellschaft" juristische Person oder Rechtsträger, die für die Besteuerung wie juristische Personen behandelt werden. Nach Art. 4 OECD-MA setzt die Ansässigkeit die Besteuerung der Person im Ansässigkeitsstaat voraus. Demnach ist eine inländische Personengesellschaft zwar eine Person i.S.d. Abkommens, jedoch fehlt es ihr an der Ansässigkeit, da Steuersubjekt i.S.d. EStG allein die Gesellschafter sind. Insofern stellt sich die Frage, inwieweit die Abkommensregelungen anwendbar sind.

2. Meinungsstand

Da das jeweilige Abkommen durch beide Vertragsstaaten anzuwenden ist, ist entscheidend, welches Recht der Vertragsstaaten zur Bestimmung der Abkommensberechtigung maßgebend ist. Diese Frage ist insbesondere im Fall der Abkommensberechtigung ausländischer Personengesellschaften bis heute umstritten.[3] Einigkeit besteht da-

[1] MA-Komm. zu Art. 1 Nrn. 2- 6, abgedruckt bei *Vogel*, DBA, Art. 1 Rz. 2 ff.

[2] Statt aller *Wilke*, in: Becker/Höppner/Grotherr/Kroppen, DBA, Art. 3 Rn. 8.

[3] Dazu siehe z.B. *Wassermeyer*, IStR 1998, 489; die Entgegenung von *Vogel*, IStR 1999, 5; die Duplik von *Wassermeyer*, IStR 1999, 8.

hingehend, daß der Wortlaut des Art. 3 Abs. 1 a - c OECD-MA diesbezüglich nicht eindeutig ist. Die h.M.[4] geht davon aus, daß das Recht des Staates anzuwenden sei, in dem die Personengesellschaft Sitz oder Geschäftsleitung hat. Im Kern wird diese Auffassung mit einer auf eine einheitliche Anwendung der Abkommen gerichtetes Gebot der Entscheidungsharmonie begründet. Ist demnach eine inländische Personengesellschaft gegeben, so betreiben die Gesellschafter über die Beteiligung an der Gesellschaft ein Unternehmen i.S.d. Art. 3 Abs. 1 c OECD-MA.[5]

Demgegenüber wird insbesondere von *Wassermeyer*[6] die Meinung vertreten, es sei Sache des jeweiligen Anwendestaates, ob im Rahmen der Anwendung des Art. 3 OECD-MA die Personengesellschaft als transparent oder als Person behandelt wird.[7] Ein Gebot der einheitlichen Auslegung des Abkommens bestehe nicht. Vielmehr sei nach dem Recht des Anwendestaates die Zurechnung der Einkünfte stets vor der Abkommensberechtigung zu prüfen. Erst die Beantwortung der Zurechnungsfrage erlaubt eine Aussage darüber, auf wessen Ansässigkeit es ankomme.[8]

Ausgehend von dem Meinungsstand stellt sich die Frage, wie die Doppelbesteuerung der Gewinnanteile der nicht im Geschäftsleitungsstaat ansässigen Gesellschafter durch Freistellung oder Anrechnung gem. Art. 23 A oder Art. 23 B OECD-MA seitens des Wohnsitzstaates vermieden wird.[9]

II. Anwendung des Betriebsstättenprinzips bei Personengesellschaften

Zwar sind Personengesellschaften nicht abkommensberechtigt, jedoch werden aus deutscher Sicht gewerblich tätige Personengesellschaften zum einen der Einkunftskategorie der Unternehmensgewinne i.S.d. Art. 7 OECD-MA zugeordnet[10] und zum an-

---

4 Für die h.M. *Greif*, in: Mössner, u.a., Int. Unternehmenssteuerrecht, Rz. E 12 ff.; *Grotherr/Herfort/Strunk*, Int. Steuerrecht, S. 444; *Hannes*, Qualifikationskonflikte, S. 57 ff., S. 183; *Jacobs*, Int. Unternehmensbesteuerung, S. 373; *Knobbe-Keuk*, RIW, 1991, 306, 314; *Kroppen*, in: Becker/Höppner/Grotherr/Kroppen, DBA, Art. 7 Rz. 44 ff.; *Lüdicke*, in: Lademann/Söffing, EStG, § 49 Anm. 392; *Mittermaier*, Personengesellschaften USA-Deutschland, S. 324 f.; *Piltz*, Personengesellschaften im IStR, S. 175 ff., S. 221 ff.; *Riemenschneider*, Abkommensberechtigung, S. 64 ff.; *Schaumburg*, Internationales, Rz. 16.171; *Schmidt*, Ch., IStR 1996, 4; *Vogel*, DBA, Art. 1 Rz. 24 ff.; einschränkend *Debatin*, DB 1969, 477, 481; *ders.*, BB 1989, Beil. 2, 1, dieser kommt nur dann zu dem Ergebnis, wenn keiner der Vertragsstaaten die Personengesellschaft als Gesellschaft i.S.d. Art. 3 b OECD-MA behandelt.

5 Statt vieler *Kluge*, Internationales Steuerrecht, Rz. S 74, wonach die Anzahl der Gesellschafter, die Anzahl der Stammhäuser bestimme.

6 *Wassermeyer*, in: Debatin, Wassermeyer, MA, Art. 1 Rz. 27; *ders.*, IStR 1995, 49; *ders.*, IStR 1998, 489, 490, m.w.N.; *ders.*, IStR 1999, 8; *ders.*, IStR 1999, 482.

7 So auch *v. Beckerath*, Der Durchgriff im deutschen Außensteuerrecht, S. 108 ff.; *Brenner*, Haarmann (Hrsg.), Unternehmensstrukturen, S. 63 ff., S. 71; *Ege*, Freundesgabe Haas, S. 101 ff., S. 108; *Kluge*, DStR 1976, 365, 367; in diesem Sinne auch *Lang*, IStR 2000, 129.

8 *Wassermeyer*, IStR 1999, 481, 484.

9 *Knobbe-Keuk*, Bilanzsteuerrecht, § 13 a III 2 a aa.

10 Ausführlich *Riemenschneider*, Abkommensberechtigung, S. 101 f.; zum Unternehmensbegriff i.S.d. Art. 7 OECD-MA siehe auch oben 2. Teil § 1 A II. 2.

deren wird das Betriebsstättenprinzip[11] auf die Beteiligung an einer Personengesellschaft angewendet. Nach dem in Art. 7 Abs. 1 OECD-MA verankerten Betriebsstättenprinzip kann der Gewinn eines Unternehmens eines Vertragsstaates nur in diesem Staat besteuert werden, es sei denn das Unternehmen übt seine Tätigkeit im anderen Vertragsstaat durch eine dort belegene Betriebsstätte aus. Daraus ergibt sich nach allgemeiner Meinung folgende Lösung: Die Beteiligung einer in einem Vertragsstaat ansässigen Person an einer Personengesellschaft des anderen Vertragsstaates wird wie eine Betriebsstätte i.S.d. Art. 7 OECD-MA dieser Person behandelt. Voraussetzung ist, daß das in dem anderen Vertragsstaat betriebene Unternehmen der Personengesellschaft den Anforderungen des Abkommens an eine Betriebsstätte i.S.d. Art. 5 OECD-MA genügt und die Personengesellschaft ein Unternehmen i.S.d. Art. 7 OECD-MA betreibt.

Die Begründung geht zumeist auf die Auslegung der Definition in Art. 3 Abs. 1 Buchst. c OECD-MA zurück. Danach liege ein Unternehmen eines Vertragsstaates vor, wenn das Unternehmen „von einer in einem Vertragsstaat ansässigen Person betrieben wird". Daher sei nicht die abkommensrechtliche Zuordnung des Unternehmens maßgeblich, sondern des Unternehmers maßgeblich. Somit komme es auf die Ansässigkeit des Unternehmers an. Dieser müsse ein Unternehmen „betreiben". Das Merkmal „betreiben" sei bei einem Gesellschafter einer Personengesellschaft mangels anderer Anhaltspunkte im OECD-MA nach Art. 3 Abs. 2 OECD-MA durch das innerstaatliche Steuerrecht zu bestimmen, nämlich mit Hilfe des Mitunternehmerbegriffs.[12] Daraus ergebe sich, daß der Gesellschafter durch die Beteiligung an der Personengesellschaft ein „eigenes" Unternehmen[13] betreibe bzw. der Anteil des Gesellschafters am Unternehmen der Personengesellschaft sei im abkommensrechtlichen Sinne ein Unternehmen[14].

Demgegenüber behandelt die Mindermeinung[15] auch bei Auslegung des Art. 3 Abs. 1 a -c OECD-MA den Gesellschafter als Person. Die Zurechnung der Einkünfte erfolgt nach nationalem Steuerrecht. Nach deutschem Steuerrecht seien die Einkünfte bei den Gesellschaftern zuzurechnen und daher der Gesellschafter als abkommensberechtigt anzusehen.

Da sich die Rechtslage hinsichtlich der Person und der Abkommensberechtigung bei inländischen Sozietäten nicht anders darstellt, ist zu untersuchen, inwieweit die Grundsätze der abkommensrechtlichen Behandlung einer Beteiligung an einer unternehmerisch tätigen Personengesellschaft auf Sozietäten übertragbar sind.

---

11 Dazu siehe oben 2. Teil § 1 A II. 2.

12 *Piltz*, Personengesellschaften im IStR, S. 153; *Riemenschneider*, Abkommensberechtigung, S. 109, m.w.N.

13 *Jacobs*, Int. Unternehmensbesteuerung, S. 373.

14 *Schaumburg*, Internationales, Rz. 18.61.

15 Für die Mindermeinung *Wassermeyer*, IStR 1999, 491, 492.

III. Meinungsstand bei Sozietäten

1. Ansicht der Rechtsprechung

Der RFH[16] hatte sich zu dem Fall einer international Sozietät, an der zwei im Ausland ansässige und ausschließlich dort tätige und ein im Inland ansässiger und ausschließlich dort tätiger Gesellschafter beteiligt war, zu äußern. Streitig war, ob die Voraussetzungen des Ausübungstatbestands erfüllt sind und somit die Einkünfte anteilig den Gesellschaftern zuzurechnen sind. Gemäß der damals geltenden Bilanzbündeltheorie lehnte der RFH die Zurechnung der ausländischen Einkünfte zu denen des inländischen Gesellschafters mit der Begründung der fehlenden physischen Präsenz im Ausland ab. In weiteren Urteilen des RFH[17] zum Ausübungstatbestand wird jedoch deutlich, daß das Erfordernis der physischen Präsenz als Voraussetzung der beschränkten Steuerpflicht nicht für Aufsichtsratsmitglieder gilt. Als Begründung wird die der freiberuflichen Tätigkeit immanente höchstpersönliche Tätigkeit angeführt, die das Merkmal der physischen Präsenz erfordert.[18]

Der BFH hatte bislang keine Gelegenheit, zur abkommensrechtlichen Behandlung von Sozietäten ausdrücklich Stellung zu nehmen. Der IV. Senat hat in einem Urteil aus dem Jahre 1982[19] zum DBA-Schweiz ausdrücklich offengelassen, ob die für gewerblich tätige Personengesellschaften geltenden Grundsätze des Art. 7 Abs. 7 DBA-Schweiz[20] auch für freiberuflich tätige Personengesellschaften i.S.d. Art. 14 DBA-Schweiz gelten, da die Erbringung freiberuflicher Leistungen im Rahmen einer Arbeitsgemeinschaft eines deutschen und eines Schweizer Architekten vorlag und die Rechtsgrundsätze nicht für eine Arbeitsgemeinschaft Geltung beanspruchen können. Eine Arbeitsgemeinschaft bei der die Gesellschafter einer festen Aufgaben- und Honoraraufteilung unterliegen, seien nicht mit einer Personengesellschaft i.S.d. Art. 7 Abs. 7 DBA-Schweiz vergleichbar. Die Begründung ist insofern nicht überzeugend, als unter den Anwendungsbereich des Art. 7 Abs. 7 DBA-Schweiz ausschließlich Personengesellschaften fallen, die ein Unternehmen betreiben.[21] Nach dem Wortlaut des Art. 14 Abs. 2 DBA-Schweiz fällt die selbständige Tätigkeit eines Architekts eindeutig unter den Begriff „freier Beruf“. Daher hätte der zuständige Senat prüfen müssen, ob die Tätigkeit der Arbeitsgemeinschaft unter Art. 14 DBA-Schweiz fällt. Des weiteren fehlt es an einer Begründung der Ablehnung der Arbeitsgemeinschaft als Personengesellschaft i.S.d. DBA-Schweiz.[22]

16 RFH v. 1.10.1924 – VI e A 126/24, RFHE 14, 193, 194.

17 RFH v. 17.6.1931 – VI A 868/31, RStBl. 1931, 814; RFH v. 1.2.1933 – VI A 828/32, RStBl. 1933, 425; RFH v. 25.4.1933 – VI A 988/31 u. 1252/31, RStBl. 1934, 417; RFH v. 12.5.1938 – VI A 988/31, RStBl. 812.

18 RFH v. 8.3.1939 – VI 568/38, RStBl. 1939, 577.

19 BFH v. 14.1.1982 - IV R 168/78, BStBl. II 1982, 345, 347.

20 Im Gegensatz zum OECD-MA ergibt sich aus Art. 7 Abs. 7 S. 1 DBA-Schweiz ausdrücklich die Anwendbarkeit des in Art. 7 Abs. 1 geregelten Betriebsstättenprinzips für Personengesellschaften.

21 *Kroppen*, in: Becker/Grotherr/Kroppen, DBA-Schweiz, Art. 7 Rn. 11.

22 Zur Mitunternehmerschaft von Arbeitsgemeinschaften vgl. *Schmidt*, EStG, § 15 Rz. 329, m.w.N.

2. Internationale Praxis der Finanzverwaltungen

a) Deutschland

Die Außensteuerreferenten des Bundes und der Länder haben sich erstmals 1992 mit der Gewinnabgrenzung und der Besteuerung bei Sozietäten mit in- und ausländischen Kanzleien befaßt. Danach sei eine allgemeine Lösung angesichts der tatsächlichen und wirtschaftlichen Unterschiede zur Zeit nicht möglich und weitere Aufklärung erforderlich. Zu diesem Zweck soll die Thematik im Kreise der OECD erörtert werden.[23] Zwischenzeitlich sollte offenbar eine Stellungnahme des BMF zur Besteuerung von Sozietäten gem. Art. 14 Abs. 1 OECD-MA in dem geplanten „Betriebsstättenerlaß" aufgenommen werden.[24] Dem Vernehmen nach sollte eine Regelung enthalten sein, die dem von *Hemmelrath*[25] vertretenen Ansatz entspricht. Dies sei jedoch an der Frage der Beteiligung ausländischer Berufsangehöriger gescheitert.[26] Aus dem nunmehr veröffentlichten sog. Betriebsstättenerlaß[27] geht lediglich hervor, daß die Beteiligung an einer (ausländischen) Personengesellschaft, die eine Betriebsstätte unterhält, dazu führe, daß die Betriebsstätte jeweils - anteilig - dem Gesellschafter zuzurechnen sei, es sei denn es handelt sich um eine ausschließlich vermögensverwaltende oder selbständig bzw. land und forstwirtschaftlich tätige Personengesellschaft, die nicht gewerblich geprägt ist. Inwieweit diese Ausführungen, die sich auf das nationale Steuerrecht beziehen, abkommensrechtlich gelten sollen, ist ebenso unklar, wie die Frage, ob sich daraus eine abweichende steuerrechtliche Behandlung einer Freiberufler-Personengesellschaft ergibt. Angesichts der Änderungen in dem OECD-MA 2000 und dem dazu ergangenen Bericht des OECD-Steuerausschusses[28], dürfte nunmehr tatsächlich mit einer Stellungnahme zu rechnen sein.

Die aktuelle steuerrechtliche Behandlung international tätiger Sozietäten durch die deutsche Finanzverwaltung erfolgt offenbar von Fall zu Fall. Die Äußerungen im Schrifttum sind unterschiedlich. So stelle die Finanzverwaltung auf die tatsächlich getroffenen Gewinnverteilungsabreden ab.[29] Demgegenüber seien *Töben*[30] Fälle bekannt, wonach eine Gewinnaufteilung anhand der Maßgeblichkeit des Tätigkeitsortes zulässig sei. Ferner akzeptiere die Finanzverwaltung, wenn die einzelne Kanzlei von, wie auch immer gearteten, sachgerechten Kriterien ausgehe und diese auf alle Auslandsbüros anwende.[31] Angesichts dieser Äußerungen besteht der Eindruck, die Besteuerung international tätiger Sozietäten und ihrer Gesellschafter beruht auf der normativen Kraft des Faktischen.

---

[23] *Hellwig*, AnwBl. 1996, 124, 129.

[24] Vgl. zum Betriebsstättenerlaßentwurf *Dehnen*, DB 1997, 1431; *Strunk/Kaminski*, IStR 1997, 513.

[25] *Hemmelrath*, in: Haarmann, u.a. (Hrsg.), Gestaltung, S. 623, siehe unten dieses Kapitel 4 c.

[26] So *Hemmelrath*, in: Haarmann, u.a. (Hrsg.), Gestaltung, S. 623, S. 637; im Jahr 1996 war man im BMF offenbar noch geteilter Meinung, so *Hellwig*, AnwBl. 1996, 124, 129.

[27] BMF v. 24.12.1999, BStBl. I 1999, 1076, Tz. 1.1.5.1.

[28] Dazu siehe unten VII.

[29] *Krabbe*, FR 1995, 692, 693.

[30] *Töben*, IWB F. 10 Gr. 2, S. 1253 ff., S. 1269.

[31] *Hellwig*, AnwBl. 1996, 124, 129.

b) Österreich

Die österreichische Finanzverwaltung folgt in einem EAS Schreiben vom 30.4.1996[32] der einheitlichen Betrachtungsweise. Danach solle jeder Gesellschafter einer international tätigen Sozietät von Rechtsanwälten mit dem auf ihn entfallenden Gewinnanteil an den Einkünften, die in einem anderen Staat durch ein dort unterhaltenes Büro (feste Einrichtung) aus rechtsberatender Tätigkeit erzielt werden, in diesem Staat steuerpflichtig sein. Dies solle unabhängig davon gelten, wo der jeweilige Partner seine freiberufliche Tätigkeit ausübt oder ausgeübt hat. Zur Begründung wird angeführt, daß sich die Gewinnverteilung innerhalb der Sozietät nicht nach dem individuellen Leistungsbeitrag eines Partners bemesse, sondern in Form eines Gewinnpools anhand anderer Kriterien auf die Sozii verteilt wird. Ferner wird aus rein fiskalischen Gründen die Auslegung nach dem Tätigkeitsortprinzip abgelehnt, da andernfalls das Besteuerungsrecht an den durch das inländische Büro erwirtschafteten Gewinnanteilen der ausländischen Partner, die nicht in Österreich tätig sind, zusätzlich verloren gehe.

c) USA[33]

Nach dem Bericht des OECD-Steuerausschusses unter Verweis auf sec. 1141(a) of the United Taxpayer Relief Act of 1997 ist nach heutiger Praxis der Finanzverwaltung der USA der Gewinn einer Sozietät anteilig den Gesellschaftern zuordnen, d.h. auch die Gesellschafter, die nicht in den USA tätig und/oder ansässig sind. Es wurde jedoch die Rechtsgrundlage geschaffen, um für die damit verbundenen Verwaltungsschwierigkeiten zu vereinfachen.[34] Die heutige Praxis steht jedoch im Gegensatz zur früheren Praxis der USA. Nach einem „private letter ruling" des IRS von 1993[35] zum DBA-Deutschland-USA soll es für die Zuordnung der Einkünfte einer deutschen Anwaltssozietät, die in den USA ein Büro unterhält, in dem ein Gesellschafter, der in den USA ansässig und dort ganzjährig tätig ist, allein auf die Ansässigkeit der Gesellschafter ankommen. Der in den USA ansässige Gesellschafter sei dort steuerpflichtig und zwar mit dem gesellschaftsvertraglich zustehenden Gewinnanteil. In dem zugrundeliegenden Sachverhalt war vereinbart, daß die Einkünfte des US-Büros dem dort ansässigen Gesellschafter, die Einkünfte des deutschen Büros den deutschen Partnern zufließen sollen. Die nicht in den USA ansässigen und tätigen Gesellschafter sollten dementsprechend nicht dort steuerpflichtig sein. Somit war eine gesonderte Gewinnabgrenzung entbehrlich.[36]

Im Sinne des „private letter rulings" des IRS äußerte sich auch 1996[37] das U. S. Departement of Treasury. Danach besteuerten die USA bei nicht in den USA ansässigen Partnern nur das tatsächlich gesellschaftsvertraglich vereinbarte Einkommen des je-

---

32 EAS. 868 v. 30.4.1996, IStR 1996, 391.
33 Zur Meinung der US Finanzverwaltung siehe auch nächsten Abschnitt.
34 OECD, Issues related to Art. 14, Introduction, IV b, Rz. 43 (FN 6); *Krabbe*, IStR 2000, 196, 197.
35 LTR 93-31-012. v. 5.3.1993, TN 1993, 969.
36 So zutreffend *Töben*, IWB F. 10 Gr. 2, S. 1253 ff., S. 1256; a.A. *Golberg*, Canadian Tax Journal, 1994, p. 559, 563; *Vogel*, DBA, Art. 14 Rz. 27 a.
37 Zitiert bei *Thöben*, IWB F. 10 Gr. 2, S. 1253 ff., S. 1256.

weiligen Gesellschafters. Dies galt aber nur insoweit, als dieses Einkommen auf eine in den USA tatsächlich ausgeübte Tätigkeit dieser Partner unter Nutzung eines US-Büros (feste Einrichtung) entfällt. Alle nicht in den USA tätigen und dort auch nicht ansässigen Gesellschafter waren demnach in den USA grundsätzlich mit ihrem Einkommen nicht steuerpflichtig bzw. steuerbefreit.[38]

d) OECD-Steuerausschuß

Der Steuerausschuß der OECD beschäftigt sich, wie der Literatur[39] zu entnehmen ist, seit einiger Zeit mit der Besteuerung international tätiger Anwaltssozietäten. Aus dem Bericht des Steuerausschusses vom 21.1.1999[40] zur abkommensrechtlichen Behandlung von Personengesellschaften bei Qualifikationskonflikten bringt keine Klarheit. Im Grundsatz spricht sich der Ausschuß für die Zuordnung der Gesamteinkünfte an die einzelnen ständigen Einrichtungen aus. Er hält aber Abweichungen für möglich, z.B. wegen besonderer Abrechnungssysteme, die jedoch in einem gesonderten Bericht erläutert werden.

In dem jüngst erschienen Bericht des OECD-Steuerausschusses geht dieser ausdrücklich auf die Frage der abkommensrechtlichen Behandlung von Freiberufler-Personengesellschaften ein.[41] Darin wird festgestellt, daß keine einheitliche Auffassung der Mitgliedsstaaten zu dieser Frage besteht. Dies gilt insbesondere in den Fällen, in denen sich z.B. zwei Anwälte, die in verschiedenen Staaten ansässig und tätig sind, in einer Sozietät zur gemeinsamen Berufsausübung zusammengeschlossen haben, wobei jedem der Gewinn zusteht, den er selbst erwirtschaftet. Gleichwohl wurde beschlossen, daß die abkommensrechtliche Behandlung von Freiberufler-Personengesellschaften entsprechend der nach Art. 7 OECD-MA erfolge.

Des weiteren stellt der Ausschuß ausdrücklich fest, daß nach heutiger Praxis der Finanzverwaltung der USA der Gewinn einer Sozietät anteilig den Gesellschaftern zuordnen ist, d.h. auch denen Gesellschaftern, die nicht in den USA tätig und/oder ansässig sind.[42] Hingegen zeige das schwedische Modell, wonach zur Verwaltungsvereinfachung die meisten ausländischen Partnerships und nicht die Gesellschafter - aus dem Bericht geht nicht hervor, ob insoweit nur Freiberufler-Personengesellschaften gemeint sind - als Steuerzahler angesehen werden, keine Vereinfachung bringe.

3. Ansichten im Schrifttum

a) Einheitliche Betrachtungsweise

---

[38] Vgl. dazu auch *Goldberg*, Canadian Tax Journal, 1994, p. 559.

[39] Vgl. *Förster*, IStR 1996, Beih. 11, 1; *Krabbe*, FR 1995, 692, 694; *Loukota*, IStR 1996, 392; *Portner*, IStR 1996, 391.

[40] Der OECD-Bericht ist bislang noch nicht offiziell veröffentlicht worden. Daher kann nur auf die Ausführungen von *Menck*, IStR 1999, 147 zurückgegriffen werden.

[41] OECD, Issues related to Art. 14, Introduction, IV b.

[42] OECD, Issues related to Art. 14, Introduction, IV b, Rz. 43 (FN 6); *Krabbe*, IStR 2000, 196, 197.

Die Vertreter[43] der hier als einheitliche Betrachtungsweise bezeichneten Meinung gehen davon aus, daß ein Gesellschafter nicht nur durch seine eigene Beratungstätigkeit, sondern auch durch die seiner Gesellschafter tätig werde. Dies führt dazu, daß die Gesellschafter in allen Sozietätsstandorten tätig werden und damit neben ihrer Ansässigkeit im Wohnsitzstaat mehrere Tätigkeitsorte begründen, die zu einem Besteuerungsrecht des jeweiligen Staates führt. Dies entspricht im Ergebnis der Anwendung der Grundsätze der Zuordnung des Besteuerungsrechts bzgl. der Gewinne aus einer Beteiligung an einer unternehmerisch tätigen Personengesellschaft. Die einzelnen Begründungen beruhen auf zwei verschiedenen Ansätzen.

Eines der Hauptargumente wird aus den für eine Sozietät geltenden gesellschaftsrechtlichen Regelungen (§§ 705 ff. BGB) abgeleitet. So wird von *Maier-Bridou*[44] angeführt, daß die Gesellschafter nach außen gemeinsam auftreten und Aufträge und Entgelte gemeinsam entgegen nehmen. Daher haben sowohl der Mandant als auch der Gesellschafter im Zweifel den Willen, daß das Mandatsverhältnis mit allen Mitgliedern der Sozietät abgeschlossen werde und somit eine gesamtschuldnerische Haftung der Gesellschafter neben dem als Haftungsobjekt bestehenden Gesamthandsvermögen gegeben sei. Insofern sei von einer gemeinsamen Berufsausübung aller Gesellschafter auszugehen.[45]

Darüber hinaus spreche nach Auffassung von *Krabbe*[46] für die einheitliche Betrachtung die im Innenverhältnis der Sozietät betreffende Gewinnverteilungsabrede der Gesellschafter. Wenn sich mehrere Partner zur gemeinsamen Berufsausübung zusammenschließen und ihre Einkünfte „poolen", was dem Regelfall entspreche, stelle auch ihre Tätigkeit in der Weise eine Einheit dar, daß die Tätigkeit des einen dem anderen zugerechnet werde, da ansonsten der Gewinn aus der Tätigkeit aller Gesellschafter nicht zunächst addiert und sodann aufgeteilt würde. Allerdings weist der Verfasser[47] im weiteren selbstkritisch darauf hin, daß es im Fall einer von der Gewinnpoolung abweichenden Gewinnverteilungsabrede gerade nicht zu einer einheitlichen Betrachtungsweise kommen dürfte.

---

43 *Bellstedt*, IStR 1995, 361, 362; *Krabbe*, FR 1995, 692; *Loukota*, IStR 1996, 392; *Lüdicke*, in: Lademann/Söffing, EStG, § 49 Anm. 545; *Mack*, in: Streck u.a. (Hrsg.), Steuerberatung, S. 73, S. 88 f.; *Maier-Bridou*, AnwBl. 1993, 264, 265; *Schaumburg*, Internationales, Rz. 16.415 (FN 1518); *Streck*, AnwBl. 1991, 449, 455; *ders.*, NJW 1991, 2252, 2259; *Wassermeyer*, in: Debatin/Wassermeyer, MA, Art. 14 Rz. 50; im Ergebnis so wohl auch *Wilke*, in: Becker/Höppner/Grotherr/Kroppen, DBA, Art. 14 Rn. 16; in diesem Sinne auch zum DBA-Frankreich *Kramer*, in: Debatin/Wassermeyer, DBA-Frankreich, Art. 12 Rz. 23 f.; indifferent *Korn*, Freiberufler-Personengesellschaften, S. 151, *ders.*, EStG, § 18 Rz. 30, es spreche vieles für die anteilige Zurechnung des Ergebnisses der festen Einrichtung bei allen Mitunternehmern. Allerdings sei dafür zu plädieren, von den Gesellschaftern vorgenommene individuelle Zuordnungen der Ergebnisse bestimmter Zweigstellen steuerlich zu tolerieren.

44 *Maier-Bridou*, AnwBl. 1993, 264, 265.

45 Vgl. auch die Argumentation von *Bellstedt*, IWB F. 2, S. 521 ff., und vor der Einführung des § 59 a BRAO *Kaiser/Bellstedt*, Die Anwaltssozietät, 1. Aufl., Rn. 362 ff.

46 *Krabbe*, FR 1995, FR 1995, 692, 693 f.

47 *Krabbe*, a.a.O.

Ferner spreche aus abkommensrechtlicher Sicht für die einheitliche Betrachtung die Nichtanwendbarkeit des Art. 14 Abs. 1 OECD-MA für Sozietäten. Die Vorschrift sei auf den Fall einer natürlichen Person zugeschnitten.[48] Daher komme es für die Begründung des Besteuerungsrechts nicht darauf an, in welcher festen Einrichtung ein Gesellschafter einer Sozietät physisch aufhalte und dort tätig werde. Somit sei auch die Entscheidung des RFH[49], wonach es auf den Ort der ausgeübten Tätigkeit ankomme, nicht anzuwenden.[50] In diesem Sinne sei dann auch der Wortlaut des Art. 14 Abs. 1 OECD-MA zu verstehen, wonach die feste Einrichtung „für die Ausübung der Tätigkeit" zur Verfügung stehen muß.[51]

Des weiteren spreche nach Ansicht von *Krabbe*[52] der Wettbewerbsgedanke für die einheitliche Betrachtungsweise. Das Prinzip der festen Einrichtung solle dafür Sorge tragen, daß der durch die feste Einrichtung erzielte Gewinn den steuerrechtlichen Bedingungen des Belegenheitsstaates unterliegt. Andernfalls wäre im Extremfall der Gewinn im Wohnsitzstaat nicht oder niedrig besteuert. Ein solches Ergebnis könne jedoch nicht gewollt sein. Ferner wird für die einheitliche Betrachtungsweise der Kommentar zu Art. 14 OECD-MA angeführt. Zwar spreche dieser die Problematik des Besteuerungsrechts bei Sozietäten nicht ausdrücklich an, jedoch gehe daraus hervor, daß die Grundsätze des Art. 7 OECD-MA gelten.[53] Darüber hinaus sprechen nach Meinung von *Loukota*[54] für die abkommensrechtliche Gleichbehandlung einer Sozietät und einer unternehmerisch tätigen Personengesellschaft die Schwierigkeiten der Trennbarkeit zwischen der Einkünfte aus Unternehmensgewinne i.S.d. Art. 7 OECD-MA und aus selbständiger Arbeit i.S.d. Art. 14 OECD-MA.[55]

Von *Rademacher-Gottwald*[56] wird angeführt, für die einheitliche Betrachtungsweise spreche die Möglichkeit, im Gegensatz zum Tätigkeitsortprinzip, nur indirekt eine mißbräuchlichen Einkünfteverlagerung durch Steuerung der Sachverhalte vornehmen zu können. Des weiteren spreche für die einheitliche Betrachtungsweise der Grundsatz der steuerlichen Gleichbehandlung, sowie die Tatsache, daß der Regelungsinhalt des Art. 14 OECD-MA im Rahmen der Abkommensversion 2000 in den Art. 7 OECD-MA übernommen worden ist.

Nach der einheitlichen Betrachtungsweise ist der Gewinn oder Verlust einer festen Einrichtung anteilig den Gesellschaftern zuzurechnen. Dies gilt für alle festen Einrichtungen der Sozietät und zwar unabhängig davon, in welchem Staat der einzelne

---

48 *Krabbe*, FR 1995, 692, 693 f.

49 RFH v. 14.10.1924 - VI e A 126/24 , RFHE 14, 193.

50 *Maier-Bridou*, AnwBl. 1993, 264, 265, die Entscheidung des RFH, a.a.O. kann insofern zur Auslegung des OECD-MA herangezogen werden, als sie zu § 3 der Verordnung über die Besteuerung von ausländischem Vermögen und Einkommen v. 16.2.1923, RGBl. I 145 ergangen ist.

51 *Krabbe*, FR 1995, 692, 693.

52 *Krabbe*, FR 1995, 692, 694.

53 *Krabbe*, a.a.O.; so wohl auch *Wassermeyer*, in: Debatin/Wassermeyer, MA, Art. 14 Rz. 50.

54 *Loukota*, IStR 1996, 392.

55 Dazu siehe unten Punkt V.

56 *Rademacher-Gottwald*, Grenzüberschreitende Sozietäten, S. 263 ff., spricht insoweit von dem Gesamthandsmodell und dem Modell der physischen Präsenz.

Gesellschafter ansässig ist. Voraussetzung ist zum einen, daß eine feste Einrichtung überhaupt gegeben ist und zum anderen ist der Gewinn für jede feste Einrichtung gesondert zu ermitteln.

Beispiel: Der im Staat A ansässige RA X und der im Staat B ansässige RA Y haben sich zu einer Sozietät zusammengeschlossen, wobei die Gesellschafter in ihrem jeweiligen Ansässigkeitsstaat tätig werden. Der Domizilstaat der Sozietät ist Staat A. Im Gesellschaftsvertrag ist vereinbart, daß jedem Gesellschafter 50 % des von der Sozietät erzielten Gewinns zusteht. Der RA X im Staat A erzielt einen Gewinn von 2000 GE, der RA Y 4000 GE. Somit hat der Staat A das Besteuerungsrecht für 1000 GE für jeden Gesellschafter und der Staat B das Besteuerungsrecht über 2000 GE für jeden Gesellschafter. Liegt der Fall dagegen so, daß sowohl X als auch Y im Domizilstaat A ansässig sind und eine feste Einrichtung im Staat B unterhalten wird, ist der Gewinn oder Verlust der festen Einrichtung beiden Gesellschaftern anteilig zuzurechnen.

b) Maßgeblichkeit des Tätigkeitsortes

Die Vertreter der Gegenauffassung[57] weisen das Besteuerungsrecht allein dem Vertragsstaat zu, in dem der jeweilige Gesellschafter der Sozietät in der festen Einrichtung tatsächlich tätig wird. Hierbei lassen sich zwei verschiedene Begründungen unterscheiden. So wird von *Bellstedt*[58] die Auffassung vertreten, für eine Zuordnung des Besteuerungsrechts nach dem Tätigkeitsort des jeweiligen Gesellschafters spreche insbesondere die Tatsache, daß nach § 59 a Abs. 3 BRAO für die gemeinsame Berufsausübung in einer Sozietät keine gemeinsame Kanzlei mehr erforderlich sei, sondern es zulässig ist, mehrere Kanzleien in verschiedenen Staaten zu unterhalten. Stellt demnach eine inländische und eine ausländische Kanzlei den Mittelpunkt der beruflichen Tätigkeit des dort tätigen und ansässigen Anwalts dar, sei sehr zweifelhaft, ob eine feste Einrichtung des einzelnen Anwalts im jeweils anderen Staat bestehe.[59]

Von *Töben*[60] wird hingegen angeführt, das Tätigkeitsortprinzips leite sich aus Art. 14 OECD-MA ab. Danach müssen Einkünfte einer in einem Vertragsstaat ansässigen Person aus einem freien Beruf vorliegen. Unter einer Person sei grundsätzlich der jeweilige abkommensberechtigte Partner und nicht die Sozietät zu verstehen, so daß es im Ergebnis auf die Tätigkeit des einzelnen Gesellschafters ankomme.[61] Nach der Auffas-

---

[57] *Bellstedt*, IStR 1995, 361, 364; *Bödefeld*, in: Becker/Höppner/Grotherr/Kroppen, DBA,Art. 14 Rn. 81 ff.; *Endres/Debatin*, Tax Planing International Review 1996, 8; *HHR/Kumpf*, § 49 EStG Anm. 673; *Jacobs*, Internationale Unternehmensbesteuerung, 3. Aufl., 1995, S. 480; *Kischel*, in: Möckershoff (Hrsg.), Freie Berufe, S. 258 ff.; *Portner*, IStR 1996, 392; *Portner/Bödefeld*, IWB F 3 Gr. 3, S. 1037 ff.; *dies*., AnwBl. 1994, 104; *Schmidt/Wacker*, EStG, § 18 Rz. 3; *Töben*, IWB, F.10 Gr. 2, S. 1253; *Vogel*, DBA, Art. 14 Rz. 27 a; *Wolff*, in: Debatin/Wassermeyer, DBA-USA, Art. 14 Rz. 25.

[58] *Bellstedt*, IStR 1995, 361, 364; *Kaiser/Bellstedt*, Anwaltssozietät, S. 197 f.; anders noch *Bellstedt*, IWB F. 2, S. 521 ff., da insoweit vor Einführung des § 59 a BRAO noch von einer gemeinsamen Kanzlei auszugehen war und somit eine i.S.d. hier als „einheitliche Betrachtungsweise" bezeichneten Besteuerung anzuwenden war.

[59] Zustimmend *Schmidt/Wacker*, EStG, § 18 Rz. 3.

[60] *Töben*, IWB F.10 Gr. 2, S. 1253 ff., S. 1258.

[61] Diesem folgend *Kluge*, Internationales Steuerrecht, Rz. S 273.

sung von *Portner/Bödefeld*[62] ergebe sich aus dem Mitunternehmerkonzept, daß jeder der Gesellschafter einer inländischen Sozietät über das jeweilige Büro im Inland auch im Ausland eine feste Einrichtung unterhalte. Allerdings sei nach dem Wortlaut des Art. 14 Abs. 1 OECD-MA erforderlich, daß die feste Einrichtung für die Ausübung der Tätigkeit zur Verfügung stehen müsse.[63] Demnach sei unter entsprechender Anwendung einer Entscheidung des BFH[64] eine feste Einrichtung nur dann anzunehmen, wenn die Berufstätigkeit dort unmittelbar ausgeübt wird. Der Ausübungsort ergebe sich dabei mangels abkommensrechtlicher Regelungen gem. Art. 3 Abs. 2 OECD-MA aus dem nationalen Recht. Entscheidend sei demnach der Ort, an dem sich der Berufstätige physisch aufhalte.

Nach *Vogel*[65] sei der Wortlaut des Art. 14 Abs. 1 OECD-MA dahingehend zu interpretieren, als die Zurechnung einer festen Einrichtung zu einem Gesellschafter nur dann angebracht sei, wenn und nur insoweit wie diese dem einzelnen Gesellschafter für seine Tätigkeit „zur Verfügung stehe" und sie der Tätigkeit des Gesellschafters diene.

Soweit die Ansicht vertreten wird, die abkommensrechtliche Behandlung der Beteiligung an einer Sozietät richte sich nach der Maßgeblichkeit des Tätigkeitsortes, ist zwischen zwei Fallgestaltungen zu unterscheiden. Sind die Gesellschafter nur in ihrem Ansässigkeitsstaat tätig, so hat der jeweilige Ansässigkeitsstaat auch das Recht, den gesellschaftsvertraglich zustehenden Gewinnanteil des in diesem Staat ansässigen Gesellschafters zu besteuern.

> Beispiel 1: Der im Staat A ansässige RA X und der im Staat B ansässige RA Y haben sich zur gemeinsamen Berufsausübung zu einer Sozietät zusammengeschlossen, wobei die Gesellschafter in ihrem jeweiligen Ansässigkeitsstaat eine Kanzlei unterhalten und dort tätig werden. Der Domizilstaat der Sozietät ist Staat A. Im Gesellschaftsvertrag ist vereinbart, daß jedem Gesellschafter 50 % des von der Sozietät erzielten Gewinns zusteht. Die Gesellschafter erzielen ein Gewinn von 200.000 GE. Somit hat sowohl Staat A als auch Staat B das Besteuerungsrecht für 100.000 GE.

Ist dagegen ein (oder mehrere) Gesellschafter nicht nur in seinem Ansässigkeitsstaat tätig, sondern auch in der in einem anderen Vertragsstaat belegenen festen Einrichtung, kommt als Aufteilungsmaßstab für die Gewinnabgrenzung entweder die Zahl der Arbeitstage, die in der jeweiligen festen Einrichtung verbracht werden, oder die Zahl der insgesamt im Ausland verbrachten Tage ins Verhältnis gesetzt zu den gesamten Tagen

---

62 *Portner/Bödefeld*, IWB F 3 Gr. 3, S. 1037 ff., S. 1040 f.; *dies.*, AnwBl. 1994, 104; vgl. auch *Bödefeld*, in: Becker/Höppner/Grotherr/Kroppen, DBA, Art. 14 Rn. 101, wobei dieser nicht von der aufgrund der Mitunternehmerschaft allen Gesellschaftern zuzurechnenden festen Einrichtung ausgeht, sondern hierfür eine abstrakte Verfügungsgewalt der einzelnen Gesellschafter ausreiche.

63 Dazu kritisch, im Ergebnis jedoch ebenso *Vogel*, DBA, Art. 14 Rz. 27 a.

64 BFH v. 22.3.1966 - I 65/63, BStBl. III 1966, 463, 464.

65 *Vogel*, DBA, Art. 14 Rz. 27 a.

des Jahres in Betracht.[66] Voraussetzung sei, daß dem jeweiligen Partner die feste Einrichtung zur Verfügung steht.[67]

Beispiel 2: Ausgangsfall wie im Beispiel 1, mit dem Unterschied, daß der im Staat B ansässige Rechtsanwalt Y 50 Tage im Jahr 1997 in der Kanzlei des Rechtsanwalts X tätig war. Der Gewinnanteil des Y ist dann aufzuteilen. Ausgehend von 250 Arbeitstagen pro Jahr, könnte Staat A ein Besteuerungsrecht auf 20.000 GE erheben. Dem Staat B käme dementsprechend ein Besteuerungsrecht i.H.v. 80.000 GE zu.

c) Auffassung von Hemmelrath

Die hier als „einheitliche Betrachtungsweise" und als „Tätigkeitsortsprinzip" bezeichneten Ansätze werden von *Hemmelrath*[68] zu einem sog. systematischen Ansatz zusammengeführt. Ausgehend von dem primären Besteuerungsrecht des Ansässigkeitsstaates rechtfertige sich erst dann eine Besteuerung durch den Quellenstaat, wenn besondere Indizien auf eine intensive geschäftliche Beziehung zum Quellenstaat gegeben sind. Maßgeblich sei damit zunächst der Ausübungsort der Tätigkeit, der nach nationalem Verständnis grundsätzlich am Ort der physischen Präsenz liege und dem „Mittelpunkt" der beruflichen Tätigkeit entspreche. Dies führe im Regelfall zur Besteuerung eines Gesellschafters einer Sozietät im Ansässigkeitsstaat. Dieser Grundsatz führe jedoch nach dem im OECD-MA begründeten Regel-Ausnahmeverhältnis dann zu einem anderen Ergebnis, wenn und soweit Indizien für eine intensive geschäftliche Beziehung zu einem anderen Staat vorliege. Dabei seien - entsprechend dem heutigen Tätigkeitsbild einer internationalen Sozietät - drei verschiedene Fallgestaltungen zu unterscheiden:

- Hält sich ein Sozius regelmäßig und nicht nur zu einzelnen Besprechungen an einem ausländischen Sozietätsstandort auf, so könne dies in Abhängigkeit von der jeweiligen Dauer des Auslandsaufenthalts eine besonders intensive geschäftliche Beziehung zum Quellenstaat begründen.

- Werde die Berufstätigkeit nur gelegentlich und unter der Benutzung der von dem anderen Sozietätsstandort zur Verfügung gestellten festen Einrichtung ausgeübt, könne dies für sich gesehen keine Zuweisung des Besteuerungsrechts des Quellenstaates begründen. Es sei vielmehr erforderlich, daß dem betreffenden Gesellschafter in dem anderen Staat „gewöhnlich" eine feste Einrichtung zur Verfügung stehen müsse. Allein das Vorhandensein eines Büros in einem anderen Staat reiche hierfür nicht aus.

- Das Besteuerungsrecht des Quellenstaates sei dagegen dann zu bejahen, wenn dem betreffenden Gesellschafter individuell ein ihm zugeordnetes Büro zur Verfügung stehe. Dies müsse zwar nicht ununterbrochen benutzt werden. Es genüge, wenn es „gewöhnlich zur Verfügung stehe, d.h. wenn der Gesellschafter es mit einer gewissen Regelmäßigkeit nutze.

---

66 *Portner/Bödefeld*, IWB F 3 Gr. 3, S. 1037 ff.; S. 1042; *Töben*, IWB F. 10 Gr. 2, S. 1253 ff., S. 1269.

67 So *Töben*, IWB F. 10 Gr. 2, S. 1253 ff., S. 1269; nach *Portner/Bödefeld*, IWB F 3 Gr. 3, S. 1037 ff., S. 1040, unterhalte jeder Gesellschafter einer Sozietät über das Mitunternemerkonzept eine feste Einrichtung in den der Sozietät zuzurechnenden Büros.

68 *Hemmelrath*, in: Haarmann, u.a., (Hrsg.), Gestaltung, S. 623 ff., S. 634 f.

Im Ausgangspunkt folge demnach die Ergebnisermittlung derjenigen i.S.d. Ansatzes des Tätigkeitsortes.[69] Davon abweichend gelte die Aufteilung des Gewinnanteils eines Gesellschafters bei einer Tätigkeit außerhalb des Ansässigkeitsstaates nur dann, wenn diesem eine feste Einrichtung gewöhnlich zur Verfügung stehe, d.h. sie müsse individuell dem betreffenden Gesellschafter zugeordnet sein. Im Ergebnis führe dies zu einer praktikableren Handhabung der Fälle, in denen die Gesellschafter in verschiedenen Staaten ansässig und tätig sind. Nach dem Tätigkeitsortprinzip müßte jede Tätigkeit in dem Büro des im anderen Staat ansässigen Gesellschafters erfaßt werden und der Gewinnanteil entsprechend aufgeteilt werden. Dies soll dadurch vermeiden, daß eine Aufteilung erst dann durchzuführen sei, wenn einem Gesellschafter in dem jeweils anderen Vertragsstaat „gewöhnlich" eine feste Einrichtung zur Verfügung steht.

Beispiel: Der im Staat A ansässige Anwalt X und der im Staat B ansässige Anwalt Y haben sich zur gemeinsamen Berufsausübung zu einer Sozietät zusammengeschlossen, wobei die Gesellschafter in ihrem jeweiligen Ansässigkeitsstaat eine Kanzlei unterhalten und dort tätig werden. Der Domizilstaat der Sozietät ist Staat A. Kommt nun der Anwalt Y mehrmals zu einzelnen Besprechungen mit Mandanten in das Büro des Anwalts X im Staat A, sei das Büro des X keine feste Einrichtung des Y, da sie ihm nicht gewöhnlich bzw. individuell zur Verfügung stehe und somit keine Aufteilung der Einkünfte vorzunehmen ist.

IV. Stellungnahme

1. Personengesellschaften (Art. 7 OECD-MA)

Trotz fehlender Abkommensberechtigung von inländischen gewerblich tätige Personengesellschaften und zwei gegensätzlichen Auffassungen in der Literatur besteht eine, wenn auch nur im Ergebnis, unstreitige Lösung. Im Hinblick auf die abkommensrechtliche Behandlung von Freiberufler-Personengesellschaften stellt sich daher die Frage, worauf sich diese begründet. Nach Art. 3 Abs. 1 Buchst. c OECD-MA bedeutet der Ausdruck „Unternehmen eines Vertragsstaates" ein Unternehmen, das von einer in einem Vertragsstaat ansässigen Person „betrieben" wird. Wenn *Riemenschneider*[70] insoweit zutreffend feststellt, daß es auf die Person ankomme, die das Unternehmen betreibe, müßte er konsequenterweise prüfen, welche Person i.S.d. Art. 3 Abs. 1 Buchst. a OECD-MA das Unternehmen „betreibt", da Person sowohl die natürliche Person als auch die Personengesellschaft sein kann. Wenn man dabei nach Art. 3 Abs. 2 OECD-MA auf nationales Steuerrecht zurückgreift, dann ist die partielle Steuersubjektfähigkeit der Personengesellschaften im EStG zu berücksichtigen. Danach kommt es bzgl. der Verwirklichung der Tatbestandsmerkmale, d.h. ob die Gesellschaft gewerblich tätig ist, nicht auf die Tätigkeit des Gesellschafters an. Daher wird nach nationalem Steuerrecht die Personengesellschaft als Träger des Gewerbes anerkannt. Somit „betreibt" auch abkommensrechtlich die Personengesellschaft das Unternehmen i.S.d. Art. 7 OECD-MA. Die Personengesellschaft ist zwar eine Person i.S.d. Art. 3 Abs. 1 Buchst. a OECD-MA, jedoch fehlt es an der Abkommensberechtigung i.S.d.

[69] *Hemmelrath*, in: Haarmann, u.a., (Hrsg.), Gestaltung, S. 623 ff.
[70] *Riemenschneider*, Abkommensberechtigung, S. 105 ff.

Art. 4 OECD-MA. Daher ist die Regelung des Art. 7 OECD-MA nicht anwendbar.[71] Infolgedessen kann es auch nicht auf die Frage ankommen, ob die Beteiligung an einer ausländischen Personengesellschaft ein inländisches Unternehmen mit ausländischer Betriebsstätte darstelle oder ob es sich hierbei um ein ausländisches Unternehmen handle.[72] Ebensowenig ist das Stammhaus der Personengesellschaft durch die Summe der Stammhäuser der Gesellschafter bestimmt.[73]

Abstrakt gesehen wird versucht, die abkommensrechtlich nicht anwendbare Norm des Art. 3 Abs. 1 b i.V.m. Art. 7 OECD-MA dergestalt auszulegen - der Gesellschafter „betreibt" ein Unternehmen -, daß diese auf den zugrundeliegenden Sachverhalt - Beteiligung an einer Personengesellschaft - anwendbar ist. Hierbei handelt es sich aber um eine „verkappte Analogie"[74]. Für eine analoge Anwendung der Normen hätte es jedoch einer eingehenden Prüfung der Zulässigkeit bedurft.[75] Insofern sind, wie dies *Knobbe-Keuk*[76] zu Recht festgestellt hat, die Bemühungen der h.M.[77] darzulegen, daß der Gesellschafter ein Unternehmen „betreibt" und deshalb Art. 7 OECD-MA unmittelbar anwendbar sei, „entbehrlich". Denn die dargestellten Erklärungsversuche beruhen auf einer Vermischung der Frage, wer das Unternehmen betreibt und wem die Einkünfte zuzuordnen sind. Die abkommensrechtliche Behandlung einer Beteiligung an einer inländischen unternehmerisch tätigen Personengesellschaft beruht auf einer international übereinstimmenden Praxis.[78] Hierfür spricht auch ein Urteil des Conseil d'Etat, wonach die Abkommensberechtigung der Gesellschafter einer niederländischen Personengesellschaft bejaht wurde, da diese in den Niederlanden mit den Einkünften aus der Gesellschaft steuerpflichtig seien.[79] Aus methodologischer Sicht erfolgt die abkommensrechtliche Zurechnung der Einkünfte im Wege der Fiktion[80], d.h. ein Sachverhalt wird dahingehend abgeändert, daß die ansonsten nicht anwendbare Bestimmung (Art. 7 OECD-MA) auf diesen anwendbar ist.[81] Die Beteiligung eines im Ausland ansässigen Gesellschafters einer inländischen Personengesellschaft ist „als" dessen Betriebsstätte anzusehen. Für diese Ansicht spricht auch die deutsche Abkom-

---

71 *Knobbe-Keuk*, Bilanzsteuerrecht, § 13 a III 2 a aa (FN 9 u. 11); in diesem Sinne auch *Schaumburg*, Internationales, Rz. 16.169.

72 Für ein inländisches Unternehmen z.B. *Debatin*, DB 1989, 1692, 1693; *Kroppen*, in: Becker/Grotherr/Kroppen, DBA, Art. 7 Rn. 49; für ein ausländisches Unternehmen *Vogel*, DBA, Art. 7 Rz. 31.

73 So *Kluge*, Internationales Steuerrecht, Rz. S 74.

74 Zum Begriff der „verkappten Analogie" *Crezelius*, Rechtsanwendung, S. 162 ff.

75 Vgl. allgemein zur Problemaik der Analogien im Steuerrecht *Crezelius*, Rechtsanwendung, S. 149 ff.; zur abweichenden Auffassung *Tipke/Lang*, Steuerrecht, § 4 Rz. 184 ff.

76 So zu Recht *Knobbe-Keuk*, Bilanzsteuerrecht, § 13 a III 2 a aa (FN 9 u. 11).

77 Für die h.M. *Jacobs*, Int. Unternehmensbesteuerung, S. 373; *Piltz*, Personengesellschaften im IStR, S. 153; *Riemenschneider*, Abkommensberechtigung, S. 105 ff.; *Schaumburg*, Internationales, Rz. 18.61.

78 *Knobbe-Keuk*, a.a.O.,

79 Vgl. dazu die Anmerkung von *Hahn*, IStR 2000, 265.

80 Insofern könnte man auch die Auffassung vertreten, die Rechtsgrundlage der Fiktion beruhe auf dem Rückgriff auf das nationale Steuerrecht, vgl. *Wassermeyer*, IStR 1999, 481, 484.

81 Zur Anwendung der Methodenlehre bei völkerrechtlichen Verträgen siehe oben 1. Teil § 5 B 2 a.

menspraxis, wonach in einzelnen Abkommen diese Fiktion - nicht die Abkommensberechtigung der Personengesellschaft als solcher - ausdrücklich normiert wird.[82]

Der innere Grund für diese Fiktion ist in der Anerkennung der Personengesellschaft als Subjekt der Ergebnisermittlung zu sehen, d.h. sie wird für Zwecke der Ergebnisermittlung als abkommensberechtigte Person, die ein Unternehmen i.S.d. Art. 7 OECD-MA betreibt, behandelt[83], sofern sie in ihrem Domizilstaat eine Betriebsstätte i.S.d. Art. 5 OECD-MA unterhält.[84] Ist dies der Fall und unterhält sie in einem weiteren Staat eine Betriebsstätte, ist der erzielte Gewinn auf die einzelnen Betriebsstätten nach dem Veranlassungszusammenhang unter Beachtung des Fremdvergleichsgrundsatzes (Art. 7 Abs. 2 OECD-MA) aufzuteilen.[85] Die Tatsache spricht dafür, daß die Personengesellschaft das Unternehmen betreibt. In einem zweiten Schritt wird dann eine möglich Doppelbesteuerung dadurch vermieden, daß der Gewinn (oder Verlust) anteilig den Gesellschaftern als deren Betriebsstätte, in dem Domizilstaat der Personengesellschaft und ggf. in dem Staat, in dem sie eine Betriebsstätte unterhält, zugerechnet wird.

2. Sozietäten

Die Rechtslage in dem OECD-MA zur Behandlung von international tätigen Sozietäten stellt sich nicht anders dar als bei unternehmerisch tätigen Personengesellschaften. Somit ist Art. 14 Abs. 1 OECD-MA nicht anwendbar.[86] Zwar sind die Gesellschafter einer Sozietät abkommensrechtlich eine Person im i.S.d. OECD-MA, allerdings erzielt nicht jeder Gesellschafter für sich Einkünfte aus selbständiger Arbeit gem. Art. 14 Abs. 1 OECD-MA, sondern die Sozietät als Person i.S.d. OECD-MA.[87] Insofern ist es bereits im Ausgangspunkt unzutreffend, wenn die Frage der Anwendbarkeit des Art. 7 OECD-MA oder des Art. 14 Abs. 1 OECD-MA diskutiert wird.[88] Wenn aber Art. 14 OECD-MA nicht anwendbar ist, so kann die Aussage in dem Kommentar zu Art. 14 OECD-MA[89], wonach die Art. 7 und Art. 14 OECD-MA auf denselben Grundsätzen beruhen, in bezug auf die Zuordnung der Einkünfte bei Sozietäten oder Freiberufler-Personengesellschaften nicht herangezogen werden, zumal diese mit keinem Wort in dem Kommentar erwähnt werden.[90]

---

[82] Vgl. dazu z.B. *Piltz*, in: Mössner u.a., Int. Unternehmensbesteuerung, F. 100.

[83] Vgl. hierzu auch die Ausführungen von *Lüdicke*, IStR 1999, 409, 410 oben, zur Gewinnabgrenzung einer inländischen Personengesellschaft mit einer Betriebsstätte im Inland (Obergesellschaft) und einer ausländischen Personengesellschaft mit einer Betriebsstätte im Ausland (Untergesellschaft).

[84] Die Anforderung an das „Unternehmen", den abkommensrechtlichen Voraussetzungen einer Betriebsstätte zu genügen, ist vor dem Hintergrund der Problematik der sog. Basisgesellschaften zu sehen; vgl. dazu grundlegend *Schaumburg*, Internationales, Rz. 10.29 ff., m.w.N.

[85] Statt aller *Schaumburg*, Internationales, Rz. 18.53 ff., m.w.N.

[86] A.A. *Rademacher-Gottwald*, Grenzüberschreitende Sozietäten, S. 268, S. 271.

[87] Dies verkennen *Kischel*, in: Möckershoff (Hrsg.), Freie Berufe, S. 256 und *Töben*, IWB F. 10 Gr. 2, S. 1253 ff., S. 1258.

[88] So aber z.B. *Töben*, IWB F. 10 Gr. 2, S. 1253 ff.

[89] MA-Komm. zu Art. 14 Nr. 3, abgedruckt bei *Vogel*, DBA, Art. 14 Rz. 3.

[90] A.A. *Krabbe*, FR 1995, 692, 694; *Rademacher-Gottwald*, Grenzüberschreitende Sozietäten, S. 268.

Auch die gesamtschuldnerische Haftung aller Sozii ist daher nicht geeignet, ein feste Einrichtung i.S.d. Art. 14 OECD-MA, die allen Gesellschaftern anteilig zugerechnet werden soll, zu begründen.[91] Im übrigen ist , entgegen einer im Schrifttum[92] vertretenen Auffassung, die Rspr. des BGH[93] zur gesamtschuldnerischen Verpflichtung bei interprofessionellen und internationalen Sozietäten nicht eindeutig. Hierbei geht es um die Frage, ob eine gesamtschuldnerische Verpflichtung aller Sozii auch dann besteht, wenn der einzelne Sozius rechtlich und tatsächlich nicht in der Lage ist, das jeweilige Mandat zu bearbeiten.[94] Zivilrechtlich geht es demnach um die Verpflichtung der einzelnen Sozii durch den Mandanten, während hier die Beziehung der Gesellschafter einer international tätigen Sozietät zu den einzelnen Fiski in Rede steht. Entsprechendes gilt, soweit für die Erklärung der Zurechnung der Einkünfte zu einer festen Einrichtung auf die berufsrechtlichen Regelungen zurückgegriffen wird.[95]

Auch die Mitunternehmereigenschaft[96] kann keine - zunächst - allen Gesellschaftern zuzurechnende feste Einrichtung begründen, die nach dem Wortlaut des Art. 14 Abs. 1 OECD-MA allerdings nur dann allen Gesellschaftern zugerechnet werden könne, wenn sie diesen „gewöhnlich zur Verfügung“ stehe.[97] Soweit sich allein aus dem Wortlaut ergeben soll, daß die feste Einrichtung nur denjenigen Gesellschaftern zuzurechnen sei, denen die feste Einrichtung „gewöhnlich zur Verfügung“ stehe[98] bzw. nur denjenigen zugerechnet werden könne, für deren Tätigkeit sie diene[99], wird übersehen, daß Art. 14 Abs. 1 OECD-MA auf eine Sozietät nicht unmittelbar anwendbar ist.[100] Folglich ist der Wortlaut des Art. 14 Abs. 1 OECD-MA einer Auslegung nicht zugänglich.

Die in der Literatur dargestellten Meinungen gehen - ebenso wie bei Art. 7 OECD-MA - letztlich von einer unmittelbaren Anwendbarkeit des Art. 14 OECD-MA aus und trennen daher nicht eindeutig zwischen der Frage, wer die Tätigkeit ausübt und derjenigen, wem die Einkünfte zuzurechnen sind. Nach Ansicht der Mindermeinung ist auf-

---

91 So *Maier-Bridou*, AnwBl. 1993, 264, 263; so auch noch bis zur Einführung der Regelung des § 59 a BRAO am 2.9.1994 *Bellstedt*, IStR 1995, 361, 362.

92 *Bellstedt*, a.a.O; *Maier-Bridou*, a.a.O.; *Römermann*, Anwaltsgesellschaften, S. 31.

93 Grundlegend zur Anwaltssozietät BGHZ 56, 335; ferner z.B. BGHZ 97, 273 [279]; BGH, NJW 1995, 1841; m.w.N.; zur Steuerberatersozietät z.B. BGH, BB 1993, 1682.

94 Bejahend BGH, NJW 1992, 3037, 3038; zu Recht ablehnend BGH, BB 1993, 1682, 1685; OLG Frankfurt, DStR 1999, Beih. zu H. 5, S. 4; in diesem Sinne auch *Busse*, DStR 1995, 738, 740 f.; *Schneider*, F., BGB-Gesellschaft, S. 157; im Fall von international tätigen Sozietäten hängt die gesamtschuldnerische Haftung der Sozii von dem jeweiligen Mandat ab. Erfordert ein Mandat die Kenntnis mehrerer Rechtsordnungen, werden die Sozii mitverpflichtet, von denen der Mandant erwarten kann, daß sie Kenntnis in den fraglichen Rechtsordnungen haben *Sieg*, Anwaltshaftung, S. 151 ff.; a.A. *Raiser*, NJW 1991, 2049, 2056.

95 So aber *Bellstedt*, IStR 1995, 361, 362.

96 Zu der auf der Bilanzbündeltheorie beruhenden Argumentation siehe unten C II 1 d aa.

97 Bereits insoweit in sich widersprüchlich *Portner/Bödefeld*, IWB F. 3 Gr. 3, S. 1037 ff., S. 1040 f.

98 *Hemmelrath*, in: Haarmann, u.a. (Hrsg.), Gestaltung, S. 623 ff., S. 634. f.

99 *Vogel*, DBA, Art. 14 Rz. 27 a.

100 Ebenfalls auf den Wortlaut berufend *Kischel*, in: Möckershoff (Hrsg.), Freie Berufe, S. 259.

grund der Zurechnung der Einkünfte nach dem nationalen Steuerrecht des Anwendestaates aus deutscher Sicht entsprechend der unternehmerischen Personengesellschaft zu verfahren.[101]

Der im vorigen Kapitel hier vertretenen Meinung folgend, kann es nicht darum gehen, eine (verkappte) analoge Anwendung des Art. 14 Abs. 1 OECD-MA für Sozietäten zu begründen. Daher gehen die Bemühungen, darzulegen, warum und in welcher Form Art. 14 OECD-MA auf Sozietäten anwendbar ist, ins Leere. Vielmehr ist die sachlich zutreffende Frage, ob von dem Grundsatz der Personengesellschaft als Subjekt der Ergebnisermittlung i.S.d. dealing at arm's-length-Prinzips abzuweichen ist. Die Ergebnisermittlung wird zwar auch in der Literatur problematisiert, jedoch nicht im Zusammenhang mit der Zuordnung der abkommensrechtlichen Behandlung der Einkünfte der Gesellschafter inländischer Sozietäten gesehen.[102] So sind einige Vertreter[103] des hier als Tätigkeitsortprinzips (auch: Arbeitsortprinzips) bezeichneten Ansatzes der Meinung, die Ergebnisermittlung zwischen der inländischen Sozietät und einem in einem DBA-Staat belegenen Büro sei nach dem wirtschaftlichen Veranlassungszusammenhang unter Beachtung des Fremdvergleichsgrundsatzes durchzuführen. „Gleichzeitig findet das Arbeitsortprinzip Anwendung".[104] Anders ausgedrückt: Bei Sozietäten werden die festen Einrichtungen stets allen Gesellschaftern zugerechnet. „Dagegen bestimmt sich der Umfang der Steuerpflicht des einzelnen Sozius nach dem Ort, an dem er die Tätigkeit ausübt, und nicht danach, wo die Gesellschaft insgesamt tätig geworden ist.[105] Wie dieser Ansatz im einzelnen zu verstehen ist, soll folgendes von *Kischel*[106] übernommenes Beispiel verdeutlichen[107]:

> Beispiel: An einer deutschen Sozietät sind der in Deutschland ansässige Rechtsanwalt A und der in Frankreich ansässige Avocat B beteiligt. A unterhält in Deutschland eine Kanzlei und ist ausschließlich in Deutschland tätig. Für B gilt entsprechendes in Frankreich. Im Gesellschaftsvertrag ist eine Gewinnaufteilungssatz von 50% vereinbart. Im Jahr 01 „erwirtschaftet" die Sozietät einen Gewinn von 120.000 Euro. Davon entfallen auf die deutsche Kanzlei 70.000 Euro und auf die französische 50.000 Euro. A erzielt somit inländische Einkünfte i.H.v. 35.000 Euro (50% von 70.000) und ausländische i.H.v. 25.000 Euro (50% von 50.000). Seine aus Frankreich stammenden Einkünfte unterliegen der deutschen Besteuerung, da A keine Tätigkeit in Frankreich ausübt. Die Einkünfte des B (35.000 Euro deutsche und 25.000 Euro französische Einkünfte) unterliegen dementsprechend ausschließlich in Frankreich der Besteuerung.
>
> Abwandlung des Beispiels[108]: Sozius A ist nicht nur in Deutschland, sondern auch 10 Tage von 235 Arbeitstagen im Jahr 01 in Frankreich tätig. Die der festen Einrichtung in Frankreich zuzuordnenden Einkünfte ergeben sich aus dem Produkt der anteiligen französischen Einkünfte (25.000 Euro) und dem Verhältnis der in Frankreich ausgeübten Tätigkeit (10 Tage) zur ge-

---

[101] *Wassermeyer*, in: Debatin/Wassermeyer, MA, Art 14 Rz. 50.
[102] So z.B. *Bellstedt*, IStR 1995, 361, 364.
[103] *Bellstedt*, IStR 1995, 361, 364; *Kischel*, in: Möckershoff (Hrsg.), Freie Berufe, S. 258 ff.; *Portner/Bödefeld*, IWB F 3 Gr. 3, S. 1037, S. 1042; *dies.*, AnwBl. 1994, 104, 107.
[104] So *Portner/Bödefeld*, IWB F 3 Gr. 3, S. 1037, S. 1042.
[105] *Kischel*, in: Möckershoff (Hrsg.), Freie Berufe, S. 258 ff.
[106] *Kischel*, a.a.O.
[107] Ein vergleichbares Beispiel ist in dem Bericht des OECD-Steuerausschußes enthalten, OECD, Issues related to Art. 14, Introduction, IV b Nr. 48.
[108] *Kischel*, in: Möckershoff (Hrsg.), Freie Berufe, S. 258 ff.

samten, während des Besteuerungszeitraums ausgeübten, Tätigkeit (235 Tage). Somit sind französische Einkünfte i.H.v. rund 1064 Euro der festen Einrichtung in Frankreich zuzuordnen.

Dieser Ansatz ist insofern in sich widersprüchlich, als einerseits die Ergebnisermittlung zwischen den festen Einrichtungen auf der Annahme der Sozietät als Subjekt der Ergebnisermittlung beruht, andererseits die logische Konsequenz einer i.S.d. gesellschaftsvertraglich vereinbarten anteiligen Zuordnung der Einkünfte beim Gesellschafter nicht vollzogen wird, sondern die Zuordnung der Einkünfte zu einer festen Einrichtung dem Grunde und der Höhe nach durch die ausgeübte Tätigkeit eines Gesellschafters bestimmt wird. Dies wird deutlich, wenn in einer ausländischen festen Einrichtung ein Verlust erzielt wird:

Beispiel: Ausgangsfall wie im obigen Beispiel, allerdings sind A und B in Deutschland ansässig und B ist sowohl in Deutschland als auch in Frankreich tätig. Aufgrund des Umzugs der Kanzlei in Frankreich in eine geschäftsträchtigere Lage und den damit verbundenen höheren Mietausgaben für die französische feste Einrichtung ergibt sich ein Verlust i.H.v. 30.000 Euro.

Dieser Ansatz enthält keine Antwort auf die Frage, ob der Verlust von jeweils 15.000 Euro den inländischen Gewinn beider Sozii mindert und der verbleibende Gewinn des B nach der ausgeübten Tätigkeit zuzuordnen ist oder aber, ob der Verlust ausschließlich dem B zuzuordnen ist.

Allerdings gehen dem Bericht des OECD-Steuerausschuß[109] zur Folge einige Mitgliedsstaaten offenbar von der Anwendbarkeit eines solchen Konzeptes aus.[110] Unklar ist dabei, ob die anderen Mitgliedsstaaten diese Zuordnung tatsächlich anwenden oder diese nur für denkbar halten.

3. Eigene Ansicht

Die bisherige Untersuchung hat gezeigt, daß die abkommensrechtliche Behandlung von Personengesellschaften auf einer zweistufigen Betrachtung beruht. Auf der ersten Stufe ist die Personengesellschaft als Subjekt der Ergebnisermittlung anzusehen. Die Personengesellschaft wird daher abkommensrechtlich für Zwecke der Ergebnisermittlung zwischen der oder den Betriebsstätten der Personengesellschaft als Unternehmen anerkannt. Auf der zweiten Stufen werden die Einkünfte anteilig den Gesellschaftern im Wege der Fiktion als deren Betriebsstätte i.S.d. Art. 7 OECD-MA zugerechnet und die Gesellschafter mithin als Person i.S.d. Art. 3 OECD-MA behandelt. Damit wird die Abkommensanwendung und mithin die Vermeidung der Doppelbesteuerung der Einkünfte der Gesellschafter zumindest dann erreicht, wenn beide Vertragsstaaten die Personengesellschaft steuerlich transparent behandeln. Die Rechtsgrundlage der Fiktion, daß die Beteiligung einer Person an einer unternehmerisch tätigen Personengesellschaft als deren Betriebsstätte gilt, ist in der international übereinstimmenden Anwen-

[109] OECD, Issues related to Art. 14, Introduction IV b Nr. 48, aus dem Bericht geht jedoch nicht eindeutig hervor, ob andere Vertragsstaaten genau diesem Konzept folgen, d.h. sich eine solche Zuordnung der Einkünfte aus nationalem Steuerrecht ergibt.

[110] Auch in den Nicht-Mitgliedsstaaten gibt es keine einheitliche Auffassung zum OECD-MA; dies zeigt eine Umfrage der OECD bei 20 Nicht-Mitgliedländern, in dem etwa 70 v.H. der Sonderforderungen auf die Quellensbesteuerung im Zusammenhang mit dem Betriebsstätten- und Lizenzbegriff sowie mit der selbständigen Arbeit entfällt.

dung durch die Vertragsstaaten zu sehen (Art. 31 Abs. 3 WÜRV).[111] Hierfür spricht die in dem Bericht des OECD-Steuerausschusses[112] zum Ausdruck kommende unterschiedliche Auffassung der Mitgliedsstaaten über die abkommensrechtliche Behandlung von Sozietäten.

Unter Berücksichtigung dieses Ansatzes ist entweder die Sozietät als Subjekt der Ergebnisermittlung anzusehen oder der Gesellschafter selbst. Im ersten Fall sind die den festen Einrichtungen der Sozietät zuzuordnenden Einkünfte den Gesellschaftern anteilig zuzurechnen. Ist der Gesellschafter als Subjekt der Ergebnisermittlung anzusehen, sind basierend auf dem gesellschaftsvertraglich anteiligen Gewinn die Einkünfte zwischen den festen Einrichtungen aufzuteilen, die dem Gesellschafter gewöhnlich zur Verfügung stehen.[113] Die bereits im vorigen Kapitel dargestellte Zuordnung nach dem Tätigkeitsortprinzip führt zu einer in sich widersprüchlichen Vermischung der Frage der Ergebnisermittlung und der Zuordnung der Einkünfte bei inländischen Sozietäten für Zwecke der Abkommensberechtigung und ist daher abzulehnen.

Als Gründe für die Zuordnung der Einkünfte nach dem Tätigkeitsortprinzip wird zumeist die Vereinfachung als Grund angeführt, insbesondere hinsichtlich der praktischen Durchführung der Ergebnisermittlung zwischen der Stamm-Sozietät und den festen Einrichtungen nach dem Veranlassungsprinzip unter Beachtung des Fremdvergleichsgrundsatzes. So müßte jede Dienstleistung innerhalb der Sozietät zum Zwecke der Ergebnisermittlung erfaßt werden.[114] Auf die sich daraus ergebenden Schwierigkeiten im Rahmen der Aufteilung der Einkünfte zu einer festen Einrichtung bei der Mithilfe von fachlich vorgebildeten Arbeitskräften[115], der Ergebnisermittlung[116], der sich aus dem § 6 Abs. 5 EStG ergebenden Fragestellungen[117] und der Überführung und Rücküberführung von (immateriellen) Wirtschaftsgütern[118] in eine ausländische feste Einrichtung wurde bereits oben eingegangen. Des weiteren wird eine Vereinfachung darin gesehen, als es keiner Aufteilung des Gewinns in so viele Teile bedarf, wie es

---

[111] Der Auffassung von *Wassermeyer*, IStR 1998, 489, folgend, stellt sich m.E. die Frage des Subjekts der Ergebnisermittlung nicht. Zunächst sei die Zuordnung der Einkünfte nach nationalem Steuerrecht und daran anschließend die Abkommensberechtigung zu bestimmen. Unter Anwendung des nationalen Steuerrechts erzielt die Gesellschaft als partielles Steuersubjekt den Gewinn, der den Gesellschaftern zuzurechnen ist (§ 15 Abs. 1 S. 2 Nr. 2 EStG). Dies setzt jedoch gedanklich voraus, daß die Gesellschaft als solche zwingend Subjekt der Ergebnisermittlung ist und mithin die Ergebnisse der Betriebsstätten der Personengesellschaft anteilig den Gesellschaftern zuzuordnen ist. Insofern kommt *Wassermeyer*, in: Debatin/Wassermeyer, MA, Art. 14 Rz. 50, konsequenterweise nicht zu der Frage, ob die Zuordnung der Einkünfte bei Freiberufler-Personengesellschaften von einer unternehmerisch tätigen Personengesellschaften abweicht, da die Einkünfte der Freiberufler-Personengesellschaft anteilig den Gesellschaftern zuzuordnen ist (§ 18 Abs. 4 i.V.m. § 15 Abs. 1 S. 2 Nr. 2 EStG).

[112] OECD, Issues related to Art. 14, Introduction, IV b.

[113] Im Ergebnis *Hemmelrath*, in: Haarmann, u.a. (Hrsg.), Gestaltung, S. 623 ff.

[114] BMF v. 24.12.1999, BStBl. I 1999, 1076, Tz. 3.1.

[115] Dazu siehe oben 2. Teil § 1 A IIV 3 c bb.

[116] Dazu siehe oben 2. Teil § 3 C II 1.

[117] Dazu siehe oben 2. Teil § 3 D II.

[118] Dazu siehe oben 2. Teil § 3 D u. auch E.

dem Produkt der beteiligten Länder und Sozii entspricht.[119] Somit sind auch erheblich weniger Steuererklärungen abzugeben.[120] Diesen Überlegungen ist jedoch entgegen zu halten, daß Vereinfachungsüberlegungen nicht als abkommensrechtliches Auslegungskriterium oder als Rechtsgrundlage für die Zuordnung nach dem Tätigkeitsortprinzip anzuerkennen sind, sondern ausschließlich im Hinblick auf die abkommensrechtliche Behandlung der Einkünfte international tätiger Sozietäten de lege ferenda.[121]

Ein weiterer Grund für oder gegen die Anwendung einer der Methoden wird in dem sich dem Steuerpflichtigen in Abhängigkeit der angewandten Methode bietenden Gestaltungsspielraum gesehen.[122] Dies gilt insbesondere im Hinblick auf die zunehmende räumliche Unabhängigkeit der freiberuflichen Tätigkeit durch den Einsatz von modernen Kommunikationsmitteln. Außerdem kann die anteilige Zurechnung des Gewinns bei allen Sozii insgesamt zu einer Minderung der Einnahmen seitens des Fiskus führen, da die unbeschränkt steuerpflichtigen Sozii im jeweiligen ausländischen Staat regelmäßig einer der beschränkten Steuerpflicht entsprechenden Besteuerung unterliegen können. Dies führt aber zu einer Minderung der Bemessungsgrundlage der unbeschränkt steuerpflichtigen Gesellschafter und kann in toto zu Mindereinnahmen des deutschen Fiskus führen. Gleichwohl kann es zu einer Gewinnverschiebung zugunsten des anderen Staates kommen, wenn eine feste Einrichtung eröffnet wird und der ausschließlich dort tätige Berufsangehörige erst einen Mandantenstamm aufbauen muß, da dem Staat der festen Einrichtung das Besteuerungsrecht hinsichtlich des Gewinnanteils des Gesellschafters zustehen würde, obgleich die feste Einrichtung einen Verlust erzielt. Aus Sicht des deutschen Fiskus besteht die „Gefahr", den Gewinn zur Besteuerung in dem Staat anfallen zulassen, in dem die Steuerbelastung möglichst gering ist.[123] Ob jedoch, wie *Thöben*[124] meint, die Fälle die Ausnahme sind, in denen über Auslandsbüros - relativ gesehen - ein höherer Gewinn oder Verlust als in dem (den) inländischen Büro(s) der Sozietät erwirtschaftet wird, ohne daß sich dies auch in den tatsächlichen Gewinnanteilen der in solchen Auslandsbüros tätigen Partner widerspiegelt[125], kann dahingestellt bleiben. Diese Überlegungen sind allein von dem Besteuerungszweck der Einnahmenerzielung geleitet, die letztlich darin münden, in der Sachverhaltsgestaltung durch den Steuerpflichtigen per se einen (widerlegbaren) Mißbrauch zu vermuten.[126] Nach hier vertretener Ansicht ist der Einnahmenerzielungszweck der konkurrierenden Fiski keine zulässige Rechtsgrundlage im Rahmen der Abkommensanwendung. Insofern kann auch nicht, wie dennoch von *Rademacher-Gottwald*[127] vertreten wird, das Argument der Mißbrauchsanfälligkeit der denkbaren Besteuerungsmodelle zur Auslegung herangezogen werden. Ungeachtet dessen, ist kein Mißbrauchstat-

119 *Streck*, AnwBl. 1991, 455.
120 Bei 50 Sozii, die in zehn verschiedenen Ländern tätig sind, wären mindestens 500 Steuererklärungen abzugeben.
121 In diesem Sinne auch *Krabbe*, FR 1995, 692, 694.
122 Dazu siehe oben 2. Teil § 1 A IV 3.
123 In diesem Sinne auch *Rademacher-Gottwald*, Grenzüberschreitende Sozietäten, S. 265 f.
124 *Thöben*, IWB F. 10 Gr. 2, S. 1253; S. 1267 ff.
125 Dem Vernehmen nach ist die Eröffnung eines ausländischen Büros durch die Aufnahme dort am Markt bereits etablierter Berufsangehöriger mit hohen Anlaufverlusten verbunden.
126 In diesem Sinne auch *Rademacher-Gottwald*, Grenzüberschreitende Sozietäten, S. 265 f.
127 *Rademacher-Gottwald*, Grenzüberschreitende Sozietäten, S. 267 f.

bestand erfüllt, wenn - die Besteuerung nach dem Tätigkeitsortmodell unterstellt - ein Steuerpflichtiger seine Tätigkeit statt im Inland im Ausland ausübt und mithin die Einkünfte nach dem Veranlassungszusammenhang einer ausländischen festen Einrichtung zuzurechnen sind. Diese Möglichkeit wird dem Steuerpflichtigen erst durch die Besteuerung nach dem Tätigkeitsortsprinzip ermöglicht und ist daher kein Mißbrauch des Steuerpflichtigen.[128]

Sieht man die Funktion der DBA auch in der sinnvollen Koordination der wirtschaftlichen Rahmenbedingungen[129], so führt die personenbezogene Zuordnung dann nicht zu einer wettbewerbsentsprechenden Besteuerung, wenn ein Gesellschafter ausschließlich in einem Staat ansässig und tätig ist und dort nicht den Gewinn erwirtschaftet bzw. der festen Einrichtung ein Verlust zuzurechnen wäre, den er als Gewinnanteil erhält.[130] Des weiteren ist zu berücksichtigen, daß die einheitliche abkommensrechtliche Behandlung der Einkünfte einer inländischen Sozietät auf der Grundlage des Gesellschafters als Subjekt der Ergebnisermittlung keineswegs als gesichert anzunehmen ist und insofern eine abweichende Abkommensanwendung vorprogrammiert ist, die letztlich die für diesen Ansatz angeführten Argumente einer praktischen Vereinfachung ins Gegenteil umkehren. Ebensowenig läßt sich dieser Ansatz mit der im Vordergrund stehenden persönlichen Tätigkeit von Freiberuflern begründen, da die Freiberufler gerade in dem gesellschaftsrechtlichen Zusammenschluß einen Teil davon aufgeben.[131]

Im Ergebnis ist von der inländischen Sozietät als Subjekt der Ergebnisermittlung i.S.d. Art. 7 Abs. 2 OECD-MA auszugehen und demzufolge sind die den einzelnen festen Einrichtungen zuzuordnenden Einkünfte den Gesellschaftern nach Maßgabe der gesellschaftsvertraglich vereinbarten Gewinnverteilung zuzurechnen.[132] Voraussetzung ist, daß der Sozietät eine feste Einrichtung gewöhnlich zur Verfügung steht.[133] Unerheblich ist dabei, ob die feste Einrichtung Gesamthandseigentum der Sozietät, Eigentum eines Gesellschafters oder etwa eines Mandanten ist.[134] Demnach kommt der gesellschaftsvertraglich vereinbarten Ermittlung des Gewinnanteils entscheidende Bedeutung für die Aufteilung der den einzelnen festen Einrichtungen zuzuordnenden Einkünfte zu. Bei international tätigen Sozietäten lassen sich nach derzeitiger Praxis

[128] A.A. *Rademacher-Gottwald*, a.a.O.

[129] Dazu siehe oben 1. Teil § 5 B I 1.

[130] So auch *Krabbe*, IStR 1995, 692, 694.

[131] Im übrigen wird abkommensrechtlich keine leitende und eigenverantwortliche Tätigkeit i.S.d. § 18 Abs. 1 Nr. 1 S. 3 EStG vorausgesetzt.

[132] Aus modelltheoretischer Sicht und aufgrund eines an den Besteuerungsfolgen orientierten wertenden Vergleichs der einzelnen Besteuerungsmodelle im Ergebnis ebenso *Rademacher-Gottwald*, Grenzüberschreitende Sozietäten, S. 257 ff.

[133] Zu den Voraussetzungen einer festen Einrichtung siehe oben 2. Teil § 1 A IV 2.

[134] In diesem Sinne zu unternehmerischen Personengesellschaften z.B. BFH v. 29.1.1964 - I 153/61, BStBl. III 1964, 165; BFH v. 16.5.1985 - VIII B 104/85, BStBl. II 1988, 5; BFH v. 2.12.1992 - I R 163/90, BStBl. II 1993, 577; a.A. *Wassermeyer*, in: Debatin/Wassermeyer, MA Art. 14 Rz. 77, wonach die feste Einrichtung eine solche der Personengesellschaft sein müsse. Dafür reiche es aus, daß ein Gesellschafter eine feste Einrichtung in seinem Sonderbetriebsvermögen unterhalte und diese der Personengesellschaft zur Nutzung überlasse. Ausgehend von der Sozietät als Subjekt der Ergebnisermittlung muß dieser die feste Einrichtung gewöhnlich zur Verfügung stehen. Demnach können auch die Räumen eines Mandanten eine feste Einrichtung begründen.

von der traditionell paritätischen Methode folgende abweichende Methoden unterscheiden: Die Quotenmethode, die Umsatzmethode, die Punktemethode und die Profit-Center-Methode.[135] Die Methoden haben jedoch keinen Einfluß auf die Zuordnung der Einkünfte.

Beispiel 1 - Profit-Center-Methode: Nach dem Gesellschaftsvertrag steht einem im Staat A ansässigen und ausschließlich dort tätigen WP ausschließlich der im Staat A durch seine feste Einrichtung erwirtschaftete Gewinn zu. Entsprechendes gilt für die in dem Staat B ansässig und tätigen Kollegen. Dem im Staat A ansässigen WP sind ausschließlich, die in dem Staat A und der festen Einrichtung zuzuordnenden Einkünfte zuzurechnen. Entsprechendes gilt für die Einkünfte der in dem Staaten B tätigen Kollegen.[136]

Beispiel 2 - Punktemethode: Ausgangsfall wie in Beispiel 1. Die der im Staat A belegenen festen Einrichtung zuzuordnenden Einkünfte aus der Betreuung der Mandanten betragen 50.000 GE und die der im Staat B belegenen festen Einrichtung zuzuordnenden Einkünfte 70.000 GE (Summe: 120.000 GE). Aufgrund des gesellschaftsvertraglich vereinbarten Punktesystems erhalten die im Staat B ansässigen Gesellschafter jeweils einen Gewinnanteil i.H.v. 45.000 GE, wohingegen der im Staat A Ansässige einen Gewinnanteil i.H.v. 30.000 GE erhält. Der Grund für die unterschiedliche Höhe der Gewinnanteile liegt darin begründet, daß die Betreuung eines Mandats, das von den im Staat B ansässigen Gesellschaftern in die Sozietät eingebracht wurde, mit Hilfe der im Staat A belegenen festen Einrichtung betreut wurde und die Einkünfte dieser zuzuordnen sind.

Die der festen Einrichtung im Staat A zuzuordnende Einkünfte i.H.v. 50.000 GE entfallen im Verhältnis von 10/40 auf den im Staat A ansässigen Gesellschafter und im Verhältnis von jeweils 15/40 auf die im Staat B ansässigen Gesellschafter. Entsprechendes gilt für die Aufteilung der Einkünfte, die der im Staat B belegenen festen Einrichtung zuzuordnen sind.

Folgen jedoch die Vertragsstaaten einer anderen Ergebnisermittlung und Zuordnung der Einkünfte, so kann sich der Steuerpflichtige nicht darauf berufen, daß sich unmittelbar aus dem Abkommen etwas anderes ergebe. Im weiteren wird daher auch der abweichende Ansatz des Gesellschafters als Subjekt der Ergebnisermittlung berücksichtigt.

V. Qualifikation der Einkünfte

1. Bedeutung im Rahmen der Abkommensanwendung

Die Qualifikation der Einkünfte[137] hängt von der abkommensrechtlichen Behandlung der Einkünfte einer Sozietät ab. In der Sache geht es hierbei um die Abgrenzung zwischen den Einkünften aus Unternehmensgewinne i.S.d. Art. 7 OECD-MA und denen aus selbständiger Arbeit i.S.d. Art. 14 OECD-MA. Erfolgt die Zuordnung der Einkünfte und die Ergebnisermittlung ebenso wie bei einer unternehmerisch tätigen Per-

[135] Zu den einzelnen Methoden *Hammerstein/Busse*, DStR 1995, 985; *Hübner*, DSWR 1999, 188; ausführlich *Rademacher-Gottwald*, Grenzüberschreitende Sozietäten, S. 97 f.

[136] Zu den Auswirkungen der Besteuerungsmodelle auf die einzelnen Ergebnisverteilungsmethoden siehe *Rademacher-Gottwald*, Grenzüberschreitende Sozietäten, S. 311 ff.

[137] Nach der von *Hannes*, Qualifikationskonflikte, S. 226 ff., S. 232, vorgenommenen Systematisierung geht es um die Fallgruppe der echten Qualifikationskonflikte im engeren Sinne.

sonengesellschaft, ergibt sich hinsichtlich der abkommensrechtlichen Behandlung der Einkünfte kein Unterschied. Die Ergebnisse der festen Einrichtungen der Sozietät sind entsprechend Art. 7 Abs. 2 OECD-MA aufzuteilen. Die Beteiligung an der Sozietät gilt als feste Einrichtung des einzelnen Sozius einschließlich der Einkünfte, die nach dem Vorbehalt der festen Einrichtung den Einkünften aus selbständiger Arbeit zuzurechnen sind (Art. 10 Abs. 4, Art. 11 Abs. 4 und Art. 12 Abs. 3 OECD-MA). Ordnet der eine Vertragsstaat die Einkünfte den Unternehmensgewinnen zu und der andere den Einkünften aus selbständiger Arbeit, ergibt sich im Ergebnis keine unterschiedliche Behandlung und somit keine Doppelbesteuerung.

Anders liegt es jedoch, wenn die Zuordnung der Einkünfte der Freiberufler-Sozietät durch die Vertragstaaten nach unterschiedlichen Methoden erfolgt. Werden die Einkünfte durch die Vertragsstaaten verschiedenen Einkunftsarten zugeordnet, kann dies zu einer Doppel-, Minderbesteuerung oder Doppelnichtbesteuerung (sog. weiße Einkünfte) der Einkünfte führen. Eine Minderbesteuerung oder weiße Einkünfte können nur dann vermieden werden, wenn in dem anzuwendenden Abkommen ausdrücklich eine switch-over-Klausel[138] enthalten ist und im Rahmen des Verständigungsverfahrens (Art. 25 OECD-MA) keine Einigung erzielt werden kann, nicht jedoch, wenn eine subject-to-tax-Klausel, Rückfallklausel oder das remittance-base-Prinzip nach dem jeweiligen DBA anzuwenden ist.[139]

Insofern wird deutlich, daß eine von den unternehmerisch tätigen Personengesellschaften abweichende Zuordnung der Einkünfte Qualifikationskonflikte nach sich ziehen kann und somit keine Vereinfachung abkommensrechtlichen Behandlung der Einkünfte einer international tätigen Freiberufler-Personengesellschaft darstellt. Aus deutscher Sicht gilt dies insbesondere für den Fall, daß nach nationalem Steuerrecht mindesten ein Gesellschafter keine leitende und eigenverantwortliche Tätigkeit i.S.d. § 18 Abs. 1 Nr. 1 S. 3 EStG ausübt, die Beteiligung eines Berufsfremden oder einer untrennbare gemischte Tätigkeit gegeben ist und somit sämtliche Gesellschafter gewerbliche Einkünfte erzielen (§ 15 Abs. 1 S. 1 Nr. 2 EStG).

2. Abgrenzung zur unternehmerischen Tätigkeit (Art. 7 OECD-MA)

Erzielen die Gesellschafter einer inländischen Sozietät Einkünfte aus Gewerbebetrieb, da z.B. ein im Ausland zugelassener StB nicht einen ähnlichen Beruf i.S.d. § 18 Abs. 1 Nr. 1 EStG ausübt, ist fraglich, ob abkommensrechtlich die Einkünfte den Unternehmensgewinnen (Art. 7 OECD-MA) oder der selbständigen Arbeit (Art. 14 OECD-MA) zuzuordnen sind. Der im zweiten Teil dieser Arbeit vertretenen Ansicht folgend, finden die Grundsätze zu den ähnlichen Berufen i.S.d. § 18 Abs. 1 Nr. 1 EStG abkommensrechtlich nur in den Randbereichen Anwendung.[140] Insofern besteht keine Deckungsgleichheit des Begriffs der gewerblichen Tätigkeit i.S.d. § 15 Abs. 2 EStG mit

[138] Unklar ist, ob die Voraussetzungen von switch-over-Klauseln vorliegen müssen, um die subject-to-tax Klauseln anwenden zu können, dazu *Grotherr*, IWB, F. 3 Gr. 2, S. 689 ff.; S. 696 f., m.w.N.

[139] Dazu ausführlich *Rademacher-Gottwald*, Grenzüberschreitende Sozietäten, S. 249 ff.

[140] Im Ergebnis ebenso *Grotherr/Herford/Strunk*, Int. Steuerrecht, S. 554 f.; *Kischel*, in: Möckershoff (Hrsg.), Freie Berufe, S. 257; *Rademacher-Gottwald*, Grenzüberschreitende Sozietäten, S. 196.

dem Begriff der Unternehmensgewinne i.S.d. Art. 7 OECD-MA. Hierfür spricht auch das Urteil des I. Senats des BFH vom 17.12.1997.[141] In dem zu entscheidenden Sachverhalt erzielte eine nach amerikanischen Recht gegründete einer deutschen GmbH & Co KG entsprechende Personengesellschaft, Einnahmen aus der Verwaltung von Grundvermögen und Barvermögen. Nach nationalem Steuerrecht lägen gewerblich geprägte Einkünfte i.S.d. § 15 Abs. 3 Nr. 2 EStG vor. Abkommensrechtlich sei jedoch, so der zuständige Senat, keine unternehmerische Tätigkeit i.S.d. Art. 3 Abs. 1 DBA-USA 1954/65 gegeben. Daher sollte man sich im Rahmen der Abkommensanwendung von der Vorstellung lösen, einen Sachverhalt abkommensrechtlich nicht anders zu beurteilen, als nach nationalem Steuerrecht.[142] Ist demnach abkommensrechtlich eine freiberufliche Tätigkeit i.S.d. Art. 14 Abs. 2 OECD-MA gegeben, so ist der Rückgriff auf das nationale Steuerrecht des Anwendestaates ausgeschlossen.[143]

Ist zumindest ein Gesellschafter einer inländischen Sozietät nicht aufgrund eigener Fachkenntnis leitend und eigenverantwortlich tätig (§ 18 Abs. 1 Nr. 1 S. 3 EStG), ist fraglich, ob abkommensrechtlich Einkünfte aus selbständiger Arbeit (Art. 14 OECD-MA) oder aus unternehmerischer Tätigkeit (Art. 7 OECD-MA) gegeben sind. Der im zweiten Teil dieser Arbeit vertretenen Ansicht folgend[144], sind in diesen Fällen die Einkünfte Art. 14 OECD-MA zuzuordnen. Das OECD-MA enthält kein mit dem nach nationalen Steuerrecht vergleichbares Erfordernis (§ 18 Abs. 1 Nr. 1 S. 3 EStG). Allein die Tatsache, daß im nationalen Steuerrecht ein abweichendes Kriterium besteht, rechtfertigt nicht, nach Art. 3 Abs. 2 OECD-MA auf die Vorschriften des nationalen Steuerrechts zurückzugreifen, da die Abkommensnormen insoweit als abschließend zu verstehen sind. Daher liegt eine freiberufliche Tätigkeit i.S.d. Art. 14 Abs. 2 OECD-MA vor.[145]

VI. Besteuerung der Einkünfte

1. Melde-, Anzeige-, Buchführungspflichten und Gewinnermittlung

Hinsichtlich der Melde-, Anzeige- und Buchführungspflicht inländischer Sozietäten ändert sich bei Bestehen eines Doppelbesteuerungsabkommens gegenüber dem vertragslosen Zustand nichts, da die deutsche Besteuerung die Einkünfte aus der Beteiligung an einer inländischen Sozietät immer erfaßt.[146]

---

141 BFH v. 17.12.1997 - I R 34/97, DB 1998, 1013.

142 In diesem Sinne auch *Grotherr/Herford/Strunk*, Int. Steuerrecht, S. 554.

143 A.A. *Kischel*, in: Möckerhoff (Hrsg.), Freie Berufe, S. 257.

144 Dazu siehe oben 2. Teil § 1 A III 2.

145 So wohl auch *Wassermeyer*, in: Debatin/Wassermeyer, MA Art. 14 Rz. 92; a.A. *Kischel*, in: Möckershoff (Hrsg.), Frei Berufe, S. 258, der jedoch m.E. keiner einheitlichen Abgrenzung zwischen Unternehmensgewinnen und Einkünften aus freiberuflicher Tätigkeit folgt, da hinsichtlich der gemischten Tätigkeit und der leitenden und eigenverantwortlichen Tätigkeit auf nationales Steuerrecht zurückzugreifen sei, wohingegen die Beteiligung eines Berufsfremden nicht zu unternehmerischen Einkünften führen soll.

146 Vgl. *Piltz*, Personengesellschaften im IStR, S. 228.

Die Gewinnermittlung erfolgt auch bei Bestehen eines Abkommens nach nationalem Steuerrecht, da es allein Sache der Vertragsstaaten ist, welche Einnahmen oder Ausgaben im Rahmen der Ergebnisermittlung zu berücksichtigen sind.[147] Somit kann der Gewinn der Sozietät bzw. der Gewinn aus der Mitunternehmerschaft wahlweise durch einen Bestandsvergleich nach § 4 Abs. 1 EStG oder im Wege einer Überschußrechnung nach § 4 Abs. 3 EStG ermittelt werden.

2. Vermeidung der Doppelbesteuerung

Sind einem Sozius die Einkünfte seiner festen Einrichtung in dem jeweiligen anderen Vertragsstaat zuzurechnen, ist nach Art. 23 A und Art. 23 B OECD-MA die Doppelbesteuerung durch Freistellung oder Anrechnung durch den Wohnsitzstaat des Soziuses zu vermeiden. Im Rahmen der deutschen DBA wird die Doppelbesteuerung zumeist durch die Freistellungsmethode i.S.d. Art. 23 A OECD-MA vermieden.[148] Nach Art. 23 A Abs. 3 OECD-MA sind die Einkünfte unter Progressionsvorbehalt von der deutschen Besteuerung ausgenommen.[149] Dies gilt auch für Steuerbefreiungen, die sich aus einer Zuteilungsnorm des Abkommens resultieren oder ausschließlich für Steuerbefreiungen, die sich aus Art. 23 A/B OECD-MA ergeben.[150]

a) Drittstaateneinkünfte

Die Methoden der Vermeidung der Doppelbesteuerung der Einkünfte, die einer festen Einrichtung zuzuordnen sind, z.B. die Freistellungsmethode, setzt die Anwendbarkeit des jeweiligen Abkommens voraus. Unproblematisch sind dabei die Fälle, in denen ein im Ausland ansässiger Sozius ausschließlich in der im Inland belegenen Kanzlei tätig wird (sog. Grenzgänger). Dem Sozius steht in Deutschland eine feste Einrichtung gewöhnlich zur Verfügung. Dieser sind die Einkünfte aus selbständiger Arbeit i.S.d. Art. 14 OECD-MA zuzuordnen. In der Praxis wird eine international tätige Sozietät zumeist Büros in mehreren Staat betreiben.

> <u>Beispiel 1:</u> Eine inländische Anwaltssozietät unterhält im Staat X und in Monaco jeweils ein Büro. Ausschließlich in diesen Büros sind die in dem jeweiligen Staat ansässigen Anwälte C bzw. D tätig. In der inländischen Kanzlei sind die Sozii A und B tätig. Mit dem Staat X besteht ein dem OECD-MA nachgebildetes Abkommen. Zwischen der Bundesrepublik Deutschland und Monaco besteht kein DBA. Der Gewinn der Sozietät steht allen Gesellschaftern anteilig zu.

Die abkommensrechtliche Wirkung der Regelungen eines dem OECD-MA nachgebildeten Abkommens beziehen sich auf Personen, die wenigstens in einem der Vertragsstaaten ansässig sind (Art. 1 OECD-MA). Da die Personengesellschaft nicht abkom-

---

[147] BFH v. 27.2.1991 - I R 15/89, BStBl. II 1991 444; zuletzt BFH v. 24.3.1999 - I R 114/97, DStR 1999, 889, 891, m.w.N.

[148] Zur Frage der Anwendbarkeit der Freistellungsmethode bei Einkünften aus Sondervergütungen siehe 5. Teil § 5 A IV.

[149] Vgl. die Übersicht zur Freistellung unter Progressionsvorbehalt bei *Vogel*, DBA, Art. 23 Rz. 217.

[150] BFH v. 25.5.1970 - I R 109/68, BStBl. II 1970, 660; BFH v. 12.1.1983 - I R 90/79, BStBl. II 1983, 382; BMF. v. 24.12.1999, BStBl. I 1999, 1076, Tz. 1.2.4; *Vogel*, DBA, Art. 23 Rz. 206; *Wassermeyer*, in: Debatin/Wassermeyer, MA, Art. 23 A Rz. 121 ff.; a.A. *Grotherr*, IWB, F. 3, Gr. 2, S. 673 ff.; *Schmidt*, IStR 1996, 18.

mensberechtigt ist, ist der Gewinn der festen Einrichtung in Staat X anteilig den Gesellschaftern zuzurechnen. Soweit er auf A und B entfällt, ist das DBA zwischen Deutschland und Staat X anzuwenden. Dies gilt ebenso für die Einkünfte des C soweit sie auf die feste Einrichtung in Deutschland und die feste Einrichtung im Staat X entfallen. Hingegen hat D keinen Abkommensschutz. Mit Monaco besteht kein DBA. Die Zuordnung der Einkünfte aus der festen Einrichtung in Monaco und der des Sozius D richtet sich nach nationalem Steuerrecht. Da Sozius D in Deutschland nicht ansässig ist, ist fraglich, ob dieser in Deutschland beschränkt steuerpflichtige Einkünfte i.S.d. § 49 Abs. 1 Nr. 3 EStG erzielt.[151]

Folgen die Vertragsstaaten hingegen einer abweichenden Ergebnisermittlung und Zuordnung der Einkünfte ergäbe sich folgende Systematik: Da den ausschließlich in Deutschland tätigen Sozii A und B weder in dem Staat X noch in dem Staat Y eine feste Einrichtung gewöhnlich zur Verfügung steht, steht Deutschland das Besteuerungsrecht zu. Hinsichtlich der Einkünfte des Gesellschafters C ist das Abkommen zwischen Deutschland und dem Staat X anzuwenden, da C abkommensberechtigte Person ist. Anwalt C steht jedoch in Deutschland keine feste Einrichtung gewöhnlich zur Verfügung. Daher kann der Ansässigkeitsstaat X das Besteuerungsrecht hinsichtlich des Gewinnanteils ausüben. Sofern einem im Ausland ansässigen Gesellschafter einer inländischen Sozietät weder im Inland noch in einem anderen DBA-Staat, d.h. nicht in dem Ansässigkeitsstaat, eine feste Einrichtung gewöhnlich zur Verfügung steht, ist somit die Anwendung des Abkommens möglich, da der Sozius als Person i.S.d. Art. 4 OECD-MA abkommensberechtigt ist. Die Zuordnung der in der festen Einrichtung in Monaco erzielten Einkünfte richtet sich nach nationalem Steuerrecht.

Wandelt man das Beispiel dahingehend ab, daß der Gesellschafter C darüber hinaus in Staat Y tätig ist, in dem ihm eine feste Einrichtung gewöhnlich zur Verfügung steht und mit dem sowohl Deutschland als auch der Staat X ein dem OECD-MA nachgebildetes DBA abgeschlossen haben, ist das Abkommen zwischen Staat X und Staat Y anzuwenden. Daher stellt der Staat X die im Staat Y erzielten Einkünfte von der Besteuerung frei oder rechnet diese an. Die Einkünfte aus Staat Y stellen aus Sicht des DBA-Deutschland-Staat X Einkünfte andere Einkünfte i.S.d. Art. 21 Abs. 1 OECD-MA dar.

Eine andere Fallgruppe ergibt sich, wenn der festen Einrichtung der Sozietät Einkünfte zuzuordnen sind[152], die nicht aus der originären Ausübung eines freien Berufs stammen, sondern von einer dort ansässigen Person, und der Freiberufler weder in dem Staat der festen Einrichtung der Sozietät noch in dem Staat (Drittstaat), aus dem die der festen Einrichtung zuzuordnenden Einkünfte stammen, ansässig ist.

Beispiel 2: An der deutschen Sozietät ist ein im Staat X ansässiger und in der dortigen festen Einrichtung der Sozietät tätiger Anwalt beteiligt. Die Sozietät ist an der im Staat Z ansässigen

[151] Dazu siehe unten C II 1 d cc (1); zu weiteren Beispielen unternehmerisch tätiger Personengesellschaften siehe *Manke*, DStJG Bd. 8, S. 195, S. 202 ff.; *Lüdicke*, StBJb 1997/98, S. 449, S. 455 ff.

[152] Dazu siehe unten 3.

Steuerberatungskapitalgesellschaft zu 100% beteiligt.[153] Diese schüttet im Jahr 01 5.000 GE an die Sozietät aus. Aus der Beteiligung an der deutschen Sozietät erzielt der Anwalt in demselben Jahr einen Gewinn i.H.v. 1000 GE. Der Staat Z hat mit Deutschland und dem Staat Y ein dem OECD-MA entsprechendes Abkommen abgeschlossen. Nach dem DBA zwischen Deutschland und Staat Z ist die Quellensteuer auf Dividendenzahlungen bis auf 10% von der Steuer befreit. Nach dem DBA zwischen Staat Z und Staat X ist die Quellensteuer auf Dividendenzahlungen bis auf 5 % befreit.

Insofern ist streitig, nach welchem DBA sich der Quellensteuersatz bestimmt. Der BFH[154] geht davon aus, daß erstattungsberechtigt nur derjenige sein kann, zu dessen Lasten die Quellensteuer einbehalten wird. Einbehalten wird die Steuer zu Lasten desjenigen, der die Einkünfte erzielt bzw. steuerpflichtig ist. Daher spricht einiges dafür, daß sich der Quellensteuersatz nach dem zwischen dem Ansässigkeitsstaat des Gesellschafters und dem Drittstaat abgeschlossenen DBA richtet.[155]

Im Fall der unternehmerischen Tätigkeit ist die Quellensteuer aufgrund des abkommensrechtlichen Diskriminierungsverbots von Betriebsstätten (Art. 24 Abs. 3 OECD-MA) zumindest dann anzurechnen, wenn in dem DBA zwischen dem Betriebsstättenstaat und dem Ansässigkeitsstaat des Gesellschafters ein dem OECD-MA entsprechendes Diskriminierungsverbot enthalten ist.[156] In Art. 24 Abs. 3 OECD-MA wird jedoch nicht die feste Einrichtung erwähnt, so daß sich die Frage stellt, ob Art. 24 Abs. 3 OECD-MA analog für feste Einrichtungen gilt. Eine hierfür notwendige, planwidrige Regelungslücke läge vor, wenn die Vertragsstaaten bei Abschluß des Abkommens die Begriffspaare Betriebsstätte/Unternehmen und feste Einrichtung/Selbständige Arbeit nicht kennen konnten. Davon kann jedoch nicht ausgegangen werden und zwar auch dann nicht, wenn man der Auffassung folgt, zwischen fester Einrichtung und Betriebsstätte bestehe kein Unterschied.[157] Denn für die Anwendung des Art. 24 Abs. 3 OECD-MA sind die o.a. Begriffspaare und die Tatsache maßgebend, daß abkommensrechtlich zwischen Einkünften aus Unternehmensgewinne und selbständiger Arbeit zu unterscheiden ist. Daher liegt keine planwidrige Regelungslücke vor, die eine analoge Anwendung des Art. 24 Abs. 3 OECD-MA auf feste Einrichtungen rechtfertigt. Somit ergibt sich aus den hier zu betrachtenden Abkommen keine Pflicht des Staates der festen Einrichtung zur Anrechnung der Quellensteuer.[158]

Ist Deutschland der Quellenstaat, erfolgt die der festen Einrichtung zuzurechnenden Drittstaateneinkünfte nach § 50 Abs. 6 i.V.m. § 34 c Abs. 1, § 34 d EStG. Sofern der Quellenstaat ein Mitgliedstaat der EU ist, ergibt sich die Pflicht zur Anrechnung der Steuer des Drittstaates aus dem EG Vertrag.[159]

---

[153] Zu den Gründen einer solchen Gestaltung siehe oben .II 1 b.

[154] BFH v. 9.11.1994 – I R 5/94, BStBl. II 1995, 255; BFH v. 15.3.1995 – I R 81/93, BFH/NV 1996, 112; BFH v. 15.3.1995 – I R 82/93, DStR 1995, 1303.

[155] *Wassermeyer*, in: Debatin/Wassermeyer, MA, Art. 1 Rz. 24.

[156] Dazu ausführlich *Helde*, Dreiecksverhältnisse, S. 92 ff., m.w.N.

[157] Dazu siehe oben 2. Teil § 1 A IV 1.

[158] Zur Anwendung des § 50 Abs. 6 EStG siehe unten C V 3 b.

[159] Vgl. dazu EuGH v. 21.9.1999, Rs. C 307/97, St. Gobain, IStR 1999, 592; *Wassermeyer*, in: Debatin/Wassermeyer, MA, Art. 10 Rz. 178.

Die hier vereinfacht dargestellte Situation einer grenzüberschreitend tätigen Sozietät, macht die Notwendigkeit einer international übereinstimmenden abkommensrechtlichen Behandlung von Sozietäten deutlich. Würde, ausgehend von dem obigen Beispiel 1, einer der Staaten die in den einzelnen Staaten erwirtschafteten Gewinne/Verluste den Sozii anteilig zurechnen, während die anderen Staaten nach dem hier vertretenen Ansatz folgen, ist eine Doppelbesteuerung bzw. Doppelnichtbesteuerung nur im Wege eines Verständigungsverfahrens zu vermeiden.

b) Verluste

Sofern ein im Inland ansässiger Gesellschafter einer inländischen Sozietät Verluste aus einer ausländischen festen Einrichtung erzielt, sind diese unter Anwendung des negativen Progressionsvorbehalts von der deutschen Besteuerung freizustellen (Art. 23 A Abs. 3 OECD-MA).[160] Nach hier vertretenen Ansicht[161] greift die Einschränkung des negativen Progressionsvorbehalts durch § 2 a Abs. 1 EStG nicht bei negativen Einkünften aus freiberuflicher Tätigkeit i.S.d. § 18 Abs. 1 Nr. 1 EStG. Unter Berücksichtigung der Tatsache, daß die Werbung von ausländischen Mandanten, soweit sie ihr unternehmerisches Engagement im Inland erweitern möchten, die Bearbeitung der Fragestellungen im Inland zur Folge hat, sind im übrigen nach der Intension des Gesetzgebers zu § 2 a EStG[162] volkswirtschaftlich nutzenstiftende Auslandsverluste gegeben.

3. Sondervergütungen

Nach § 18 Abs. 4 i.V.m. § 15 Abs. 1 S. 1 Nr. 2 EStG sind die Vergütungen, die ein Sozius von der Sozietät für seine Tätigkeit im Dienst der Sozietät oder für die Hingabe von Darlehen oder für die Überlassung von Wirtschaftsgütern bezogen hat, den Einkünften aus freiberuflicher Tätigkeit zuzuordnen. Auch bei Bestehen eines DBA wurden in ständiger Rspr.[163] die Sondervergütungen im Fall von Gewerbebetrieben den Einkünften aus Unternehmensgewinnen (Art. 7 OECD-MA) zugeordnet. Von dieser Auffassung hat sich der I. Senat des BFH vom 27.2.1991[164] gelöst.[165] Nach Art. 3 Abs. 2 OECD-MA sei der Rückgriff auf das nationale Steuerrecht nicht zulässig, da

[160] Dazu siehe z.B. BFH v. 25.5.1970 - I R 109/68, BStBl. II 1970, 660; BFH v. 12.1.1983 - I R 90/79, BStBl. II 1983, 382; zu Einzelheiten ausführlich, *Grotherr*, in: Becker/Höppner/Grotherr/Kroppen, DBA, Art. 23 Rn. 132 ff. u. 171 ff., *ders.*, IWB, F. 3, Gr. 2, S. 673 ff.; *Krabbe*, DStJG Bd. 8, S. 79; *Vogel*, DBA, Art. 23 Rz. 71 f.; *Wassermeyer*, in: Debatin/Wassermeyer, MA, Art. 23 A Rz. 121 ff.

[161] Dazu siehe oben 2. Teil § 2 A III 2 e bb.

[162] BR-Drs. 334/82, S. 39.

[163] Z.B. RFH v. 30.11.1938 - I 42/38, RStBl. 1938, 544; BFH v. 29.1.1964 - I 153/61 S, BStBl. III 1964, 165; BFH v. 17.10.1990 - I R 16/89, BStBl. II 1991, 211.

[164] BFH v. 27.2.1991 - I R 15/89, BStBl. 1991, 444.

[165] Diesem Ansatz folgend BFH v. 27.2.1991 - I R 96/89, BFH/NV 1992, 385; BFH v. 14.7.1993 - I R 71/92, BStBl. II 1994, 91; BFH v. 31.5.1995 - I R 74/93, BStBl. II 1995, 683; BFH v. 30.8.1995 – I R 112/94, BStBl. II 1996, 563; BFH v. 23.10.1996 - I R 10/96, IStR 1997, 271; BFH v. 7.12.1997 - I R 34/97, BStBl. II 1998, 296; BFH v. 21.7.1999 – I R 71/98, BStBl. II 2000, 336; BFH v. 29.11.2000 - I R 84/99, IStR 2001, 185; FG Hamburg v. 12.12.2000 - VI 42/99, EFG 2001, 507, nrkr.

das Abkommen die Rechtsfigur der Sondervergütungen nicht kennt.[166] Die Sondervergütungen sind daher aufgrund des im Abkommensrecht geltenden Spezialitätsprinzips[167] den Einkünften aus Dividenden (Art. 10 OECD-MA), Zinsen (Art. 11 OECD-MA), Lizenzen (Art. 12 OECD-MA) oder unbeweglichem Vermögen (Art. 6 OECD-MA) zuzuordnen. Demgegenüber ist die Finanzverwaltung[168] offensichtlich der Auffassung, daß die tatsächliche Zugehörigkeit zur Betriebsstätte der Regelfall sei.[169] In der Literatur[170] wird gegen die Auslegung des BFH angeführt, die im Staat der Personengesellschaft bestehende Betriebsstätte bzw. feste Einrichtung sei abkommensrechtlich eine solche der Gesellschafter und dies schließe es aus, Zahlungen von Sondervergütungen durch die Personengesellschaft an die Gesellschafter anders als den Gewinnanteil zu behandeln. Nach hier vertretener Ansicht wird dabei jedoch verkannt, daß weder Art. 7 noch Art. 14 OECD-MA anwendbar ist, sondern die Beteiligung an einer Personengesellschaft als Betriebsstätte fingiert wird.[171]

Die entscheidende Frage ist demnach, unter welchen Voraussetzungen die Dividenden, Zinsen oder Lizenzen unter den Vorbehalt der festen Einrichtung fallen und somit den Einkünften aus selbständiger Arbeit i.S.d. Art. 14 OECD-MA zuzuordnen sind. Nach den Art. 10 Abs. 4, 11 Abs. 4 bzw. 12 Abs. 3 OECD-MA ist für die Zuordnung die „tatsächliche" Zugehörigkeit zu einer festen Einrichtung Voraussetzung. Insofern handelt es sich um dieselbe Voraussetzung des Betriebsstättenvorbehalts.[172] Nach der grundlegenden Entscheidung des I. Senats des BFH vom 26.2.1991[173] bedarf es für die tatsächliche Zugehörigkeit eines funktionalen Zusammenhangs der zugrundeliegenden Rechtsverhältnisse zu einer Betriebsstätte. Der I. Senat hat einen solchen Zusammenhang zwischen einer Forderung eines unbeschränkt steuerpflichtigen Gesellschafters gegenüber seiner ausländischen Personengesellschaft und „seiner" Betriebsstätte verneint. Somit liegen Zinsen i.S.d. Art. 11 OECD-MA vor. Für diese steht dem Wohnsitzstaat Deutschland das Besteuerungsrecht zu. Demgegenüber hat der I. Senat in dem Urteil vom 26.2.1992[174] für den spiegelbildlichen Fall einen funktionalen Zusammenhang einer Dividendenzahlung einer in Deutschland ansässigen GmbH, die als Komplementär an einer inländischen KG beteiligt ist, an einen beschränkt steuerpflichtigen Gesellschafter bejaht. Somit sind die Einkünfte der als Betriebsstätte zu behandelnden

[166] Die meisten Vertragspartner kennen die Rechtsfigur des Sonderbetriebsvermögens nicht, da deren Steuerrecht keine der deutschen Gewerbesteuer vergleichbare (Objekt-) Steuer enthält, käme es zwingend zu einer abweichenden Auslegung der Abkommensnormen, wenn beide Staaten nach ihrem nationalen Steuerrecht die Abkommensvorschriften auslägen.

[167] *Kluge*, Internationales Steuerrecht, S 59; *Wassermeyer*, in: Debatin/Wassermeyer, MA; Art. 10 Rz. 125; a.A. *Strahl*, KÖSDI 2001, 12955; *Rademacher-Gottwald*, Internationales Sozietäten, S. 209.

[168] BMF v. 24.12.1999, BStBl. I 1076, Tz. 1.2.3.

[169] Vgl. *Krabbe*, IWB, F. 3 Gr. 2, S. 863 ff., S. 866.

[170] Z.B. *Debatin*, BB 1992, 1181, 1184 f.; *Hemmelrath*, IStR 1995, 570, 572.

[171] In diesem Sinne auch *Knobbe-Keuk*, RIW 1991, 306; *dies.*, Bilanzsteuerrecht, § 13 a III 2 b.

[172] Vgl. dazu z.B. *Debatin*, BB 1992, 1181; *Hock*, Personengesellschaften, S. 75 ff.; *Jacobs*, Int. Unternehmensbesteuerung, S. 495 ff., S. 499 ff.; *Knobbe-Keuk*, Bilanzsteuerrecht, § 13 a III 2 b; *dies*, RIW 1991, 306; *Ostendorf*, Sondervergütungen, S. 141 ff.; *Piltz*, in: Debatin/Wassermeyer, MA Art. 7 Rz. 108 ff.; *Schaumburg*, Internationales, Rz. 18.59, jeweils m.w.N.

[173] BFH v. 27.2.1991 - I R 15/89, BStBl. 1991, 444.

[174] BFH v. 26.2.1992 - I R 85/91, BStBl. II 1992, 937.

Beteiligung an der KG zuzurechnen und das Besteuerungsrecht wird Deutschland überlassen. Berücksichtigt man, daß in beiden Fällen ungeachtet der steuerrechtlichen Behandlung der Sondervergütungen im Ausland dem deutschen Fiskus das Besteuerungsrecht zusteht, besteht zumindest der Eindruck, einer vor dem Hintergrund der steuerrechtlichen Behandlung der Sondervergütungen nach nationalem Steuerrecht, fiskalisch motivierten Rspr. Aus völkerrechtlicher Sicht ist dies zumindest bedenklich, da die Gefahr besteht, daß der an dem nationalen Steuerrecht orientierte Wille des anderen Staates „vergewaltigt" wird.[175] Da die Rspr. des BFH als nicht abgeschlossen angesehen werden kann[176], lassen sich im Rahmen dieser Arbeit keine gesicherten Aussagen über die Auslegung der tatsächlichen Zugehörigkeit von Sondervergütungen zu einer festen Einrichtung oder Betriebsstätte machen.

Hat ein Sozius einer international tätigen inländischen Sozietät dieser ein Darlehen gegeben, ist zu prüfen, zu welcher festen Einrichtung das zugrundeliegende Rechtsverhältnis „tatsächlich" gehört. Dies kann jedoch nur für das jeweils anzuwendende DBA gelten, so daß die Entscheidung nur unter Einbeziehung aller bestehenden festen Einrichtungen zu erfolgen hat. Angesichts der wenig eindeutigen Rspr. des BFH hinsichtlich der tatsächlichen Zugehörigkeit von Dividenden, Zinsen und Lizenzen zu einer festen Einrichtung sollte aus Sicht des Steuerpflichtigen[177], z.B. bei Gründung oder Eintritt einer international tätigen inländischen Sozietät, bei der Bildung von Sonderbetriebsvermögen beachtet werden, daß nach dem eindeutigen Wortlaut des Art. 6 Abs. 4 OECD-MA der Vorbehalt der festen Einrichtung nicht für Einkünfte aus unbeweglichem Vermögen gilt[178] und sich daher das Besteuerungsrecht der Vertragsstaaten für die Überlassung von Grundvermögen an die Sozietät nach dem Belegenheitsprinzip richtet. Hat beispielsweise ein in einem DBA-Staat ansässiger und tätiger Anwalt seine Kanzleiräume nicht in das Betriebsvermögen der inländischen Sozietät eingebracht, sondern erhält er für die Nutzungsüberlassung ein Entgelt, steht nach Art. 6 OECD-MA dem Belegenheitsstaat, d.h. hier dem Ansässigkeitsstaat des Sozius, das Besteuerungsrecht zu.

VII. OECD-MA 2000

In dem OECD-MA 2000 ist die Regelung des Art. 14 OECD-MA 1977 nicht mehr enthalten, sondern den Einkünften aus Unternehmensgewinnen (Art. 7 OECD-MA 2000) zuzuordnen.[179] Fraglich ist, welche Bedeutung der Streichung des Artikels hinsichtlich der abkommensrechtlichen Behandlung von Sozietäten zukommt. *Krabbe*[180] hebt unter Bezugnahme auf den OECD-Bericht hervor, daß sich Art. 14 OECD-MA

---

[175] So zu Recht *Knobbe-Keuk*, Bilanzsteuerrecht, § 13 a III 2 b; *dies.*, RIW 1991, 306.
[176] *Wassermeyer*, in: Debatin/Wassermeyer, MA Art. 10 Rz. 134.
[177] Zur Behandlung der Sondervergütungen entsprechend der Behandlung bei unternehmerisch tätigen Personengesellschaften vgl. *Hock*, Personengesellschaften, S. 75 ff., zur Drittstaatenproblematik S. 81 ff.
[178] Statt aller *Grotherr/Herford/Strunk*, Int. Steuerrecht, S. 504.
[179] Dazu siehe oben 2. Teil § 1 A VI.; *Kippenberg*, IStR 1999, Beih. zu H. 17, 1.
[180] *Krabbe*, IStR 2000, 196.

materiell nicht von Art. 7 OECD-MA unterscheide. Dies gelte nach dem Bericht des OECD-Steuerausschußes zu Art. 14 auch für die Besteuerung von internationalen Anwaltsgesellschaften.

Zunächst ist festzustellen, daß weder der Bericht des Steuerausschusses der OECD noch das OECD-MA 2000 einschließlich des dazugehörigen Kommentars zur Auslegung der Abkommen herangezogen werden kann, die dem OECD-MA von 1977 nachgebildet sind.[181] Insbesondere kann aus der Streichung des Art. 14 OECD-MA nicht abgeleitet werden, es bestehe kein Unterschied zwischen Art. 7 und Art. 14 OECD-MA und mithin kein Unterschied hinsichtlich der abkommensrechtlichen Behandlung von Freiberufler-Personengesellschaften und unternehmerisch tätigen Personengesellschaften.[182] Denn zum einen ist ein solcher Umkehrschluß niemals zwingend[183] und zum anderen sind weder Art. 14 noch Art. 7 OECD-MA unmittelbar anwendbar.[184] Ferner geht aus dem Bericht des OECD-Steuerausschusses eindeutig hervor, daß die Streichung des Art. 14 OECD-MA (für die künftigen Abkommen) lediglich ein Ende der Diskussion sicherstellen soll.[185] Daher kann hinsichtlich der Auslegung bestehender Abkommen auf die bisherigen Ausführungen verwiesen werden.

Werden künftig dem OECD-MA 2000 entsprechende Abkommen abgeschlossen oder bestehende entsprechend geändert, sind die bereits bestehenden Grundsätze zu unternehmerisch tätigen Personengesellschaften anzuwenden.[186] Eine Abweichung kann im Wege des Verständigungsverfahrens (Art. 25 OECD-MA) erreicht werden oder durch konkludentes Verhalten der Vertragsstaaten. Abzuwarten bleibt jedoch, inwieweit sich die Vertragsstaaten daran halten werden. Dies zeigt das Beispiel des „Private letter Rulings von 1993 und 1996 der USA.[187] Die Anwendung des Art. 14 DBA-USA ist auf natürliche Personen beschränkt. Daher fallen die Gewinne einer Sozietät unter die Einkünfte aus Unternehmensgewinne.[188] Dennoch ist die us-amerikanische Finanzverwaltung von den Grundsätzen der abkommensrechtlichen Behandlung von unternehmerisch tätigen Personengesellschaften für den Fall abgewichen, in dem die Vertragsstaaten die Personengesellschaft steuerlich transparent behandeln. Insofern ist zu begrüßen, daß die Finanzverwaltung der USA die in den Rulings vertretene Auffassung aufgegeben hat und nunmehr den Gewinn von Sozietäten anteilig den Gesellschaftern zurechnet.[189]

---

181 Dazu siehe oben 1. Teil § 5 B I 2 b.

182 So aber *Rademacher-Gottwald*, Grenzüberschreitende Sozietäten, S. 271.

183 Vgl. *Larenz/Canaris*, Methodenlehre, S. 209 f.

184 Wohl a.A. *Rademacher-Gottwald*, Grenzüberschreitende Sozietäten, S. 271.

185 OECD-MA, Issues related to Art. 14, Introduction, IV b, Nr. 44, „Clearly, eliminating Article 14 will make sure that the second approach is no longer argued."; insofern nicht eindeutig *Krabbe*, IStR 2000, 196.

186 Dazu siehe oben II., IV 1 u. 3.

187 Dazu siehe oben III 2 c.

188 *Vogel*, DBA, Art. 14 Rz. 36; *Wilke*, in Becker/Höppner/Grotherr/Kroppen, DBA, Art. 14 Rn. 17; *Wolff*, in: Debatin/Wassermeyer, DBA-USA, Art. 14 Rz. 25.

189 OECD, Issues related to Art. 14, Introduction, IV b.; dazu sieh auch oben III 2 c.

Die Streichung des Art. 14 OECD-MA führt zu einer Vereinfachung des Abkommensrechts hinsichtlich der Ergebnisermittlung und der Einkünftezuordnung bei Freiberufler-Personengesellschaften und der Abgrenzung zwischen den Einkünften aus Unternehmensgewinne (Art. 7 OECD-MA) und selbständige Arbeit (Art. 14 OECD-MA). Insbesondere werden Qualifikationskonflikte vermieden, die darauf zurückzuführen sind, daß die Vertragsstaaten die Einkünfte der Sozietät nach unterschiedlichen Modellen den Gesellschaftern zurechnen. Des weiteren wird der Qualifikationskonflikt vermieden, der sich aus der Subsumtion einer Tätigkeit unter verschiedene Einkunftsnormen ergeben kann, sofern beide Vertragsstaaten übereinstimmend eine zwischen unternehmerisch und freiberuflich tätigen Personengesellschaften unterschiedliche Einkünftezuordnung anwenden. Zudem ergibt sich eine Vereinfachung der Abkommensanwendung hinsichtlich der Abgrenzung zwischen einer festen Einrichtung und einer Betriebsstätte sowie zwischen den Einkünfte aus Unternehmensgewinnen (Art. 7 OECD-MA) und selbständiger Arbeit (Art. 14 OECD-MA).[190] Die Zuordnung der Einkünfte zu einer festen Einrichtung nach dem sachlichen Zusammenhang erleichtert sich dadurch, daß im Fall der Mithilfe von fachlich vorgebildeten Arbeitskräften[191] die nach der bisherigen Wertung im Vordergrund stehende persönliche Arbeitsleistung des Freiberuflers nicht mehr besteht und somit zu keiner Änderung der Zuordnung führen kann.

Von *Rademacher-Gottwald*[192] wird die Ansicht vertreten, die Zusammenführung der Zuteilungsnormen sei bedenklich, denn sie ignoriere die bestehenden Wesensunterschiede der Einkunftsnormen, wie sie sich auch in der Unterscheidung zwischen Betriebsstätte und fester Einrichtung widerspiegle. Dieser Auffassung ist insoweit zuzustimmen, als damit die Begründung des OECD-Steuerausschusses zur Zusammenführung der Einkünfte Unternehmensgewinne (Art. 7 OECD-MA) und selbständige Arbeit (Art. 14 OECD-MA) gemeint ist. Darin wird der Eindruck erweckt, es seien keine Unterschiede in der abkommensrechtlichen Behandlung, d.h. insbesondere der Zuordnung der Einkünfte, beabsichtigt gewesen. Wenn dem so gewesen ist, ist zu fragen, warum zwei im Rahmen der Rechtsanwendung hinsichtlich ihrer Voraussetzungen und Rechtsfolgen getrennt zu beurteilende Normen in das OECD-MA aufgenommen wurde und letztlich daran anschließend noch in innerstaatliches Recht umgesetzt wurden.

Der vorstehenden Auffassung kann jedoch insoweit nicht gefolgt werden, als die Zusammenführung der Einkünfte aus Unternehmensgewinne und derjenigen aus selbständiger Arbeit als solche im OECD-MA und eine etwaige Umsetzung des OECD-MA 2000 in innerstaatliches Recht durch die Bundesrepublik Deutschland bedenklich sei. Denn durch die Umsetzung eines dem OECD-MA 2000 entsprechenden DBA in innerstaatliches Recht nimmt der Gesetzgeber eine Wertung vor, wonach er den Wesensunterschied in dem zugrunde liegenden bilateralen Sachverhalt zumindest für so gering hält, daß eine unterschiedliche abkommensrechtliche Regelung der Tätigkeiten nicht geboten erscheint. Zu dieser Wertung ist der Gesetzgeber m.E. aufgrund der be-

---

[190] Dazu siehe oben 2. Teil § 1 A VI 2.

[191] Dazu siehe oben 2. Teil § 1 A IV 3 cc.

[192] *Rademacher-Gottwald*, Grenzüberschreitende Sozietäten, S. 214.

reits o.a. Gründe[193] im Rahmen seiner nicht willkürlichen Gestaltungsfreiheit i.S.d. allgemeinen Gleichheitssatzes berechtigt. Aus Sicht der Rechtsanwendung trägt die Änderung in jedem Fall zu einer wesentlichen Vereinfachung und zu mehr Rechtssicherheit bei.

B. Deutsche Abkommenspraxis

Die Ausführungen des vorigen Kapitels A beziehen sich ausschließlich auf die Fälle, in denen ein Abkommen der Bundesrepublik mit einem anderen Staat besteht, das dem OECD-MA nachgebildet ist. Die deutschen Abkommen weisen jedoch in der Ausgestaltung der Regelungen erhebliche Unterschiede im Rahmen der Behandlung inländischer Sozietäten auf. Systematisch betrachtet, beruhen die Unterschiede sowohl auf einer gegenüber Art. 14 OECD-MA abweichenden Regelung der Einkünfte aus selbständiger Arbeit als auch auf dem Versuch, in den einzelnen Abkommen die nach dem OECD-MA fehlende Abkommensberechtigung von Personengesellschaften und die damit verbundenen Auslegungsschwierigkeiten zu lösen. Angesichts der zahlreichen DBA der Bundesrepublik mit unterschiedlichen Regelungen kann im weiteren nicht auf alle Besonderheiten eingegangen werden.

I. Unternehmensgewinne einer inländischen Sozietät

1. Grundlagen

In einigen Abkommen der Bundesrepublik Deutschland ist der persönliche Anwendungsbereich der dem Art. 14 OECD-MA entsprechenden Regelung auf natürliche Personen beschränkt oder es besteht keine gesonderte Regelung für die Einkünfte aus selbständiger Arbeit. Im ersten Fall ist die dem Art. 14 OECD-MA entsprechende Norm anzuwenden, da abkommensberechtigt allein die Gesellschafter der Sozietät sind und somit die Beteiligung an dieser als feste Einrichtung des Gesellschafters gilt.[194] Im zweiten Fall ist die dem Art. 7 OECD-MA vergleichbare Regelung über Unternehmensgewinne mit der Maßgabe anzuwenden, daß die Beteiligung an der Sozietät als Betriebsstätte des Gesellschafters gilt. Diese Einordnung der Einkünfte ist zutreffend, da wegen der Ähnlichkeit der Tätigkeitsmerkmale der unternehmerischen und selbständigen Tätigkeit von einer Erweiterung des abkommensrechtlichen Unternehmensbegriffs auszugehen ist. Soweit die Bestimmungen über die Unternehmensgewinne den dem OECD-MA nachgebildet sind, sind die Einkünfte der Sozii einer inländischen Sozietät entsprechend der oben dargestellten abkommensrechtlichen Behandlung unternehmerisch tätiger Personengesellschaften anteilig zuzurechnen.[195] Ein Beispiel für ein Abkommen, in dem der persönliche Anwendungsbereich der Regelung der Einkünfte aus selbständiger Arbeit auf natürliche Personen eingeschränkt ist, ist das DBA der Bundesrepublik mit den USA[196].

[193] Dazu siehe oben 1. Teil § 4 B III 1, 2. Teil § 1 A III 1 d u. VI 1.
[194] *Wolff*, in: Debatin/Wassermeyer, DBA-USA, Art. 14 Rz. 25.
[195] Dazu siehe oben A II.
[196] BGBl. II 1991 S. 355; weitere Abkommen siehe oben 1. Teil § 5 B 5 a.

2. DBA-Deutschland-USA

Nach Art. 14 Abs. 1 DBA-USA ist die Anwendung der Norm für die Einkünfte aus selbständiger Arbeit auf natürliche Personen beschränkt. Die Abkommensberechtigung von Personengesellschaften richtet sich in dem DBA-USA nach der in Art. 4 Abs. 1 b DBA-USA[197] geregelten von dem OECD-MA abweichenden sog. „partiellen Abkommensberechtigung“. Personengesellschaften sind demnach in dem Vertragsstaat ansässig, in dem sich ihre Geschäftsleitung befindet oder nach dessen Recht sie gegründet worden ist. Voraussetzung ist dabei, daß der Ansässigkeitsstaat das Einkommen der Gesellschaft wie das Einkommen einer in diesem Staat ansässigen Person besteuert, und zwar entweder bei der Gesellschaft selbst oder deren Gesellschaftern. Ist an einer nach deutschem Recht gegründeten Sozietät ein in den USA ansässiger und in einem dort belegenen Büro tätiger[198] Sozius beteiligt, stellt sich die Rechtslage wie folgt dar: Da die Sozietät nach deutschem Recht gegründet ist und die Gesellschafter mit ihrem anteiligen Gewinn in Deutschland besteuert werden, sind nach Art. 4 Abs. 1 b DBA-USA die Gesellschafter abkommensberechtigt. Insofern ergibt sich keine Änderung gegenüber der Behandlung nach dem OECD-MA, zumal davon auszugehen ist, daß eine nach deutschem Recht gegründete Sozietät (GbR) in den USA steuerrechtlich als Partnership eingeordnet wird.[199] Der Gewinn der in den USA unterhaltenen Betriebsstätte ist anteilig auf die Gesellschafter aufzuteilen und den in Deutschland ansässigen als deren Betriebsstätte zuzurechnen. Die Beteiligung des in den USA ansässigen Gesellschafters ist als eine in Deutschland belegene Betriebsstätte anzusehen. Hinsichtlich des anteiligen Gewinns, der in den USA erzielt wurde, steht den USA als Ansässigkeitsstaat des Gesellschafters das Besteuerungsrecht zu. Dies wird auch mittlerweile von der Finanzverwaltung der USA vertreten.[200]

Aus Sicht der USA hängt jedoch die steuerrechtliche Einordnung[201] der deutschen von den ab dem 1.7.1997 geltenden neuen Regelungen zur Einordnung von Gesellschaften in das us-amerikanische Steuersystem ab (sog. check the box-Verfahren).[202] Danach können in- und ausländische Gesellschaften[203] - eine Ausnahme bildet die AG, die per se der US-corperation gleichgestellt und mithin stets als Körperschaftsteuersubjekt zu

---

[197] Vgl. dazu *Arthur Andersen*, DBA-USA, Art. 4 Rz. 17 ff.; *Debatin/Endres*, Das neue Doppelbesteuerungsabkommen USA/Bundesrepublik Deutschland, 1990, Art. 3 Rz. 5 ff.; *Wolff*, in: Debatin/Wassermeyer, DBA-USA, Art. 4 Rz. 41 ff.

[198] Der Fall, daß ein Sozius in den USA ansässig ist, aber nicht dort sondern nur in Deutschland tätig ist, dürfte in der Praxis eher die Ausnahme sein. Besteuern die USA die Einkünfte anteilig bei den Gesellschaftern, gilt die Beteiligung an der deutschen Sozietät als Betriebsstätte in Deutschland. Nach Art. 7 DBA-USA steht demnach Deutschland das Besteuerungsrecht zu.

[199] Vgl. *Wolff*, in: Debatin/Wassermeyer, DBA-USA, Art. 1 Rz. 26.

[200] Dazu siehe oben A III 2 c.

[201] Grundlegend zur Einordnung der Gesellschaften in das us-amerikanische Steuerrecht, *Boles*, US-Einkommensteuerrecht, S. 15 ff.

[202] Dazu siehe *Kroschel*, RIW 2000, 286; *Small*, IStR 1996, 280; *Wolff*, in: Debatin/Wassermeyer, DBA-USA, Art. 1 Rz. 26, m.w.N.; *Ziegenhain*, RIW 1995, 671.

[203] Die Einordnung als inländische oder ausländische Geslleschaft richtet sich nach amerikanischen Recht nach dem Ort der Errichtung (sog. Gründungstheorie). Demgegenüber richtet sich die Einordnung des Gesellschaftsstatuts nach der in Deutschand (noch) h.M. nach dem Ort des Sitzes der Gesellschaft vgl. dazu *Wolff*, in: Debatin/Wassermeyer, DBA-USA, Art. 4 Rz. 29, m.w.N.

behandeln ist - ihren steuerlichen Status als Körperschaft (entsprechend einer Corporation) oder i.S. einer Mitunternehmerschaft/Einzelunternehmer (entsprechend einer partnership) für mindestens 5 Jahre wählen. Aus den bisherigen Veröffentlichungen zu diesem Verfahren geht jedoch nicht hervor, ob es auch auf Freiberufler-Personengesellschaften angewendet werden kann. Angesichts eines ansonsten gegebenen Systembruchs wird im weiteren von der Anwendbarkeit des check-the-box-Verfahrens bei Sozietäten ausgegangen.

Hat die deutsche Sozietät in den USA steuerrechtlich zur Körperschaft optiert, ist künftig die Zunahme von Auslegungsschwierigkeiten vorprogrammiert.[204] Aus Sicht der USA ist ein in Deutschland ansässiges Unternehmen i.S.d. Art. 3 Abs. 1 f i.V.m. Art. 4 Abs. 1 DBA-USA gegeben, das in den USA eine Betriebsstätte unterhält. Demnach steht das Besteuerungsrecht den USA für die nach Art. 7 DBA-USA der Betriebsstätte des „Unternehmens“ zuzurechnenden Einkünfte zu; jedoch nicht anteilig bei den Gesellschaftern. Die Gewinne der Gesellschafter sind demnach den Dividenden i.S.d. Art. 10 DBA-USA zuzuordnen. Daher steht den USA das Besteuerungsrecht bzgl. der an die in den USA ansässigen Sozii „gezahlten Dividenden“ zu. Dagegen ist aus deutscher Sicht nicht die Personengesellschaft, sondern die Sozii nach Art. 4 Abs. 1 b DBA-USA abkommensberechtigt. Daher besteht der Abkommensschutz bzgl. der amerikanischen Besteuerung nur für die in Deutschland ansässigen Sozii. Fraglich ist demnach, wie die Einkünfte des in den USA ansässigen Gesellschafters zu besteuern sind. Aus deutscher Sicht gilt die Sozietät nach Art. 4 Abs. 1 b DBA-USA zwar als ansässig. Dies gilt aber nur insoweit, „als die von der Personengesellschaft .. bezogenen Einkünfte in diesem Staat wie Einkünfte dort Ansässiger besteuert werden .. und zwar .. bei deren Gesellschaftern.“[205] Demnach steht Deutschland nicht das Besteuerungsrecht für die Einkünfte des in den USA ansässigen Gesellschafters zu.[206]

Ist neben den in den USA und Deutschland ansässigen und dort tätigen Sozii einer nach deutschem Recht gegründeten Sozietät ein weiterer in einem Drittstaat ansässig, ist das DBA Deutschland-USA mangels Ansässigkeit des Gesellschafters nicht anwendbar.[207] Insoweit kommt es auf die Anwendbarkeit bestehender Abkommen zwischen dem Drittstaat und Deutschland bzw. den USA an.

II. UN-Musterabkommen bzw. DBA mit alternativer Tätigkeitsklausel

Soweit die Abkommen der Bundesrepublik Deutschland neben der festen Einrichtung als ortsbezogenes Anknüpfungsmerkmal eine alternative Aufenthalts- oder Tätigkeitsklausel enthalten[208], stellt sich die Frage, ob die dem Quellenstaat zuzurechnenden

[204] *Wolff*, in: Debatin/Wassermeyer, DBA-USA, Art. 4 Rz. 31; aus Sicht der Praxis dürfte einer Opition jedoch regelmäßig die damit verbundene Pflicht zur Auflösung der stillen Reserven, *Wolff*, in: Debatin/Wassermeyer, DBA-USA, Art. 1 Rz. 26, zur Problematik des Mandantensstamms und (anteiligen) Praxiswerts siehe oben 2. Teil § 3 D, entgegenstehen.

[205] Art. 4 Abs. 1 b DBA-USA.

[206] Vgl. zu dem spiegelbildlichen Fall *Arthur Andersen*, DBA-USA, Art. 4 Rz. 17 ff.

[207] *Hock*, Personenesellschaften, S. 101.

[208] Dazu siehe oben 1. Teil § 5 B 5 c.

Einkünfte, die ein Gesellschafter der Sozietät dort erzielt hat, anteilig allen Gesellschaftern zuzurechnen ist. Steht dem anderen Vertragsstaat aufgrund einer Aufenthalts- oder Tätigkeitsklausel das Besteuerungsrecht zu, sind ausgehend von der hier vertretenen Ansicht die Einkünfte anteilig allen Gesellschaftern zuzuordnen, da die Sozietät fiktiv als Subjekt der Ergebnisermittlung anzusehen ist und folglich die erzielten Einkünfte den Gesellschaftern anteilig zuzurechnen sind. Angesichts der Tatsache, daß der Aufenthalt und die Tätigkeit eines einzigen Soziuses in einem Staat zu einer Besteuerung aller weiteren Sozii führt, mag zwar widersprüchlich erscheinen, beruht aber auf der konsequenten Anwendung der Fiktion der Sozietät als Subjekt der Ergebnisermittlung. Um jedoch einen letztlich nicht mehr zu rechtfertigenden Verwaltungsaufwand zu vermeiden, kann nach innerstaatlichem Recht eine Billigkeitsregelung getroffen werden. Im übrigen dürfte die Anwendung der alternativen ortsbezogenen Anknüpfungsmerkmale in der Praxis, abgesehen von den Abkommen mit Trinidad und Tobogo sowie Jamaika, wonach eine Mindestaufenthaltsdauer von 30 Tagen ausreicht, um das Besteuerungsrecht dem Quellenstaat zuzuordnen, die Ausnahme sein, da bei einem Aufenthalt bzw. einer Tätigkeit von mehr als 183 Tagen häufig eine Einrichtung (ggf. auch in den Räumen des Mandanten) gegeben sein wird.

III. Abkommensberechtigung von Personengesellschaften

Wegen der fehlenden Abkommensberechtigung von Personengesellschaften sind in einigen Abkommen Regelungen enthalten, welche die damit verbundenen Auslegungsschwierigkeiten beseitigen sollen. Inwieweit die einzelnen Regelungen aus systematischer Sicht insbesondere im Hinblick auf die Problematik der Drittstaateneinkünfte und der Sondervergütungen dazu geeignet sind, kann im Rahmen dieser Arbeit nicht untersucht werden.[209] Vielmehr ist zu klären, ob diese Regelungen auch für deutsche Sozietäten gelten und welche Rechtsfolgen sich daraus ergeben.

In einigen Abkommen sind Regelungen enthalten, wonach Personengesellschaften vorbehaltlos abkommensberechtigt sind. Technisch wird dies durch eine im Abkommen geregelte Ansässigkeitsfiktion erreicht. Nach Art. 3 Abs. 1 Nr. 3 DBA-Belgien[210] gelten als abkommensberechtigte Personen auch Gesellschaften. Nach Art. 3 Abs. 1 Nr. 4 DBA-Belgien bedeutet „Gesellschaft" jede juristische Person oder jeder andere Rechtsträger, der als solcher mit seinen Einkünften in dem Staat, in dem er ansässig ist, besteuert wird sowie offene Handelsgesellschaften und Kommanditgesellschaften und Patenredereien des in der Bundesrepublik Deutschland geltenden Rechts. Da jedoch die BGB-Gesellschaft deutschen Rechts nicht erwähnt ist und auch nicht in Deutschland als solche mit ihren Einkünften besteuert wird, gilt die Ansässigkeitsfiktion nicht für die deutsche Sozietäten. Ähnliches gilt für das DBA mit Japan.[211] In Art. 7 Abs. 7 ist die Ansässigkeit einer Offenen Handelsgesellschaft und Kommanditgesellschaft speziell für den Betriebsstättenartikel geregelt. Somit gilt die Abkommensberechtigung

---

[209] Vgl. dazu *Hannes*, Qualifikationskonflikte, S. 181 ff.; *Hock*, Personengesellschaften, S. 94 ff.; *Ostendorf*, Sondervergütungen, S. 181 ff.; *Wassermeyer*, IStR 1999, 481.

[210] BGBl. II 1969 S. 17.

[211] BGBl. II 1967 S. 872 i.d.F. des Änderungsprotokolls v. 17.4.1979, BGBl. II 1980 S. 1183.

nicht für Sozietäten deutschen Rechts. Im Ergebnis gilt somit für beide Abkommen hinsichtlich der Behandlung von Sozietäten kein Unterschied zu den Regelungen des OECD-MA.

Dagegen sind nach Art. 4 Abs. 4 des DBA mit Island[212] und Art. 4 Abs. 4 des DBA mit Finnland alle Personengesellschaften deutschen Rechts abkommensberechtigt, sofern sie in einem der Vertragsstaaten ansässig sind.[213] Da die Abkommensberechtigung nicht auf die Anwendung einzelner Artikel eingeschränkt ist, gilt sie auch für deutsche Sozietäten. Für das DBA-Italien[214] ergibt sich die Abkommensberechtigung der Personengesellschaften aus dem Protokoll zum Abkommen.[215] Demnach stellt sich die abkommensrechtliche Behandlung einer inländischen Sozietät und deren Gesellschafter wie folgt dar: Steht in dem jeweiligen Staat eine feste Einrichtung der Personengesellschaft zur Berufsausübung gewöhnlich zur Verfügung, steht dem Staat der festen Einrichtung das Besteuerungsrecht zu. Die Einkünfte sind in Deutschland von der Besteuerung freizustellen. Im Ergebnis gilt hierbei nichts anderes als bei einer unternehmerisch tätigen Personengesellschaft.[216] Steht der Personengesellschaft in einem Drittstaat, mit dem ein DBA besteht, eine feste Einrichtung gewöhnlich zur Verfügung, in der ausschließlich ein dort ansässiger Gesellschafter tätig wird, gilt das jeweilige Abkommen jedoch insoweit nicht, als dem Gesellschafter ein Anteil an dem Gewinn der in dem anderen Vertragsstaat (Finnland, Island oder Italien) erwirtschafteten festen Einrichtung zusteht. Soweit ein Abkommen zwischen den Staaten der festen Einrichtung besteht, ist zu prüfen, ob dieses anwendbar ist.

Die Abkommen der Bundesrepublik mit Spanien und Portugal enthalten Normen, die zu einer teilweisen Abkommensberechtigung von Personengesellschaften führen.[217] Da sich die Regelungen beider Abkommen nicht unterscheiden, wird im weiteren nur auf das DBA-Spanien eingegangen. Deutsche Personengesellschaften sind im Gegensatz zu einer spanischen Personenhandelsgesellschaften[218] keine Personen i.S.d. Art. 3 Abs. 1 f DBA-Spanien, da sie für die Besteuerung nicht wie juristische Personen behandelt werden. In Art. 4 Abs. 4 DBA-Spanien wird fingiert, daß für die Anwendung der Art. 5-22 des DBA alle Gesellschafter einer deutschen oder spanischen Personengesellschaft in dem Staat als ansässig zu behandeln sind, in dem sich der Ort der tat-

[212] DBA-Island BGBl. II 1973 S. 357; die Ansässigkeit der Personengesellschaft richtet sich nach dem Ort der tatsächlichen Geschäftsführung (Art. 4 Abs.4 S. 1 DBA-Island).

[213] DBA-Finland, BGBl. II 1981 S. 1165; die Ansässigkeit der Personengesellschaft bestimmt sich nach dem Recht des Staates, nach dem die Gesellschaft errichtet wurde (Art. 4 Abs. 4 DBA-Finnland).

[214] BGBl. II 1990 S. 742; die Ansässigkeit der Personengesellschaft bestimmt sich nach dem Recht des Staates, nach dem sie begründet wurde oder auf dessen Staatsgebiet sich der Hauptgegenstand ihrer Tätigkeit befindet.

[215] *Wilke*, in: Becker/Höppner/Grotherr/Kroppen, DBA-Italien, Art. 1 Rz. 3.

[216] Vgl. dazu *Hock*, Personengesellschaft, S. 95 ff.

[217] DBA-Spanien, BGBl. II 1966 S. 9; DBA-Portugal, BGBl. II 1982 S. 130.

[218] Die spanischen Personenhandelsgesellschaften, Sociedad en Comandita (entspricht der deutschen KG) und Sociedad Regular Colectiva Compania (entspricht der deutschen OHG) werden in Spanien für die Besteuerung wie juristische Personen behandelt. Daher fallen sie unter den Begriff „Gesellschaft" i.S.d. Art. 3 Abs. 1 f DBA-Spanien und sind somit eine abkommensberechtigte Person; vgl. dazu *Wilke*, BB 1993, 834.

sächlichen Geschäftsleitung der Gesellschaft befindet. Der Begriff der Personengesellschaft ist im Abkommen selbst nicht definiert. Da jedoch keine Einschränkungen auf bestimmte Rechtsformen im Abkommen enthalten sind, gilt er für alle Personengesellschaften deutschen Rechts und mithin auch für deutsche Sozietäten.[219] Danach ist ein in Spanien ansässiger Gesellschafter einer Sozietät, deren Ort der tatsächlichen Geschäftsleitung in Deutschland ist, (fiktiv) in Deutschland ansässig. Somit steht Deutschland als Ansässigkeitsstaat das Besteuerungsrecht der Einkünfte aus selbständiger Arbeit (Art. 14 DBA-Spanien) zu; in Spanien sind sie nach Art. 23 Abs. 2 DBA-Spanien steuerfrei. Ist ein in Spanien ansässiger Sozius ausschließlich in dem dort belegenen Büro tätig, ist er so zu behandeln, als sei er in Deutschland ansässig. Insoweit ist zwar die Ansässigkeit der Gesellschafter geklärt, es bleibt jedoch offen, ob eine anteilige Zurechnung der Ergebnisse einer festen Einrichtung bei allen Gesellschaftern erfolgen muß und mithin eine Ergebnisermittlung nach dem Fremdvergleichsgrundsatz oder den in Spanien ansässigen Gesellschafter die dort belegene feste Einrichtung zuzurechnen ist und Spanien somit das Besteuerungsrecht hinsichtlich des Gewinns des Soziuses zusteht.[220]

Nach Art. 14 Abs. 1 DBA-Schweiz muß eine Person eine selbständige Arbeit erbringen. Nach Art. 3 Abs. 1 d DBA-Schweiz sind jedoch Personengesellschaften, die nach dem Mitunternehmerkonzept besteuert werden, keine Personen i.S.d. Abkommens. In Art. 7 Abs. 7 DBA-Schweiz gilt die Regelung für Unternehmensgewinne auch für Einkünfte aus einer Beteiligung an einer Personengesellschaft.[221] Da eine solche Regelung in Art. 14 DBA-Schweiz fehlt, ist eine freiberuflich tätige Personengesellschaft keine Person i.S.d. DBA-Schweiz. Auch die dem § 50 Abs. 6 EStG entsprechende abkommensrechtliche Regelung in Art. 24 Abs. 1 Nr. 3 DBA-Schweiz[222] zur Vermeidung einer Doppelbesteuerung durch die schweizerische Quellensteuer von in Deutschland beschränkt steuerpflichtigen Gesellschaftern gilt ausdrücklich nur für eine OHG und KG, die nach deutschem Recht errichtet sind. Im Unterschied zum OECD-MA fehlt einer inländischen Sozietät nicht die Ansässigkeit in einem Vertragsstaat, sondern bereits die Personeneigenschaft i.S.d. Art. 3 Abs. 1 d DBA-Schweiz.

Der hier vertretenen Ansicht folgend ist konsequenterweise die Personengesellschaft mangels Person i.S.d. Abkommens nicht als Subjekt der Ergebnisermittlung zu qualifizieren und mithin eine fiktive Zurechnung der Einkünfte bei den Gesellschaftern nicht möglich. Ob hieraus der Schluß gezogen werden kann, die Abkommensberechtigung der Gesellschafter sei entscheidend, ist m. E. zweifelhaft, zumal die Regelung des Art. 7 Abs. 7 DBA-Schweiz deutlich macht, daß die Gesellschafter von Personengesellschaften in den Schutz des Abkommens fallen sollen. Im übrigen ist ein solcher

---

219 *Wilke*, in: Becker/Höppner/Grotherr/Kroppen, DBA, Art. 4 Rn. 4.

220 Daher zu Recht kritisch *Hock*, Personengesellschaften, S. 104 f.; *Pott*, Kollision, S. 106.

221 Soweit *Kroppen*, in: Becker/Grotherr/Kroppen, DBA-Schweiz, Art. 7 Rn. 11 der Auffassung ist, diese Regelung stelle keine Besonderheit dar, ist dem zu widersprechen. Im Unterschied zur Rechtslage nach dem OECD-MA liegt eine nicht nur auf der gemeinsamen Überzeugung der Anwendestaaten, sondern eine abkommensrechtlich ausdrücklich geregelte Fiktion der Abkommensberechtigung vor.

222 Dazu siehe auch BMF v. 26.3.1975, BStBl. I 1975, 479, tz. 2.5.

Umkehrschluß nicht zwingend.[223] Insofern besteht die Vermutung Art. 7 Abs. 7 DBA-Schweiz entsprechend auf Freiberufler-Personengesellschaften anzuwenden, so daß die Einkünfte der Sozietät anteilig den Gesellschaftern zuzurechnen sind.

Hinsichtlich der abkommensrechtlichen Behandlung von Personengesellschaften enthalten folgende, beispielhaft aufgezählte Abkommen keine Änderung gegenüber dem OECD-MA[224]: Abkommen der Bundesrepublik Deutschland mit Frankreich[225], Großbritannien[226], Kanada[227], Irland[228] Österreich[229] und Tschechien[230].

Unter Berücksichtigung der Tatsache, daß die meisten international tätigen Sozietäten nicht nur in zwei oder drei Staaten Büros und im abkommensrechtlichen Sinne feste Einrichtungen betreiben, sondern in 10, 20 oder 30 oder mehr Staaten, sollte hinsichtlich künftiger Abkommen von einer Regelung der Abkommensberechtigung von Personengesellschaften abgesehen werden, da diese zu einer weiteren Komplizierung führt und den Weg für eine (weitestgehende) einheitliche Auslegung versperrt.[231] Dies gilt um so mehr für die Abkommen, die künftig dem OECD-MA 2000 nachgebildet werden, da sowohl Freiberufler-Personengesellschaften als auch Handelsgesellschaften unter den Begriff Unternehmen fallen.

C. Steuerrechtliche Behandlung nach nationalem Recht

I. Bestimmung der Einkünfte

Gem. § 18 Abs. 4 EStG müssen die Voraussetzungen der Mitunternehmerschaft i.S.d. § 15 Abs. 1 Nr. 2 EStG sowie die einer freiberuflichen Tätigkeit i.S.d. § 18 Abs. 1 Nr. 1 EStG vorliegen.[232] Nach Ansicht der h.M.[233] ist im Rahmen der beschränkten Steuerpflicht zunächst zu prüfen, ob die Voraussetzungen einer Einkunftsart i.S.d. §§ 2 Abs. 1, 13 ff. EStG vorliegen und dann, ob das jeweilige inländische Anknüpfungsmerkmal gegeben ist. Der Einkünftebegriff i.S.d. § 49 Abs. 1 EStG knüpft an die Bestimmungen der Einkunftsarten der §§ 2 Abs. 1, 13 ff. EStG an.[234] Für die Bestimmung

---

[223] Vgl. *Larenz/Canaris*, Methodenlehre, S. 209 f.

[224] Vgl. die Übersicht bei *Vogel*, DBA, Art. 3 Rz. 18 u. 36.

[225] BGBl. II 1961 S. 397 i.d.F. des Zusatzabkommens v. 28.9.1989, BGBl. II 1990 S. 770.

[226] BGBl. II 1966 S. 358 i.d.F. des Revisionsprotokolls v. 23.3.1970 BGBl. II 1971 S. 45.

[227] BGBl. II 1982 S. 801.

[228] BGBl. II 1964 S. 266.

[229] BGBl. II 1995 S. 749 i. d. F: des Änderungsabkommens v. 8.7.1992, BGBl. II 1994 S. 122.

[230] BGBl. II 1982 S. 1022.

[231] In diesem Sinne auch *Wassermeyer*, IStR 1999, 481.

[232] Dazu siehe oben 1. Teil § 4 B III.

[233] Für die h.M. BFH v. 24.2.1988 - I R 95/84, BStBl. II 1988, 663, 664 f.; *Crezelius*, DB 1984, 530, 532; *Lüdicke*, in: Lademann/Söffing, EStG, § 49 Anm. 830; a.A. *Mössner*, in: FS Flick, S. 939; S. 948, wonach zuerst die Voraussetzung des Inlandskriteriums zu prüfen ist und zweitens die Subsumtion unter den Tatbestand einer Einkunftsart erfolgen soll.

[234] Für die ganz h.M. BFH v. 12.11.1986 - I R 192/85, BStBl. II 1987, 383; *Crezelius*, DB 1984, 530, 532; *Lüdicke*, in: Lademann/Söffing, EStG, § 49 Anm. 830; *Mössner*, in: FS Flick, S. 939; S. 948; *Schmidt/Heinicke*, EStG, § 49 Rz. 3.

inländischer Einkünfte aus selbständiger Arbeit ergibt sich dies aus dem ausdrücklichen Verweis, wie z.B. in § 49 Abs. 1 Nrn. 2 und 3 EStG auf §§ 15 und 18 EStG.[235] Folglich gelten auch die Grundsätze zu § 15 Abs. 3 Nr. 1 EStG.[236]

1. Mitunternehmerschaft bei internationaler Zusammenarbeit

Nach §§ 18 Abs. 3, 15 Abs. 1 Nr. 2 EStG müssen die Voraussetzungen einer Mitunternehmerschaft gegeben sein. Diese gelten wegen des in § 49 Abs. 1 Nr. 3 EStG enthaltenen Verweises auf § 18 EStG auch für im Ausland ansässige Sozii einer inländischen Sozietät.[237] In der Sache geht es hierbei um die rechtstatsächliche Erscheinungsform der GbR als sog. Hilfs-, Gelegenheitsgesellschaft, Arbeitsgemeinschaft oder sog. Joint Ventures.[238] Bei der Prüfung der Voraussetzung einer Mitunternehmerschaft ist dabei zunächst auf das Zivilrecht abzustellen und der gemeinsame Zweck der Gesellschaft (§ 705 BGB) festzustellen. Besteht dieser in der gemeinsamen Ausübung der freiberuflichen Tätigkeit, liegt unzweifelhaft eine Außengesellschaft vor. Diese fällt unter den Begriff „andere Gesellschaft" i.S.d. § 15 Abs. 1 S. 1 Nr. 2 EStG und ist mithin eine Mitunternehmerschaft. Eine solche liegt nach Ansicht des BFH[239] auch dann vor, wenn der gemeinsame Zweck nur in der Erbringung einer einzigen gemeinsamen Leistung besteht und die Gesellschafter nach außen gemeinsam auftreten.[240] Dies kann z.B. vorliegen, wenn sich zwei oder mehrere in verschiedenen Staaten ansässige Berufsangehörige (oder auch Sozietäten) zur Bearbeitung eines (Groß-) Mandats zusammenschließen, sofern sie im Außenverhältnis als Gesamtschuldner auftreten (sog. Joint Venture für den Einzelfall).[241] Treten die Gesellschafter dagegen nicht nach außen auf, ist nach Ansicht der Rspr.[242] Voraussetzung für eine Mitunternehmerschaft, die freiberufliche Tätigkeit auf gemeinsame Rechnung im Innenverhältnis. An der freiberuflichen Tätigkeit auf gemeinsame Rechnung fehlt es bei internationalen Bürogemein-

---

[235] Entsprechendes gilt für den in § 49 Abs. 1 Nr. 2 EStG enthaltenen ausdrücklichen Verweis auf § 15 EStG.

[236] Dazu siehe auch oben 1. Teil § 4 B III 1; BFH v. 11.8.1999 - XI R 12/98, BFH/NV 2000, 130, wonach die Umqualifizierung der Einkünfte gem. § 15 Abs. 3 Nr. 1 EStG nicht erfolge, wenn eine nach Maßstab des Verhältnismäßigkeitsgrundsatzes ein „äußerst geringer Anteil" an originär gewerblicher Tätigkeit gegeben ist.

[237] Zu den Voraussetzungen einer Mitunternehmerschaft z.B. BFH v. 25.6.1984 - GrS 4/82, BStBl. II 1984, 751; *Crezelius*, in: FS Schmidt, S. 355 ff.

[238] Vgl. dazu *Schmidt*, EStG, § 15 Rz. 326 ff., m.w.N.

[239] So zu Innegesellschaften, mit dem gemeinsamen Zweck der Erbringung einer einzigen gemeinsamen Leistung BFH v. 28.10.1981 - I R 25/79, BStBl. II 1981, 186, m.w.N.; BFH v. 4.8.1988 - IV R 60/86, BFH/NV 1990, 19; vgl. auch BFH v. 26.5.1993 - X R 108/91, BStBl. II 1994, 96.

[240] Die Auffassung der Rspr., a.a.O. ist jedoch im Hinblick auf das Merkmal der Nachhaltigkeit i.S.d. § 15 Abs. 2 EStG, das entsprechend dem Wortlaut des § 15 Abs. 2 EStG auch für die Einkünfte aus selbständiger Arbeit (§ 18 EStG) gilt, nicht unproblematisch. Allerdings wird man insofern auch bei einer einmaligen Zusammenarbeit Nachhaltigkeit annehmen können, als die Gesellschafter subjekti-ven Willen hatten, die Zusammenarbeit bei weiteren (Groß-) Mandaten zu wiederholen, es aber an der Gelegenheit fehlt; *Schmidt/Weber-Grellet*, EStG, § 15 Rz. 17.

[241] Vgl. dazu *Hellwig*, AnwBl. 1996, 124, 127.

[242] So zur gewerblichen Mitunternehmerschaft BFH v. 28.10.1981 - I R 25/79, BStBl. II 1981, 186, m.w.N.; BFH v. 4.8.1988 - IV R 60/86, BFH/NV 1990, 19; vgl. auch BFH v. 26.5.1993 - X R 108/91, BStBl. II 1994, 96.

schaften. Gemeinsamer Zweck ist zumeist, die Büroräume auf gemeinsame Rechnung zu mieten.[243] Die internationale Zusammenarbeit von Freiberuflern nach dem sog. Best-Friends-System besteht typischerweise in der Empfehlung von jeweils ausländischen Berufsangehörigen. Unzweifelhaft begründet diese Form der Zusammenarbeit keine Mitunternehmerschaft. Ebensowenig ist die Organisation in einem sog. Club-System als Mitunternehmerschaft zu qualifizieren, da Ziel des Clubs nicht die Berufsausübung auf gemeinsame Rechnung ist.[244] Fraglich ist dagegen die Einordnung sog. Allianzen, da diese durch Verlautbarung auf dem Briefkopf gegenüber dem Mandanten nach außen auftreten.[245] Wird nachgewiesen, daß die freiberufliche Tätigkeit nicht auf gemeinsame Rechnung ausgeübt wird, kann allein aus dem Auftreten nach außen nicht auf das Vorliegen einer Mitunternehmerschaft geschlossen werden.[246] Letztlich sind jedoch die Verhältnisse des Einzelfalls entscheidend, ob eine Mitunternehmerschaft gegeben ist.

Fehlt es an den Voraussetzungen einer Mitunternehmerschaft, ist der im Ausland ansässige Freiberufler nach § 49 Abs. 1 Nr. 3 EStG nur dann beschränkt steuerpflichtig, wenn er eine freiberufliche Tätigkeit i.S.d. § 18 Abs. 1 Nr. 1 EStG im Inland ausübt oder verwertet.[247]

2. Ausländische Berufsangehörige

Ist ein ausländischer Berufsangehöriger an einer inländischen Sozietät als Mitunternehmer beteiligt, stellt sich die Frage, welche Einkünfte die Gesellschafter der Sozietät erzielen.[248] Nach der Rspr. des BFH[249] kommt es, entgegen der partiellen Steuersubjektfähigkeit von Personengesellschaften, darauf an, daß jeder Gesellschafter eine freiberufliche Tätigkeit i.S.d. § 18 Abs. 1 Nr. 1 EStG ausübt.[250] Üben nicht alle Sozii eine freiberufliche Tätigkeit aus, d.h. ist ein sog. Berufsfremder an der Sozietät beteiligt, führt dies nach Auffassung der Rspr.[251] zur Gewerblichkeit der Einkünfte aller Sozii, da die Personengesellschaft insgesamt einen Gewerbebetrieb unterhält. Wie bereits

---

[243] Zur Besteuerung von Bürogemeinschaften z.B. *Kaiser/Bellstedt*, Anwaltsozietät, S. 131 f.; *Korn*, StKongRep 1985, S. 304, S. 329 ff.

[244] So auch *Hellwig*, AnwBl. 1996, 124, 125.

[245] Nach Auffassung von *Hellwig*, AnwBl. 1996, 124, 125 ff. sei dies unter Berufung auf die Rspr. kein Verstoß gegen das Wettbewerbsrecht. Allerdings fehlt insoweit der Hinweis auf die in Rede stehende Entscheidung.

[246] Insofern zutreffend für die „Alliance of European Lawyers“ *Hellwig*, AnwBl. 1996, 124, 125 ff., nicht eindeutig geht aus den Ausführungen hervor, ob die einzelnen Sozii der an der Allianz beteiligten Sozietäten Gesellschafter dieser „Büros“, d.h. dieser Sozietäten, sind oder die Sozietäten selbst. Im ersten Fall läge eine sog. Schwesterpersonengesellschaft der Allianz vor und im letzteren eine dog. doppelstöckige Personengesellschaft.

[247] Dazu siehe 3. Teil § 3 B III.

[248] Zur Bedeutung der isolierenden Betrachtungsweise (§ 49 Abs. 2 EStG) in diesem Zusammenhang siehe unten II 1 d cc (2).

[249] Z.B. BFH v. 11.6.1985 - VIII R 354/80, BStBl. II 1984, 751; BFH v. 13.7.1993 - VIII R 50/92, BStBl. II 1994, 283, m.w.N.

[250] Dazu siehe oben 1. Teil § 4 B III 1 a.

[251] Z.B. BFH v. 9.10.86 - IV R 235/84, BStBl. II 1987, 124, BFH v. 7.11.1991 - IV R 17/90, BStBl. II 1993, 324; BFH v. 13.7.1993 - VIII R 50/92, BStBl. II 1994, 283, m.w.N.

oben festgestellt wurde[252], ist davon auszugehen, daß zahlreiche ausländische Berufsangehörige weder eine freiberufliche Tätigkeit noch einen „ähnlichen Beruf" i.S.d. § 18 Abs. 1 Nr. 1 EStG ausüben.[253] So ist nach Ansicht des BMF[254] ein niederländischer Belastingadviseur gewerblich tätig (§ 15 Abs. 2 EStG). Ist demnach ein niederländischer Belastingadviseur als Mitunternehmer an einer inländischen Sozietät beteiligt, ungeachtet der berufsrechtlichen Zulässigkeit des Zusammenschlusses[255], alle Sozii Einkünfte aus Gewerbebetrieb erzielen (§ 15 Abs. 1 S. 1 Nr. 2 EStG).[256]

Demgegenüber vertritt *Sauren*[257] die Ansicht, eine „Infizierung" der Einkünfte eines inländischen Gesellschafters sei nur dann gegeben, wenn der ausländische Partner auch in Deutschland Tätigkeiten ausübt[258] oder durch eine entsprechende Ergebnisverteilung dem deutschen Partner Einnahmen der ausländischen Gesellschafter zugerechnet werden.[259] Es komme insoweit auf die wirtschaftliche Zurechnung an.

Dem kann jedoch insofern nicht gefolgt werden, als dieser Überlegung eine Vermischung der getrennt zu beurteilenden Bestimmung der Einkunftsart, der Zurechnung der Einkünfte und der beschränkten Steuerpflicht ausländischer Gesellschafter inländischer Sozietäten zugrunde liegt. Zunächst stellt sich die Frage, wem die Einkünfte der Sozietät steuerlich zuzurechnen sind und unter welchen Voraussetzungen der ausländische Sozius im Inland i.S.d. § 49 Abs. 1 EStG beschränkt steuerpflichtig ist.[260] Käme man dabei zu dem Ergebnis, der ausländische Sozius sei im Inland nicht beschränkt steuerpflichtig, da er weder im Inland tätig ist noch an dem im Inland erwirtschafteten Ergebnis beteiligt ist, wäre zu prüfen, ob dessen ausländische, berufsfremde und damit gewerbliche Tätigkeit bei der Bestimmung der Einkunftsart der durch die übrigen Sozien erzielten Einkünfte zu berücksichtigen ist. Insoweit ist von Bedeutung, ob für die Bestimmung der Einkünfte, wie hier vertreten, der partiellen Steuersubjektfähigkeit von Personengesellschaften gefolgt wird[261] oder der Ansicht der Rspr.[262], wonach die Gesellschafter die Tatbestandselemente einer freiberuflichen Tätigkeit erfüllen müs-

---

252 Dazu siehe oben 1. Teil § 4 B III 1 a.

253 Soweit *Eckert*, IStR 1999, 478, davon ausgeht, daß ausländische Anwälte unter den Tatbestand des Rechtsanwalts i.S.d. § 18 Abs. 1 Nr. 1 EStG zu subsumieren seien, sofern sie im Wege eines Typenvergleichs dem Beruf des Rechtsanwalts entsprechen, ist dies abzulehnen, da der Wortlaut eindeutig bestimmte Berufe aufzählt und im übrigen mit dem Tatbestand der ähnlichen Berufe der Tatsache Rechnung getragen wird, daß die Aufzählung nicht vollständig ist.

254 BMF v. 4.5.1998, DB 1998, 1207.

255 BMF v. 19.3.1998, BStBl. I 1998, 361.

256 Die Krux besteht darin, daß ausschließlich wegen der im Ausland verwirklichten Besteuerungsmerkmale einkommensteuerrechtlich Einkünfte aus Gewerbebetrieb aller Sozii fingiert werden (§ 15 Abs. 1 S. 2 Nr. 1 EStG). Gewerbesteuerpflichtig ist aber nach § 2 GewStG nur der von den – isoliert betrachtet - freiberuflich tätigen Sozii im Inland betriebene Gewerbebetrieb.

257 *Sauren*, DStR 1999, 1100, 1101.

258 In diesem Sinne *Rademacher-Gottwald*, Grenzüberschreitende Sozietäten, S. 335 f.

259 Im Ergebnis ebenso *Korn*, KÖSDI 11640, 11641, wobei dieser zutreffend auf die nicht geklärte Zuordnung der Einkünfte bei international tätigen Sozietäten hinweist.

260 Dazu siehe unten II.

261 Dazu siehe oben 1. Teil § 4 B III 1 a.

262 Z.B. BFH v. 11.6.1985 - VIII R 354/80, BStBl. II 1984, 751; BFH v. 13.7.1993 - VIII R 50/92, BStBl. II 1994, 283, m.w.N.

sen. Bei einer strikten Anwendung der partiellen Steuersubjektfähigkeit ist m.E. zur Bestimmung der Einkunftsart die von der Personengesellschaft weltweit ausgeübte Tätigkeit maßgebend, wobei zu berücksichtigen ist, daß die Einbeziehung des „Berufsfremden" nicht zwingend die Umqualifizierung der Einkünfte der inländischen Gesellschafter in gewerbliche zur Folge hätte.[263] Der Ansicht der Rspr. folgend ist für die Bestimmung der Einkunftsart die Tätigkeit der Mitunternehmer maßgebend. Wenn aber auf die Ebene der Mitunternehmer abzustellen ist, dann ist der im Inland nicht persönlich steuerpflichtige Sozius für Zwecke der deutschen Besteuerung mangels persönlicher Steuerpflicht irrelevant.[264] Die isolierende Betrachtungsweise ist insoweit nicht anzuwenden.[265]

Angesichts der bestehenden europarechtlichen Bedenken[266] hinsichtlich der Qualifikation ausländischer Berufsangehöriger als Berufsfremde, sollte die Rspr. ihre Grundsätze zu den ähnlichen Berufen i.S.d. § 18 Abs. 1 Nr. 1 EStG überdenken. Ungeachtet möglicher Rechtsprechungsänderungen kann die Gewerblichkeit der Einkünfte aller Sozii dadurch vermieden werden, daß neben den Gesellschaftern der bisherigen Sozietät die Berufsfremden ausschließlich an einer weiteren zu gründenden Personengesellschaft beteiligt sind. Dieser steuerlich zulässigen Gestaltung steht jedoch für die Berufsgruppe der RA, WP und StB das berufsrechtliche Verbot der Ausübung einer gewerblichen Tätigkeit (arg. § 2 BRAO, § 43 a Abs. 4 Nr. 1 WPO, § 57 Abs. 4 Nr. StBerG) entgegen.[267] Danach ist die Tätigkeit als persönlich haftender Gesellschafter einer OHG oder KG als Ausübung einer mit dem Beruf des RA, WP oder StB nicht zu vereinbarenden gewerblichen Tätigkeit zu werten[268], so daß aus berufsrechtlicher Sicht diese Alternative nur dann zulässig ist, wenn der Sozius Kommanditist einer KG ist und nicht zur Geschäftsführung befugt ist sowie zudem persönlich haftender Gesellschafter zumindest eine natürliche Person ist.[269]

Die Beteiligung der Sozietät und der Berufsfremden an einer Kapitalgesellschaft führt ebenfalls nicht zu Einkünften aus Gewerbebetrieb der Gesellschafter der Sozietät.[270] Auch bei dieser Gestaltung ist jedoch Voraussetzung, daß die Beteiligung an der Kapitalgesellschaft berufsrechtlich zulässig ist. Insofern ist zu beachten, daß die Beteili-

---

[263] Dazu siehe oben 1. Teil § 4 B III 1 a.

[264] Auf eine „Infizierung" i.S.d. § 15 Abs. 3 Nr. 1 EStG kann es bei der Frage der Beteiligung eines Berufsfremden nicht ankommen, da nicht eine (getrennte) gewerbliche und freiberufliche Tätigkeit ausgeübt wird; insoweit mißverständlich *Sauren*, a.a.O.; dazu siehe oben 1. Teil § 4 B II. 5, III. 1 c und 2. Teil § 2 A II 3.

[265] Dazu siehe unten II 1 d cc.

[266] Dazu siehe oben 2. Teil § 2 A II 2; ferner *Eckert*, IStR 1999, 478, 479 f.

[267] Dazu siehe oben 1. Teil § 2 A.

[268] Z.B. *Maxl*, in: Kuhls/Maxl/Schäfer/Goez, StBerG, § 57 Rz. 432 ff.; WP-Hdb. 2000, Rz. A 40.

[269] Bei Mißachtung des berufsrechtlichen Verbots ist steuerlich § 41 AO zu beachten.

[270] So ausdrücklich zur Beteiligung einer landwirtschaftlichen Personengesellschaft an einer gewerblich tätigen Personengesellschaft BFH v. 8.12.1994 - IV R 7/92, BStBl. II 1996, 264, 266; zu den Anforderungen an eine Trennung BFH v. 19.2.1998 - IV R 11/97, BStBl. II 1998, 603, zustimmend BMF v. 13.5.1996, BStBl. I 1996, 621; zu einer gewerblichen GbR von Ärzten einer Gemeinschaftspraxis siehe BMF v. 14.5.1997, BStBl. I 1997, 566; dazu siehe auch oben 1. Teil § 4 B III 1 a.

gung nicht zu einer beherrschenden Mehrheit an der Kapitalgesellschaft führen darf, da diese Beteiligung als die Ausübung einer gewerblichen Tätigkeit qualifiziert wird.[271]

Sofern das Engagement der inländischen Gesellschaft im Ausland (noch) keine gesellschaftsrechtlich geregelte Struktur erfordert, bleibt die Umqualifizierung der Einkünfte aller Gesellschafter in gewerbliche aus, wenn die Anstellung des ausländischen Berufsangehörigen als freien Mitarbeiter erfolgt. Bei der Tätigkeit als freier Mitarbeiter ist, aus Sicht der Steuerpflichtigen, darauf zu achten, daß die Vereinbarung nur einen gewinnabhängige Vergütung enthält und nicht eine allseitige Beteiligung am Gewinn, da insofern eine verdeckte Mitunternehmerschaft bestehen könnte, die wiederum zur Gewerblichkeit der Einkünfte aller Sozii führt.[272]

Nicht geeignet, die Qualifizierung der Einkünfte aller Gesellschafter zu vermeiden, ist die Unterbeteiligung eines ausländischen Berufsangehörigen, da nach § 15 Abs. 2 Nr. 2 S. 2 EStG der mittelbar beteiligte Gesellschafter dem unmittelbar Beteiligten gleichsteht.[273]

Angesichts der für die Steuerpflichtigen bestehenden Unsicherheiten sollte vor Aufnahme eines ausländischen Berufsangehörigen eine verbindliche Auskunft von dem nach § 18 AO zuständigen Finanzamt eingeholt werden.[274] Wird die Tätigkeit des ausländischen Berufsangehörigen nicht als gewerbliche qualifiziert, ist darüber hinaus zu beachten, daß die deutschen RA, WP oder StB aufgrund eigener Fachkenntnis leitend und eigenverantwortlich tätig sein müssen (§ 18 Abs. 1 Nr. 1 S. 3 EStG). In diesem Zusammenhang ist auch die neue Rspr. des XI. Senats[275] zu beachten, wonach die Umqualifizierung der Einkünfte gem. § 15 Abs. 3 Nr. 1 EStG nicht erfolge, wenn nach Maßstab des Verhältnismäßigkeitsgrundsatzes ein „äußerst geringer Anteil" an originär gewerblicher Tätigkeit gegeben ist.

3. Mithilfe fachlich vorgebildeter Arbeitskräfte

Nach Ansicht der Rspr. des BFH[276] muß, entgegen der partiellen Steuersubjektfähigkeit von Personengesellschaften, jeder Gesellschafter einer Sozietät die Voraussetzungen einer freiberuflichen Tätigkeit i.S.d. § 18 Abs. 1 Nr. 1 EStG erfüllen. Dies gilt auch für das Erfordernis der leitenden und eigenverantwortlichen Tätigkeitsausübung

---

271 In dem hier zu betrachtenden Fall müßte m.E. zur Ermittlung der beherrschenden Mehrheit auf die Ebene der Gesellschafter der Sozietät abgestellt werden und nicht auf die Beteiligung der Sozietät; vgl. dazu LG Kiel v. 11.4.1984, Stbg 1984, 275; *Maxl*, in: Kuhls/Maxl/Schäfer/Goez, StBerG, § 57 Rz. 432 ff.; die Gewerblichkeit der Beteiligung an einer Kapitalgesellschaft m.E. aufgrund des zivilrechtlichen Trennunsprinzips konsequenterweise ablehnend WP-Hdb. 2000 Bd. I, Rz. 41.

272 Zur verdeckten Mitunternehmerschaft z.B. BFH v. 13.7.1993 - VIII R 50/72, BStBl. II 1994, 283; *Schmidt*, EStG, § 15 Rz. 280 ff., m.w.N.

273 Zur Unterbeteiligung BFH v. 2.10.1997 - IV R 75/96, BStBl. II 1998, 137; *Korn*, Freiberufler-Personengesellschaften, S. 38 f.; vgl. auch *Portner/Bödefeld*, AnwBl. 1994, 104, 109.

274 Zur verbindlichen Auskunft BFH v. 13.12.1989 – X R 208/87, BStBl. II 1990, 274, m.w.N.

275 BFH v. 11.8.1999 - XI R 12/98, BFH/NV 2000, 130; dazu siehe auch oben 1. Teil § 4 B III 1.

276 Z.B. BFH v. 11.6.1985 - VIII R 354/80, BStBl. II 1984, 751; BFH v. 13.7.1993 - VIII R 50/92, BStBl. II 1994, 283, m.w.N.

aufgrund eigener Fachkenntnis (§ 18 Abs. 1 Nr. 1 S. 3 EStG).[277] Der wachsende Beratungsbedarf der Mandanten führt in der Praxis zu einer Zunahme bzw. Konzentration der Sozietäten, wie es für international tätige Sozietäten typisch ist. Infolgedessen erweitert sich auch der Umfang der Tätigkeiten, die der Führung der Sozietät als solcher und nicht der Mandatswahrnehmung im Außenverhältnis zuzuordnen sind. Demzufolge bleibt dem einzelnen Sozius weniger Zeit zur Betreuung der Mandate und die Tätigkeit der fachlich vorgebildeten Arbeitskräfte nimmt entsprechend sowohl in quantitativer als auch qualitativer Hinsicht zu.[278] Angesichts dieser Entwicklung ist fraglich, ob z.B. ein unbeschränkt steuerpflichtiger Sozius einer international tätigen Sozietät noch aufgrund eigener Fachkenntnis leitend und eigenverantwortlich tätig ist (§ 18 Abs. 1 Nr. 1 S. 3 EStG). Nach den Grundsätzen der Rspr.[279] muß die Tätigkeit durch den individuellen Einsatz und durch den eigenen Kontakt mit den Klienten ihr besonderes Gepräge erhalten. Ferner kommt es auf die Qualität der durch die Mitarbeiter erbrachten Leistung an, da die Tätigkeit der Mitarbeiter als solche des Freiberuflers erkennbar sein muß.

> Beispiel: An einer inländischen Sozietät sind 80 Berufsangehörige als Mitunternehmer beteiligt. Die Sozietät unterhält Kanzleien in verschiedenen Städten und Staaten. Die Arbeitsbereiche sind entsprechend der fachlichen Qualifikationen der Gesellschafter aufgeteilt. Der Sozius Y ist als RA, WP und StB für die Betreuung der Mandanten in der Kanzlei in Z zuständig. Innerhalb der Sozietät ist er zudem als ausgewiesener Experte des UmwStG Ansprechpartner für die Mitarbeiter der Sozietät. Hierfür verwendet er die Hälfte seiner Arbeitszeit. Zur Unterstützung seiner Tätigkeit arbeiten ausschließlich ihm folgende fachlich vorgebildeten Arbeitskräfte zu: 1 RA, 2 StB und 3 Diplom-Kaufleute sowie eine Sekretärin und ein Steuerfachangestellter. Es ist zweifelhaft, ob die Rspr. in einem solchen Fall die Eigenverantwortlichkeit der Tätigkeit annehmen würde.

Ferner ist nach § 18 Abs. 1 Nr. 1 S. 3 EStG Voraussetzung, daß die Sozii „aufgrund eigener Fachkenntnis" leitend und eigenverantwortlich tätig werden. Wie bereits oben dargestellt wurde[280], geht es in der Sache um die Mithilfe von fachlich vorgebildeten Arbeitskräften, die wegen ihrer Kenntnisse des ausländischen Rechts angestellt oder als freie Mitarbeiter tätig sind. Da die Rspr. keine konkreten Merkmale herausgebildet hat, sondern die Tatbestandsmerkmale des § 18 Abs. 1 Nr. 1 S. 3 EStG im Wege der typisierenden Betrachtung überprüft, lassen sich keine allgemeingültigen Aussagen über die Grenze zur gewerblichen Tätigkeit treffen. Ist ein Sozius nicht i.S.d. § 18 Abs. 1 Nr. 1 S. 3 EStG aufgrund eigener Fachkenntnis leitend und eigenverantwortlich tätig, erzielen nach Auffassung der Rspr. des BFH[281] alle Gesellschafter der Sozietät Einkünfte aus Gewerbebetrieb (§ 15 Abs. 1 S. 1 Nr. 2 EStG).[282]

---

[277] Z.B. BFH v. 25.11.1976 - VIII R 116/74, BStBl. II 1976, 155; BFH v. 7.10.1987 - X B 54/87, BStBl. II 1988, 17; statt aller *Blümich/Hutter*, § 18 EStG Rz. 56, m.w.N.

[278] Vgl. auch *Korn*, DStR 1995, 1249, 1250.

[279] Z.B. BFH v. 29.7.1965 - IV R 61/65 U, BStBl. III 1965, 557; BFH v. 20.4.1989 - IV R 299/83, BStBl. II 1989, 727.

[280] Dazu siehe oben 2. Teil § 2 A II.

[281] Z.B. BFH v. 21.4.1994 - IV R 99/93, BStBl. II 1994, 650; BFH v. 10.8.1995 - I R 133/93, BStBl. II 1995, 171.

[282] Dazu siehe oben 1. Teil § 4 B III 1 b.

II. Steuerrechtliche Behandlung ausländischer Sozii

1. Inländische Einkünfte i.S.d. § 49 Abs. 1 EStG

a) Problemstellung

In der Literatur wird die Frage der beschränkten Steuerpflicht der Gesellschafter einer inländischen Sozietät überwiegend vor dem Hintergrund eines bestehenden DBA diskutiert.[283] Das ist darauf zurückzuführen, daß Deutschland mit den meisten Staaten - keine DBA bestehen z.B. mit Liechtenstein, Libyen, Monaco, Paraguay und Syrien - Abkommen zur Vermeidung der Doppelbesteuerung abgeschlossen hat und sich das deutsche DBA-Netz von Jahr zu Jahr ausweitet. Da nach Abkommensrecht ein Steuertatbestand weder begründet noch erweitert werden kann, kommt der Besteuerung nach nationalem Steuerrecht insofern Bedeutung zu, als die Besteuerung nach nationalem Steuerrecht zu einer Doppel - Nichtbesteuerung kommen kann, sofern je nach Einzelfall im Abkommen keine subject-to-tax–Klausel, switch-over-Klausel oder das remmittance-base-Prinzip enthalten ist.[284] Im Ausland ansässige Gesellschafter einer inländischen Sozietät sind i.S.d. §§ 1 Abs. 4 EStG beschränkt steuerpflichtig, wenn sie nach § 49 Abs. 1 Nr. 3 EStG Einkünfte aus selbständiger Arbeit (§ 18 EStG) erzielen, die im Inland ausgeübt oder verwertet werden oder worden ist. Fraglich ist demnach, ob ein ausschließlich im Ausland ansässiger Sozius im Inland steuerbare und steuerpflichtige Einkünfte erzielt, wenn er dort seine Tätigkeit weder ausübt noch verwertet.[285]

<u>Beispiel:</u> An einer inländischen Sozietät sind der im Inland ansässige und in seiner Kanzlei tätige RA A sowie der im Staat Z ansässige und dort in seiner Kanzlei tätige RA B beteiligt. Den Gesellschaftern A und B steht laut Gesellschaftsvertrag jeweils 50 % des gemeinsam erwirtschafteten Gewinns als Gewinnanteil zu. Im Jahr 01 hat der RA A in Deutschland 60 % und der ausländische RA B 40 % des Gesamtgewinns der Sozietät erwirtschaftet, wobei B ausschließlich in Z seine Tätigkeit ausgeübt hat. Der Gesamtgewinn im Jahr 01 beträgt 300.000 GE.

Diese Problematik ist nicht neu. Sie besteht ebenso bei einer inländischen gewerblich tätigen Personengesellschaften (§ 15 Abs. 1 Nr. 2 EStG), an der ein im Ausland ansässiger Steuerpflichtiger beteiligt ist. Nach § 49 Abs. 1 Nr. 2 a EStG erzielen die im Ausland ansässigen Gesellschafter nur dann beschränkt steuerpflichtige Einkünfte, wenn sie im Inland eine Betriebsstätte i.S.d. § 12 AO unterhalten oder ein ständiger Vertreter bestellt ist. Daran fehlt es jedoch, sofern der ausländische Gesellschafter nicht selbst im Inland eine Betriebsstätte unterhält oder einen ständigen Vertreter be-

---

[283] Dazu siehe oben Kapitel A und B.

[284] Zu den einzelnen Klauseln ausführlich *Grotherr*, IWB, F. 3 Gr. 2, S. 689 ff.

[285] Insoweit ergibt sich nichts anderes nach der von *Mössner*, in: FS Flick, S. 939; S. 948 vertretenen Ansicht, wonach zuerst die Voraussetzungen der Inlandskriterien i.S.d. § 49 Abs. 1 EStG zu prüfen sind und zweitens die Voraussetzungen der damit verbundenen Einkunftsart. Ist der Sozius im Inland nicht tätig und liegt auch keine Verwertung vor, käme allenfalls die Annahme einer Betriebsstätte i.S.d. § 49 Abs.1 Nr. 2 a EStG in Betracht; dazu siehe folgendes Kapitel.

stellt hat. Demnach wären die Einkünfte des im Ausland ansässigen Gesellschafters aus der Beteiligung an der inländischen gewerblichen Personengesellschaft nicht steuerbar.

b) Gewerbliche Personengesellschaften

Nach ganz h.M.[286] ist die beschränkte Steuerpflicht ausländischer Gesellschafter inländischer gewerblich tätiger Personengesellschaften im Wege einer sog. zweistufigen Betrachtung festzustellen. Zunächst ist zu prüfen, ob die Personengesellschaft für ihr Gewerbe eine im Inland belegene Betriebsstätte i.S.d. § 12 AO unterhält. Ist dies der Fall, so ist die Betriebsstätte den ausländischen Mitunternehmern anteilig zuzurechnen, so daß der ausländische Gesellschafter gem. § 49 Abs. 1 Nr. 2 a EStG beschränkt steuerpflichtige Einkünfte erzielt. Die Begründung wird im folgenden gesehen: Die einzige gesetzliche Vorschrift, die eine Beziehung zwischen inländischen Betriebsstätten und Personengesellschaften herstellt, sei § 49 Abs. 1 Nr. 2 a EStG, worin der Verweis auf § 15 EStG enthalten ist. Die Personengesellschaft als solche sei jedoch kein Steuersubjekt. Die Zurechnung kann daher nur bei den Gesellschaftern erfolgen, da allein sie Steuersubjekt i.S.d. EStG sind. Die „Grundidee" ist gerade, daß der gewerbliche Betrieb insgesamt im Interesse aller Mitunternehmer geführt wird und zwar unabhängig von der einzelnen aktiven oder passiven Ausübung des Gesellschafters, solange dieser als Mitunternehmer anzusehen ist.[287] Im Ergebnis unterliegt damit der Gesellschafter mit dem Teil seines Gewinnanteils der beschränkten Steuerpflicht, der auf das in der inländischen Betriebsstätte erwirtschaftete Ergebnis entfällt. Da sowohl eine gewerblich tätige Personengesellschaft als auch eine Sozietät steuerrechtlich als Mitunternehmerschaft i.S.d. § 15 Abs. 1 Nr. 2 EStG zu qualifizieren ist, könnte man zu dem Schluß kommen, daß die zweistufige Betrachtung auch für ausländische Gesellschafter inländischer Sozietäten gilt.

c) Meinungsstand bei Sozietäten

aa) Ansicht der Rechtsprechung

Dem Urteil des RFH[288] vom 1.10.1924 lag zu § 3 der Verordnung über die Besteuerung von ausländischem Vermögen und Einkommen vom 16.2.1923[289] ein spiegelbildlicher Fall der Tätigkeit eines im Inland ansässigen Sozius einer inländischen Sozietät, der im Ausland tätig wird, zugrunde. Der RFH stützte sich jedoch in der Urteilsbegründung auf die entsprechende Auslegung im Fall der beschränkten Steuerpflicht ei-

[286] So noch auf Grundlage der Bilanzbündeltheorie BFH v. 29.1.1964 - I 153/61 S, BStBl. III 1964, 165; im Ergebnis ebenso BFH v. 26.2.1992 - I R 85/91, BStBl. II 1992, 937; vgl. zu dem spiegelbildlichen Fall der beschränkten Steuerpflicht eines inländischen Gesellschafters im Ausland BFH v. 27.2.1991 - I R 15/89, BStBl. II 1991, 444; *Lüdicke*, in: Lademann/Söffing, EStG, § 49 Anm. 362; *Piltz*, Personengesellschaften im IStR, S. 207 ff. u. S. 78 ff.; *Schaumburg*, StBg 1999, 97, 102, 156; *Schmidt*, EStG, § 15 Rz. 173, m.w.N. zur Rspr.; *Storck*, Ausländische Betriebsstätten, S. 222.

[287] *Piltz*, Personengesellschaften im IStR, S. 79 ff.

[288] RFH v. 1.10.1924 - VI e A 126/24, RFHE 14, 193.

[289] RGBl. I 145.

nes ausländischen Gesellschafters, der inländisches Einkommen aus sonstiger selbständiger Berufstätigkeit i.S.d. § 2 Abs. 2 Nr. 4 i.V.m. §§ 6 Abs. 1 Nr. 4, 35 Abs. 1 EStG erzielt. „Wenn mehrere Personen sich bei einem Werke zusammen betätigen, so werden die beschränkt steuerpflichtigen Personen mit dem aus dieser Tätigkeit fließenden Einkommen nur steuerpflichtig, wenn und soweit sie im Inland persönlich tätig sind und aus dieser Tätigkeit ein Einkommen beziehen."[290]. Demnach mag zwar der im Inland ansässige Gesellschafter bei einer Beratung eines Mandanten im Ausland und bei dem Vertragsabschluß mit diesem mitgewirkt haben, sofern er aber nur vom Inland aus tätig geworden ist, werde kein Besteuerungsrecht im Ausland begründet. Im Ergebnis stellt der RFH[291] bei der Bestimmung des Besteuerungsrechts darauf ab, wo der jeweilige Gesellschafter persönlich tätig wird. Somit unterliegt ein im Ausland ansässiger Sozius nur dann der beschränkten Steuerpflicht, wenn er im Inland seine Tätigkeit ausübt.

Der I. Senat des BFH[292] befaßte sich in seinem Urteil vom 23.10.1991 mit einer inländischen GbR, deren Gesellschafter freiberuflich tätig waren. Dabei lag folgender Sachverhalt zugrunde: An einer inländischen GbR waren drei Musikprofessoren beteiligt, die im Inland Konzerte gaben. Die Auftrittsverträge mit den Konzertveranstaltern schloß die GbR ab. Im Innenverhältnis hatten die Gesellschafter vereinbart, daß jeder von ihnen mit einem Drittel am von der GbR erzielten Gewinn beteiligt sein sollte. Zwei Gesellschafter waren unbeschränkt steuerpflichtig, wohingegen einer der Gesellschafter seinen Wohnsitz im Ausland hatte. Nach Ansicht des erkennenden Senats erzielen die unbeschränkt steuerpflichtigen Gesellschafter Einkünfte aus selbständiger Arbeit i.S.d. § 18 Abs. 4 i.V.m. § 15 Abs. 1 Nr. 2 EStG. Für den beschränkt steuerpflichtigen Gesellschafter gelte dies durch den Verweis in § 49 Abs. 1 Nr. 3 EStG auf § 18 EStG ebenfalls. Im weiteren führt er unter Bezugnahme auf ein Urteil zur beschränkten Steuerpflicht ausländischer Gesellschafter an einer inländischen gewerblichen Personengesellschaft[293] aus: „Beschränkt steuerpflichtig ist nicht die Gesamthandsgemeinschaft, sondern sind die Gesellschafter mit ihren Gewinnanteilen, d.h. mit dem nach Maßgabe der gesellschaftsrechtlichen Regeln auf den einzelnen Gesellschafter entfallenden Teil."[294]

bb) Ansichten im Schrifttum

In der Literatur stehen sich zwei Standpunkte gegenüber. Bereits im Jahre 1925 vertritt *Strutz*[295] die Meinung, ein ausländischer Sozius sei nur dann beschränkt steuerpflichtig, wenn er seine freiberufliche Tätigkeit tatsächlich im Inland ausübt oder verwertet. Nach Ansicht von *Bellstedt*[296] sei für die Auslegung des in § 49 Abs. 1 Nr. 3 EStG enthaltenen Ausdrucks „Ausüben" auf das Berufsrecht abzustellen. Demnach komme es

[290] RFH, a.a.O.
[291] RFH v. 1.10.1924 - VI e A 126/24, RFHE 14, 193, 194.
[292] BFH v. 23.10.1991 - I R 86/91, BStBl. II 1992, 185.
[293] BFH v. 24.2.1988 - I R 95/84, BStBl. II 1988, 663.
[294] BFH v. 23.10.1991 - I R 86/91, BStBl. II 1992, 185, 187.
[295] *Strutz*, EStG 1925 Bd. I., § 3 Anm. 26.
[296] *Bellstedt*, IStR 1995, 361, 364.

auf die nach § 59 a Abs. 3 BRAO mögliche berufsrechtliche Eigenständigkeit der Kanzlei des jeweiligen Sozius an. Danach richte sich, ob der Sozius im Inland tätig wird oder nicht.[297] *Portner/Bödefeld*[298] kommen unter Auslegung nach dem Wortlaut des § 49 Abs. 1 Nr. 3 EStG ebenfalls zu diesem Ergebnis.[299] Inländische Einkünfte eines im Ausland ansässigen Sozius seien nur dann gegeben, wenn die Tätigkeit im Inland tatsächlich ausgeübt oder verwertet wird.[300] Nach der abweichenden Auffassung sind die im Ausland ansässigen und dort tätigen Sozii auch dann i.S.d. § 49 Abs. 1 Nr. 3 EStG beschränkt steuerpflichtig, wenn sie nicht selbst im Inland tätig werden. *Lüdicke*[301] begründet diesen Ansatz wie folgt: „Erzielt ein beschränkt Steuerpflichtiger Einkünfte aus selbständiger Arbeit im Rahmen einer Gesellschaft .., übt er seine Tätigkeit im steuerpflichtigen Sinne nicht nur persönlich, sondern auch durch die Tätigkeit seiner Sozii (und ggf. der Angestellten der Sozietät) aus. Die Einkünfte sind daher .. insoweit inländische Einkünfte i.S.d. § 49 Abs. 1 Nr. 3 EStG, als sie auf der persönlichen Tätigkeit dieser Personen im Inland beruhen."[302] Im Kern beruht dieser Ansatz somit auf der entsprechenden Anwendung der sog. zweistufigen Betrachtung gewerblicher Personengesellschaften.

d) Stellungnahme

aa) Gewerbliche Personengesellschaften

Ausgehend von der sog. zweistufigen Methode ist auf der ersten Stufe zu prüfen, ob die Personengesellschaft einen Gewerbebetrieb betreibt, für den gem. § 49 Abs. 1 Nr. 2 a EStG im Inland eine Betriebsstätte unterhalten wird oder ein ständiger Vertreter[303] bestellt ist. Aus dogmatischer Sicht stellt sich insoweit die Frage, ob es zulässig ist, zur Verwirklichung eines Inlandsmerkmals i.S.d. § 49 Abs. 1 EStG auf die Tätigkeit der Personengesellschaft abzustellen. Hierbei geht es darum, ob die Inlandsmerkmale des § 49 Abs. 1 EStG als Tatbestandsmerkmal einer Einkunftsart i.S.d. § 2 Abs. 1 EStG zu qualifizieren sind oder ob es sich um Merkmale handelt, die, wie z.B. den in § 1 Abs. 1 EStG geregelten Wohnsitz oder gewöhnlichen Aufenthalt, allein von den Einkommensteuersubjekten, d.h. den natürlichen Personen, erfüllt werden können. Für letzteres spricht der Wortlaut des § 1 Abs. 4 EStG, wonach „sie" - natürliche Personen - inländische Einkünfte i.S.d. § 49 EStG haben müssen. Allerdings ergibt sich aus dem Wortlaut des § 49 Abs. 1 Nr. 2 a EStG, daß inländische Einkünfte aus Gewerbebetrieb

---

297 Der Auffassung von *Bellstedt*, a.a.O. folgend *Hemmelrath*, in: Haarmann, u.a. (Hrsg.), Gestaltung, S. 623, S. 624 f.

298 *Portner/Bödefeld*, AnwBl. 1994, 104, 105; *dies.*, IWB, F. 3 Gr. 3, S. 1037, S. 1038 f.

299 Dagegen sollen die im Inland unbeschränkt steuerpflichtigen Gesellschafter aufgrund ihrer Mitunternehmerstellung aus einem im Ausland belegenen Büro Einkünfte aus selbständiger Arbeit erzielen.

300 Der Auffassung von *Bellstedt*, a.a.O. und *Portner/Bödefeld*, a.a.O. folgend *HHR/Kumpf*, § 49 EStG Anm. 673.

301 *Lüdicke*, in: Lademann/Söffing, EStG, § 49 Anm. 545.

302 Diesem folgend *Schaumburg*, Internationales, Rz. 5.222; im Ergebnis ebenso *Krabbe*, FR 1995, 692, 694; *Mack*, in: Streck u.a. (Hrsg.), Steuerberatung, S. 73, S. 88 f.

303 Im weiteren wird auf das Anknüpfungsmerkmal „ständiger Vertreter" nicht eingegangen, da sich insoweit keine neue Erkenntnis ergibt.

vorliegen, wenn für den Gewerbebetrieb im Inland eine Betriebsstätte unterhalten wird. Zur Verwirklichung der Voraussetzungen eines Gewerbebetriebs i.S.d. § 15 EStG kommt es aber entsprechend der partiellen Steuersubjektfähigkeit von Personengesellschaften im EStG auf die Tätigkeit der Gesellschaft an.[304] Hierfür spricht auch die Tatsache, daß der Einkünftebegriff des § 49 Abs. 1 EStG an den des § 2 Abs. 1 EStG anknüpft.[305] Daher ist die Bestimmung des Inlandsmerkmals „Betriebsstätte" anhand der Tätigkeit der Personengesellschaft mit der Systematik des EStG vereinbar. Hiervon wird im Rahmen der sog. zweistufigen Betrachtung offenbar stillschweigend ausgegangen.

Entscheidend ist vielmehr die Frage, auf welcher Rechtsgrundlage sich die Zurechnung der Betriebsstätte und mithin des anteiligen Gewinns bei dem ausländischen Gesellschafter beruht, da Steuersubjekt allein der Gesellschafter ist, die Personengesellschaft aber die Betriebsstätte des Gewerbes unterhält und den Gewerbebetrieb selbst betreibt. Die Zurechnung der Einkünfte bei dem ausländischen Gesellschafter wird mit der Mitunternehmerstellung des Gesellschafters begründet.[306] Die Bestimmungen zur Mitunternehmerschaft (§ 15 Abs. 1 S. 1 Nr. 2 EStG) vermittle jedem einzelnen Gesellschafter über dessen Beteiligung an der Gesellschaft eine Betriebsstätte.[307] Methodologisch geht es hierbei um die Zulässigkeit einer über den Wortlaut hinausgehenden teleologischen Auslegung des Tatbestands des § 49 Abs. 1 Nr. 2 a EStG. Der Sinn und Zweck des § 49 Abs. 1 EStG besteht in der Umsetzung des völkerrechtlichen Prinzips der eingeschränkten Territorialität durch den Gesetzgeber.[308] Völkerrechtlich besteht die Überzeugung der Staaten, daß die steuerliche Erfassung ausländischer Sachverhalte nur dann gerechtfertigt ist, wenn eine irgendwelche, nicht zu fern liegende Inlandsbeziehung gegeben ist. Fraglich ist demnach, ob eine solche Inlandsbeziehung des ausländischen Gesellschafters aus dem Typusbegriff „Mitunternehmer"[309] abgeleitet werden kann.[310] Würde man den Mitunternehmerbegriff dahingehend verstehen, daß die Mitgliedschaft an einer Personengesellschaft als Gewerbebetrieb jedes einzelnen Gesellschafters verstanden wird, könnte man daran denken, die Betriebsstätte der Personengesellschaft jedem einzelnen Mitunternehmer anteilig zuzurechnen. Von diesem, auch als Bilanzbündeltheorie[311] bezeichneten Verständnis hat sich jedoch der Große Senat des BFH[312] mit dem Beschluß vom 25.6.1984 gelöst. So hat der BFH[313] in seinem Ur

[304] Dazu siehe oben 1. Teil § 4 A I.
[305] Statt aller *Schmidt/Heinicke*, EStG, § 49 Rz. 3.
[306] *Lüdicke*, in: Lademann/Söffing, EStG, § 49 Anm. 362; *Piltz*, Personengesellschaften im IStR, S. 79 ff.
[307] *Schaumburg*, Internationales, Rz. 18.54.
[308] BFH v. 24.2.1988 - I R 95/84, BStBl. II 1988, 663, 665; *Crezelius*, Steuerrecht II, § 5 Rz. 17; *Wassermeyer*, DStJG 1985, S. 49.
[309] Zum Typusbegriff „Mitunternehmer" vgl. z.B. *Crezelius*, in: FS Schmidt, S. 355 ff., m.w.N.
[310] Allgemein zur Problematik der typologischen Rechtsanwendung im Steuerrecht vgl. *Crezelius*, Rechtsanwendung, S. 238 ff.
[311] Vgl. dazu z.B. *Becker*, E., Einkommensteuer, S. 94; *Knobbe-Keuk*, Bilanzsteuerrecht, § 9 I 1; *Schmidt*, EStG, § 15 Rz. 162, jeweils m.w.N. auch zur Rspr.
[312] BFH v. 25.6.1984 - GrS 4/82, BStBl. II 1984, 751, 764.
[313] BFH v. 29.1.1964 - I 153/61, BStBl. III 1964, 165.

teil vom 29.1.1964 die anteilige Zurechnung einer Betriebsstätte noch unter ausdrücklichem Verweis auf die Bilanzbündeltheorie begründet. Nach Aufgabe der Bilanzbündeltheorie hält der BFH[314] jedoch an dieser steuerrechtlichen Behandlung ausländischer Gesellschafter fest, ohne dies überzeugend zu begründen.

Wenn aber nach dem heutigen Verständnis die Mitunternehmerstellung eines ausländischen Gesellschafters einer inländischen gewerblichen Personengesellschaft keine Betriebsstätte i.S.d. § 49 Abs. 1 Nr. 2 a EStG begründet[315], ist eine Erweiterung des Tatbestands des § 49 Abs. 1 Nr. 2 a EStG anhand der Auslegung des Sinn und Zwecks nicht zulässig. Allein der Einnahmenerzielungszweck des § 49 Abs. 1 EStG rechtfertigt im übrigen keine teleologische Auslegung, da nach allgemeiner Meinung der fiskalische Anlaß der Steuergesetze nicht für ihre Auslegung und Anwendung im Sinne einer wie auch immer gearteten teleologischen Auslegung eingesetzt werden kann.[316] Vielmehr liegt es so, daß das Anknüpfen der beschränkten Steuerpflicht an das Territorialitätsprinzip eine gesetzgeberische Definition der inländischen Einkünfte voraussetzt und daher bei der Erfassung beschränkt Steuerpflichtiger Lücken in der Natur der Sache liegen.[317] Insofern besteht die Vermutung einer i.S.d. steuerrechtlichen Rechtsanwendung bedenklichen verkappten analogen Anwendung des § 49 Abs. 1 Nr. 2 a EStG.[318]

bb) Meinungsstand bei Sozietäten

(1) Ansicht der Rechtsprechung

Nach § 49 Abs. 1 Nr. 3 EStG muß der Steuerpflichtige eine selbständige Arbeit im Inland ausüben oder verwerten. Übt der ausländische RA, WP oder StB seine Tätigkeit in einer Sozietät aus, ist fraglich, ob es zur Verwirklichung des Inlandsmerkmals auf die Ausübung der Tätigkeit des ausländischen Gesellschafters im Inland ankommt oder ob die Tätigkeit der im Inland ansässigen Sozii für die Annahme eines ein Besteuerungsrecht begründenden Inlandsbezugs ausreicht. Nach Ansicht des RFH vom 1.10.1924[319] ist die persönliche Ausübung der freiberuflichen Tätigkeit durch den Steuerpflichtigen selbst entscheidend. Die Aussagekraft dieser Entscheidung ist inso-

---

[314] Z.B. BFH v. v. 24.2.1988 - I R 95/84, BStBl. II 1988, 663; BFH v. 26.2.1992 - I R 85/91, BStBl. II 1992, 937, 938.

[315] So auch *Hock*, WPg. 1996, 106; *ders.*, Personengesellschaften, S. 65 ff.; *Knobbe-Keuk*, Bilanzsteuerrecht, § 13 a III 2 a; insofern ergibt sich nichts anderes aus der sog. dualen Betrachtungsweise, vgl. dazu *Schmidt*, EStG, § 15 Rz. 163 ff., m.w.N, da es sich dabei um einen Rückgriff auf die Bilanzbündeltheorie handelt.

[316] *Crezelius*, Rechtsanwendung, S. 126 ff., S. 128; *Tipke/Lang*, Steuerrecht, § 5 Rz. 54, jeweils m.w.N.

[317] *Crezelius*, DB 1984, 530, 533 f.; *ders.*, Steuerrecht II, § 5 Rz. 17; *Wassermeyer*, DStJG 1985, S. 49.

[318] Zu dieser Problematik *Crezelius*, Rechtsanwendung, S. 162 ff.; vgl. auch *Tipke/Lang*, Steuerrecht, § 4 Rz. 184 ff., die ein Analogieverbot im Steuerrecht ablehnen.

[319] RFH v. 1.10.1924 - VI e A 126/24, RFHE 14, 193; zustimmend *Strutz*, EStG 1925 Bd. I., § 3 Anm. 25 f.

fern eingeschränkt, als sie offenbar auf der heute nicht mehr geltenden sog. Bilanzbündeltheorie beruht.[320]

Das Urteils des I. Senats vom 23.10.1991[321] fand im Rahmen der in der Literatur geführten Diskussion bisher keine Beachtung. Zwar war in dem zu entscheidenden Sachverhalt im einzelnen nicht streitig, ob überhaupt inländische Einkünfte i.S.d. § 49 Abs. 1 Nr. 3 EStG vorliegen, da alle Gesellschafter ihre Tätigkeit ausschließlich im Inland ausgeübt haben. Jedoch stellt der erkennende Senat fest, daß ein im Ausland ansässiger Gesellschafter einer inländischen freiberuflichen Mitunternehmerschaft mit seinem Gewinnanteil im Inland beschränkt steuerpflichtig sei. Allerdings begründet der I. Senat seine Auffassung nicht, sondern verweist lediglich auf ein Urteil[322] zur beschränkten Steuerpflicht eines ausländischen Gesellschafters an einer inländischen gewerblichen Personengesellschaft. Infolgedessen besteht jedoch die Vermutung, daß der I. Senat in einem zu entscheidenden Sachverhalt zu dem Ergebnis kommen wird, die beschränkte Steuerpflicht eines ausländischen Gesellschafters einer inländischen Sozietät unabhängig von seiner im Inland tatsächlich ausgeübten Tätigkeit anteilig anzunehmen.

(2) Ansichten im Schrifttum

Nach der von *Bellstedt*[323] vertretenen Auffassung erfolge die Auslegung des Ausübungstatbestands nach dem Berufsrecht. Danach könne der ausländische Sozius nur dann beschränkt steuerpflichtig sein, wenn tatsächlich eine gemeinsame Kanzlei i.S.d. § 59 a BRAO im Inland unterhalten werde. Es ist allerdings zweifelhaft, ob die berufsrechtlichen Regelungen zur Beurteilung des hier in Rede stehenden steuerrechtlichen Sachverhalts heranzuziehen sind, da insoweit eine andere Interessenlage besteht. Im Rahmen der Auslegung des § 49 Abs. 1 Nr. 3 EStG geht es um die steuerrechtliche Umsetzung des Territorialitätsprinzips durch den Gesetzgeber. Da der Wortlaut der Regelung nicht an einen Rechtsbegriff des Zivilrechts anknüpft, kann das Vorhandensein einer gemeinsamen Kanzlei allenfalls als Indiz zur Begründung der beschränkten Steuerpflicht herangezogen werden. Im übrigen ist der auf der berufsrechtlich veränderten Rechtslage begründende Meinungswechsel von *Bellstedt*[324] in sich widersprüchlich. Vor Einführung des § 59 a BRAO[325], wonach die Gesellschafter nur eine gemeinsame Kanzlei unterhalten konnten, stützte er seine Argumentation auch auf die zivilrechtliche Verpflichtung aller Sozii durch den Mandanten. Diese begründe eine gemeinsame Berufsausübung aller Sozii und mithin die beschränkte Steuerpflicht i.S.d. § 49 Abs. 1 Nr. 3 EStG aller im Ausland ansässiger Sozii. An der zivilrechtlichen Rechtslage hat sich allerdings nach Einführung des § 59 a BRAO nichts geändert.

---

[320] Aufgegeben durch BFH v. 25.6.1984 - GrS 4/82, BStBl. II 1984, 751.
[321] BFH v. 23.10.1991 - I R 86/89, BStBl. II 1992, 185.
[322] BFH v. 24.2.1988 - I R 95/84, BStBl. II 1988, 663.
[323] *Bellstedt*, IStR 1995, 361, 364.
[324] *Bellstedt*, IStR 1995, 361, 362.
[325] Zu § 59 a BRAO siehe oben 1. Teil § 2 A.

Soweit *Portner/Bödefeld*[326] unter Auslegung des Wortlauts des § 49 Abs. 1 Nr. 3 EStG zu demselben Ergebnis kommen, ist dies insoweit konsequent, als nach der Wertung des Gesetzgebers im Unterschied zur gewerblichen Tätigkeit (§ 15 Abs. 2 EStG) die persönliche Arbeitsleistung des Freiberuflers im Vordergrund steht. Allerdings müßte dies dann auch für den spiegelbildlichen Fall der Zurechnung ausländischer Einkünfte bei unbeschränkt steuerpflichtigen Gesellschaftern gelten. Diesen sollen aber entsprechend dem Mitunternehmerkonzept und dem Welteinkommensprinzip die im Ausland erzielten Einkünfte anteilig zuzurechnen sein. Aus dogmatischer Sicht ist die Zurechnung der ausländischen Einkünfte der unbeschränkt steuerpflichtigen Sozii nach dem Welteinkommensprinzip zutreffend. Soweit die Zurechnung allerdings auf die Mitunternehmerstellung zurückgeführt wird, hätte geprüft werden müssen, ob die im Ausland ansässigen Sozii aufgrund ihrer Mitunternehmerstellung inländische Einkünfte i.S.d. § 49 Abs. 1 Nr. 3 EStG erzielen. Infolgedessen ist die Argumentation der Verfasser in sich nicht schlüssig. Darüber hinaus wird von den Verfassern offengelassen, ob die ausländischen Sozii, die tatsächlich im Inland tätig werden, dort mit dem auf das inländische Büro entfallenden Teil der Einkünfte beschränkt steuerpflichtig werden oder nur mit den in einem wirtschaftlichen Zusammenhang zur inländischen Tätigkeit stehenden Einkünften.

Die von *Lüdicke*[327] vertretene Meinung, wonach ein ausländischer Sozius seine Tätigkeit über die im Inland tätigen Sozii (ggf. auch fachlich vorgebildeten Mitarbeiter) ausübt[328] und somit i.S.d. § 49 Abs. 1 Nr. 3 EStG beschränkt steuerpflichtig ist, beruht letztlich auf der Mitunternehmerstellung der Sozii (§ 18 Abs. 3 i.V.m. § 15 Abs. 1 S. 1 Nr. 2 EStG).[329] Von der Anwendbarkeit der sog. zweistufigen Methode ausgehend, ist auf der ersten Stufe zu untersuchen, ob eine Sozietät als solche im Inland eine freiberufliche Tätigkeit i.S.d. § 49 Abs. 1 Nr. 3 EStG ausübt oder verwertet. Aus dogmatischer Sicht entspricht dieses Erfordernis der partiellen Steuersubjektfähigkeit von Personengesellschaften. Die partielle Steuersubjektfähigkeit gilt allerdings nicht bei Sozietäten. Da nach der Rspr. des BFH[330] die Verwirklichung der Tatbestandsmerkmale der Einkünfte aus freiberuflicher Tätigkeit i.S.d. § 18 Abs. 1 Nr. 1 EStG, entgegen der hier vertretenen Ansicht[331], von der Tätigkeit der einzelnen Gesellschafter abhängt, müßte dies auch für die Verwirklichung der Inlandsmerkmale des § 49 Abs. 1 Nr. 3 EStG gelten. Daher wäre zur Bestimmung inländischer Einkünfte (§ 49 Abs. 1 Nr. 3 EStG) auf die Tätigkeit der einzelnen Freiberufler abzustellen.

Ferner wird von *Lüdicke*[332] vertreten, bei der Zurechnung inländischer Einkünfte i.S.d. § 49 Abs. 1 Nr. 3 EStG eines ausländischen Gesellschafters, der ausschließlich in seinem Ansässigkeitsstaat tätig ist, „..wird man im Einzelfall unterscheiden müssen, ob

[326] *Portner/Bödefeld*, AnwBl. 1994, 104, 105; *dies.*, IWB, F. 3 Gr. 3, S. 1037, S. 1038 f.
[327] *Lüdicke*, in: Lademann/Söffing, EStG, § 49 Anm. 545.
[328] Konsequenterweise müßte man dann auch die Auffassung vertreten, daß die in einem Drittstaat verwertete Tätigkeit eines inländischen Soziuses dem ausländischen anteilig zuzurechnen ist.
[329] Zustimmend *Schaumburg*, Internationales, Rz. 5.222.
[330] Z.B. BFH v. 11.6.85 - VIII R 254/80, BStBl. II 1984, 751; BFH v. 7.11.1991 - IV R 17/90, BStBl. II 1993, 324; BFH v. 13.7.1993 - VIII R 50/92, BStBl. II 1994, 283, m.w.N.
[331] Dazu siehe oben 1. Teil § 4 B III 1 a.
[332] *Lüdicke*, in: Lademann/Söffing, EStG, § 49 Anm. 545.

der beschränkt steuerpflichtige Sozius einen Anteil am Gesamtgewinn erhält oder ob Einzeltätigkeiten oder einzelne Aufträge gesondert vergütet werden." Im letzteren Fall sollen offenbar keine inländischen Einkünfte i.S.d. § 49 Abs. 1 Nr. 3 EStG vorliegen. Insofern ist jedoch im Einzelfall zu prüfen, ob bei der gesonderten, gewinnabhängigen Vergütung die Voraussetzungen einer Mitunternehmerschaft gegeben sind (§ 18 Abs. 4 i.V.m. § 15 Abs. 1 S. 1 Nr. 2 EStG).

Im Ergebnis ist somit festzustellen, daß keiner der im Schrifttum vertretenen Ansätze aus dogmatischer Sicht überzeugend ist. Wenn aber die Besteuerung der ausländischer Gesellschafter inländischer gewerblicher Personengesellschaften bzw. Sozietäten sich nicht durch unmittelbare Anwendung der Normen des EStG ergibt, ist im weiteren zu untersuchen, worauf sich diese begründet.

cc) Eigene Ansicht

(1) Gewerbliche Personengesellschaften

Das Erfordernis einer Betriebsstätte der Personengesellschaft ergibt aus systematischer Einordnung des § 49 Abs. 1 Nr. 2 a EStG in das Normengefüge des EStG. Unterhält die Mitunternehmerschaft im Inland eine Betriebsstätte, steht nach Wertung des § 49 Abs. 1 Nr. 2 a EStG Deutschland das Besteuerungsrecht dem Grunde nach zu. Fraglich ist aber, woraus sich die anteilige Zurechnung der auf die Betriebsstätte(n) entfallende Gewinn ergibt. Wenn man mit der h.M.[333] der Ansicht ist, das Veranlassungsprinzip unter Beachtung des in Art. 7 Abs. 2 OECD-MA normierten Fremdvergleichsgrundsatzes sei ein nach allgemeinen Rechtsgrundsätzen selbstverständliches Prinzip zur steuerrechtlichen Gewinnabgrenzung bei Unternehmen, gilt dies auch für die Gewinnabgrenzung nach nationalem Steuerrecht. Somit ist die Personengesellschaft Subjekt der Ergebnisermittlung. Der innere Grund für die Parallelität der Ergebnisermittlungsregelungen im Abkommensrecht und nationalem Steuerrecht ist in dem Zusammenhang zwischen nationalem Steuerrecht und Abkommensrecht zu sehen. Der abkommensrechtlich einem Staat zuzuordnende Gewinn bzw. Verlust kann nur dann durch diesen besteuert werden, wenn nach nationalem Steuerrecht ein Tatbestand besteht, da durch Regelungen des Abkommensrechts kein Steuertatbestand erweitert oder begründet werden kann. Entscheidend ist dabei, daß durch die Parallelität der Ergebnisermittlung nach nationalem Steuerrecht und Abkommensrecht die Voraussetzung zur Vermeidung einer Doppelbesteuerung bzw. Doppel-Nicht-Besteuerung geschaffen wird.

Der den Betriebsstätten der Personengesellschaft zugeordnete Gewinn ist - in einem zweiten Schritt - anteilig den Gesellschaftern zuzurechnen, da nach nationalem Steuerrecht die Personengesellschaft selbst kein Steuersubjekt ist. Nach der Rechtsanwendung ist eine Betriebsstätte i.S.d. § 49 Abs. 1 Nr. 2 a EStG des ausländischen Gesellschafters im Inland anzunehmen. Damit wird der hier in Rede stehende Sachverhalt nicht mehr im Sinne einer Qualifizierung „beurteilt", sondern es wird für das Steuer-

[333] Für die h.M. *Blümich/Wied*, § 49 EStG Rz. 69; *Kumpf*, Betriebsstätten, S. 106; *Schaumburg*, Internationales, Rz. 18.15 f.; *Schröder*, in: Mössner, u.a., Int. Unternehmenssteuerrecht, C 14.

recht ein nicht gegebener Sachverhalt fingiert, d.h. es wird nicht mehr auf der Ebene des Gesetzestatbestandes die Entscheidung für oder gegen die Besteuerung getroffen, sondern der Sachverhalt wird im Hinblick auf den Tatbestand bzw. auf die zu treffende Entscheidung subsumtionsreif gemacht.[334] Die Umgestaltung des Sachverhalts beruht somit auf dem gesetzlich nicht festgeschriebenen Grundsatz der Ergebnisermittlung nach dem Veranlassungszusammenhang unter Beachtung des dealing at arm's length - Prinzips. Der nach diesem Grundsatz zwischen den einzelnen Staaten aufgeteilte Gewinn einer Personengesellschaft kann in Deutschland mangels Tatbestand nicht besteuert werden. Da die Besteuerung aufgrund einer Fiktion erfolgt, sind die Versuche, darzulegen, warum ein Gesellschafter einer gewerblichen Personengesellschaft in deren Betriebsstättenstaat eine „eigene" Betriebsstätte i.S.d. § 49 Abs. 1 Nr. 2 a EStG unterhält, letztlich nicht überzeugen.[335] Daher kommt es auch nicht, wie der I. Senat des BFH[336] ausführt, auf die gewerbesteuerrechtliche Behandlung ausländischer Betriebsstättengewinne (§ 2 Abs. 1 S. 3 GewStG) bzw. den Zerlegungsvorschriften in §§ 28 ff. GewStG an.

Im Ergebnis beruht die Besteuerung eines ausländischen Gesellschafters an einer inländischen gewerblichen Personengesellschaft auf einer gesetzlich nicht geregelten Fiktion, deren innerer Grund in der Behandlung international tätiger Personengesellschaften als Subjekt der Ergebnisermittlung zu sehen ist.

(2) Sozietäten

Nach der Intension des § 49 Abs. 1 Nr. 3 EStG ist Voraussetzung, daß die Sozietät im Inland eine freiberufliche Tätigkeit ausübt oder verwertet. Die bisherigen Überlegungen haben ferner gezeigt, daß im weiteren zu untersuchen ist, nach welchen Grundsätzen die zwischenstaatliche Ergebnisermittlung bei international tätigen Sozietäten erfolgen soll. Im Kern geht um die Frage des Subjekts der Ergebnisermittlung. Ausgehend von der Sozietät als Subjekt der Ergebnisermittlung, führt dies zu einer Ergebnisermittlung zwischen den in verschiedenen Staaten ausgeübten freiberuflichen Tätigkeiten nach dem Veranlassungszusammenhang unter Beachtung des Fremdvergleichsgrundsatzes. Insofern ist die anteilige Zurechnung der Ergebnisse bei den Gesellschaftern sachgerecht.

Ebenso wäre denkbar i.S. einer Vereinfachung der Ergebnisermittlung sowohl bei der Ergebnisermittlung als auch bei der Zuordnung des Gewinns auf die einzelnen Gesellschafter abzustellen. Demnach wäre der ausländische Sozius nur mit den sich aus der tatsächlichen Tätigkeit im Inland ergebenden Einkünften i.S.d. § 49 Abs. 1 Nr. 3 EStG beschränkt steuerpflichtig. Die Zuordnung nach dem tatsächlichen Tätigkeitsort wäre insofern mit dem EStG vereinbar, als nach Wertung des Gesetzgebers bei einem Freiberufler typischerweise die persönliche Arbeitskraft im Vordergrund steht.

---

[334] *Crezelius*, Rechtsanwendung, S. 89 f.; zur Problematik der Fiktion im Steuerrecht, S. 197 u. S. 220 f.

[335] So auch zum Abkommensrecht *Knobbe-Keuk*, Bilanzsteuerrecht, § 13 a III 2 a aa (FN 9 u. 11).

[336] BFH v. 24.2.1988 - I R 95/84, BStBl. II 1988, 663.

Beispiel: An einer inländischen Sozietät sind die Gesellschafter A, B, C und D beteiligt. Die Sozietät unterhält sowohl im Staat X als auch im Staat Y eine Kanzlei, in der die jeweils dort ansässigen Anwälte C und D tätig sind. Im Inland sind die Gesellschafter A und B beteiligt. RA D hielt sich zu einer umfassenden Beratung und Vertragsverhandlungen mit einem Mandanten längere Zeit im Inland auf. Nach Abzug der mit dieser Beratung verbundenen Ausgaben von dem Honorar bleibt ein Gewinn i.H.v. 15.000 GE. Der Gewinn der Sozietät beträgt im Jahr 01 600.000 GE. Entsprechend der im Gesellschaftsvertrag festgelegten Gewinnverteilung erhalten die ausländischen Gesellschafter jeweils 150.000 GE.

Sozietät als Subjekt der Ergebnisermittlung:

Nach erfolgter Ergebnisermittlung ist der inländischen Kanzlei ein Gewinn i.H.v. 450.000 GE, der Kanzlei im Staat X ist ein Gewinn i.H.v. 100.000 GE und der Kanzlei im Staat Y ein Gewinn i.H.v. 50.000 GE zuzuordnen. Den im Inland unbeschränkt steuerpflichtigen RA A und B sind somit inländische Einkünfte i.H.v. 112.500 GE, im Staat X i.H.v. 25.000 GE und im Staat Y i.H.v. 12.500 GE zuzurechnen. Sozius C und D erzielen inländische Einkünfte i. S .d. § 49 Abs. 1 Nr. 3 EStG i.H.v. 112.500 GE.

Der im Inland ansässige Sozius A ist im Rahmen von Beratungen bei einem Mandanten im Staat Z, in dem die Sozietät keine Kanzlei oder Zweigstelle unterhält, tätig. Der Staat Z besteuert die daraus entstandenen Einkünfte i.H.v. 10.000 GE. Diese sind anteilig (jeweils 2.500 GE) den Sozii zuzurechnen. Allerdings gilt dies nur für die unbeschränkt steuerpflichtigen Sozii A und B. Die den im Ausland ansässigen Sozii zuzurechnenden Einkünfte sind im Inland nicht steuerbar, da insoweit keine inländischen Einkünfte i.S.d. § 49 Abs. 1 Nr. 3 EStG gegeben sind.[337] Die Einkünfte dürften regelmäßig bei der Besteuerung der Sozii C und D in ihrem Ansässigkeitsstaat der Besteuerung des Welteinkommens berücksichtigt werden.

Sozius als Subjekt der Ergebnisermittlung (Tätigkeitsortsprinzip):

A und B erzielen als unbeschränkt steuerpflichtige Mitunternehmer Einkünfte aus selbständiger Arbeit (§ 18 EStG) i.H.v. 150.000 GE. RA C ist in Deutschland nicht beschränkt steuerpflichtig i.S.d. § 49 Abs. 1 Nr. 3 EStG, da er seine Tätigkeit ausschließlich im Ausland ausübt. Dagegen ist RA D beschränkt steuerpflichtig (§ 49 Abs. 1 Nr. 3 EStG).

Ausgehend von der für das EStG geltenden partiellen Steuersubjektfähigkeit von Personengesellschaften ergibt sich für die Ergebnisermittlung, die auch nach nationalem Steuerrecht nach dem Veranlassungszusammenhang unter Beachtung des Fremdvergleichsgrundsatz erfolgt[338], daß Subjekt der Ergebnisermittlung die Personengesellschaft ist.[339] Übt demnach eine inländische Sozietät ihre Tätigkeit nicht nur in Deutschland, sondern in anderen Staaten aus, ist es konsequent, wenn die Tätigkeit der Gesellschaft maßgebend für die Bestimmung ist, ob die Voraussetzungen eines ortsbezogenen Inlandsmerkmals i.S. einer der beschränkten Steuerpflicht des § 49 Abs. 1 EStG entsprechenden Norm erfüllt sind. Wenn jedoch die Personengesellschaft die Tätigkeit ausübt, sind die Gewinne der inländischen Sozietät, die auf das Inland entfallen, fiktiv den ausländischen Gesellschaftern als deren ausgeübte selbständige Ar-

---

[337] So ausdrücklich für die aus einer in einem Nicht-DBA-Staat belegenen Betriebsstätte einer inländischen Perosnengesellschaft stammenden Einkünfte eines ausländischen Gesellschafters BFH v. 24.2.1988 - I R 95/84, BStBl. II 1988, 663.

[338] Dazu siehe oben 2. Teil § 3 IV.

[339] Dazu siehe oben A IV.

beit i.S.d. § 49 Abs. 1 Nr. 3 EStG zuzuordnen.[340] Insofern ist jedoch zu beachten, daß die beschränkte Steuerpflicht nur dann besteht, wenn gesellschaftsvertraglich dem ausländischen Sozius die Möglichkeit eingeräumt ist, im Inland Einkünfte zu erzielen. Nur in diesem Fall ist die im Inland durch die Sozietät ausgeübte Tätigkeit dem ausländischen Sozius als seine zuzurechnen. Infolge dessen ist er auch im Rahmen der gesonderten und einheitlichen Feststellung der Einkünfte zu erfassen. Auf die Höhe der erzielten Einkünfte kommt es dabei nicht an. Ist z.B. die Profit-Center-Methode vereinbart und der ausländische Sozius nicht dem inländischen Profit-Center angeschlossen, ist er im Inland nicht beschränkt steuerpflichtig i.S.d. § 49 Abs. 1 Nr. 3 EStG. Aus steuerlicher Sicht sollte demnach gesellschaftsvertraglich eindeutig geregelt sein, ob die jeweils vereinbarte Gewinnverteilungsmethode dem Grunde nach überhaupt zu einem durch die inländische Sozietät erwirtschafteten Gewinn führen kann.[341]

Hinsichtlich im Ausland verwirklichter Tatbestandsmerkmale ist die isolierende Betrachtungsweise in § 49 Abs. 2 EStG - die Anwendung im Verhältnis der Gewinneinkünfte i.S.d. § 2 Abs. 2 Nr. 1 EStG vorausgesetzt[342] - für beschränkt steuerpflichtige ausländischen Sozii nicht anzuwenden, da die freiberufliche Tätigkeit eines ausländische Sozius Kraft seiner Beteiligung an einer inländischen Sozietät als im Inland ausgeübt oder verwertet gilt und somit, folg man der h.M., bei der Bestimmung der Einkunftsart zu berücksichtigen ist.. Demnach erzielen die Sozii Einkünfte aus Gewerbebetrieb i.S.d. § 15 Abs. 1 S. 1 Nr. 2 EStG, wenn ein im Ausland ansässige und ausschließlich dort tätiger Berufsfremder an der Sozietät beteiligt ist oder die Sozietät eine gewerbliche Tätigkeit im Ausland ausübt.[343]

Folgt man hingegen der Ansicht, die beschränkte Steuerpflicht im Ausland ansässiger Sozii hänge von dem tatsächlichen Tätigkeitsort des jeweiligen Sozius ab, führen im Ausland gegebene Besteuerungsmerkmale, die zu gewerblichen Einkünften aller Gesellschafter führen, wie z.B. ein im Ausland ansässiger und ausschließlich dort tätiger Berufsfremder, zur Begründung der beschränkten Steuerpflicht der ausschließlich im Ausland tätigen Gesellschafter gem. § 49 Abs. 1 Nr. 2 a EStG, sofern die Personengesellschaft im Inland eine Betriebsstätte unterhält.[344]

Der Grund für den lange andauernden Meinungsfindungsprozeß[345] der Finanzverwaltung, ist vor dem abkommensrechtlichen Hintergrund der ebenfalls offenen Frage der Zuordnung der Einkünfte im Abkommensrecht zu sehen. Käme die Finanzverwaltung zu einer von dem Abkommensrecht abweichenden Zuordnung, ist eine Doppelbesteuerung oder eine Doppel-Nichtbesteuerung durch die Vertragsstaaten nicht zu vermeiden.

---

[340] *Wassermeyer*, in: Debatin/Wassermeyer, MA, Art. 14 Rz. 50; *ders.*, IStR 1999, 489, müßte konsequenterweise nicht nur nach Abkommensrecht, sondern auch nach nationalem Steuerrecht zur anteiligen Zuordnung der Einkünfte einer inländischen Sozietät bei den Gesellschaftern kommen, da er davon ausgeht, daß abkommensrechtlich zuerst die Zuordnung der Einkünfte nach nationalem Steuerrecht und daran anschließend die Abkommensberechtigung zu bestimmen sei.

[341] Nicht differenzierend *Rademacher-Gottwald*, Grenzüberschreitende Sozietäten, S. 312.

[342] Dazu siehe oben 3. Teil § 3 B II 2.

[343] Dazu siehe auch oben I 2.

[344] Dazu siehe auch oben I 2.

[345] *Hellwig*, AnwBl. 1996, 124, 129; *Töben*, IWB F. 10 Gr. 2, S. 1253 ff., S. 1269.

Infolgedessen sollte, um eine einheitliche Anwendung auch im Verhältnis zu einem in einem Nicht-DBA-Staat Ansässigen zu gewährleisten, die Frage der Ergebnisermittlung und Zuordnung der Einkünfte nach nationalem Steuerrecht parallel zu der nach Abkommensrecht erfolgen.

2. Sondervergütungen

In § 49 Abs. 1 Nr. 3 EStG wird auf die Einkünfte aus selbständiger Arbeit i.S.d. § 18 EStG verwiesen. Nach § 18 Abs. 3 i.V.m. § 15 Abs. 1 S. 1 Nr. 2 EStG gehören zu den Einkünften aus selbständiger Arbeit auch die Vergütungen, die der Gesellschafter für seine Tätigkeit im Dienst der Gesellschaft oder für die Hingabe von Darlehen oder für die Überlassung von Wirtschaftsgütern bezogen hat. Fraglich ist demnach, ob diese den inländischen Einkünften i.S.d. § 49 Abs. 1 Nr. 3 EStG zuzuordnen sind. Nach Ansicht der Rspr.[346] sind Sondervergütungen eines ausländischen Gesellschafters einer inländischen gewerblichen Personengesellschaft den inländischen Einkünften i.S.d. § 49 Abs. 1 Nr. 2 a EStG zuzurechnen. Die Zuordnung von Sonderbetriebsvermögen, das zu Sondervergütungen führt, richtet sich danach, ob es mit der inländischen Betriebsstätte in einem wirtschaftlichen Veranlassungszusammenhang steht.[347]

Erzielen ausländische Sozii einer inländischen Sozietät unabhängig von einer im Inland ausgeübten oder verwerteten Tätigkeit anteilig inländische Einkünfte i.S.d. § 49 Abs. 1 Nr. 3 EStG, sind Sondervergütungen den Einkünften aus selbständiger Arbeit zuzurechnen. Die Zurechnung gilt allerdings nur hinsichtlich der durch die Sozietät im Inland ausgeübten Tätigkeit. Erhält z.B. ein ausländischer Sozius von der Sozietät für die Nutzungsüberlassung seiner im Ausland belegenen Kanzlei ein Entgelt, liegen zwar Sondervergütungen vor, aber nicht bzgl. der im Inland fiktiv ausgeübten oder verwerteten Tätigkeit. Insofern gilt das völkerrechtlich anerkannte Belegenheitsprinzip, wonach dem Staat die Einkünfte aus Vermietung und Verpachtung von unbeweglichem Vermögen zusteht, in dem das Vermögen belegen ist. Das Belegenheitsprinzip ist durch die Regelung des § 49 Abs. 1 Nr. 6 EStG im EStG verankert worden. Folgt man hingegen der Ansicht, wonach inländische Einkünfte i.S.d. § 49 Abs. 1 Nr. 3 EStG eines ausländischen Sozius nur bei tatsächlicher Ausübung oder Verwertung im Inland gegeben sind, können Sondervergütungen nur dann den inländischen Einkünften aus selbständiger Arbeit zugeordnet werden, sofern der ausländische Sozius inländische Einkünfte i.S.d. § 49 Abs. 1 Nr. 3 EStG erzielt. Andernfalls wäre unter Anwendung der isolierenden Betrachtungsweise (§ 49 Abs. 2 EStG) zu prüfen, ob ein anderes Auslandskriterium i.S.d. § 49 Abs. 1 EStG erfüllt ist.

III. Steuerrechtliche Behandlung inländischer Sozii

Nach §§ 1 Abs. 1, 2 EStG unterliegen die unbeschränkt steuerpflichtigen Sozii einer inländischen Sozietät mit ihrem Welteinkommen der unbeschränkten Steuerpflicht. Unterliegt der unbeschränkt steuerpflichtige Sozius im Ausland einer der beschränkten

---

[346] BFH v. 26.4.1989 - I R 147/84, BStBl. II 1991, 213.

[347] BFH v. 17.11.1999 - I R 7/99, BStBl. II 1999, 605; in diesem Sinne auch BFH v. 24.3.1999 - I R 114/97, BStBl. II 2000, 399, 402; dazu kritisch *Mössner*, RIW 2001, 364.

Steuerpflicht vergleichbaren Besteuerung[348] kommt es aufgrund der Besteuerung des Welteinkommens zu einer Doppelbesteuerung. Die ausländische Steuer ist gem. § 34 c Abs. 1 bzw. Abs. 2 EStG abzuziehen oder anzurechnen. Voraussetzung für das Wahlrecht ist, daß ausländische Einkünfte i.S.d. § 34 d EStG vorliegen. Nach § 34 d Nr. 3 EStG sind ausländische Einkünfte aus selbständiger Arbeit (§ 18 EStG) gegeben, sofern die selbständige Arbeit im Ausland ausgeübt oder verwertet wird oder worden ist und solche Einkünfte, die unter die in § 34 d Nr. 3 EStG geregelte sog. umgekehrte isolierende Betrachtungsweise fallen. Für die Bestimmung der Auslandskriterien i.S.d. § 34 d EStG gelten die Ausführungen zur beschränkten Steuerpflicht eines ausländischen Gesellschafters einer inländischen Sozietät entsprechend, da sich die Auslands- bzw. Inlandsmerkmale der §§ 34 d, 49 Abs. 1 EStG entsprechen.[349]

IV. Besteuerung der Einkünfte

1. Melde-, Anzeige- und Buchführungspflichten

Für die grenzüberschreitende Tätigkeit einer Sozietät gelten die allgemeinen Verfahrensgrundsätze bei Auslandssachverhalten. Die Behörden unterliegen dem Amtsermittlungsgrundsatz i.S.d. § 88 AO und nach § 90 Abs. 2 AO trifft die „Beteiligten" die erhöhte Mitwirkungspflicht.[350] Was unter dem Begriff „Beteiligter" zu verstehen ist, ergibt sich aus § 78 AO. Danach sind Beteiligte u.a. diejenigen, an die die Finanzbehörde den Verwaltungsakt richten will oder gerichtet hat. Hierbei kommt es allerdings nicht darauf an, daß der Beteiligte materiell betroffen ist, d.h. z.B. Steuern schuldet.[351] Demnach unterliegt beispielsweise ein ausländischer Sozius einer inländischen Sozietät, der im Inland keine steuerbaren Einkünfte erzielt, auch der erweiterten Mitwirkungspflicht i.S.d. § 90 Abs. 2 AO.

Für den Erwerb einer Beteiligung an einer inländischen Sozietät besteht keine besondere Meldepflicht. Nach § 138 Abs. 1 S. 3 AO ist die Aufnahme einer freiberuflichen Tätigkeit dem nach § 19 zuständigen Finanzamt mitzuteilen. Soweit im Ausland eine Betriebsstätte der inländischen Sozietät i.S.d. § 12 AO errichtet wird, ist dies gem. § 138 Abs. 2 Nr. 1 AO dem nach den §§ 18 - 20 AO zuständigen Finanzamt mitzuteilen.[352]

Eine gesetzlich angeordnete Buchführungspflicht gibt es für Freiberufler nicht. Die §§ 140, 141 AO sind für Sozietäten nicht anwendbar.[353] Infolgedessen lassen sich auch keine Bestimmungen hinsichtlich des Orts der Buchführung aus § 146 Abs. 2 AO ableiten, da dieser wegen der fehlenden inländischen Buchführungspflicht nicht anwend-

[348] Dazu siehe oben 2. Teil § 2 B.
[349] Statt aller *Schmidt/Heinicke*, EStG, § 34 d Rz. 3; dazu siehe auch oben 2. Teil § 3 C II 1.
[350] Dazu siehe auch oben 2. Teil § 2 A I.
[351] *Söhn*, in: HHSp, AO, § 78 Rz. 13.
[352] *Kaiser/Bellstedt*, Anwaltssozietät, S. 119 f.
[353] Statt aller *Kaiser/Bellstedt*, Anwaltssozietät, S.121.

bar ist.[354] Allerdings kann sich eine Buchführungspflicht nach dem jeweiligen ausländischen Recht ergeben.

Die Aufnahme der freiberuflichen Tätigkeit ist nach § 138 Abs. 1 S. 3 AO dem nach § 19 AO zuständigen Finanzamt mitzuteilen. Nach § 138 Abs. 2 Nr. 1 AO ist auch die Gründung oder der Erwerb einer Betriebsstätte im Ausland dem nach § 18 Abs. 1 Nr. 3 AO zuständigen Finanzamt anzuzeigen. Die Anzeigepflicht trifft die Sozietät.[355] Des weiteren gilt die allgemeine Mitwirkungspflicht i.S.d. § 90 Abs. 2 AO, wobei insoweit der in § 88 AO geregelte Amtsermittlungsgrundsatz vorgeht.[356]

Eine Sozietät ist nicht nach anderen Gesetzen, insbesondere nach dem HGB, zur Führung von Büchern verpflichtet. Deshalb ergibt sich aus § 140 AO keine Buchführungspflicht. Ebensowenig besteht eine solche nach § 141 AO.[357] Da keine Buchführungspflicht besteht, ist die in § 146 Abs. 2 AO getroffene Regelung zur Aufbewahrung und zur Übernahme ausländischer Betriebsstättenergebnisse in die inländische Buchführung nicht anwendbar.[358]

2. Gewinnermittlung

Die Einkünfte, d.h. der Gewinnanteil und ggf. die Sondervergütungen der ausländischen Sozii sind nach den Regelungen im EStG zu ermitteln. Werden von der Sozietät freiwillig Bücher geführt, ist der Gewinn nach § 4 Abs. 1 EStG durch Bestandsvergleich zu ermitteln. Andernfalls ist der Gewinn gem. § 4 Abs. 3 EStG durch eine Überschußrechnung zu ermitteln. Hinsichtlich der beschränkt steuerpflichtigen Sozii sind dabei die in den §§ 50, 50 a EStG enthaltenen Sonderregelungen zu beachten.[359] Die Bedeutung der Vorschriften hängt jedoch davon ab, wonach sich die beschränkte Steuerpflicht der ausländischen Sozii bestimmt. Ist ein ausländischer Sozius mit seinem auf die im Inland ausgeübte und verwertete Tätigkeit entfallenden anteiligen Gewinn beschränkt steuerpflichtig (§ 49 Abs. 1 Nr. 3 EStG), bezieht sich der Betriebsausgabenabzug auf die im Inland als ausgeübt geltende Tätigkeit des Gesellschafters. Liegt dagegen die beschränkte Steuerpflicht eines ausländischen Gesellschafters nur bei tatsächlicher Berufsausübung im Inland vor, dürfen gem. § 50 Abs. 1 EStG nur die mit dieser Tätigkeit in einem wirtschaftlichen Zusammenhang stehenden Betriebsausgaben (§ 4 Abs. 4 EStG) abgezogen werden.

---

354 Offenbar a.A. *Maier-Bridou*, AnwBl. 1993, 264, 265 Bücher einer ständigen Einrichtung in Frankreich seien „im Prinzip" in Deutschland zu führen. Zur europarechtlichen Problematik siehe oben 3. Teil § 5.

355 *Trzaskalik*, in: HHSp, AO, § 138 Rz. 3 f.

356 *Söhn*, in: HHSp, AO, § 90 Rz. 66; *Tipke/Kruse*, AO, § 90 Tz. 16.

357 Statt aller *Trzaskalik*, in: HHSp, AO, Vor § 140 Rz. 18.

358 Unterhält die Sozietät eine Betriebssätte (§ 12 AO) im Ausland und besteht eine Buchführungspflicht nach ausländischem Recht stellt sich die Frage, ob insoweit § 146 Abs. 2 S. 4 AO, wonach die erforderlichen Anpassungen an die steuerrechtlichen Vorschriften im Inland vorzunehmen und kenntlich zu machen sind, entsprechend gilt.

359 Dazu siehe oben 3. Teil § 3 B VII.

3. Beschränkt steuerpflichtiger Sozii

a) Gewinne und Verluste

Soweit beschränkt steuerpflichtige Sozii veranlagt werden, bemißt sich die Einkommensteuer nach § 32 a Abs. 1 EStG. Sie beträgt mindestens 25 % des Einkommens (§ 50 Abs. 3 EStG).[360] Erzielt der beschränkt steuerpflichtige Sozius dagegen inländische Einkünfte aus der Verwertung seiner freiberuflichen Tätigkeit i.S.d. § 49 Abs. 1 Nr. 3 EStG, z.B. aus Veröffentlichungen im Inland, unterliegen nach § 50 a Abs. 4 Nr. 3 EStG die Einnahmen einem Steuerabzug von 25%. Nach § 50 Abs. 5 S. 3 EStG ist der Steuerabzug jedoch nicht anzuwenden, wenn die Einkünfte Betriebseinnahmen eines inländischen Betriebes sind. Ein Betrieb ist dann gegeben, wenn im Inland eine Betriebsstätte i.S.d. § 12 AO unterhalten wird.[361] Die bloße Ausübung der Tätigkeit im Inland reicht demnach nicht aus.[362] Werden die im Inland erzielten Einkünfte einer inländischen Sozietät anteilig den ausländischen Sozii durch Fiktion einer im Inland ausgeübten Tätigkeit zugerechnet, gilt dies auch für die im Inland unterhaltene Betriebsstätte der Sozietät.[363]

Nach § 50 Abs. 1 S. 1 EStG dürfen Betriebsausgaben nur insoweit abgezogen werden, als sie mit inländischen Einkünften in wirtschaftlichem Zusammenhang stehen. Erzielt ein beschränkt steuerpflichtiger Sozius demnach einen Verlust, kann dieser mit anderen positiven Einkünften ausgeglichen werden. Dabei ist nach § 50 Abs. 1 S. 2 EStG der Verlustrücktrag oder -vortrag nach § 10 d EStG nur anzuwenden, wenn die Verluste in wirtschaftlichem Zusammenhang mit inländischen Einkünften stehen und sich aus Unterlagen ergeben, die im Inland aufbewahrt werden (§ 50 Abs. 1 S. 3 EStG).[364] Die Anwendung des § 10 d EStG setzt aber nach § 2 Abs. 3 EStG eine Aufteilung der Summe der Einkünfte voraus. Darüber hinaus dürfen nach § 50 Abs. 2 S. 2 EStG Einkünfte, die dem Steuerabzug unterliegen, nicht bei einem Verlustabzug nach § 10 d EStG berücksichtigt werden. Demnach können z.B. Einkünfte, aus der Vergütung für die Nutzung oder Abtretung von Urheberrechten erzielt werden (§ 50 a Abs. 4 Nr. 3 EStG), nicht mit Verlusten aus der inländischen Sozietät i.S.d. § 49 Abs. 1 Nr. 3 EStG ausgeglichen werden. Dies stellt jedoch einen Verstoß gegen das objektive Nettoprinzip dar.[365]

---

[360] Dazu siehe oben 3. Teil § 3 B VII.

[361] So *HHR/Roth*, § 50 EStG Anm. 25, m.w.N.; *Schmidt/Heinicke*, EStG, § 50 Rz. 10; diesen folgend BFH v. 23.10.1991 - I R 86/89, BStBl. II 1992, 185, 187; soweit das Erfordernis einer festen Einrichtung als Voraussetzung angeführt wird, spricht dagegen, daß es weder nach den Bestimmungen der AO noch nach denen des EStG eine feste Einrichtung gibt.

[362] *Schmidt/Heinicke*, EStG, § 50 Rz. 10.

[363] Würde die Bestimmung inländischer Einkünfte hingegen nach der im Inland tatsächlich ausgeübten oder verwerteten Tätigkeit erfolgen, ist § 50 a Abs. 4 Nr. 3 EStG nur dann anzuwenden, wenn die inländische Sozietät tatsächlich als Betriebsstätte (§ 12 AO) des ausländischen Gesellschafters angesehen werden kann.

[364] Diese Regelung verstößt gegen EG-Recht EuGH v. 15.7.1997 - Rs. C 250/95 (Futura-Singer), DB 1997, 1211; dazu siehe oben 3. Teil § 5.

[365] Soweit nach § 50 Abs. 1 EStG gegen das subjektive Nettoprinzip verstoßen wird, ist auf die Regelungen der § 1 Abs. 3 und § 1 a EStG hinzuweisen.

b) Vermeidung der Doppelbesteuerung

Kommt es durch die Besteuerung im Ausland ansässiger Sozii im Rahmen der beschränkten Steuerpflicht zu einer Doppelbesteuerung der Einkünfte im Wohnsitzstaat des Gesellschafters, ist es nach Überzeugung des Gesetzgebers[366] Sache des Wohnsitzstaates, eine Doppelbesteuerung zu vermeiden. Eine Ausnahme hiervon ist in § 50 Abs. 6 EStG geregelt. Danach ist § 34 c Abs. 1 bis 3 EStG bei den Gewinneinkünften, für die im Inland ein Betrieb unterhalten wird, entsprechend anzuwenden, soweit darin nicht Einkünfte aus einem ausländischen Staat enthalten sind, mit denen der beschränkt Steuerpflichtige dort in einem der unbeschränkten Steuerpflicht ähnlichen Umfang zu einer Steuer vom Einkommen herangezogen wird. Nach h.M.[367] gilt diese Regelung auch für beschränkt steuerpflichtige Gesellschafter einer inländischen Personengesellschaft, sofern diese im Inland ein Betrieb, d.h. eine Betriebsstätte i.S.d. § 12 AO unterhält. Damit wird die Doppelbesteuerung von Einkünften aus Drittstaaten vermieden. Besteuert dagegen der Sitzstaat des Gesellschafters die inländischen Einkünfte i.S.d. § 49 Abs. 1 Nr. 3 EStG, ist diese Steuer nach § 34 c Abs. 1 bzw. Abs. 2 EStG anrechenbar bzw. abzugsfähig, da (nach deutschem Steuerrecht) keine Einkünfte aus dem Sitzstaat des Gesellschafters enthalten sind. Dies könnte z.B. dann der Fall sein, wenn der anteilige Gewinn des ausländischen Gesellschafters an der inländischen Sozietät in Deutschland als inländische Einkünfte der Besteuerung unterliegen und der Wohnsitzstaat des Gesellschafters die Einkünfte den inländischen zuordnet, da der Sozius in Deutschland nicht tatsächlich tätig geworden ist. Da § 50 Abs. 6 EStG nicht auf § 34 c Abs. 6 EStG verweist, ist er auch dann anzuwenden, wenn mit dem ausländischen Quellenstaat ein DBA besteht.[368] Innerhalb der EU würde ein anderes Ergebnis gegen den EG-Vertrag verstoßen.[369]

4. Unbeschränkt steuerpflichtige Sozii

Werden die Einkünfte eines unbeschränkt steuerpflichtigen Sozius nach dem Welteinkommensprinzip im Inland und in einem ausländischen Staat besteuert, kommt es zu einer Doppelbesteuerung. Diese wird durch die Anrechnung oder den Abzug der ausländischen Steuer gem. § 34 c Abs. 1 oder Abs. 2 EStG vermieden.[370] Für Zwecke der Anrechnung oder des Abzugs kommt es auf die subjektiv steuerpflichtigen Gesellschafter an und nicht die Personengesellschaft als partielles Steuersubjekt.[371] Die Anrechnung der ausländischen Steuer gem. § 34 c Abs. 1 EStG ist nur dann möglich,

---

366 So ausdrücklich Begr. zu § 50 Abs. 6 EStG BT-Drs. 8/3648, S. 22.

367 BFH v. 23.10.1991 - I R 86/89, BStBl. II 1992, 185, 187; FG RhPf. v. 21.3.1988, rkr., EFG 1988, 574, zustimmend *Blümich/Wied*, § 50 EStG Rz. 62; *HHR/Roth*, § 50 EStG Anm. 254 und 302; *Schmidt/Heinicke*, EStG, § 50 Rz. 34; *Piltz*, in: Mössner u.a., Int. Unternehmenssteuerrecht, Rz. F 96.

368 *Piltz*, in: Mössner u.a., Int. Unternehmenssteuerrecht, Rz. F 96; auch zur Problematik der daraus möglicherweise resultierenden Konkurrenzen bei Bestehen eines DBA zwischen dem Sitzstaat des Gesellschafters und dem Drittstaat.

369 Vgl. EuGH v. 21.9.1999 – C – 307/97 (St. Gobin), IStR 1999, 592; dazu ausführlich *Helde*, Dreiecks verhältnisse, S. 103 ff., m.w.N.

370 Dazu siehe oben 2. Teil § 2 A III 1.

371 Statt aller *Schmidt/Heinicke*, § 34 c Rz. 4.

wenn inländische Einkünfte i.S.d. § 34 d Nr. 3 EStG gegeben sind. Von der anteiligen Zurechnung der Einkünfte bei den Gesellschaftern ausgehend, sind auch dann inländische Einkünfte gegeben, wenn der andere Staat die Einkünfte in seinem Staat nur im Fall einer tatsächlichen Ausübung der Tätigkeit durch den Sozius besteuert.[372] Führt eine abweichende Zuordnung der Einkünfte zur Annahme höherer ausländischer Einkünfte i.S.d. § 34 d Nr. 3 EStG, so kommt es zu einer für den Steuerpflichtigen günstigen Erhöhung des Anrechnungshöchstbetrages.

Erzielt ein unbeschränkt steuerpflichtiger Sozius Verluste aus der Beteiligung als Mitunternehmer an der inländischen Sozietät, können diese nach dem Welteinkommensprinzip und dem objektiven Nettoprinzip im Grundsatz mit anderen inländischen oder ausländischen positiven Einkünften ausgeglichen werden. Dem Verlustausgleich sind jedoch nach dem neu eingeführten § 2 Abs. 3 EStG und dem geänderten § 10 d EStG Grenzen gesetzt.

Des weiteren dürfen nach § 2 a Abs. 1 EStG negative Einkünfte nur mit positiven Einkünften der jeweils selben Art aus demselben Staat ausgeglichen werden; sie dürfen auch nicht nach § 10 d EStG abgezogen werden. Der persönliche Anwendungsbereich des § 2 a EStG erstreckt sich auch auf die Gesellschafter einer Personengesellschaft[373]. Der hier vertretenen Ansicht folgend, sind jedoch negative Einkünfte aus einer freiberuflichen Tätigkeit nicht unter den Tatbestand der „gewerblichen Betriebsstätte" i.S.d. § 2 a Abs. 1 Nr. 2 EStG subsumierbar.[374] Insoweit fehlt es an dem Tatbestandsmerkmal der Gewerblichkeit. Daher sind ausländische Verluste eines unbeschränkt steuerpflichtigen Gesellschafters einer inländischen Sozietät nach dem Welteinkommensprinzip im Rahmen der gesetzlichen Regelungen in §§ 2 Abs. 3, 10 d EStG zu berücksichtigen.

5. Einheitliche und gesonderte Feststellung der Einkünfte

Die Einkünfte der Gesellschafter einer inländischen Sozietät werden gem. § 179 Abs. 1 i.V.m. § 180 Abs. 1 Nr. 2 a AO gesondert festgestellt. Voraussetzung ist, daß zumindest zwei Gesellschafter i.S.d. EStG steuerpflichtige Einkünfte beziehen. Ist dies nicht der Fall, ist gem. § 180 Abs. 3 Nr. 1 EStG keine gesonderte Feststellung der Einkünfte durchzuführen. Die Gewinne eines ausländischen Gesellschafters, die aus einem Drittstaat stammen, sind nicht Gegenstand der gesonderten Feststellung der Einkünfte.[375] Gem. § 180 Abs. 5 AO dürfen Drittstaateneinkünfte nicht gesondert festgestellt werden. Sofern inländische Einkünfte gegeben sind, für die der nach § 50 a Abs. 4 Nr. 3 EStG vorzunehmende Steuerabzug als abgegolten gilt, ist im Feststellungsverfahren nach §§ 179 ff. AO anzugeben, daß der Steuerabzug wegen der Zurechnung der Ein-

[372] Anders läge der Fall, wenn Deutschland die Einkünfte nach der tatsächlich ausgeübten Tätigkeit zuordnen würde. Rechnet der andere Staat die Einkünfte anteilig zu und übt der Sozius nicht tatsächllich seine Tätigkeit dort aus, könnte dieser mangels ausländischer Einkünfte i.S.d. § 34 Nr. 3 EStG die ausländische Steuer ausschließlich von der Einkommensteuer abziehen.

[373] Statt aller *Schaumburg*, Internationales, Rz. 16.238.

[374] Dazu siehe oben 2. Teil § 2 A III 2 e bb.

[375] BFH v. 24.2.1988 - I R 95/84, BStBl. II 1988, 663.

künfte als Betriebseinnahmen zu einem inländischen Betrieb keine Abgeltungswirkung hat (§ 50 Abs. 5 S. 3 EStG).[376]

Des weiteren müssen nach § 180 Abs. 1 Nr. 2 a AO die mit den einkommensteuerpflichtigen Einkünften im Zusammenhang stehenden anderen Besteuerungsgrundlagen gesondert festgestellt werden. Was darunter zu verstehen ist, ist im einzelnen unklar.[377] In Betracht kommen insoweit z.B. ausländische Verluste, ausländische Ertragsteuern auf im Ausland steuerpflichtige Einkünfte und ggf. Angaben zur Ergebnisermittlung nach dem dealing at arm's length-Prinzip.[378]

D. Steuerrechtliche Behandlung im Ausland

Die Systematik der steuerrechtlichen Behandlung freiberuflich tätiger Personengesellschaften im Ausland weist, ebenso wie bei gewerblichen Personengesellschaften, vielfältige Varianten auf, die sich vom deutschen Steuerrecht nicht nur in Einzelheiten, sondern auch in der Struktur unterscheiden.[379] Eine inländische Sozietät, also eine BGB-Gesellschaft wird im Ausland in der Regel entsprechend der deutschen Mitunternehmerschaft besteuert, d.h. Steuersubjekt sind die Gesellschafter.[380] Die Besteuerung der Gesellschafter ist allerdings keineswegs zwingend, wie das Steuerrecht der USA zeigt.[381] Ausgehend von der Besteuerung entsprechend der deutschen Mitunternehmerbesteuerung im Ausland, hängt die Besteuerung der im Ausland erzielten Einkünfte eines in Deutschland unbeschränkt steuerpflichtigen Gesellschafters einer inländischen Sozietät von der Definition territorialer Anknüpfungsmerkmale des ausländischen Steuerrechts ab.[382] Sofern das ausländische Steuerrecht zwischen den Einkünften aus selbständiger Arbeit und gewerblicher Tätigkeit unterscheidet und die territoriale Anknüpfung dem Merkmal der Ausübung folgt, stellt sich ebenso wie nach deutschem Steuerrecht die Frage, ob die Ausübung der selbständigen Arbeit durch einen nicht im Ausland ansässigen Gesellschafter zur beschränkten Steuerpflicht nur des betreffenden Gesellschafters führt oder ob alle Gesellschafter dieser mit den im Ausland erzielten Einkünften unterliegen. Dies ist allein nach Wertung der nationalen Steuerrechtsordnungen zu entscheiden. Trennt das Steuerrecht anderer Staaten nicht zwischen Einkünften aus selbständiger Arbeit und aus Gewerbebetrieb, wie z.B. die Niederlande und Schweden, hängt die Besteuerung davon ab, ob die Personengesellschaft in diesem Staat eine Betriebsstätte unterhält. Die auf die Betriebsstätte entfallenden Einkünfte werden dann allen Gesellschaftern anteilig zugerechnet, die mithin dort beschränkt steuerpflichtig sind.[383]

---

376 BFH v. 23.10.1991 - I R 86/89, BStBl. II 1992, 185.

377 *Tipke/Kruse*, AO, § 180 Rz. 35.

378 So auch *Kaiser/Bellstedt*, Anwaltssozietät, S. 129.

379 Dazu siehe ausführlich unten 5. Teil § 2.

380 So z.B. in Frankreich; *Maier-Bridou*, AnwBl. 1993, 264, 266; zur Einordnung in das brasilianische Steuerrecht *Schoueri*, in: FS Vogel, S. 925 ff.

381 Dazu siehe unten 5. Teil §§ 2, 4.

382 Zu den territorialen Anknüpfungsmerkmalen anderer Staat siehe oben 2. Teil § 2 B.

383 Zur steuerrechtlichen Behandlung von inländischen Personengesellschaften im Ausland vgl. *Piltz*, Personengesellschaften im IStR, S. 217 ff.

Ist ein Gesellschafter im Ausland ansässig und unterliegt er dort einer der deutschen unbeschränkten Steuerpflicht entsprechenden Steuerpflicht, wird die steuerrechtliche Behandlung durch das ausländische Steuerrecht mit dem deutschen Steuerrecht nicht immer übereinstimmen. Dies ist z.B. dann der Fall, wenn die inländische Sozietät als Körperschaftsteuersubjekt betrachtet wird und dementsprechend die Einkünfte der Sozii den Dividenden zugeordnet werden. Sofern die Besteuerung der Einkünfte aus der inländischen Sozietät sowohl in Deutschland als auch im Wohnsitzstaat des Gesellschafters erfolgt, führt dies zu einer Doppelbesteuerung. Es ist ausschließlich Sache des Wohnsitzstaates, diese Doppelbesteuerung durch Vorschriften seines nationalen Rechts zu vermeiden oder zu mildern. Die Besteuerung nach deutschem Recht wird davon nicht berührt.[384]

[384] *Jacobs*, Int. Unternehmensbesteuerung, S. 373.

§ 3 Steuerrechtliche Behandlung inländischer Wirtschaftsprüfungs- und Steuerberatungsgesellschaften

Abkommensrechtlich ist - dem OECD-MA folgend - fraglich, ob eine Steuerberatungs- bzw. Wirtschaftsprüfungs- OHG oder KG ein Unternehmen i.S.d. Art. 7 OECD-MA betreibt oder eine freiberufliche Tätigkeit i.S.d. Art. 14 OECD-MA gegeben ist. Auf den ersten Blick ist hier ein Grenzfall gegeben, der nach Art. 3 Abs. 2 OECD-MA durch Rückgriff auf das nationale Steuerrecht zu lösen ist. Allerdings dürfte die Auslegung nach nationalem Steuerrecht regelmäßig zu keiner divergierenden Auslegung kommen. In den Fällen, in denen die Gesellschafter ihren freien Beruf (unverändert) ausüben, erzielen sie auch nach nationalem Steuerrecht Einkünfte aus freiberuflicher Tätigkeit (§ 18 Abs. 1 Nr. 1 EStG). Insoweit ist nach nationalem Recht eine Scheinhandelsgesellschaft gegeben, bei der es sich tatsächlich um eine BGB-Gesellschaft handelt.[1] Soweit die Abkommen der Bundesrepublik Deutschland Regelungen enthalten, wie z.B. in dem DBA mit Belgien, worin ausdrücklich eine offene Handelsgesellschaft und Kommanditgesellschaft deutschen Rechts genannt werden, gelten diese Regelungen nur, sofern tatsächlich eine Handelsgesellschaft gegeben ist. Ist jedoch die Wirtschafts- oder Steuerberatungsgesellschaft tatsächlich eine BGB-Gesellschaft, ist abkommensrechtlich die dem Art. 14 OECD-MA entsprechende Norm einschlägig. Daher kann zur abkommensrechtlichen Behandlung einer Wirtschaftsprüfungs- oder Steuerberatungsgesellschaft auf die Ausführungen zur Sozietät verwiesen werden.[2] Sofern der Anwendungsbereich der Regelung der Einkünfte aus selbständiger Arbeit auf natürliche Personen beschränkt ist, sind nach dem eindeutigen Wortlaut und dem Zusammenhang der Abkommen die Einkünfte den jeweiligen Vorschriften der DBA über Unternehmensgewinne zuzuordnen.[3] Hinsichtlich der steuerrechtlichen Behandlung nach nationalem Steuerrecht besteht insofern kein Unterschied zu Besteuerung einer Sozietät, als die Voraussetzungen einer freiberuflichen Mitunternehmerschaft gegeben sind (§ 18 Abs. 4 i.V.m. § 15 Abs. 1 S. 1 Nr. 2 EStG).[4]

---

1 Dazu siehe oben 1. Teil § 4 B III 2.

2 Problematisch ist jedoch, ob der andere Vertragsstaat dies erkennt. Kommt es insoweit zu einer divergierenden Abkommensauslegung durch die Vertragsstaaten, ist diese durch ein Verständigungsverfahren zu beseitigen.

3 *Arthur Andersen*, DBA-USA, Art. 14 Rz. 5; *Vogel*, DBA, Art. 14 Rz. 36; *Wilke*, in: Becker/Höppner/Grotherr/Kroppen, DBA, Art. 14 Rn. 17; mißverständlich sind dagegen die Ausführungen von *Wilke*, in: Becker/Höppner/Grotherr/Kroppen, DBA-USA, Art. 14 Rn. 1, zum DBA-USA, wonach es sich nur um eine „klarstellende" Einschränkung handle.

4 Dazu siehe oben 1. Teil § 4 B III 2.

5. Teil: Ausländische Freiberufler-Personengesellschaften

§ 1 Allgemeines

Die bisher in der Literatur geführte Diskussion der steuerrechtlichen Behandlung von Sozietäten berücksichtigt ausschließlich international tätige inländische Sozietät, d. h. Gesellschaften, die dem inländischen Gesellschaftsstatut unterliegen. Im weiteren wird von einer ausländischen Sozietät ausgegangen. Wesentlicher Unterschied zu den inländischen Sozietäten besteht in der großen Zahl der Mitglieder, die häufig mehr als 500 Gesellschafter haben. Insofern wird auch von „Anwaltsunternehmen" gesprochen.[1] Die Assoziierungsfreiheit von den hier zu betrachtenden Berufsangehörigen ist in anderen Staaten ebenso wie in Deutschland auf bestimmte Mitglieder und Rechtsformen eingeschränkt.[2]

Die steuerrechtliche Behandlung ausländischer Sozietäten im internationalen Steuerrecht setzt internationale Sachverhalte voraus. Diese sind spiegelbildlich zu denen einer inländischen Sozietät:

- Ein im Inland ansässiger Gesellschafter, der als solcher nur im Inland tätig ist, ist an einer ausländischen Berufsausübungsgesellschaft beteiligt, die ausschließlich im Ausland tätig wird.

- Eine ausländische Berufsausübungsgesellschaft mit im Ausland ansässigen Gesellschaftern und mit einem oder mehreren im Inland ansässigen Gesellschaftern wird sowohl im Ausland als auch im Inland tätig (inländische Sozietät mit ausländischen Gesellschaftern).

- Eine ausländische Freiberufler-Personengesellschaft mit ausschließlich im Ausland ansässigen Gesellschaftern wird im Inland tätig. Hierzu braucht es nicht notwendigerweise eine im Inland belegene Kanzlei, weitere Beratungsstelle oder Zweigniederlassung der ausländischen Berufsausübungsgesellschaft. Die Tätigkeit kann beispielsweise auch in den Räumen des Mandanten erfolgen (grenzüberschreitende Tätigkeit einer ausländischen Berufsausübungsgesellschaft).

---

1 Zur Entwicklung der angelsächsischen law firms *Raupach*, in: in: FS Arbeitsgemeinschaft FfStR, S. 13 ff., S. 18 f.; *Römermann*, Anwaltsgesellschaften, S. 50 ff.

2 Dazu siehe oben § 1. Teil § 4 A III.

§ 2 Steuerrechtliche Behandlung im Ausland

Die Systematik der steuerrechtlichen Behandlung ausländischer Freiberufler-Personengesellschaften stellt sich nicht anders dar als bei gewerblichen Personengesellschaften, die sich vom deutschen Steuerrecht nicht nur in Einzelheiten, sondern auch in der Struktur unterscheiden.[1] Hierbei ist zwischen Personenvereinigungen, die als solche - neben ihren Gesellschaftern - Steuersubjekte sind und der Gruppe der Personenvereinigungen, deren Einkünfte den Gesellschaftern unmittelbar anteilig zugerechnet werden, zu unterscheiden. Die Zuweisung zu einer der beiden Gruppen ist in einigen Staaten, abweichend von dem deutschen Steuerrecht, weder anhand der Einordnung als Kapital- oder Personengesellschaft noch anhand der Verleihung des Status der juristischen Person möglich. So gibt es insbesondere in Staaten, die dem romanischen Rechtskreis zuzurechnen sind, aber auch in Japan, Personengesellschaften, die juristische Person sind und steuerrechtlich, wie eine Kapitalgesellschaft, selbst steuerpflichtig sind. Dies gilt z.B. für die Handelsgesellschaften in Frankreich und Spanien.[2] Die steuerrechtliche Behandlung als eigenständiges Steuersubjekt als Folge der eigenen Rechtspersönlichkeit ist jedoch nicht zwingend. Dies zeigt sich auch am Beispiel des Steuerrechts in den USA. Die Besteuerung einer Gesellschaft als eigenes Steuersubjekt hängt davon ab, ob sie steuerrechtlich als corporation oder als partnership qualifiziert wird. Eine corporation ist selbständiges Steuersubjekt, wohingegen bei einer partnership nur die Gesellschafter Subjekt der Besteuerung sind. Hierfür kam es bisher auf das Gesellschaftsrecht der einzelnen Bundesstaaten an.[3] Da die einzelnen Rechtsordnungen unterschiedlich ausgestaltet sind und die steuerrechtliche Einordnung somit erhebliche Schwierigkeiten mit sich brachte, wurde das bestehende Recht vereinfacht.[4] Danach können seit dem 1.7.1997 Gesellschaften ihren steuerlichen Status wählen, d. h. als Subjekt der Besteuerung (entsprechend einer Corporation) oder Besteuerung der Einkünfte bei den Gesellschaftern (entsprechend einer partnership).

Ähnlich ist die Rechtslage in einigen Staaten Europas, deren Steuerrecht eine Optionsmöglichkeit für (Personen-) Gesellschaften vorsieht. Hierbei ist zwischen zwei verschiedenen Ansätzen zu unterscheiden. So konnten in Belgien bis einschließlich 1986 kleine Personenhandelsgesellschaften, die dort ansässig waren, obwohl sie privatrechtlich juristische Person sind, für die steuerrechtliche Behandlung als Mitunternehmerschaft optieren.[5] Spiegelbildlich ist die Rechtslage in Frankreich. Dort besitzen zwar auch Personengesellschaften privatrechtlich uneingeschränkte Rechtspersönlichkeit, steuerrechtlich werden sie aber wie Mitunternehmerschaften besteuert, mit der Mög-

---

1 Dazu siehe auch *Rademacher-Gottwald*, Grenzüberschreitende Sozietäten, S. 120 f.; zu Gestaltungsaspekten *Knebel*, DStR 1999, 1421.

2 *Nerlich*, Kooperationsmöglichkeiten, S. 132 ff.; *Raupach*, in: FS Vogel, S. 1067 ff., S. 1083; zur Option von Personengesellschaften im französischen Steuerrecht *Kußmaul/Schäfer*, IStR 2000, 161; zur Behandlung spanischer Personengesellschaften *Courage*, IStR 1998, 174; *Lüdemann/Hruschka*, IStR 2000, 25.

3 Vgl. dazu ausführlich *Boeles*, US-Einkommensteuerrecht, S. 16 ff.

4 Vgl. dazu *Small*, IStR 1996, 280; *Wolff*, in: Debatin/Wassermeyer, DBA-USA, Art. 1 Rz. 26, m.w.N.; *Ziegenhain*, RIW 1995, 671.

5 *Fort*, in: Mennel/Förster, Steuern in Europa, Belgien Rn. 193; *Krabbe*, RIW/AWD 1981, 535; *Storck/Selent*, RIW/AWD 1980, 332, 336.

lichkeit, für die Besteuerung als Kapitalgesellschaft zu optieren.[6] Dabei ist jedoch im Einzelfall darauf zu achten, welchen Rechtsformen des jeweiligen Staates die Option eingeräumt ist. So ist sie beispielsweise in Frankreich auf Handelsgesellschaften beschränkt.[7] Demnach kann die socité civile professionelle französischen Rechts nicht für die Besteuerung als Körperschaft optieren und ist ebenso wie eine „association“ als Mitunternehmerschaft zu besteuern.[8] Dagegen kann die belgische „societé civile professionelle“ das Wahlrecht zur Besteuerung als Mitunternehmerschaft ausüben.[9] Ist demnach das Wahlrecht hinsichtlich der steuerrechtlichen Behandlung der ausländischen Personengesellschaft auf Handelsgesellschaften beschränkt, sind Anwaltsgesellschaften von dieser Besteuerung ausgeschlossen, da auch nach ausländischem Berufsrecht die Ausübung der Tätigkeit in Handelsgesellschaften berufsrechtlich untersagt ist. Gleichwohl gilt sie für die wirtschaftsprüfenden und ggf. die steuerberatenden Berufsgruppen, da diese, sofern die Berufsausübung in einer Gesellschaft zulässig ist, ihren Beruf gemeinsam in einer Handelsgesellschaft ausüben dürfen.[10]

Soweit die einzelnen Staaten Personenvereinigungen nach dem Mitunternehmerkonzept besteuern, sind die Regelungen unterschiedlich ausgestaltet. Aus deutscher Sicht gilt dies insbesondere für die als Sondervergütungen zu bezeichnenden Entgelte, die die Gesellschaft den Gesellschaftern gewährt. In einigen Ländern wird, ebenso wie in Deutschland, der Gewinn der gleichen Einkunftsart zugeordnet.[11] In anderen Staaten werden alle diese Vergütungen steuerrechtlich so behandelt, als ob sie einem Dritten gewährt würden und daher bei der Gewinnermittlung der Gesellschaft zum Abzug zugelassen werden.[12] Einige Staaten differenzieren und setzen nur bestimmte Sondervergütungen vom Gewinn ab, während andere - am häufigsten die Geschäftsführergehälter - dem Gewinn der Gesellschaft zugerechnet werden.[13]

6 *Greif*, in: Mössner u.a., Int. Unternehmenssteuerrecht, E 28; grundlegend zur Rechtslage in Frankreich *Lefebvre/Pöllath/Rädler*, Steuern in Frankreich, S. 9 f., S. 318 ff.; vgl. auch *Frankowski*, DBA Frankreich, S. 5 ff.

7 *Lefebvre/Pöllath/Rädler*, a..a.O.

8 So unter Berufung auf das französische Gesetz und die dazu ergangene Verordnung für Anwaltsgesellschaften, *Maier-Bridou*, AnwBl. 1993, 264, 266; insoweit sind die Ausführungen von *Nerlich*, Kooperationsmöglichkeiten, S. 133, sachlich nicht zutreffend. Danach sei sowohl die belgische als auch die französische „societé civile professionelle“ als juristische Personen selbst Steuersubjekt.

9 *Nerlich*, a.a.O.

10 Dazu siehe oben 1. Teil § 4 A III.

11 So in Griechenland, Luxemburg, Niederlande, Österreich; wobei es ein rein technisches Problem ist, ob die Vergütung bei der Gewinnermittlung der Gesellschaft nicht abzugsfähig ist oder diese später, wie z.B. in Frankreich, zum Gewinnanteil des Gesellschafters wieder zugerechnet wird; vgl. zur Behandlung in Frankreich, *Maier-Bridou*, AnwBl. 1993, 264, 266; allgemein dazu *Piltz*, Personengesellschaft im IStR, S. 54.

12 So in Südafrika.

13 So in Australien, Großbritanien, Irland, Schweden, Schweiz, *Piltz*, Personengesellschaft im IStR, S. 54.

Ebenfalls denkbar ist die Besteuerung einer Kapitalgesellschaft als Mitunternehmerschaft. Als Musterbeispiel galt bis 1991 hierfür die steuerrechtliche Behandlung einer griechischen GmbH.[14]

Verfahrensrechtlich erfolgt die Feststellung des Gewinns bzw. Verlusts der Personengesellschaft in den meisten Staaten in einer der deutschen einheitlichen und gesonderten Feststellung ähnlichen Weise.[15]

[14] Aufgrund des griechischen Gesetzes Nr. 2065/92 v. 30.6.1992 wird die griechische GmbH seit dem 1.1.1992 als Steuersubjekt behandelt; *Riemenschneider*, Abkommensberechtigung, S. 16.

[15] Zum Verfahren der Feststellung einer deutschen Sozietät in Frankreich siehe *Maier-Bridou*, AnwBl. 1993, 264, 266; ferner *Piltz*, Personengesellschaften im IStR, S. 54.

§ 3 Subjektive Steuerpflicht

Die Einordnung von im Ausland gegründeten Personengesellschaften in das nationale Steuerrecht richtet seit der sog. Venezuela-Entscheidung des RFH[1] allein nach deutschem Steuerrecht.[2] Die steuerrechtliche Behandlung der Gesellschaft im Sitzstaat ist für die deutsche Besteuerung nicht maßgebend. Demnach ist durch einen Typenvergleich festzustellen, ob die ausländische Gesellschaft einer deutschen Personengesellschaft entspricht und damit als Mitunternehmerschaft zu behandeln ist oder ob sie einer Körperschaft entspricht, die den Regelungen des KStG unterliegt. Obwohl diese Vorgehensweise gegen die Regelungen des Internationalen Privatrechts verstößt, ist sie bis heute im Grundsatz unumstritten.[3] Im Rahmen des Typenvergleichs kommt es im Einzelfall anders als bei inländischen Gesellschaften[4] auf die individuelle Ausgestaltung des Gesellschaftsvertrages an.[5] Die in diesem Zusammenhang zu diskutierende Frage, ob de lege ferenda an die Stelle des Typenvergleichs ein Wahlrecht für ausländische Gesellschaften, z.B. entsprechend dem amerikanischen check-the-box-System, treten soll oder die ausdrückliche Regelung einer grundsätzlichen Anerkennung des steuerlichen Status der Gesellschaft in ihrem Sitzstaat, wird im Rahmen dieser Arbeit nicht vertieft. Der entscheidende Vorteil einer solchen Regelung ist in der dadurch gegeben Planungssicherheit zu sehen. Deren Bedeutung muß, wie dies *Lüdicke*[6] zutreffend feststellt, „..angesichts des derzeitigen Zustands des deutschen Steuerrechts wohl nicht betont werden..“.

Ist somit eine ausländische Personengesellschaft nach Wertung des deutschen Steuerrechts mit einer deutschen Personengesellschaft vergleichbar, sind die Gesellschafter als Mitunternehmer i.S.d. § 15 Abs. 1 S. 1 Nr. 2 EStG subjektiv steuerpflichtig. Ist die Gesellschaft hingegen als Körperschaft zu qualifizieren, unterliegt sie dem KStG. Auf letztere Sachverhalte wird im weiteren nicht eingegangen.

---

1 RFH v. 12.2.1930 - VI A 899/27, RStBl 1930, 444.

2 Ferner z.B. BFH v. 17.7.1968 - I 121/64, BStBl. II 1968, 695; BFH v. 6.11.1980 - IV R 182/77, BStBl. II 1981, 222; BFH v. 3.2.1988 - I R 134/84, BStBl. II 1988, 588; BFH v. 23.6.1992 - IX R 182/87, BStBl. II 1992, 972; BFH v. 15.3.1995 - II R 24/91, BStBl. II 1995, 653.

3 *Greif*, in: Mössner, u.a., Int. Unternehmensteuerrecht, E 5; *Kluge*, DStR 1976, 365; *Knobbe-Keuk*, Bilanzsteuerrecht, § 13 a II; *Lüdicke*, StbJb 1997/98, S. 449, S. 452 f.; *Wassermeyer*, IStR 1998, 489.

4 Grundlegegend dazu BFH v. 25.6.1984 - GrS 4/82, BStBl. II 1984, 751, 757 ff.

5 Dazu siehe *Hey*, in: FS Debatin, S. 121 ff., S. 138 f., m.w.N.

6 *Lüdicke*, StbJb 1997/98, S. 449, S. 454.

§ 4 Qualifikationskonflikte

Auf die Vielschichtigkeit des Begriffs der „Qualifikationskonflikte" im internationalen Steuerrecht wurde bereits hingewiesen.[1] In bezug auf gewerbliche und freiberufliche Personengesellschaften kommt dem Begriff dabei insbesondere drei Bedeutungen zu:

- Die Qualifizierung der Personengesellschaft als steuerrechtlich transparent oder als eigenständiges Steuersubjekt (sog. subjektiver Qualifikationskonflikt).

- Die Qualifizierung der Einkünfte als freiberufliche oder als gewerbliche.

- Die Qualifizierung von Sondervergütungen und sonstigen Sonderbetriebseinnahmen des Gesellschafters als Teil des Gewinns aus der Beteiligung an der Freiberufler-Personengesellschaft.

Behandelt der andere Staat die Freiberufler-Personengesellschaft als Steuersubjekt, wohingegen nach Wertung des deutschen Steuerrechts eine Mitunternehmerschaft gegeben ist, kommt es zu einem sog. subjektiven Qualifikationskonflikt. Dies gilt insbesondere für die Staaten, nach deren Steuerrecht Personengesellschaften zur Besteuerung als Körperschaft optieren können. Da das deutsche Steuerrecht keine vergleichbare Regelung weder für inländische noch für ausländische Gesellschaften kennt[2], ist dies in der Abkommenspraxis der Bundesrepublik der häufigste Fall der Subjektqualifikation.

Denkbar ist auch die spiegelbildliche Konstellation. Danach ist nach Wertung des deutschen Steuerrechts eine Körperschaft gegeben und nach ausländischem Steuerrecht werden die Einkünfte entsprechend dem Mitunternehmerkonzept ausschließlich bei den Gesellschaftern besteuert. Dies gilt für die „Sociedad de responsabilidad limitada" (SRL) argentinischen Rechts. Nach Ansicht der Finanzverwaltung[3] entspricht diese Gesellschaft der deutschen GmbH.[4] Inwieweit diese Konstellation in der Praxis Bedeutung erlangt, hängt von der Zulässigkeit der beruflichen Zusammenarbeit der Berufsangehörigen in einer SRL ab. Nach dem sog. check the box-Verfahren der USA dürften diese Fälle für die Limited Liability Partnership (LLP) und die Limited Liability Company (LLC) an Bedeutung gewinnen.[5] Dies hängt entscheidend von dem Typenvergleich der Limited Liability Company nach deutschem Steuerrecht ab. Darüber liegt bislang keine Entscheidung der deutschen Gerichte bzw. der Finanzverwaltung vor.[6] Wie *Hey*[7] überzeugend darlegt, spricht jedoch einiges dafür, daß eine dem Regel-

---

1 Dazu siehe oben 2 Teil § 3 C III.

2 Dazu siehe voriges Kapitel.

3 Hess. MinFin. v. 26.9.1994, IStR 1994, 549.

4 Nach dem Erlaß des MinFin, a.a.O., soll zwar die argentinische Handelsgesellschaft nach dem Typenvergleich einer deutschen GmbH entsprechen, gleichwohl wird der Versuch unternommen durch die Verwaltungsanweisung Beteiligungserträge i.S.d. § 20 Abs. 1 Nr. 1 EStG in Gewinnanteile umzuqualifizieren. Daher zu Recht ablehnend *Wassermeyer*, IStR 1995, 49, dem MinFin fehle die Kompetenz für eine derart gesetzesändernde Verwaltungsanweisung.

5 So auch *Lüdicke*, StbJb 1997/98, S. 449, S. 462; ausführlich zur Einordnung für Zwecke der deutschen Besteuerung *Mittermaier*, Personengesellschaften USA-Deutschland, S. 143 ff.

6 *Greif*, in: Mössner u.a., Int. Unternehmensbesteuerung, E 6 (FN 6).

7 *Hey*, in: FS Debatin, S. 121, S. 134 ff.; *ders.*, RIW 1992, 916.

statut des Staates Delaware nachgebildete LLC aus deutscher Sicht einer Personengesellschaft/Mitunternehmerschaft vergleichbar ist.[8] Schließen sich die Finanzverwaltung und Rspr. dieser Ansicht an, kann es ausschließlich zu einem Qualifikationskonflikt dergestalt kommen, daß die Gesellschaft in den USA als Körperschaft behandelt wird, wohingegen sie in Deutschland als Mitunternehmerschaft besteuert wird. Ob überhaupt ein Qualifikationskonflikt auftritt, hängt von der Einordnung der Gesellschaft nach dem sog. check the box-Verfahren ab. Ebenfalls keine Einordnung durch die Rspr. oder Finanzverwaltung gibt es für die ausdrücklich für Freiberufler zulässige „Limited liability partnership" (LLP).[9] Da die LLP eine besondere Ausformung der „general partnership" darstellt[10] und diese nach deutschem Steuerrecht ebenso wie die „Limited partnership" als Mitunternehmerschaft anzusehen ist[11], ist davon auszugehen, daß die LLP im Regelfall als Mitunternehmerschaft qualifiziert wird.[12] Hat eine US-Gesellschaft, die nach Wertung des deutschen Steuerrechts eine Mitunternehmerschaft ist, in den USA für die Besteuerung als Körperschaft optiert, ergibt sich ein subjektiver Qualifikationskonflikt. Letzteres gilt somit auch für die den Freiberuflern („Learned professions") zulässige „Partnership".[13]

Im Ergebnis ist somit festzustellen, daß die Qualifikationsproblematik ebenso bei ausländischen Anwaltsgesellschaften besteht. Sie wird jedoch gegenüber ausländischen gewerblichen Personengesellschaften in den Staaten, in denen die Option auf Personenhandelsgesellschaften beschränkt ist, nicht die Bedeutung erlangen, da die anwaltliche Tätigkeit zumeist nicht in Handelsgesellschaften ausgeübt werden darf. Im Gegensatz dazu besteht in einigen EU-Staaten für Angehörige der wirtschaftsprüfenden Berufe die Möglichkeit, sich zur gemeinsamen Berufsausübung in Handelsgesellschaften zusammenzuschließen.[14]

---

[8] So auch *Bungert*, IStR 1993, 128; offen *Henke/Lang*, IStR 2001, 514; *Holland*, NJW 1996, 95, 99, Bundesstaat Georgia; *Mittermaier*, Personengesellschaften USA-Deutschland, S. 149 ff.; wohl auch *Zschiegner*, IWB, F. 8, Gr. 2, S. 895 ff., auch mit einer Übersicht über die steuerrechtliche Einordnung in den USA.

[9] Auch „Registered limited liability partnership" (RLLP) genannt.

[10] So *Seibert*, in: Stoldt, Partnerschaft, S. 81.

[11] Zur Einordnung einer „Limited partnership" z.B. BFH v. 27.2.1991 - I R 15/89, BStBl. II 1991, 444; aus der Literatur *Greif*, in: Mössner u.a., Int. Unternehmenssteuerrecht, E 17.

[12] In diesem Sinne wohl auch *Bungert*, RIW 1994, 360; 365.

[13] Die „Professional corporation" dürfte nach deutschem Recht als Kapitalgesellschaft zu qualifizieren sein, hinsichtlich nach dem Recht eines Bundesstaates gegründeten „Professional association" ist von Fall zu Fall zu entscheiden.

[14] Zur Zulässigkeit der Tätigkeit von ausländischen Anwälten und Wirtschaftsprüfern in Handelsgesellschaften siehe oben 1. Teil § 4 A III.

§ 5 Besteuerung der Einkünfte

A. Nach dem OECD-MA

I. Grundlagen

Hinsichtlich der Melde-, Anzeige-, Mitwirkungs- und Buchführungspflichten ergibt sich durch das Abkommensrecht keine Änderung zur Rechtslage nach nationalem Steuerrecht. Dies gilt ebenso für die Gewinnermittlung und Feststellung der Einkünfte.[1]

Ausgehend von dem OECD-MA sind die Personengesellschaften Personen i.S.d. Art. 3 Abs. 1 b OECD-MA. Sofern sie nach dem Recht beider Staaten nicht als Steuersubjekt behandelt werden, sondern der Gewinn bei den Gesellschaftern erfaßt wird, sind sie nicht abkommensberechtigte Personen, da es ihnen an der in Art. 4 OECD-MA notwendigen Voraussetzung der Ansässigkeit fehlt. Qualifizieren beide Vertragsstaaten die Freiberufler-Personengesellschaft als Mitunternehmerschaft und besteuern den Gewinn anteilig bei den Gesellschaftern, stellt sich für beide Vertragsstaaten die abkommensrechtliche Behandlung nicht anders dar, als bei inländischen Sozietäten.[2] Dies gilt ebenso für die Frage der abkommensrechtlichen Bestimmung der Tätigkeit der Gesellschaft und damit für die Zuordnung zu den Unternehmensgewinnen i.S.d. Art. 7 OECD-MA oder zu den Einkünften aus selbständiger Arbeit i.S.d. Art. 14 OECD-MA.[3]

Hinsichtlich der Ergebnisermittlung[4] ist nach Ansicht der Finanzverwaltung[5] bei der Überführung von Wirtschaftsgütern von einem inländischen Betriebsvermögen in eine ausländische Personengesellschaft einschließlich Sonderbetriebsvermögen der Fremdvergleichspreis anzusetzen. Dies ist jedoch nur auf die Fälle anwendbar, die nicht unter § 6 Abs. 5 EStG zu subsumieren sind.[6] Nach hier vertretner Ansicht ist der Begriff des inländischen Betriebsvermögens dahingehend zu verstehen, daß darunter nicht das Betriebsstättenvermögen bzw. das Vermögen einer festen Einrichtung fällt. Daher dürfte aus Sicht der Praxis die Regelung der Finanzverwaltung für die hier zu betrachtende Berufsgruppe weniger von Bedeutung sein, denn die selbständige Ausübung des Berufs außerhalb der Sozietät oder die Beteiligung an einer weiteren bilden die Ausnahme, zumal nicht geklärt ist, ob die Mehrfachausübung des Berufs berufsrechtlich zulässig ist.[7]

---

1 Dazu siehe voriges Kapitel.
2 Dazu siehe oben 4. Teil § 2 B I.
3 Dazu siehe oben 4. Teil § 2 B V.
4 Dazu siehe oben 2. Teil § 3.
5 BMF v. 24.12.1999, BStBl. I 1076, Tz. 2.6.4.
6 So zu Recht *Fischer, L.*, in: FS Vogel, S. 963 ff., S. 980.
7 Dazu siehe oben 1. Teil § 2 A.

II. Abweichende Subjektqualifikation

1. Vorbemerkung

Wird die ausländische Freiberufler-Personengesellschaft in ihrem Domizilstaat wie eine Kapitalgesellschaft besteuert, wohingegen nach Wertung des deutschen Steuerrechts eine Mitunternehmerschaft gegeben ist, ist zu prüfen, ob die sich wegen der innerstaatlichen Wertungen ergebenden Besteuerungsfolgen durch das anzuwendende DBA Einschränkungen erfahren. Ausgehend von dem OECD-MA stellt sich die Frage, ob die Freiberufler-Personengesellschaft eine Gesellschaft i.S.d. Art. 3 Abs. 1 Buchst. b OECD-MA ist. Ferner muß nach Art. 4 Abs. 1 OECD-MA die Ansässigkeit der Gesellschaft im Sitzstaat hinzukommen. Diese ist gegeben, wenn die Personengesellschaft in ihrem Sitzstaat als unbeschränkt körperschaftsteuerpflichtig behandelt wird. Da diese Kriterien unabhängig davon zu beurteilen sind, welche Einkünfte erzielt werden, besteht in der Ausgangssituation kein Unterschied zu einer unternehmerisch tätigen Personengesellschaft. Daher ist zunächst auf die abkommensrechtliche Behandlung eines subjektiven Qualifikationskonflikts bei unternehmerisch tätigen ausländischen Personengesellschaften einzugehen.

2. Meinungsstand bei Unternehmen

Die abkommensrechtliche Behandlung von im Sitzstaat der Gesellschaft körperschaftsteuerpflichtigen Personengesellschaften ist umstritten. Ein Beleg hierfür ist die erst jüngst in der Literatur geführte Diskussion zwischen *Wassermeyer*[8] und *Vogel*[9].[10] Im Rahmen dieser Arbeit soll jedoch nicht auf die dort diskutierte grundsätzliche Frage eingegangen werden. Nach Auffassung der Finanzverwaltung[11], die sie in dem Betriebsstättenerlaß bestätigte[12] und der h.M. im Schrifttum[13] sei die Existenz einer

---

[8] *Wassermeyer*, IStR 1998, 489; *ders.*, IStR 1999, 8.

[9] *Vogel*, IStR 1999, 5.

[10] Mit einer Analyse beider Auffassungen *Kluge*, Internationales Steuerrecht, Rz. 80 f., Rz. 86 f.

[11] BMF v. 29.4.1993, BStBl. I 1993, 342, DBA-Ungarn; BMF v. 13.1.1997, BStBl. I 1997, 97, DBA-Tschechoslowakai; BMF v. 21.7.1997, BStBl. I 1997, 724, DBA-Jugoslawien; BMF v. 25.8.1997, BStBl. I 1997, 796, DBA-Tunesien; BMF v. 1.10.1997, BStBl. I 1997, 863, DBA-Rumänien; BMF v. 28.5.1998, BStBl I 1998, 557, DBA-Spanien.

[12] BMF v. 24.12.1999, BStBl. I 1999, 1076, Tz. 1.1.5.2 und die aufgeführte Einordnung ausländischer Gesellschaften in der Anlage in Tabelle 1 u. 2.

[13] *Debatin*, AWD 1969, 477, 481; *ders.*, BB 1989, Beil. 2; *ders.*, in: Debatin/Wassermeyer, Syst. IV Rz. 135; *Greif*, in: Mössner u.a., Int. Unternehmenssteuerrecht, E 12 ff.; *Heinsen*, in: Grotherr, Handbuch, S. 1329 ff., S. 1343; *Hemmelrath*, IStR 1995, 570; *Jacobs*, Int. Unternehmensbesteuerung, S. 486 ff.; *Knobbe-Keuk*, RIW 1991, 306, 314; *dies*; Bilanzsteuerrecht, § 13 a III 3.; *Krabbe*, RIW/AWD 1981, 535; *Lethaus*, in: FS Ritter, S. 427 ff.; *Lüdemann/Hruschka*, IStR 2000, 25; *Manke*, DStJG Bd. 8 (1985), S. 195 ff.; *Piltz*, Personengesell-schaften, S. 175 ff.; *Riemenschneider*, Abkommensberechtigung, S. 179 ff.; *Schaumburg*, Stbg, 1999, 97, 157; *ders.*, Internationales, Rz. 16.71; *Schild/Ehlermann*, in: Grotherr, (Hrsg,), Handbuch, S. 1245 ff.; S. 1252; *Schmidt, CH.*, IStR 1996, 17; *ders.*, in: Fischer (Hrsg.), Steuerplanung, S. 39 ff.; *Selent*, Ausländische Personengesellschaften, S. 143 f.; *Storck/Selent*, RIW/AWD 1980, 332; *Wilke*, in: Becker/Höppner/Grotherr/Kroppen, DBA, Art. 3 Rn. 22; *Vogel*, DBA, Art. 1 Rz. 24 ff.

Gesellschaft i.S.d. Art. 3 Abs. 1 b OECD-MA nach dem Recht des Sitzstaates zu beurteilen. Diese Ansicht wird zum Teil auch durch den Bericht des OECD-Steuerausschusses bestätigt.[14] Nach der abweichenden Ansicht[15], die nachhaltig von *Wassermeyer*[16] vertreten wird, soll es hingegen allein auf das Recht des Anwendestaates ankommen, ob eine Gesellschaft gegeben ist. Ist nach dem Recht des Sitzstaates eine abkommensberechtigte Person gegeben, schlägt diese nicht auf die in Deutschland ansässigen Gesellschafter durch. Unabhängig von den vertretenen Meinungen besteht jedoch in folgenden Punkten weitgehend Einigkeit:

- Die Einkünfte eines im Inland unbeschränkt Steuerpflichtigen, der an einer im Ausland als Körperschaft besteuerten Personengesellschaft beteiligt ist, dürfen nur in dem Sitzstaat der Gesellschaft besteuert werden.[17] Werden die Einkünfte in dem darauffolgenden Besteuerungszeitraum „ausgeschüttet", darf der Ansässigkeitsstaat der Gesellschaft auf diese eine Quellensteuer erheben. Nach deutschem Steuerrecht ist eine nicht steuerbare Entnahme gegeben.[18] Die auf die Dividende erhobene Quellensteuer ist demnach nicht anrechenbar i.S.d. Art. 23 B OECD-MA.

- Besteht eine Betriebsstätte der ausländischen Gesellschaft in Deutschland, sind die nicht im Inland ansässigen Gesellschafter in Deutschland beschränkt steuerpflichtig und Deutschland steht das Besteuerungsrecht zu.[19]

- Besteht eine Betriebsstätte der ausländischen Gesellschaft in einem Drittstaat, mit dem ein DBA besteht, dürfen diese Einkünfte nicht in Deutschland besteuert werden.

Umstritten ist dagegen, ob die in einer in einem Drittstaat[20], mit dem kein DBA besteht, belegenen Betriebsstätte erzielten Einkünfte bei einem in Deutschland ansässigen Gesellschafter anteilig im Rahmen der unbeschränkten Steuerpflicht als Einkünfte besteuert werden dürfen.[21] Dies gilt ebenso für die Berücksichtigung der Einkünfte im Rahmen des Progressionsvorbehalts i.S.d. Art. 23 A Abs. 3 OECD-MA und zwar sowohl für die Einkünfte eines unbeschränkt steuerpflichtigen Gesellschafters, die im

---

[14] Dazu siehe nächstes Kapitel.

[15] *v. Beckerath*, Der Durchgriff im deutschen Außensteuerrecht, S. 108 ff.; *Brenner*, Haarmann (Hrsg.), Unternehmensstrukturen, S. 63 ff., S. 71.; *Diehl*, FR 1978, 521; *Ege*, in: Freundesgabe Haas, S. 101 ff., S. 108; *Kluge*, DStR 1976, 365, 367; *Lang*, in: FS L. Fischer, S. 713 ff., S. 722; *ders.*, IStR 2000, 129; *Lüdicke*, StbJb 1997/98, S. 449 ff., S. 454, demgegenüber ist *Lüdicke*, in: Lademann/Söffing, EStG, § 49 Anm. 392 offenbar noch der h.M. gefolgt.

[16] *Wassermeyer*, in: Debatin/Wassermeyer, Art. 1 Rz. 27 ff.; *ders.*, StuW 1990, 404; *ders.*, IStR 1995, 49; *ders.*, StbJb 1997/98, S. 535; *ders.*, IStR 1998, 489; *ders.*, IStR 1999, 8.

[17] In Abhängigkeit von der vertretenen Auffassung ergibt sich dies entweder aus der Anerkennung der Gesellschaft als Unternehmen i.S.d. Art. 7 OECD-MA oder aus der als deutsches Unternehmen i.S.d. Art. 7 OECD-MA geltenden Beteiligung an der ausländischen Personengesellschaft.

[18] A.A. *Knobbe-Keuk*, Bilanzsteuerrecht, § 13 a III 3 a bb, die Einkünfte werden durch das Abkommen lediglich umqualifiziert, da insoweit keine Erweiterung der Steuerpflicht durch das DBA gegeben ist und die Ausschüttungen somit nach § 20 Abs. 1 EStG zu erfassen seien.

[19] A.A. *Knobbe-Keuk*, Bilanzsteuerrecht, § 13 a III 3 a ee, aufgrund der abkommensrechtlichen Behandlung der ausländischen Personengesellschaft als Körperschaft, ist diese mit dem Betriebsstättengewinn in Deutschland beschränkt körperschaftsteuerpflichtig.

[20] Zu Dreiecksverhältnissen *Wassermeyer*, in: FS Arbeitsgemeinschaft FfStR, S. 485 ff.

[21] Bejahend *Wassermeyer*, IStR 1999, 489, 492; wohl a.A. *Vogel*, IStR 1999, 5, 7.

Sitzstaat der Gesellschaft erzielt werden, als auch für Einkünfte aus einer in einem Drittstaat belegenen Betriebsstätte.[22]

Besteuert der ausländische Staat die Einkünfte der Gesellschaft beim Gesellschafter und nach deutschem Steuerrecht wird die Gesellschaft als Körperschaft behandelt, sind keine Dividenden i.S.d. Art. 10 Abs. 1 OECD-MA gegeben, da es an einer im Ausschüttungsstaat ansässigen Gesellschaft fehlt (Art. 10 Abs. 3 OECD-MA).[23] Damit unterliegen die Gewinne der ausländischen Gesellschaft allein der Abkommensregelung über die Unternehmensgewinne. Der Gewinn der Gesellschaft wird in dem Sitzstaat anteilig auch bei den deutschen Gesellschaftern erfaßt und ist von der deutschen Besteuerung freigestellt.[24] Strittig ist allerdings, zu welchem Zeitpunkt der Progressionsvorbehalt wirksam wird.[25] Angesichts dieser Schwierigkeiten wird in der Literatur[26] gefordert, de lege ferenda Personengesellschaften als abkommensberechtigte Personen anzuerkennen.[27]

3. Freiberufler-Personengesellschaften

In der Praxis dürfte der Fall des subjektiven Qualifikationskonflikts zumindest für Anwaltsgesellschaften - mit Ausnahme von Belgien und USA - nicht die Bedeutung zukommen, wie bei gewerblich tätigen Gesellschaften, da z.B. in einigen Staaten die Option zur Besteuerung als Kapitalgesellschaft den Handelsgesellschaften vorbehalten ist[28], Anwälte ihren Beruf jedoch nicht in Handelsgesellschaften gemeinsam ausüben dürfen.[29] Der hier vertretenen Meinung folgend, sind Sozietäten abkommensrechtlich Subjekt der Ergebnisermittlung und die den festen Einrichtungen zuzuordnenden Einkünfte anteilig den Gesellschaftern als deren feste Einrichtung zuzuordnen. Insofern

---

[22] Die überwiegende Meinung bejaht die Berücksichtigung im Rahmen des Progressionsvorbehalts BMF v. 13.1.1997, BStBl. I 1997, 97, DBA-Tschechoslowakai; BMF v. 1.10.1997, BStBl. I 1997, 863, DBA-Rumänien; BMF v. 25.8.1997, BStBl. I 1997, 796, DBA-Tunesien; BMF v. 28.5.1998, BStBl I 1998, 557, DBA-Spanien; *Debatin*, BB 1989, Beil zu Heft 3, S. 9; *Lüdicke*, StbJb 1997/98, S. 449, S. 461; *Piltz*, Personengesellschaften im IStR, S. 179; *Storck/Selent*, RIW/AWD 1980, 332, 339; *Wassermeyer*, IStR 1998, 489, 492; ablehnend *Knobbe-Keuk*, Bilanzsteuerrecht, § 13 a III 3 a aa; *Ch. Schmidt*, IStR 1996, 14, 19; *Vogel*, DBA, Art. 1 Rz. 27 e.

[23] Nach *Debatin*, DB 1977, Beil. 13, S. 14 ff.; *Vogel*, DBA, Art. 1 Rz. 25 ff., m.w.N. ist zu differenzieren, ob die Personengesellschaft als Person i.S.d. jeweiligen Abkommens ist, da nach zahlreichen DBA Personengesellschaften, nicht wie in Art. 3 Abs. 1 a OECD-MA, Personen sind.

[24] Insoweit besteht Einigkeit *Knobbe-Keuk*, Bilanzsteuerrecht, § 13 a III 3 b; *Lüdicke*, StbJb 1997/98, S. 439, S. 462 f.; *Wassermeyer*, in: Debatin/Wassermeyer, MA Art. 1 Rz. 28.

[25] Im Jahr der „Ausschüttung" *Debatin*, BB 1989, Beih. zu Heft 3, S. 9; *Manke*, JbFStR 1978/79, S. 333, S. 349 f.; dagegen im Jahr der Entstehung *Knobbe-Keuk*, Bilanzsteuerrecht, § 13 a III 3 b; dazu umfassend *Djanani/Hartmann*, IStR 2000, 321, m.w.N.

[26] Z.B. *Hock*, Personengesellschaften, S. 110; *Prinz/Breuninger*, IWB, F. 10 Gr. 2, 1293, 1298; *Schaumburg*, Internationales, Rz. 16.168 ff.; *Schliephake*, Steuerliche Gewinnabgrenzung internationaler Personengesellschaften, S. 72; aus Sicht der Schweiz, *Mäusli*, Die Ansässigkeit von Gesellschaften im internationalen Steuerrecht, S. 112; zur Betriebssteuer *Hock*, Personengesellschaften, S. 147 ff.; *Prinz/Breuninger*, IWB, F. 10 Gr. 2, S. 1293 ff.

[27] Zu Recht dagegen *Wassermeyer*, IStR 1999, 481.

[28] Dazu siehe oben §§ 2, 4.

[29] Dazu siehe oben 1. Teil § 2 A u. B.

besteht kein Unterschied zur strittigen abkommensrechtlichen Behandlung unternehmerisch tätiger Personengesellschaften.[30]

Soweit in der Literatur[31] eine abweichende Zuordnung der Einkünfte einer Sozietät vertreten wird, wird auf die Fälle eines subjektiven Qualifikationskonflikts nicht eingegangen. Da jedoch eine unterschiedliche steuerliche Behandlung ein und desselben Sachverhaltes aus systematischer Sicht nicht zu rechtfertigen ist, müßte diese Auffassung konsequenterweise auch für die Fälle gelten, in denen der Domizilstaat eine Sozietät wie eine Körperschaft besteuert, wohingegen nach nationalem Recht der Bundesrepublik die Gesellschaft als Mitunternehmerschaft einzuordnen ist.

Beispiel:

Eine Sozietät wird in ihrem ausländischen Domizilstaat X wie eine Körperschaft besteuert. An der Sozietät ist u.a. der in Deutschland ansässige und dort tätige RA C beteiligt, dem daneben in Staat Y eine feste Einrichtung gewöhnlich zur Verfügung steht. Dem RA C steht für das Jahr 01 ein Gewinn in Höhe von 200.000 GE zu. Insgesamt entfallen jedoch auf die feste Einrichtung in Deutschland 250.000 GE.

Lösungsansatz:

Ausgehend von der wohl h.M. müßte der Qualifikation des Domizilstaates gefolgt werden, d. h. die Gesellschaft müßte als Person i.S.d. Abkommens anerkannt werden. Demnach könnte Deutschland die Einkünfte der festen Einrichtung besteuern. Fraglich jedoch ist, in welcher Höhe, denn als abkommensberechtigte Person ist die Personengesellschaft Subjekt der Ergebnisermittlung. Daher könnte die Bundesrepublik 250.000 GE besteuern, tatsächlich beschränkt steuerpflichtig wären aber nur 200.000 GE. Aus systematischer Sicht wird die Frage, wie die Gesellschafter die Abkommensberechtigung beanspruchen können, zumeist mit einem Verweis auf die ansonsten ins Leere gehende Abkommensberechtigung der Personengesellschaft gesehen.[32]

Abwandlung:

Der festen Einrichtung in Staat Y, mit dem weder die Bundesrepublik noch der Domizilstaat der Gesellschaft ein DBA abgeschlossen haben, sind Einkünfte in Höhe 200.000 GE zuzuordnen. Der Domizilstaat besteuert die Einkünfte der festen Einrichtung unter Anrechnung der ausländischen Steuer. Fraglich ist, wie die im Domizilstaat der Gesellschaft erhobene Steuer in Deutschland bei RA C angerechnet werden. Würde konsequent RA C als abkommensrechtliche Person angesehen werden, müßte insofern geprüft werden, ob dem Sozius eine feste Einrichtung gewöhnlich zur Verfügung steht.

Im Ergebnis wird deutlich, daß die Behandlung des Gesellschafters als Subjekt der Ergebnisermittlung der Frage der Abkommensberechtigung der Personengesellschaft vorgeschaltet ist. Daher wirkt sich der Meinungsstreit hinsichtlich der Auslegung des Art. 3 Abs. 1 OECD-MA nicht aus. Weichen jedoch die Vertragsstaaten hinsichtlich der Ergebnisermittlung voneinander ab, wird es regelmäßig, neben den bereits beste-

30 Dazu siehe oben 4. Teil § 2 B IV 3.
31 Dazu siehe oben 4. Teil § 2 III 4 b u. c.
32 So z.B. *Schaumburg*, Stbg 1999, 157.

henden Auslegungsschwierigkeiten, zu einer wirtschaftlichen Doppel- oder Doppelnichtbelastung der Einkünfte kommen.

Ist der durch den Sitzstaat der Gesellschaft ermittelte Gewinn der inländischen festen Einrichtung niedriger als der gesellschaftsvertraglich vereinbarte und der inländischen festen Einrichtung zuzurechnende Gewinnanteil, käme es zu einer wirtschaftlichen Doppelbelastung. Ist letzterer dagegen niedriger als der Gewinn der nach dem Fremdvergleichsgrundsatz der festen Einrichtung zuzurechnen wäre, würde die Differenz nicht besteuert.[33]

Werden hingegen die Einkünfte nach dem Steuerrecht des Sitzstaates der Gesellschaft bei den Gesellschaftern besteuert, wohingegen nach Wertung des deutschen Steuerrechts die ausländische Gesellschaft einer Körperschaft i.S.d. § 1 Abs. 1 KStG entspricht, käme eine „vereinfachte" Ergebnisermittlung nicht zur Anwendung. Insofern ergäbe sich kein Unterschied zu unternehmerisch tätigen Personengesellschaften, es sei denn, der ausländische Staat sieht den Gesellschafter als Subjekt der Ergebnisermittlung an.

Im Ergebnis bestehen bei ausländischen Freiberufler-Personengesellschaften die gleichen, bereits bekannten Schwierigkeiten der abkommensrechtlichen Behandlung subjektiver Qualifikationskonflikte wie bei unternehmerisch tätigen Personengesellschaften. Eine wirtschaftliche Doppel- oder Doppelnichtbesteuerung tritt ein, sofern einer der Vertragsstaaten von der anteiligen Zuordnung der Einkünfte abweicht und den Gesellschafter als Subjekt der Ergebnisermittlung behandelt. Sofern für den Fall einer inländischen Sozietät angeführt wird, die von der Personengesellschaft abweichende Ergebnisermittlung führe zu einer Vereinfachung[34], steht dem die Komplizierung für den Fall einer ausländischen Sozietät gegenüber. Diese spricht aus rein praktischer Sicht für die Anerkennung der Sozietät als Subjekt der Ergebnisermittlung und der anteiligen Zuordnung der Einkünfte bei den Gesellschaftern.

III. Abweichende Einkunftsqualifikation

Behandeln beide Vertragsstaaten die Gesellschaft nicht als Steuersubjekt, aber ordnen sie die Einkünfte unterschiedlichen Abkommensnormen zu, kann dies zu einer Doppelbesteuerung führen. Wendet z.B. Vertragsstaat A für die Einkünfte einer ausländischen Anwaltsgesellschaft eine dem Art. 14 OECD-MA entsprechende Norm an und behandelt die Gesellschafter als Subjekt der Ergebnisermittlung, wohingegen die deutsche Finanzverwaltung die Einkünfte den Unternehmensgewinnen (Art. 7 OECD-MA) zuordnet, kann dies zu einer wirtschaftlichen Doppel- oder Doppelnichtbesteuerung führen, wie sie bereits im vorigen Kapitel dargestellt wurde. Diese ist nur im Wege eines Verständigungsverfahrens Art. 25 OECD-MA zu lösen.[35] Aus deutscher Sicht

---

[33] Entsprechendes würde für den Fall gelten, in dem einem ausländischen Sozius im Inland eine feste Einrichtung gewöhnlich zur Verfügung steht.

[34] Dazu siehe oben 4. Teil § 2 III 4.

[35] Dazu ausführlich *Runge*, in: FS Arbeitsgemeinschaft FfStR, S. 139 ff.

kommt dem insbesondere Bedeutung hinsichtlich der Beteiligung von Berufsfremden zu, die nach nationalem Steuerrecht zu Einkünften aus Gewerbebetrieb führt.

IV. Vermeidung der Doppelbesteuerung bei Sondervergütungen

Hinsichtlich der abkommensrechtlichen Behandlung von Sondervergütungen[36] i.S.d. § 18 Abs. 4 i.V.m. § 15 Abs. 1 S. 1 Nr. 2 EStG unbeschränkt steuerpflichtiger Gesellschafter ausländischer Personengesellschaften besteht seit den Urteilen des BFH[37] aus dem Jahre 1991 weitgehend Einigkeit. Die Sondervergütungen fallen abkommensrechtlich unter die abkommensrechtlichen Spezialregelungen für Dividenden (Art. 10 OECD-MA), Zinsen (Art. 11 OECD-MA) und Lizenzen (Art. 13 OECD-MA). Dies gilt auch dann, wenn ein subjektiver Qualifikationskonflikt besteht. Entscheidend ist, ob das den Vergütungen zugrundeliegende Rechtsverhältnis „tatsächlich" zur festen Einrichtung des einzelnen Gesellschafters gehört, wobei die Voraussetzungen der tatsächlichen Zugehörigkeit bisher nicht abschließend geklärt sind.[38] Ist eine tatsächliche Zugehörigkeit zu einer festen Einrichtung gegeben, stellt der Ansässigkeitsstaat die im Staat der festen Einrichtung besteuerten Einkünfte nach Art. 23 A OECD-MA von der Besteuerung frei oder rechnet die ausländische Steuer gem. Art. 23 B OECD-MA auf die inländische Steuer an. In den DBA der Bundesrepublik Deutschland ist für den Fall, daß Deutschland der Wohnsitzstaat ist, die Freistellungsmethode anzuwenden.

Die steuerliche Behandlung der Sondervergütungen in anderen Staaten weicht zumeist von der in Deutschland ab.[39] Dies kann dazu führen, daß der andere Vertragsstaat Sondervergütungen abkommensrechtlich als Einkünfte als Zinsen, Dividenden oder Lizenzen qualifiziert, wohingegen Deutschland die Einkünfte der Betriebsstätte zurechnet und damit das Besteuerungsrecht nicht ausübt.[40] Die abweichende steuerrechtliche Behandlung der Sondervergütungen kann daher zu einer Minderbesteuerung oder zu einer Doppelnichtbesteuerung führen.

Nach der Auffassung der deutschen Finanzverwaltung[41] in Übereinstimmung mit dem Steuerausschuß der OECD[42] sei bei einer Nicht oder Minderbesteuerung der Methodenartikel (Ar. 23 A OECD-MA) nicht anzuwenden und die Einkünfte in Deutschland zu besteuern. Nach Meinung von *Krabbe*[43] ergebe sich dies aus einer teleologischen Reduktion des Methodenartikels, da die Freistellung unter der stillschweigenden Prämisse stehe, daß der Quellenstaat die Besteuerung (vollumfänglich) ausübe.

---

36 Zur Problematik von Sonderbetriebsvermögen bei internationalen Sachverhalten *Hemmelrath*, IStR 1995, 570; *Piltz*, IStR 1996, 457.

37 BFH v. 27.2.1991 - I R 15/89, BStBl. 1991, 444; BFH v. 27.2.1991 - I R 96/89, BFH/NV 1992, 385.

38 Dazu siehe oben 4. Teil § 2 B VI 3.

39 Dazu siehe oben § 2.

40 Dazu siehe oben § 4.

41 BMF v. 24.12.1999, BStBl. I 1999, 1076, Tz. 1.2.3; siehe auch OFD Frankfurt a.M. v. 18.12.1998, DStR 1999, 501.

42 OECD, Application, S. 36 ff.

43 *Krabbe*, FR; *ders*, IWB, F. 3 Gr. 2, S.

Diese Rechtsauffassung ist in der Literatur[44] m.E. zu Recht auf Kritik gestoßen. *Günkel/Lieber*[45] heben hervor, daß eine über den Wortlaut hinausgehende Rechtsfortbildung anhand des Sinn und Zwecks eine verdeckte Gesetzeslücke voraussetzt. Eine solche ist aber in zweierlei Hinsicht nicht erkennbar. Zum einen enthalten Art. 6 Abs. 2 und Art. 10 Abs. 3 OECD-MA eindeutige Verweise auf das innerstaatliche Recht des Quellenstaates für Zwecke der Definition von unbeweglichem Vermögen und Dividenden, die bei einer Maßgeblichkeit des Rechts des Quellenstaates überflüssig wären. Zum anderen ergebe sich aus der Abkommenssystematik nicht, das Ziel der DBA sei die Beseitigung einer doppelten Nicht- oder Minimalbesteuerung. Daher könne die Beseitigung einer doppelten Nicht- oder Minimalbesteuerung auch nicht Normzweck des Art. 23 A/B OECD-MA sein. Somit besteht für die Auslegung des Art. 23 A/B OECD-MA i.S.d. Finanzverwaltung keine Rechtsgrundlage.[46]

Zumindest theoretisch[47] denkbar ist der Fall, daß es zu einer Doppelbesteuerung kommt. Der OECD-Steuerausschuß[48] legt Art. 23 A OECD-MA dahingehend aus, daß der Ansässigkeitsstaat an die Qualifikation des Quellenstaates gebunden sei, wenn der Quellenstaat aufgrund seines originär innerstaatlichen Rechts an eine bestimmte Abkommensauslegung gebunden ist. In der Sache gilt auch hier die zu dem vorigen Sachverhalt dargestellte Kritik, insbesondere setzt diese Auffassung voraus, daß Klarheit besteht, in welchen Fällen der Quellenstaat zur Auslegung nach Art. 3 Abs. 2 OECD-MA auf das innerstaatliche Recht zurückgreifen kann.[49] Wann jedoch im Einzelfall aus systematischer Sicht auf das innerstaatliche Steuerrecht zurückgegriffen werden kann, ist, wie dem OECD-Bericht zu entnehmen ist, gerade nicht eindeutig geklärt.[50]

B. OECD-MA 2000

I. Änderungen

Das OECD-MA 2000 enthält neben der Streichung des Art 14 OECD-MA weitere Änderungen hinsichtlich der abkommensrechtlichen Behandlung von Personengesellschaften. Diese gehen zurück auf den am 21.1.1999 verabschiedeten Bericht des Steuerausschusses der OECD.[51] Danach soll künftig - entsprechend dem Wunsch vieler OECD-Staaten, das Quellenbesteuerungsprinzip verstärkt heranzuziehen[52] - die Qualifikation des Sitzstaates der Gesellschaft (aus Sicht des in Deutschland ansässigen Gesellschafters handelt es sich um den Quellenstaat) als Steuersubjekt und damit die Abkommensberechtigung für beide Vertragsstaaten bindend sein. Nach dem Bericht des

44 *Fischer, L.*, in: FS Vogel, S.. 963 ff., S. 966 f.; *Günkel/Lieber*, FR 2000, 853; *dies.*, FR 2001, 132; *Lang*, in: FS Vogel, S. 907 ff.; *Strahl*, KÖSDI 2001, 12955, 12962.
45 *Günkel/Lieber*, a.a.O.
46 *Fischer, L.*, a.a.O.
47 In der Praxis wird dieser Fall zumeist nur dann gegeben sein, wenn Deutschland der Quellenstaat ist.
48 OECD, Application, S. 17 f.
49 *Lang*, in: FS Vogel, S. 907 ff.
50 Dazu siehe oben 1. Teil § 5 B I 2 c.
51 OECD, Application, passim.
52 *JK*, IStR 1999, Beih. zu Heft 1/99, XIV.

OECD-Steuerausschusses wird der Auslegung nach dem Recht des jeweiligen Anwendestaates eine Absage erteilt.[53] In dem OECD-MA 2000 ist jedoch auf eine Regelung der Abkommensberechtigung von Personengesellschaften in dem Musterabkommen verzichtet worden. Gleichwohl wird in dem Kommentar zu Art. 1 OECD-MA 2000 unter Ziffer 6[54] im Grundsatz die Maßgeblichkeit der Qualifikation des Quellenstaates für den Ansässigkeitsstaat des Gesellschafters verankert und in Ziffer 2 auf den Bericht des Fiskalausschusses der OECD verwiesen.

Vor dem Hintergrund der Qualifikationskonflikte (subjektive und Sondervergütungen) ist die Einführung des Abs. 4 in Art. 23 A OECD-MA 2000 und die Erweiterung des Kommentars zu Art. 23 OECD-MA 2000 zu sehen. In Art. 23 A Abs. 4 OECD-MA ist eine subject-to-tax-Klausel enthalten. Danach gilt die Freistellungsmethode nicht für Einkünfte und Vermögen einer in einem Vertragsstaat ansässigen Person, wenn der andere Vertragsstaat diese Einkünfte oder dieses Vermögen nach diesem Abkommen von seiner Steuer befreit oder Art. 10 Abs. 2 oder Art. 11 Abs. 2 OECD-MA 2000 auf diese Einkünfte anwendet. Demnach soll eine doppelte Steuerbefreiung durch eine unterschiedliche Auslegung der Abkommensnormen selbst oder durch unterschiedliche Subsumtion des Sachverhalts unter die DBA-Regelungen vermieden werden, wobei die Regelung das Wiederaufleben des Besteuerungsrechts sowohl für den Quellenstaat als auch für den Ansässigkeitsstaat vorsieht.[55] Darüber hinaus enthalten die Nummern 23 ff. des Kommentars eine im Wege der teleologischen Reduktion einschränkende Auslegung der Steuerfreistellung nach Art. 23 A OECD-MA 2000, da andernfalls Qualifikationskonflikte, die auf der zulässigen Anwendung des nationalen Steuerrechts beruhen, zu einer Nicht- oder einer ermäßigten Besteuerung durch den Quellenstaat führen.[56]

II. Stellungnahme

Wie bereits im ersten Teil der Arbeit ausgeführt wurde, kann das OECD-MA 2000 einschließlich des Kommentars nur für die Abkommen, die diesem nachgebildet werden, als Auslegungshilfe herangezogen werden und nicht für die bestehenden Abkommen der Bundesrepublik.[57] Ungeachtet dessen wendet die Finanzverwaltung[58] die teleologische Reduktion der dem Art. 23 A OECD-MA entsprechenden Normen in den derzeit geltenden Abkommen der Bundesrepublik Deutschland an. Inwieweit hierfür eine Rechtsgrundlage besteht ist zweifelhaft.[59]

---

53 *Menck*, IStR 1999, 147.

54 MA-Komm. 2000 Art. 1 abgedruckt bei: *Debatin/Wassermeyer*, MA Art. 1.

55 Anders: eine Rückfallklausel, die nur das Aufleben des Besteuerungsrechts des Ansässigkeitsstaates vorsieht und das remittance-base-prinzip, das nur zum Wiederaufleben des Besteuerungsrechts des Quellenstaates führt, dazu ausführlich *Grotherr*, IWB, F. 3, Gr. 2, S. 643 ff.

56 *Krabbe*, IStR 2000, 196.

57 Dazu siehe oben 1. Teil § 5 B I 2 b.

58 BMF v. 24.12.1999, BStBl. I 1999, 1076, Tz. 1.2.3; zur atypisch stillen Beteiligung BMF v. 28.12.1999, IStR 2000, 23.

59 Dazu siehe oben A IV.

Fraglich ist, welche Konsequenzen sich aus den Änderungen des Kommentars des OECD-MA 2000 für die abkommensrechtliche Behandlung von ausländischen Sozietäten ergeben. Dabei ist zu berücksichtigen, daß der Kommentar zum OECD-MA 2000 auf dem Bericht des Steuerausschusse vom 21.1.1999[60] verweist, auf den wiederum der Bericht des Steuerausschusses der OECD zu Art. 14 Bezug nimmt.[61] Zunächst ist nicht eindeutig, inwieweit die in dem Kommentar zum OECD-MA 2000 verankerte „Maßgeblichkeit der Qualifikation des Sitzstaates der Gesellschaft" für die Zurechnung der Einkünfte abkommensrechtlich durchgehalten werden soll.[62] Bei konsequenter Anwendung stünde z.B. Deutschland nicht das Besteuerungsrecht zu, wenn die Personengesellschaft in einem Drittstaat eine Betriebsstätte unterhält, da diese eine des ausländischen Unternehmens ist und nicht die Gesellschafter der Personengesellschaft als Unternehmer i.S.d. Art. 7 OECD-MA anzusehen sind.[63] Dieses Ergebnis steht jedoch im Widerspruch zu den gesteckten Zielen des OECD-Steuerausschusses, der in seinem Bericht neben einer Vereinheitlichung der Abkommensanwendung auch die Vermeidung der Doppelbesteuerung als Sinn und Zweck der Abkommen in den Mittelpunkt stellt.[64]

Nach dem OECD-MA 2000 sind die Einkünfte der Sozii Einkünfte aus Unternehmensgewinne i.S.d. Art. 7 OECD-MA 2000. Wird eine ausländische Sozietät in ihrem Domizilstaat als Steuersubjekt behandelt, ist die Gesellschaft, ausgehend von der Maßgeblichkeit der Qualifikation des Domizilstaates, abkommensrechtlich als Subjekt der Ergebnisermittlung anzusehen. Insofern besteht für künftig dem OECD-MA 2000 nachgebildete Abkommen keine Rechtsgrundlage für eine Auslegung i.S.d. des Tätigkeitsortprinzips. Allgemein stellt sich in den Fällen eines subjektiven Qualifikationskonflikts die Rechtslage nicht anders dar als bei unternehmerisch tätigen Personengesellschaften.

Soweit der Kommentar zu Art. 23 OECD-MA[65] in der Ziffern 32.1 ff. auf die Anwendung der Freistellungsmethode bei Qualifikationskonflikten eingeht, enthält dieser keine systematische Aussage, die im konkreten Einzelfall den Schluß zuläßt, ob die Qualifikation des Quellenstaates maßgeblich ist, mit der Folge, daß der Ansässigkeitsstaat

---

60 Einwände gegen diesen Bericht haben bisher Deutschland, Frankreich und die Schweiz erklärt, *Kippenberg*, IStR 1999, Beih. zu Heft 1, S. 1; dazu siehe auch den Tagungsbericht des gemeinsamen Steuerausschusses der Bundesteuerberaterkammer (Deutschland), der Kammer der Wirtschaftstreuhänder (Österreich) und der Schweizerischen Kammer der Bücher-, Steuer- und Treuhandexperten, kurz: DACH-Kongreß, von *JK*, IStR 1999, Beih. zu Heft 1/99, XIV; der DACH-Kongreß hat dem OECD-Steuerausschuß eine Stellungnahme zugeleitetet, abgedruckt in: IStR 1999, Beih. zu Heft 1/99, XIV.

61 OECD, Issues relted to Art. 14, Introduction IV b.

62 Insoweit hält *Wassermeyer*, IStR 1998, 489, 492 die h.M. zum bestehenden OECD-MA für inkonsequent und verneint im Ergebnis zu Recht die Notwendigkeit einer Regelung der Abkommensberechtigung von Personengesellschaften.

63 So im Ergebnis bereits zum bestehenden OECD-MA konsequenterweise *Knobbe-Keuk*, Bilanz steuerrecht, § 13 a III 3 a dd.

64 Daher auch zu Recht kritisch *Lang*, IStR 2000, 129, 132; *ders.*, in: FS Vogel, S. 907 ff.

65 MA-Komm. 2000 Art. 23, abgedruckt bei: *Debatin/Wassermeyer*, MA, Art. 23.

nicht die Freistellungsmethode, sondern die Anrechnungsmethode anwenden kann.[66] Aus dogmatischer Sicht ist die Vorgehensweise, die zu Änderungen des OECD-MA 2000 geführt haben, kritisch zu sehen. Es stimmt als solches bedenklich, wenn in dem OECD-MA 2000 auf den Bericht des Steuerausschusses verwiesen wird, der damit qualitativ von einer Meinungsäußerung der Vertreter der einzelnen Finanzverwaltungen der OECD-Staaten zur Auslegungshilfe erhoben wird. Dies gilt um so mehr, als der Bericht keine i.S.d. juristischen Methodenkanons systematische Auslegung zu manifestieren sucht[67], sondern lediglich Lösungsvorschläge anhand einzelner Fallbeispiele diskutiert.

Aus deutscher Sicht ist diese Vorgehensweise zur Lösung komplexer Fragestellungen seitens der Finanzverwaltung zwar nicht neu[68], sie ist jedoch nicht nur aus dogmatischer Sicht zweifelhaft, sondern führt, wie dies *Wassermeyer*[69] zu Recht feststellt, für DBA, die dem OECD-MA 2000 nachgebildet werden, in der Praxis zu weiteren Auslegungsschwierigkeiten. Letztlich dürfte hinter dieser Vorgehensweise der Änderung des OECD-MA das Vorverständnis stehen, das steuergünstige Gestaltungen im Grundsatz einem Mißbrauchsverdikt unterliegen. All dies fördert nicht die Rechtssicherheit, die Planbarkeit und auch nicht das rechtsstaatliche Bewußtsein der Steuerpflichtigen.[70]

Rechtspolitisch bleibt abzuwarten, ob die Gerichte sich an die Auslegung halten werden, wie sie der Kommentar zum OECD-MA 2000 vorgibt und, wenn ja, ob der gewünschte Effekt der Vermeidung einer Doppelbesteuerung eintreten wird, da die Maßgeblichkeit der Qualifikation des Quellenstaates von den Finanzverwaltungen als Einladung empfunden werden kann, deren Besteuerungsrechte auszudehnen. Zudem ist die Einseitigkeit der Änderungen im OECD-MA 2000 im Hinblick auf Vermeidung einer doppelten Nichtbesteuerung nur dadurch zu erklären, daß die Verfasser des OECD-Berichts in erster Linie Sorge um das Steuersubstrat gehabt haben.[71] Der Hinweis auf das Steueraufkommen darf jedoch nicht verfangen, weil es eines zivilisierten Steuerrechts unwürdig ist, allein mit dem Hinweis auf den Einnahmeerzielungszweck der Steuer ein Steuersystem zu gestalten.[72]

C. Deutsche Abkommenspraxis und künftige Abkommensentwicklung

In einzelnen Abkommen der Bundesrepublik Deutschland sind, wie bereits oben dargestellt wurde[73], unterschiedliche Regelungen enthalten, um die nach dem OECD-MA fehlende Abkommensberechtigung von Personengesellschaften zu regeln. Zumeist fallen unter diese Regelungen ausschließlich Handelsgesellschaften, so auch bei-

[66] *Lang*, IStR 2000, 129; *ders*., in: FS Vogel, S. 907 ff., S. 920 f.; *Wassermeyer*, in: Debatin/Wassermeyer, Art. 1 Rz. 27 c; a.A. *Krabbe*, IStR 2000, 196; *Menck*, IWB, F. 10, Gr. 2, S. 1469 ff., S. 1472.

[67] In diesem Sinne auch *Lang*, in: FS Vogel, S. 907 ff., S. 923.

[68] Dazu siehe BMF v. 25.3.1998, BStBl. I 1998, 268.

[69] *Wassermeyer*, in: Debatin/Wassermeyer, MA Art. 1 Rz. 27 d.

[70] *Crezelius*, Stbg 2001, Heft 11, Editorial.

[71] *Lang*, in: FS Vogel, S. 907 ff., S. 923 f.

[72] *Crezelius*, Stbg 2001, Heft 11, Editorial.

[73] Dazu siehe oben 4. Teil § 2 C III.

spielsweise in den DBA mit Belgien und Japan. Dies hat zur Folge, daß es für ausländische Anwaltsgesellschaften bei dem Qualifikationskonflikt bleibt, da ausländische Anwälte regelmäßig nach dem Berufsrecht der einzelnen Staaten ihre freiberufliche Tätigkeit nicht in Personenhandelsgesellschaften ausüben dürfen. Dies gilt allerdings in den meisten Staaten nicht für Wirtschaftsprüfer. Dürfen diese ihren Beruf gemeinsam in einer ausländischen Handelsgesellschaft ausüben, richtet sich die abkommensrechtliche Behandlung der Einkünfte der Gesellschaft nach der gesondert geregelten Abkommensberechtigung.[74] Insoweit besteht kein Unterschied zur abkommensrechtlichen Behandlung von unternehmerisch tätigen Personengesellschaften.[75] Soweit in den Abkommen die anteilige Zurechnung der Einkünfte bei den Gesellschaftern geregelt ist und demnach die Ergebnisermittlung zwischen den einzelnen festen Einrichtungen nach dem Fremdvergleichsgrundsatz entsprechend Art. 7 Abs. 2 OECD-MA zu erfolgen hat. Soweit die Vertragsstaaten hiervon abweichen, ist dies im Wege eines Verständigungsverfahrens entsprechend Art. 25 OECD-MA zu klären oder aber bei Revisionsverhandlungen in das Abkommen selbst aufzunehmen.

Die künftige Entwicklung der deutschen DBA, die überwiegend dem OECD-MA nachgebildet sind, wird durch die Anpassung bestehender Abkommen an das OECD-MA 2000 geprägt sein. Hinsichtlich der abkommensrechtlichen Behandlung von ausländischen Sozietäten sollte die Tatsache der Streichung des Art. 14 OECD-MA zu einer eindeutigeren Auslegung führen. Gleichwohl sollte von einer gesonderten Regelung der fiktiven Abkommensberechtigung der (transparenten) Personengesellschaft als Subjekt der Ergebnisermittlung als auch der Zurechnung der Einkünfte zu den Gesellschaftern abgesehen werden. Diese ergibt sich durch Auslegung des Abkommens.

D. Nach nationalem Steuerrecht

I. Melde-, Anzeige-, Mitwirkungs- und Buchführungspflichten

Nach § 138 Abs. 1 S. 3 AO hat derjenige, der eine freiberufliche Tätigkeit aufnimmt, dies dem nach § 19 AO zuständigen Finanzamt mitzuteilen. Da nach dem Gesetzeswortlaut nichts näheres bestimmt ist, gilt dies auch für im Ausland ansässige Gesellschafter einer Freiberufler-Personengesellschaft, die im Inland eine freiberufliche Tätigkeit aufnehmen. Nach § 138 Abs. 2 Nr. 2 AO haben Steuerpflichtige mit Wohnsitz oder gewöhnlichen Aufenthalt im Inland dem nach §§ 18 - 20 AO zuständigen Finanzamt die Beteiligung an „ausländischen Personengesellschaften" mitzuteilen. Da der Wortlaut des § 138 Abs. 2 Nr. 2 AO nicht auf eine bestimmte Tätigkeit, sondern allgemein auf den zivilrechtlichen Begriff „Personengesellschaft" abstellt, gilt die Meldepflicht auch für Freiberufler-Personengesellschaften.[76]

Ausländische Freiberufler-Personengesellschaften sind ebensowenig wie inländische nach §§ 140, 141 AO zur Führung von Büchern verpflichtet, da sie auch nicht nach

[74] Dazu siehe oben 4. Teil § 2 C III.
[75] Ausführlich zu den Sonderregelungen *Hock*, Personengesellschaften, S. 93 ff.
[76] Ebenso *Piltz*, Personengesellschaften im IStR, S. 84, bzgl. der Regelung des § 138 Abs. 2 Nr. 3 AO kommt es allein auf die Qualifikation nach deutschem Steuerrecht an.

anderen Gesetzen zur Führung von Büchern verpflichtet sind. Etwas anderes kann sich nur dann ergeben, wenn die ausländische Gesellschaft eine Handelsgesellschaft ist. Ist ein im Inland ansässiger WP oder StB - die gemeinsame Berufsausübung von Anwälten in Personenhandelsgesellschaften ist auch im Ausland untersagt[77] - an einer ausländischen Personenhandelsgesellschaft beteiligt, ist fraglich, ob für den im Inland ansässigen Berufsangehörigen wegen seiner Vergleichbarkeit mit dem Gesellschafter einer deutschen Personenhandelsgesellschaft (OHG oder KG) eine Buchführungspflicht besteht. Im weiteren wird diese Frage jedoch nicht vertieft.[78] Werden freiwillig Bücher geführt, ist die in § 146 Abs. 2 AO enthaltene Bestimmung des Orts der Buchführung nicht anwendbar, da es sich nach dem Wortlaut der Regelung um „erforderliche" Aufzeichnungen handelt. Auch für ausländische Personengesellschaften, die im Inland tätig sind, gelten allerdings die erhöhten Mitwirkungspflichten bei Auslandssachverhalten i.S.d. § 90 Abs. 2 AO.

II. Übereinstimmende Qualifikation

Wird nach dem Steuerrecht des anderen Staates der Gewinn der ausländischen Personengesellschaft entsprechend der deutschen Mitunternehmerbesteuerung erfaßt, stellt sich die Systematik der Behandlung der Einkünfte der Sozii nicht anders dar als bei einer inländischen Sozietät.[79] Insbesondere ist die Frage zu beantworten, ob alle Gesellschafter im Inland anteilig der Besteuerung unterliegen oder nur diejenigen, die im Inland tatsächlich tätig werden.

Ist eine ausländische Sozietät in Deutschland tätig, ist zu prüfen, ob dadurch ein Inlandsmerkmal i.S.d. § 49 Abs. 1 EStG erfüllt ist und somit die beschränkte Steuerpflicht der Gesellschafter gegeben ist. Besteht keine Betriebsstätte der ausländischen Sozietät in Deutschland und ist ein Berufsfremder, der ausschließlich im Ausland tätig ist, an dieser beteiligt oder wird eine gewerbliche Tätigkeit ausschließlich im Ausland ausgeübt, bleiben die im Ausland verwirklichten Besteuerungsmerkmale gem. § 49 Abs. 2 EStG außer betracht, so daß die Gesellschafter in Deutschland als beschränkt Steuerpflichtige Einkünfte aus selbständiger Arbeit erzielen (§ 49 Abs. 1 Nr. 3 u. Abs. 2 i.V.m. § 18 Abs. 1 Nr. 1 EStG).[80]

Wird ein Gesellschafter, der als Berufsfremder Einkünfte aus Gewerbebetrieb (§ 15 Abs. 1 S. 1 Nr. 2 EStG) erzielt, im Inland tätig und unterhält die ausländische Sozietät keine Betriebsstätte in Deutschland, löst die Inlandstätigkeit keine beschränkte Steuerpflicht aus, da insoweit die isolierende Betrachtungsweise nicht anwendbar ist. Entsprechendes gilt, wenn die Sozietät eine gewerbliche Tätigkeit im Inland ausübt, z.B.

---

[77] Dazu siehe oben 1. Teil § 4 A III.

[78] Vgl. dazu *Piltz*, Personengesellschaften im IStR, S. 85 ff.; *Schröder*, in: Mössner u.a., Int. Unternehmensbesteuerung, C 3 ff., m.w.N.; die Schwierigkeit einer solchen Einordnung der ausländischen Gesellschaft potenziert sich noch durch die „freiberufliche" Tätigkeit der Gesellschafter. Letztlich geht es auch hier um die Frage, ob die ausländische Personenhandelsgesellschaft nach deutschem Handelsrecht nicht eine Scheinhandelsgesellschaft ist.

[79] Dazu siehe oben 4. Teil § 2 A.

[80] Im Ergebnis ebenso *Rademacher-Gottwald*, Grenzüberschreitende Sozietäten, S. 337; in diesem Sinne auch BMF v. 24.12.1999, BStBl. I 1999, 1076, Tz. 1.1.6.

wegen der Ausübung einer gemischten Tätigkeit. Dieses Ergebnis mag aus Sicht des Fiskus zwar wenig zufriedenstellend sein, jedoch ist eine andere von dem juristischen Methodenkanon abweichende Auslegung nicht zulässig. Allein der die Einnahmenerzielung des deutschen Fiskus rechtfertigt nicht die Besteuerung. Vielmehr ist dies ein Beispiel dafür, daß Regelungslücken bei der Umsetzung des Territorialitätsprinzips im Rahmen in der beschränkten Steuerpflicht in der Natur der Sache liegen.[81] Aus Sicht der Praxis besteht daher für ausländische Sozietäten, die nur vorübergehend im Inland tätig sind, die Möglichkeit, die beschränkte Steuerpflicht aller Gesellschafter in Deutschland dadurch zu vermeiden, daß in Deutschland ein Berufsfremder tätig wird oder eine gemischte Tätigkeit ausgeübt wird.

III. Abweichende Subjektqualifikation

Die steuerrechtliche Behandlung einer ausländischen Berufsausübungsgesellschaft hängt von dem Typenvergleich nach deutschem Steuerrecht ab. Wird die Gesellschaft im Ausland als Körperschaftsteuersubjekt behandelt und nach deutschem Steuerrecht als Mitunternehmerschaft, gilt nichts anderes als bei gewerblich tätigen Personengesellschaften.[82] Allgemein anerkannt ist, daß eine etwaige Doppelbesteuerung nur im Sitzstaat des Gesellschafters vermieden werden kann.[83] Ist demnach ein Gesellschafter einer ausländischen Berufsausübungsgesellschaft im Inland unbeschränkt steuerpflichtig, läßt Deutschland die Anrechnung der von einer ausländischen Gesellschaft im Ausland erhobenen Körperschaftsteuer zu, wenn die Gesellschaft nach deutschem Steuerrecht als Mitunternehmerschaft angesehen und der im Ausland erzielte Gewinn daher dem inländischen Gesellschafter anteilig zugerechnet und nach dem Welteinkommensprinzip bei ihm besteuert wird. Die zur Anrechnung der ausländischen Steuer von § 34 c EStG geforderte Identität des Steuersubjekts ist nach Wertung des deutschen Steuerrechts gegeben.[84]

Ist ein unbeschränkt steuerpflichtiger Berufsangehöriger an einer ausländischen Berufsausübungsgesellschaft beteiligt, die im Ausland als Körperschaft besteuert wird und in Deutschland als Mitunternehmerschaft anzusehen ist, wird dieser - abgesehen von den sog. Grenzgängern - zumeist ausschließlich im Inland in einer inländischen Betriebsstätte i.S.d. § 12 AO tätig sein. Würden hingegen ausschließlich diejenigen Gesellschafter im Inland steuerpflichtig sein, die tatsächlich dort ihre Tätigkeit ausüben, ergäbe sich demnach folgendes: Der Gesellschafter erzielt im Jahr 01 inländische Einkünfte, da er ausschließlich im Inland tätig war. Daher wäre mangels ausländischer Einkünfte i.S.d. § 34 d Nr. 3 EStG die Anrechnung der (anteiligen) ausländischen Körperschaftsteuer und im Jahr 02 einer etwaigen Quellensteuer bei Ausschüttung nicht

---

[81] Dazu siehe oben 3. Teil § 3 B II 2 u. V.

[82] Dazu z.B. *Greif*, in: Mössner u.a., Int. Unternehmensbesteuerung, E 6 ff.; *Piltz*, Personengesellschaften im IStR, S. 113 ff.; jeweils m.w.N.

[83] Statt aller *Lüdicke*, StBJb 1997/98, S. 449, S. 452.

[84] *Blümich/Wied*, § 34 c EStG Rz. 21; *Lüdicke*, StBJb 1997/98, S. 449, S. 452; *Piltz*, Personengesellschaften im IStR, S. 113 ff.

zulässig (§ 34 c Abs. 1 EStG).[85] Folglich wäre nur der Abzug der ausländischen Steuer nach § 34 c Abs. 3 EStG möglich. Eine Anrechnung der ausländischen Steuer könnte allenfalls im Wege einer Billigkeitsmaßnahme seitens der Finanzverwaltung erfolgen.

Hinsichtlich der beschränkten Steuerpflicht i.S.d. §§ 1 Abs. 4, 49 EStG von Gesellschaftern ausländischer Berufsausübungsgesellschaften kommt es auf die im Rahmen der Besteuerung inländischer Sozietäten diskutierte Auslegung des Tatbestands der Ausübung i.S.d. § 49 Abs. 1 Nr. 3 EStG an.[86] Die anteilige Zuordnung der Einkünfte führt zu einer beschränkten Steuerpflicht aller im Ausland ansässiger Gesellschafter. Nach der abweichenden Auffassung wäre nur der Gesellschafter im Inland steuerpflichtig, der tatsächlich eine freiberufliche Tätigkeit (§ 18 Abs. 1 Nr. 1 EStG) ausübt. Kommt es dadurch zu einer Doppelbesteuerung, wäre diese durch den Wohnsitzstaat auszugleichen.

Qualifiziert der ausländische Staat die Gesellschaft als Mitunternehmerschaft und nach deutscher steuerrechtlicher Wertung ist eine Körperschaft gegeben, unterliegen die Gewinne erst bei Ausschüttung der deutschen Besteuerung als Einkünfte aus Kapitalvermögen (§ 20 Abs. 1 Nr. 1 EStG).[87] Der ausländische Staat besteuert die Einkünfte im Jahr der Erzielung. Die überwiegende Auffassung[88] geht in diesen Fällen davon aus, daß die Anrechnung der ausländischen (Gewinn-)Steuer nicht möglich ist, da die nach § 34 c EStG erforderliche Steuersubjektidentität nach deutschem Steuerrecht nicht gegeben ist.

IV. Abweichende Einkunftsqualifikation

Wird die ausländische Gesellschaft in beiden Staaten nach dem Mitunternehmerkonzept besteuert, kann es zu einem Einkünftequalifikationskonflikt kommen. Das Steuerrecht anderer Staaten kennt zumeist keine der deutschen Gewerbesteuer vergleichbare Steuerart. Deshalb besteht die Möglichkeit, daß bei ausländischen Freiberufler-Personengesellschaften nach deutschem Steuerrecht Einkünfte aus Gewerbebetrieb i.S.d. § 15 Abs. 1 S. 1 Nr. 2 EStG vorliegen.[89]

Die Einkünfte der inländischen Betriebsstätte der ausländischen Berufsausübungsgesellschaft sind den im Ausland ansässigen Gesellschaftern anteilig als Gewinn ihrer Betriebsstätte zuzurechnen (§ 49 Abs. 1 Nr. 2 a EStG).[90] Der hier vertretenen Ansicht

---

[85] Im Fall eines Grenzgängers, der nur in den Räumen der Ausländischen Berufsausübungsgesellschaft tätig ist, stellt sich diese Frage nicht, da insoweit ausschließlich ausländische Einkünfte i.S. d. § 34 d Nr. 3 EStG gegeben sind.

[86] Dazu siehe oben 4. Teil § 2 A III 1 d.

[87] Zur Frage, wann eine Ausschüttung vorliegt *Piltz*, Personengesellschaften im IStR, S. 115 f.

[88] *Piltz*, Personengesellschaften im IStR, S. 116, m.w.N.; offen bei *Greif*, in: Mössner, u. a., Int. Unternehmenssteuerrecht, E. 6; a.A. *Debatin*, DB 1977, Beil. 13, 7; *Manke*, JbFStR 1978/79, S. 349.

[89] Dies gilt insbesondere für die amerikanischen law firms, bei denen bis zu 1700 Anwälte angestellt sind, *Töben*, IWB, F. 10 Gr. 2, S. 1253, S. 1260; dieser Trend besteht offenbar auch bei anderen ausländischen „Anwaltsunternehmen“, der auch in einer verstärkt betrieblichen internen Organisationsstruktur zum Ausdruck kommt; vgl. dazu *Römermann*, Anwaltsgesellschaften, S. 48 ff.

[90] Dazu siehe oben 4. Teil § 2 A III 1 a und d aa.

folgend, gilt dies auch für den anderen Staat. Sofern der andere Staat jedoch nach dem Tätigkeitsortprinzip besteuert, kommt es zu einer Doppelbesteuerung. Diese ist durch den Wohnsitzstaat des Gesellschafters zu beseitigen.

Würde der Sitzstaat der Gesellschaft die Einkünfte anteilig den Gesellschaftern zuordnen, wohingegen Deutschland hinsichtlich der Einkünfte aus freiberuflicher Tätigkeit dem Tätigkeitsortprinzip folge, kann es zu einer Doppelbesteuerung der Einkünfte eines im Inland unbeschränkt steuerpflichtigen Gesellschafters kommen, die nach § 34 c EStG anzurechnen oder abzuziehen wäre.

V. Sondervergütungen

Sondervergütungen[91] eines inländischen Gesellschafters einer ausländischen Freiberufler-Personengesellschaft i.S.d. § 18 Abs. 4 i.V.m. § 15 Abs. 1 S. 1 Nr. 2 EStG sind beispielsweise die Mieteinnahmen des inländischen Gesellschafters aus der Vermietung von Büroräumen an die ausländische Gesellschaft. Die Zuordnung der Sondervergütungen und von Sonderbetriebsvermögen, das zu den Sondervergütungen führt, zu der im Ausland oder im Inland ausgeübten Tätigkeit ist bei der Gewinnermittlung der im Ausland ausgeübten Tätigkeit insofern von Bedeutung, als ein DBA besteht und die ausländischen Einkünfte von der deutschen Besteuerung freizustellen sind. Dabei ist nach Ansicht der Rspr. des BFH[92] zu beachten, daß sich die Zuordnung der Wirtschaftsgüter nach dem wirtschaftlichen Veranlassungszusammenhang richtet. Die Gründsätze zur „tatsächlichen" Zugehörigkeit von Wirtschaftsgütern zu einer Betriebsstätte i.S.d. Abkommensrechts können dabei nicht herangezogen werden, da diese nur für die Frage gelten, in welchem Vertragsstaat die Sondervergütungen besteuert werden dürfen.[93]

Ist nach Wertung des ausländischen und deutschen Steuerrechts eine Mitunternehmerschaft gegeben und besteuert der ausländische Staat die Vergütungen, kann die ausländische Steuer nach § 34 c Abs. 1 EStG angerechnet werden und zwar auch dann, wenn die Vergütungen nach Ablauf des Geschäftsjahres bezogen werden.[94] Entsprechendes gilt auch dann, wenn die ausländische Gesellschaft in ihrem Sitzstaat als Körperschaft besteuert wird, wohingegen nach Wertung des deutschen Steuerrechts die Gesellschaft als Mitunternehmerschaft zu qualifizieren ist, da aus deutscher Sicht die für die Steueranrechnung nach § 34 c Abs. 1 EStG erforderliche Subjektidentität gegeben ist. Wird dagegen die Gesellschaft in ihrem Sitzstaat als Mitunternehmerschaft besteuert und nach Wertung des deutschen Steuerrechts als Kapitalgesellschaft behandelt, ist im Fall

---

91 Die Schwierigkeiten, die die steuerrechtliche Behandlung der Sondervergütungen im internationalen Steuerrecht verursacht, beruht letztlich darauf, daß bis auf die Staaten, in denen die deutsche Sicht „zwangsimportiert" wurde, nämlich Österreich, Luxemburg und Niederlande, die anderen Staaten, die Erfassung dieser Vergütungen als gewerbliche Einkünfte nicht kennt, da es an einer der Gewerbesteuer vergleichbaren Steuer fehlt *Knobbe-Keuk*, Bilanzsteuerrecht, § 13 a III 2 b.

92 BFH v. 17.11.1999 - I R 7/99, BStBl. II 1999, 605; in diesem Sinne auch BFH v. 24.3.1999 - I R 114/97, BStBl. II 2000, 399, 402.

93 Zu Recht kritisch *Mössner*, RIW 2001, 364.

94 *Greif*, in: Mössner, u. a., Int. Unternehmenssteuerrecht, E. 9 ff.; *Piltz*, Persongesellschaften im IStR, S. 117.

der Doppelbesteuerung der Vergütungen eine Anrechnung der ausländischen Steuer nicht möglich, da es aus deutscher Sicht an der Steuersubjektidentität fehlt.[95]

Sofern ein ehemals in der Bundesrepublik ansässiger und tätiger Freiberufler seine in seinem Eigentum befindlichen inländischen Kanzleiräume der ausländischen Freiberufler-Personengesellschaft gegen Entgelt zur Nutzung überläßt, erzielt der Gesellschafter nach § 49 Abs. 1 Nr. 3 EStG inländische Einkünfte aus selbständiger Arbeit und ist damit im Inland beschränkt steuerpflichtig (§ 1 Abs. 4 EStG). Sofern es dadurch zu einer Doppelbesteuerung des Gesellschafters kommt, ist es Sache des Wohnsitzstaates, diese zu vermeiden.

VI. Ermittlung und Feststellung der Einkünfte

Die ausländische Berufsausübungsgesellschaft hat ihren Gewinn nach dem Recht ihres Sitzstaates zu ermitteln. Die in Deutschland unbeschränkt oder beschränkt steuerpflichtigen Gesellschafter müssen im Grundsatz ihre Einkünfte nach deutschem (Handels-) und Steuerrecht ermitteln. Die Maßgeblichkeit der deutschen Gewinnermittlungsvorschriften kann zu praktischen Problemen führen, da die im Inland ansässigen Gesellschafter nicht buchführungspflichtig sind. Aus diesem Grund wird das nach ausländischem Recht ermittelte Ergebnis der Personengesellschaft regelmäßig auch für die inländische Besteuerung herangezogen.[96] Der so ermittelte Gewinn ist jedoch ggf. durch die in dem vorigen Kapital dargestellten Sondervergütungen zu ergänzen.

Sind an der ausländischen Freiberufler-Personengesellschaft mehrere im Inland beschränkt oder unbeschränkt steuerpflichtige Berufsangehörige beteiligt, sind die Einkünfte nach § 179 Abs. 2 S. 2 AO gesondert und nach § 180 Abs. 1 Nr. 2 a AO einheitlich festzustellen. Ist nur ein Gesellschafter im Inland steuerpflichtig, findet nach § 180 Abs. 3 AO keine gesonderte Feststellung der Einkünfte statt.

---

[95] *Debatin*, BB 1989, Beil. 2, S. 9; *Piltz*, Personengesellschaften im IStR, S. 116 f.

[96] Vgl. BFH v. 22.5.1991 - I R 32/90, BStBl. II 1992, 94; vgl. dazu auch die von *Piltz*, Personengesellschaften im IStR, S. 89 ff. diskutierte Frage der Maßgeblichkeit der ausländischen Handelsbilanz. Diese Frage kann sich in dem hier zu betrachtenden Zusammenhang nur dann ergeben, wenn es sich um eine ausländische Handelsgesellschaft handelt. Dies dürfte jedoch zumindest bei ausländischen Anwaltsgesellschaften nicht der Fall sein.

6. Teil: Zusammenfassung

Im Rahmen der vorstehenden Untersuchung wurden folgende Ergebnisse festgestellt:

1 Teil: Grundlagen

- Die internationale Tätigkeit sowie die berufliche Zusammenarbeit von RA, WP und StB in einer Personengesellschaft ist durch die Reglementierung des Berufsrechts eingeschränkt. Dies gilt im Grundsatz ebenso für die entsprechenden Berufsangehörigen anderer Staaten. Die internationale Tätigkeit eines selbständig tätigen Berufsangehörigen setzt somit die Zulässigkeit nach dem Berufsrecht der betreffenden Staaten voraus. Entsprechendes gilt im Rahmen der internationalen Tätigkeit eines Berufsangehörigen als Gesellschafter einer Berufsausübungsgesellschaft. Sind an einer Berufsausübungsgesellschaft Berufsangehörige beteiligt, die in verschiedenen Staaten zur Berufsausübung zugelassen sind, ergibt sich die Zulässigkeit des Zusammenschlusses nach dem Berufsrecht der beteiligten Staaten (§ 2 A).

- Die berufsrechtliche Reglementierung der Ausübung der anwaltlichen, wirtschaftsprüfenden und steuerberatenden Tätigkeit weicht in den meisten Staaten erheblich von dem deutschen Berufsrecht ab. Dies gilt für die Steuerberatung, die, bis auf Österreich, in anderen Staaten gesetzlich nicht geregelt ist. In einigen Staaten besteht jedoch die Möglichkeit der freiwilligen Mitgliedschaft in einer Berufsorganisation. Auch die Zulässigkeit anderer Staaten zur Zusammenarbeit in einer Freiberufler-Personengesellschaft ist zumeist enger als nach deutschem Recht ausgestaltet und zwar sowohl bzgl. der Internationalität als auch der Interprofessionalität der Zusammenarbeit (§ 2 A).

- Die gemeinsame Berufsausübung von RA, WP und StB in der Rechtsform der BGB-Gesellschaft bedarf keiner Erlaubnis. Wirtschaftsprüfungs- und Steuerberatungs-OHG bzw. Kommanditgesellschaften sind nach § 27 WPO und § 49 StBerG erlaubnispflichtig. In personeller Hinsicht können RA, WP oder StB auch mit vergleichbaren ausländischen Berufsangehörigen unter Beachtung weiterer gesetzlicher Voraussetzungen ihren Beruf in einer Personengesellschaft ausüben, wobei es bei StB an unmittelbar vergleichbaren Berufen in anderen Staaten - Ausnahme ist Österreich - fehlt (§ 2 A).

- Als Rechtsformen der beruflichen Zusammenarbeit von RA, WP oder StB in einer Personengesellschaft stehen u.a. die BGB-Gesellschaft, OHG sowie KG zur Verfügung. Andere Staaten kennen vergleichbare Personengesellschaften, die den Berufsangehörigen zur gemeinsamen Berufsausübung zur Verfügung stehen (§ 2 A/B).

- Die Regelungen der europäischen Berufsverbände stellen weder eine Rechtsgrundlage i.S.d. Europarechts dar, noch sind sie in nationales Recht umgesetzt worden. Der C.F.E. hat einen Entwurf eines Richtlinienvorschlags verabschiedet, der eine Regelung zur Einführung eines geschützten Titels für den Beruf des StB in Europa enthält. Durch die bisher noch nicht umgesetzte Niederlassungsrichtlinie für Rechtsanwälte wird künftig die grenzüberschreitende Tätigkeit von RA erheblich erleichtert werden. Dies gilt jedoch nicht hinsichtlich interprofessioneller Zusammenschlüsse (§ 2 A).

- Aus der historischen Betrachtung ergibt sich, daß eine Definition des Begriffs „freiberufliche Tätigkeit“ i.S.d. § 18 Abs. 1 Nr. 1 EStG nicht möglich ist (§ 4 B I). Der Begriff ist ein Typusbegriff, wobei die Rspr. keine Merkmale eines Typusbegriffs herausgebildet hat. Dabei steht die persönliche Arbeitsleistung des Freiberuflers im Unterschied zu einem Gewerbetreibenden im Vordergrund. Es handelt sich um eine höchstpersönliche Tätigkeit (§ 4 B II 1). Unter den Begriffen Rechtsanwalt, Wirtschaftsprüfer und Steuerberater i.S.d. § 18 Abs. 1 Nr. 1 EStG sind nur die i.S.d. Berufsrechtsordnungen zugelassenen bzw. bestellten Berufe zu verstehen (§ 4 B II 2). Sofern für „ähnliche Berufe“ i.S.d. § 18 Abs. 1 Nr. 1 EStG eine Vergleichbarkeit hinsichtlich aller Merkmale des Vergleichsberufs gefordert wird, ist darauf zu achten, daß der wertende Vergleich keine Gleichheit fordert. Dies entspricht dem Wortlaut und dem Sinn und Zweck des Begriffs „ähnlich“ (§ 4 B II 3). Hinsichtlich des Erfordernisses der aufgrund eigener Fachkenntnis leitenden und eigenverantwortlichen Tätigkeit i.S.d. § 18 Abs. 1 Nr. 1 S. 3 EStG kommt es auf die Anzahl der Mitarbeiter und die Qualität des Beitrags der Mitarbeiter an. Soweit dies im Schrifttum unter Hinweis auf die Entwicklung der tatsächlichen Verhältnisse und der Verkehrsauffassung kritisiert wird, ist dem nicht zu folgen, da die in § 18 Abs. 1 Nr. 1 S. 3 EStG normierten Voraussetzungen eine gesetzliche Verankerung des Merkmals der im Vordergrund stehenden Arbeitsleistung ist (§ 4 B II 4). Entgegen der partiellen Steuersubjektfähigkeit soll jeder Gesellschafter einer Sozietät die Voraussetzungen einer freiberuflichen Tätigkeit i.S.d. § 18 Abs. 1 Nr. 1 EStG erfüllen. Dabei handelt es sich nicht um einen Anwendungsfall der in § 15 Abs. 3 Nr. 1 EStG geregelten Abfärbe- oder Infektionstheorie (§ 4 B III 1 a). Dies gilt auch bzgl. des Erfordernisses der leitenden und eigenverantwortlichen Tätigkeit § 18 Abs. 1 Nr. 1 S. 3 EStG. Ferner ist die Mitunternehmereigenschaft der Gesellschafter zu prüfen. Allein die Beschaffung von Aufträgen reicht, entgegen der Ansicht der Finanzverwaltung, nicht zur Versagung der Voraussetzungen des § 18 Abs. 1 Nr. 1 S. 3 EStG aus (§ 4 B III 1 b). Für die Besteuerung der Einkünfte einer (Schein-) OHG oder (Schein-) KG ergibt sich kein Unterschied zur Sozietät (§ 4 B III. 2). Die Gewinnermittlung kann wahlweise durch Bestandsvergleich nach § 4 Abs. 1 EStG oder durch Überschußrechnung nach § 4 Abs. 3 EStG erfolgen (§ 4 B IV).

- Das OECD-MA und der Kommentar können im Rahmen der Auslegung bestehender DBA als Auslegungshilfe herangezogen werden. Für das OECD-MA 2000, einschließlich des Kommentars gilt dies insoweit nicht, als diesem keine zur Zeit gültigen Abkommen der Bundesrepublik nachgebildet sind (§ 5 B 1 b).

- Im Rahmen der Auslegung der DBA nach Art. 3 Abs. 2 OECD-MA ist die Auslegung anhand des Sinnzusammenhangs gegenüber dem Rückgriff auf das nationale Steuerrecht des Anwendestaates vorrangig (§ 5 B I 2 c).

- Die DBA der Bundesrepublik Deutschland weisen zum Teil erhebliche Unterschiede zum OECD-MA auf. Gleichwohl geht die Entwicklung im Rahmen neu abzuschließender Abkommen dahin, nach dem OECD-MA oder dem UN-MA nachgebildete Abkommen abzuschließen (§5 B 5).

2. Teil: Freiberufliche Tätigkeit inländischer Berufsangehöriger im Ausland

- Bei dem abkommensrechtlichen Begriffsverständnis des freien Berufs ist von einem einheitlichen Verständnis der freien Berufe der Vertragsstaaten auszugehen, wie er sich aus Art. 14 Abs. 2 OECD-MA ergibt. In der deutschen Fassung des Art. 14 Abs. 2 OECD-MA sind auch die Berufe Rechtsanwälte und Bücherrevisoren, worunter WP und StB fallen, aufgeführt. Ist in einem DBA eine entsprechende Regelung enthalten, so besteht die Vermutung, daß es dem normativen Willen der Vertragsstaaten entspricht, die Berufsangehörigen beider Vertragsstaaten unter den in einer dem Art. 14 Abs. 2 OECD-MA nachgebildeten Norm genannten Berufen zuzuordnen (§ 1 A I).

- Sofern ein dem OECD-MA nachgebildetes Abkommen besteht, sind die Einkünfte eines selbständig tätigen Freiberuflers auch dann der Einkunftskategorie der Einkünfte aus selbständiger Arbeit (Art. 14 OECD-MA) zuzurechnen, wenn diese nicht i.S.d. § 18 Abs. 1 Nr. 1 S. 3 EStG leitend und eigenverantwortlich ausgeübt wird (§ 1 A III 2). Unter eine dem Art. 14 Abs. 2 DBA entsprechende Norm fällt auch die Tätigkeit von ausländischen Anwälten, Wirtschaftsprüfern und Steuerberatern. Dies ergibt sich aus dem normativen Willen der Vertragsstaaten und der übereinstimmenden Meinung hinsichtlich des in Art. 14 Abs. 2 OECD-MA geregelten Kernbereichs (§ 4 A III 3).

- Nicht den Einkünften aus Lizenzgebühren i.S.d. Art. 12 OECD-MA ist die Überlassung von Wissen eines RA, WP oder StB in Form eines Gutachtens o.ä. zuzuordnen, da es sich hierbei nicht um „Know-how“ handelt. Gleichwohl können Einkünfte aus Lizenzen im Rahmen der Überlassung von Urheberrechten gegeben sein (§ 1 A III 5).

- Hinsichtlich der festen Einrichtung und der Betriebsstätte besteht abkommensrechtlich eine Funktionsgleichheit, da beide eine das Besteuerungsrecht überlassende intensive Bindung an den Nichtansässigkeitsstaat der Person feststellen sollen. Der in Art. 14 Abs. 1 OECD-MA enthaltene Begriff „feste Einrichtung“ ist ein eigenständiger abkommensrechtlicher Begriff, der unter Berücksichtigung der gesonderten Regelung der Einkünfte aus selbständiger Arbeit zu bestimmen ist. Aufgrund der abkommensrechtlichen Funktionsgleichheit der festen Einrichtung und der Betriebsstätte kann zur Bestimmung der festen Einrichtung auf die in Art. 5 OECD-MA geregelten Grundsätze zur Betriebsstätte zurückgegriffen werden (§ 1 A IV 1). Die feste Einrichtung muß der konkret ausgeübten selbständigen Arbeit „dienen“. Hierfür bedarf es einer sachlichen Ausstattung der festen Einrichtung (§ 1 A IV 2 a). Die Ausübung einer Nebentätigkeit reicht nicht aus (§ 1 A IV 2 b). Die „feste“ Einrichtung muß örtlich fixiert sein. In zeitlicher Hinsicht ist das Merkmal „gewisse Dauer“, entgegen der h.M., bei einer Mindestzeitspanne von 183 Tage erfüllt (§ 1 A IV 2 c). Der gegenüber Art. 5 OECD-MA abweichende Wortlaut des Art. 14 Abs. 1 OECD-MA, wonach eine feste Einrichtung gewöhnlich zur Verfügung stehen muß, bringt die Personenbezogenheit der selbständigen Arbeit zum Ausdruck, nicht aber eine, wie auch immer geartete, Verfügungsmacht (§ 1 A IV 2 d). Letztere ist auch bei Beginn und Unterbrechung einer festen Einrichtung zu beachten (§ 1 A IV 3 e).

- Die Zuordnung der Einkünfte zu einer im Ausland belegenen festen Einrichtung richtet sich nach dem Veranlassungsprinzip unter Beachtung des Fremdvergleichsgrundsatzes, d. h. es können nur die Einkünfte der festen Einrichtung zugeordnet werden, die in einem sachlichen Zusammenhang zu dieser stehen (§ 1 A IV 3). Somit besteht keine Attraktivkraft der festen Einrichtung. Die Feststellung eines sachlichen Zusammenhangs ist jedoch insbesondere bei der Mithilfe fachlich vorgebildeter Arbeitskräfte und einem Dauerberatungsvertrag aufwendig (§ 1 A IV 3 c bb).

- Gem. Art. 10 Abs. 4, Art. 11 Abs. 4 und Art. 12 Abs. 4 OECD-MA besteht für die Einkünfte aus Dividenden, Zinsen und Lizenzen ein Vorbehalt der festen Einrichtung. Die Voraussetzungen der Zurechnung der Einkünfte zur festen Einrichtung sind jedoch weiterhin unklar (§ 1 A IV 3 d).

- Das OECD-MA 2000 enthält keine dem Art. 14 OECD-MA vergleichbare Regelung mehr, sondern die Tätigkeiten von Freiberuflern fallen ausdrücklich in den Anwendungsbereich der Unternehmensgewinne (Art. 7 OECD-MA 2000). Dies hat, wie auch dem Kommentar zum OECD-MA 2000 zu entnehmen ist, für diesem Abkommen nachgebildeten DBA zur Folge, daß die schwierige Abgrenzung zwischen den Einkünften aus freiberuflicher Tätigkeit und Unternehmensgewinne entfällt, die Voraussetzungen für die Betriebsstätte gelten sowie die Zuordnung der Einkünfte zu einer Betriebsstätte vereinheitlicht werden. Daher ist die persönliche Arbeitsleistung des Freiberuflers im Rahmen der Zuordnung der Einkünfte zu einer festen Einrichtung bei der Mithilfe von Arbeitskräften nicht mehr zu berücksichtigen. Die gutachterliche Tätigkeit von Anwälten und Buchprüfern ist nach dem Kommentar zum OECD-MA 2000 keine Lizenzeinkünfte i.S.d. Art. 12 OECD-MA 2000. Im Ergebnis stellen die Änderungen insoweit eine zu befürwortende Vereinfachung des Abkommensrechts dar (§ 1 A VI).

- Soweit die deutschen Abkommen keine dem Art. 14 Abs. 2 OECD-MA entsprechende Norm enthalten, ist der Rückgriff auf das nationale Steuerrecht der Vertragsstaaten insofern versperrt, als die Vermutung besteht, daß es nicht dem normativen Willen der Vertragsstaaten entspricht, durch eine Auslegung nach nationalem Steuerrecht eine abweichende Abkommensauslegung billigend in Kauf zu nehmen (§ 1 B I).

- Für die Zuordnung der Einkünfte aus selbständiger Arbeit bei einem dem UN-MA nachgebildeten Abkommen, sind die Grundsätze zur Zuordnung der Einkünfte aus unselbständiger Arbeit i.S.d. Art. 15 OECD-MA entsprechend anzuwenden, sofern im Quellenstaat keine feste Einrichtung besteht (§ 1 B II 1 a). Nach dem DBA-Brasilien und den Abkommen, die (noch) dem Arbeitsortprinzip folgen, sind nicht Einkünfte, sondern Vergütungen, d. h. Einnahmen, den Vertragsstaaten zuzuordnen (§ 1 B II 1 b u. 2).

- Der EuGH hat in seinem Urteil vom 12.5.1998 (Rs. Gilly) erstmals einen Verstoß gegen Art. 220 EGV, wonach die Doppelbesteuerung innerhalb der EU zu vermeiden ist, ausdrücklich abgelehnt. Infolgedessen sind aus europarechtlicher Sicht keine multilateralen DBA (zwingend) erforderlich (§ 1 C).

- Ein Freiberufler, der im Ausland eine feste Geschäftseinrichtung unterhält, hat eine Betriebsstätte i.S.d. § 12 AO, da auch ein Freiberufler ein Unternehmer i.S.d. der AO (und dem UStG) ist. Der Begriff der Betriebsstätte ist weiter auszulegen als der der festen Einrichtung, da die dauerhafte Ausübung von Hilfstätigkeiten nicht zur Annahme einer festen Einrichtung führt (§ 2 A I 2).

- Auch bei der grenzüberschreitenden Tätigkeit eines Berufsangehörigen unter Mithilfe fachlich vorgebildeter Arbeitskräfte muß die Tätigkeit eines RA, WP oder StB i.S.d. § 18 Abs. 1 Nr. 1 S. 3 EStG aufgrund eigener Fachkenntnis leitend und eigenverantwortlich ausgeübt werden. Allein aufgrund der örtlichen Trennung zwischen Freiberufler und Arbeitskraft ist angesichts moderner Kommunikationsmittel die Leitungsfunktion und Eigenverantwortlichkeit nicht zu versagen. Stellt ein RA, WP oder StB einen ausländischen Berufsangehörigen an, ist zweifelhaft, ob der RA, WP oder StB noch aufgrund eigener Fachkenntnis tätig wird. Hierbei kommt es auf die tatsächlich ausgeübte Tätigkeit an. Dies gilt auch dann, wenn es sich um einen freien Mitarbeiter handelt. In diesem Fall ist zu beachten, daß bei einer allseitigen gewinnabhängigen Vergütung die Gefahr einer verdeckten Mitunternehmerschaft besteht (§ 2 A II).

- Nach bestehender Rechtslage ist es zweifelhaft, ob ein ausländischer Berufsangehöriger einen ähnlichen Beruf i.S.d. § 18 Abs. 1 Nr. 1 EStG ausübt. Dies gilt insbesondere für die ausländischen steuerberatenden Berufe (§ 2 A II 2). Infolgedessen ist bei einer internationalen Doppelzulassung, sofern der ausländische Beruf nicht als „ähnlicher Beruf" i.S.d. § 18 Abs. 1 Nr. 1 EStG zu qualifizieren ist, im Einzelfall zu untersuchen, ob eine untrennbare gemischte Tätigkeit und damit eine gewerbliche Tätigkeit i.S.d. § 15 Abs. 2 EStG gegeben ist. Im Regelfall ist von einer untrennbaren Tätigkeit auszugehen (§ 2 A II 3). Aus Gründen der praktischen Durchführbarkeit eines wertenden Vergleichs und vor dem Hintergrund der Vereinbarkeit mit dem EGV, sollte die Rspr. ihre Haltung zum Tatbestand der „ähnlichen Berufe" i.S.d. § 18 Abs. 1 Nr. 1 EStG überdenken (§ 2 A II 4).

- Zur Vermeidung der Doppelbesteuerung der im Ausland erzielten Einkünfte eines unbeschränkt steuerpflichtigen Berufsangehörigen bedarf es nach nationalem Steuerrecht zur Anrechnung der ausländischen Steuer nach § 34 c Abs. 1 EStG der Ermittlung ausländischer Einkünfte (§ 34 d EStG). Für die „Ausübung" einer freiberuflichen Tätigkeit i.S.d. § 34 d Nr. 3 EStG kommt es de lege lata auf den tatsächlichen, physischen Aufenthaltsort des Berufsangehörigen an, an dem er tätig wird. Dies gilt auch bei der Erteilung von Weisungen an im Ausland tätige Arbeitskräfte und im Rahmen eines Dauerberatungsvertrags. Ggf. sind die Einkünfte aufzuteilen. Hier nicht zu entscheiden ist die Frage, ob angesichts der modernen Kommunikationstechnik de lege ferenda die Tatbestände dahingehend zu ändern sind, daß die Besteuerung in dem Staat erfolgt, in dem der Markt, d. h. hier der Mandant, genutzt wird (§ 2 A III 2). Ferner sind ausländische Einkünfte i.S.d. § 34 d Nr. 3 EStG gegeben, wenn die Tätigkeit im Ausland „verwertet wird oder worden ist“. Die originäre Tätigkeit, wie z.B. die Erstellung eines Gutachtens, der hier zu betrachtenden Berufsgruppe ist jedoch keiner Verwertung i.S.d. § 34 d Nr. 3 EStG zugänglich. Eine Ausnahme besteht jedoch bei Abtretung oder Einräumung eines Nutzungsrechts gegen Entgelt (§ 2 A III 2 c). Die Zugehörigkeit anderer ausländischer Einkünfte zu den ausländischen Einkünften aus selbständiger Arbeit i.S.d. § 34 d Nr. 3 EStG dürfte in der Praxis eher eine untergeordnete Rolle spielen. Die Zugehörigkeit anderer Einkünfte richtet sich nach dem Veranlassungszusammenhang i.S.d. § 4 Abs. 4 EStG (§ 2 A III 2 d). Erzielt der unbeschränkt steuerpflichtige Berufsangehörige Verluste aus seiner Tätigkeit im Ausland, sind diese nach dem Welteinkommensprinzip unter Beachtung des objektiven Nettoprinzips bei der Ermittlung der inländischen Einkünfte zu berücksichtigen. Die Beschränkung des § 2 a Abs. 1 Nr. 2 EStG ist für ausländische Verluste aus freiberuflicher Tätigkeit nicht anwendbar. Es besteht auch keine planwidrige Regelungslücke, die eine analoge Anwendung des § 2 a EStG rechtfertigt (§ 2 A III 2 e). Aufgrund der unterschiedlichen Ausgestaltungen der ausländischen Rechtsordnungen und des aufgrund der Gewerbesteuerpflicht engen Begriffs der freiberuflichen Tätigkeit kann es zu Qualifikationskonflikten kommen, mit der Folge, daß keine ausländischen Einkünfte i.S.d. § 34 d EStG gegeben sind und eine ausländische Steuer nur nach § 34 c Abs. 2 EStG abgezogen werden kann (§ 2 A III 2 f).

- Eine Vielzahl anderer Staaten unterscheiden zwischen Einkünften aus gewerblicher Tätigkeit und selbständiger Arbeit bzw. freiberuflicher Tätigkeit, wobei auch die Abgrenzung in den ausländischen Steuerrechtsordnungen nicht eindeutig ist. Die steuerrechtliche Behandlung der Einkünfte nicht ansässiger Berufsangehöriger in anderen Staaten, ist in den einzelnen Staaten unterschiedlich geregelt, wobei die meisten Staaten als territoriales Anknüpfungsmerkmal die Ausübung der Tätigkeit in ihrem Staat voraussetzen (§ 2 B).

- Die Ergebnisermittlung zu einer festen Einrichtung erfolgt sowohl nach nationalem als auch Abkommensrecht nach dem Veranlassungszusammenhang unter Beachtung des Fremdvergleichsgrundsatzes, wobei Art. 7 Abs. 2 OECD-MA keine self-executing-Wirkung zukommt (§ 3 B). Dabei sind die indirekte und die direkte Methode anzuwenden. Einen Vorrang der indirekten Methode im Rahmen der Ergebnisermittlung bei freiberuflicher Tätigkeit besteht nicht. Vielmehr sind je nach Einzelfall beide Methoden parallel anzuwenden (sog. Mischmethode) (§ 3 C II u. III). Werden Wirtschaftsgüter in eine ausländische feste Einrichtung überführt, sind die stillen Reserven nach dem Veranlassungsprinzip aufzuteilen, um eine verursachungsgerechte Aufteilung der stillen Reserven zu ermöglichen. Die Besteuerung der stillen Reserven ist nach der Methode der aufgeschobenen Gewinnrealisierung sichergestellt. Daher ist § 6 Abs. 5 S. 1 EStG nicht anwendbar (§ 3 D I. u. II). Werden ein einzelnes oder mehrere Mandate überführt, ist jedoch kein Abgrenzungsposten zu bilden, da Mandate nicht die Voraussetzungen eines Vermögensgegenstands bzw. Wirtschaftsguts erfüllen. Dies gilt ebenso für einen Praxiswert (§ 3 D III 5). Geht man jedoch hilfsweise von der immateriellen Wirtschaftsguteigenschaft eines Mandats aus, führt die anteilige Auflösung eines Ausgleichsposten entgegen dem Sinn und Zweck des § 5 Abs. 2 EStG zu einer Erhöhung der inländischen Bemessungsgrundlage. Für eine über den Wortlaut des § 5 Abs. 2 EStG hinausgehende Auslegung besteht jedoch kein übergeordneter Rechtsgrund, so daß für die anteilige, gewinnerhöhende Auflösung eines Ausgleichspostens für immaterielle Wirtschaftsgüter ohne echten Markttest keine Rechtsgrundlage besteht (§ 3 D IV). Die Überführung eines selbständigen Teils des Vermögens i.S.d. § 18 Abs. 3 EStG führt nach Ansicht der Rspr. des BFH zu einer Aufgabegewinnbesteuerung. Liegt trotz der engen Voraussetzungen der Rspr. ein selbständiger Vermögensteil vor, der ins Ausland überführt wird, ist kein originärer Praxiswert zu erfassen (§ 3 E II).

- Aus europarechtlicher Sicht ist zweifelhaft, ob die Ausweitung des Tatbestands der Aufgabe eines Teils des Vermögens (§ 18 Abs. 3 EStG) einer Verhältnismäßigkeitsprüfung durch die Rspr. des EuGH standhält (§ 3 F).

3. Teil: Freiberufliche Tätigkeit ausländischer Berufsangehöriger im Inland

- Bei Vorliegen eines DBA kann es durch die abweichende Zuordnung der Einkünfte zu einer Erweiterung bzw. Einschränkung der steuerpflichtigen Einkünfte nach § 49 Abs. 1 Nr. 3 EStG kommen. Infolgedessen ist de lege ferenda zu überdenken, ob nicht der Tatbestand der Ausübung und Verwertung durch den der Betriebsstätte bzw. festen Einrichtung unter Einbeziehung einer Tätigkeitsklausel zu ersetzen ist (§ 2 B).

- Im Rahmen der Bestimmung der Einkünfte ist die isolierende Betrachtungsweise auch auf das Verhältnis der Einkünfte aus Gewerbebetrieb und selbständiger Arbeit anzuwenden (§ 3 B II 2). Die Tatbestandsmerkmale „Ausüben und Verwerten" i.S.d. § 49 Abs. 1 Nr. 3 EStG sind ebenso wie die in § 34 d Nr. 3 EStG auszulegen. Da jede im Inland ausgeübte Tätigkeit i.S.d. § 49 Abs. 1 Nr. 3 EStG steuerpflichtig ist, sind aus Vereinfachungsgründen unbedeutende Nebentätigkeiten im Wege einer Billigkeitsmaßnahme nicht zu berücksichtigen (§ 3 B III). Die Einnahmen aus der Tätigkeit von in- und ausländischen Berufsangehörigen ist nicht unter den Tatbestand i.S.d. § 49 Abs. 1 Nr. 9 EStG subsumierbar (§ 3 B IV). Bei der Überlassung von Urheberrechten greift der Steuerabzug nach § 50 a Abs. 4 Nr. 3 EStG ein (§ 2 B VII).

- Im Rahmen der Ergebnisermittlung beschränkt steuerpflichtiger Berufsangehöriger, stellt sich die spiegelbildliche Fragestellung der Verbringung von Wirtschaftsgütern in eine inländische feste Einrichtung bzw. deren Rückübertragung (§ 4).

- Die Voraussetzung der inländischen Aufbewahrungspflicht nach § 50 Abs. 1 S. 3 HS 2 EStG für den interperiodischen Verlustausgleichs nach § 10 d EStG verstößt, wie der EuGH (Rs. Futura) festgestellt hat, gegen die Niederlassungsfreiheit i.S.d. Art. 52 EGV. Ferner ist zweifelhaft, ob der in § 50 a Abs. 7 EStG normierte Steuerabzug, der nur eine Erstattung der Steuer im darauffolgenden Veranlagungszeitraum vorsieht, mit der Dienstleistungsfreiheit i.S.d. Art. 59 EGV vereinbar ist (§ 5).

4. Teil: Inländische Freiberufler-Personengesellschaften

- Art. 7 OECD-MA ist auf die Zuordnung der Einkünfte einer inländischen gewerblichen Personengesellschaft nicht anwendbar. Es fehlt an der Abkommensberechtigung der inländischen Personengesellschaft i.S.d. Art. 4 OECD-MA, wenn man der h.M., die durch den Steuerausschuß der OECD 1999 erst bestätigt wurde, folgt, wonach es zur Beurteilung der Gesellschaft als solche oder Personenvereinigung i.S.d. Art. 3 Abs. 1 OECD-MA auf die Qualifikation des Sitz- bzw. Geschäftsleitungsstaates ankommt (§ 2 A I). Die Anwendung des Betriebsstättenprinzips auf die Beteiligung einer Personengesellschaft beruht auf einer abkommensrechtlich nicht geregelten Fiktion, deren innerer Grund in der internationalen Übung der Vertragsstaaten besteht, die Personengesellschaft zunächst als Subjekt der Ergebnisermittlung anzuerkennen (§ 2 A IV 1). Wenn die Ergebnisermittlung unternehmerisch tätiger Personengesellschaften auf einer nicht geregelten Fiktion beruht, gilt es für die abkommensrechtliche Behandlung der Einkünfte von Gesellschaftern einer inländischen Sozietät. Daher gehen die Versuche, anhand des Zivil- bzw. Berufsrechts oder anderer Kriterien darzulegen, warum Art. 14 Abs. 1 OECD-MA anwendbar sei bzw. nicht anwendbar sei, ins Leere. Mit einer Fiktion lassen sich nur zwei verschiedene Ansätze vereinbaren. Zum einen eine Anerkennung der Sozietät als Subjekt der Ergebnisermittlung, deren Ergebnisse anteilig im Wege der Fiktion den einzelnen Gesellschaftern zuzurechnen sind und zum anderen eine personenbezogene Ergebnisermittlung (§ 2 A IV 2). Aus Gründen einer einheitlichen Anwendung dieser Fiktion bei Personengesellschaften ist eine Sozietät als Subjekt der Ergebnisermittlung anzusehen und daher sind die Gewinne der festen Einrichtungen anteilig den Gesellschaftern zuzurechnen. Demnach kommt es für das Besteuerungsrecht dem Grunde nach darauf an, ob die Sozietät in dem jeweiligen Staat eine feste Einrichtung i.S.d. Art. 14 Abs. 1 OECD-MA unterhält. Ist eine feste Einrichtung gegeben, sind die Einkünfte den Gesellschaftern anteilig zuzuordnen (§ 2 A IV 3).

- Werden die Einkünfte einer Sozietät abweichend von einer unternehmerisch tätigen Personengesellschaft zugeordnet, kommt der abkommensrechtlichen Qualifikation der Einkünfte entscheidende Bedeutung zu. Allein mangels leitender und eigenverantwortlicher Tätigkeit i.S.d. § 18 Abs. 1 Nr. 1 EStG eines Gesellschafters wird abkommensrechtlich keine unternehmerische Tätigkeit ausgeübt. Dies gilt de lege lata ebenso für die Beteiligung eines ausländischen Berufsangehörigen als Berufsfremden, sofern es sich um einen freien Beruf i.S.d. Art. 14 Abs. 2 OECD-MA handelt (§ 2 A V). Die Bedeutung einer einheitlichen internationalen Übung der Vertragsstaaten zeigt sich bei der Betrachtung von Sachverhalten mit Drittstaaten (§ 2 A VI). Aus deutscher Sicht wird die Doppelbesteuerung der Einkünfte einer festen Einrichtung eines inländischen Gesellschafters durch Freistellung unter Progressionsvorbehalt (Art. 23 A OECD-MA) vermieden. Sind einer festen Einrichtung Verluste zuzurechnen, fallen diese unter den negativen Progressionsvorbehalt (§ 2 A VI 2). Für Sondervergütungen lassen sich anhand der Kriterien der Rspr. keine gesicherten Aussagen treffen, unter welchen Voraussetzungen etwaige Sondervergütungen „tatsächlich", d. h. „funktional" betrachtet, zu einer festen Einrichtung gehören (§ 2 A VI 3).

- Fehlt es im Rahmen eines deutschen DBA an einer dem Art. 14 OECD-MA entsprechenden Regelung oder ist der Anwendungsbereich der Regelung auf natürliche Personen beschränkt, müßten die Einkünfte einer inländischen Sozietät den Unternehmensgewinnen zuzuordnen sein. Dies hätte konsequenterweise aber die Betrachtung der Sozietät als Subjekt der Ergebnisermittlung zur Folge (§ 2 B I). Soweit einzelne deutsche DBA die Abkommensberechtigung regeln, ist zu differenzieren, ob die Regelung nur Personenhandelsgesellschaften trifft oder wie in den DBA mit Finnland, Island und Italien auch Sozietäten. Ist eine Sozietät eine abkommensberechtigte Person, ist sie auch als Person anzusehen, die die freiberufliche Tätigkeit ausübt und mithin Subjekt der Ergebnisermittlung ist. Daher ist der Gewinn/Verlust anteilig den Sozii zuzurechnen (§ 2 B III). Um eine international übereinstimmende Übung der Zuordnung der Einkünfte bei inländischen Sozietäten zu erreichen, sollte von Sonderregelungen in einzelnen DBA abgesehen werden (§ 2 B IV).

- Nach der Streichung des Art. 14 OECD-MA 2000 fällt die Tätigkeit von Sozietäten unter Art. 7 OECD-MA 2000. Demnach ist die Sozietät Subjekt der Ergebnisermittlung und die Einkünfte sind den Gesellschaftern anteilig zuzuordnen. Dadurch werden Qualifikationskonflikte vermieden, die darauf zurückzuführen sind, daß die Vertragsstaaten die Einkünfte der Sozietät nach unterschiedlichen Modellen den Gesellschaftern zurechnen. Sollte aufgrund einer auf dem nationalen Steuerrecht eines anderen Vertragsstaates geltenden abweichenden Zuordnung der Einkünfte kommen, sei nach dem Bericht des OECD-Steuerausschusses zu Art. 14 der Konflikt unter Berücksichtigung der Maßgeblichkeit der Qualifikation des Quellenstaates zu lösen, wie sie in dem Bericht vom 21.1.1999 desselben Ausschusses dargestellt wird. Sofern die Bundesrepublik Deutschland ein dem OECD-MA 2000 nachgebildetes DBA mit einem anderen Staat abschließt, ist die Zusammenführung der Einkünfte aus Unternehmensgewinnen und der Einkünfte aus selbständiger Arbeit nach Wertung des innerstaatlichen Steuerrechts unbedenklich (§ 2 B VII.).

- Nach nationalem Steuerrecht ist bei der beruflichen Zusammenarbeit von RA, WP oder StB in der Rechtsform der GbR zunächst zu prüfen, ob eine Mitunternehmerschaft gegeben ist (§ 2 C I 1). Des weiteren sind nach dem Welteinkommensprinzip nur dann Einkünfte aus freiberuflicher Tätigkeit gegeben, wenn alle weltweit tätigen Sozii eine freiberufliche oder dieser ähnlichen Tätigkeit i.S.d. § 18 Abs. 1 Nr. 1 EStG ausüben, sofern man, entgegen der hier vertretenen Ansicht, mit der Rspr. zur Bestimmung der Einkünfte bei Freiberufler-Personengesellschaften von der partiellen Steuersubjektfähigkeit abweicht und auf die Tätigkeit der Gesellschafter abstellt. Auf die Steuerpflicht der Einkünfte im Inland kommt es nicht an (§ 2 C I 2). Aufgrund der engen Voraussetzungen der leitenden und eigenverantwortlichen Tätigkeit i.S.d. § 18 Abs. 1 Nr. 1 S. 3 EStG besteht die Gefahr der Gewerblichkeit der Einkünfte aller Gesellschafter (§ 2 C I 3).

- Für die Besteuerung im Ausland ansässiger Sozii im Inland ist § 49 Abs. 1 Nr. 3 EStG nicht anwendbar. In der Sache besteht die gleiche Rechtslage für im Ausland ansässige Gesellschafter einer gewerblich tätigen Personengesellschaft bzgl. des § 49 Abs. 1 Nr. 2 a EStG. Gleichwohl wird die Beteiligung an einer inländischen gewerblichen Personengesellschaft, die im Inland eine Betriebsstätte unterhält oder ständigen Vertreter bestellt hat, als Betriebsstätte i.S.d. § 49 Abs. 1 Nr. 2 a EStG des Gesellschafters angesehen. Methodologisch wird die Anwendbarkeit des § 49 Abs. 1 Nr. 2 a EStG durch eine gesetzlich nicht geregelte Fiktion erreicht. Grundlage für die Fiktion ist die international übereinstimmende Übung, die Personengesellschaft als Subjekt der Ergebnisermittlung anzusehen und die Zuordnung der Einkünfte nach nationalem Steuerrecht. Als Subjekt der Ergebnisermittlung ist der Gewinn zwischen den Betriebsstätten der gewerblichen Personengesellschaften nach dem Veranlassungsprinzip aufzuteilen, wobei auch nach nationalem Steuerrecht der Fremdvergleichsgrundsatz anzuwenden ist (§ 2 C II 1 d). Wie die Diskussionen in der Literatur und auf der Ebene der OECD gezeigt haben, fehlt eine solche internationalen Übung zur Zurechnung der Einkünfte eines im Ausland ansässigen Gesellschafters einer inländischen Sozietät. Ausgehend von der partiellen Steuersubjektfähigkeit der Personengesellschaft und der Anwendbarkeit des Fremdvergleichsgrundsatzes im EStG ist eine Sozietät als Subjekt der Ergebnisermittlung anzusehen und die Einkünfte anteilig den Gesellschaftern zuzuordnen (§ 2 C II 1 d cc).

- Die Zuordnung der Einkünfte ist im Rahmen der Bestimmung ausländischer Einkünfte i.S.d. § 34 d Nr. 3 EStG unbeschränkt steuerpflichtiger Sozii von Bedeutung (§ 2 C III). Die Besteuerung der Einkünfte im Ausland ansässiger Sozii erfolgt im Wege der Veranlagung und beträgt 25 % des Einkommens (§ 50 Abs. 3 EStG). Sofern es sich um Einnahmen aus der Verwertung von Urheberrechten handelt und diese nicht Betriebseinnahmen eines inländischen Betriebs sind, ist nach § 50 a Abs. 4 Nr. 3 EStG ein Steuerabzug vorzunehmen. Unter den in §§ 1 Abs. 3, 1 a EStG genannten Voraussetzung besteht die Möglichkeit einer unbeschränkten Steuerpflicht auf Antrag. Die Einkommensgrenzwerte beziehen sich dabei auf den Gesellschafter. Nach § 50 Abs. 1 S. 2 EStG ist der Verlustrücktrag oder Vortrag nach § 10 d EStG nur anzuwenden, wenn die Verluste in wirtschaftlichem Zusammenhang mit inländischen Einkünften stehen und sich aus Unterlagen ergeben, die im Inland aufbewahrt werden (§ 50 Abs. 1 S. 3 EStG). Nach § 50 Abs. 2 S. 2 EStG dürfen Einkünfte aus der Vergütung für die Nutzung oder Abtretung von Urheberrechten (§ 50 a Abs. 4 Nr. 3 EStG) nicht mit Verlusten aus der inländischen Sozietät i.S.d. § 49 Abs. 1 Nr. 3 EStG ausgeglichen werden. Dies stellt einen Verstoß gegen das objektive Nettoprinzip dar. Kommt es in Deutschland zu einer Doppelbesteuerung ausländischer Einkommensteile aus einem Drittstaat, ist die Steuer nach § 50 Abs. 6 EStG auf die deutsche Steuer anrechenbar (§ 2 C IV 3). Für unbeschränkt steuerpflichtige Sozii gelten die unilateralen Maßnahmen zur Vermeidung der Doppelbesteuerung nach § 34 c EStG. Erzielen sie negative ausländische Einkünfte aus der freiberuflichen Tätigkeit, ist diese nicht unter § 2 a Abs. 1 Nr. 2 EStG subsumierbar (§ 2 C V).

- Die Ausführungen zur Besteuerung inländischer Sozietäten gelten entsprechend für inländische Wirtschaftsprüfungs- und Steuerberatungshandelsgesellschaften, sofern sie Einkünfte aus freiberuflicher Tätigkeit i.S.d. § 18 EStG erzielen. Sofern jedoch in den Abkommen Regelungen zur Abkommensberechtigung von Personengesellschaften enthalten sind, muß im Einzelfall genau geprüft werden, ob eine Handelsgesellschaft gegeben ist oder nicht (§ 4).

5. Teil: Ausländische Freiberufler-Personengesellschaften

- Häufig werden ausländische Personengesellschaften (wahlweise) wie Körperschaften besteuert. In einigen Staaten ist die Steuersubjekteigenschaft nur den Personenhandelsgesellschaften und nicht den Freiberufler-Personengesellschaften vorenthalten. Hierbei ist jedoch zu berücksichtigen, daß auch in anderen Staaten Wirtschaftsprüfer und ggf. Steuerberater ihren Beruf in einer Handelsgesellschaft ausüben können (§ 2).

- Für die steuerrechtliche Einordnung der ausländischen Personengesellschaft ist nach nationalem Steuerrecht ein Typenvergleich durchzuführen, wonach entscheidend ist, ob das ausländische Rechtsgebilde mit einer deutschen Personengesellschaft vergleichbar ist (§ 3).

- Die unterschiedliche Qualifikation der Vertragsstaaten hinsichtlich der Steuersubjekteigenschaft führt zu Qualifikationskonflikten (§ 4). Diese könnten auch für Freiberufler-Personengesellschaften aufgrund des amerikanischen check-the-box-Systems, wonach dem Steuerpflichtigen die Subjektqualifikation der Gesellschaft überlassen wird, im Verhältnis zu den USA auftreten. Wegen der Einschränkung der Optionsmöglichkeiten auf Personenhandelsgesellschaften werden die subjektiven Qualifikationskonflikte bei Freiberufler-Personengesellschaften, insbesondere bei Anwaltsgesellschaften im Vergleich zu gewerblich tätigen Personengesellschaften, weniger häufig auftreten (§ 3).

- Die abkommensrechtliche Behandlung ausländischer unternehmerisch tätiger Personengesellschaften ist bis heute nicht geklärt. Nach dem OECD-MA 2000, das in dem Kommentar entsprechende Regelungen enthält, zeichnet sich, trotz berechtigter Bedenken, eine Lösung des Meinungsstreits zugunsten der Maßgeblichkeit der Qualifikation des Sitzstaates der Gesellschaft zur Beurteilung der Abkommensberechtigung ab (§ 5 A II 1 bis 3). Aufgrund unterschiedlicher Zuordnung der Einkünfte zu den Gesellschaftern einer Sozietät durch die Vertragsstaaten ist eine Doppelbesteuerung vorprogrammiert. Insofern wird deutlich, daß die personenbezogene Zurechnung der Einkünfte nur für den Fall der übereinstimmenden Subjektqualifikation zu einer Vereinfachung führt. Eine unterschiedliche Anwendung der Fiktion je nach Qualifikation der Sozietät durch die Vertragsstaaten ist jedoch unzulässig. Wird die Sozietät als Subjekt der Ergebnisermittlung behandelt und der Gewinn anteilig den Gesellschaftern zugerechnet, besteht kein Unterschied zur Rechtslage bei unternehmerisch tätigen Gesellschaften (§ 5 A II 4). Hinsichtlich der Behandlung von Sondervergütungen besteht im Ergebnis kein Unterschied zur inländischen Personengesellschaft (4. Teil § 2 A VI 3). Sofern eine abweichende Einkünftequalifikation zu einer Doppelbesteuerung führt, ist diese durch ein Verständigungsverfahren (Art. 25 OECD-MA) zu lösen (§ 5 A III).

- Nach Auffassung der Finanzverwaltung ist die abkommensrechtliche Vermeidung der Doppelbesteuerung bei Sondervergütungen durch die Freistellungsmethode (Art. 23 A OECD-MA) nur dann zu gewähren, wenn der Quellenstaat die Besteuerung (vollumfänglich) ausübe. Diese Auslegung erfolgt jedoch nicht im Rahmen des Auslegungskanons der juristischen Methodenlehre. Daher gibt es für sie keine Rechtsgrundlage (§ 5 A IV).

- Nach dem OECD-MA 2000 sind die Einkünfte der Sozietät den Unternehmensgewinnen zuzuordnen. Daher gilt die Sozietät als Subjekt der Ergebnisermittlung und die Einkünfte sind anteilig den Gesellschaftern zuzuordnen. Hinsichtlich der Qualifikation der Gesellschaft durch den Sitzstaat gilt nach dem Kommentar die Maßgeblichkeit der Subjektqualifikation des Quellenstaates für alle Personengesellschaften. Vor dem Hintergrund von Qualifikationskonflikten ist in Art. 23 Abs. 4 OECD-MA 2000 eine subject-to-tax-Klausel eingeführt worden, wonach im Kern eine doppelte Freistellung der Einkünfte vermieden werden. Zudem ist in dem Kommentar zum OECD-MA 2000 eine Regelung enthalten, wonach die Steuerfreistellung immer dann nicht angewendet werden solle, wenn Qualifikationskonflikte bestehen, die auf der zulässigen Anwendung des nationalen Steuerrechts beruhen und zu einer Nicht- oder einer ermäßigten Besteuerung durch den Quellenstaat führen (§ 5 B I).

- Dem OECD-MA 2000 und dem Bericht des Steuerausschusses der OECD ist nicht zu entnehmen, ob die Maßgeblichkeit der Qualifikation des Quellenstaates für jeden Qualifikationskonflikt gilt. Aus dogmatischer Sicht ist es nicht unproblematisch, wenn in dem Kommentar zum OECD-MA 2000 auf den Bericht des Steuerausschusses der OECD zur abkommensrechtlichen Behandlung von Personengesellschaften verwiesen wird. Ferner werden sich aus der Maßgeblichkeit der Qualifikation des Quellenstaates weitere praktische Auslegungsschwierigkeiten ergeben. Rechtspolitisch bleibt abzuwarten, ob sich die in dem OECD-MA 2000 zum Ausdruck kommende Auslegung durchsetzen wird. Soweit als Motiv für diese Rechtsentwicklung die Sorge um das Steuersubstrat im Vordergrund stand ist dies kritisch zu sehen (§ 5 B II).

- Künftig ist von einer Anpassung der deutschen Abkommen an das OECD-MA 2000 auszugehen. Da die anteilige Zuordnung der Einkünfte durch Auslegung aus dem Abkommen unter Berücksichtigung der internationalen Übung erfolgt, sollte von einer bilateralen Regelung einer Fiktion der abkommensrechtlichen Behandlung von Personengesellschaften bzw. der Gesellschafter abgesehen werden (§ 5 C).

- Qualifizieren beide Staaten die Freiberufler-Personengesellschaft als Mitunternehmerschaft, ergeben sich nach nationalem Steuerrecht keine systematischen Unterschiede zur steuerrechtlichen Behandlung inländischer Sozietäten (§ 5 D II). Besteuert der ausländische Staat die Gesellschaft als Körperschaft, wohingegen nach Wertung des deutschen Steuerrechts eine Mitunternehmerschaft gegeben ist, ist die ausländische Körperschaftsteuer für unbeschränkt Steuerpflichtige nicht anrechenbar. Wird im Ausland eine Quellensteuer einbehalten, kann ein unbeschränkt steuerpflichtiger Gesellschafter die auf die anteiligen ausländischen Einkünfte (§ 34 d Nr. 3 EStG) entfallende Steuer anrechnen. Für beschränkt steuerpflichtige Sozii richtet sich die Anrechnung der deutschen Steuer nach dem Recht des Ansässigkeitsstaates. Im umgekehrten Qualifikationskonflikt ist die Anrechnung der ausländischen Steuer nicht möglich (§ 5 D III). Bei übereinstimmender Subjektqualifikation kann es zu einem Einkunftsqualifikationskonflikt und mithin zu einer Doppelbesteuerung kommen, d. h. die Zuordnung der Einkünfte erfolgt durch den Rückgriff auf das nationale Recht der Anwendestaaten unterschiedlich. Wegen der gegebenen Subjektidentität können unbeschränkt steuerpflichtige Gesellschafter die ausländische Steuer nach § 34 c Abs. 1 bzw. Abs. 2 EStG anrechnen bzw. abziehen (§ 5 D IV). Werden die Sondervergütungen eines unbeschränkt steuerpflichtigen Gesellschafters im Ausland besteuert, ist die ausländische Steuer nach § 34 c Abs. 1 bzw. Abs. 2 EStG anrechenbar bzw. abzugsfähig. Im Ausnahmefall der Nutzungsüberlassung seiner im Inland belegenen Kanzlei, kann auch ein im Ausland ansässiger Gesellschafter im Inland steuerpflichtige Sondervergütungen nach § 49 Abs. 1 Nr. 3 EStG erzielen (§ 5 D V).

Peter Lang · Europäischer Verlag der Wissenschaften

Elisabeth Alberti

Sponsoring im Steuerrecht

Frankfurt/M., Berlin, Bern, Bruxelles, New York, Oxford, Wien, 2001. XXV, 308 S.
Europäische Hochschulschriften: Reihe 2, Rechtswissenschaft. Bd. 3283
ISBN 3-631-38511-0 · br. € 50.10*

In den letzten Jahren wurde Sponsoring von Unternehmen als eigenständiges Kommunikationsinstrument verstärkt zur Imagepflege und -verbesserung sowie zur Stabilisierung und Steigerung des Bekanntheitsgrades eingesetzt, um Wettbewerbsvorteile zu erzielen. Im Gegenzug stellt die finanzielle Unterstützung für den Gesponserten eine sehr bedeutsame, meist unverzichtbare Einnahmequelle dar. Die Arbeit ordnet das Phänomen des Sponsoring steuersystematisch ein und legt anhand von Fallgruppen ein Gesamtkonzept für die steuerrechtliche Behandlung der Sponsoringaufwendungen beim Sponsor und beim Gesponserten vor. Die im Mittelpunkt stehenden einkommen- und körperschaftsteuerlichen Fragestellungen werden durch umsatzsteuer- und schenkungsteuerrechtliche Überlegungen vervollständigt.

Aus dem Inhalt: Einkommen- und körperschaftsteuerliche Behandlung des Sponsoring · Sponsoring auf Seiten des Sponsors: Betriebsausgaben, Spenden, nichtabzugsfähige Privataufwendungen · Sponsoring auf Seiten des Gesponserten: ideeller Bereich, steuerfreie Vermögensverwaltung, wirtschaftlicher Geschäftsbetrieb · Zweckbetrieb · Kein Korrespondenzprinzip · Umsatzsteuerliche Behandlung des Sponsoring · Schenkungsteuerliche Behandlung des Sponsoring.

Frankfurt/M · Berlin · Bern · Bruxelles · New York · Oxford · Wien
Auslieferung: Verlag Peter Lang AG
Jupiterstr. 15, CH-3000 Bern 15
Telefax (004131) 9402131

*inklusive der in Deutschland gültigen Mehrwertsteuer
Preisänderungen vorbehalten

Homepage http://www.peterlang.de

FSC
www.fsc.org
MIX
Papier | Fördert gute Waldnutzung
FSC® C083411

Kolibri 360 GmbH
Ferdinand-Jühlke-Straße 7
99095 Erfurt, Deutschland
produktsicherheit@kolibri360.de

Druck:
CPI Druckdienstleistungen GmbH
im Auftrag der
Kolibri 360 GmbH
Ferdinand-Jühlke-Str. 7
99095 Erfurt